長江學術文献大系 目录学卷

中国社会科学院世界宗教研究所资助出版

新疆屯垦文献目录

主编／刘志
副主编／郭桂荣
编纂／赵维景　罗　蜀　姜　涛　衡宗亮
骆玉萍　席霍荣　王聪延　张　彦
王巧玲　胡彩云

上海図書館
上海科学技术文献出版社

图书在版编目（CIP）数据

新疆屯垦文献目录 / 刘志主编. --上海：上海科学技术文献出版社，2016.4

（长江学术文献大系·目录学卷）

ISBN 978-7-5439-6983-4

I.①新… Ⅱ．①刘… Ⅲ．①屯垦—文献—图书目录—新疆 Ⅳ．①Z88：F329.45

中国版本图书馆CIP数据核字（2016）第045427号

责任编辑：张　树　王倍倍

特约编辑：张立园　张红义　施　维

新疆屯垦文献目录

刘志　主编

上海科学技术文献出版社出版发行

（上海市长乐路746号　邮政编码200040）

全 国 新 华 书 店 经 销

四川省南方印务有限公司印刷

开本170×240　1/16　印张24.25　字数600000

2016年4月第1版　　2016年4月第1次印刷

ISBN 978-7-5439-6983-4

定价：99.00元（精装）

http://www.sstlp.com

前　言

一、《新疆屯垦文献目录》概况

《新疆屯垦文献目录》是对新疆生产建设兵团屯垦资料中心收藏屯垦文献的目录汇编。屯垦，中国古代指军队在驻地开荒耕种。屯垦的主要目的是戍边，即保卫边疆、巩固边塞。中国古代西域屯垦始于西汉，以后历代沿袭。当代新疆屯垦主要是指新疆生产建设兵团在新疆履行维稳戍边的国家使命，从事以现代农业为基础的经济和社会发展事业。屯垦戍边是国家治疆兴疆的重要战略举措，屯垦文献则是从政治、经济、文化、历史等各个方面对屯垦戍边事业的全面记录和集中反映。这次编纂的《新疆屯垦文献目录》，既是对目前新疆生产建设兵团屯垦资料中心收藏屯垦文献状况的一次较为系统的总结，也可以作为一本专题文献工具书，方便读者更好地了解新疆生产建设兵团和屯垦戍边的国家事业。

二、新疆生产建设兵团屯垦资料中心简介

2006 年 4 月，新疆生产建设兵团屯垦资料中心成立。这是我国第一家以屯垦资料为主题的文献收藏单位，主要从事新疆屯垦文献、新疆生产建设兵团文献、有关新疆地方文献以及国内外相关文献的收集、收藏和整理工作。其前身是新疆兵团党委党校图书馆兵团文献中心。至 2015 年 6 月，屯垦资料中心共收藏屯垦文献 7000 余种，2 万余册。这些文献资料为兵团领导、兵团有关部门提供决策咨询和信息咨询发挥了重要作用，为学术界研究新疆屯垦戍边事业和经济社会发展提供了重要的资料保证。

新疆生产建设兵团屯垦资料中心挂牌于新疆兵团党委党校图书馆。新疆兵团党委党校图书馆成立于1988年6月，现有建筑面积5470平方米，设有书库、阅览室、多功能厅、报告厅、会议室以及各项专业工作室等，并于2002年实现了信息化和多功能化。图书馆现有藏书20余万册，是新疆生产建设兵团图书资料的主要馆藏单位之一。

三、《新疆屯垦文献目录》的收录情况

《新疆屯垦文献目录》收录了屯垦资料中心的普通类图书及有关资料7000余种，按中图分类法涉及20类图书。屯垦文献目录属于以屯垦戍边为专题的特色藏书目录，作为普通类图书它适用于中图分类法，作为特藏类图书它又是具有自身特点的目录体系。主要包括以下几类：

1. 国家屯垦戍边战略及研究。

2. 兵团史志及有关文献。具体包括：兵团史、兵团年鉴、各师志、团志、有关兵团的政策汇编；兵团领导及有关著名人物日记、传记、回忆录等。

3. 以农垦为基础的有关经济、社会、科技类书籍。

4. 与新疆屯垦戍边有关的地方志、年鉴等。

5. 以兵团精神和兵团文化为题材的文学艺术类书籍，还包括有关新疆民族、宗教、文学类书籍。

由于以上特点，在本书中屯垦文献目录相对集中于中图分类法的D、F、I、K等几类图书中。

四、《新疆屯垦文献目录》的价值、意义

《新疆屯垦文献目录》以文献编目的形式汇集了国家治疆兴疆的重要方略和有关研究成果，集中反映了新疆生产建设兵团60余年来所进行的屯垦戍边的国家事业。作为专题文献目录，可为兵团领导和有关部门决策提供信息咨询，也可为从事屯垦与新疆经济社会等领域的学术研究提供翔实的资料索引。《新疆屯垦文献目录》所收录图书也是兵团文化建设的重要组成部分，是在新疆屯垦戍边事业中形成的宝贵的当代文化资源和精神财富，她凝聚着几代兵团人“热爱祖国、无私奉献、艰苦创业、开拓进取”的兵团精神。

五、《新疆屯垦文献目录》的编纂

1995年新疆兵团党委党校图书馆兵团文献中心开始专门收集兵团文献。2005年兵团文献中心第一次全面整理兵团文献目录，并编纂了《兵团文献文摘型目录》。十年来，伴随着图书出版事业的蓬勃发展和科研成果的涌现，屯垦文献已有了较大幅度的增长，并且具备了一定的规模，因此有必要再进行一次文献编目工作，以更全面地展现新时期屯垦文献和屯垦事业的发展状况。这次目录编纂，始于2015年3月，经过资料收集、书目遴选、著录、分类、排序、校对，完成于2015年10月。《新疆屯垦文献目录》的编纂工作开始是出于个人对屯垦文献的关注和学术研究的需要，在编纂过程中屯垦资料中心和屯垦研究所的有关同志帮助我承担了大量的基础工作，提出了许多宝贵的建议，这使编纂工作得以顺利完成。在此向支持该项编纂工作的各位同仁、各位朋友表示衷心的感谢。今年恰逢兵团党委党校图书馆兵团文献中心成立20周年，虽然兵团文献中心已更名为屯垦资料中心，但是二者的文献工作任务是一致的，因此屯垦文献的收藏、整理工作已有整整20年。在此借《新疆屯垦文献目录》出版之际，向从事这项图书事业的兵团党委党校图书馆各位同仁和他们所付出的辛勤劳动致以崇高的敬意。本书的出版还得到了同窗赵敏博士的关心和支持，也在此表示衷心的感谢。

由于这次编纂工作还处于积累经验阶段，书中不当之处在所难免，恳请读者批评指正，提出宝贵建议。

刘　志

2015年10月

凡　例

一、《新疆屯垦文献目录》是对新疆生产建设兵团屯垦资料中心所收藏屯垦文献的目录汇编。收录范围以屯垦戍边为内容要旨，以新疆为主要地域范围，文献出版或印制时间自 1949 年 10 月至 2015 年 6 月。

二、图书分类依据《中国图书馆分类法》（第五版）。以 22 个基本大类构成第一级类目，由基本大类展开，依次形成各级类目。类目标记符号采用汉语拼音字母与阿拉伯数字相结合的混合号码制，即用一个字母表示一个大类，以字母的顺序反映大类的序列。字母后用数字表示大类以下类目的划分，数字的编号基本采用小数层累制编号法。为了使号码易于辨认，在分类号码的三位数字后，隔以小圆点“.”。

分类号之后为图书出版或印制日期，两者之间用“/”隔开。其中“a”表示 10 月，“b”表示 11 月，“c”表示 12 月，例如“2001a”表示 2001 年 10 月出版或印制。

三、图书著录参照国家标准《普通图书著录规则》（GB/T 3792.2-2006）进行，为方便读者，著录格式做了简化，力求简明实用。著录基本项目依次为：题名项、责任者项、出版项（无出版项为未公开出版发行）、载体形态项、丛书项。基本著录格式如下：

题名 / 责任说明 .—出版地 : 出版者 , 出版日期（印制地：印制者，印制日期）.—册数（页数）；尺寸 .—丛编正题名 / 责任说明；丛编编号 .

三、原书名有错字者保留，正字加括号置其后。

目　　录

A　马克思主义、列宁主义、毛泽东思想、邓小平理论

A8　马克思主义、列宁主义、毛泽东思想、邓小平理论的学习和研究

A84/97b　新疆生产建设兵团毛泽东屯垦思想研究会资料汇编 . 第一辑 / 新疆生产建设兵团毛泽东屯垦思想研究会办公室编 .—石河子：石河子大学印刷厂，1997.11.—102 页；20cm

A841.6/952　毛泽东与中国农业：专家学者纪念毛泽东诞辰 100 周年文集 / 郭书田主编 .—北京：新华出版社，1995.2.—267 页；20cm

A841.6/978　毛泽东屯垦思想研究资料选编 . 第一辑《毛泽东屯垦思想研究资料选编》编委会编 .—乌鲁木齐：新疆天鹰印刷厂，1997.8.—331 页；20cm

A841.6/983　毛泽东屯垦思想与实践 / 王运华主编 .—乌鲁木齐：新疆大学出版社，1998.3.—512 页；20cm

A841.6/98c　毛泽东屯垦思想研究论文选 / 兵团毛泽东屯垦思想研究会编 .—乌鲁木齐：新疆人民出版社，1998.12.—380 页；20cm

A841.64/99c　辉煌与探索：毛泽东屯垦思想在新疆的实践 / 王瀚林主编 .—乌鲁木齐：新疆人民出版社，1999.12.—454 页；20cm

A841.66/2000c　毛泽东屯垦思想研究 / 李书卷主编 .—乌鲁木齐：新疆人民出版社，2000.12.—402 页；20cm

A849.166/20005　邓小平农垦思想研究 / 刘成林等著 .—乌鲁木齐：新疆人民出版社，2000.5.—282 页；20cm

B　哲学、宗教

B9　宗教

B91/20029　周边地区民族宗教问题透视 / 中国现代国际关系研究所民族与宗教研究中心编著 .—北京：时事出版社，2002.9.—505 页；20cm

B92-45/891　新疆宗教 / 李秦玉主编 .—乌鲁木齐：新疆人民出版社，1989.1.—279 页；20cm

B928/20021　中亚宗教概述：修订版 /（乌兹别克斯坦）札巴罗夫，德列斯维扬斯卡娅著；高永久，张宏莉译 .—兰州：兰州大学出版社，2002.1.—248 页；20cm.—民族社会学丛书

B929/2003a　新疆宗教演变史 / 李进新著 .—乌鲁木齐：新疆人民出版社，2003.10.—572 页；20cm

B929/2006c　新疆宗教古籍资料辑注 / 贺灵编 .—乌鲁木齐：新疆人民出版社，2006.12.—584 页；20cm

B929.2/20098　丝绸之路宗教研究 / 李进新著 .—乌鲁木齐：新疆人民出版社，2009.8.—373 页；27cm

B929.2/2010c　丝绸之路中国与欧洲宗教哲学交流研究 / 张西平著 .—乌鲁木齐：新疆人民出版社，2010.12.—351 页；27cm.—丝绸之路研究丛书

B933/20097　新疆史前宗教研究 / 刘学堂著 .—北京：民族出版社，2009.7.—377 页；20cm

B946.6/2004b　藏传佛教 / 张晓明编著 .—北京：中国画报出版社，2004.11.—147 页；28cm

B948/20027　考证与辩（辨）析：西域佛教文化论稿 / 霍旭初著 .—乌鲁木齐：新疆美术摄影出版社，2002.7.—378 页；21cm

B949/98a　西域佛教史 / 魏长洪等著 .—乌鲁木齐：新疆美术摄影出版社，1998.10.—256 页；20cm

B949.2/20065　龟兹佛教与区域文化变迁研究 / 吴涛著 .—北京：中央民族大学出版社，

2006.5.—223 页；21cm

B949.2/2010c 丝绸之路佛教文化研究 / 周菁葆著 .—乌鲁木齐：新疆人民出版社，2010.12.—350 页；27cm

B949.2/20131 汉唐于阗佛教研究 /（日）广中智之著；《新疆通史》编纂委员会编 .—乌鲁木齐：新疆人民出版社，2013.1.—227 页；24cm.—新疆通史研究丛书

B949.92/889 大唐西域求法高僧传校注 /（唐）义净原著，王邦维校注 .—北京：中华书局，1988.9.—302 页；20cm

B965/2006c 杜绝零散朝觐 走有组织有计划朝觐之路 / 中国伊斯兰教协会编 .—北京：宗教文化出版社，2006.12.—42 页；18cm

B969/20029 中亚苏非主义史 / 张文德著 .—北京：中国社会科学出版社，2002.9.—220 页；20cm.—西北民族研究丛书

B969.2/999 中国新疆地区伊斯兰教史 / 陈慧生主编 .—乌鲁木齐：新疆人民出版社，1999.9.—2 册（859 页）；20cm

B969.2/20016 西域古代伊斯兰教综论 / 高永久著 .—北京：民族出版社，2001.6.—203 页；20cm

B969.2/20116 新疆穆斯林研究 /（日）佐口透著；章莹译 .—乌鲁木齐：新疆人民出版社，2011.6.—309 页；24cm

B969.2/20125 中国历代政权与伊斯兰教 / 余振贵著 .—银川：宁夏人民出版社，2012.5.—394 页；23cm

C 社会科学总论

C1 社会科学概况、现状、进展

C1/998 新疆维吾尔自治区第四届社会科学优秀成果评奖资料专集 / 新疆维吾尔自治区社会科学界联合会编 .—1999.8.—124 页；20cm

C124.5/20098 国家暨自治区社科基金项目成果选介汇编 / 新疆维吾尔自治区社科规划办编 .—乌鲁木齐：新疆人民出版社，2009.8.—535 页；24cm

C2 社会科学机构、团体、会议

C2/20039 新疆生产建设兵团第二次基本单位普查资料汇编：2001 年 / 新疆生产建设兵团统计局，新疆生产建设兵团第二次基本单位普查办公室编 .—2003.9.—638 页；26cm

C24/20072 兵团屯垦戍边理论研究中心手册 / 兵团屯垦戍边理论研究中心编 .—2007.2.—79 页；20cm

C262.45-67/98b 兵团第三期计划工作研究班资料汇编 / 新疆生产建设兵团计划委员会编 .—1998.11.—108 页；20cm

C5 社会科学丛书、文集、连续性出版物

C5/98c 调查报告文集 / 温茂林主编 .—伊宁：伊犁日报社印刷厂，1998.12.—237 页；20cm

C52/20087 笔耕大漠忆吹箫 / 廖肇羽著 .—乌鲁木齐：新疆大学出版社，2008.7.—358 页；24cm

C52/20106 胡杨秋韵 / 刘戈青著 .—乌鲁木齐：新疆人民出版社，2010.6.—282 页；21cm

C52/20117 求索集 / 吴福环著 .—乌鲁木齐：新疆人民出版社，2011.7.—347 页；24cm

C53/854 碧血洒天山 / 新疆维吾尔自治区纪念陈潭秋、毛泽民、杜重远、林基路等烈士牺牲四十周年筹委会编 .—乌鲁木齐：新疆人民出版社，1985.4.—246 页；20cm

C53/93c 重在建设：精神文明“重在建设”理论研讨会论文选编 / 石河子精神文明建设活动办公室编 .—1993.12.—97 页；20cm

C53/94a　兵团纪检监察理论研讨会议材料及论文汇编 / 新疆生产建设兵团纪委教育政策研究室编 .—1994.10.—261 页；20cm

C53/977　巴音郭楞蒙古自治州社科研究文选 / 李迎春主编 .—乌鲁木齐：新疆人民出版社，1997.7.—313 页；24cm

C53/97a　社科优秀研究成果选编 . 一 / 贺忠德主编 .—乌鲁木齐：新疆人民出版社，1997.10.—273 页；20cm

C53/97a　社科优秀研究成果选编 . 二 / 贺忠德主编；郭武斌副主编 .—乌鲁木齐：新疆人民出版社，1997.10.—319 页；20cm

C53/98a　注视与发现 / 胡乐元主编 .—1998.10.—264 页；20cm，

C53/998　搏击大潮：农四师党校论文集 . 上册 / 新疆生产建设兵团农四师党校编 .—1999.8.—517 页；20cm

C53/998　伟大的转折　历史的丰碑：自治区纪念十一届三中全会 20 周年理论研讨会论文选编 / 中共新疆维吾尔自治区委员会党史研究室编 .—乌鲁木齐：新疆人民出版社，1999.8.—364 页；20cm

C53/998　农垦经济体制改革与发展研究：1999 年全国农垦经济学术研讨会暨年会论文选编 / 中国农垦经济研究与技术开发中心，中国农垦经济研究会编 .—北京：中国农业出版社，1999.8.—393 页；20cm

C53/20017　兵团卫生系统政研会二〇〇一年年会论文集 / 新疆生产建设兵团卫生系统思想政治工作研究会编 .—2001.7.—305 页；26cm

C53/2001c　毛泽东屯垦思想与西部大开发 / 王瀚林主编 .—乌鲁木齐：新疆大学出版社，2001.12.—437 页；20cm，

C53/20022　兵团之声 时代之音：中央党校函授学院新疆兵团分院学员优秀论文选 / 刘心鸣，戴天喜主编 .—乌鲁木齐：新疆教育出版社，2002.2.—343 页；20cm

C53/20022　实践与探索 / 中共农八师石河子市委员会宣传部，农八师石河子市思想政治工作研究会编 .—2002.2.—310 页；20cm

C53/20022　迈向新世纪的屯垦事业 / 王瀚林主编 .—乌鲁木齐：新疆人民出版社，2002.2.—392 页；20cm

C53/20026　新疆第四届青年学术年会论文集 / 温浩，胡文康主编 .—乌鲁木齐：新疆人民出版社，2002.6.—2 册（1272 页）；26cm

C53/20027　理论 实践 探索 / 张作祖著 .—乌鲁木齐：新疆科技卫生出版社，2002.7.—381 页；20cm

C53/2002b　与时俱进的探索：兵团党校系统第八届理论研讨会论文集/潘新刚主编 .—乌鲁木齐：新疆教育出版社，2002.11.—664 页；20cm

C53/20032　"三个代表"与屯垦戍边 / 王瀚林主编 .—乌鲁木齐：新疆人民出版社，2003.2.—425 页；20cm

C53/20033　顾问文萃 / 哈密市专家顾问团，哈密市史志编辑室编 .—2003.3.—265 页；20cm

C53/20035　兵团之声 改革之音：中央党校函授学院新疆兵团分院学员优秀论文选续集 / 刘心鸣，戴天喜主编 .—乌鲁木齐：新疆教育出版社，2003.5.—410 页；20cm

C53/20038　耕云播雨二十年 / 寇永忠主编 .—2003.8.—368 页；20cm

C53/20038　遣犯改造理论与实践 / 兵团监狱管理局，兵团监狱学会编 .—2003.8.—575 页；20cm

C53/20038　传薪集：新疆师范大学人文学院中文系研究集刊之三 / 星汉主编 .—乌鲁木齐：新疆人民出版社，2003.8.—520 页；20cm

C53/20038　新湖农场文选集萃 / 新湖农场场庆筹备委员会，新湖农场思想政治工作研究会编 .—2003.8.—422 页；21cm

C53/2003c　与时俱进的探索 . 第 2 辑 / 新疆兵团党委党校科研处编 .—乌鲁木齐：新疆人民出版社，2003.12.—335 页；20cm

C53/20043　践行“三个代表” 推进屯垦戍边 / 新疆生产建设兵团毛泽东屯垦思想研究会编 .—乌鲁木齐：新疆人民出版社，2004.3.—484 页；20cm

C53/20046　新疆维吾尔自治区首届统计科学研究优秀成果奖获奖论文选编 / 新疆维吾尔自治区统计局，新疆维吾尔自治区统计学会编 .—乌鲁木齐：新疆统计印刷厂，2004.6.—453 页；26cm

C53/20049　求实与创新 / 中共农八师石河子市委员会宣传部，农八师石河子市思想政治工作研究会编 .—石河子：新疆石河子日报社印刷厂，2004.9.—392 页；20cm

C53/2004c　促进农民增加收入研讨会论文选编 / 戴光富主编 .—2004.12.—337 页；20cm

C53/20051　与时俱进的探索 . 第 3 辑 / 新疆兵团党委党校科研处编 .—乌鲁木齐：新疆人民出版社，2005.1.—302 页；20cm

C53/20054　兵团党校系统 2004 年度重点课题研究成果选辑 / 新疆兵团党委党校科研处编 .—2005.4.—222 页；20cm

C53/20054　辉煌 探索 使命：纪念新疆生产建设兵团成立 50 周年文集 / 新疆生产建设兵团党委宣传部编 .—乌鲁木齐：新疆人民出版社，2005.4.—439 页；20cm

C53/20058　叶尔羌论丛 . 理论卷 / 付爱琴主编 .—阿图什：克孜勒苏柯尔克孜文出版社；乌鲁木齐：新疆电子出版社，2005.8.—590 页；20cm.—魅力文丛 / 刘韦主编

C53/20057　学习 实践 思考：新疆生产建设兵团反腐倡廉的实践探索与理论创新 / 中共新疆生产建设兵团纪律检查委员会，新疆生产建设兵团监察局编 .—2005.7.—459 页；20cm

C53/2005c　新疆科学社会主义学会 2005 年年会“构建和谐社会”理论研讨会论文汇编 / 新疆科学社会主义学会 .—2005.12.—299 页；29cm

C53/2006　新疆生产建设兵团建设屯垦戍边新型团场理论研讨会优秀论文集 / 新疆生产建设兵团党委宣传部编 .—2006.—532 页；20cm

C53/20062　构建和谐社会 推进屯垦戍边 / 新疆生产建设兵团毛泽东屯垦思想研究会编 .—乌鲁木齐：新疆人民出版社，2006.2.—605 页；20cm

C53/20067　新疆科学社会主义学会 2006 年年会“科学发展观与社会主义新农村建设”理论研讨会论文汇编 / 新疆科学社会主义学会 .—2006.7.—387 页；26cm

C53/20069　探索与创新：2005 年新疆社会科学界青年学者论坛论文集 / 房文杰主编 .—乌鲁木齐：新疆人民出版社，2006.9.—472 页；20cm

C53/20069　农三师图木舒克市党委党校第七期中青年干部培训班赴内地学习考察论文集 / 农三师图木舒克市党委党校编 .—2006.9.—144 页；26cm

C53/2006a　新疆生产建设兵团“十五”期间哲学社会科学优秀成果论文集 / 新疆生产建设兵团党委宣传部编 .—乌鲁木齐：新疆人民出版社，2006.10.—285 页；20cm

C53/2006c　和谐 责任 荣誉 使命 / 王运华主编 .—阿图什：克孜勒苏柯尔克孜文出版社；乌鲁木齐：新疆电子音像出版社，2006.12.—346 页；20cm

C53/2006c　与时俱进的探索 . 第 5 辑 / 强始学主编 .—乌鲁木齐：新疆人民出版社，2006.12.—328 页；20cm

C53/2006c　沙枫论文集 / 新疆兵团党委党校图书馆编 .—五家渠：兵团党委党校图书馆，2006.12.—265 页；26cm

C53/20075　新实践 新探索 新发展 / 文昊主编 .—乌鲁木齐：新疆美术摄影出版社，2007.5.—375 页；20cm

C53/20077　建设新型团场 推进屯垦戍边 / 赵银根主编 .—乌鲁木齐：新疆人民出版社，2007.7.—403 页；20cm

C53/20077　农三师图木舒克市党委党校第八期中青年干部培训班赴内地学习考察论文集 / 农三师图木舒克市党委党校编 .—2007.7.—181 页；26cm

C53/20079　新实践与新探索：兵团屯垦戍边理论研讨会优秀论文选 / 兵团屯垦戍边理论研究中心编 .—五家渠：新疆生产建设兵团出版社，2007.9.—313 页；26cm

C53/2007b　我们从天山走来 / 王磊主编 .—北京：北京大学出版社，2007.11.—279 页；23cm

C53/20083　兵团政工人员继续教育培训班优秀论文选 / 兵团政工职评办公室编 .—2008.3.—399 页；26cm

C53/20083　和谐 责任 荣誉 使命：2007 年兵团日报社文化建设文集 / 王运华主编 .—五家渠：新疆生产建设兵团出版社，2008.3.—243 页；20cm

C53/20084　创新与求是：2006 年新疆社会科学界青年学者论坛论文集 / 房文杰主编 .—乌鲁木齐：新疆人民出版社，2008.4.—432 页；24cm

C53/2008c　求是与创新 . 第二辑 / 中共新疆生产建设兵团委员会党校科研处编 .—五家渠：新疆生产建设兵团出版社，2008.12.—296 页；20cm

C53/2008c　学习贯彻十七届三中全会精神专题研讨论文集 / 新疆生产建设兵团农五师党委宣传部，农五师党委党校编 .—2008.12.—159 页；26cm

C53/20093　改革的时代 奋进的兵团：兵团纪念改革开放三十周年理论研讨会优秀成果选 / 万卫平，王瀚林主编 .—五家渠：新疆生产建设兵团出版社，2009.3.—407 页；23cm

C53/20098　“7 · 5”事件资料选编：选自 2009 年 7—8 月《新疆日报》/ 新疆生产建设兵团党委党校图书馆编 .—2009.8.—47 页；26cm

C53/2009c　求是与发展：2007—2008 年新疆社会科学界青年学者论坛论文集 / 房文杰主编；刘瑾副主编 .—乌鲁木齐：新疆人民出版社，2009.12.—484 页；21cm

C53/2009c　求是与创新 . 第三辑 / 兵团党委党校科研处编 .—五家渠：新疆生产建设兵团出版社，2009.12.—344 页；20cm

C53/2009c　探索　实践　创新：论文集 / 王次会主编 .—五家渠：新疆生产建设兵团出版社，2009.12.—283 页；24cm

C53/20104　光辉的历程　不懈的探索：兵团屯垦戍边理论研究中心 2009 年年会成果选 / 万卫平，王瀚林主编 .—五家渠：新疆生产建设兵团出版社，2010.4.—393 页；25cm

C53/20106　学术文萃 / 薛宗正著 .—乌鲁木齐：新疆人民出版社，2010.6.—417 页；24cm

C53/20106　新视角新思维：2009 年新疆社会科学界青年学者论坛论文集 / 新疆维吾尔自治区社会科学界联合会编 .—乌鲁木齐：新疆人民出版社，2010.6.—391 页；24cm

C53/20114　追歌胡杨 / 马振生著 .—北京：中国检察出版社，2011.4.—310 页；24cm

C53/2011a　打造西部智库的记忆：新疆社会科学院建院三十周年纪念文集 / 吴福环主编 .—乌鲁木齐：新疆人民出版社，2011.10.—250 页；24cm

C532/994　软科学：跨世纪发展的探索与思考：新疆首次软科学研讨会优秀论文集 / 新疆软科学研究会编 .—乌鲁木齐：新疆人民出版社，1999.4.—462 页；20cm

C539/996　火红的熔炉 / 农二师党校科研办编 .—库尔勒：农二师印刷厂，1999.6.—324 页；20cm

C55/20069　求知与探索：2004 年新疆社会科学界青年学者论坛论文集 / 房文杰主编 .—乌鲁木齐：新疆人民出版社，2006.9.—438 页；20cm

C6　社会科学参考工具书

C62/953　新疆生产建设兵团领导干部手册：1995/ 新疆生产建设兵团办公厅，新疆生产建设兵团统计局编 .—1995.3.—166 页；17cm

C62/964　新疆生产建设兵团领导干部手册：1996/ 新疆生产建设兵团办公厅，新疆生产建设兵团统计局编 .—1996.4.—197 页；17cm

C62/986　新疆生产建设兵团基本单位名录大全：1996/ 新疆生产建设兵团第一次基本单位普查办公室编 .—1998.6.—2 册（1276 页）；26cm

C62/993　新疆生产建设兵团领导干部手册：1999/ 新疆生产建设兵团办公厅，新疆生产建设兵团统计局编 .—1999.3.—222 页；17cm

C62/20013　新疆生产建设兵团领导干部手册：2001/ 新疆生产建设兵团办公厅，新疆生产建设兵团统计局编 .—2001.3.—228 页；20cm

C62/20033　新疆生产建设兵团领导干部手册：2003/ 新疆生产建设兵团办公厅，新疆生产建设兵团统计局编 .—2003.3.—226 页；17cm

C62/20043　新疆生产建设兵团领导干部手册：2004/ 新疆生产建设兵团办公厅，新疆生产建设兵团统计局编 .—2004.3.—234 页；17cm

C62/20054　新疆生产建设兵团领导干部手册：2005/ 新疆生产建设兵团办公厅，新疆生产建设兵团统计局编 .—2005.4.—248 页；20cm

C62/20057　新疆生产建设兵团农六师五家渠市领导干部手册：2005/ 王晓明主编 .—五家渠：五家渠印刷厂，2005.7.—219 页；20cm

C62/20064　新疆生产建设兵团领导干部手册：2006/ 新疆生产建设兵团办公厅，新疆生产建设兵团统计局编 .—2006.4.—262 页；17cm

C66/857　新疆维吾尔自治区社会主义建设光辉成就：1949—1984/ 新疆维吾尔自治区统计局编 .—1985.7.—479 页；20cm

C66/97　新疆生产建设兵团哈密农场管理局统计资料：1996/ 哈密农场管理局计财处编 .—1997.—117 页；20cm

C66/99　新疆生产建设兵团哈密农场管理局统计资料：1998/ 哈密农场管理局计财处编 .—1999.—108 页；20cm

C66/2000　新疆生产建设兵团哈密农场管理局统计资料：1999/ 哈密农场管理局计财处编 .—2000.—142 页；20cm

C66/20005　新疆领导干部手册：2000/ 新疆维吾尔自治区人民政府办公厅，新疆维吾尔自治区统计局编 .—2000.5.—222 页；17cm

C66/20015　新疆生产建设兵团农十三师统计资料：2000/ 新疆生产建设兵团农十三师统计局编 .—2001.5.—143 页；20cm

C66/20016　农十三师“九五”发展资料 / 农十三师统计局编 .—2001.6.—170 页；16cm

C66/20032　农六师政治工作手册 / 农六师

党委办公室，农六师办公室编 .—2003.2.—116 页；16cm

C66/20035　新疆生产建设兵团农十三师统计资料：2002/ 新疆生产建设兵团农十三师统计局编 .—哈密地区三元印刷有限责任公司，2003.5.—214 页；20cm

C66/20036　新疆领导干部手册：2003/ 新疆维吾尔自治区人民政府办公厅，新疆维吾尔自治区统计局编 .—2003.6.—224 页；16cm

C66/20045　新疆生产建设兵团农十三师统计资料：2003/ 新疆生产建设兵团农十三师统计局编 .—[印刷地不详]：哈密地区三元印刷有限责任公司，2004.5.—221 页；20cm

C66/20054　新疆领导干部手册：2005/ 新疆维吾尔自治区人民政府办公厅，新疆维吾尔自治区统计局编 .—2005.4.—231 页；20cm

C66/20055　新疆生产建设兵团农十三师统计资料：2004/ 新疆生产建设兵团农十三师统计局编 .—[印刷地不详]：哈密地区三元印刷有限责任公司，2005.5.—256 页；20cm

C8　统计学

C8/99c　新疆生产建设兵团 1997—1999 年统计论文及统计分析报告选编 / 兵团统计局编 .—乌鲁木齐：新疆生产建设兵团印刷厂，1999.12.—447 页；20cm

C81/87a　国民收入国民生产总值指标解释 / 新疆生产建设兵团统计处 .—1987.10.—69 页；20cm

C812-53/20106　兵团优秀统计分析论文汇编 / 新疆生产建设兵团统计局，国家统计局新疆生产建设兵团调查总队，新疆生产建设兵团统计学会编 .—五家渠：新疆生产建设兵团出版社，2010.6.—345 页；22cm

C813/2003b　国家农业综合开发统计摘要：1988—2002 年 / 国家农业综合开发办公室编 .—2003.11.—161 页；29cm

C813/20114　国家农业综合开发统计摘要：2009 年 / 国家农业综合开发办公室编 .—2011.4.—81 页；29cm

C823/98a　新疆生产建设兵团农八师一二一团场统计资料汇编：1950—1997/ 一二一团史志办，统计科编 .—[印刷地不详]：万达电器复印社：炮台中学印刷厂，1998.10.—159 页；26cm

C829.2/2006b　探索与研究：兵团统计科学论文选编 2004—2006/ 新疆生产建设兵团统计局，新疆兵团统计学会秘书处，新疆农垦经济编辑部编 .—2006.11.—417 页；23cm

C832/903　农四师统计提要：1989/ 新疆生产建设兵团农四师计财处编 .—1990.3.—220 页；20cm

C832/903　农六师统计提要：1989 年 / 新疆生产建设兵团农六师计财处编 .—上海：上海科教电脑印刷厂，1990.3.—315 页；20cm

C832/924　农六师统计提要：1991 年 / 新疆生产建设兵团农六师计财处编 .—上海：上海申华电脑印刷厂，1992.4.—309 页；20cm

C832/936　农六师统计提要：1992 年 / 新疆生产建设兵团农六师计财处编 .—泌阳：河南省泌阳市新华印刷厂，1993.6.—303 页；20cm

C832/94c　新疆县市主要社会经济指标排序 / 新疆维吾尔自治区人民政府办公厅，统计局编 .—乌鲁木齐：新疆统计局印刷厂，1994.12.—295 页；20cm

C832/954　农六师统计提要：1994 年 / 新疆生产建设兵团农六师计财处编 .—上海：上海科达装潢彩印厂，1995.4.—222 页；20cm

C832/966　兵团农四师统计提要：1995/ 新疆生产建设兵团农四师统计局编 .—伊宁：伊犁装潢彩印厂，1996.6.—251 页；20cm

C832/974　兵团农四师统计提要：1996/ 新疆生产建设兵团农四师统计局编 .—伊宁：伊犁装潢彩印厂，1997.4.—278 页；20cm

C832/974　农六师统计提要：1996 年 / 新疆生产建设兵团农六师统计局编 .—上海：上海科达装潢彩印厂，1997.4.—292 页；20cm

C832/975　新疆兵团六师奇台总场主要统计指标资料：1980—1996/ 新疆兵团六师奇台总场计划统计办公室编 .—1997.5.—80 页；20cm

C832/983　农六师统计提要：1997 年 / 新疆生产建设兵团农六师统计局编 .—上海：上海科达装潢彩印厂，1998.3.—389 页；20cm

C832/984　兵团农四师统计提要：1997/ 新疆生产建设兵团农四师统计局编 .—1998.4.—292 页；20cm

C832/985　新疆兵团六师奇台总场主要统计指标资料：1981—1997/ 新疆兵团六师奇台总场计划统计办公室编 .—奇台：奇台县正普轻印部，1998.5.—92 页；20cm

C832/994　兵团农四师统计提要：1998/ 新疆生产建设兵团农四师统计局编 .—伊宁：伊犁装潢彩印厂，1999.4.—284 页；20cm

C832/995　新疆生产建设兵团农二师统计提要：1999/ 新疆生产建设兵团农二师统计局编 .—库尔勒：农二师印刷厂，1999.5.—348 页；20cm

C832/995　新疆兵团六师奇台总场主要统计指标资料：1982—1998/ 新疆兵团六师奇台总场计划统计办公室编 .—1999.5.—95 页；13cm

C832/20004　兵团农四师统计提要：1999/ 新疆生产建设兵团农四师统计局编 .—伊宁：伊犁装潢彩印厂，2000.4.—288 页；20cm

C832/20006　新疆生产建设兵团农二师统计提要：2000/ 新疆生产建设兵团农二师统计局编 .—库尔勒：农二师印刷厂，2000.6.—322 页；20cm

C832/20013　农一师统计年鉴：2001/ 农一师统计局编 .—2001.3.—276 页；20cm

C832/20014　兵团农四师统计提要：2000/ 新疆生产建设兵团农四师统计局编 .—伊宁：伊宁市印刷厂，2001.4.—297 页；20cm

C832/20018　新疆生产建设兵团农二师统计提要：2001/ 新疆生产建设兵团农二师统计局编 .—库尔勒：农二师印刷厂，2001.8.—368 页；20cm

C832/20023　农六师统计提要：2001 年 / 新疆生产建设兵团农六师统计局编 .—五家渠：五家渠印刷厂，2002.3.—440 页；20cm

C832/20024　兵团农四师统计提要：2001/ 新疆生产建设兵团农四师统计局编 .—2002.4.—323 页；20cm

C832/20025　新疆生产建设兵团农二师统计提要：2002/ 新疆生产建设兵团农二师统计局编 .—库尔勒：农二师印刷厂，2002.5.—322 页；20cm

C832/20034　兵团农四师统计提要：2002/ 新疆生产建设兵团农四师统计局编 .—2003.4.—297 页；20cm

C832/20034　农六师统计提要：2002 年 / 新疆生产建设兵团农六师统计局编 .—五家渠：五家渠印刷厂，2003.4.—412 页；20cm

C832/20035　新疆生产建设兵团农二师统计提要：2003/ 新疆生产建设兵团农二师统计局编 .—2003.5.—332 页；20cm

C832/20044　兵团农四师统计提要：2003/ 新疆生产建设兵团农四师统计局编 .—2004.4.—328 页；20cm

C832/20044　农十师统计提要：2003/ 新疆生产建设兵团农十师统计局编 .—2004.4.—372 页；20cm

C832/20045　农六师统计提要：2003 年 / 新疆生产建设兵团农六师统计局编 .—五家渠：五家渠印刷厂，2004.5.—452 页；20cm

C832/20053　一四八团二〇〇五年统计提要 / 一四八团统计科编 .—2005.3.—48

页；20cm

C832/2005a　中国西部农村统计资料：2005/ 国家统计局农村社会经济调查总队编 .—北京：中国统计出版社，2005.10.—177 页；26cm

C832/20074　新疆生产建设兵团农五师统计提要：2007/ 农五师统计局编 .—2007.4.—266 页；26cm

C832/20075　农三师图木舒克市统计提要：2007/ 新疆生产建设兵团农三师图木舒克市统计局编 .—2007.5.—386 页；20cm

C832.45/585　新疆军区生产建设兵团统计资料汇编：1950—1957/ 兵团司令部经营管理办公室编 .—1958.5.—226 页；20cm

C832.45/606　新疆军区生产建设兵团生产建设统计资料汇编：1959 年度 / 兵团司令部经营管理办公室编 .—1960.6.—446 页；20cm

C832.45/628　新疆军区生产建设兵团生产建设统计资料汇编：1961 年度 / 兵团司令部经营管理办公室编 .—1962.8.—526 页；20cm

C832.45/636　新疆军区生产建设兵团生产建设统计资料汇编：1962 年度 / 兵团司令部经营管理办公室编 .—1963.6.—553 页；20cm

C832.45/637　新疆军区生产建设兵团农业工业企业基本情况：1962 年度 / 兵团司令部经营管理办公室编 .—1963.7.—174 页；20cm

C832.45/646　新疆军区生产建设兵团生产建设统计资料汇编：1963 年度 / 兵团司令部经营管理办公室编 .—1964.6.—512 页；20cm

C832.45/648　新疆军区生产建设兵团农牧团场基本情况：1963 年度 / 兵团司令部经营管理办公室编印 .—1964.8.—91 页；20cm

C832.45/656　新疆军区生产建设兵团生产建设统计资料汇编：1964 年度 / 兵团司令部经营管理办公室编 .—1965.6.—415 页；20cm

C832.45/677　新疆军区生产建设兵团生产建设统计资料汇编：1965 年度 / 兵团司令部计划财务部编 .—1967.7.—287 页；20cm

C832.45/83c　新疆农垦总局生产建设统计资料：1981 年度 / 新疆生产建设兵团司令部计财局统计处编 .—1983.12.—472 页；20cm

C832.45/83c　新疆农垦总局统计资料：1979 年 / 新疆生产建设兵团司令部计财局统计处编 .—1983.12.—241 页；20cm

C832.45/83c　新疆农垦总局统计资料：1980 年 / 新疆生产建设兵团司令部计财局统计处编 .—1983.12.—325 页；20cm

C832.45/83c　新疆生产建设兵团统计资料：1982 年度 / 新疆生产建设兵团司令部计财局统计处编 .—1983.12.—461 页；20cm

C832.45/83c　新疆军区生产建设兵团农业工业企业基本情况：1982 年度 / 兵团司令部计财局统计处编 .—1983.12.—184 页；19cm

C832.45/843　新疆生产建设兵团统计资料：1983 年 / 新疆生产建设兵团司令部计财局统计处编 .—1984.3.—138 页；20cm

C832.45/848　新疆农垦总局统计资料：1975—1977 年 / 新疆生产建设兵团司令部计财局统计处编 .—1984.8.—249 页；20cm

C832.45/848　新疆农垦总局统计资料：1978 年 / 新疆生产建设兵团司令部计财局统计处编 .—1984.8.—149 页；20cm

C832.45/84a　新疆军区生产建设兵团生产建设统计资料汇编：1974 年度 / 新疆生产建设兵团司令部计财局统计处编 .—1984.10.—231 页；20cm

C832.45/84a　新疆军区生产建设兵团企业、事业单位基本情况一览表：1974 年 / 新疆生产建设兵团司令部计财局统计处编 .—1984.10.—213 页；19cm

C832.45/855　兵团统计提要：1984/ 新疆生产建设兵团司令部计财局统计处编 .—乌鲁木齐：兵团机关印刷厂，1985.5.—207 页；20cm

C832.45/856　新疆生产建设兵团统计资料：1950—1984 年 / 新疆生产建设兵团司令部计财局统计处编 .—五家渠：五家渠印刷厂，1985.6.—229 页；20cm

C832.45/864　兵团统计提要：1985/ 新疆生产建设兵团司令部计财局统计处编 .—湖北印刷厂，1986.4.—216 页；20cm

C832.45/871　兵团统计提要：1987/ 新疆生产建设兵团司令部计财局统计处编 .—大邑：四川省大邑县印刷厂，1987.1.—356 页；20cm

C832.45/874　兵团统计提要：1986/ 新疆生产建设兵团计财局统计处编 .—五家渠：五家渠印刷厂，1987.4.—320 页；20cm

C832.45/894　兵团统计提要：1988/ 新疆生产建设兵团计财局统计处编 .—大邑：四川省大邑印刷厂，1989.4.—343 页；20cm

C832.45/906　兵团统计提要：1989/ 新疆生产建设兵团计财局统计处编 .—乌鲁木齐：乌鲁木齐铁四中印刷厂，1990.6.—344 页；20cm

C832.45/913　新疆生产建设兵团统计提要：1991/《新疆生产建设兵团统计年鉴》编辑委员会编 .—北京：中国统计出版社，1991.3.—331 页；20cm

C832.45/923　新疆生产建设兵团统计提要：1992/ 新疆生产建设兵团统计局编 .—1992.3.—93 页；20cm

C832.45/924　农四师统计提要：1991/ 新疆生产建设兵团农四师计财处编 .—1992.4.—238 页；20cm

C832.45/925　新疆生产建设兵团农八师新疆石河子市统计提要：1992 年 / 新疆生产建设兵团农八师统计处，新疆石河子市统计局编 .—1992.5.—314 页；20cm

C832.45/933　新疆生产建设兵团统计提要：1993/ 新疆生产建设兵团统计局编 .—1993.3.—102 页；20cm

C832.45/935　新疆生产建设兵团农八师新疆石河子市统计提要：1993 年 / 新疆生产建设兵团农八师统计处，新疆石河子市统计局编 .—1993.5.—221 页；20cm

C832.45/933　农场实用计算指南 / 曹本光主编 .—乌鲁木齐：新疆青少年出版社，1993.3.—353 页；20cm

C832.45/946　新疆生产建设兵团统计提要：1994/ 新疆生产建设兵团统计局编 .—1994.6.—92 页；20cm

C832.45/952　新疆维吾尔自治区吐鲁番地区全国首次第三产业普查资料 / 吐鲁番地区统计处，吐鲁番地区第三产业普查办公室编 .—吐鲁番：吐鲁番地区电子计算印刷中心，1995.2.—274 页；26cm

C832.45/955　新疆维吾尔自治区昌吉回族自治州首次第三产业普查资料与分析：1991—1992/ 昌吉回族自治州第三产业普查办公室编 .—昌吉：昌吉州印刷厂，1995.5.—414 页；26cm

C832.45/959　新疆 40 年：图片部分：1955—1995/ 中共新疆维吾尔自治区委员会宣传部，新疆维吾尔自治区统计局编 .—北京：中国统计出版社，1995.9.—401 页；26cm

C832.45/959　新疆 40 年：综合部分：1955—1995/ 中共新疆维吾尔自治区委员会宣传部，新疆维吾尔自治区统计局编 .—北京：中国统计出版社，1995.9.—710 页；26cm

C832.45/959　新疆 40 年：兵团地州部分：1955—1995/ 中共新疆维吾尔自治区委员会宣传部，新疆维吾尔自治区统计局编 .—北京：中国统计出版社，1995.9.—651 页；26cm

C832.45/975　新疆生产建设兵团农六师国民经济和社会发展统计资料：1950—1995/ 农六师统计局编 .—上海：上海科达装潢彩印厂，1997.5.—603 页；26cm

C832.45/978　发展中的新疆地州市县社会经济 / 新疆维吾尔自治区财经领导小组办公室，新疆维吾尔自治区统计局编 .—乌鲁木齐：新疆人民出版社，1997.8.—440 页；26cm

C832.45/997　新疆统计资料 .1999 年合订本 / 新疆维吾尔自治区统计局编 .—1999.7.—80 期；26cm

C832.45/999　新疆辉煌 50 年：1949—1999/ 中共新疆维吾尔自治区委员会办公厅，新疆维吾尔自治区人民政府办公厅编 .—乌鲁木齐：新疆人民出版社，1999.9.—2 册（998 页）；26cm

C832.45/20008　乌鲁木齐统计年鉴：2000/ 乌鲁木齐市统计局编 .—北京：中国统计出版社，2000.8.—293 页；29cm

C832.45/20021　新疆统计资料 .2001 年合订本 / 新疆维吾尔自治区统计局编 .—2002.1.—88 期；26cm

C832.45/20025　新疆生产建设兵团农三师 2002 统计提要 / 新疆生产建设兵团农三师统计局编 .—2002.5.—285 页；20cm

C832.45/2002b　新疆维吾尔自治区第二次基本单位普查资料汇编 / 新疆维吾尔自治区统计局，新疆维吾尔自治区第二次基本单位普查办公室编 .—乌鲁木齐：新疆统计印刷厂，2002.11.—346 页；26cm

C832.45/2002c　新疆统计提要：2002/ 新疆维吾尔自治区统计局编 .—乌鲁木齐：新疆有色地质勘查局印刷厂，2002.12.—220 页；20cm

C832.45/20031　新疆统计资料 .2002 年合订本 / 新疆维吾尔自治区统计局科研所编 .—2003.1.—103 期；26cm

C832.45/20034　2002 年新疆基本单位大全 / 新疆维吾尔自治区统计局，新疆维吾尔自治区第二次基本单位普查办公室编 .—北京：中国统计出版社，2003.4.—800 页；26cm

C832.45/2003b　新疆统计提要：2003/ 新疆维吾尔自治区统计局编 .—乌鲁木齐：新疆统计印刷厂，2003.11.—200 页；20cm

C832.45/20044　新疆生产建设兵团农六师五家渠市领导干部手册：2004/ 新疆生产建设兵团农六师五家渠市统计局编 .—2004.4.—207 页；16cm

C832.45/20049　经济社会主要指标手册：1990—2003/ 新疆维吾尔自治区发展计划委员会编 .—2004.9.—138 页；23cm

C832.45/2004b　新疆统计提要：2004/ 新疆维吾尔自治区统计局编 .—乌鲁木齐：新疆统计印刷厂，2004.11.—198 页；20cm

C832.45/2004c　新疆国民经济主要统计指标：1978—2007 年 / 新疆维吾尔自治区统计局编 .—2004.12.—98 页；20cm

C832.45/20051　新疆统计资料 .2004 年合订本 / 新疆维吾尔自治区统计局编 .—2005.1.—63 期；26cm

C832.45/20055　哈密 50 年历程：1949—2000/ 哈密地区行署办公室，哈密地区统计局编 .—乌鲁木齐：新疆统计印刷厂，2005.5.—321 页；26cm

C832.45/20059　新疆生产建设兵团国民经济和社会发展统计公报汇编 / 新疆生产建设兵团统计局编 .—2005.9.—204 页；20cm

C832.45/20059　新疆维吾尔自治区国土资

源综合统计资料册：2004 年 / 新疆维吾尔自治区国土资源厅编 .—2005.9.—311 页；26cm

C832.45/2005b　新疆统计提要：2005/ 新疆维吾尔自治区统计局编 .—乌鲁木齐：新疆统计印刷厂，2005.11.—188 页；20cm

C832.45/20061　新疆统计资料 .2005 年合订本 / 新疆维吾尔自治区统计局编 .—2006.1.—80 期；26cm

C832.45/20065　2004—2005 年新疆维吾尔自治区统计科研重点项目成果汇编 / 新疆维吾尔自治区统计局编 .—乌鲁木齐：新疆统计印刷厂，2006.5.—400 页；20cm

C832.45/20068　2006 年新疆企事业单位 / 新疆维吾尔自治区统计局编 .—乌鲁木齐：新疆科学技术出版社，2006.8.—2 册（1595 页）；26cm

C832.45/2006c　新疆统计资料 .2006 年合订本 / 新疆维吾尔自治区统计局，新疆维吾尔自治区统计学会编 .—2006.12.—60 期；26cm

C832.45/2007　新疆统计资料 .2007 年合订本 / 新疆维吾尔自治区统计局，新疆维吾尔自治区统计学会编 .—2007.—72 期；26cm

C832.45/20087　新疆统计年鉴：2008/ 新疆维吾尔自治区统计局编 .—北京：中国统计出版社，2008.7.—612 页；29cm

C832.45/20099　新中国六十年：新疆人民生活 / 国家统计局新疆调查总队 .—北京：中国统计出版社，2009.9.—500 页；26cm

C832.45/20115　农四师统计提要：2010/ 新疆生产建设兵团农四师统计局编 .—2011.5.—260 页；29cm

C832.451/97a　乌鲁木齐统计年鉴：1997/ 乌鲁木齐市统计局编 .—北京：中国统计出版社，1997.10.—461 页；26cm

C832.451/998　乌鲁木齐统计年鉴：乌鲁木齐辉煌五十年 1999/ 乌鲁木齐市统计局编 .—北京：中国统计出版社，1999.8.—453 页；26cm

C832.451/20048　乌鲁木齐统计年鉴：2004/ 乌鲁木齐市统计局，乌鲁木齐统计学会编 .—北京：中国统计出版社，2004.8.—344 页；29cm

C833.661/20007　哈萨克斯坦 / 新疆维吾尔自治区统计局编 .—北京：中国统计出版社，2000.7.—175 页；20cm

C835.12/20007　走向新世纪的独联体国家 / 新疆维吾尔自治区统计局编 .—北京：中国统计出版社，2000.7.—321 页；20cm

C853/20054　探索与实践 / 新疆阿克苏地区统计局编 .—乌鲁木齐：新疆统计印刷厂，2005.4.—249 页；20cm

C91　社会学

C91-09/978　中国新疆古代社会生活史 / 薛宗正主编 .—乌鲁木齐：新疆人民出版社，1997.8.—729 页；20cm

C912.8/2004a　新疆社区建设 / 杨作清主编 .—北京：中国社会出版社，2004.10.—355 页；24cm.—中国社区建设明珠丛书

C913.2/20061　激情创业 / 吴萍编 .—乌鲁木齐：新疆人民出版社，2006.1.—226 页；23cm

C913.7/2002c　劳动保障文函选编：2001/ 新疆生产建设兵团劳动和社会保障局编 .—乌鲁木齐：乌鲁木齐市国芳印刷厂，2002.12.—305 页；26cm

C913.7/20035　劳动保障问题研究论文选编：2002/ 新疆生产建设兵团劳动保障学会秘书处编 .—乌鲁木齐：乌鲁木齐市国芳印刷厂，2003.5.—165 页；26cm

C913.7/20044　劳动保障问题研究论文选编：2003/ 新疆生产建设兵团劳动保障学会秘书处编 .—2004.4.—123 页；26cm

C916/991　乌鲁木齐办公问事大全 / 熊磊主编 .—1999.1.—483 页；26cm

C92　人口学

C92/925　新疆维吾尔自治区沙湾县第四次人口普查资料 / 新疆沙湾县人口普查办公室编 .—1992.5.—504 页；26cm

C92/20006　新疆生产建设兵团农五师自然资源与人口分析评价暨经济社会发展战略 / 新疆生产建设兵团农五师编 .—乌鲁木齐：新协印务有限公司，2000.6.—137 页；26cm

C92-05/908　新疆人口与经济协调发展研究 / 新疆维吾尔自治区国土局编 .—1990.8.—408 页；20cm

C923/97a　新疆生产建设兵团人口迁移与开发研究 / 刘科编著 .—乌鲁木齐：新疆人民出版社，1997.10.—248 页；20cm

C924.2/2003　兵团人口计划生育工作资料 / 兵团计生委编 .—2003.—113 页；26cm

C924.2/20053　世纪之交的中国人口 . 新疆卷 / 新疆自治区人口普查办公室编 .—北京：中国统计出版社，2005.3.—348 页；20cm

C924.2/20067　中国新疆的人口与环境 / 童玉芬著 .—北京：世界知识出版社，2006.7.—267 页；20cm

C924.2/20073　新人口礼赞：人口和计划生育工作回顾与展望 . 新疆兵团卷 / 刘戈玉主编 .—北京：中国人口出版社，2007.3.—246 页；20cm

C924.2/2010c　丝绸之路人口研究 / 袁祖亮，袁延胜，朱和平著 .—乌鲁木齐：新疆人民出版社，2010.12.—245 页；27cm

C924.21/20037　新疆维吾尔自治区人口与计划生育条例释义 / 新疆维吾尔自治区计划生育委员会编 .—乌鲁木齐：新疆金长江印刷有限责任公司，2003.7.—219 页；20cm

C924.21/2004　兵团计生委文件 / 兵团计生委编 .—2004.—1 册；26cm

C924.21/2006　计划生育工作手册 / 农七师一三〇团计生办编 .—2006.—49 页；26cm

C924.24/20156　当代新疆人口迁移与社会变迁 / 席霍荣著 .—五家渠：新疆生产建设兵团出版社，2015.6.—307 页；23cm

C924.24-53/20065　西北地区人口与发展论坛文集 / 青海省人口和计划生育委员会编 .—北京：中国人口出版社，2006.5.—671 页；26cm

C924.25/775　新疆维吾尔自治区人口统计资料：1963—1975/ 新疆维吾尔自治区计划委员会编 .—1977.5.—375 页；26cm

C924.25/833　新疆维吾尔自治区第三次人口普查手工汇总资料汇编 / 新疆维吾尔自治区人口普查办公室编 .—1983.3.—736 页；26cm

C924.25/889　新疆维吾尔自治区干部情况普查资料：1986/ 新疆维吾尔自治区人才需求预测与教育规划领导小组办公室编 .—乌鲁木齐：乌鲁木齐铁路局印刷厂，1988.9.—1089 页；26cm

C924.25/889　新疆维吾尔自治区专门人才普查资料：1986/ 新疆维吾尔自治区人才需求预测与教育规划领导小组办公室编 .—乌鲁木齐：乌鲁木齐铁路局印刷厂，1988.9.—1061 页；26cm

C924.25/889　中国 1987 年 1% 人口抽样调查资料 . 新疆维吾尔自治区分册 / 新疆维吾尔自治区统计局，新疆维吾尔自治区人口抽样调查办公室编 .—北京：中国统计出版社，1988.9.—357 页；20cm

C924.25/90c　新疆生产建设兵团农牧团场第三次、第四次人口普查资料 / 新疆维吾尔自治区统计局供应处编 .—1990.12.—100 页；20cm

C924.25/916　新疆维吾尔自治区乌鲁木齐市 1990 年人口普查资料 / 新疆维吾尔自治区乌鲁木齐市人口普查办公室编 .—乌鲁木

齐：乌鲁木齐统计局印刷部，1991.6.—2 册（1183 页）；26cm

C924.25/928　新疆维吾尔自治区石河子市 1990 年人口普查资料 / 新疆维吾尔自治区石河子市人口普查办公室编 .—1992.8.—477 页；26cm

C924.25/92b　新疆维吾尔自治区 1990 年人口普查资料 / 新疆维吾尔自治区人口普查办公室编 .—北京：中国统计出版社，1992.10.—3 册（2006 页）；26cm

C924.25/20025　巴音郭楞蒙古自治州第五次全国人口普查资料汇编 / 巴音郭楞蒙古自治州人口普查办公室编 .—2002.5.—871 页；26cm

C924.25/20028　新疆生产建设兵团第五次全国人口普查暨兵团人口统计调查快速汇总资料 / 新疆生产建设兵团人口普查工作协调小组编 .—乌鲁木齐：新疆生产建设兵团印刷厂，2002.8.—213 页；26cm

C924.25/20029　阿勒泰地区 2000 年人口普查资料 / 阿勒泰地区统计局，阿勒泰地区人普办编 .—阿勒泰：阿勒泰地区报社印刷厂，2002.9.—1167 页；26cm

C924.25/2002a　新疆维吾尔自治区 2000 年人口普查资料 / 新疆维吾尔自治区人口普查办公室编 .—乌鲁木齐：新疆人民出版社，2002.10.—974 页；30cm

C924.25/2002a　新疆维吾尔自治区 2000 年人口普查资料 . 乌鲁木齐卷 / 乌鲁木齐市人口普查办公室编 .—乌鲁木齐：新疆人民出版社，2002.10.—231 页；30cm

C924.25/2002c　新疆维吾尔自治区 2000 年人口普查资料 . 哈密卷 / 哈密地区人口普查办公室编 .—乌鲁木齐：新疆人民出版社，2002.12.—475 页；26cm

C924.25/20032　新疆维吾尔自治区 2000 年人口普查资料 . 吐鲁番卷 / 吐鲁番地区人口普查办公室编 .—乌鲁木齐：新疆人民出版社，2003.2.—843 页；26cm

C924.25/20033　2000 人口普查分县资料 / 国务院人口普查办公室，国家统计局人口和社会科技统计司编 .—北京：中国统计出版社，2003.3.—947 页；30cm

C924.25/20075　2005 年新疆维吾尔自治区 1% 人口抽样调查资料 / 新疆维吾尔自治区 1% 人口抽样调查领导小组办公室，新疆维吾尔自治区统计局人口和社会科技统计处编 .—北京：中国统计出版社，2007.5.—981 页；30cm

C924.25/20124　中国 2010 年人口普查资料 / 国务院人口普查办公室，国家统计局人口和就业统计司编 .—北京：中国统计出版社，2012.4.—3 册（2403 页）；30cm

C924.25/2012a　新疆生产建设兵团 2010 年人口普查暨调查资料 / 新疆生产建设兵团第六次全国人口普查暨人口统计调查办公室编 .—北京：中国统计出版社，2012.10.—2 册 (1095 页)；30cm

C924.25/2012b　乌鲁木齐市 2010 年人口普查资料 / 乌鲁木齐市人民政府第六次全国人口普查领导小组办公室编 .—2012.11.—2 册（906 页）；29cm

C924.25/20135　新疆生产建设兵团 2010 年人口普查暨调查重点研究课题专辑 / 新疆生产建设兵团第六次全国人口普查暨人口统计调查办公室编 .—五家渠：新疆生产建设兵团出版社，2013.5.—528 页；26cm

C924.36/20047　中亚人口问题研究 / 吴宏伟著 .—北京：中央民族大学出版社，2004.7.—322 页；20cm

C924.5/2011　新疆维吾尔自治区第六次全国人口普查课题汇编：2010/ 新疆维吾尔自治区人口普查办公室编 .—2011.—666 页；29cm

C928/874　计划生育文件汇编 / 新疆生产建设兵团计划生育委员会编 .—1987.4.—114

页；20cm

C93 管理学

C931.46/2012c 秘苑耕耘感悟录 / 满宗洲著 .—五家渠：新疆生产建设兵团出版社，2012.12.—178 页；21cm

C95 民族学、文化人类学

C95/958 锡伯族百科全书 / 贺灵主编 .—乌鲁木齐：新疆人民出版社，1995.8.—563 页；26cm

C95/967 新疆民族关系研究 / 尹筑光，茆永福主编 .—乌鲁木齐：新疆人民出版社，1996.7.—310 页；20cm.—新疆民族研究丛书

C95/20097 跨国民族理论问题综论 / 马曼丽，张树青著 .—北京：民族出版社，2009.7.—220 页；23cm

C95-53/2002a 马长寿民族学论集 / 马长寿著；周伟洲编 .—北京：人民出版社，2002.10.—478 页；20cm

C95-53/20056 民族理论论集：第八次全国民族理论研讨会论文集 / 伍精华，杨建新主编 .—北京：民族出版社，2005.6.—579 页；20cm

C95-53/20065 民族研究文集 . 国际学术交流卷 / 丁宏主编 .—北京：中央民族大学出版社，2006.5.—589 页；21cm

C95-53/20065 民族研究文集 . 文化 · 民族 · 民俗 · 考古卷 / 王晓莉主编 .—北京：中央民族大学出版社，2006.5.—774 页；21cm

C95-53/20066 民族研究文集 . 学科建设与应用研究卷 / 张海洋主编 .—北京：中央民族大学出版社，2006.6.—638 页；21cm

C955.2/20075 民族研究文选 . 四 / 谷苞著 .—兰州：兰州大学出版社，2007.5.—257 页；21cm

C956-67/95b 心连心：国务院第二次全国民族团结进步表彰大会新疆典型事迹材料专辑 / 齐文礼主编 .—乌鲁木齐：新疆人民出版社，1995.11.—368 页；20cm

C96 人才学

C96/20049 新疆生产建设兵团引进国外智力资料选编 / 新疆生产建设兵团外国专家局编 .—2004.9.—232 页；20cm

C962/933 专业技术职务评聘工作经常化文件汇编 . 三 / 新疆生产建设兵团职称改革工作领导小组办公室编 .—1993.3.—77 页；20cm

C962/95c 专业技术职务评聘工作经常化文件汇编 . 六 / 新疆生产建设兵团职称改革工作领导小组办公室编 .—1995.12.—209 页；20cm

C962/976 专业技术职务评聘工作经常化文件汇编 . 七 / 新疆生产建设兵团职称改革工作领导小组办公室编 .—1997.6.—111 页；20cm

C962/97a 新疆生产建设兵团职称改革工作十周年论文经验汇编 / 新疆生产建设兵团职称改革工作领导小组办公室编 .—1997.10.—103 页；20cm

C964/92 石河子市科教文卫专业人才流失调查研究 / 石河子市人大常委会科教文卫委员会课题组 .—1992.—61 页；26cm

C964/2000b 新疆生产建设兵团人才资源开发战略研究 /《新疆生产建设兵团人才资源开发战略研究》课题组编 .—2000.11.—164 页；26cm

C97 劳动科学

C975/98b 专业技术职务评聘工作文件选编 . 一：1986.1—1998.6/ 新疆生产建设兵团人事局，新疆生产建设兵团职称改革工作领导小组办公室编 .—1998.11.—861 页；20cm

C975/20065　兵团职业技能鉴定工作文件汇编 / 兵团职业技能鉴定中心编 .—2006.5.—534 页；20cm

D　政治、法律

D0　政治学、政治理论

D0/20057　中国边疆政治学 / 吴楚克著 .—北京：中央民族大学出版社，2005.7.—375 页；21cm

D06/884　民族理论与民族政策概要 / 吴铉洙主编 .—沈阳：辽宁民族出版社，1988.4.—332 页；20cm

D06/20005　泛突厥主义文化透视 / 陈延琪，潘志平主编 .—乌鲁木齐：新疆人民出版社，2000.5.—147 页；20cm

D2　中国共产党

D20/20076　兵团干部培训百期纪念 /《兵团干部培训》编委会编 .—2007.6.—232 页；26cm

D224.5/88a　中国共产党新疆生产建设兵团农一师第六次代表大会文件汇编 / 大会秘书处编 .—1988.10.—1 册；26cm

D224.5/20013　发展壮大农六师 致富职工群众：农六师党委“两会”及“十五”计划《纲要》和思想政治工作会议精神学习问答 / 农六师党委宣传部，农六师党校编 .—2001.3.—34 页；20cm

D224.5/20018　中国共产党农六师第八次代表大会文件材料汇编 / 农六师党委办公室，农六师党委组织部编 .—2001.8.—257 页；26cm

D224.5/2006c　中国共产党农六师五家渠市第九次代表大会文件材料汇编 / 农六师五家渠市党委办公室编 .—2006.12.—247 页；26cm

D224.54/2009b　中国共产党沙湾县历次代表大会文件选编 / 中共沙湾县委史志办编 .—五家渠：新疆生产建设兵团出版社，2009.11.—657 页；26cm

D229/2007b　学习宣传贯彻党的十七大精神简明读本 / 农六师五家渠市党委组织部，农六师五家渠市党委党校编 .—2007.11.—18 页；19cm

D229/20086　中国共产党新疆生产建设兵团第六次代表大会精神学习读本 / 兵团党委组织部，兵团党委宣传部，兵团党委党校编 .—五家渠：新疆生产建设兵团出版社，2008.6.—112 页；20cm

D23/88a　中共塔城地区党史年鉴：1986/ 中共塔城地委党史资料征集小组编 .—1988.10.—263 页；20cm

D23/904　新疆冤狱始末 /《新疆冤狱始末》编写组编 .—北京：中国青年出版社，1990.4.—387 页；20cm

D23/905　新疆和平解放 / 中共新疆维吾尔自治区委员会党史工作委员会，中国人民解放军新疆军区政治部编 .—乌鲁木齐：新疆人民出版社，1990.5.—495 页；20cm

D23/907　中国共产党昌吉市历史大事记 / 中共昌吉市委员会党史工作委员会编 .—乌鲁木齐：新疆人民出版社，1990.7.—212 页；20cm

D23/911　中国共产党昌吉回族自治州历史大事记：1949.10—1985.12/ 中共昌吉回族自治州委员会党史工作委员会编 .—乌鲁木齐：新疆人民出版社，1991.1.—284 页；20cm

D23/92c　中国共产党阜康县历史大事记：1949 年 10 月—1990 年 12 月 / 中共阜康县委党史地方志编纂委员会编 .—阜康：新疆阜康县印刷厂，1992.12.—109 页；20cm

D23/962　中国共产党托里县历史大事记：1949.10—1992.9/ 中共托里县委党史工作委

员会编 .—乌鲁木齐：新疆人民出版社，1996.2.—159 页；20cm

D23/97a　中国共产党伊犁地区历史大事记：1949—1996/ 中共伊犁地委党史工作委员会编 .—乌鲁木齐：新疆大学出版社，1997.10.—455 页；20cm

D23/984　中国共产党奎屯市历史大事记：1949.10—1995.12/ 中共奎屯市委史志工作领导小组办公室编 .—乌鲁木齐：新疆人民出版社，1998.4.—298 页；20cm

D23/989　中共乌苏县历次党代会资料 / 乌苏县档案馆编 .—乌鲁木齐：新疆人民出版社，1998.9.—499 页；20cm

D23/2000c　中共党史之最 / 伊犁州党委组织部，伊犁州党委党史研究室编 .—伊宁：伊犁日报印刷厂，2000.12.—275 页；20cm

D23/2004c　中国共产党农十三师历史大事记：1949.1—2004.6/ 农十三师史志办公室编 .—乌鲁木齐：新疆人民出版社，2004.12.—301 页；16cm.—新疆生产建设兵团史志丛书

D23/20057　中国共产党托里县历史大事记（续）：1992.1—2004.12/ 中共托里县委党史工作委员会编 .—昌吉：新疆金版印务有限公司，2005.7.—288 页；20cm

D23/20059　纵论兵团党的建设 / 吴珍著 .—乌鲁木齐：新疆青少年出版社，2005.9.—226 页；20cm

D235/84a　中共新疆生产建设兵团党史大事记：征求意见稿 / 兵团党史资料征集委员会办公室编 .—1984.11.—142 页；26cm

D235/881　中国共产党新疆维吾尔自治区鄯善县组织史资料：1949 年 10 月—1987 年 10 月 / 中共鄯善县委员会组织部，中共鄯善县委党史办公室，鄯善县档案局编 .—乌鲁木齐：新疆人民出版社，1988.1.—260 页；26cm

D235/886　中国共产党新疆维吾尔自治区木垒哈萨克自治县组织史资料：1949—1987/ 中共木垒哈萨克自治县委组织部，中共木垒哈萨克自治县委史志办公室，木垒哈萨克自治县档案局编 .—1988.6.—174 页；26cm

D235/897　中国共产党新疆维吾尔自治区阜康县组织史资料：1949 年 10 月—1987 年 10 月 / 中共阜康县委组织部，中共阜康县委党史办公室，阜康县档案局编 .—阜康：阜康县印刷厂，1989.7.—247 页；26cm

D235/897　中国共产党新疆维吾尔自治区伊吾县组织史资料：1949.10—1987.10/ 中共伊吾县委员会组织部，中共伊吾县委员会党史办公室，伊吾县档案馆编 .—乌鲁木齐：新疆人民出版社，1989.7.—328 页；26cm

D235/89c　中国共产党新疆维吾尔自治区吉木萨尔县组织史资料：1949 年 10 月—1987 年 12 月 / 中共吉木萨尔县委组织部，中共吉木萨尔县委党史办公室，吉木萨尔县档案局编 .—阜康：阜康县印刷厂，1989.12.—215 页；20cm

D235/90c　中国共产党新疆维吾尔自治区博尔塔拉蒙古自治州组织史资料：1949 年 10 月—1987 年 10 月 / 中共博尔塔拉蒙古自治州委组织部，中共博尔塔拉蒙古自治州委党史委，博尔塔拉蒙古自治州档案局编 .—乌鲁木齐：新疆人民出版社，1990.12.—454 页；26cm

D235/913　中国共产党新疆维吾尔自治区吐鲁番地区组织史资料：1949 年 10 月—1987 年 12 月 / 中共吐鲁番地区委员会组织部，中共吐鲁番地区委员会党史办公室，吐鲁番地区行政公署档案处编 .—乌鲁木齐：新疆人民出版社，1991.3.—180 页；26cm

D235/916　中国共产党新疆维吾尔自治区奇台县组织史资料：1949—1987/ 中共奇台县委组织部，中共奇台县委史志办，奇

台县档案局编 .—阜康：阜康县印刷厂，1991.6.—188 页；20cm

D235/918　中国共产党新疆维吾尔自治区拜城县组织史资料：1949.10—1987.10/ 中共拜城县委组织部，中共拜城县委党史办公室，拜城县人民政府档案局编 .—阿克苏：新疆阿克苏飞达印刷厂，1991.8.—330 页；26cm

D235/91a　中国共产党新疆维吾尔自治区博乐市组织史资料：1949 年 10 月—1987 年 10 月 / 中共博乐市委员会组织部，中共博乐市委员会党史办公室，博乐市档案局编 .—乌鲁木齐：新疆人民出版社，1991.10.—429 页；26cm

D235/92　中国共产党新疆生产建设兵团农业建设第四师组织史资料：1954.10—1998.12/ 中共新疆生产建设兵团农业建设第四师党办室，中共新疆生产建设兵团农业建设第四师组织处编 .—1992.—507 页；26cm

D235/923　中国共产党新疆维吾尔自治区和静县组织史资料：1949—1987/ 中共和静县委组织部，中共和静县委党史办，和静县档案局编 .—乌鲁木齐：新疆人民出版社，1992.3.—475 页；26cm

D235/927　中国共产党新疆维吾尔自治区乌苏县组织史资料：1949—1987/ 中共乌苏县委组织部，中共乌苏县委党史办公室，乌苏县档案馆编 .—乌苏：乌苏县印刷厂，1992.7.—577 页；26cm

D235/928　中国共产党新疆维吾尔自治区气象局组织史资料：1949—1987/ 新疆维吾尔自治区气象局史志办公室编 .—1992.8.—258 页；26cm

D235/928　中国共产党新疆维吾尔自治区伊犁哈萨克自治州塔城地区组织史资料：1949.10—1987.10/ 中共塔城地委组织部，中共塔城地委党史办，塔城地区档案处（馆）编 .—无锡：无锡市教育印刷厂，1992.8.—387 页；26cm

D235/932　中国共产党新疆维吾尔自治区和田地区组织史资料 / 中共和田地区委员会组织部，中共和田地区委员会党史办公室，和田地区档案馆编 .—乌鲁木齐：新疆人民出版社，1993.2.—514 页；26cm

D235/934　中国共产党新疆维吾尔自治区伊犁哈萨克自治州阿勒泰地区组织史资料：1949—1987/ 中共阿勒泰地区委员会组织部，中共阿勒泰地区委员会党史办公室，阿勒泰地区档案局编 .—乌鲁木齐：新疆人民出版社，1993.4.—486 页；26cm

D235/937　中国共产党新疆维吾尔自治区伊犁哈萨克自治州奎屯市组织史资料：1975.9—1987.10/ 中共奎屯市委组织部，中共奎屯市委党史办，奎屯市档案馆编 .—乌鲁木齐：新疆人民出版社，1993.7.—234 页；26cm

D235/93c　中国共产党新疆维吾尔自治区伊犁哈萨克自治州组织史资料：1949.10—1987.10/ 中共伊犁哈萨克自治州委员会组织部，中共伊犁哈萨克自治州委员会党史委，伊犁哈萨克自治州档案局编 .—乌鲁木齐：新疆人民出版社，1993.12.—412 页；26cm

D235/945　中国共产党新疆维吾尔自治区巴音郭楞蒙古自治州组织史资料 / 中共巴音郭楞蒙古自治州委员会组织部，中共巴音郭楞蒙古自治州党史工作委员会，巴音郭楞蒙古自治州档案局编 .—北京：当代中国出版社，1994.5.—595 页；26cm

D235/947　中国共产党新疆维吾尔自治区巴里坤哈萨克自治县组织史资料：1949 年 10 月—1987 年 12 月 / 中共巴里坤哈萨克自治县委组织部，中共巴里坤哈萨克自治县委史志办，巴里坤哈萨克自治县档案局编 .—乌鲁木齐：新疆人民出版社，1994.7.—335 页；26cm

D235/94b　中国共产党新疆维吾尔自治区托里县组织史资料：1949 年 10 月—1987 年

10月／中共托里县委组织部，中共托里县委党史办，托里县档案馆编 .—无锡：无锡市教育印刷厂，1994.11.—292 页；26cm

D235/94c　中国共产党新疆维吾尔自治区伊犁哈萨克自治州直属企事业单位组织史资料：1949.10—1987.10/ 伊犁州党委组织部，伊犁州党委党史委，伊犁州档案局（馆）编 .—乌鲁木齐：新疆人民出版社，1994.12.—240 页；26cm

D235/954　中国共产党新疆维吾尔自治区乌鲁木齐市组织史资料：1949—1987/ 中共乌鲁木齐市委组织部，中共乌鲁木齐市委党史工作委员会，乌鲁木齐市档案局编 .—北京：中共党史出版社，1995.4.—695 页；26cm

D235/95a　中国共产党乌鲁木齐市天山区组织史资料：1949.10—1987.12/ 中共乌鲁木齐市天山区委组织部，中共乌鲁木齐市天山区委党史办公室，乌鲁木齐市天山区档案馆编 .—北京：中共党史出版社，1995.10.—243 页；26cm

D235/964　中国共产党乌苏县历史大事记：一九四九年十月——九九二年九月／乌苏县党史地方志编纂委员会编 .—乌鲁木齐：新疆人民出版社，1996.4.—254 页；20cm

D235/96c　中国共产党乌鲁木齐市水磨沟区组织史资料 . 第一卷：1956.5—1987.12/ 中共乌鲁木齐市水磨沟区委组织部，中共乌鲁木齐市水磨沟区委党史办公室，中共乌鲁木齐市水磨沟区档案局编 .—乌鲁木齐：乌鲁木齐福利印刷厂，1996.12.—136 页；26cm

D235/96c　中国共产党新疆维吾尔自治区乌鲁木齐县组织史资料 . 第一卷／中共乌鲁木齐县委组织部，中共乌鲁木齐县委党史办，乌鲁木齐县档案局编 .—乌鲁木齐：乌鲁木齐福利印刷厂，1996.12.—339 页；26cm

D235/97c　中国共产党乌鲁木齐市南山矿区组织史资料 . 第一卷／中共乌鲁木齐市南山矿区组织部，中共乌鲁木齐市南山矿区史志办公室，乌鲁木齐市南山矿区档案室编 .—乌鲁木齐：新疆人民出版社，1997.12.—161 页；26cm

D235/97c　中国共产党塔里木农垦大学组织史资料：1958.10—1997.12/ 塔里木农垦大学党委组织部编 .—1997.12.—68 页；20cm

D235/981　中国共产党新疆维吾尔自治区岳普湖县组织史资料：1987.10—1997.11/ 中共岳普湖县组织史编纂小组编 .—乌鲁木齐：新疆人民出版社，1998.1.—200 页；26cm

D235/986　中国共产党新疆生产建设兵团农八师一四九团场组织史资料：1958—1996/ 新疆生产建设兵团农八师一四九团场史志编纂委员会编 .—乌鲁木齐：新疆人民出版社，1998.6.—363 页；26cm

D235/987　中国共产党伊犁哈萨克自治州历史大事记：1949.10—1992.12/ 中共伊犁哈萨克自治州委员会党史委编 .—乌鲁木齐：新疆人民出版社，1998.7.—2 册（592 页）；20cm

D235/987　中国共产党巴里坤哈萨克自治县历史大事记：1949.10—1997.12/ 中共巴里坤哈萨克自治县委党史工作委员会编 .—1998.7.—153 页；20cm

D235/98b　中国共产党新疆生产建设兵团农八师一四一团场组织史资料：1958.5—1998.5/ 新疆生产建设兵团农八师一四一团场史志编纂委员会编 .—乌鲁木齐：新疆人民出版社，1998.11.—176 页；26cm

D235/99c　拨乱反正／中共新疆维吾尔自治区委员会党史研究室编 .—乌鲁木齐：新疆新都印刷厂，1999.12.—454 页；20cm.—中国共产党历史资料丛书

D235/20015　中国共产党玛纳斯县简史／中共玛纳斯县委员会党史办公室著 .—乌鲁木齐：新疆大学出版社，2001.5.—181 页；

20cm.—中共新疆地方史丛书

D235/20023　中国共产党新疆生产建设兵团农八师一四七团组织史资料 一四七团历史大事记：1952.6—2000.12/ 兵团农八师一四七团史志编纂委员会编 .—乌鲁木齐：新疆彩印胶印厂，2002.3.—481 页；26cm.—新疆生产建设兵团史志丛书

D235/20027　中国共产党和田地区历史大事记：1949.10—2001.12/ 赵文定主编 .—乌鲁木齐：新疆人民出版社，2002.7.—472 页；20cm

D235/20031　中国共产党新疆生产建设兵团农八师 新疆维吾尔自治区石河子市石河子总场北泉镇组织史资料：1950.1—2001.12/ 石河子总场北泉镇党史编纂委员会 .—乌鲁木齐：新疆工业高等专科学校印刷厂，2003.1.—775 页；26cm

D235/20039　中国共产党十三团组织史资料 / 新疆生产建设兵团农一师十三团史志编纂领导小组编 .—乌鲁木齐：新疆人民出版社，2003.9.—585 页；26cm

D235/20046　中国共产党巴里坤哈萨克自治县简史 / 中共巴里坤哈萨克自治县委员会党史工作委员会办公室著 .—乌鲁木齐：新疆科学技术出版社，2004.6.—287 页；20cm.—中共新疆地方史丛书

D235/2004a　中共新疆维吾尔自治区洛浦县组织史资料 . 第二卷 / 洛浦县委史志办编 .—乌鲁木齐：新疆美术摄影出版社，2004.10.—354 页；26cm

D235/2004c　中国共产党巴楚县简史 / 中共巴楚县委员会史志办公室编 .—乌鲁木齐：新疆人民出版社，2004.12.—231 页；20cm.—中共新疆地方史丛书

D235/20053　中国共产党石河子大学组织史资料：1987.3—2002.12/ 中共石河子大学委员会组织部，石河子大学档案馆编 .—石河子：石河子大学印刷厂，2005.3.—234 页；26cm

D235/20054　中国共产党博湖县简史 / 中共博湖县委党史工作委员会办公室编 .—乌鲁木齐：新疆人民出版社，2005.4.—263 页；20cm.—中共新疆地方史丛书

D235/20057　中国共产党新疆生产建设兵团组织史资料 . 第二卷：1987.11—2001.12/ 中共新疆生产建设兵团委员会组织部，中共新疆生产建设兵团委员会党史研究室编 .—乌鲁木齐：新疆人民出版社，2005.7.—623 页；26cm

D235/20059　中国共产党新疆历史大事记：1992.1—2002.12/ 中共新疆维吾尔自治区委员会党史研究室编 .—乌鲁木齐：新疆人民出版社，2005.9.—459 页；20cm

D235/20059　中国共产党四团组织史资料 / 农一师四团史志办公室编 .—乌鲁木齐：新疆人民出版社，2005.9.—349 页；26cm.—新疆生产建设兵团农一师史志丛书

D235/2005a　中国共产党十六团组织史资料 / 农一师十六团史志编纂委员会编 .—乌鲁木齐：新疆人民出版社，2005.10.—716 页；26cm.—新疆生产建设兵团农一师史志丛书

D235/2005b　中国共产党十五团组织史资料 / 农一师十五团史志办编 .—乌鲁木齐：新疆人民出版社，2005.11.—439 页；26cm.—新疆生产建设兵团农一师史志丛书

D235/2005c　中国共产党麦盖提县简史 /《中国共产党麦盖提县简史》编纂委员会编 .—乌鲁木齐：新疆人民出版社，2005.12.—459 页；20cm.—中共新疆地方史丛书

D235/2005c　中国共产党八团组织史资料 / 农一师八团史志办编 .—乌鲁木齐：新疆人民出版社，2005.12.—526 页；26cm.—新疆生产建设兵团农一师史志丛书

D235/20063　中国共产党博乐市简史 / 中共博乐市委员会党史研究室编著 .—乌鲁木齐：新疆科学技术出版社，2006.3.—376 页；20cm.—中共新疆地方史丛书

D235/20065　为了新疆解放 /《为了新疆解放》编委会编 .—乌鲁木齐: 新疆人民出版社，2006.5.—230 页；20cm

D235/20068　中国共产党新疆维吾尔自治区巴音郭楞蒙古自治州若羌县组织史资料 . 第二卷：1987.11—2001.8/ 中共新疆维吾尔自治区巴音郭楞蒙古自治州若羌县委员会组织部编 .—乌鲁木齐：乌鲁木齐新鲁印刷商务中心，2006.8.—266 页；26cm

D235/20068　中国共产党农一师五团组织史资料 / 农一师五团史志编纂委员会编 .—乌鲁木齐：新疆人民出版社，2006.8.—439 页；26cm.—新疆生产建设兵团农一师史志丛书

D235/2006a　中国共产党沙湾县简史 / 中共沙湾县委员会史志办公室编著 .—乌鲁木齐：新疆人民出版社，2006.10.—376 页；20cm.—中共新疆地方史丛书

D235/2006a　中国共产党喀什地区简史 / 中共喀什地委党史地方志办公室编 .—乌鲁木齐：新疆人民出版社，2006.10.—443 页；20cm.—中共新疆地方史丛书

D235/2006b　中国共产党吉木萨尔县简史 / 中共吉木萨尔县委员会史志办著 .—乌鲁木齐：新疆人民出版社，2006.11.—474 页；20cm.—中共新疆地方史丛书

D235/2006c　中国共产党尉犁县简史 / 中共尉犁县委党史工作委员会办公室编著 .—乌鲁木齐：新疆人民出版社，2006.12.—394 页；20cm.—中共新疆地方史丛书

D235/2006c　中国共产党奇台县简史 /《中国共产党奇台县简史》编委会编 .—乌鲁木齐：新疆人民出版社，2006.12.—337 页；20cm.—中共新疆地方史丛书

D235/20073　中国共产党伊犁执政纪实：2007/ 中共伊犁哈萨克自治州委员会党史研究室编 .—乌鲁木齐：新疆人民出版社，2007.3.—403 页；26cm

D235/20074　中国共产党米泉市简史 /《中国共产党县米泉市简史》编委会编 .—乌鲁木齐：新疆人民出版社，2007.4.—259 页；20cm.—中共新疆地方史丛书

D235/20077　中国共产党和布克赛尔蒙古自治县历史大事记 / 中共和布克赛尔蒙古自治县委党史工作委员会办公室编 .—乌鲁木齐：新疆人民出版社，2007.7.—422 页；20cm.—中共新疆地方史志丛书

D235/2007b　中国共产党新疆兵团农六师五家渠市一〇一团组织史资料：1949.10—2002.12/ 一〇一团史志编纂委员会编 .—五家渠：新疆新盛美印刷有限公司，2007.11.—334 页；26cm.—新疆生产建设兵团史志丛书

D235/20082　中国共产党十四团组织史资料 / 农一师十四团史志编纂委员会编 .—乌鲁木齐：新疆人民出版社，2008.2.—520 页；26cm.—新疆生产建设兵团农一师史志丛书

D235/20083　中国共产党二团组织史资料 / 农一师二团史志编纂委员会编 .—乌鲁木齐：新疆人民出版社，2008.3.—567 页；26cm.—新疆生产建设兵团农一师史志丛书

D235/2008a　中国共产党沙井子灌区水利管理处组织史资料 · 历史大事记 / 沙井子水利管理处史志编纂委员会编 .—乌鲁木齐：新疆人民出版社，2008.10.—204 页；26cm

D235/2008b　中国共产党六团组织史资料 / 农一师六团史志编纂委员会编 .—乌鲁木齐：新疆人民出版社，2008.11.—583 页；26cm.—新疆生产建设兵团农一师史志丛书

D235/20099　新疆农垦科学院大事记 中共新疆农垦科学院组织史资料 / 新疆农垦科学院史志编纂委员会编 .—五家渠：新疆生产建设兵团出版社，2009.9.—323 页；26cm

D235.4/2011c　中共农八师石河子市历史大事记 / 农八师石河子市党史（地方志）办公室编 .—五家渠：新疆生产建设兵团出版社，

2011.12.—234 页；29cm

D235.45/909　中国共产党新疆维吾尔自治区组织史资料：上报本：1937—1987/ 中共新疆维吾尔自治区委员会组织部，中共新疆维吾尔自治区委员会党史工作委员会，新疆维吾尔自治区档案局编 .—乌鲁木齐：乌鲁木齐福利印刷厂，1990.9.—377 页；26cm

D235.45/915　中国共产党新疆维吾尔自治区商业厅组织史资料：1949.12—1989.12/ 商业厅政治处编 .—乌鲁木齐：乌鲁木齐福利印刷厂，1991.5.—110 页；24cm

D235.45/968　中国共产党新疆维吾尔自治区组织史资料：1937—1987/ 中共新疆维吾尔自治区委员会组织部，中共新疆维吾尔自治区委员会党史研究室，新疆维吾尔自治区档案局编 .—北京：中共党史出版社，1996.8.—1324 页；26cm

D235.45/986　中国共产党新疆生产建设兵团农八师一三二团场组织史资料、一三二团场历史大事记：1958 年 1 月—1997 年 12 月 / 农八师一三二团场史志编纂委员会编 .—乌鲁木齐：新疆人民出版社，1998.6.—328 页；20cm

D235.45/996　中共新疆地方史：1937—1966 年 4 月 / 中共新疆维吾尔自治区委员会党史研究室著 .—乌鲁木齐：新疆人民出版社，1999.6.—402 页；20cm

D235.45/20016　中国共产党新疆历史大事记：1949.10—1966.4. 上 / 中共新疆维吾尔自治区委员会党史委，中共新疆维吾尔自治区委员会党校 .—乌鲁木齐：新疆人民出版社，2001.6.—304 页；20cm

D235.45/20045　中国共产党十一团组织史资料 / 中共十一团党史资料编纂委员会编 .—乌鲁木齐：新疆人民出版社，2004.5.—518 页；26cm.—新疆生产建设兵团农一师史志丛书

D235.45/20081　史海泛舟硕果新姿：新疆维吾尔自治区党史系统 25 年成果目录汇编 / 中共新疆维吾尔自治区委员会党史研究室编 .—乌鲁木齐：新疆人民出版社，2008.1.—486 页；20cm

D235.45/2009a　中国共产党和静县历史大事记：1991.1—2008.12/《中国共产党和静县历史大事记》编撰工作小组 .—乌鲁木齐：新疆人民出版社，2009.10.—297 页；20cm

D235.45/2009b　中国共产党一团组织史资料 / 中共一团党史资料编纂委员会编 .—乌鲁木齐：新疆人民出版社，2009.11.—830 页；26cm.—新疆生产建设兵团农一师史志丛书

D235.45/2010b　中共精河县历史大事记：1991—2009/ 中共精河县委员会党史研究室编 .—五家渠：新疆生产建设兵团出版社，2010.11.—2 册（419 页）；20cm

D235.45/2010c　中国共产党呼图壁县历史大事记：1949—2010/ 中国共产党呼图壁县委员会党史研究室，呼图壁县档案局（馆）编 .—五家渠：新疆生产建设兵团出版社，2010.12.—418 页；20cm

D235.45/20115　中国共产党额敏县简史 / 中共额敏县委员会党史研究室编 .—五家渠：新疆生产建设兵团出版社，2011.5.—403 页；20cm

D235.45/20116　中国共产党乌鲁木齐县简史 / 中共乌鲁木齐县委员会党史研究室编 .—五家渠：新疆生产建设兵团出版社，2011.6.—248 页；24cm

D235.45/2011c　中国共产党新疆维吾尔自治区博乐市组织史资料 . 第二卷：1978.12—2008.12/ 中共博乐市委员会组织部，中共博乐市委员会党史研究室编 .—乌鲁木齐：新疆人民出版社，2011.12.—460 页；26cm

D235.453/20104　中国共产党克拉玛依市新疆石油管理局历史大事记：1997—2007/ 中国共产党克拉玛依市新疆油田公司委员会

史志办公室 .—乌鲁木齐：新疆人民出版社，2010.4.—370 页；21cm

D24/20124　新疆生产建设兵团贯彻中央新疆工作座谈会精神大事记：2010.3—2012.3/ 新疆生产建设兵团党委办公厅，新疆生产建设兵团办公厅编 .—五家渠：新疆生产建设兵团出版社，2012.4.—329 页；23cm

D25/20098　新疆党的执政能力与民族工作研究 / 杨发仁著 .—乌鲁木齐：新疆人民出版社，2009.8.—281 页；21cm

D253/20028　中国共产党九团组织史资料 / 新疆生产建设兵团农一师九团史志办编 .—乌鲁木齐：新疆人民出版社，2002.8.—349 页；26cm.—新疆生产建设兵团农一师史志丛书

D26/912　新疆维吾尔自治区党建学会文集 / 新疆维吾尔自治区党建学会编 .—1991.2.—238 页；20cm

D26/935　新疆党建目标管理试点工作材料选编 / 中共新疆维吾尔自治区委员会组织部编 .—1993.5.—175 页；20cm

D26/956　新疆维吾尔自治区党建研究会文集 . 三 / 新疆维吾尔自治区党建研究会编 .—乌鲁木齐：[印刷者不详]，1995.6.—252 页；20cm

D26/963　党员“双学”200 题 / 中共新疆生产建设兵团委员会组织部编 .—1996.3.—30 页；20cm

D26/973　中共新疆生产建设兵团委员会关于进一步加强和改革兵团国有工交建商企业党的建设工作的若干规定（试行）/ 新疆生产建设兵团党委组织部编 .—1997.3.—29 页；20cm

D26/20002　辉煌的 80 年：纪念建党 80 周年论文集 / 新疆生产建设兵团党委宣传部理论处编 .—乌鲁木齐：新疆人民出版社，2000.2.—574 页；20cm

D26/20008　兵团“三讲”教育辅导材料 . 第二期 / 兵团党委宣传部编 .—2000.8.—131 页；26cm

D26/20008　兵团党委“三讲”教育文件汇编 / 兵团“三讲”教育领导小组办公室编 .—2000.8.—203 页；26cm

D26/2000c　兵团党风廉政建设相关规范性文件选编：1993—2000/ 中共新疆生产建设兵团纪律检查委员会，新疆生产建设兵团监察局编 .—乌鲁木齐：新疆兵团印刷厂，2000.12.—383 页；20cm

D26/20015　八十年历程光辉灿烂 屯垦戍边伟业宏图再展：纪念中国共产党成立 80 周年党的知识和兵团“十五”计划《纲要》学习竞赛 500 题 / 中共新疆生产建设兵团直属单位工作委员会编 .—2001.5.—111 页；20cm

D26/20016　党风廉政教育散笔 / 马根科著 .—乌鲁木齐：新疆人民出版社，2001.6 .—238 页；20cm

D26/2001a　兵团党员领导干部党性教育读本 / 兵团党委党校兵团行政学院培训部研究室编 .—五家渠：五家渠印刷厂，2001.10.—135 页；20cm

D26/2001b　农八师农牧团场连队党员、干部“三个代表”重要思想学习资料汇编 / 农八师石河子市党委组织部编 .—2001.11.—274 页；20cm

D26/20021　探索与创新：纪念中国共产党成立八十周年反腐倡廉理论研讨会论文选编 / 兵团纪律检查委员会，兵团监察局编 .—乌鲁木齐：新疆兵团印刷厂，2002.1.—412 页；20cm

D26/20031　兵团党员领导干部入学教育读本 / 兵团党委党校兵团行政学院培训部研究室编 .—五家渠：五家渠印刷厂，2003.1.—149 页；20cm

D26/20043　党支部工作实用手册 / 中共农

六师五家渠市直属单位工作委员会编.—2004.3.—99 页；20cm

D26/20047 党建工作创新经验材料汇编 / 中共新疆兵团农八师一四八团委员会编.—2004.7.—157 页；26cm

D26/20047 兵团党风廉政教育学习资料 / 新疆生产建设兵团纪律检查委员会，新疆生产建设兵团政法委，新疆生产建设兵团党委宣传部编.—2004.7.—120 页；26cm

D26/2004a 走向希望的明天 / 新疆维吾尔自治区党委宣传部，新疆维吾尔自治区就业工作领导小组办公室编.—乌鲁木齐：新疆人民出版社，2004.10.—223 页；20cm

D26/2005 兵团保持共产党员先进性教育学习百题 / 兵团党委保持共产党员先进性教育活动领导小组办公室编.—2005.—32 页；20cm

D26/2005 阿克苏党建.2005 年第 2 期 / 中共阿克苏地委组织部，阿克苏地区党建研究会.—2005.—40 页；26cm

D26/2005 阿克苏党建.2005 年第 3 期 / 中共阿克苏地委组织部，阿克苏地区党建研究会.—2005.—40 页；26cm

D26/2005 阿克苏党建.2005 年第 4 期 / 中共阿克苏地委组织部，阿克苏地区党建研究会.—2005.—40 页；26cm

D26/2005 阿克苏党建.2005 年第 5 期 / 中共阿克苏地委组织部，阿克苏地区党建研究会.—2005.—40 页；26cm

D26/2005 阿克苏党建.2005 年第 5 期增刊 / 中共阿克苏地委组织部，阿克苏地区党建研究会.—2005.—40 页；26cm

D26/2005 阿克苏党建.2005 年第 6 期 / 中共阿克苏地委组织部，阿克苏地区党建研究会.—2005.—40 页；26cm

D26/2005 阿克苏党建.2005 年第 8 期 / 中共阿克苏地委组织部，阿克苏地区党建研究会.—2005.—40 页；26cm

D26/2005 兵团保持共产党员先进性教育学习资料汇编.一 / 兵团党委保持共产党员先进性教育活动领导小组办公室编.—2005.—172 页；20cm

D26/2005 兵团保持共产党员先进性教育学习资料汇编.二 / 兵团党委保持共产党员先进性教育活动领导小组办公室编.—2005.—219 页；20cm

D26/2005 兵团保持共产党员先进性教育学习资料汇编.三 / 兵团党委保持共产党员先进性教育活动领导小组办公室编.—2005.—310 页；20cm

D26/2005 兵团保持共产党员先进性教育活动与党的先进性建设理论研讨会入选文章观点摘编 / 新疆生产建设兵团党委保持共产党员先进性教育活动领导小组办公室编.—2005.—118 页；20cm

D26/20051 兵团机关党建目标管理考评细则及相关规定汇集 / 兵直党工委编.—2005.1.—13 页；20cm

D26/20052 阿克苏地区先进性教育活动必读篇目重点摘录.第一辑 / 阿克苏地区先进性教育领导小组办公室编.—2005.2.—28 页；20cm

D26/20053 保持共产党员先进性教育百题问答 / 中共新疆生产建设兵团农六师委员会组织部编.—2005.3.—26 页；20cm

D26/20055 宣传思想工作文件汇编 / 中共农一师阿拉尔市委员会宣传部编.—2005.5.—342 页；20cm

D26/20057 时代先锋：农五师保持共产党员先进性教育活动先进事迹选编 / 农五师党委保持共产党员先进性教育活动领导小组办公室编.—2005.7.—205 页；20cm

D26/20057 探索 创新 实践.二 / 中共伊犁哈萨克自治州直属机关工作委员会编.—

2005.7.—137 页；20cm

D26/20057 党旗映天山 / 中共新疆维吾尔自治区委员会组织部编 .—乌鲁木齐：乌鲁木齐市钜升至美商务印刷有限公司，2005.7.—198 页；20cm

D26/20058 兵团基层组织建设经验交流材料汇编 / 兵团党委组织部编 .—2005.8.—265 页；26cm

D26/20058 农五师团场保持共产党员先进性教育活动规章制度选编 / 农五师保持共产党员先进性教育活动领导小组办公室编 .—2005.8.—129 页；16cm

D26/20058 新思路 新探索 新机制 / 中共新疆维吾尔自治区直属机关工作委员会，新疆党建研究会机关党建研究专业委员会编 .—乌鲁木齐：乌鲁木齐市奇胜印务有限公司，2005.8.—499 页；24cm

D26/2005b 农四师保持共产党员先进性教育活动与党的建设理论研讨论文选编 / 农四师党建研究会秘书处编 .—2005.11.—128 页；20cm

D26/2005c 兵团机关党建文集 / 中共新疆生产建设兵团直属机关工作委员会，兵团党建研究会机关党建研究专业委员会编 .—2005.12.—663 页；20cm

D26/2006 西北省区（兵团）第七次机关党建工作交流会论文汇编 / 中共甘肃省直属机关工作委员会编 .—2006.—169 页；20cm

D26/2006 兵团保持共产党员先进性教育活动与党的先进性建设理论研讨入选文章汇编 / 新疆生产建设兵团党委保持共产党员先进性教育活动领导小组办公室编 .—2006.—614 页；20cm

D26/20061 兵团直属机关部局领导讲党课 / 中共新疆生产建设兵团直属机关工作委员会编 .—2006.1.—526 页；20cm

D26/20061 兵团党风廉政建设和反腐工作文件与制度汇编：2001—2005/ 中共新疆生产建设兵团纪律检查委员会，新疆生产建设兵团监察局编 .—2006.1.—450 页；20cm

D26/20064 领导干部讲党课：保持共产党员先进性教育专辑 / 中共新疆维吾尔自治区直属机关工作委员会编 .—乌鲁木齐：乌鲁木齐市奇胜印务有限公司，2006.4.—440 页；21cm

D26/20066 新疆生产建设兵团党的先进性建设制度汇编 / 新疆生产建设兵团先进性教育活动领导小组办公室编 .—2006.6.—263 页；26cm

D26/20071 自治区州市、县市区、乡镇党委换届选举工作经验材料汇编 / 中共新疆维吾尔自治区委员会组织部编 .—乌鲁木齐：乌鲁木齐市精印印刷有限公司，2007.1.—241 页；20cm

D26/20074 新疆兵团贯彻落实中央四个长效机制文件有关材料汇编 / 兵团党委组织部编 .—2007.4.—112 页；26cm

D26/20076 自治区机关党建研究专委会第二次委员会议暨理论研讨会论文汇编 / 自治区机关党建研究专委会办公室编 .—2007.6.—323 页；26cm

D26/20086 新疆维吾尔自治区党建研究会 2007 年度课题研究优秀成果汇编 / 新疆维吾尔自治区党的建设研究会编 .—乌鲁木齐：乌鲁木齐大金马印务有限公司，2008.6.—404 页；26cm

D261/2007c 兵团党员领导干部入学教育读本 / 兵团党委党校培训部编 .—五家渠：新疆生产建设兵团出版社，2007.12.—285 页；20cm

D261.3/90c 党员违纪案例选编 / 中共新疆生产建设兵团纪委检查委员会编 .—1990.12.—90 页；20cm

D261.3/20018 第三个党风廉政教育月学习教育参考资料 / 新疆生产建设兵团纪委，新

疆生产建设兵团监察局编 .—2001.8.—102页；20cm

D261.3/20028　第四个党风廉政教育月学习教育参考资料 / 新疆生产建设兵团纪委，新疆生产建设兵团监察局编 .—2002.8.—288页；20cm

D261.41/20068　走向新世纪：中共昌吉州委党校建校五十周年巡礼 / 中共昌吉回族自治州委党校编 .—2006.8.—99 页；20cm

D261.41/20109　阵地与熔炉：中共新疆维吾尔自治区委员会党校建校六十周年 新疆维吾尔自治区行政学院成立十周年纪念文集 /《中共新疆维吾尔自治区委员会党校建校六十周年 新疆维吾尔自治区行政学院成立十周年纪念文集》编委会编 .—乌鲁木齐：新疆人民出版社，2010.9.—287 页；26cm

D261.41/2011c　农九师党校教育中心简史 / 郑新敏主编 .—五家渠：新疆生产建设兵团出版社，2011.12.—287 页；21cm

D261.41/20138　中共新疆生产建设兵团委员会党校，新疆生产建设兵团行政学院简志：1983—2010/ 中共新疆生产建设兵团委员会党校，新疆生产建设兵团行政学院校（院）志编纂委员会编 .—五家渠：新疆生产建设兵团出版社，2013.8.—262 页；29cm

D261.41-09/20004　农九师党校教育中心志 / 农九师史志办编著 .—乌鲁木齐：新疆人民出版社，2000.4.—262 页；20cm.—新疆生产建设兵团史志丛书

D261.5/2009c　竞争力 / 王运华主编 .—五家渠：新疆生产建设兵团出版社，2009.12.—203 页；22cm

D262/2003c　石河子组工选编：2001—2003/ 中共农八师石河子市委员会组织部，农八师石河子市人事局编 .—2003.12.—484页；20cm

D262.4/938　新编入党教材 / 中共新疆维吾尔自治区委员会组织部编 .—乌鲁木齐：新疆工人时报印刷厂，1993.8.—286 页；20cm

D262.45/916　中国共产党新疆生产建设兵团组织史资料：1954.10—1987.10/ 中共新疆生产建设兵团委员会办公厅，中共新疆生产建设兵团委员会组织部编 .—北京：中共党史出版社，1991.6.—375 页；20cm

D262.6/20017　晨钟暮鼓天地间 / 中共新疆维吾尔自治区纪律检查委员会宣传教育室编 .—乌鲁木齐：新疆人民出版社，2001.7.—177 页；24cm

D262.6/2001c　兵团纪检监察 .2001 年合订本 / 中共新疆生产建设兵团纪律检查委员会，新疆生产建设兵团监察局编 .—2001.12.—552 页；26cm

D263/853　光荣册 / 新疆生产建设兵团农六师编 .—1985.3.—79 页；20cm

D263/88a　党员违纪案例汇编：违犯外事纪律专辑 / 中共新疆维吾尔自治区委员会办公厅编 .—1988.10.—41 页；20cm

D263/897　绿洲先锋 / 中共新疆生产建设兵团农八师石河子市委员会组织部编 .—石河子：石河子印刷厂，1989.7.—201 页；20cm

D263/89b　弘扬兵团精神 发挥先锋作用：兵团荣获全国先进基层党组织、优秀党务工作者事迹汇编 / 中共新疆生产建设兵团委员会组织部编 .—1989.11.—26 页；20cm

D263/91　天山先锋：新疆维吾尔自治区先进基层党组织、优秀共产党员和优秀党务工作者经验事迹材料选编 / 中共新疆维吾尔自治区委员会组织部编 .—1991.—223 页；20cm

D263/915　先锋之歌 / 新疆维吾尔自治区党委组织部，新疆维吾尔自治区党委宣传部，新疆电视台编 .—1991.5.—192 页；20cm

D263/935　塔河先锋谱：1992/ 新疆生产建设兵团农一师党委组织部编 .—1993.5.—145页；20cm

D263/966　塔河先锋谱：1994—1995/ 新疆生产建设兵团农一师党委组织部编 .—阿克苏：阿克苏飞达印刷厂，1996.6.—198 页；20cm

D263/966　先锋的位置 / 中共新疆巴音郭楞蒙古自治州委组织部编 .—乌鲁木齐：新疆新华印刷二厂，1996.6.—221 页；20cm

D263/984　大漠骄子 . 中卷 / 唐良霜主编 .—乌鲁木齐：新疆青少年出版社，1998.4.—403 页；20cm

D263/99a　党员风采 / 苏利明，问英杰编 .—北京：新华出版社，1999.10.—208 页；20cm

D263/99a　绿洲先锋：兵团优秀共产党员事迹集粹（萃）/ 兵团党委组织部，兵团日报社编 .—乌鲁木齐：新疆大学出版社，1999.10.—259 页；20cm

D263/2000c　旗帜 / 孙文件主编 .—乌鲁木齐：新疆人民出版社，2000.12.—397 页；20cm

D263/2004b　兵团党员学习资料 / 新疆生产建设兵团党委组织部编 .—2004.11.—28 页；20cm

D263/20053　农十三师“双先”表彰大会先进集体、先进个人典型发言材料 / 大会秘书处编 .—2005.3.—43 页；29cm

D263/20057　白杨魂：记兵团优秀共产党员郭斌 / 农十师党委宣传部，农十师党委组织部编 .—2005.7.—151 页；20cm

D263/20126　公仆：石书江 / 兵团党委组织部，兵团党委宣传部，兵团农四师党委编 .—五家渠：新疆生产建设兵团出版社，2012.6.—158 页；24cm

D267/915　基层党组织工作指南 / 陈楷主编 .—乌鲁木齐：新疆人民出版社，1991.5.—499 页；20cm

D267/96　近期党的基层组织建设文件选编 / 中共新疆维吾尔自治区委员会组织部编 .—1996.—482 页；20cm

D267/20002　党的基层组织建设学习资料选编 / 中共农八师石河子市委员会组织部编 .—2000.2.—37 页；20cm

D267/20033　兵团党建研究会第三次会员代表大会暨党建理论研讨会文集：2002/ 兵团党委组织部，兵团党建研究会编 .—乌鲁木齐：新疆生产建设兵团印刷厂，2003.3.—228 页；20cm

D267/20132　新疆党委工作纪事：2011/ 中共新疆维吾尔自治区委员会办公厅，中共新疆生产建设兵团委员会党史研究室编 .—乌鲁木齐：新疆人民出版社，2013.2.—617 页；29cm

D4　工人、农民、青年、妇女运动与组织

D41/878　职代会 2003. 工作手册 / 兵团农六师工会编 .—1987.8.—173 页；16cm

D41/915　工会工作文件汇编 / 新疆生产建设兵团农六师工会编 .—1991.5.—380 页；20cm

D412/93b　中国工会第十二次全国代表大会材料汇编 / 新疆生产建设兵团工会编 .—1993.11.—109 页；20cm

D412.6/938　新疆生产建设兵团工会志 / 新疆生产建设兵团工会编 .—乌鲁木齐：新疆生产建设兵团工会，1993.8.—286 页；20cm

D412.6/98a　工会工作文件汇编 . 第一册：1984—1998 年 / 新疆生产建设兵团农一师工会编 .—1998.10.—896 页；20cm

D412.6/20054　职工维权手册 / 农一师阿拉尔市工会编 .—2005.4.—94 页；20cm

D412.8/867　建设“职工之家”材料汇编 . 一 / 农六师工会编 .—1986.7.—27 页；26cm

D412.8/896　农六师工会第二次代表大会材料汇编 / 农六师工会编 .—1989.6.—60

页；26cm

D412.8/919　新疆工运纪事：1949.9—1991.5/新疆维吾尔自治区总工会，新疆维吾尔自治区总工会史志办编 .—乌鲁木齐：新疆建工印刷厂，1991.9.—512 页；26cm

D412.8/94a　农六师工会工作纪事 / 新疆生产建设兵团农六师工会编 .—1994.10.—207 页；20cm

D412.8/956　改革与探索：农六师工会理论研讨会论文汇编 . 第四辑 / 兵团农六师工人运动理论研究会编 .—1995.6.—167 页；26cm

D412.8/96c　新疆生产建设兵团农六师工会第三次代表大会会刊 / 农六师工会编 .—1996.12.—84 页；26cm

D412.8/20036　迈进新世纪：纪念新疆生产建设兵团工会恢复组建二十周年 / 王春晖主编 .—2003.6.—416 页；20cm

D412.8/20079　新疆工运纪事：1994—2006/新疆维吾尔自治区总工会编 .—乌鲁木齐：乌鲁木齐隆益达印务有限公司，2007.9.—676 页；24cm

D412.845/20084　绿洲风采：石河子市总工会 2007 年《工会信息》选萃 / 新疆石河子市总工会编 .—乌鲁木齐：新疆人民出版社，2008.4.—201 页；21cm

D422.62/985　新职工教育手册 / 农六师新湖总场编 .—1998.5.—40 页；20cm

D43/20075　兵团关心下一代工作会议暨经验交流会材料汇编 / 兵团关心下一代工作委员会办公室编 .—2007.5.—193 页；26cm

D432/20012　共青团工作文件选编 . 三 / 共青团新疆生产建设兵团委员会编 .—2001.2.—523 页；20cm

D432/20092　新时期兵团共青团工作理论研讨文集 / 兵团团委编 .—2009.2.—131 页；20cm

D432.3/2001a　中国共产主义青年团新疆生产建设兵团第三次代表大会文件汇编 / 共青团新疆生产建设兵团委员会编 .—2001.10.—160 页；24cm

D432.62/20059　兵团增强共青团员意识主题教育活动经验成果集 / 兵团增强共青团员意识主题教育活动领导小组办公室编 .—2005.9.—156 页；26cm

D432.62/20106　来自千家万户的和声 / 新疆生产建设兵团关心下一代工作委员会办公室编 .—五家渠：新疆生产建设兵团出版社，2010.6.—336 页；22cm

D44/968　材料汇编 / 新疆石河子妇女联合会编 .—1996.8.—86 页；20cm

D44/995　新疆妇女运动史 / 刘云，徐霞主编 .—乌鲁木齐：新疆大学出版社，1999.5.—296 页；20cm

D442.8/931　新疆妇女运动四十年 / 新疆维吾尔自治区妇女联合会编 .—乌鲁木齐：新疆人民出版社，1993.1.—377 页；20cm

D442.8/939　巾帼风采 / 中共新疆维吾尔自治区委员会宣传部，新疆维吾尔自治区妇女联合会，新疆企业家协会女企业家协会编 .—乌鲁木齐：新疆人民出版社，1993.9.—262 页；20cm

D442.8/20064　新疆生产建设兵团妇女工作手册 / 龚继军主编 .—2006.4.—609 页；20cm

D442.845/20087　探索与发展：新疆维吾尔自治区妇联立项课题成果汇编 / 库来惜·阿不都拉主编 .—乌鲁木齐：新疆人民出版社，2008.7.—217 页；22cm

D5　世界政治

D55/2006b　“颜色革命”袭击下的中亚 / 潘志平主编 .—乌鲁木齐：新疆人民出版社，2006.11.—320 页；20cm.—新西域文库 . 欧亚战略丛书

D562/994　民族自决还是民族分裂：民族和当代民族分立主义 / 潘志平主编 .—乌鲁木齐：新疆人民出版社，1999.4.—382 页；20cm

D562/20048　乌孜别克族社会经济文化研究 / 赵小刚著 .—北京：民族出版社，2004.8.—278 页；20cm.—中国西北跨国民族研究丛书

D562/2005a　二十世纪世界民族问题报告 . 典型篇 .1/ 葛公尚主编 .—北京：民族出版社，2005.10.—567 页；20cm

D562.53/20015　全球民族问题大聚焦 / 中国现代国际关系研究所民族与宗教研究中心编 .—北京：时事出版社，2001.5.—450 页；20cm

D6　中国政治

D6/914　正确认识新疆重大政治历史问题 / 中共新疆维吾尔自治区委员会宣传部编 .—1991.4.—135 页；19cm

D6/20036　新疆的历史与发展 / 兵团党委宣传部编 .—2003.6.—39 页；26cm

D6/20049　地缘政治中的西北边疆安全 / 丁建伟著 .—北京：民族出版社，2004.9.—348 页；20cm.—兰州大学民族学博士文库

D6/2008　今日新疆 .2008 年合订本 / 今日新疆杂志社编 .—乌鲁木齐：今日新疆杂志社，2008.—710 页；26cm

D60/93c　政策法规文件选编 / 中共新疆生产建设兵团纪委教育政策研究室编 .—1993.12.—264 页；20cm

D60/945　社会主义市场经济体制有关政策法规选编 . 二：1994.6—1995.11/ 新疆生产建设兵团党委政策研究室，新疆生产建设兵团经济体制改革委员会编 .—乌鲁木齐：新疆乌鲁木齐地矿局测绘大队印刷厂，1994.5.—589 页；20cm

D60/20032　铁木尔 · 达瓦买提文集 / 铁木尔 · 达瓦买提著 .—北京：民族出版社，2003.2.—2 册（1243 页）；20cm

D61/887　王恩茂同志关于新疆生产建设兵团工作的讲话：选编 / 中共新疆生产建设兵团委员会办公厅编 .—1988.7.—256 页；20cm

D61/887　王震同志对新疆生产建设兵团工作的指示：选编 / 中共新疆生产建设兵团委员会办公厅编 .—1988.7.—166 页；20cm

D61/988　改革开放在新疆 / 中共新疆维吾尔自治区委员会党史研究室编 .—乌鲁木齐：新疆人民出版社，1998.8.—393 页；20cm

D61/2002c　兵团建设 .2002 年合订本 / 兵团建设杂志社编 .—2002.12.—672 页；20cm

D61/2003c　兵团建设 .2003 年合订本 / 兵团建设杂志社编 .—2003.12.—672 页；26cm

D61/20048　兵团建设 .2004 年第 8 期 / 兵团建设杂志社编 .—2004.8.—56 页；26cm

D61/2004a　兵团建设 .2004 年第 9—10 期 / 兵团建设杂志社编 .—2004.10.—131 页；26cm

D61/2004c　兵团建设 .2004 年合订本 / 兵团建设杂志社编 .—2004.12.—672 页；26cm

D61/20067　兵团改革发展政策文件及研究报告汇编 . 七 / 中共新疆生产建设兵团委员会政策研究室，新疆生产建设兵团农垦经济研究会编 .—乌鲁木齐：新疆兵团印刷厂，2006.7.—604 页；20cm

D61/20077　《廉政文化在中国》系列丛书 . 新疆生产建设兵团卷 / 中央纪委宣教室，新疆生产建设兵团纪委宣教室编 .—北京：中国方正出版社，2007.7.—256 页；26cm

D61-53/20087　学习研究宣传马克思主义中国化理论成果集 / 中共新疆维吾尔自治区委员会党校，新疆维吾尔自治区行政学院编 .—五家渠：新疆生产建设兵团出版社，2008.7.—364 页；28cm

D61-53/20092　走过30年/今日新疆杂志社编.—乌鲁木齐：新疆人民出版社，2009.2.—230页；20cm

D610/20087　“中国特色社会主义理论体系”理论研讨会论文汇编/新疆社会科学界联合会，新疆科学社会主义学会.—2008.7.—413页；29cm

D613/884　统战理论政策文选之三/新疆生产建设兵团党委统战部编.—1988.4.—148页；20cm

D613/2003b　新疆统战理论政策研究论文集/辛培雄，哈德尔·沙力主编.—乌鲁木齐：新疆人民出版社，2003.11.—444页；20cm

D613/2007b　新世纪新阶段新疆统一战线理论研究论文集/辛培雄，王如欣主编.—乌鲁木齐：新疆人民出版社，2007.11.—445页；20cm

D613-53/20133　新疆生产建设兵团统一战线理论研究优秀成果选编：2009—2011/周旭平主编.—五家渠：新疆生产建设兵团出版社，2013.3.—351页；23cm

D616/20017　在庆祝中国共产党成立八十周年大会上的讲话/兵直党工委编.—2001.7.—68页；20cm

D616/20099　兵团基层党员学习实践科学发展观简明读本/兵团学习实践科学发展观活动领导小组办公室编.—五家渠：新疆生产建设兵团出版社，2009.9.—90页；24cm

D618/2006a　伊犁反分裂斗争史录/竹效民主编.—2006.10.—418页；20cm

D619/948　光辉的四十年：1954—1994/《光辉的四十年》编辑委员会编.—乌鲁木齐：新疆人民出版社，1994.8.—289页；20cm

D619/2002c　走进新世纪/新疆维吾尔自治区党委党史研究室编.—乌鲁木齐：新疆人民出版社，2002.12.—308页；20cm

D619/20042　美丽的巴音郭楞：庆祝新疆巴音郭楞蒙古自治州成立50周年宣传提纲/自治州成立50周年庆祝活动筹委会办公室编.—2004.2.—275页；20cm

D619.4/2008b　纪念改革开放三十周年论文集：改革开放在新疆的实践与发展/新疆社会科学院马列研究所编.—乌鲁木齐：新疆人民出版社，2008.11.—271页；26cm

D619.45/999　新中国五十年.新疆生产建设兵团卷/《新中国五十年.新疆生产建设兵团卷》编辑委员会编.—北京：中国统计出版社，1999.9.—464页；20cm

D619.45/999　辉煌成就：屯垦戍边50年/新疆生产建设兵团党委宣传部编.—乌鲁木齐：新疆人民出版社，1999.9.—308页；20cm

D619.45/2000a　跨入新世纪的克孜勒苏：汉英对照/中共克孜勒苏柯尔克孜自治州委员会办公室编.—乌鲁木齐：新疆人民出版社，2000.10.—123页；26cm

D619.45/20058　新疆五十年/新疆维吾尔自治区成立50周年筹委会办公室，新疆维吾尔自治区统计局编.—北京：中国统计出版社，2005.8.—607页；26cm

D619.45/20063　感受新疆/史林杰编.—乌鲁木齐：新疆美术摄影出版社，2006.3.—357页；22cm

D619.45/20066　我们新疆好地方/施生田，石永强主编.—乌鲁木齐：新疆人民出版社，2006.6.—181页；22cm

D619.45/2008b　新疆改革开放30年通览/吴福环，郭泰山等著.—乌鲁木齐：新疆人民出版社，2008.11.—480页；27cm

D619.45/2008c　崛起：吐鲁番改革开放30年/中共吐鲁番地委党史研究室，吐鲁番地区地方志编辑室编.—五家渠：新疆生产建设兵团出版社，2008.12.—172页；26cm

D619.45/2008c　乘风破浪铸辉煌：库车县

改革开放30周年纪实 / 张文远主编 .—乌鲁木齐：新疆人民出版社，2008.12.—268页；20cm

D619.45/20091　共和国军垦新城的崛起 / 刘书芳编 .—北京：中国和平出版社，2009.1.—383页；26cm

D619.45/20098　记忆变迁：改革开放30年新疆备忘书 / 郝磊，董长洪主编 .—乌鲁木齐：新疆青少年出版社，2009.8.—352页；24cm

D619.45/20099　辉煌新疆：新中国成立60年新疆发展历程 /《辉煌新疆》编委会编 .—乌鲁木齐：新疆人民出版社，2009.9.—465页；29cm

D619.45/2009b　沧桑巨变：博尔塔拉记忆 /《沧桑巨变：博尔塔拉记忆》编委会编 .—乌鲁木齐：新疆美术摄影出版社，2009.11.—197页；24cm

D619.45/20109　昌吉市60年巨变 / 中共昌吉市委党史地方志办公室编 .—五家渠：新疆生产建设兵团出版社，2010.9.—212页；26cm

D619.45/20116　中国新疆事实与数字2011/余言编著 .—北京：经济科学出版社，2011.6.—149页；21cm

D619.45/20117　农一师纪念建党九十周年文丛 / 农一师党委组织部，塔里木报社编 .—郑州：中州古籍出版社，2011.7.—4册；23cm

D619.45/2011c　农八师石河子市"十一五"发展纪事 / 农八师石河子市党委党史（地方志）办公室编 .—五家渠：新疆生产建设兵团出版社，2011.12.—135页；34cm

D619.45/2013c　情系阿拉尔 / 谷水清主编 .—五家渠：新疆生产建设兵团出版社，2013.12.—152页；23cm

D619.45/20151　中国共产党治理新疆史 / 朱培民，王宝英著 .—北京：当代中国出版社，2015.1.—486页；26cm

D619.5/20088　瀚海丰碑 / 中共克拉玛依市委员会史志办公室编 .—乌鲁木齐：新疆人民出版社，2008.8.—287页；26cm

D624/999　走向新世纪：新疆维吾尔自治区人大常委会成立二十周年 /《走向新世纪》编辑组编 .—乌鲁木齐：新疆人民出版社，1999.9.—557页；20cm

D624.4/20098　乌鲁木齐市人民代表大会志：1981.9—2007.12/ 韩廷允主编 .—乌鲁木齐：新疆人民出版社，2009.8.—494页；29cm

D624.45/20033　五家渠市第一届人民代表大会第二次会议文件汇编 / 五家渠市人民代表大会常务委员会办公室编 .—2003.3.—111页；20cm

D625/20063　五家渠市第一届人民代表大会第四次会议文件汇编 / 五家渠市人民代表大会常务委员会办公室编 .—2006.3.—174页；26cm

D625/20073　五家渠市第一届人民代表大会第五次会议文件汇编 / 五家渠市人民代表大会常务委员会办公室编 .—2007.3.—154页；26cm

D625.2/2002b　跨世纪的新疆党政机构改革 . 续集 / 自治区机构改革领导小组办公室，自治区机构编制委员会办公室编 .—昌吉：新疆金版印务有限公司，2002.11.—464页；20cm

D625.45/20065　新疆维吾尔自治区政务公开指南 / 新疆维吾尔自治区政务公开领导小组办公室编 .—乌鲁木齐：新疆人民出版社，2006.5.—773页；26cm

D625.45/2011a　新疆维吾尔自治区政务公开指南 / 新疆维吾尔自治区政府政务公开办编 .—北京：九州出版社，2011.10.—2册（1120页）；26cm

D628/20015　新疆政协五十年 /《新疆政协五十年》编辑委员会编 .—乌鲁木齐：新疆人民出版社，2001.5.—656 页；20cm

D628/20016　新时期人民政协概论 / 张作祖著 .—乌鲁木齐：新疆人民出版社，2001.6.—336 页；20cm

D628/2002c　政协五家渠市第一届委员会第一次会议会刊 / 政协五家渠市委员会办公室编 .—2002.12.—72 页；26cm

D628/20043　政协五家渠市第一届委员会第二次会议会刊 / 政协五家渠市委员会办公室编 .—2004.3.—80 页；26cm

D628/2005　经济·科技建言献策录：2005/ 政协新疆维吾尔自治区委员会经济科技委员会编 .—2005.—221 页；20cm

D628/20052　政协五家渠市第一届委员会第三次会议会刊 / 政协五家渠市委员会办公室编 .—2005.2.—83 页；26cm

D628/20057　克拉玛依政协 20 年 / 中国人民政治协商会议克拉玛依市委员会编 .—乌鲁木齐：新疆石油学院印刷厂，2005.7.—469 页；20cm

D628/20108　参政议政文集：2010/ 新疆维吾尔自治区工商联合会，新疆维吾尔自治区总商会编 .—2010.8.—261 页；26cm

D628.45/20098　同舟共济创辉煌：新世纪的新疆政协工作 /《同舟共济创辉煌》编辑委员会编 .—乌鲁木齐：新疆人民出版社，2009.8.—407 页；52cm

D628.45/20115　我在新疆政协的日子里：往届新疆政协主席、副主席口述史料 . 第一辑 / 新疆政协文史资料和学习委员会编 .—北京：中央文献出版社，2011.5.—428 页；26cm

D63/98c　兵团规范性文件选编：1992—1997/ 新疆生产建设兵团党委办公厅，新疆生产建设兵团办公厅编 .—1998.12.—370 页；20cm

D63/20027　援疆干部工作经验汇编 / 自治区援疆干部工作领导小组办公室编 .—2002.7.—104 页；20cm

D63/2011b　张治中治疆思想研究 / 茆永福编著 .—五家渠：新疆生产建设兵团出版社，2011.11.—382 页；24cm

D630/97a　新疆生产建设兵团机构改革资料汇编 / 新疆生产建设兵团机构编制委员会办公室编 .—1997.10.—590 页；20cm

D630/20039　拜城县国家税务局制度汇编 / 拜城县国家税务局编 .—2003.9.—323 页；26cm

D630.0/20026　新疆生产建设兵团人才政策文件选编 . 一 / 新疆生产建设兵团人事局编 .—乌鲁木齐：新疆生产建设兵团印刷厂，2002.6.—158 页；20cm

D630.1/968　农六师机关各部门“三定”方案汇编 / 农六师机构编制委员会办公室编 .—1996.8.—240 页；26cm

D630.1/97c　兵团党委办公厅、兵团办公厅规章制度汇编 /[兵团党委办公厅，兵团办公厅].—1997.12.—246 页；20cm

D630.1/983　国家机关事业单位工资文件选编 . 第六册 . 下 / 新疆维吾尔自治区人事厅编 .—乌鲁木齐：有色地质勘查局印刷厂，1998.3.—731 页；20cm

D630.1/20078　新疆生产建设兵团机构改革文件汇编：2002—2006 年 / 兵团机构编制委员会办公室编 .—2007.8.—2 册（806 页）；20cm

D630.3/813　干部职称文件选编 .1/ 农垦部人事局编 .—1981.3.—157 页；20cm

D630.3/921　专业技术职务评聘工作经常化文件汇编 . 二 / 新疆生产建设兵团职称改革工作领导小组办公室编 .—1992.1.—75 页；20cm

D630.3/92c　国家机关事业单位工资文件选编．续．四：1989.1—1992.12/ 新疆维吾尔自治区人事厅编 .—1992.12.—446 页；20cm

D630.3/944　企业思想政治工作人员专业职务评定工作文件汇编．一 / 新疆生产建设兵团企业思想政治工作人员专业职务评定工作领导小组办公室编 .—1994.4.—133 页；20cm

D630.3/96a　《国家公务员暂行条例》学习问答 / 新疆生产建设兵团人事局编 .—1996.10.—22 页；20cm

D630.3/98　兵团组织人事工作调研文稿汇编：1998/ 兵团党委组织部，兵团人事局调研室编 .—1998.—186 页；20cm

D630.3/986　国家机关事业单位工资文件选编．一：1993.1—1998.6/ 新疆生产建设兵团人事局，新疆生产建设兵团工资制度改革领导小组办公室编 .—1998.6.—680 页；20cm

D630.3/986　国家机关事业单位工资文件选编．二：1998.7—2003.12/ 新疆生产建设兵团人事局，新疆生产建设兵团工资制度改革领导小组办公室编 .—乌鲁木齐：新疆兵团印刷厂，2003.12.—684 页；20cm

D630.3/995　企业思想政治工作人员专业职务评定工作文件汇编 / 兵团企业思想政治工作人员专业职务评定工作领导小组办公室编 .—石河子：石河子大学印刷厂，1999.5.—177 页；20cm

D630.3/20011　难忘的历程 / 新疆生产建设兵团一四八团场《难忘的历程》编辑委员会编 .—2001.1.—88 页；26cm

D630.3/2001c　兵团组织人事工作调研文稿汇编：2000/ 兵团党委组织部，兵团人事局调研室编 .—乌鲁木齐：新疆生产建设兵团印刷厂，2001.12.—139 页；20cm

D630.3/20029　兵团组织人事工作调研文稿汇编：2001/ 兵团党委组织部，兵团人事局调研室编 .—乌鲁木齐：新疆生产建设兵团印刷厂，2002.9.—145 页；20cm

D630.3/2002a　事业单位人事制度改革文件资料汇编．一 / 新疆维吾尔自治区事业单位人事制度改革领导小组办公室编 .—2002.10.—478 页；20cm

D630.3/2002b　中共新疆生产建设兵团委员会组织部 新疆生产建设兵团人事局工作制度汇编 / 中共新疆生产建设兵团委员会组织部，新疆生产建设兵团人事局办公室编 .—2002.11.—35 页；20cm

D630.3/2003c　组织人事工作文件选编：2000 年 6 月—2003 年 12 月 / 中共农八师石河子市委员会组织部，农八师石河子市人事局编 .—2003.12.—833 页；20cm

D630.3/20044　人事政策文件汇编．第一册 / 新疆维吾尔自治区人事厅编 .—昌吉：新疆金版印务有限公司，2004.4.—590 页；20cm

D630.3/20044　人事政策文件汇编．第三册 / 新疆维吾尔自治区人事厅编 .—昌吉：新疆金版印务有限公司，2004.4.—576 页；20cm

D630.3/20055　干部工作常用文件选编 / 新疆生产建设兵团党委组织部编 .—乌鲁木齐：新疆兵团印刷厂，2005.5.—299 页；20cm

D630.3/2010b　正视差距而奋起：新疆党政代表团赴上海、浙江、宁夏、内蒙古考察学习体会文集．第一辑 / 中共新疆维吾尔自治区委员会办公厅，中共新疆维吾尔自治区委员会宣传部编 .—乌鲁木齐：新疆新华印刷厂，2010.11.—332 页；23cm

D630.3/20114　正视差距而奋起：新疆党政代表团赴苏州考察学习体会文集．第二辑 / 中共新疆维吾尔自治区委员会办公厅，中共新疆维吾尔自治区委员会宣传部编 .—乌鲁木齐：新疆新华印刷厂，2011.4.—320 页；23cm

D630.3/20117　正视差距而奋起：新疆党

政代表团赴对口援疆省市走访学习体会文集.第三辑/中共新疆维吾尔自治区委员会办公厅，中共新疆维吾尔自治区委员会宣传部编.—乌鲁木齐：新疆八百印务有限公司，2011.7.—164页；23cm

D630.9/917　行政监察法规选编/新疆生产建设兵团农六师监察处编.—1991.7.—166页；20cm

D630.9/99c　兵团纪检监察.1999年合订本/中共新疆生产建设兵团纪律检查委员会编.—1999.12.—480页；20cm

D630.9/20008　新时期反腐败的实践与探索/杜森茂著.—乌鲁木齐：新疆人民出版社，2000.8.—282页；20cm

D630.9/2000c　兵团纪检监察.2000年合订本/中共新疆生产建设兵团纪律检查委员会编.—2000.12.—480页；20cm

D630.9/20053　党员领导干部廉政手册/农十三师纪委监察局编.—2005.3.—88页；20cm

D631/20057　构建和谐民族关系与维护边疆执政安全问题研究资料选编/兵团党委党校图书馆编.—2005.7.—43页；26cm

D631/20061　近代以来中国西北边疆安全问题研究/丁建伟，赵波著.—北京：民族出版社，2006.1.—611页；20cm

D631.3/909　划密工作学习资料/新疆生产建设兵团保密局编.—1990.9.—55页；20cm

D631.3/926　保密法规制度选编/新疆生产建设兵团保密局编.—1992.6.—129页；20cm

D631.3/20038　兵团保密工作文件选编/新疆生产建设兵团国家保密局编.—2003.8.—97页；20cm

D631.4/20041　兵团社会治安综合治理经验汇编/兵团社会治安综合治理委员会办公室编.—2004.1.—159页；26cm

D631.4/2004c　综合治理与稳定问题研究/新疆维吾尔自治区社会治安综合治理办公室等编.—乌鲁木齐：新疆人民出版社，2004.12.—563页；20cm

D632/2008b　民政30年.乌鲁木齐卷/李学举主编.—北京：中国社会出版社，2008.11.—189页；29cm

D632.1/948　社会保险文件选编.续一/新疆兵团社会保险管理委员会办公室，新疆生产建设兵团劳动就业保险处编.—1994.8.—258页；26cm

D632.1/98c　社会保险文件选编.续二/新疆生产建设兵团社会保险事业管理局编.—1998.12.—496页；26cm

D632.1/998　养老保险实用手册/新疆生产建设兵团社会保险事业管理局编.—1999.8.—264页；20cm

D632.1/20017　兵团兵直统筹区职工基本医疗保险手册.二/兵团社会保险基金管理中心编.—2001.7.—142页；20cm

D632.1/20018　兵团兵直统筹区职工基本医疗保险手册.一/兵团社会保险基金管理中心编.—2001.8.—84页；20cm

D632.1/20054　新疆社会保障问题研究/高仲霞主编；黄恒义副主编.—乌鲁木齐：新疆人民出版社，2005.4.—345页；20cm

D632.1/20122　温暖人心的答卷：新疆民生建设之路/阿不都热扎克·铁木尔主编.—乌鲁木齐：新疆人民出版社，2012.2.—293页；23cm

D632.1/20137　改制与生存：新疆生产建设兵团社会保障制度研究/赵茜著.—北京：知识产权出版社，2013.7.—188页；24cm

D632.8/20055　《信访条例》宣传手册/农六师党委办公室编.—2005.5.—20页；20cm

D633/844　民族理论政策文选/新疆生产建设兵团党委政治部，新疆生产建设兵团党

委群工部编 .—1984.4.—156 页；20cm

D633/858　贯彻民族政策文件选编 /《贯彻民族政策文件选编》编辑组编 .—乌鲁木齐：新疆人民出版社，1985.8.—288 页；20cm

D633/924　民族知识问答 / 新疆生产建设兵团民族事务委员会编 .—乌鲁木齐：新疆生产建设兵团印刷厂，1992.4.—105 页；20cm

D633/92b　言论编 / 张养吾主编 .—北京：中央民族学院出版社，1992.11.—241 页；20cm.—《民族问题五种丛书》文库之一

D633/937　经验编 / 张养吾主编 .—北京：中央民族学院出版社，1993.7.—488 页；20cm.—《民族问题五种丛书》文库之二

D633/959　党的民族区域自治政策在新疆的胜利 / 余骏升主编 .—乌鲁木齐：新疆人民出版社，1995.9.—439 页；20cm

D633/973　中华人民共和国民族政策法规选编 / 国家民委办公厅等编 .—北京：中国民航出版社，1997.3.—1215 页；20cm

D633/974　民族团结教育读本 / 新疆维吾尔自治区党委宣传部编 .—乌鲁木齐：新疆青少年出版社，1997.4.—77 页；20cm

D633/974　民族团结之花 / 唐天中主编 .—乌鲁木齐：新疆美术摄影出版社，1997.4.—262 页；20cm

D633/978　中国少数民族人权述要 / 杨侯第著 .—北京：北京大学出版社，1997.8.—343 页；20cm

D633/97c　新时期新疆民族与宗教问题研究 / 赵振明，房文杰，刘仲康主编 .—乌鲁木齐：新疆人民出版社，1997.12.—292 页；20cm

D633/20007　邓小平民族理论及其在新疆的实践 / 杨发仁著 .—乌鲁木齐：新疆人民出版社，2000.7.—277 页；20cm

D633/20018　维护祖国统一 加强民族团结 反对民族分裂 / 肉孜 · 司马义主编 .—乌鲁木齐：新疆科技卫生出版社，2001.8.—169 页；20cm

D633/2001c　建国以来新疆党和政府处理民族宗教问题的经验 / 李泽主编 .—乌鲁木齐：新疆维吾尔自治区社会科学院民族研究所，2001.12.—404 页；20cm

D633/20025　新疆民族与宗教知识百题 / 新疆生产建设兵团党委宣传部编 .—乌鲁木齐：新疆大学出版社，2002.5.—220 页；20cm

D633/20034　国家利益高于一切：新疆稳定问题的观察与思考 / 马大正著 .—乌鲁木齐：新疆人民出版社，2003.4.—249 页；20cm

D633/2004c　中国共产党与新疆民族问题 / 朱培民，陈宏，杨红著 .—乌鲁木齐：新疆人民出版社，2004.12.—368 页；20cm

D633/20052　新疆反恐斗争与新疆社会发展和稳定：2004 年新疆稳定问题调研报告汇集 / 中国社会科学院中国边疆史地研究中心，新疆发展研究中心编 .—2005.2.—82 页；26cm

D633/20053　新疆地区反分裂斗争研究 / 中国社会科学院中国边疆史地研究中心，新疆发展研究中心编 .—2005.3.—166 页；26cm

D633/20056　2004 年境外“东突”分裂势力活动述评及资料译编 / 许建英著 .—2005.6.—68 页；26cm

D633/20057　新疆伊犁哈萨克自治州近期社会稳定情况调研 / 厉声著 .—2005.7.—57 页；26cm

D633/20062　新疆治理与社情调研：2005 年新疆稳定问题调研报告汇集 / 中国社会科学院中国边疆史地研究中心，新疆发展研究中心编 —2006.2.—90 页；26cm

D633/20063　20 世纪新疆地区反分裂斗争历史回眸 / 马大正著 .—2006.3.—66 页；23cm

D633/20078　新中国时期分裂与反分裂斗争 / 厉声著 .—乌鲁木齐：新疆人民出版社，2007.8.—112 页；15cm

D633/20125　城市化进程中的西北民族关系 / 汪春燕著 .—北京：中国社会科学出版社，2012.5.—381 页；24cm

D633/20138　构建新疆和谐民族关系问题研究 / 吴珍等著 .—五家渠：新疆生产建设兵团出版社，2013.8.—207 页，21cm

D633/2014a　民族政策知识读本 / 新疆生产建设兵团党委统战部，新疆生产建设兵团民族宗教事务局编 .—2014.10.—125 页；21cm

D633-53/999　中国民族工作五十年：1949—1999/ 国家民族事务委员会《中国民族工作五十年》编委会主编 .—北京：民族出版社，1999.9.—768 页；20cm

D633-53/20056　论民族工作与民族文化 / 铁木尔・达瓦买提著 .—北京：中共中央党校出版社，2005.6.—650 页；22cm

D633-62/98c　新时期民族宗教工作宣传手册 / 中央党校民族宗教理论室编 .—北京：宗教文化出版社，1998.12.—459 页；20cm

D633.0/858　民族政策文选 /《民族政策文选》编辑组编 .—乌鲁木齐：新疆人民出版社，1985.8.—351 页；20cm

D633.0/20028　民族理论和民族政策概论 / 徐玉圻主编 .—乌鲁木齐：新疆人民出版社，2002.8.—252 页；20cm

D633.1/92c　新疆民族心理研究 / 李泽，李尚凯主编 .—乌鲁木齐：新疆师范大学出版社，1992.12.—275 页；20cm

D633.1/2000c　正确认识和处理新形势下新疆民族宗教问题 / 新疆社会科学院民族研究所，宗教研究所编 .—2000.12.—288 页；20cm

D633.1/20073　新闻报道中的西北民族问题研究 / 牛丽红著 .—北京：民族出版社，2007.3.—362 页；21cm

D633.2/20059　历史的辉煌：新疆实行民族区域自治 50 年 / 中共新疆维吾尔自治区委员会党史研究室编 .—乌鲁木齐：新疆人民出版社，2005.9.—395 页；20cm

D633.2/20065　中国民族自治州的民族关系 / 金炳镐主编 .—北京: 中央民族大学出版社，2006.5.—780 页；21cm

D633.2/20098　新疆民族区域自治经验研究 / 曾和平编著 .—乌鲁木齐：新疆人民出版社，2009.8.—282 页；21cm

D633.3/95a　新疆民族辞典 / 新疆维吾尔自治区民族事务委员会编 .—乌鲁木齐：新疆人民出版社，1995.10.—896 页；20cm

D635/20029　多策并举　铲除邪教知识汇编 / 农六师防范和处理邪教问题办公室编 .—五家渠：新疆五家渠市印刷厂，2002.9.—186 页；20cm

D635/20065　民族宗教工作资料选编 / 兵团党委党校图书馆编 .—五家渠：兵团党委党校图书馆，2006.5.—79 页；26cm

D635.0/966　宗教政策法规选编 / 新疆维吾尔自治区党委统战部编 .—1996.6.—205 页；20cm

D64　有理想有道德有文化有纪律讲话汇编 / 新疆生产建设兵团工会编 .—42 页；20cm

D64　农一师公民手册 / 新疆兵团农一师文明办编 .—18 页；10cm

D64/84c　新疆生产建设兵团先进集体劳动模范先进个人简要事迹汇编 . 一 / 新疆生产建设兵团司令部，政治部编 .—1984.12.—145 页；26cm

D64/868　新疆生产建设兵团职工思想政治工作研究会年会材料选编 /《新疆生产建设兵团职工思想政治工作研究会年会材料选编》编写组编 .—1986.8.—80 页；20cm

D64/87b　求实 创新 服务：农八师石河子市思想政治工作研究会第一次年会专辑 / 农八师石河子市思想政治工作研究会秘书处编 .—1987.11.—111 页；20cm

D64/90　战斗堡垒 军垦先锋：兵团先进党支部优秀共产党员优秀党务工作者事迹选编 / 中共新疆生产建设兵团委员会组织部编 .—乌鲁木齐：新疆建工印刷厂，1990.—316 页；20cm

D64/908　连队思想政治工作实施细则 / 中共新疆生产建设兵团农一师委员会编 .—1990.8.—20 页；20cm

D64/90a　新疆生产建设兵团的地位和作用及兵团精神 / 兵团党委宣传部编 .—1990.10.—32 页；19cm

D64/914　兵团精神永放光芒：新疆生产建设兵团首次弘扬兵团精神模范集体模范个人表彰大会材料选编 / 新疆生产建设兵团工会编 .—乌鲁木齐：新疆建工印刷厂，1991.4.—234 页；20cm

D64/94　爱我中华 . 第二辑 / 兵团监狱管理局教育处编 .—1994.—98 页；20cm

D64/948　昌吉州文明单位名录 / 昌吉回族自治州精神文明建设委员会编 .—乌鲁木齐：新疆美术摄影出版社，1994.8.—220 页；20cm

D64/952　宣传思想工作文件汇编 / 农八师石河子市党委宣传部编 .—1995.2.—92 页；20cm

D64/953　新疆生产建设兵团职工思想政治工作研究会第五次年会材料选编 / 兵团职工思想政治工作研究会秘书处编 .—1995.3.—208 页；20cm

D64/968　学习张家港文明谱新篇 / 农一师党委宣传部编 .—阿克苏：新疆阿克苏飞达印刷厂，1996.8.—133 页；20cm

D64/96b　爱我中华知识丛书：爱我乌鲁木齐 / 和宜明主编 .—北京：新华出版社，1996.11.—213 页；19cm.—爱我中华知识丛书

D64/976　二十一世纪思想政治工作教程 / 王飞著 .—乌鲁木齐：新疆人民出版社，1997.6.—307 页；20cm

D64/979　民族团结教育读本 / 陈宏博主编 .—乌鲁木齐：新疆人民出版社，1997.9.—157 页；20cm

D64/982　兵团青少年思想政治工作研讨会论文集 / 新疆生产建设兵团职工思想政治工作研究会秘书处编 .—石河子：石河子大学印刷厂，1998.2.—274 页；20cm

D64/987　理论与实践：思想政治工作论文集 / 新疆生产建设兵团农一师党委宣传部编 .—1998.7.—162 页；20cm

D64/993　农一师劳动模范、模范集体简要事迹汇编 / 新疆生产建设兵团农一师编 .—1999.3.—75 页；26cm

D64/995　小康路 / 兵团精神文明建设指导委员会，兵团党委宣传部编 .—乌鲁木齐：新疆科技卫生出版社，1999.5.—174 页；20cm.—兵团文明建设丛书

D64/995　兵团魂 / 兵团精神文明建设指导委员会，兵团党委宣传部编 .—乌鲁木齐：新疆科技卫生出版社，1999.5.—164 页；20cm.—兵团文明建设丛书

D64/995　民族情 / 兵团精神文明建设指导委员会，兵团党委宣传部编 .—乌鲁木齐：新疆科技卫生出版社，1999.5.—224 页；20cm.—兵团文明建设丛书

D64/995　使命赋 / 兵团精神文明建设指导委员会，兵团党委宣传部编 .—乌鲁木齐：新疆科技卫生出版社，1999.5.—128 页；20cm.—兵团文明建设丛书

D64/997　文明花 / 兵团精神文明建设指导委员会，兵团党委宣传部编 .—乌鲁木齐：新疆科技卫生出版社，1999.7.—122 页；

20cm.—兵团文明建设丛书

D64/997　下岗无情操作有情：兵团企业解困暨下岗分流再就业思想政治工作座谈会典型经验、论文 / 兵团职工思想政治工作研究会秘书处 .—乌鲁木齐：新疆兵团印刷厂，1999.7.—202 页；20cm

D64/99a　碧血丹心写人生：记程建华、李卫东英雄事迹 / 新疆生产建设兵团监狱管理局政治部编 .—乌鲁木齐：新疆新华印刷三厂，1999.10.—56 页；20cm

D64/99a　农六师庭院经济示范户事迹选编 / 农六师工会编 .—1999.10.—83 页；20cm

D64/20003　兵地联手创文明 互学共建促发展 / 哈密市精神文明建设活动委员会办公室编 .—2000.3.—117 页；20cm

D64/20008　兵团精神永远不能丢：记二次创业再创辉煌的红星二场 / 哈密开发报社编 .—2000.8.—112 页；20cm

D64/2000a　实践与思考：思想政治工作论文集 / 刘毅主编 .—五家渠：新疆五家渠印刷厂，2000.10.—356 页；20cm

D64/20013　新职工简明读本 / 新疆生产建设兵团劳动和社会保障局编 .—2001.3.—230 页；20cm

D64/20014　弄潮儿：乌鲁木齐非公有制经济代表人士风采录 / 韩金生，成军编 .—乌鲁木齐：新疆人民出版社，2001.4.—390 页；20cm

D64/2001c　哈密市公民道德建设手册 / 哈密市精神文明建设活动委员会编 .—2001.12.—53 页；20cm

D64/20023　新疆屯垦戍边知识简明读本 / 蔡志远，赵柳成，王小平主编 .—乌鲁木齐：乌鲁木齐福利印刷厂，2002.3.—97 页；20cm

D64/20023　兵团领导干部理论知识简明读本 / 兵团党委组织部，兵团党委宣传部，兵团党委党校编 .—乌鲁木齐：乌鲁木齐福利印刷厂，2002.3.—315 页；20cm

D64/20023　屯垦戍边与精神文明 / 王运华著 .—乌鲁木齐：新疆人民出版社，2002.3.—257 页；20cm

D64/20024　与时俱进弘扬石河子精神 / 中共农八师石河子市委员会宣传部编 .—2002.4.—119 页；20cm

D64/20026　精神文明建设手册 / 农八师石河子市精神文明建设指导委员会编 .—2002.6.—81 页；20cm

D64/20028　倡导公民道德开创美好未来：兵团机关直属单位公民道德建设演讲比赛集粹（萃）/ 中共新疆生产建设兵团直属单位工作委员会编 .—2002.8.—152 页；20cm

D64/2002a　回顾辉煌成就 展望美好前景 / 兵团党委宣传部编 .—2002.10.—128 页；20cm

D64/2002b　新疆电力公司乌鲁木齐电业局思想政治工作文件资料汇编 / 乌鲁木齐电业局政工科编 .—2002.11.—412 页；26cm

D64/2002c　查实情 做实事 求实效：新疆生产建设兵团 2002 年宣传思想工作调研报告集 / 王运华主编 .—乌鲁木齐：新疆大学出版社，2002.12.—187 页；20cm

D64/20031　西部明珠石河子：石河子市创建文明城市纪实 / 中央文明办协调组编 .—北京：学习出版社，2003.1.—258 页；20cm.—创建文明城市系列丛书

D64/20033　农六师领导干部应知应会手册 / 中共农六师党委组织部，中共农六师党委宣传部，中共农六师党委党校编 .—2003.3.—119 页；20cm

D64/20035　梨乡英魂：记余建民同志英雄事迹 / 农二师党委组织部，农二师党委宣传部，农二师综治办编 .—2003.5.—48 页；20cm

D64/20036　新时期机关精神文明建设探索与实践：区直机关精神文明建设经验汇编 / 新疆维吾尔自治区直属机关精神文明建设指导委员会办公室编 .—2003.6.—259 页；24cm

D64/20036　新疆预防职务犯罪廉政建设巡礼 . 下册 / 新疆维吾尔自治区人民检察院职务犯罪预防处编 .—乌鲁木齐：新疆工业高等专科学校印刷厂，2003.6.—415 页；26cm

D64/20037　新疆文明建设创新的理论与实践 / 张运德著 .—乌鲁木齐：新疆人民出版社，2003.7.—351 页；20cm

D64/20037　学者的足迹：哈萨克文 / 伯塔依 · 库平著 .—乌鲁木齐：新疆人民出版社，2003.7.—320 页；20cm

D64/20038　光辉的旗帜 "三个代表" 的实践者 / 柴鸿鸣主编 .—乌鲁木齐：新疆人民出版社，2003.8.—347 页；26cm

D64/20038　奋斗与实践：新疆林业及州县工作改革探索 / 刘仰嵩著 .—乌鲁木齐：新疆人民出版社，2003.8.—607 页；20cm

D64/20039　学习孙朝辉同志先进事迹材料选编 / 新疆生产建设兵团计划生育委员会编 .—2003.9.—89 页；20cm

D64/2003b　长路当歌：人物集 / 新疆维吾尔自治区公路管理局编 .—乌鲁木齐：新疆交通印刷厂，2003.11.—168 页；20cm

D64/20041　耕耘心田的犁铧：人生感悟录 / 秦月荣编 .—阿图什：克孜勒苏柯尔克孜文出版社；乌鲁木齐：新疆电子出版社，2004.1.—404 页；20cm

D64/20044　玛依塔柯群英谱 . 第一辑：1952—1989/ 独山子厂区工会，独山子石化公司工会，独山子区政协编 .—独山子：新疆独山子天利印刷有限公司，2004.4.—475 页；20cm

D64/20044　"一线工作法" 在七师 / 农七师党委宣传部编 .—2004.4.—153 页；20cm

D64/20046　梨城与文明同行：库尔勒市精神文明建设文集 / 库尔勒市精神文明建设办公室编 .—2004.6.—2 册（1022 页）；20cm

D64/2004c　西部魂 / 牟书令主编 .—北京：中国石化出版社，2004.12.—271 页；20cm

D64/2004c　优秀论文典型材料选编 / 农五师八十一团职工思想政治工作研究会编 .—2004.12.—205 页；20cm

D64/20055　塔里木英模谱 . 第二辑 /《塔里木英模谱》编委会编 .—乌鲁木齐：新疆人民出版社，2005.5.—553 页；26cm

D64/20055　铸魂 / 刘毅，刘成伟著 .—香港：天马图书有限公司，2005.5.—147 页；20cm

D64/20055　兵团职工屯垦戍边教育简明读本 / 新疆生产建设兵团劳动和社会保障局编 .—昌吉：新疆金版印务有限公司，2005.5.—76 页；18cm

D64/20056　来自大墙内的钟声：狱中贪官忏悔录 / 中共新疆阿克苏地区纪委教育法规研究室编 .—2005.6.—101 页；20cm

D64/20058　兵团基层宣传思想工作会议交流材料汇编 / 兵团党委宣传部编 .—2005.8.—120 页；26cm

D64/2005c　托起明天的太阳：关心下一代工作资料汇编 / 新疆生产建设兵团关心下一代工作委员会编 .—2005.12.—523 页；20cm

D64/2005c　五家渠市市民文明建设知识问答手册 / 五家渠市精神文明建设指导委员会办公室编 .—2005.12.—30 页；20cm

D64/20062　绿洲群英谱 / 新疆生产建设兵团农八师工会，新疆石河子市总工会编 .—乌鲁木齐：新疆人民出版社，2006.2.—361 页；20cm

D64/20067　兵团未成年人思想道德建设学习读本 / 新疆生产建设兵团精神文明建设指导委员会办公室编 .—乌鲁木齐：新疆兵团

印刷厂，2006.7.—163 页；20cm

D64/20074　劳动者之歌 / 魏银广主编 .—乌鲁木齐：新疆人民出版社，2007.4.—311 页；19cm

D64/20076　弘扬塔河精神 不断开拓创新：中石化西北油田分公司政治理论研究成果论文集 / 陈云华，焦方正主编 .—乌鲁木齐：新疆人民出版社，2007.6.—281 页；26cm

D64/20076　创建美好家园：兵团文明生态小康连队建设纪略 / 兵团精神文明指导委员会编 .—2007.6.—183 页；20cm

D64/20077　奉献绿洲：扎根兵团西部计划志愿者文集 /《奉献绿洲》编辑委员会编 .—2007.7.—204 页；24cm

D64/2007c　兵团精神与兵团和谐文化：兵团精神理论研讨会论文集 / 兵团党委宣传部编 .—2007.12.—160 页；26cm

D64/2008　第三届兵团青少年文化艺术节读书征文大奖赛获奖作品集 / 兵团团委，兵团文明办，兵团教育局，兵团体育局编 .—2008.—130 页；20cm

D64/20083　精神·力量·价值：兵团精神研究成果汇编 / 万卫平，王瀚林主编 .—五家渠：新疆生产建设兵团出版社，2008.3.—404 页；24cm

D64/20086　兵团精神 / 王崇久，黄宏主编 .—北京：人民出版社，2008.6.—346 页；20cm

D64/2009c　首届“新疆十大杰出母亲”先进事迹汇编 / 新疆维吾尔自治区妇女联合会编 .—2009.12.—155 页；21cm

D64/20107　兵团职工思想道德教育读本 / 兵团党委宣传部，兵团党委党校编 .—五家渠：新疆生产建设兵团出版社，2010.7.—139 页；22cm

D64/2010b　农六师五家渠市创先争优活动先进事迹汇编 / 师市创先争优活动领导小组办公室编 .—2010.11.—174 页；26cm

D64-53/2011c　春风化雨润物无声：职工思想政治教育理论与实践 / 兵团党委宣传部研究室编 .—五家渠：新疆生产建设兵团出版社，2011.12.—249 页；21cm

D643/91a　国际形势宣传材料汇编 / 新疆维吾尔自治区党委宣传部编 .—1991.10.—94 页；20cm

D643/974　宣传材料 / 兵团党委宣传部 .—1997.4.—96 页；20cm

D643/97a　辉煌的一页 / 吴茂琛主编 .—1997.10.—101 页；20cm

D643-49/20119　兵团职工国防意识通俗读本 / 王林编 .—五家渠：新疆生产建设兵团出版社，2011.9.—128 页；19cm

D647/20045　“四个认同”读本 / 中共新疆维吾尔自治区委员会宣传部编 .—乌鲁木齐：新疆人民出版社，2004.5.—168 页；20cm

D648/915　塔河先锋谱 / 新疆生产建设兵团农一师党委组织部编 .—阿克苏：阿克苏飞达印刷厂，1991.5.—191 页；20cm

D648/2004a　兵团劳模谱 / 新疆生产建设兵团工会主编 .—2004.10.—729 页；20cm

D648.3/20119　兵团职工公民意识通俗读本 / 王林编 .—五家渠：新疆生产建设兵团出版社，2011.9.—122 页；19cm

D668/949　中国国情丛书：百县市经济社会调查 . 石河子卷 /《中国国情丛书：百县市经济社会调查》编辑委员会 .—北京：中国大百科全书出版社，1994.9.—582 页；20cm

D668/20116　新疆调查纪事：1984—2011/ 国家统计局新疆调查总队编 .—乌鲁木齐：乌鲁木齐大金马印务有限责任公司，2011.6.—831 页；29cm

D669/979　社会主义道德与文明行为规范 / 新疆维吾尔自治区精神文明建设指导委员会办公室编 .—乌鲁木齐：[出版者不详]，

1997.9.—311 页；20cm

D669/20088　新疆调查研究报告：2007/ 余晓明主编 .—乌鲁木齐：新疆人民出版社，2008.8.—340 页；23cm

D669.2/2009a　少数民族社会发展与就业：以西部现代化进程为背景 / 马戎主编 .—北京: 社会科学文献出版社，2009.10.—406 页；23cm

D669.3/993　新疆控烟的风采 / 令狐贵忠编著 .—乌鲁木齐：新疆教育出版社，1999.3.—418 页；26cm

D669.6/961　西部夕阳红：乌鲁木齐市老龄工作委员会成立十周年 / 乌鲁木齐市老龄工作委员会编 .—1996.1.—110 页；26cm

D669.8/20013　新疆拒绝邪教 / 马品彦主编 .—乌鲁木齐：新疆人民出版社，2001.3.—124 页；20cm

D67/20055　2004 年兵团政策研究报告 . 五 / 中共新疆生产建设兵团委员会政策研究室，新疆生产建设兵团农垦经济研究会编 .—2005.5.—848 页；20cm

D67/20065　2005 年兵团政策研究报告 . 六 / 中共新疆生产建设兵团委员会政策研究室，新疆生产建设兵团农垦经济研究会编 .—2006.5.—590 页；20cm

D67/20076　建设屯垦戍边新型团场政策研究报告 . 八 / 中共新疆生产建设兵团委员会政策研究室，新疆生产建设兵团农垦经济研究会编 .—乌鲁木齐：新疆兵团印刷厂，2007.6.—521 页；20cm

D67/20076　2006 年兵团政策研究报告 . 九 / 中共新疆生产建设兵团委员会政策研究室，新疆生产建设兵团农垦经济研究会编 .—乌鲁木齐：新疆兵团印刷厂，2007.6.—518 页；20cm

D67/20081　民主法制建设的辉煌历程：汉维对照 / 新疆维吾尔自治区人大办公厅，民主与法制时报社新疆记者站编 .—乌鲁木齐：新疆人民出版社，2008.1.—360 页；32cm

D67/20085　政研工作动态专集：2004—2007 年 / 中共新疆生产建设兵团委员会政策研究室编 .—乌鲁木齐：新疆兵团印刷厂，2008.5.—2 册（980 页）；20cm

D674.5/96c　新疆地区反分裂斗争的历史与现状：1950—1995 年：中国社会科学院重点研究课题《当代中国边疆系列调查研究》子课题之一 / 中国社会科学院中国边疆史地研究中心，《当代中国边疆系列调查研究》课题组编 .—1996.12.—167 页；26cm

D674.5/20043　中国历代中央王朝治理新疆政策研究 / 齐清顺，田卫疆著 .—乌鲁木齐：新疆人民出版社，2004.3.—386 页；20cm

D674.5/2004a　21 世纪治理新疆的策略研究 / 王小平等著 .—乌鲁木齐: 新疆人民出版社，2004.10.—375 页；20cm

D674.5/20055　滔滔叶河水 团结进步歌：农三师图木舒克市第二次民族团结进步“双模”表彰大会文集 / 《滔滔叶河水 团结进步歌》编委会编 .—阿图什：克孜勒苏柯尔克孜文出版社，2005.5.—134 页；20cm

D674.5/20056　和田办事指南 / 和田地区行政公署办公室编 .—香港：亚太出版社，2005.6.—294 页；20cm

D674.5/20058　新疆生产建设兵团概况 / 兵团党委党校图书馆编 .—五家渠：兵团党校图书馆，2005.8.—37 页；26cm

D674.5/20058　新疆生产建设兵团成立五十周年文件汇编 / 兵团党委党校图书馆编 .—五家渠：兵团党委党校图书馆，2005.8.—58 页；20cm

D674.5/2005c　精彩库车 / 中共库车县委宣传部，中共库车县委对外宣传办公室，库车县人民政府新闻办公室编 .—2005.12.—211 页；20cm

D674.5/20081 民主法制建设的辉煌历程：走向新世纪的新疆人大工作 / 新疆维吾尔自治区人大常委会办公厅，民主与法制时报社新疆记者站编 .—乌鲁木齐：新疆人民出版社，2008.1.—360 页；48cm

D674.5/20109 新疆工作文献选编：1949—2010 年 / 中共中央文献研究室，中共新疆维吾尔自治区委员会编 .—北京：中央文献出版社，2010.9.—815 页；24cm

D674.5/20124 补过斋文牍 . 全四辑 / 吴福环主编 .—乌鲁木齐：新疆人民出版社，2012.4.—4031 页；29cm.—中国新疆地方经典资料集成 / 张新泰主编

D674.506/20078 多民族区域自治的现状 / 李晓霞著 .—乌鲁木齐：新疆人民出版社，2007.8.—86 页；15cm

D674.53/2008b 大漠笔记 / 缪承潮著 .—乌鲁木齐：新疆人民出版社，2008.11.—246 页；21cm

D674.59/20078 近代行省建制下的历史发展 / 厉声，马大正，马品彦著 .—乌鲁木齐：新疆人民出版社，2007.8.—98 页；15cm

D691/2000a 中国边疆经略史 / 马大正主编 .—郑州：中州古籍出版社，2000.10.—503 页；26cm

D691/2005b 晚清政府对新疆、蒙古和西藏政策研究 / 苏德毕力格著 .—呼和浩特：内蒙古人民出版社，2005.11.—190 页；26cm

D691/20064 中国历代治理新疆国策研究 / 方英楷主编 .—乌鲁木齐：新疆人民出版社，2006.4.—263 页；23cm

D691.2/20027 唐西州行政体制考论 / 李方著 .—哈尔滨：黑龙江教育出版社，2002.7.—356 页；20cm

D691.2/2004a 清末新政研究：20 世纪初的中国边疆 / 赵云田著 .—哈尔滨：黑龙江教育出版社，2004.10.—364 页；20cm

D691.42/958 伯克制度 / 苗普生著 .—乌鲁木齐：新疆人民出版社，1995.8.—177 页；19cm.—中国边疆 · 民族历史研究指南丛书 / 黄振华，孟凡人主编

D691.7/937 泛伊斯兰主义、泛突厥主义研究论文集 / 杨发仁主编 .—1993.7.—241 页；20cm

D691.72/958 清代治理边陲的枢纽——理藩院 / 赵云田著 .—乌鲁木齐：新疆人民出版社，1995.8.—164 页；19cm.—中国边疆 · 民族历史研究指南丛书 / 黄振华，孟凡人主编

D691.72/20019 唐朝和边疆民族使者往来研究 / 李大龙著 .—哈尔滨：黑龙江教育出版社，2001.9.—400 页；20cm.—边疆史地丛书

D691.72/2002c 中国古代中央客馆制度研究 / 王静著 .—哈尔滨：黑龙江教育出版社，2002.12.—267 页；20cm.—边疆史地丛书

D691.72/20045 清代西北边疆地区民族政策研究 / 牛海桢著 .—兰州：兰州大学出版社，2004.5.—347 页；20cm.—民族社会学丛书；第 5 卷

D693.72/20035 民族宗教政策法规民风民俗知识读本 / 兵团党委宣传部，兵团党委统战部编 .—乌鲁木齐：新疆生产建设兵团印刷厂，2003.5.—359 页；20cm

D693.72/20077 民国时期的民族问题与民国政府的民族政策研究 / 李国栋著 .—北京：民族出版社，2007.7.—322 页；21cm

D693.72/20089 中国近代边疆民族问题研究 / 陈理，彭武麟，白拉都格其主编 .—北京：中央民族大学出版社，2008.9.—466 页；23cm

D73/77 各国政治

D730.6/20031 中南亚的民族宗教冲突 / 潘志平编著 .—乌鲁木齐：新疆人民出版社，2003.1.—338 页；20cm

D736/2002c　中亚民族与宗教问题 / 陈联璧等著 .—北京：中央民族大学出版社，2002.12.—347 页；20cm

D736.062/2003a　中亚的民族关系历史现状与前景 / 潘志平主编 .—乌鲁木齐：新疆人民出版社，2003.10.—203 页；21cm

D8　外交、国际关系

D81/2003a　从千年第一战谈起 / 石岚著 .—乌鲁木齐：新疆人民出版社，2003.10.—214 页；21cm

D815/2003c　石油与国家安全 / 安尼瓦尔·阿木提等编 .—乌鲁木齐：新疆人民出版社，2003.12.—329 页；20cm

D815/20042　2003 走出阴霾 / 潘志平主编 .—乌鲁木齐: 新疆人民出版社, 2004.2.—298 页; 21cm

D815/20061　全球化与民族国家 /（澳）罗·霍尔顿著；倪峰译 .—北京：世界知识出版社，2006.1.—222 页；20cm

D815.5/20065　“东突厥斯坦国”迷梦的幻灭 / 马大正，许建英著 .—乌鲁木齐：新疆人民出版社，2006.5.—227 页；26cm

D829-53/20075　丝绸之路与文明的对话：中外关系史论丛 . 第 11 辑 / 中国中外关系史学会，暨南大学文学院主编 .—乌鲁木齐：新疆人民出版社，2007.5.—404 页；23cm

D829.13/93c　中越边界历史资料选编 / 萧德浩，黄铮主编 .—北京：社会科学文献出版社，1993.12.—2 册 (1152 页)；20cm.—中国边疆史地文库

D829.31/20035　中国边疆史地论集续编 / 马大正主编 .—哈尔滨：黑龙江教育出版社，2003.5.—481 页；20cm

D829.311/999　北洋政府时期的蒙古地区历史资料 / 吕一燃编 .—哈尔滨：黑龙江教育出版社，1999.9.—358 页；20cm

D829.312/20028　清代中朝使者往来研究 / 刘为著 .—哈尔滨：黑龙江教育出版社，2002.8.—259 页；20cm

D829.33/20061　清代中越宗藩关系研究 / 孙宏年著 .—哈尔滨：黑龙江教育出版社，2006.1.—426 页；20cm

D829.512/92a　十七世纪沙俄侵略黑龙江流域史资料 / 刘民声…[等] 编 .—哈尔滨：黑龙江教育出版社，1992.10.—536 页；20cm.—边疆史地丛书

D829.512/958　中俄伊犁交涉 / 厉声著 .—乌鲁木齐：新疆人民出版社，1995.8.—208 页；19cm.—中国边疆 · 民族历史研究指南丛书 / 黄振华，孟凡人主编

D829.512-61/20005　中俄关系史译名辞典：俄汉对照 / 郝建恒主编 .—哈尔滨：黑龙江教育出版社，2000.5.—217 页；20cm

D829.561/98c　英国与中国边疆危机：1637—1912/ 高鸿志著 .—哈尔滨：黑龙江教育出版社，1998.12.—273 页；20cm.—边疆史地丛书

D829.712/913　1898—1903 年美国对满洲的政策与“门户开放”主义 /（苏）C.Б. 戈列里克著；高鸿志译 .—哈尔滨：黑龙江教育出版社，1991.3.—170 页；20cm.—边疆史地丛书

D835.131/2003a　印巴分立：克什米尔冲突的滥觞 / 陈延琪著 .—乌鲁木齐：新疆人民出版社，2003.10.—217 页；20cm

D871.20/2003a　美国的欧亚战略与中南亚五国 / 王鸣野著 .—乌鲁木齐：新疆人民出版社，2003.10.—191 页；20cm

D9　法律

D911.01/919　兵团法学会成立大会专辑 / 新疆生产建设兵团司法局编 .—1991.9.—211 页；20cm

D911.04/20048　以案释法 / 农一师司法局，普法依法治理办公室编 .—阿克苏：阿克苏

飞达印务有限责任公司，2004.8.—99 页；20cm

D912.745/918　新疆三区革命法制史 / 阎殿卿著 .—北京：中国社会科学出版社，1991.8.—289 页；20cm

D920.1/2006c　聚焦：预防职务犯罪 推进和谐新疆建设 / 自治区预防职务犯罪工作领导小组办公室，新疆维吾尔自治区人民检察院编 .—2006.12.—189 页；26cm

D920.4/2003c　农十三师干部法律知识任职资格考试复习题 / 农十三师普法依法治理领导小组办公室编 .—2003.12.—77 页；20cm

D920.4/2004b　兵团执法为民理论研讨会论文集 / 兵团党委政法委员会研究室编 .—乌鲁木齐：新疆生产建设兵团印刷厂，2004.11.—262 页；20cm

D920.4/20057　明法兴治 . 第 2 辑 / 农一师中级人民法院编 .—阿克苏：阿克苏飞达印务有限责任公司，2005.7.—216 页；20cm

D920.9/20029　新疆维吾尔自治区法规规章大全：1980—2001/ 新疆维吾尔自治区人民政府法制办公室编 .—2002.9.—971 页；26cm

D920.9/20032　新疆维吾尔自治区法规规章汇编：2002/ 新疆维吾尔自治区人民政府法制办公室编 .—乌鲁木齐：自治区人民政府办公厅印刷厂，2003.2.—182 页；20cm

D920.9/20044　新疆维吾尔自治区法规规章汇编：2003/ 新疆维吾尔自治区人民政府法制办公室编 .—乌鲁木齐：自治区人民政府办公厅印刷厂，2004.4.—343 页；20cm

D920.9/2006c　新疆维吾尔自治区地方性法规汇编：1998—2006/ 新疆维吾尔自治区人民代表大会常务委员会法制工作委员会编 .—2006.12.—587 页；20cm

D922.14/20028　社会治安综合治理文件汇编 / 中共农六师社会治安综合治理委员会办公室编 .—2002.8.—148 页；20cm

D922.14/20033　社会治安综合治理重要文件汇编 / 新疆生产建设兵团综治办编 .—乌鲁木齐：新疆生产建设兵团印刷厂，2003.3.—220 页；20cm

D922.14/20044　社会治安综合治理重要文件汇编 . 二 / 新疆生产建设兵团社会治安综合治理委员会办公室编 .—乌鲁木齐：新疆生产建设兵团印刷厂，2004.4.—148 页；20cm

D922.15/976　民族、宗教问题及相关法律法规知识读本 / 新疆维吾尔自治区普法小组办公室编 .—乌鲁木齐：福利印刷厂，1997.6.—159 页；20cm

D922.18/20012　劳动关系调整政策法规汇编：2001 年 / 兵团劳动和社会保障局劳动关系与监察处编 .—2001.2.—270 页；26cm

D922.18/2002b　新疆生产建设兵团劳动和社会保障政策法规选编 / 兵团劳动和社会保障办公室编 .—2002.11.—383 页；26cm

D922.22/887　一九八七年耕地占用税文件汇编 . 一 / 新疆维吾尔自治区财政厅农税处编 .—1988.7.—114 页；20cm

D922.22/888　产品税　增值税　资源税　盐税　营业税法规汇编 . 第三册 / 新疆维吾尔自治区税务局编 .—1988.8.—275 页；19cm

D922.29/20056　市场经济法制与依法行政研究：新疆维吾尔自治区法学会征文选编 / 哈斯木·马木提主编 .—乌鲁木齐：新疆人民出版社，2005.6.—574 页；20cm

D922.296/20057　道路运输业法规汇编 / 乌鲁木齐公路运输市场管理总站，乌鲁木齐交通运输协会汽车运输、维修、装卸专业委员会编 .—乌鲁木齐：新疆人民出版社，2005.7.—610 页；26m

D922.296/2007　新疆交通法规汇编：

1999—2006/ 新疆维吾尔自治区交通厅编 .—2007.—512 页；26cm

D922.3　土地执法监察人员学习手册 / 农八师石河子市土地管理局监察大队编 .—496 页；20cm

D922.3/84c　土地管理文件资料汇编 . 第一册 / 农牧渔业部土地管理局编 .—1984.12.—213 页；20cm

D922.3/851　土地管理文件汇编 / 新疆维吾尔自治区土地管理局编 .—1985.1.—68 页；20cm

D922.3/852　土地管理文件资料汇编 . 第二册 / 农牧渔业部土地管理局编 .—1985.2.—448 页；20cm

D922.3/854　土地管理文件资料汇编 . 第三册 / 农牧渔业部土地管理局编 .—1985.4.—470 页；20cm

D922.3/87c　一九八七年度土地管理文件资料汇编 / 乌鲁木齐市土地管理局编印 .—1987.12.—318 页；20cm

D922.3/88a　土地管理文件汇编 . 三 / 新疆维吾尔自治区土地管理局编 .—1988.10.—213 页；20cm

D922.3/899　新疆维吾尔自治区土地权属勘界技术规程：试行 / 新疆维吾尔自治区土地管理局编 .—1989.9.—36 页；15cm

D922.3/906　土地有偿使用文件选编 / 新疆维吾尔自治区土地管理局编 .—乌鲁木齐：建工印刷厂，1990.6.—194 页；20cm

D922.3/912　土地管理重要文件选编 / 新疆生产建设兵团土地管理局编 .—1991.2.—107 页；20cm

D922.3/919　地籍管理文件汇编 . 一 / 新疆生产建设兵团土地管理局编 .—1991.9.—270 页；20cm

D922.3/956　土地管理文件汇编 . 五 / 新疆生产建设兵团土地管理局编 .—1995.6.—471 页；20cm

D922.3/985　土地管理文件汇编 . 六 / 新疆生产建设兵团土地管理局编 .—乌鲁木齐：新疆新华印刷厂，1998.5.—537 页；20cm

D922.3/20001　国土资源文件汇编：1998/ 国土资源部办公厅编 .—2000.1.—907 页；20cm

D922.3/2001a　国土资源文件汇编 / 国土资源部办公厅编 .—北京：研究出版社，2001.10.—2 册（1450 页）；20cm

D922.3/20029　土地管理文件汇编 . 九 . 下册 / 新疆生产建设兵团土地管理局编 .—2002.9.—360 页；20cm

D922.3/2007b　国土资源政策法规汇编：2003—2006/ 新疆维吾尔自治区国土资源厅编 .—昌吉：新疆金版印务有限公司，2007.11.—2 册（2113 页）；29cm

D922.33/929　土地估价与地价管理 / 中国土地勘测规划院编 .—1992.9.—62 页；26cm

D922.33/929　土地登记与产权管理 / 中国土地勘测规划院编 .—1992.9.—50 页；26cm

D924.04/20128　新疆兵团流动人口及犯罪研究 / 刘刚，李梅琴，杨述新著 .—五家渠：新疆生产建设兵团出版社，2012.8.—182 页；19cm

D926/2005c　兵团政法系统“规范执法行为”专项整改活动制度选编 / 兵团党委政法委员会编 .—2005.12.—477 页；20cm

D926.3/981　奎屯检察 .1998 年第 1 期 / 奎屯检察编辑部编 .—1998.1.—48 页；26cm

D926.3/982　奎屯检察 .1998 年第 2 期 / 奎屯检察编辑部编 .—1998.2.—48 页；26cm

D926.3/991　奎屯检察 .1999 年第 1 期 / 奎屯检察编辑部编 .—1999.1.—50 页；20cm

D926.3/992　奎屯检察 .1999 年第 2 期 / 奎屯检察编辑部编 .—1999.2.—46 页；26cm

D926.8/2000c　屯垦与罪犯改造 / 兵团监狱管理局，兵团监狱学会编 .—乌鲁木齐：新疆人民出版社，2000.12.—487 页；24cm

D927/995　新疆兵团监狱管理局监狱管理"十项"制度 / 兵团监狱管理局编 .—1999.5.—25 页；20cm

D927.4/20064　西北民族地区环境资源法律制度创新研究 / 胡晓红著 .—北京：民族出版社，2006.4.—377 页；21cm

D927.45/20061　新疆地方行政立法管理研究 / 新疆地方行政立法管理研究课题组著 .—乌鲁木齐：新疆大学出版社，2006.1.—173 页；20cm

D927.45/20106　新疆法治建设 60 年：1949—2009/ 新疆维吾尔自治区党委政法委，新疆维吾尔自治区法学会编 .—乌鲁木齐：新疆教育出版社，2010.6.—703 页；26cm

D928/846　中华人民共和国民族区域自治法 / 新疆人民出版社编 .—乌鲁木齐：新疆新华印刷厂，1984.6.—31 页；20cm

D929.49/20039　清代回疆法律制度研究：1759—1884 年 / 王东平著 .—哈尔滨：黑龙江教育出版社，2003.9.—316 页；20cm

E　军事

E2　中国军事

E23/967　兰州军区后勤第二十九分部简史：1970.4—1995.12/ 兰州军区后勤第二十九分部编 .—1996.7.—199 页；26cm

E25/931　新疆军事工业历史资料汇编：1898—1988/ 新疆维吾尔自治区军事工业历史资料征集委员会编 .—1993.1.—557 页；26cm

E277/902　在西部国境线上 / 武警新疆边防总队编 .—乌鲁木齐：新疆人民出版社，1990.2.—279 页；20cm

E28/949　全国少数民族地区民兵预备役工作会议经验材料汇编 / 全国少数民族地区民兵预备役工作会议秘书处编 .—1994.9.—266 页；28cm

E289.45/2005b　乌鲁木齐市军事志 / 乌鲁木齐警备区《乌鲁木齐市军事志》编纂委员会编 .—乌鲁木齐：新疆新华印刷厂，2005.11.—379 页；26cm

E297/84a　中国人民解放军二十二兵团简史 / 兵团党史资料征集委员会办公室编 .—1984.10.—93 页；26cm

E297/892　五军的革命历程 / 曹达诺夫·扎伊尔著 .—北京：解放军出版社，1989.2.—144 页；20cm

E297/959　红星之旅：教导旅抗日与解放战争和剿匪战斗纪实 / 翟振华主编 .—乌鲁木齐：新疆人民出版社，1995.9.—341 页；20cm

E297/97c　八路军第三五九旅抗日战争史 / 新疆军区政治部党史资料征集办公室编 .—乌鲁木齐：新疆人民出版社，1997.12.—374 页；20cm

E297/999　从湘赣苏区到伊犁河谷：新疆兵团农四师七十二团征尘录 / 新疆生产建设兵团农四师七十二团史志编纂委员会编 .—乌鲁木齐 : 新疆人民出版社 ,1999.9.—346 页；20cm

E297.2/946　红六军团征战记 /《红六军团征战记》编辑组编 .—北京：解放军出版社，1994.6.—2 册（1123 页）；20cm

E297.2/964　西路军魂 / 中共哈密地委党史委编 .—乌鲁木齐：新疆人民出版社，1996.4.—154 页；20cm

E297.3/964　晋西南抗日根据地漫记 / 穆欣著 .—北京：中国人民解放军总参谋部《一二〇师战史》编写办公室，1996.4.—409 页；

20cm.—第一二〇师陕甘宁冀绥联防军抗日战争时期资料丛书

E297.4/851　中国人民解放军第二军第三次国内革命战争战史：初稿 / 中国人民解放军新疆军区编 .—乌鲁木齐：乌鲁木齐军区军史研究会翻印，1985.1.—378 页；26cm

E297.4/85c　中国人民解放军第一野战军第六军第三次国内革命战争战史：初稿 / 西北军区空军部司令部编 .—乌鲁木齐：乌鲁木齐军区军史研究会重印，1985.12.—251 页；26cm

E297.5/852　人民军队在新疆 /《当代中国》军队群众工作分卷乌鲁木齐军区编写组 .—1985.2.—538 页；26cm

E297.5/876　人民军队在新疆 /《人民军队在新疆》编辑委员会 .—乌鲁木齐：新疆人民出版社，1987.6.—362 页；20cm

E297.5/20054　中国人民解放军乌鲁木齐陆军学院史：1949—2004/ 乌鲁木齐陆军学院编 .—乌鲁木齐：新疆建工印务包装有限责任公司，2005.4.—407 页；26cm

E297.5/20065　英雄先遣连：1950 年西北部队进军阿里纪实 / 公丕才著 .—兰州：甘肃人民出版社，2006.5.—302 页；21cm

E297.5/2013c　进军南疆：三五九旅驻守新疆纪实 / 塔里木日报社编 .—五家渠：新疆生产建设兵团出版社，2013.12.—429 页；23cm

E297.51/20005　新疆平叛剿匪 / 中共新疆维吾尔自治区委员会党史研究室等编 .—乌鲁木齐：新疆人民出版社，2000.5.—557 页；20cm

E297.51/2001a　北疆剿匪 / 昌吉州政协文史社团委员会编 .—昌吉：新疆昌吉金版印务有限公司，2001.10.—319 页；20cm

E297.51/20077　东天山剿匪记/张仁幹著.—乌鲁木齐：新疆人民出版社，2007.7.—364 页；24cm

E297.51/20081　新疆平叛纪事 / 王玉胡著 .—北京：中国文史出版社，2008.1.—300 页；23cm

F　经济

F0　经济学

F062.9/20076　新疆石化产业集聚的金融视角 / 新疆金融学会联合课题组编 .—乌鲁木齐：新疆科学技术出版社，2007.6.—185 页；23cm

F1　世界各国经济概况、经济史、经济地理

F120/20015　社会主义市场经济体制有关政策法规选编 . 五：1999.7—2000.12/ 中共新疆生产建设兵团委员会政策研究室，新疆生产建设兵团经济体制改革委员会编 .—乌鲁木齐：乌鲁木齐福利印刷厂，2001.5.—2 册（1444 页）；20cm

F120/20015　社会主义市场经济体制有关政策法规选编 . 三：1995.12—1997.5/ 新疆生产建设兵团党委政策研究室，新疆生产建设兵团经济体制改革委员会编 .—乌鲁木齐：新疆地矿彩印厂，2001.5.—2 册（1411 页）；20cm

F120/20015　社会主义市场经济体制有关政策法规选编 . 四：1997.6—1999.6/ 新疆生产建设兵团党委政策研究室，新疆生产建设兵团经济体制改革委员会编 .—乌鲁木齐：乌鲁木齐福利印刷厂，2001.5.—2 册（1875 页）；20cm

F120/20026　社会主义市场经济体制有关政策法规选编 . 六：2001.1—2001.12/ 中共新疆生产建设兵团党委政策研究室，新疆生产建设兵团经济体制改革委员会编 .—乌鲁木齐：新疆石油学院印刷厂，2002.6.—852 页；20cm

F120/20036　社会主义市场经济体制有关政策法规选编．七：2002.1—2002.12/ 中共新疆生产建设兵团委员会政策研究室，新疆生产建设兵团经济体制改革委员会，新疆农垦经济研究会编．—乌鲁木齐：新疆石油学院印刷厂，2003.6.—726 页；20cm

F120/20073　新疆西部大开发政策汇编 / 新疆维吾尔自治区西部开发领导小组办公室编．—2007.3.—591 页；26cm

F120.2/935　新疆农垦经济体制改革的回顾与展望 / 肖发灿主编．—乌鲁木齐：新疆科技卫生出版社，1993.5.—267 页；20cm

F120.2/20117　中国特色社会主义经济理论研究文集 / 王拴乾著．—乌鲁木齐：新疆人民出版社，2011.7.—450 页；20cm

F121/976　新疆兵团改革与发展研究报告：1996 年度 / 新疆兵团党委政策研究室编．—1997.6.—324 页；20cm

F121/20002　石河子改革与发展论文集 / 中共农八师石河子市委员会宣传部，农八师石河子市思想工作研究会编．—2000.2.—309 页；20cm

F121/20017　新疆生产建设兵团经济体制改革典型经验 / 新疆生产建设兵团党委政策研究室，新疆生产建设兵团经济体制改革委员会编．—乌鲁木齐：乌鲁木齐福利印刷厂，2001.7.—555 页；20cm

F121.1/92c　乌鲁木齐资本主义工商业的社会主义改造：1949—1956/ 中共乌鲁木齐市委统战部，中共乌鲁木齐市委党史工作委员会编．—乌鲁木齐：新疆人民出版社，1992.12.—458 页；20cm

F123.2/916　全国农垦经济和社会发展规划：1991—2000 年 / 农业部农垦司，农业部《规划》设计研究院编．—广州：广东农垦管理干部学院彩印厂，1991.6.—173 页；26cm

F123.3/878　新疆生产建设兵团农四师六十三团场国民经济和社会发展规划：1985—2000/ 六十三团总体规划领导小组编．—1987.8.—215 页；26cm

F123.3/88c　新疆生产建设兵团农六师新湖农场国民经济社会发展总体规划：1987—2000/ 新湖农场总体规划委员会编．—1988.12.—2 册（86 页）；26cm

F123.3/2003b　新疆生产建设兵团“十五”计划实施情况中期评估报告辑 / 陈献政主编．—乌鲁木齐：新疆生产建设兵团印刷厂，2003.11.—251 页；26cm

F123.3/89c　新疆生产建设兵团农六师奇台农场国民经济和社会发展规划：1988—2000/ 奇台农场总体规划委员会编．—1989.12.—312 页；26cm

F123.7/20036　兵团国有资产管理体制改革实务 / 新疆生产建设兵团经济体制改革委员会，新疆生产建设兵团国有资产经营公司编．—2003.6.—534 页；26cm

F124/963　1996 年新疆生产建设兵团国民经济和社会发展报告 / 陈献政主编．—1996.3.—162 页；20cm

F124/974　1997 年新疆生产建设兵团国民经济和社会发展报告 / 陈献政主编．—1997.4.—135 页；20cm

F124/20004　2000 年新疆生产建设兵团国民经济和社会发展报告 / 陈献政主编．—2000.4.—276 页；20cm

F124/2003　2003 年新疆生产建设兵团国民经济和社会发展报告 / 陈献政主编．—乌鲁木齐：新疆生产建设兵团印刷厂，2003.—447 页；20cm

F124/20049　农六师经济与社会发展热点难点问题研究 / 中共农六师委员会党校编．—2004.9.—497 页；23cm

F124.5/88a　新疆巴音郭楞蒙古自治州国土资源 / 巴州国土整治农业区划处编．—

1988.10.—399 页；26cm

F124.5/895　新疆水生生物与渔业 / 中国科学院新疆资源开发综合考察队编 .—北京：科学出版社，1989.5.—181 页；26cm

F124.5/898　新疆能源需求预测与能源资源的开发利用 / 中国科学院新疆资源开发综合考察队编 .—北京：科学出版社，1989.8.—153 页；26cm

F124.5/898　新疆森林资源评价及生产建设布局 / 中国科学院新疆资源开发综合考察队编 .—北京：科学出版社，1989.8.—80 页；26cm

F124.5/898　新疆土地资源承载力 / 中国科学院新疆资源开发综合考察队编 .—北京：科学出版社，1989.8.—128 页；26cm

F124.5/898　新疆区域经济发展战略 / 中国科学院新疆资源开发综合考察队编 .—北京:科学出版社，1989.8.—133 页；26cm

F124.5/898　新疆畜牧业发展与布局研究 / 中国科学院新疆资源开发综合考察队编 .—北京：科学出版社，1989.8.—92 页；26cm

F124.5/899　新疆国民经济发展战略研究 / 中国科学院新疆资源开发综合考察队编 .—北京：科学出版社，1989.9.—144 页；26cm

F124.5/899　塔里木河流域农业自然资源的合理开发与治理 / 中国科学院新疆资源开发综合考察队编 .—北京：科学出版社，1989.9.—63 页；26cm

F124.5/899　新疆工业发展与布局 / 中国科学院新疆资源开发综合考察队编 .—北京：科学出版社，1989.9.—159 页；26cm

F124.5/899　新疆交通运输发展方向和运网合理布局 / 中国科学院新疆资源开发综合考察队编 .—北京：科学出版社，1989.9.—142 页；26cm

F124.5/899　新疆经济区域划分与发展战略 / 中国科学院新疆资源开发综合考察队编 .—北京：科学出版社，1989.9.—104 页；26cm

F124.5/899　新疆经济系统投入产出分析 / 中国科学院新疆资源开发综合考察队编 .—北京：科学出版社，1989.9.—167 页；26cm

F124.5/899　新疆生态环境研究 / 中国科学院新疆资源开发综合考察队编 .—北京：科学出版社，1989.9.—188 页；26cm

F124.5/899　新疆种植业资源开发与合理布局 / 中国科学院新疆资源开发综合考察队编 .—北京：科学出版社，1989.9.—104 页；26cm

F124.5/899　新疆资源开发与生产布局 / 中国科学院新疆资源开发综合考察队编 .—北京：科学出版社，1989.9.—125 页；26cm

F124.5/2006c　循环经济与区域发展：环博斯腾湖实证研究 / 宋岭等著 .—北京：中国环境科学出版社，2006.12.—414 页；20cm

F124.5/20071　新疆维吾尔自治区国土资源工作“十五”成果 / 新疆维吾尔自治区国土资源厅编 .—2007.1.—121 页；29cm

F125.4/2005c　国际科技合作带动区域开放与发展 . 阿勒泰篇 / 新疆维吾尔自治区科技厅编 .—乌鲁木齐：新疆人民出版社，2005.12.—185 页；26cm

F126/20116　聚焦民生改善档案 / 克拉玛依市档案局（馆）编 .—乌鲁木齐：新疆人民出版社，2011.6.—445 页；26cm

F127/868　新疆昌吉市经济社会发展总体规划：1986—2000/ 昌吉市规划委员会，昌吉师范专科学校编 .—1986.8.—733 页；26cm

F127/86a　新疆呼图壁县经济社会系统综合发展规划：1986—2000 年 / 呼图壁县人民政府编 .—1986.10.—531 页；26cm

F127/877　新疆维吾尔自治区国民经济统计资料：1986 年 / 新疆维吾尔自治区统计局 .—湖北印刷厂，1987.7.—290 页；19cm

F127/87a　新疆米泉县国民经济与社会综合

发展规划：1986—2000/米泉县规划委员会编.—米泉：米泉县印刷厂，1987.10.—637页；26cm

F127/87c　新疆2000年工业科技发展战略与对策/《新疆2000年工业科技发展战略与对策》编写组编.—1987.12.—312页；26cm

F127/87c　新疆2000年计算机发展战略与对策/《新疆2000年计算机发展战略与对策》课题组编.—1987.12.—65页；26cm

F127/87c　新疆2000年交通运输科技发展战略与对策/《新疆2000年交通运输科技发展战略与对策》课题组编.—1987.12.—188页；26cm

F127/87c　新疆2000年科技发展战略与对策简要报告汇编/《新疆2000年科技发展战略与对策简要报告汇编》编写组编.—1987.12.—83页；26cm

F127/87c　新疆2000年科技发展战略与对策课题研究报告/《新疆2000年科技发展战略与对策课题研究报告》课题组编.—1987.12.—285页；26cm

F127/87c　新疆2000年科技发展战略与对策项目研究总报告/《新疆2000年科技发展战略与对策项目研究总报告》编写组编.—1987.12.—176页；26cm

F127/87c　新疆2000年能源科技发展战略与对策/《新疆2000年能源科技发展战略与对策》课题组编.—1987.12.—170页；26cm

F127/87c　新疆2000年农业科技发展战略与对策/《新疆2000年农业科技发展战略与对策》课题组编.—1987.12.—145页；26cm

F127/87c　新疆2000年生态环境的科技对策/《新疆2000年生态环境的科技对策》课题组编.—1987.12.—104页；26cm

F127/87c　新疆2000年自然资源开发利用的科技发展战略与对策/《新疆2000年自然资源开发利用的科技发展战略与对策》课题组编.—1987.12.—256页；26cm

F127/88　新疆生产建设兵团经济技术协作项目/新疆生产建设兵团经济技术协作办公室.—乌鲁木齐：新疆生产建设兵团经济技术协作办公室，1988.—120页；20cm

F127/888　新疆维吾尔自治区国民经济统计资料：1987年/新疆维吾尔自治区统计局编.—沈阳：沈阳市第一印刷厂，1988.8.—258页；26cm

F127/889　中国西部地区开发指南综合本/于光远主编.—北京：中国科学技术出版社，1988.9.—749页；26cm

F127/894　新疆农垦经济概论/张友德编著.—乌鲁木齐：新疆人民出版社，1989.4.—279页；20cm.—新疆经济研究丛书

F127/902　新疆巩留县国民经济与社会综合发展规划/巩留县总体规划委员会办公室，巩留县农业区划委员会办公室编.—1990.2.—226页；26cm

F127/906　中国干旱、半干旱气候、环境与区域开发研究论文集/李江风主编.—北京：气象出版社，1990.6.—238页；26cm

F127/908　全国各省、自治区、直辖市历史统计资料汇编：1949—1989/国家统计局综合司编.—北京：中国统计出版社，1990.8.—948页；26cm

F127/915　阿克苏地区经济与社会发展战略设想/《阿克苏地区经济与社会发展战略设想》编委会编.—1991.5.—394页；20cm

F127/925　新疆蚕桑丝绸产业研究/郭友俊，郝震宇主编.—乌鲁木齐：新疆人民出版社，1992.5.—294页；20cm.—新疆经济研究丛书

F127/929　新疆生产建设兵团2000年经济发展战略研究/中共新疆生产建设兵团委员

会政策研究室.—乌鲁木齐：新疆人民出版社，1992.9.—187 页；20cm

F127/92c　新疆土地资源开发利用战略 / 冯兆昆，马光明主编.—乌鲁木齐：新疆科技卫生出版社，1992.12.—479 页；20cm

F127/937　新疆国际招商 / 新疆维吾尔自治区政策研究室.—乌鲁木齐：新疆青少年出版社，1993.7.—303 页；26cm

F127/938　新疆边境垦区及农牧团场脱贫致富与开发建设研究 / 张平，李凤清著.—乌鲁木齐：新疆青少年出版社，1993.8.—155 页；20cm

F127/938　新疆博览 / 新疆新联咨询服务中心主编.—北京：华艺出版社，1993.8.—59 页；26cm

F127/938　新疆经济与社会发展概述 / 金云辉主编.—乌鲁木齐：新疆人民出版社，1993.8.—438 页；26cm

F127/944　新疆铁路沿线区域综合开发与整治 / 谢香方主编.—乌鲁木齐：新疆人民出版社，1994.4.—183 页；22cm

F127/949　中国国情丛书——百县市经济社会调查.石河子卷 / 丁伟志主编.—北京：中国大百科全书出版社，1994.9.—582 页；20cm

F127/94a　新疆经济社会全书 / 王桥主编.—乌鲁木齐：新疆人民出版社，1994.10.—377 页；20cm

F127/95　新疆生产建设兵团经济技术合作项目 / 新疆生产建设兵团经济技术合作办公室.—1995.—120 页；26cm

F127/958　亚欧第二大陆桥与新疆经济发展 / 伍成等主编.—乌鲁木齐：新疆人民出版社，1995.8.—385 页；20cm

F127/95c　新疆生产建设兵团农业 40 年 /《新疆生产建设兵团农业 40 年》编委会编.—乌鲁木齐：新疆科技卫生出版社，1995.12.—395 页；26cm

F127/95c　新疆十二县市改革与发展的轨迹 / 马少新，李小勤著.—乌鲁木齐：新疆人民出版社，1995.12.—122 页；20cm

F127/963　奋起二次创业 再造兵团辉煌：新疆生产建设兵团经济及社会发展战略研究 / 新疆生产建设兵团党委政策研究室编.—乌鲁木齐：新疆科技卫生出版社，1996.3.—355 页；26cm

F127/965　克拉玛依市国民经济统计资料汇编：1995/ 克拉玛依市统计局编.—1996.5.—188 页；20cm

F127/967　迈向二十一世纪的发展思路 / 新疆维吾尔自治区专家顾问团编.—乌鲁木齐：新疆科技卫生出版社，1996.7.—279 页；20cm

F127/967　今日阿克苏 /《今日阿克苏》编委会编.—乌鲁木齐：新疆美术摄影出版社，1996.7.—144 页；26cm

F127/968　新疆经济开发现在与未来 / 韩学琦主编.—北京：经济管理出版社，1996.8.—454 页；26cm.—《中国经济开发——现在与未来》丛书

F127/969　新疆生产建设兵团土地资源及利用 / 新疆生产建设兵团土地管理局，新疆生产建设兵团勘测设计院编.—乌鲁木齐：新疆兵团印刷厂，1996.9.—343 页；26cm

F127/96b　新疆兵团改革与发展研究报告 / 新疆兵团党委政策研究室编.—1996.11.—324 页；20cm

F127/96c　新疆市场经济发展研究 / 王拴乾等著.—乌鲁木齐：新疆人民出版社，1996.12.—358 页；26cm

F127/96c　改革开放十七年的中国地区经济 / 国家统计局编.—北京：中国统计出版社，1996.12.—906 页；26cm

F127/974　新疆生产建设兵团农牧团场建立

现代企业制度的探索 / 新疆生产建设兵团党委政策研究室，新疆生产建设兵团经济体制改革委员会编 .—乌鲁木齐：新疆科技卫生出版社，1997.4.—437 页；20cm

F127/975　市场经济与屯垦戍边 / 杨振华主编 .—乌鲁木齐：新疆人民出版社，1997.5.—192 页；20cm

F127/977　团场走向市场的抉择 / 王运华，麻霞主编 .—乌鲁木齐：新疆人民出版社，1997.7.—309 页；20cm

F127/978　沿边开放与新疆经济发展研究 / 鲍敦全主编；何伦志副主编 .—乌鲁木齐：新疆大学出版社，1997.8.—299 页；20cm

F127/978　中国西部屯垦概论 / 王运华著 .—乌鲁木齐：新疆人民出版社，1997.8.—331 页；20cm

F127/979　加快改革开放步伐 发展屯垦戍边事业 / 郭刚著 .—北京：人民出版社，1997.9.—487 页；20cm

F127/97a　新疆生产建设兵团“八五”发展报告：1991—1995/《新疆生产建设兵团“八五”发展报告》编辑委员会编 .—北京：中国统计出版社，1997.10.—784 页；26cm

F127/97c　新疆经济及棉花产业的改革与发展 / 石润轩著 .—乌鲁木齐：新疆人民出版社，1997.12.—275 页；20cm

F127/981　克拉玛依四十年 / 陈皋鸣，姚泽俊主编 .—北京：新华出版社，1998.1.—591 页；20cm

F127/983　中国新疆南疆铁路西延后加快南疆经济发展的对策研究 / 新疆维吾尔自治区专家顾问团课题组 .—乌鲁木齐：新疆维吾尔自治区专家顾问团课题组，1998.3.—93 页；29cm

F127/986　新疆技术引进战略 /《新疆技术引进战略》课题组编著 .—乌鲁木齐：新疆科技卫生出版社，1998.6.—258 页；19cm

F127/988　第一次全国农业普查新疆生产建设兵团农六师农业企业基本情况汇编：1996 年 / 新疆生产建设兵团农六师统计局编 .—1998.8.—249 页；20cm

F127/988　天山雄姿惊世界 大漠戈壁起宏图：改革开放二十年新疆社会经济发展概览 / 新疆维吾尔自治区统计局编 .—1998.8.—192 页；26cm

F127/989　新形势下新疆传统产业发展 / 李周为…[等] 著 .—乌鲁木齐：新疆人民出版社，1998.9.—225 页；20cm.—新疆经济研究丛书

F127/989　新疆经济与社会发展概述 / 金云辉主编 .—北京：民族出版社，1998.9.—590 页；26cm

F127/98c　新疆改革开放二十年 / 邵强，王拴乾主编 .—乌鲁木齐：新疆人民出版社，1998.12.—349 页；20cm

F127/991　新疆经济发展与转变经济增长方式研究 / 陈大江，苏树军等著 .—乌鲁木齐：新疆大学出版社，1999.1.—2 册（557 页）；20cm

F127/994　面向 21 世纪新疆经济开发开放战略研究 / 黄俊，曾大昭主编 .—乌鲁木齐：新疆人民出版社，1999.4.—410 页；20cm

F127/994　新疆生产建设兵团跨世纪发展的思路与对策——兵团跨世纪企业经营管理人才培训班（上海班）论文集 / 孙路一主编 .—上海：同济大学出版社，1999.4.—776 页；26cm

F127/997　伊犁河额尔齐斯河流域开发研究 / 伊犁州科学技术协会编 .—乌鲁木齐：新疆人民出版社，1999.7.—391 页；20cm

F127/999　沧桑巨变五十年 大漠戈壁铸辉煌：新疆和平解放五十年社会经济巡礼 / 新疆维吾尔自治区统计局编 .—1999.9.—171 页；26cm

F127/999　新疆建设通览：中国西部新世纪之光：汉英对照 / 新疆维吾尔自治区建筑业协会，甘肃飞天文化传播有限公司编 .—乌鲁木齐：新疆人民出版社，1999.9.—247 页；29cm

F127/99c　新疆经济研究内参 .1999 年合订本 / 新疆维吾尔自治区统计局编 .—1999.12.—17 期（340 页）；26cm

F127/20001　新疆产业政策与经济发展战略研究 / 李儒忠主编 .—乌鲁木齐：新疆人民出版社，2000.1.—296 页；20cm.—新疆财经学院文库丛书

F127/20001　新疆区情研究：鉴定稿 / 新疆维吾尔自治区统计局编 .—2000.1.—554 页；26cm

F127/20003　西土取经：西部大开发的政策背景与商业机遇 / 杜平主编 .—北京：中国言实出版社，2000.3.—575 页；20cm.—西部大开发战略丛书

F127/20005　新疆绿洲 / 钱云，郝毓灵主编 .—乌鲁木齐：新疆人民出版社，2000.5.—396 页；20cm

F127/20006　新疆生产建设兵团与西部大开发 / 中共新疆生产建设兵团委员会党校，新疆生产建设兵团计划委员会编 .—乌鲁木齐：新疆人民出版社，2000.6.—336 页；20cm

F127/20007　中国西部大开发全书 / 邹东涛主编 .—北京：人民出版社，2000.7.—4 卷（708 页）；20cm

F127/20008　新疆地区资源综合开发问题研究 / 单锦元，张念慈等著 .—乌鲁木齐：新疆人民出版社，2000.8.—508 页；20cm

F127/20009　新疆大开发投资指南 / 杨有明编写 .—乌鲁木齐：新疆人民出版社，2000.9.—522 页；20cm

F127/2000a　跨世纪工程：献给西部大开发的人 / 蔡向阳主编 .—乌鲁木齐：新疆人民出版社，2000.10.—404 页；20cm

F127/2000b　西部大开发与兵团国有企业改革 / 新疆生产建设兵团党委党校科研处编 .—北京：民族出版社，2000.11.—440 页；20cm

F127/2001　新疆维吾尔自治区阿拉尔市招商引资优惠政策汇编 / 中国新疆阿拉尔市招商局编 .—2001.—70 页；16cm

F127/20011　西部经济概要 / 康民，秦生编著 .—兰州：甘肃人民出版社，2001.1.—188 页；20cm.—西部大开发系列丛书

F127/20011　西部开发方略 / 周普生，王淑兰编著 .—兰州：甘肃人民出版社，2001.1.—212 页；20cm.—西部大开发系列丛书

F127/20012　发展壮大兵团 致富职工群众：兵团“十五”计划《纲要》学习问答 / 兵团党委宣传部，兵团党校编 .—2001.2.—91 页；20cm

F127/20012　新疆开发谋略 / 吕企信主编 .—乌鲁木齐：新疆教育出版社，2001.2.—491 页；20cm

F127/20013　西部大开发与新疆经济发展战略 / 陆宗义，李周为主编 .—乌鲁木齐：新疆人民出版社，2001.3.—464 页；20cm

F127/20013　2001 年新疆社会形势分析与预测 / 新疆维吾尔自治区社会科学院编 .—2001.3.—277 页；20cm

F127/20015　明天会更好：全国扶贫开发成就暨扶贫开发项目巡礼 . 新疆维吾尔自治区分卷 / 王德颖主编 .—北京：人民日报出版社，2001.5.—167 页；29cm

F127/20016　来自西部一线的报告：西部开发与发展出路的思考 / 郭永辉著 .—北京：中国政法大学出版社，2001.6.—271 页；20cm

F127/20018　中国西部开发投资·经贸·旅游.新疆卷/赵北明主编.—乌鲁木齐：新疆人民出版社，2001.8.—129页；26cm

F127/20018　大开发中的和田/程振山编.—乌鲁木齐：新疆人民出版社，2001.8.—256页；26cm.—中国西部新世纪之光系列丛书

F127/20019　新疆生产建设兵团改革与发展政策手册/新疆生产建设兵团党委政策研究室，新疆生产建设兵团经济体制改革委员会编.—乌鲁木齐：乌鲁木齐福利印刷厂，2001.9.—185页；16cm

F127/20019　西部开发十年可成/温世仁著.—北京：生活·读书·新知三联书店，2001.9.—271页；20cm

F127/2001c　中、俄、哈、蒙在阿尔泰区域的科技合作与经济发展/新疆维吾尔自治区科学技术厅编.—乌鲁木齐：新疆人民出版社，2001.12.—183页；26cm

F127/20021　新疆生产建设兵团国民经济和社会发展第十个五年计划纲要汇编/新疆生产建设兵团计划委员会编.—乌鲁木齐：新疆生产建设兵团印刷厂，2002.1.—534页；26cm

F127/20022　新疆生产建设兵团经济体制改革与发展探索/新疆生产建设兵团党委政策研究室，新疆生产建设兵团党委经济体制改革委员会编.—乌鲁木齐：新疆科技卫生出版社，2002.2.—416页；20cm.—新疆农垦经济研究丛书

F127/20025　改革与管理文件选编/兵团农十三师党政办公室编印.—2002.5.—134页；20cm

F127/20025　发挥新疆资源优势，坚持高效持续发展科学论坛论文集/许鹏编著.—乌鲁木齐：新疆人民出版社，2002.5.—368页；26cm

F127/20025　WTO新疆如何应对/杨引官，李金传，司正家主编.—乌鲁木齐：新疆人民出版社，2002.5.—131页；20cm

F127/20025　垦成创业者的思考：新疆生产建设兵团企业经营管理人才培训班论文集/党政论坛杂志社编.—2002.5.—179页；26cm

F127/20027　新疆生产建设兵团经济体制改革与发展探索：2002/新疆生产建设兵团党委政策研究室，新疆生产建设兵团经济体制改革委员会编.—乌鲁木齐：新疆科技卫生出版社，2002.7.—345页；20cm.—新疆农垦经济研究丛书之八

F127/20028　今日新疆/新疆维吾尔自治区发展计划委员会编.—乌鲁木齐：新疆人民出版社，2002.8.—3卷（280页）；26cm

F127/20028　新疆经济发展实证分析与综合研究/胡毅，高志刚著.—乌鲁木齐：新疆人民出版社，2002.8.—376页；20cm

F127/20029　新疆经济研究内参.2001年合订本/新疆维吾尔自治区统计局编.—2002.9.—11期；26cm

F127/20029　辉煌的五年：十五大以来兵团经济社会发展成就回顾/陈献政主编.—乌鲁木齐：贝尔广告公司彩印分公司，2002.9.—150页；20cm

F127/20029　WTO与西部经济国际化/何伦志，童玉芬主编.—乌鲁木齐：新疆人民出版社，2002.9.—413页；26cm

F127/2002a　肩负着共和国的重托：新疆生产建设兵团改革发展和党的建设成就/王运华主编.—乌鲁木齐：新疆人民出版社，2002.10.—145页；20cm

F127/2002a　新疆新貌/阿不来提·阿不都热西提，韩学琦主编.—乌鲁木齐：新疆人民出版社，2002.10.—127页；26cm

F127/2002a　新疆生产建设兵团经济体制改革与发展报告：2002/中共新疆生产建设兵团委员会政策研究室，新疆生产建设兵团

经济体制改革委员会编.—2002.10.—380页;20cm

F127/2002b 新疆社会经济问题论丛/新疆财经学院科研处编.—乌鲁木齐：新疆人民出版社，2002.11.—526页；20cm

F127/20031 新疆经济研究内参.2002年合订本/新疆维吾尔自治区统计局编.—2003.1.—20期（400页）；26cm

F127/20035 新疆生产建设兵团经济体制改革与发展报告/中共新疆生产建设兵团委员会政策研究室，新疆生产建设兵团经济体制改革委员会，新疆生产建设兵团农垦经济研究会编.—2003.5.—499页；20cm

F127/20035 体制转轨中的区域传递机制/马海霞著.—乌鲁木齐：新疆人民出版社，2003.5.—219页；19cm

F127/20035 西部大开发中的新疆/新疆维吾尔自治区发展计划委员会，新疆维吾尔自治区西部开发领导小组办公室编.—乌鲁木齐：新疆人民出版社，2003.5.—215页；26cm

F127/20037 新疆生产建设兵团经济体制改革与发展探索/新疆生产建设兵团党委政策研究室等编.—乌鲁木齐：新疆科学技术出版社，2003.7.—479页；20cm

F127/20037 新疆经济发展若干问题研究/玉素甫·哈斯木著.—乌鲁木齐：新疆人民出版社，2003.7.—294页；20cm

F127/20038 决策新疆2003.北疆卷/中共新疆维吾尔自治区委员会政策研究室，中共新疆维吾尔自治区委员会农村工作办公室编.—2003.8.—695页；20cm

F127/20038 决策新疆2003.南疆卷/中共新疆维吾尔自治区委员会政策研究室，中共新疆维吾尔自治区委员会农村工作办公室编.—2003.8.—518页；20cm

F127/20038 西部开发与搞活国有经济/刘以雷著.—乌鲁木齐：新疆人民出版社，2003.8.—316页；20cm

F127/20038 中国西部开发信息百科.新疆生产建设兵团卷/新疆生产建设兵团西部开发领导小组办公室组编.—北京：中国建筑工业出版社，2003.8.—361页；26cm

F127/20038 经济发展新论：兵团经济结构转换与跨越式发展/强始学等著.—乌鲁木齐：新疆人民出版社，2003.8.—211页；20cm

F127/20038 新疆塔里木河流域农村经济可持续发展能力研究/刘维忠等著.—乌鲁木齐：新疆人民出版社，2003.8.—233页；20cm.—新疆农业发展与生态环境建设研究丛书

F127/20039 经济合作与发展：中亚五国与中国新疆/王海燕主编.—乌鲁木齐：新疆人民出版社，2003.9.—476页；20cm

F127/20039 石油天然气勘探开发与新疆社会经济发展/冯大真主编；王拴乾副主编.—乌鲁木齐：新疆人民出版社，2003.9.—506页；20cm

F127/2003a 新疆生产建设兵团应对我国加入WTO对策课题研究报告/中共新疆生产建设兵团党委政策研究室等编.—乌鲁木齐: 新疆科学技术出版社, 2003.10.—307页; 20cm.—新疆农垦经济研究丛书之十

F127/2003c 兵团国际竞争力研究/王晓娟著.—乌鲁木齐：新疆人民出版社，2003.12.—244页；20cm

F127/2003c 1999—2002年新疆经济社会形势分析与预测/热扎克·铁木尔，王拴乾主编.—乌鲁木齐：新疆人民出版社，2003.12.—275页；20cm

F127/2004 新疆生产建设兵团招商引资项目册/新疆生产建设兵团经济技术协作办公室编.—2004.—104页；26cm

F127/20041　农业产业化文件及资料汇编．一/兵团农业产业化工作领导小组办公室编．—2004.1.—122页；20cm

F127/20042　当前兵团发展若干重大问题研究/新疆兵团党委党校科研处编．—乌鲁木齐：乌鲁木齐隆益达印务有限公司，2004.2.—264页；20cm.—党校学人理论创新文库；第1辑

F127/20044　新疆领导干部手册：2004/新疆维吾尔自治区人民政府办公厅，新疆维吾尔自治区统计局编．—2004.4.—218页；20cm

F127/20045　2004年新疆生产建设兵团发展和改革报告/新疆生产建设兵团发展和改革委员会编．—乌鲁木齐：新疆人民出版社，2004.5.—436页；21cm

F127/20046　盛世丰碑：博尔塔拉五十年/中共博尔塔拉蒙古自治州委员会，博尔塔拉蒙古自治州人民政府编．—乌鲁木齐：新疆人民出版社，2004.6.—191页；26cm

F127/20046　新疆市县经济发展研究/新疆维吾尔自治区统计局编．—乌鲁木齐：新疆人民出版社，2004.6.—592页；26cm

F127/20046　新疆生产建设兵团发展特色经济问题研究/李万明等著．—北京：中国农业出版社，2004.6.—219页；20cm

F127/20047　新疆生产建设兵团经济体制改革与发展探索：2004/中共新疆生产建设兵团委员会政策研究室等编．—乌鲁木齐：新疆科学技术出版社，2004.7.—614页；20cm

F127/20048　克孜勒苏五十年：1954—2004/克孜勒苏史志办编．—乌鲁木齐：新疆人民出版社，2004.8.—632页；20cm

F127/20049　新疆生产建设兵团经济社会50年纵览/新疆生产建设兵团党委政研室编．—乌鲁木齐：新疆美术摄影出版社，2004.9.—318页；40cm

F127/2004a　新疆兵团与地方经济融合问题研究/颜忠民等著．—乌鲁木齐：新疆人民出版社，2004.10.—350页；20cm

F127/2004c　20世纪中国西部开发史/马大正，李大龙著．—哈尔滨：黑龙江教育出版社，2004.12.—535页；20cm

F127/2005　阿克苏市投资指南/《阿克苏市投资指南》编辑委员会编．—2005.—26页；16cm

F127/2005　兵团党委政策文件选编/中共新疆生产建设兵团委员会政策研究室编．—乌鲁木齐：中共新疆生产建设兵团委员会政策研究室，2005.—73页；19cm

F127/20051　新疆经济研究内参．2004年合订本/新疆维吾尔自治区统计局编．—2005.1.—51期（1122页）；26cm

F127/20051　新疆区域经济与投资环境研究/《新疆区域经济与投资环境研究》课题组编．—乌鲁木齐：新疆人民出版社，2005.1.—222页；26cm

F127/20054　农十三师2005年及今后的发展思路和规划/农十三师党委．—吐哈石油新闻中心印刷厂，2005.4.—83页；20cm

F127/20055　2005年新疆国民经济和社会发展报告/刘晏良主编．—2005.5.—355页；20cm

F127/20055　农业产业化文件及资料汇编．二/兵团农业产业化工作领导小组办公室编．—2005.5.—181页；20cm

F127/20055　2002年新疆投入产出分析应用课题选编/新疆维吾尔自治区统计局，新疆维吾尔自治区投入产出办公室编．—2005.5.—268页；20cm

F127/20055　2005新疆生产建设兵团发展和改革报告/新疆生产建设兵团发展和改革委员会编．—乌鲁木齐：新疆人民出版社，2005.5.—503页；20cm

F127/20057　经济普查分析研究报告：来自第一线的报告．第七集／农一师阿拉尔市经济普查办公室，农一师阿拉尔市统计局编．—2005.7.—246 页；20cm

F127/20057　第二届西部开发与可持续发展国际学术研讨会论文集／李冀东主编．—乌鲁木齐：新疆人民出版社，2005.7.—718 页；26cm

F127/20058　群星璀璨：乌鲁木齐市区、县经济发展概览／乌鲁木齐市统计局，乌鲁木齐统计学会编．—2005.8.—278 页；23cm

F127/20058　新疆生产建设兵团经济体制改革与发展探索．11／中共新疆生产建设兵团委员会政策研究室，新疆生产建设兵团农垦研究会编．—乌鲁木齐：新疆科学技术出版社，2005.8.—469 页；20cm

F127/20058　新疆在辉煌与希望中奋勇前进：庆祝新疆维吾尔自治区成立 50 周年宣传教育材料／中共新疆维吾尔自治区委员会宣传部．—乌鲁木齐：新疆生产建设兵团印刷厂，2005.8.—50 页；20cm

F127/20058　来自第一线的报告：农一师阿拉尔市统计分析汇编．第八集／农一师阿拉尔市统计局编．—2005.8.—248 页；20cm

F127/20058　新疆区域经济增长机制研究／司正家等著．—乌鲁木齐：新疆人民出版社，2005.8.—458 页；20cm

F127/20059　沧桑巨变五十年 大漠戈壁铸辉煌：自治区成立 50 周年社会经济发展巡礼／新疆维吾尔自治区统计局编．—乌鲁木齐：新疆统计印刷厂，2005.9.—271 页；20cm

F127/2005a　新疆少数民族传统经济生产方式研究／阿不都热扎克·铁木尔编．—乌鲁木齐：新疆人民出版社，2005.10.—444 页；20cm

F127/2005c　新疆经济社会形势分析与预测：2005—2006 年／阿不都热扎克·铁木尔，董兆武，刘仲康主编．—乌鲁木齐：新疆人民出版社，2005.12.—415 页；22cm

F127/2006　新疆维吾尔自治区经济技术合作招商项目／新疆维吾尔自治区人民政府经济技术协作办公室编．—2006.—200 页；26cm

F127/20061　2005—2006 年新疆阿克苏地区经济社会形势分析与预测／《2005—2006 年新疆阿克苏地区经济社会形势分析与预测》编委会编著．—乌鲁木齐：新疆人民出版社，2006.1.—382 页；20cm

F127/20061　西部经济区发展研究／桑进荣著．—乌鲁木齐：新疆电子音像出版社，2006.1.—345 页；26cm

F127/20061　新疆经济研究内参．2005 年合订本／新疆维吾尔自治区统计局编．—2006.1.—500 页；26cm

F127/20062　西部大开发重大问题与重点项目研究．新疆卷／王金祥，姚中民主编．—北京：中国计划出版社，2006.2.—403 页；26cm

F127/20064　阿克苏地区第一次全国经济普查资料汇编／阿克苏地区经济普查办公室，阿克苏地区统计局编．—乌鲁木齐：新疆统计印刷厂，2006.4.—1040 页；26cm

F127/20065　发展中的新疆：新疆优势特色产业实录／新疆维吾尔自治区统计局，新疆维吾尔自治区统计学会编．—乌鲁木齐：新疆统计印刷厂，2006.5.—214 页；26cm

F127/20065　腾飞五十年：1956—2006／水磨沟区党史地方志编纂委员会办公室编．—2006.5.—654 页；20cm

F127/20065　2006 年新疆生产建设兵团发展和改革报告／新疆生产建设兵团发展和改革委员会编．—乌鲁木齐：新疆兵团印刷厂，2006.5.—480 页；21cm

F127/20066　新疆区域可持续发展评价、预

警及调控 / 高志刚等著 .—乌鲁木齐：新疆人民出版社，2006.6.—332 页；26cm

F127/20067　新疆调查研究报告：2005/ 余晓明主编 .—乌鲁木齐：新疆人民出版社，2006.7.—294 页；20cm

F127/20067　新疆生产建设兵团第一次全国经济普查重点科研课题专辑 / 兵团第一次全国经济普查领导小组办公室，新疆生产建设兵团统计局，新疆农垦经济编辑部编 .—2006.7.—385 页；26cm

F127/20068　光辉的历程：新疆维吾尔自治区成立 50 周年巡礼 / 红旗画刊社编 .—北京：民族出版社，2006.8.—114 页；26cm

F127/20069　经济体制改革文件汇编：2001—2006/ 新疆维吾尔自治区发展和改革委员会编 .—2006.9.—633 页；24cm

F127/20069　新疆生产建设兵团全面建设小康社会研究 / 张振化，高岗仓等著 .—乌鲁木齐：新疆人民出版社，2006.9.—271 页；20cm

F127/20069　乌鲁木齐市新市区经济和社会发展研究文集 / 新市区专家顾问团汇编 .—2006.9.—370 页；26cm

F127/2006b　新世纪新轨迹：2000—2006 年新疆宏观经济运行分析研究 / 新疆维吾尔自治区统计局编 .—2006.11.—341 页；20cm

F127/2006b　新疆生产建设兵团减轻农牧职工负担文件汇编 / 兵团减轻农牧职工负担办公室编 .—2006.11.—92 页；20cm

F127/2006c　新疆经济研究内参 .2006 年合订本 / 新疆维吾尔自治区统计局，新疆维吾尔自治区统计学会编 .—2006.12.—500 页；26cm

F127/2006c　新疆生产建设兵团“十五”发展报告 / 新疆生产建设兵团统计局，兵团党委研究室编 .—乌鲁木齐：新疆人民出版社，2006.12.—396 页；26cm

F127/2006c　农业产业化文件及资料汇编 . 四 / 兵团农业产业化工作领导小组办公室编 .—2006.12.—403 页；20cm

F127/20071　新疆生产建设兵团减轻农牧承包职工负担政策解读 / 兵团减轻团场职工负担办公室编 .—2007.1.—64 页；20cm

F127/20073　2007 年兵团农十四师经济社会发展汇报提纲 / 兵团农十四师办公室编 .—2007.3.—207 页；29cm

F127/20073　新疆生产建设兵团国民经济和社会发展第十一个五年规划汇编：2006—2010/ 兵团发展和改革委编 .—乌鲁木齐：新疆兵团印刷厂，2007.3.—737 页；29cm

F127/20074　兵团特色产业发展问题研究 / 兵团西部开发办，兵团党校科研处编 .—2007.4.—85 页；26cm

F127/20075　乌鲁木齐市第一次全国经济普查资料汇编 / 乌鲁木齐市第一次全国经济普查领导小组办公室，乌鲁木齐市统计局编 .—乌鲁木齐：新疆统计印刷厂，2007.5.—1026 页；26cm

F127/20076　新疆西部大开发政策建议汇编 / 新疆维吾尔自治区西部开发领导小组办公室编 .—乌鲁木齐：新疆地矿彩印厂，2007.6.—184 页；20cm

F127/20076　腾飞的阿克苏：经济发展研究 / 阿克苏地区发展和改革委员会，阿克苏地区经济发展研究会编 .—乌鲁木齐：新疆统计印刷厂，2007.6.—400 页；20cm

F127/20077　团场基本经营制度政策宣传手册 / 兵团党委宣传部，兵团党委政研室编 .—2007.7.—89 页；20cm

F127/20077　区域经济转型理论与典型研究 / 朱自安著 .—乌鲁木齐：新疆人民出版社，2007.7.—233 页；20cm

F127/20077　克拉玛依现代农业开发志 / 克拉玛依市农业综合开发区管理委员会编 .—

乌鲁木齐：新疆人民出版社，2007.7.—370页；26cm.—新疆维吾尔自治区地方志丛书

F127/20078　伊宁市区域经济发展研究 / 蒲春玲，马惠兰等著 .—乌鲁木齐：新疆人民出版社，2007.8.—280 页；26cm

F127/2007b　兵团十二师经济和社会事业发展资料选编：2007 年 / 兵团十二师党委政研室编 .—乌鲁木齐：新疆生产建设兵团印刷厂，2007.11.—178 页；20cm

F127/2007c　新疆兵团区域经济差异与协调发展研究 / 李豫新，李小菊著 .—五家渠：新疆生产建设兵团出版社，2007.12.—150 页；20cm

F127/2007c　新疆经济研究内参 .2007 年合订本 / 新疆维吾尔自治区统计局，新疆维吾尔自治区统计学会编 .—2007.12.—15 期；26cm

F127/2008　新疆市场："一黑一白"战略及铁路运输 / 新疆维吾尔自治区工商行政管理局，乌鲁木齐铁路局编 .—2008.—94 页；26cm

F127/20085　中国西部发展报告：2008/ 中国西部国际博览会组委会办公室等编 .—北京：中国统计出版社，2008.5.—568 页；26cm

F127/20086　兵团发展和改革优秀调研报告：2002—2007 年 / 傅援朝主编 .—五家渠：新疆生产建设兵团出版社，2008.6.—284 页；23cm

F127/20086　兵团宏观经济研究论文集：2007/ 傅仲保主编 .—五家渠：新疆生产建设兵团出版社，2008.6.—214 页；22cm

F127/20086　2007 年获奖课题汇编 / 新疆维吾尔自治区人民政府研究室，新疆维吾尔自治区人民政府发展研究中心编 .—2008.6.—494 页；23cm

F127/2008c　回顾与探索：乌鲁木齐纪念改革开放三十周年理论研讨会优秀论文集 / 中共乌鲁木齐市委宣传部编 .—2008.12.—320 页；24cm

F127/20093　中哈霍尔果斯国际边境合作中心重要政策汇编 . 一 / 中哈霍尔果斯国际边境合作中心建设工作领导小组办公室编 .—昌吉：新疆金版印务有限公司，2009.3.—696 页；29cm

F127/20093　中哈霍尔果斯国际边境合作中心重要政策汇编 . 二 / 中哈霍尔果斯国际边境合作中心建设工作领导小组办公室编 .—昌吉：新疆金版印务有限公司，2009.3.—605 页；29cm

F127/20094　兵团经济转型与经济和谐发展研究 / 潘新刚著 .—乌鲁木齐：乌鲁木齐隆益达印务有限公司，2009.4.—260 页；20cm

F127/20099　中国西部发展报告：2009/ 中国西部国际博览会组委会办公室等编 .—北京：中国统计出版社，2009.9.—460 页；26cm

F127/2009b　兵团发展与循环经济研究 / 王晓娟著 .—五家渠：新疆生产建设兵团出版社，2009.11.—215 页；23cm

F127/2009c　中国新疆生产建设兵团：汉英对照 / 麻霞主编 .—五家渠：新疆生产建设兵团出版社，2009.12.—63 页；19cm

F127/2009c　新疆生产建设兵团经济体制改革与发展探索 .15/ 中共新疆生产建设兵团委员会政策研究室，新疆生产建设兵团农垦经济研究会编 .—乌鲁木齐：新疆科学技术出版社，2009.12.—393 页；21cm

F127/20105　中哈霍尔果斯国际边境合作中心重要政策汇编 . 三 / 中哈霍尔果斯国际边境合作中心建设工作领导小组办公室编 .—昌吉：新疆金版印务有限公司，2010.5.—665 页；29cm

F127/2010c　2010—2011 年新疆经济社会形势分析与预测 / 阿不都热扎克·铁木尔，

刘仲康，董兆武主编.—乌鲁木齐：新疆人民出版社，2010.12.—431页；24cm

F127/20115　中哈霍尔果斯国际边境合作中心重要政策汇编.四/中哈霍尔果斯国际边境合作中心建设工作领导小组办公室编.—昌吉：新疆金版印务有限公司，2011.5.—699页；29cm

F127/20117　回顾"十一五"展望"十二五"：兵团财政财务改革发展回眸与前瞻/李萍主编.—乌鲁木齐：新疆生产建设兵团印刷厂，2011.7.—365页；21cm

F127/20118　新疆生产建设兵团农牧团场历史资料汇编：1950—2005/新疆生产建设兵团统计局，国家统计局兵团调查总队编.—北京：中国统计出版社，2011.8.—2册(2263页)；32cm

F127/2011c　2011—2012年新疆经济社会形势分析与预测/阿不都热扎克·铁木尔，刘仲康，董兆武主编.—乌鲁木齐：新疆人民出版社，2011.12.—379页；24cm

F127/20124　新疆生产建设兵团"十一五"发展报告：2006—2010/新疆生产建设兵团统计局，国家统计局兵团调查总队，兵团党委政研室编.—北京：中国统计出版社，2012.4.—418页；26cm

F127/20131　新疆生产建设兵团转型·善治与跨越：兵团经济研究所学术成果选编.二/潘新刚主编.—2013.1.—488页；21cm

F127/20135　2012年兵团经济改革发展获奖重点研究课题汇编/兵团经济改革发展重点研究课题编委会编.—2013.5.—396页；26cm

F127/20144　新疆县域经济资料/新疆维吾尔自治区统计局编.—2014.4.—329页；26cm

F127/20146　2014年新疆国民经济和社会发展报告/张春林主编.—2014.6.—432页；20cm

F127/2014c　新疆生产建设兵团转型·善治与跨越：兵团经济研究所学术成果选编.三/潘新刚主编.—乌鲁木齐：新疆兵团印刷厂，2014.12.—587页；23cm

F127-67/20003　实施西部大开发战略中的劳动保障问题与对策：课题参考资料之一/中国劳动保障科学研究院编.—2000.3.—121页；26cm

F127-67/20005　实施西部大开发战略中的劳动保障问题与对策：课题参考资料之二/中国劳动保障科学研究院编.—2000.5.—128页；20cm

F127.4/20046　西北民族地区现代化与可持续发展研究/高永久主编.—兰州：兰州大学出版社，2004.6.—308页；20cm.—民族社会学丛书

F127.4/20062　中国西部自然资源竞争力评估研究/余瑞祥等著.—武汉：中国地质大学出版社，2006.2.—242页；26cm

F127.4/20064　2005国家西部开发报告/马凯主编.—北京：中国水利水电出版社，2006.4.—502页；26cm

F127.45/867　新疆维吾尔自治区国民经济统计资料：1949—1985/新疆维吾尔自治区统计局编.—1986.7.—496页；20cm

F127.45/901　2000年新疆经济发展战略研究/金云辉，刘宗灏主编.—乌鲁木齐：新疆人民出版社，1990.1.—247页；20cm.—新疆经济研究丛书

F127.45/919　当代中国的新疆/《当代中国》丛书编辑部.—北京：当代中国出版社，1991.9.—847页；20cm.—《当代中国》丛书

F127.45/91b　新疆农垦经济问题研究/新疆兵团党委政策研究室编.—乌鲁木齐：新疆人民出版社，1991.11.—250页；20cm.—新疆农垦经济研究丛书

F127.45/932　石河子垦区经济社会发展概

述 /《石河子垦区经济社会发展概述》编委会编 .—乌鲁木齐：新疆人民出版社，1993.2.—543 页；20cm

F127.45/956　新疆生产建设兵团改革·发展与稳定纵论 / 王运华著 .—乌鲁木齐：新疆人民出版社，1995.6.—236 页；20cm

F127.45/968　决策咨询文集：1991—1995/ 新疆维吾尔自治区专家顾问团编 .—乌鲁木齐：新疆科技卫生出版社，1996.8.—463 页；26cm

F127.45/988　新疆首次决策咨询研讨会论文选 / 新疆维吾尔自治区专家顾问团办公室编 .—乌鲁木齐：新疆科技卫生出版社，1998.8.—289 页；23cm

F127.45/98c　知识经济与新疆生产建设兵团发展 / 颜忠民，张建国著 .—乌鲁木齐：新疆人民出版社，1998.12.—247 页；20cm

F127.45/20003　迈向 21 世纪的新疆 / 吕发科，陈安泰主编 .—北京：中国财政经济出版社，2000.3.—773 页；20cm

F127.45/2001c　西部大开发——伊犁的定位 / 王友文，宋晓平等著 .—乌鲁木齐：新疆人民出版社，2001.12.—300 页；23cm

F127.45/2003c　新疆资源优势及开发利用 / 韩德麟等编著 .—北京：商务印书馆，2003.12.—271 页；26cm

F127.45/20043　2004 年新疆经济形势分析与预测 / 李儒忠，胡毅主编 .—乌鲁木齐：新疆人民出版社，2004.3.—376 页；20cm

F127.45/20056　新疆少数民族社会心态与民族地区发展研究 / 姚维，马岳勇等著 .—乌鲁木齐：新疆人民出版社，2005.6.—250 页；20cm

F127.45/20057　新疆地区竞争力研究 / 新疆维吾尔自治区统计局编 .—北京：中国统计出版社，2005.7.—199 页；26cm

F127.45/20076　天山南北坡经济协调发展研究 / 马海霞等著 .—北京：中国经济出版社，2007.6.—372 页；21cm

F127.45/20078　区域经济的现代化 / 黄俊著 .—乌鲁木齐：新疆人民出版社，2007.8.—129 页；15cm

F127.45/2007c　科技兴新文集 / 新疆维吾尔自治区科技兴新办公室编 .—乌鲁木齐：乌鲁木齐市海洋彩印有限公司，2007.12.—478 页；20cm

F127.45/20091　新疆对外开放大事记：1978.12—2007.12/ 中共新疆维吾尔自治区委员会党史研究室编 .—乌鲁木齐：新疆人民出版社，2009.1.—434 页；26cm

F127.45/20098　新疆区域经济特征跟踪研究 / 吴一丁，毛克贞著 .—乌鲁木齐：新疆大学出版社，2009.8.—160 页；25cm

F127.45/20108　新疆双向型经济的产业体系构筑与布局研究 / 陈学刚，杨兆萍，张玉虎著 .—乌鲁木齐：新疆科学技术出版社，2010.8.—213 页；21cm

F127.45/20115　奋进的征程：新疆扶贫开发探索与实践 / 赵国明等编著 .—乌鲁木齐：新疆人民出版社，2011.5.—643 页；24cm

F127.45/20115　新疆区域规划与经济社会发展研究 / 李红等著 .—乌鲁木齐：新疆人民出版社，2011.5.—387 页；24cm

F127.45/20117　西部大开发与新疆跨越式发展 / 刘以雷著 .—北京：社会科学文献出版社，2011.7.—304 页；24cm

F127.45/20117　研究新疆 2010/ 新疆维吾尔自治区发展和改革委员会经济研究院编 .—乌鲁木齐：新疆人民出版社，2011.7.—588 页；25cm

F127.45/2011b　新疆和田绿洲“生态贫困”问题研究 / 李万明著 .—五家渠：新疆生产建设兵团出版社，2011.11.—186 页；21cm.—绿洲社会经济与屯垦研究文库

F127.45/20129　新疆统计调查研究报告：2011/余晓明主编.—乌鲁木齐：新疆人民出版社，2012.9.—421页；29cm

F127.45/2012c　2012—2013年新疆经济社会形势分析与预测/阿不都热扎克·铁木尔，刘仲康，董兆武主编.—乌鲁木齐：新疆人民出版社，2012.12.—367页；24cm

F127.45/20139　新疆承接产业转移问题研究/王晓娟等著.—五家渠：新疆生产建设兵团出版社，2013.9.—305页，24cm

F127.45-53/20079　新疆研究文论选.第3辑/毛公宁主编.—北京：民族出版社，2007.9.—567页；21cm

F127.45-532/20007　兵团第四期计划工作研究班资料汇编/兵团计委综合处编.—2000.7.—149页；20cm

F127.451/20066　米东新区发展研究/王慧轩，赵黎明等著.—天津：天津大学出版社，2006.6.—286页；24cm

F127.8/20053　西部大开发与民族问题/杨发仁主编.—北京：人民出版社，2005.3.—265页；20cm

F127.8/20057　民族地区人口与经济可持续发展论/张树安编著.—北京：民族出版社，2005.7.—484页；21cm

F127.8/20065　中国少数民族地区发展报告：2005/葛忠兴主编.—北京：民族出版社，2006.5.—500页；21cm

F127.8/20066　中国少数民族经济发展研究/刘永佶等著.—北京：中央民族大学出版社，2006.6.—434页；21cm

F129/95a　新疆经济开发史研究/殷晴主编.—乌鲁木齐：新疆人民出版社，1995.10.—414页；20cm

F129.2/2007c　丝绸之路与西域经济：十二世纪前新疆开发史稿/殷晴著.—北京：中华书局，2007.12.—463页；23cm

F129.49/89a　清实录经济史资料：顺治—嘉庆朝.农业编.第一分册/陈振汉等编.—北京：北京大学出版社，1989.10.—673页；26cm

F129.49/89a　清实录经济史资料：顺治—嘉庆朝.农业编.第三分册/陈振汉等编.—北京：北京大学出版社，1989.10.—666页；26cm

F129.9/20124　新疆维吾尔自治区资源经济地图集/新疆维吾尔自治区地图集编纂委员会.—北京：中国地图出版社，2012.4.—239页；38cm

F129.94/20085　国土资源理论与新疆实践/哈尼巴提·沙布开主编.—北京：中国大地出版社，2008.5.—235页；26cm

F129.945/928　中国西部对外开放中的新疆生产建设兵团/中共新疆生产建设兵团委员会政策研究室编.—乌鲁木齐：新疆人民出版社，1992.8.—342页；20cm

F129.945/20102　国土资源与科学发展：新疆生产建设兵团土地管理论文集/张新荣，张立才主编.—五家渠：新疆生产建设兵团出版社，2010.2.—197页；22cm

F129.945-7/84a　新疆国土资源文献资料目录：1794—1983/新疆维吾尔自治区国土整治农业区划局编.—乌鲁木齐：乌鲁木齐县社企局印刷厂，1984.10.—958页；26cm

F136/20028　中亚国家投资指南/新疆中亚科技经济信息中心编.—乌鲁木齐：新疆人民出版社，2002.8.—209页；26cm

F136/20064　经济全球化与21世纪中亚经济研究/何伦志，李金叶等著.—乌鲁木齐：新疆人民出版社，2006.4.—409页；26cm

F172.2/20011　国外开发借鉴/赵颂尧，李春芳编著.—兰州：甘肃人民出版社，2001.1.—192页；20cm.—西部大开发系列丛书

F2 经济管理

F20/972　塔城地区国土资源 / 塔城地区国土整治农业区划办公室编 .—乌鲁木齐：新疆科技卫生出版社，1997.2.—329 页；26cm

F203/918　新疆维吾尔自治区“六五”、“七五”时期固定资产投资历史资料：1981—1990/ 新疆维吾尔自治区统计局编 .—秦皇岛：中国标准出版社秦皇岛印刷厂，1991.8.—179 页；19cm

F205/20048　新疆国土资源环境遥感综合调查研究 /《新疆国土资源环境遥感综合调查研究》编委会编 .—乌鲁木齐：新疆人民出版社，2004.8.—183 页；26cm

F21/96c　兵团首期计划工作研究班资料汇编 / 新疆生产建设兵团计划委员会编 .—1996.12.—155 页；20cm

F22/88b　新疆兵团农四师历年主要统计指标：1952—1987/ 新疆生产建设兵团农四师计财处编 .—伊宁：新疆生产建设兵团农四师计财处，1988.11.—208 页；20cm

F22/896　新疆生产建设兵团农牧团场历年主要统计指标：1950—1986/ 新疆生产建设兵团计财局统计处编 .—1989.6.—1368 页；26cm

F22/904　农六师历年统计资料：1950—1988/ 新疆生产建设兵团农六师计财处编 .—上海：上海科技电脑印刷厂，1990.4.—381 页；20cm

F22/2007　优秀统计分析报告精品选编：2001—2007/ 新疆维吾尔自治区统计局编 .—2007.—2 册（761 页）；22cm

F221/2006b　新疆生产总值核算历史资料：1978—2004/ 新疆维吾尔自治区统计局编 .—乌鲁木齐：新疆统计印刷厂，2006.11.—1320 页；28cm

F221/2011c　新疆生产总值核算历史资料：2005—2008/ 新疆维吾尔自治区统计局编 .—乌鲁木齐：新疆统计印刷厂，2011.12.—449 页；26cm

F222.5/20069　新疆生产建设兵团国民经济和社会发展“十五”统计分析文集 / 新疆生产建设兵团统计局编 .—2006.9.—297 页；20cm

F223/89b　新疆维吾尔自治区投入占用产出模型：1987/—新疆维吾尔自治区投入产出办公室，新疆维吾尔自治区统计局编 .—1989.11.—680 页；26cm

F223/959　新疆维吾尔自治区投入产出表：1992/ 新疆维吾尔自治区投入产出办公室编 .—1995.9.—394 页；26cm

F223/996　新疆投入产出表：1997/《新疆维吾尔自治区 1997 年投入产出表》编辑委员会编 .—1999.6.—419 页；26cm

F223/20048　2002 年新疆投入产出表 / 新疆维吾尔自治区统计局，新疆维吾尔自治区投入产出办公室编 .—乌鲁木齐：新疆统计印刷厂，2004.8.—345 页；26cm

F223/2009c　新疆投入产出表：2007 年 / 新疆维吾尔自治区统计局，新疆维吾尔自治区投入产出办公室编 .—2009.12.—454 页；26cm

F23/918　十年回顾：纪念新疆会计师事务所成立十周年 /《十年回顾》编委会编 .—乌鲁木齐：新疆人民出版社，1991.8.—366 页；24cm

F23/98　新疆生产建设兵团农六师国有企业会计决算资料：1993—1997/ 新疆生产建设兵团农六师财务局编 .—乌鲁木齐：乌鲁木齐市大光印刷厂，1998.—2 册（1471 页）；26cm

F23/2009　兵团财会 .2009 年合订本 / 兵团财会编辑部编 .—乌鲁木齐：新疆兵团印刷厂，2009.—6 期（408 页）；24cm

F230-53/20119　新疆维吾尔自治区会计学

会2010年度会计理论研究优秀论文选/新疆维吾尔自治区会计学会编.—乌鲁木齐：新疆人民出版社，2011.9.—324页；26cm

F24/858　劳动保护工作资料选编/新疆生产建设兵团工会编.—1985.8.—100页；20cm

F24/996　新疆生产建设兵团劳动经济改革与探索/李勋著.—乌鲁木齐：新疆人民出版社，1999.6.—226页；20cm

F24/20025　劳动保障问题研究论文选编：2001/新疆生产建设兵团劳动学会秘书处编.—乌鲁木齐：新疆石油学院印刷厂，2002.5.—127页；26cm

F241.4/20007　兵团残疾人就业工作资料汇编/兵团残疾人联合会编.—2000.7.—181页；20cm

F241.4/20037　下岗失业人员就业和再就业政策文件汇编/新疆生产建设兵团就业工作领导小组办公室编.—2003.7.—210页；20cm

F241.4/20076　新疆少数民族大学生就业问题研究/綦群高等著.—北京：现代教育出版社，2007.6.—268页；20cm

F244/801　劳动工资文件选编.续一/新疆维吾尔自治区劳动局编.—1980.1.—274页；20cm

F249/861　劳动力管理文件选编.续三/新疆维吾尔自治区劳动人事厅编.—1986.1.—307页；20cm

F249.2/987　新疆工资沿革/张永魁著.—乌鲁木齐：新疆人民出版社，1998.7.—383页；19cm

F249.2/20003　新疆劳动人事发展战略纵横/杨应元，程公炎主编.—乌鲁木齐：新疆大学出版社，2000.3.—381页；26cm

F249.20/922　劳动政策法规汇编：1991/新疆维吾尔自治区劳动厅编.—1992.2.—422页；20cm

F249.21/891　劳动力管理文件选编.续五/新疆维吾尔自治区劳动人事厅编.—1989.1.—180页；20cm

F249.21/20027　兵团就业和再就业工作经验交流材料选编/兵团劳动和社会保障局编.—2002.7.—231页；26cm

F249.21/20057　养老保险文件选编：1978—2004年/新疆生产建设兵团劳动和社会保障局编.—2005.7.—2册（433页）；20cm

F249.21/20065　民族地区人力资源开发及其法律保障研究/张志新，宋才发著.—北京：中央民族大学出版社，2006.5.—421页；21cm

F249.26/2000c　国有企业下岗职工基本生活保障和再就业工作必备/新疆生产建设兵团就业工作领导小组办公室编.—2000.12.—264页；20cm

F249.26/20045　工伤保险政策汇编/兵团劳动和社会保障局编.—2004.5.—140页；20cm

F249.274.5/2000　西部开发中兵团劳动保障工作的战略选择/兵团劳动学会编.—乌鲁木齐：乌鲁木齐新协印务有限公司，2000.—90页；20cm

F249.274.5/20005　兵团劳动保障问题研究论文集：1999/李勋，常治兴编辑.—乌鲁木齐：乌鲁木齐新协印务有限公司，2000.5.—251页；26cm

F25/988　走向市场的兵团物资：兵团物资经济学术论文选暨优秀企业家风采录/刘翌浩主编.—乌鲁木齐：新疆人民出版社，1998.8.—445页；20cm

F259.27/20115　新疆物流业发展研究/何振著.—乌鲁木齐：新疆人民出版社，2011.5.—225页；24cm

F27/956　星群从这里升起：石河子企业名

录 / 农八师石河子市党委宣传部编 .—乌鲁木齐：新疆人民出版社，1995.6.—137 页；26cm

F27/958　加快兵团乡镇企业发展研究 / 柴峻茂，张平主编 .—乌鲁木齐：新疆科技卫生出版社，1995.8.—148 页；20cm

F27/958　名优新特产品录：中国新疆五家渠农垦集团 /《名优新特产品录》画册编辑领导小组 .—香港：香港联合出版社，1995.8.—50 页；28cm

F270/989　伊力特文化透视 / 张学标著 .—北京：经济管理出版社，1998.9.—187 页；20cm

F271/90　论企业内部配套改革 / 新疆生产建设兵团农一师体改办编 .—1990.—272 页；20cm

F275/898　新疆生产建设兵团独立核算企业基本情况一览表：1988/ 新疆生产建设兵团计财局统计处编 .—四川省委党校印刷所，1989.8.—113 页；20cm

F275/90　新疆生产建设兵团企业财务决算资料：1990/ 新疆生产建设兵团计划财务局企业财务处编 .—乌鲁木齐：新疆生产建设兵团印刷厂，1990.—261 页；19cm

F275/91　新疆生产建设兵团企业财务决算资料：1991/ 新疆生产建设兵团计划财务委员会企业财务处编 .—乌鲁木齐：新疆生产建设兵团印刷厂，1991.—344 页；20cm

F275/976　新疆兵团六师奇台总场企业内部财务管理制度及会计工作基础规范 / 新疆兵团六师奇台总场计财科编 .—1997.6.—52 页；20cm

F275.2/96　新疆生产建设兵团企业会计决算资料：1996/ 新疆生产建设兵团财务局企业处编 .—乌鲁木齐：新疆生产建设兵团印刷厂，1996.—598 页；26cm

F275.2/97　新疆生产建设兵团国有企业会计决算资料：1997/ 新疆生产建设兵团财务局编 .—乌鲁木齐：新疆生产建设兵团印刷厂，1997.—522 页；26cm

F275.2/99b　新疆生产建设兵团国有企业会计决算资料：1999/ 新疆生产建设兵团财务局企业处编 .—石河子：石河子印刷厂，1999.11.—566 页；26cm

F275.2/2000　新疆生产建设兵团国有企业会计决算资料：2000/ 新疆生产建设兵团财务局企业处编 .—石河子：石河子印刷厂，2000.—524 页；26cm

F275.2/2004　新疆生产建设兵团国有企业会计决算资料：2004/ 新疆生产建设兵团财务局企业处编 .—乌鲁木齐：新疆生产建设兵团印刷厂，2004.—556 页；26cm

F275.2/2006　新疆生产建设兵团国有企业会计决算资料：2006/ 新疆生产建设兵团财务局企业处编 .—乌鲁木齐：新疆生产建设兵团印刷厂，2006.—528 页；28cm

F275.2/2007　新疆生产建设兵团国有企业会计决算资料：2007/ 新疆生产建设兵团财务局企业处编 .—乌鲁木齐：新疆生产建设兵团印刷厂，2007.—515 页；28cm

F275.2/2008　新疆生产建设兵团国有企业会计决算资料：2008/ 新疆生产建设兵团财务局企业处编 .—乌鲁木齐：新疆生产建设兵团印刷厂，2008.—510 页；28cm

F275.2/2009　新疆生产建设兵团国有企业会计决算资料：2009/ 新疆生产建设兵团财务局企业处编 .—乌鲁木齐：新疆生产建设兵团印刷厂，2009.—510 页；28cm

F279/937　新疆生产建设兵团农工商企业名录：1993/ 新疆生产建设兵团农工商企业名录编辑部编辑 .—北京：新华出版社，1993.7.—336 页；28cm

F279.2/874　全民所有制工业企业三个条例 / 新疆维吾尔自治区总工会编 .—1987.4.—45 页；20cm

F279.2/20015　新疆·香港 / 刘永碧主编 .—香港：香港文汇出版社，2001.5.—89 页；26cm

F279.2/2001b　新疆经济增长点研究 / 汤一溉等著 .—乌鲁木齐：新疆人民出版社，2001.11.—577 页；20cm

F279.2/20024　德隆引发的思考 / 中国社会科学院欠发达经济研究中心编 .—北京：民主与建设出版社，2002.4.—367 页；20cm

F279.2/2005c　新疆维吾尔自治区企业基本信息库：2005/ 新疆维吾尔自治区质量技术监督局编 .—乌鲁木齐：新疆人民出版社，2005.12.—2 册（2092 页）；26cm

F279.23/20028　兵团厂（企）务公开工作文件资料汇编 / 兵团厂（企）务公开工作领导小组编 .—2002.8.—275 页；20cm

F279.245/20098　新疆与东部发达四省民营企业发展比较研究 / 苏树军著 .—乌鲁木齐：新疆人民出版社，2009.8.—344 页；26cm

F279.26/2001c　新疆生产建设兵团国有资产经营公司 / 新疆生产建设兵团国有资产经营公司编 .—2001.12.—39 页；26cm

F279.27/83c　新疆生产建设兵团农业工业企业基本情况：1982 年度 / 兵团司令部计财局统计处编 .—乌鲁木齐：新疆生产建设兵团印刷厂，1983.12.—184 页；19cm

F279.27/85c　中国工商企业名录新疆分册 / 新疆工商企业名录编辑部编辑 .—北京：新华出版社，1985.12.—344 页；26cm

F279.27/879　第二次全国工业普查新疆生产建设兵团农六师工业企业基本情况汇编：1985 年 / 新疆生产建设兵团农六师工业普查办公室编 .—五家渠：五家渠印刷厂，1987.9.—251 页；16cm

F279.27/89a　新疆生产建设兵团农工商企业名录 . 中国工商企业名录新疆生产建设兵团分册 / 新疆生产建设兵团农工商企业名录编辑部编 .—北京：新华出版社，1989.10.—175 页；26cm

F279.27/948　新疆生产建设兵团农业工业企业基本情况：1983 年度 / 兵团司令部计财局统计处编 .—1994.8.—156 页；19cm

F279.27/94c　新疆的“三资”企业和个体私营经济 /《新疆的“三资”企业和个体私营经济》编委会编 .—乌鲁木齐：新疆人民出版社，1994.12.—250 页；26cm

F279.27/20003　新疆企业调查：1997—1999/ 国家统计局新疆维吾尔自治区企业调查队编 .—2000.3.—49 期（450 页）；26cm

F279.27/2002　新疆生产建设兵团国有企业会计决算资料：2002/ 新疆生产建设兵团财务局编 .—乌鲁木齐：新疆生产建设兵团印刷厂，2002.—510 页；26cm

F279.27/20021　新疆企业调查：2000—2001/ 国家统计局新疆维吾尔自治区企业调查队编 .—2002.1.—77 期（462 页）；26cm

F279.27/20026　新疆企业改革指南（新编）/ 新疆维吾尔自治区经济体制改革办公室编 .—2002.6.—765 页；26cm

F279.27/2002a　新疆百家股份有限公司概览 / 曹羲奕著 .—乌鲁木齐：新疆人民出版社，2002.10.—293 页；20cm

F279.27/20031　新疆企业调查：2002/ 国家统计局新疆维吾尔自治区企业调查队编 .—2003.1.—46 期（552 页）；26cm

F279.27/2003b　新疆企业 / 新疆星河影视文化传播中心编 .—乌鲁木齐：新疆人民出版社，2003.11.—79 页；26cm

F279.27/20041　新疆企业调查：2003/ 国家统计局新疆维吾尔自治区企业调查队编 .—2004.1.—52 期（340 页）；26cm

F279.27/20049　环天山经济论纲 / 姬肃林等主编 .—乌鲁木齐：新疆人民出版社，2004.9.—376 页；20cm

F279.27/20051　新疆企业调查：2004/国家统计局新疆维吾尔自治区企业调查队编 .—2005.1.—48 期（336 页）；26cm

F279.27/20056　新疆 AAA 级企业风采 / 新疆维吾尔自治区发展和改革委员会，信息服务网络促进会编 .—2005.6.—92 页；26cm

F279.27/20059　新疆企业调查与研究 / 新疆维吾尔自治区企业调查队编 .—乌鲁木齐：新疆人民出版社，2005.9.—390 页；20cm

F279.27/2005c　新疆企业调查：2005/国家统计局新疆维吾尔自治区企业调查队编 .—2005.12.—22 期（220 页）；26cm

F279.27/20111　新疆广汇集团二十年发展实录：1989—2009/方敏，王拴乾主编 .—乌鲁木齐：新疆人民出版社，2011.1.—873 页；26cm

F28/2001b　"九五"新疆投资与建设 / 新疆维吾尔自治区发展计划委员会，新疆维吾尔自治区统计局 .—2001.11.—242 页；26cm

F29/2003c　新疆城市化发展对策研讨会论文选编 / 自治区专家顾问团办公室编 .—乌鲁木齐：新疆地理所公共事业服务公司，2003.12.—403 页；20cm

F290/2008b　资源型城市转型与可持续发展 / 李咏梅著 .—乌鲁木齐：新疆大学出版社，2008.11.—220 页；21cm

F293.31/20056　国家、自治区、兵团 2003 年房产管理法规文件汇编 / [责任者不详].—2005.6.—148 页；26cm

F293.31/20056　农六师房产局二〇〇三年文件汇编 / [责任者不详].—2005.6.—186 页；26cm

F293.33/882　新疆维吾尔自治区城镇房地产普查产籍图汇编 / 新疆维吾尔自治区建设厅，新疆维吾尔自治区统计局编 .—1988.2.—88 页；29cm

F299.2/20062　新疆城镇体系的理论与实践 / 张小雷等编著 .—乌鲁木齐：新疆人民出版社，2006.2.—366 页；29cm

F299.2/2006c　基于循环经济的生态型城市发展理论与应用研究：以库尔勒生态城市建设为例 / 李育冬，雷霆编著 .—乌鲁木齐：新疆大学出版社，2006.12.—205 页；20cm

F299.2/20089　改革开放三十年——新疆城市：1978—2008/国家统计局新疆调查总队编 .—北京：中国统计出版社，2008.9.—411 页；26cm

F299.2/2008c　新疆城市化"十一五"规划及中长期发展战略研究 / 刘晏良主编 .—乌鲁木齐: 新疆人民出版社, 2008.12.—378 页; 24cm

F299.27/921　1949—1989 乌鲁木齐城市建设 /《1949—1989 乌鲁木齐城市建设》编委会编 .—1992.1.—170 页；29cm

F299.27/933　新疆城镇发展与布局研究 / 新疆维吾尔自治区国土整治农业区划局编 .—乌鲁木齐：新疆科技卫生出版社，1993.3.—197 页；26cm

F299.27/936　对外开放的乌鲁木齐 / 中共乌鲁木齐市委员会经济工作部编 .—乌鲁木齐：新疆人民出版社，1993.6.—216 页；20cm.—新疆对外开放丛书

F299.27/979　石油新城：库尔勒 /《发展中的新疆城市》编委会编 .—北京：中国统计出版社，1997.9.—111 页；26cm.—发展中的新疆城市

F299.27/979　北国门户：博乐 /《发展中的新疆城市》编委会编 .—北京：中国统计出版社，1997.9.—92 页；26cm.—发展中的新疆城市

F299.27/979　塞外西湖：乌苏 /《发展中的新疆城市》编委会编 .—北京：中国统计出版社，1997.9.—23 页；26cm.—发展中的新疆城市

F299.27/979　新兴的旅游城市：阜康 /《发展中的新疆城市》编委会编 .—北京：中国统计出版社，1997.9.—92 页；26cm.—发展中的新疆城市

F299.27/979　西域花园城：伊宁 /《发展中的新疆城市》编委会编 .—北京：中国统计出版社，1997.9.—92 页；26cm.—发展中的新疆城市

F299.27/979　首府卫星城：昌吉 /《发展中的新疆城市》编委会编 .—北京：中国统计出版社，1997.9.—79 页；26cm.—发展中的新疆城市

F299.27/979　金山宝地：阿勒泰 /《发展中的新疆城市》编委会编 .—北京：中国统计出版社，1997.9.—77 页；26cm.—发展中的新疆城市

F299.27/979　西域文化名城：吐鲁番 /《发展中的新疆城市》编委会编 .—北京：中国统计出版社，1997.9.—112 页；26cm.—发展中的新疆城市

F299.27/979　天山第一城：哈密 /《发展中的新疆城市》编委会编 .—北京：中国统计出版社，1997.9.—72 页；26cm.—发展中的新疆城市

F299.27/979　发展中的新疆城市：综合 /《发展中的新疆城市》编委会编 .—北京：中国统计出版社，1997.9.—235 页；26cm.—发展中的新疆城市

F299.27/979　工业新城：米泉 /《发展中的新疆城市》编委会编 .—北京：中国统计出版社，1997.9.—87 页；26cm

F299.27/979　西域宝城：和田 /《发展中的新疆城市》编委会编 .—北京：中国统计出版社，1997.9.—68 页；26cm

F299.27/979　商埠重镇：阿图什 /《发展中的新疆城市》编委会编 .—北京：中国统计出版社，1997.9.—71 页；26cm

F299.27/979　新兴工业城：奎屯 /《发展中的新疆城市》编委会编 .—北京：中国统计出版社，1997.9.—89 页；26cm

F299.27/979　丝路明珠：喀什 /《发展中的新疆城市》编委会编 .—北京：中国统计出版社，1997.9.—157 页；26cm

F299.27/979　百年古埠：塔城 /《发展中的新疆城市》编委会编 .—北京：中国统计出版社，1997.9.—88 页；26cm

F299.27/2000b　新疆城市调查 .2000 年合订本 / 新疆维吾尔自治区城市社会经济调查队编 .—2000.11.—678 页；26cm

F299.27/20014　新疆地市调查资料精选：2000/ 新疆维吾尔自治区城市社会经济调查队编 .—2001.4.—372 页；20cm

F299.27/2001b　新疆城市调查 .2001 年合订本 / 新疆维吾尔自治区城市社会经济调查队编 .—2001.11.—510 页；26cm

F299.27/20029　西部大开发聚集在城镇 / 牛凤瑞，宋迎昌等编 .—北京：社会科学文献出版社，2002.9.—336 页；20cm

F299.27/2004　新疆城市调查 .2003 年合订本 / 新疆维吾尔自治区城市社会经济调查队编 .—2004.—77 期（385 页）；26cm

F299.27/20042　兵团城市经济问题研究 / 兵团经济研究所编 .—2004.2.—35 页；26cm

F299.27/20048　达坂城全面建设小康社会战略研究 / 王宁主编 .—乌鲁木齐：新疆人民出版社，2004.8.—495 页；20cm

F299.27/2004c　新疆城市调查 .2004 年合订本 / 新疆维吾尔自治区城市社会经济调查队编 .—2004.12.—69 期（314 页）；26cm

F299.27/20056　乌鲁木齐城市经营战略研究 / 王宁等主编 .—乌鲁木齐：新疆人民出版社，2005.6.—673 页；20cm

F299.27/2005a　新疆生产建设兵团城镇发展战略研究 / 蒲春玲，刘新平主编 .—乌鲁

木齐：新疆人民出版社，2005.10.—216 页；26cm

F299.27/2005c　乌鲁木齐市建设 50 年 /《乌鲁木齐市建设 50 年》编委会编 .—乌鲁木齐：新疆人民出版社，2005.12.—379 页；26cm

F299.27/20067　新疆城市化发展问题研究 / 赵锡平，苏树军，莫红梅著 .—乌鲁木齐：新疆人民出版社，2006.7.—444 页；20cm

F299.27/2006a　新疆生产建设兵团城镇化发展道路研究 / 张凤艳，高岗仓主编 .—乌鲁木齐：新疆人民出版社，2006.10.—232 页；20cm

F299.27/20077　兵团新型团场建设与小城镇发展 / 田燕秋，胡克明等著 .—乌鲁木齐：新疆人民出版社，2007.7.—305 页；20cm

F299.27/2008a　新疆阿克苏地区城市经济改革与发展 30 年：1978—2008/ 阿克苏地区经济贸易委员会编 .—2008.10.—386 页；28cm

F299.27/20109　兵团城镇化知识读本 / 白燕主编 .—五家渠：新疆生产建设兵团出版社，2010.9.—110 页；20cm.—丰富屯垦内涵　转变屯垦方式知识读本丛书

F299.27/2010c　新疆生产建设兵团特色城镇化发展研究 / 倪超军，赵雪冉著 .—北京：中国农业出版社，2010.12.—232 页；20cm

F3　农业经济

F301.23/2005c　新疆维吾尔自治区土地开发整理规划：2001—2010 年 / 新疆维吾尔自治区国土资源厅编 .—2005.12.—420 页；26cm

F302/96　新疆生产建设兵团第一次全国农业普查资料：1996/ 新疆生产建设兵团农业普查办公室编 .—1996.—2 卷（1089 页）；26cm

F306/88c　家庭农场经营管理方法 / 刘以雷编写 .—乌鲁木齐：新疆人民出版社，1988.12.—189 页；20cm

F306.1/89b　变革与飞跃：国营农场改革探索录 / 新疆生产建设兵团党委政策研究室编 .—乌鲁木齐：新疆人民出版社，1989.11.—184 页；20cm

F31/75b　国外农业概况 / 中国农林科学院情报研究所主编 .—北京：科学出版社，1975.11.—1180 页；26cm

F311/20028　新疆土地科学二十年 / 新疆土地学会编 .—乌鲁木齐：乌鲁木齐市政和印刷有限公司，2002.8.—469 页；20cm

F312.1/985　当代中国土地管理 / 邹玉川主编 .—北京：当代中国出版社，1998.5.—2 册（735 页）；20cm.—当代中国丛书

F316.2/856　新疆生产建设兵团林业生产管理条例 / 新疆生产建设兵团司令部编 .—1985.6.—36 页；20cm

F32/80b　全国农垦统计资料汇编：1949—1979/ 中华人民共和国农垦部计划局编 .—1980.11.—535 页；26cm

F32/86a　全国农垦系统工会工作协作会议第一次会议文件选编 / 新疆生产建设兵团工会编 .—1986.10.—252 页；20cm

F32/86a　当代中国的农垦事业 /《当代中国》丛书编辑部编 .—北京：中国社会科学出版社，1986.10.—530 页；26cm.—当代中国丛书

F32/996　广西农垦统计历史资料：1978—1998/ 广西农垦局编 .—1999.6.—2 册（1415 页）；29cm

F32/20009　干旱区生态农业建设与可持续发展 / 毛德华主编 .—乌鲁木齐：新疆人民出版社，2000.9.—308 页；26cm

F32/2003　农业统计年报：2003/ 中华人民共和国国家统计局编 .—2003.—201 页；26cm

F32/2004　农业统计年报：2004/ 中华人民

共和国国家统计局编.—2004.—203页；26cm

F32/2004a　中国农村经济调研报告：2004/国家统计局农村社会调查总队编.—北京：中国统计出版社，2004.10.—405页；26cm

F32/2005c　中国农村经济调研报告：2005/国家统计局农村社会经济调查司编.—北京：中国统计出版社，2005.12.—388页；26cm

F32/20081　兵团经济：社会主义屯垦戍边的市场经济/郭鸿海著.—阿图什：克孜勒苏柯尔克孜文出版社，2008.1.—358页；22cm

F32/2010　农业统计年报：2010/中华人民共和国国家统计局编.—2010.—271页；26cm

F32/2011c　中国与哈萨克斯坦农业经贸合作研究：兼论新疆的地位和作用/夏咏，张庆红著.—乌鲁木齐：新疆人民出版社，2011.12.—129页；21cm.—新疆区域经济理论问题研究系列丛书

F32-66/20064　中国农业统计资料汇编：1949—2004/国家统计局农村社会经济调查司编.—北京：中国统计出版社，2006.4.—297页；30cm

F320/838　农垦工作文件资料选编/农垦部政策研究室，农垦部国营农业经济研究所，中国社会科学院农经所农场研究室编.—北京：农业出版社，1983.8.—1351页；20cm

F320/91　农垦工作文件资料选编：1983—1990/中华人民共和国农业部农垦司，中国农垦经济研究与技术开发中心编.—北京：农业出版社，1991.—899页；26cm

F320/20024　2001—2002年：中国农村经济形势分析与预测/中国社会科学院农村发展所，国家统计局农村社会经济调查总队著.—北京：社会科学文献出版社，2002.4.—326页；20cm

F320/2005　农垦工作文件资料选编：1996—2003/中华人民共和国农业部农垦局编.—北京：农业出版社，2005.—2册（1219页）；26cm

F320.1/20035　精准农业·监测/《精准农业》编委会编.—乌鲁木齐：新疆人民出版社，2003.5.—109页；20cm.—《精准农业》培训丛书

F320.1/20035　精准农业·收获/《精准农业》编委会编.—乌鲁木齐：新疆人民出版社，2003.5.—137页；20cm.—《精准农业》培训丛书

F320.1/20035　精准农业·施肥/《精准农业》编委会编.—乌鲁木齐：新疆人民出版社，2003.5.—193页；20cm.—《精准农业》培训丛书

F320.1/20035　精准农业·概论/《精准农业》编委会编.—乌鲁木齐：新疆人民出版社，2003.5.—164页；20cm.—《精准农业》培训丛书

F320.1/20035　精准农业·种子/《精准农业》编委会编.—乌鲁木齐：新疆人民出版社，2003.5.—228页；20cm.—《精准农业》培训丛书

F320.1/20035　精准农业·灌溉/《精准农业》编委会编.—乌鲁木齐：新疆人民出版社，2003.5.—255页；20cm.—《精准农业》培训丛书

F320.1/20035　精准农业·播种/《精准农业》编委会编.—乌鲁木齐：新疆人民出版社，2003.5.—109页；20cm.—《精准农业》培训丛书

F320.1/20109　兵团农业现代化知识读本/田燕秋主编.—五家渠：新疆生产建设兵团出版社，2010.9.—116页；20cm.—丰富屯垦内涵　转变屯垦方式知识读本丛书

F320.2/912　农垦经济体制改革研究/中国农垦经济研究与技术开发中心，中国农垦

经济研究会编 .—北京：农村读物出版社，1991.2.—339 页；26cm

F320.2/959　新疆生产建设兵团改革与发展 / 杨发仁，杨振华主编 .—乌鲁木齐：新疆人民出版社，1995.9.—206 页；20cm

F321/20059　西北地区农村产业结构升级及调整战略研究 / 温晓霞，杨改河主编 .—北京：科学出版社，2005.9.—225 页；26cm

F321.1/55　新疆维吾尔自治区土地利用总体规划 / 新疆维吾尔自治区人民政府编 .—乌鲁木齐: 新疆人民出版社，1955.—488 页；26cm

F321.1/2006b　新疆土地资源优化配置与区域经济可持续发展研究 / 蒲春玲著 .—北京：中国大地出版社，2006.11.—197 页；21cm

F321.1/20106　新疆精河绿洲土地利用变化及其对土壤质量的影响研究 / 胡江玲，金海龙著 .—乌鲁木齐：新疆科学技术出版社，2010.6.—127 页；21cm

F322/2000c　新中国五十年农业统计资料 / 国家统计局农村社会经济调查总队编 .—北京：中国统计出版社，2000.12.—759 页；26cm

F323/881　新疆农业开发新论 / 陈振年主编 .—乌鲁木齐：新疆人民出版社，1988.1.—292 页；20cm

F323.1　农八师一二一团农业区划图册 / 农八师一二一团区划办公室编绘 .—70 页；26cm

F323.1/84a　新疆生产建设兵团农二师农业区划集 . 一 / 农二师农业区划领导小组办公室编 .—乌鲁木齐：兵团机关印刷厂，1984.10.—548 页；26cm

F323.1/85a　新疆生产建设兵团农一师团场片及团场综合农业区划 / 农一师农业区划办公室编 .—阿克苏：阿克苏农一师印刷厂，1985.10.—508 页；26cm

F323.1/85a　新疆生产建设兵团农六师农业区划集 . 一 / 农六师农业区划办公室编 .—1985.10.—536 页；26cm

F323.1/85b　新疆生产建设兵团农五师农业区划集 / 农五师农业区划办公室编 .—杭州：杭州云轩印刷厂，1985.11.—593 页；26cm

F323.1/85c　新疆生产建设兵团农六师农业区划集 . 二 / 农六师农业区划办公室编 .—乌鲁木齐：新疆新华印刷三厂，1985.12.—326 页；26cm

F323.1/865　农十师团场综合农业区划汇编 / 农十师农业区划办公室编 .—1986.5.—207 页；26cm

F323.1/868　新疆生产建设兵团农九师农业区划 / 农九师农业区划领导小组办公室编 .—1986.8.—198 页；26cm

F323.1/871　新疆生产建设兵团农一师农业区划 / 农一师农业区划办公室编 .—1987.1.—322 页；26cm

F323.1/879　新疆生产建设兵团农七师团场综合农业区划集 / 农七师农业区划领导小组办公室编 .—1987.9.—294 页；26cm

F323.1/882　新疆生产建设兵团农十师农业区划汇编 / 农十师农业区划办公室编 .—1988.2.—277 页；26cm

F323.1/882　新疆生产建设兵团农三师团场综合农业区划 / 农三师农业区划办公室编 .—1988.2.—290 页；26cm

F323.1/883　新疆生产建设兵团哈密农场管理局农业区划成果汇编 / 哈密农场管理局农业区划办公室编 .—1988.3.—523 页；26cm

F323.1/966　新疆生产建设兵团农六师土墩子农场土地利用总体规划：1996—2010 年 / 农六师土墩子农场编 .—1996.6.—43 页；26cm

F323.1/96a　新疆生产建设兵团农六师共青团农场土地利用总体规划：1996—2010/

农六师共青团农场编 .—1996.10.—92 页；26cm

F323.1/96b　新疆生产建设兵团农六师一〇三团基本农田保护区规划：1996—2010 年 / 农六师一〇三团规划办公室编 .—1996.11.—43 页；26cm

F323.1/96b　新疆生产建设兵团农六师共青团农场基本农田保护区规划：1996—2010 年 / 农六师共青团农场编 .—1996.11.—31 页；26cm

F323.1/96c　新疆生产建设兵团农六师奇台农场基本农田保护区规划：1996—2010 年 / 农六师奇台农场编 .—1996.12.—38 页；26cm

F323.1/973　新疆生产建设兵团农六师芳草湖农场土地利用总体规划：1996—2010/ 农六师芳草湖农场编 .—1997.3.—100 页；26cm

F323.1/974　新疆生产建设兵团农六师一〇六团土地利用总体规划：1996—2010 年 / 农六师一〇六团编 .—1997.4.—43 页；26cm

F323.1/974　新疆生产建设兵团农六师新湖总场土地利用总体规划：1995—2010 年 / 农六师新湖总场编 .—1997.4.—60 页；26cm

F323.1/975　新疆生产建设兵团农六师一〇五团土地利用总体规划：1996—2010 年 / 农六师一〇五团编 .—1997.5.—99 页；26cm

F323.1/991　新疆生产建设兵团农六师土地利用总体规划：1997—2010. 上册 / 新疆生产建设兵团农六师编 .—1999.1.—80 页；26cm

F323.1/99a　新疆生产建设兵团农六师土地利用总体规划：1997—2010/ 新疆生产建设兵团农六师编 .—1999.10.—192 页；26cm

F323.1/20009　1997—2010 年新疆生产建设兵团农六师土地利用总体规划 / 新疆生产建设兵团农六师编 .—2000.9.—140 页；26cm

F323.1/20013　1997—2010 年新疆生产建设兵团农六师一〇七团土地利用总体规划：修编 / 农六师一〇七团编 .—2001.3.—59 页；26cm

F323.1/20013　1997—2010 年新疆生产建设兵团农六师一一一团土地利用总体规划：修编 / 农六师一一一团编 .—2001.3.—67 页；26cm

F323.1/20013　1996—2010 年新疆生产建设兵团农六师共青团农场土地利用总体规划：修编 / 农六师共青团农场编 .—2001.3.—46 页；26cm

F323.1/20013　1997—2010 年新疆生产建设兵团农六师芳草湖农场土地利用总体规划：修编 / 农六师芳草湖农场编 .—2001.3.—106 页；26cm

F323.1/20013　1997—2010 年新疆生产建设兵团农六师新湖总场土地利用总体规划：修编 / 农六师新湖总场编 .—2001.3.—53 页；26cm

F323.1/20028　1997—2010 年新疆生产建设兵团土地利用总体规划 / 新疆生产建设兵团编 .—乌鲁木齐：新疆科技卫生出版社，2002.8.—162 页；26cm

F323.2/85c　新疆生产建设兵团农六师土壤 / 农六师勘测设计队土壤组编 .—1985.12.—212 页；26cm

F323.2/935　新疆生产建设兵团垦区土壤 / 新疆生产建设兵团土壤普查办公室编 .—乌鲁木齐：新疆科技卫生出版社，1993.5.—631 页；26cm

F323.2/2006c　新疆土地资源利用效益研究 / 新疆土地学会，新疆农业大学土地科学研究所编 .—乌鲁木齐：新疆人民出版社，2006.12.—244 页；26cm

F323.21　农八师一二一团农业资源调查表：1950—1983/ 农八师一二一团区划办公室编 .—139 页；26cm

F323.211/945　新疆生产建设兵团农六师土地资源 / 农六师土地资源详查办公室编 .—1994.5.—125 页；26cm

F323.211/946　新疆生产建设兵团农六师土地利用现状调查报告 / 农六师土地资源详查办编 .—1994.6.—42 页；26cm

F323.211/988　芳草湖总场场部地籍调查成果资料地籍测量技术总结 / 新疆生产建设兵团农六师勘测设计院编 .—1998.8.—11 页；26cm

F323.211/994　新疆五家渠土地定级估价报告 / 新疆兵团农六师土地管理局，新疆生产建设兵团土地估价所编 .—1999.4.—111 页；26cm

F323.213/20097　新疆塔里木河流域农业水价调整与农业水价管理研究 / 孙建光等著 .—乌鲁木齐：新疆人民出版社，2009.7.—197 页；24cm

F323.3/2010c　新疆生产建设兵团可持续农业技术创新研究 / 齐晓辉著 .—北京：中国农业出版社，2010.12.—248 页；21cm

F323.4/20076　农业综合开发规章制度汇编 / 乌鲁木齐市农业综合开发办公室编 .—2007.6.—386 页；21cm

F323.5/927　新疆生产建设兵团 40 万吨优质商品棉基地建设项目可行性研究报告 / 新疆生产建设兵团编 .—1992.7.—199 页；26cm

F323.5/927　新疆生产建设兵团 40 万吨优质商品棉基地建设项目可行性研究报告：附件 / 新疆生产建设兵团编 .—1992.7.—629 页；26cm

F323.6/2007c　新疆城乡协调发展与农村人力资源开发 / 郭宁等著 .—北京：中国农业出版社，2007.12.—339 页；21cm

F323.6/2008c　兵团农场劳动力引进机制与配置模式研究 / 李豫新，强始学著 .—乌鲁木齐：新疆人民出版社，2008.12.—234 页；20cm

F323.6/20106　新疆农村人力资源开发 / 李光明著 .—乌鲁木齐：新疆人民出版社，2010.6.—256 页；21cm

F323.7/20054　中国粮食供求：调查与分析：2004/ 国家统计局农村社会经济调查总队编 .—北京：中国统计出版社，2005.4.—327 页；26cm

F323.8/905　宅基地有偿使用资料选编 / 兵团土地管理局编 .—1990.5.—39 页；20cm

F323.8/2002c　中国农村贫困监测报告：2002/ 国家统计局农村社会经济调查总队编 .—北京：中国统计出版社，2002.12.—191 页；26cm

F323.8/2003c　中国农村贫困监测报告：2003/ 国家统计局农调总队编 .—北京：中国统计出版社，2003.12.—214 页；26cm

F323.8/20041　农民增收要有新思路：新疆农民收入问题研究 / 李周为，陆宗义著 .—乌鲁木齐：新疆人民出版社，2004.1.—402 页；20cm

F323.8/20065　新疆生产建设兵团“十一五”扶贫开发规划汇编 / 新疆生产建设兵团发展和改革委员会编 .—2006.5.—338 页；26cm

F324/86a　全国农垦企事业单位名录 / 农牧渔业部农垦局统计处编 .—1986.10.—274 页；19cm

F324/895　国营农场改革之路 / 国务院农村发展研究中心联络室编 .—哈尔滨：黑龙江教育出版社，1989.5.—309 页；20cm

F324/928　国营农牧团场经济问题研究 / 中共新疆生产建设兵团委员会政策研究室编 .—乌鲁木齐：新疆人民出版社，1992.8.—269 页；20cm

F324/957　新疆生产建设兵团建立市场经济新体制的探索 / 新疆兵团党委政策研究室，

新疆兵团经济体制改革委员会编 .—乌鲁木齐：新疆科技卫生出版社，1995.7.—414 页；20cm

F324/99a 农垦经济体制改革与发展研究：1999 年全国农垦经济学术研讨会论文选编 / 中国农垦经济发展中心，中国农垦经济研究会编 .—北京：中国农业出版社，1999.10.—347 页；20cm

F324/20007 中国农垦五十年 / 中华人民共和国农业部农垦局编 .—北京：中国农业出版社，2000.7.—129 页；26cm

F324/2000c 兵团农六师奇台总场农机管理标准化材料汇编 / 六师奇台总场农机管理标准化办公室编 .—2000.12.—220 页；26cm

F324/20015 农垦经济体制改革与发展研究：2000 年全国农垦经济学术研讨会论文选编 / 中国农垦经济发展中心，中国农垦经济研究会编 .—北京：中国农业出版社，2001.5.—347 页；20cm

F324/20053 农垦经济体制改革与发展研究：2004 年全国农垦经济学术研讨会论文选编 / 中国农垦经济研究会，中国农垦经济发展中心编 .—北京：中国农业出版社，2005.3.—348 页；20cm

F324/20061 农垦经济体制改革与发展研究：2005 年全国农垦经济理论研究论文集 / 中国农垦经济研究会，中国农垦经济发展中心编 .—北京：中国农业出版社，2006.1.—464 页；23cm

F324/20069 新疆生产建设兵团经济体制改革与发展探索 .12/ 中共新疆生产建设兵团委员会政策研究室，新疆生产建设兵团农垦经济研究会编 .—乌鲁木齐：新疆科学技术出版社，2006.9.—467 页；20cm

F324/20118 新疆生产建设兵团经济体制改革与发展探索 .16/ 中共新疆生产建设兵团委员会政策研究室，新疆生产建设兵团农垦经济研究会编 .—五家渠：新疆生产建设兵团出版社，2011.8.—241 页；21cm

F324.1/949 论兵团 / 房艺杰编著 .—乌鲁木齐：新疆青少年出版社，1994.9.—288 页；20cm

F324.1/20002 兵团农牧团场改革纵论 / 兵团党委党校科研处编 .—北京：民族出版社，2000.2.—408 页；20cm

F324.1/20051 从团场经济到城市经济：新疆生产建设兵团农一师阿拉尔市经济发展战略研究 / 史育龙，刘建新主编 .—北京：中国经济出版社，2005.1.—241 页；23cm

F324.1/20057 农垦农业产业化经营实践与探索 / 农业部农垦局编 .—北京：中国农业出版社，2005.7.—375 页；23cm

F324.1/20061 新疆生产建设兵团边境农场戍边使命与反贫困战略协调/李万明等著 .—北京：中国农业出版社，2006.1.—184 页；21cm

F324.1/20083 农垦经济体制改革与发展研究：2007 年全国农垦经济理论研究论文集 / 中国农垦经济研究会，中国农垦经济发展中心编 .—北京：中国农业出版社，2008.3.—364 页；23cm

F324.1/20093 农垦经济体制改革与发展研究：2008 年全国农垦经济理论研究论文集 / 中国农垦经济研究会，中国农垦经济发展中心编 .—北京：中国农业出版社，2009.3.—432 页；23cm

F324.1/20099 农牧团场财务会计 / 新疆生产建设兵团财务局编著 .—北京：经济科学出版社，2009.9.—256 页；25cm

F324.1/2009c 新疆生产建设兵团第二次全国农业普查重点课题成果汇编 / 新疆生产建设兵团第二次全国农业普查领导小组办公室，新疆生产建设兵团统计学会编 .—五家渠：新疆生产建设兵团出版社，2009.12.—689 页；26cm

F324.1/20107　盛世农垦：与祖国共辉煌 / 农业部农垦局编 .—北京：中央文献出版社，2010.7.—137 页；26cm

F324.1/20114　兵团精神与社会主义核心价值体系研究 / 王运华等著 .—五家渠：新疆生产建设兵团出版社，2011.4.—231 页；20cm

F324.1/20118　2010 兵团发布 / 新疆生产建设兵团新闻办公室编 .—五家渠：新疆生产建设兵团出版社，2011.8.—226 页；23cm

F324.1/20119　科学发展在兵团 /《科学发展在兵团》编写组编 .—五家渠：新疆生产建设兵团出版社，2011.9.—496 页；29cm

F324.1/20119　新疆生产建设兵团第二次全国经济普查重点研究课题专辑 / 新疆生产建设兵团统计局编 .—五家渠：新疆生产建设兵团出版社，2011.9.—2 册（875 页）；23cm

F324.1/2011a　新型团场建设与职工素质教育 / 新疆兵团农业广播电视学校编 .—五家渠：新疆生产建设兵团出版社，2011.10.—248 页；21cm

F324.1/2011b　新疆生产建设兵团第二次全国农业普查资料汇编 / 新疆生产建设兵团第二次全国农业普查领导小组办公室，新疆生产建设兵团统计局，国家统计局新疆生产建设兵团调查总队 .—北京：中国统计出版社，2011.11.—2 册（1646 页）；26cm

F324.1/2011c　科技创新与兵团可持续发展研究 / 王晓娟著 .—五家渠：新疆生产建设兵团出版社，2011.12.—202 页；21cm

F324.1/20123　2011 兵团发布 / 新疆生产建设兵团新闻办公室编 .—五家渠：新疆生产建设兵团出版社，2012.3.—271 页；23cm

F324.1/20124　新跨越：全国对口支援新疆生产建设兵团纪实 / 新疆生产建设兵团党委宣传部编 .—五家渠：新疆生产建设兵团出版社，2012.4.—325 页；23cm

F324.1/20133　新疆生产建设兵团老票证 / 葛新宏主编 .—五家渠：新疆生产建设兵团出版社，2013.3.—476 页；29cm

F324.1/20138　石河子垦区创业史上的第一 . 第一辑 / 新疆生产建设兵团第八师石河子市档案局（馆）编 .—五家渠：新疆生产建设兵团出版社，2013.8.—165 页；24cm

F324.1/20145　2013 年兵团改革发展获奖重点研究课题汇编 / 兵团改革发展获奖重点研究课题编委会编 .—五家渠：新疆生产建设兵团出版，2014.5.—177 页；26cm

F324.5/89　边陲绿宝石：献给奇台农场建场三十周年 /[责任者不详].—1989.—16 页；26cm

F325/898　家庭农场场长手册 / 余荣光主编 .—兰州：甘肃科学技术出版社，1989.8.—518 页；20cm

F325.15/84　家庭农场 .1984 年第 2 期 / 新疆生产建设兵团农七师政治部 .—[印刷地不详]：甘南藏族自治州印刷厂，1984.—40 页；26cm

F325.15/849　家庭农场 .1984 年创刊号 / 新疆生产建设兵团农七师《家庭农场》编委会 .—兰州：兰州部队八一印刷厂，1984.9.—40 页；26cm

F325.15/986　新湖总场庭院经济典型户汇编 / 新湖总场工会编 .—五家渠：新疆五家渠新奇印刷服务中心，1998.6.—44 页；20cm

F326.12/20026　新疆棉花产业发展问题研究 / 崔光莲等著 .—乌鲁木齐：新疆人民出版社，2002.6.—360 页；23cm

F326.12/20077　新疆棉产业发展战略研究 / 宋群等著 .—北京：中国计划出版社，2007.7.—131 页；24cm

F326.13/2011c　新疆果农在水果产业链中的纵向协作选择研究：以香梨、苹果产业

为例 / 余国新著 .—乌鲁木齐：新疆人民出版社，2011.12.—212 页；21cm.—新疆区域经济理论问题研究系列丛书

F326.13/20117　新疆现代林果产业体系发展中的市场建设和创新研究 / 周斌编著 .—乌鲁木齐：新疆人民出版社，2011.7.—221 页；19cm

F326.2/2011c　新疆南疆三地州特色林果业产业化建设与发展 / 尼合迈提·霍嘉著 .—乌鲁木齐：新疆人民出版社，2011.12.—220 页；21cm.—新疆区域经济理论问题研究系列丛书

F326.23/20064　民族地区退耕还林（草）及其法律保障研究 / 李彦，宋才发著 .—北京：中央民族大学出版社，2006.4.—379 页；21cm

F326.27/2001a　新疆生产建设兵团农八师一四一团生态环境建设 10 万亩芨芨草种植项目可行性研究报告 / 新疆生产建设兵团农八师一四一团编 .—2001.10.—1 册；26cm

F326.33/20002　新疆牧民定居与饲料地建设方案研究 / 崔恒心主编 .—乌鲁木齐：新疆人民出版社，2000.2.—315 页；23cm

F326.33/20078　新疆羊产业发展研究 / 郑江平著 .—乌鲁木齐：新疆人民出版社，2007.8.—283 页；20cm

F326.37/2006c　新疆畜牧业管理浅谈 / 胡拜都拉·哈赛因著 .—北京：民族出版社，2006.12.—268 页；21cm

F326.5/2010a　新疆农产品加工业产业组织研究 / 程广斌著 .—乌鲁木齐：新疆人民出版社，2010.10.—232 页；21cm

F327　新疆农产品交易团招商指南 /《新疆农产品交易团招商指南》编写组编 .—223 页；20cm

F327/608　中国人民解放军新疆军区生产建设兵团十年生产建设成就：1950—1959/ 生产建设兵团司令部编 .—1960.8.—113 页；20cm

F327/79c　新疆维吾尔自治区农垦系统水利管理规定 / 新疆自治区农垦总局编 .—1979.12.—39 页；10cm

F327/85b　新疆维吾尔自治区农民家庭收支调查年报资料：1983—1984/ 新疆维吾尔自治区农村抽样调查队 .—湖北印刷厂，1985.11.—392 页；16cm

F327/876　新疆伊犁地区农业发展战略研究汇编 .1—22 期 / 伊犁地区区划委员会办公室编 .—1987.6.—426 页；26cm

F327/87c　喀什农业区划 / 喀什地区农业区划委员会办公室编 .—1987.12.—461 页；26cm

F327/885　中国农垦经济改革与发展：中青年农垦经济获奖论文选 / 中国农垦经济研究所，中国农垦经济研究会编 .—北京：中国经济出版社，1988.5.—351 页；20cm

F327/88a　新疆农村发展战略问题 / 中共新疆维吾尔自治区委员会农村工作部，新疆维吾尔自治区科学技术协会，新疆维吾尔自治区农业区划委员会编 .—乌鲁木齐：新疆人民出版社，1988.10.—352 页；20cm

F327/88b　新疆维吾尔自治区农村住户调查年报资料：1985/ 新疆维吾尔自治区农村抽样调查队 .—沈阳：沈阳市第一印刷厂，1988.11.—258 页；16cm

F327/88b　新疆维吾尔自治区农村住户调查年报资料：1986/ 新疆维吾尔自治区农村抽样调查队 .—沈阳：沈阳市第一印刷厂，1988.11.—239 页；19cm

F327/88b　新疆维吾尔自治区农村住户调查年报资料：1987/ 新疆维吾尔自治区农村抽样调查队 .—沈阳：沈阳市第一印刷厂，1988.11.—209 页；19cm

F327/906　农业机械普查汇总资料：1990/

新疆生产建设兵团农业局农机处编 .—1990.6.—219 页；20cm

F327/935　新疆草地资源及其利用 / 新疆维吾尔自治区畜牧厅编 .—乌鲁木齐：新疆科技卫生出版社，1993.5.—401 页；22cm

F327/948　伊犁哈萨克自治州国土资源 / 新疆伊犁哈萨克自治州计划委员会国土办编 .—合肥：黄山书社，1994.8.—2 册（597 页）；26cm

F327/959　边城巨变：1949—1994 年乌鲁木齐市国民经济统计资料 / 乌鲁木齐市四十年大庆办秘书联络组,乌鲁木齐市统计局编.—乌鲁木齐：新疆建工印刷厂，1995.9.—283 页；26cm

F327/96　新疆维吾尔自治区第一次农业普查资料综合提要 / 新疆维吾尔自治区农业普查领导小组办公室编 .—1996.—527 页；26cm

F327/967　世纪之交的新疆农业 / 新疆农业经济学会编著 .—乌鲁木齐：新疆科技卫生出版社，1996.7.—324 页；20cm

F327/969　新疆维吾尔自治区农村经济统计年报：1990 年 / 新疆维吾尔自治区统计局，农业厅，畜牧厅编 .—1996.9.—200 页；20cm

F327/969　新疆维吾尔自治区农村经济统计年报：1995 年 / 新疆维吾尔自治区统计局，农业厅，畜牧厅编 .—1996.9.—161 页；26cm

F327/971　新疆第一次农业普查综合资料提要 / 新疆维吾尔自治区农业普查领导小组办公室编 .—1997.1.—527 页；26cm

F327/971　农八师关于公开农牧团场土地承包办事制度的规定 / 农八师石河子市监察局 .—1997.1.—13 页；20cm

F327/973　新疆兵团农四师改革与发展论文选编 / 农四师党委政研室编 .—1997.3.—234 页；20cm

F327/974　农垦经济改革新论 / 刘以雷 .—乌鲁木齐：新疆人民出版社，1997.4.—258 页；20cm

F327/977　新疆维吾尔自治区农村经济统计年报：1996/ 新疆维吾尔自治区统计局，农业厅，畜牧厅编 .—1997.7.—156 页；26cm

F327/979　新疆内蒙古青海甘肃四省区牧区经济问题研究 / 吕发科主编 .—乌鲁木齐：新疆人民出版社，1997.9.—302 页；19cm

F327/985　牧业论述 / 塔拉什・克比著 .—乌鲁木齐：新疆人民出版社，1998.5.—413 页；20cm

F327/986　兵团农牧团场改革探索 / 兵团党校科研处编 .—乌鲁木齐：新疆科技卫生出版社，1998.6.—282 页；20cm

F327/986　吐鲁番绿洲可持续发展研究 / 王永兴著 .—乌鲁木齐：新疆人民出版社，1998.6.—141 页；26cm

F327/987　新湖总场小康连队建设资料汇编 / 新湖总场小康连队建设领导小组编 .—1998.7.—52 页；20cm

F327/988　新疆维吾尔自治区农村社会经济统计资料：1997 年 / 新疆维吾尔自治区统计局，农调队，农业厅，畜牧厅编 .—1998.8.—239 页；26cm

F327/98a　新疆兵团农四师改革与发展论文选编：1998 年 / 农四师党委政研室编 .—1998.10.—300 页；20cm

F327/20003　中国农业全书 . 新疆卷 /《中国农业全书》总编辑委员会，《中国农业全书・新疆卷》编辑委员会编 .—北京：中国农业出版社，2000.3.—544 页；26cm

F327/20006　西部开发与农村经济发展 / 陈彤，杨卓君编 .—乌鲁木齐：新疆人民出版社，2000.6.—446 页；26cm

F327/20014　新疆兵团农四师改革与发展

论文选编：2001/ 农四师党委政研室编 .—2001.4.—298 页；20cm

F327/20014　新疆特色农业资源产业化 / 李周为，陆宗义主编 .—乌鲁木齐：新疆人民出版社，2001.4.—445 页；20cm

F327/2001a　农八师农牧团场生产经营责任制汇编：2001 年 / 农八师石河子市党委政策研究室，农八师石河子市经济体制改革委员会编 .—2001.10.—91 页；26cm

F327/20027　迈向 21 世纪的新疆农村经济 / 新疆维吾尔自治区农村社会经济调查队编 .—乌鲁木齐：新疆人民出版社，2002.7.—597 页；20cm

F327/20038　新疆塔城老风口防风阻雪生态工程评价与发展战略研究 / 陈彤等著 .—乌鲁木齐：新疆人民出版社，2003.8.—146 页；20cm.—新疆农业发展与生态环境建设系列研究丛书

F327/20043　阿克陶县国民经济统计历史资料汇编：1954—2004/ 阿克陶统计局编 .—2004.3.—204 页；26cm

F327/20045　新疆维吾尔自治区农牧产品成本收益资料汇编：2003 年度 /《新疆维吾尔自治区农牧产品成本收益资料汇编》编委会编 .—2004.5.—225 页；23cm

F327/20048　新疆农村调研报告：2003/ 余晓明编 .—北京：中国统计出版社，2004.8.—236 页；20cm

F327/2004c　伊犁农业农村经济持续快速发展对策研究 / 新疆伊犁州专家顾问团编 .—2004.12.—121 页；26cm

F327/2004c　新疆农调二十年：1984—2004/ 新疆维吾尔自治区农村社会经济调查队编 .—乌鲁木齐：新疆统计印刷厂，2004.12.—383 页；26cm

F327/2004c　新疆以工代赈资料汇编 / 新疆维吾尔自治区发展计划委员会编 .—2004.12.—377 页；26cm

F327/20051　新疆农业标准化 / 新疆维吾尔自治区质量技术监督局编 .—乌鲁木齐：新疆人民出版社，2005.1.—224 页；20cm

F327/20054　现代乳业研究：乳业科技文集 / 陆东林，张丹凤著 .—乌鲁木齐：新疆科学技术出版社，2005.4.—286 页；20cm

F327/20059　新疆农村调研报告：2004/ 余晓明著 .—北京：中国统计出版社，2005.9.—313 页；26cm

F327/20059　新疆农产品绿色营销 / 尼合迈提·霍嘉著 .—乌鲁木齐：新疆人民出版社，2005.9.—280 页；20cm.—新疆农业发展与生态环境建设研究丛书

F327/2005c　新疆征地实证分析与征地制度改革研究 / 杨俊孝著 .—乌鲁木齐：新疆人民出版社，2005.12.—287 页；20cm.—新疆农业发展与生态环境建设研究丛书

F327/2006　兵团建设屯垦戍边新型团场百题问答 / 兵团党委宣传部，兵团党委政策研究室编 .—2006.—32 页；20cm

F327/2006　新疆维吾尔自治区特色林果业招商引资项目指南 / 首届新疆特色林果产品博览会组委会编 .—2006.—194 页；26cm

F327/2006　新疆农业经济区域合作项目指南 / 新疆维吾尔自治区农业产业化办公室编写 .—2006.—447 页；26cm

F327/20062　兵团精准农业技术研讨会论文汇编 / 兵团农业局编 .—2006.2.—504 页；26cm

F327/20063　新疆生产建设兵团 2006—2010 年农业产业化发展规划 / 中国国际工程咨询公司，新疆生产建设兵团工程咨询中心编 .—2006.3.—79 页；26cm

F327/20064　新疆农村贫困问题研究 / 阿班·毛力提汗等著 .—乌鲁木齐：新疆人民出版社，2006.4.—405 页；20cm

F327/20065　兵团建设屯垦戍边新型团场理论研讨会材料汇编．各师分册之一／兵团党委宣传部编．—2006.5.—300 页；26cm

F327/20065　兵团建设屯垦戍边新型团场理论研讨会材料汇编．各师分册之二／兵团党委宣传部编．—2006.5.—300 页；26cm

F327/20065　兵团建设屯垦戍边新型团场理论研讨会材料汇编．各师分册之三／兵团党委宣传部编．—2006.5.—300 页；26cm

F327/20065　兵团建设屯垦戍边新型团场理论研讨会材料汇编．各师分册之四／兵团党委宣传部编．—2006.5.—300 页；26cm

F327/20065　兵团建设屯垦戍边新型团场理论研讨会材料汇编．机关分册／兵团党委宣传部编．—2006.5.—200 页；26cm

F327/20065　兵团建设屯垦戍边新型团场理论研讨会材料汇编．院校分册／兵团党委宣传部编．—2006.5.—300 页；26cm

F327/20065　兵团建设屯垦戍边新型团场理论研讨会材料汇编．经验分册／兵团党委宣传部编．—2006.5.—200 页；26cm

F327/20068　新疆生产建设兵团 100 万亩现代化节水工程可行性研究报告／新疆生产建设兵团发展与改革委员会，新疆生产建设兵团水利局，新疆生产建设兵团勘测规划设计研究院编．—2006.8.—273 页；26cm

F327/20069　塔城地区农副产品（蔬菜）出口基地建设规划／《塔城地区农副产品（蔬菜）出口基地建设规划》编制组编．—2006.9.—321 页；26cm

F327/20077　哈巴河县域经济发展与新农村建设研究／库兰・尼合买提主编．—乌鲁木齐：新疆人民出版社，2007.7.—313 页；26cm

F327/2007a　新疆生产建设兵团农业产业化发展报告／新疆生产建设兵团农业产业化工作领导小组办公室编．—2007.10.—296 页；26cm

F327/20081　耕耘金土地／胡焕发著．—2008.1.—336 页；20cm

F327/2008c　中国农垦改革发展 30 年／农业部农垦局编．—北京：中国农业出版社，2008.12.—230 页；26cm

F327/20097　阿克苏地区第二次全国农业普查资料／阿克苏地区统计局，阿克苏地区第二次全国农业普查领导小组办公室编．—2009.7.—785 页；26cm

F327.4/979　古代西北屯田开发史／赵俪生主编．—兰州：甘肃文化出版社，1997.9.—469 页；20cm

F327.4/2009c　屯垦戍边理论热点面对面：2009／新疆生产建设兵团屯垦戍边理论研究中心编．—五家渠：新疆生产建设兵团出版社，2009.12.—201 页；23cm

F327.45/964　投资中国大市场：新疆生产建设兵团专辑／新疆生产建设兵团新闻出版局编．—香港：香港大公报出版有限公司，1996.4.—103 页；26cm

F327.45/20006　屯垦戍边 50 年／姜文盈，刘成林主编．—乌鲁木齐：新疆大学出版社，2000.6.—414 页；20cm

F327.45/20015　乌鲁木齐县城郊型农业现代化战略研究／王宁主编．—乌鲁木齐：新疆人民出版社，2001.5.—662 页；20cm

F327.45/20034　调查与探索——2002 新疆农村调研报告／余晓明主编．—北京：中国统计出版社，2003.4.—365 页；20cm

F327.45/20054　坚持以人为本推进屯垦戍边／新疆生产建设兵团毛泽东屯垦思想研究会编．—乌鲁木齐：新疆人民出版社，2005.4.—433 页；21cm

F327.45/20064　新疆农业关联产业发展与农民收入增长问题研究／帕塔木…[等]著．—北京：中国农业科学技术出版社，2006.4.—184 页；21cm

F327.45/20067　新疆农业优势特色产业带培育研究 / 李金叶等著 .—北京：中国农业出版社，2006.7.—361 页；21cm

F327.45/2006c　新疆社会主义新农村建设探索与展望 / 新疆维吾尔自治区专家顾问团办公室编 .—乌鲁木齐：新疆科学技术出版社，2006.12.—464 页；23cm

F327.45/2007a　新疆农牧民社区田野调查 / 何炳济著 .—乌鲁木齐：新疆人民出版社，2007.10.—367 页；20cm

F327.45/2007a　求是与创新 . 第一辑 / 中共新疆生产建设兵团委员会党校科研处编 .—五家渠：新疆生产建设兵团出版社，2007.10.—309 页；20cm

F327.45/20082　新疆农业经济增长的动力机制和调控策略研究 / 何剑著 .—乌鲁木齐：新疆人民出版社，2008.2.—321 页；20cm

F327.45/20086　屯垦戍边理论热点面对面 / 兵团屯垦戍边理论研究中心编 .—五家渠：新疆生产建设兵团出版社，2008.6.—197 页；23cm

F327.45/20089　绿洲遥感 / 塔西甫拉提·特依拜主编 .—乌鲁木齐：新疆人民出版社，2008.9.—264 页；23cm

F327.45/2008c　绿色丰碑：新疆农业改革发展三十年 / 新疆维吾尔自治区农业厅编 .—乌鲁木齐：新疆人民出版社，2008.12.—761 页；26cm

F327.45/20098　新疆南疆新农村建设的模式与途径研究 / 蒲春玲…[等] 著 .—乌鲁木齐：新疆人民出版社，2009.8.—287 页；21cm.—新中国成立 60 周年建设新疆经验研究丛书

F327.45/2010b　新疆生产建设兵团体制研究 / 包雅钧著 .—北京：中央编译出版社，2010.11.—273 页；23cm

F327.45/20112　新疆“三农”问题实证研究 / 黄明凤著 .—乌鲁木齐：新疆人民出版社，2011.2.—249 页；21cm

F327.45/20112　求是与创新 . 第四辑 / 中共新疆生产建设兵团委员会党校科研处编 .—五家渠：新疆生产建设兵团出版社，2011.2.—414 页；21cm

F327.45/20115　西域屯垦与兵团发展研究 / 张安福著 .—五家渠：新疆生产建设兵团出版社，2011.5.—216 页；21cm

F327.45/20138　兵团高效节水 / 宋庆平，柴福军，宋钢编著 .—五家渠：新疆生产建设兵团出版社，2013.8.—50 页；29cm

F327.45/20141　新疆生产建设兵团第八师少数民族经济社会调查 / 龙开义主编 .—北京：民族出版社，2014.1.—616 页；23cm

F327.45/2014b　新疆生产建设兵团工作文献选编：1949—2014/ 中共中央文献研究室，中共新疆生产建设兵团委员会编 .—北京：中央文献出版社，2014.11.—358 页；23cm

F327.75/86c　西藏农垦概况 /《西藏农垦概况》编写组编 .—1986.12.—147 页；20cm

F329/892　国营农场四十年 / 刘培植编 .—北京：中国农业科技出版社，1989.2.—408 页；20cm

F329/20045　中国历代屯垦资料选注 / 新疆生产建设兵团毛泽东屯垦思想研究会编 .—乌鲁木齐：新疆人民出版社，2004.5.—557 页；20cm

F329/20057　若羌红枣产业发展战略纪实 / 若羌县档案史志局编 .—昌吉：新疆金版印务有限公司，2005.7.—327 页；20cm

F329/20078　中国农业通史 . 夏商西周春秋卷 / 杜青林，孙政才主编 .—北京：中国农业出版社，2007.8.—241 页；26cm

F329/20079　中国农业通史 . 战国秦汉卷 / 杜青林，孙政才主编 .—北京：中国农业出版社，2007.9.—449 页；26cm

F329/20085　中国农业通史 . 原始社会卷 / 杜青林，孙政才主编 .—北京：中国农业出版社，2008.5.—469 页；26cm

F329/20099　丝绸之路屯垦研究 / 赵予征著 .—乌鲁木齐：新疆人民出版社，2009.9.—371 页；26cm.—丝绸之路研究丛书

F329/20109　兵团屯垦戍边知识读本 / 王小平主编 .—五家渠：新疆生产建设兵团出版社，2010.9.—112 页；20cm.—丰富屯垦内涵转变屯垦方式知识读本丛书

F329.4/2012a　清代西北屯田研究 / 王希隆著 .—乌鲁木齐：新疆人民出版社，2012.10.—297 页；24cm.—《新疆通史》研究丛书

F329.45/98c　新疆古代畜牧业经济史略 / 王作之著 .—乌鲁木齐：新疆人民出版社，1998.12.—237 页；20cm

F329.45/20088　新疆屯垦与文化研究论丛：2007/ 石河子大学新疆屯垦与文化研究院编著 .—北京：中国农业出版社，2008.8.—271 页；21cm

F329.45/20098　中国共产党领导边疆农垦的历史经验研究 / 王小平著 .—乌鲁木齐：新疆人民出版社，2009.8.—320 页；20cm.—建设新疆经验研究丛书

F329.45/20105　历代新疆屯垦管理制度发展研究 / 张安福著 .—北京：中国农业出版社，2010.5.—258 页；20cm.—石河子大学新疆屯垦研究丛书

F329.45/20115　清代以来新疆屯垦与国家安全研究 / 张安福著 .—北京：中国农业出版社，2011.5.—240 页；24cm.—石河子大学新疆屯垦研究丛书

F329.45/20138　中国共产党的屯垦戍边思想研究 / 赵柳成等著 .—五家渠：新疆生产建设兵团出版社，2013.8　383 页；21cm

F329.45/2013c　解读新疆屯垦 / 任新农编著 .—五家渠：新疆生产建设兵团出版社，2013.12　342 页；23cm

F329.45/20141　新疆绿洲古代军事防御工程与屯田灌溉工程研究 / 余书超，姜曙光，孟福利著 .—五家渠：新疆生产建设兵团出版社，2014.1.—168 页；23cm

F329.45-53/20137　新疆屯垦研究 . 经济卷 / 吴新平主编 .—五家渠：新疆生产建设兵团出版社，2013.7.—323 页；26cm

F329.49/98c　清代新疆农业开发史 / 华立著 .—哈尔滨：黑龙江教育出版社，1998.12.—297 页；20cm.—边疆史地丛书

F4　工业经济

F407.16/20108　“资源诅咒”与矿产开发企业超额利润悖论研究 / 姚文英编著 .—乌鲁木齐：新疆大学出版社，2010.8.—190 页；26cm

F42/97c　新疆生产建设兵团第三次全国工业普查资料 / 新疆生产建设兵团第三次工业普查领导小组办公室编 .—北京：中国统计出版社，1997.12.—2 册（1363 页）；29cm

F42/20078　新疆石油产业发展研究 / 刘春宇著 .—乌鲁木齐：新疆人民出版社，2007.8.—183 页；20cm

F426/20077　新疆水利工程水价核算实务 / 年自力编著 .—乌鲁木齐：新疆人民出版社，2007.7.—212 页；20cm

F426.1/2000a　新疆矿产资源开发与产业发展战略研究 / 陈哲夫等著 .—北京：地质出版社，2000.10.—256 页；26cm

F426.22/20068　测井放歌 20 年 / 李娟主编 .—乌鲁木齐：新疆人民出版社，2006.8.—441 页；26cm

F426.22/2006a　在重油这片热土上 / 李娟主编 .—乌鲁木齐：新疆人民出版社，2006.10.—393 页；24cm

F426.22/20105　历史的足迹：塔里木油田

纪念性物址读本 / 中国石油塔里木油田分公司编 .—乌鲁木齐：新疆人民出版社，2010.5.—164 页；21cm

F426.22/2010b　见证吐哈石油发展：2004—2009 年 / 韩彬主编 .—乌鲁木齐：新疆人民出版社，2010.11.—396 页；23cm

F426.22/2010b　为吐哈石油鼓与呼 / 张志荣著 .—乌鲁木齐：新疆人民出版社，2010.11.—247 页；21cm

F426.22-54/2001b　塔里木石油年鉴：2001/ 塔里木石油史志编纂委员会编 .—乌鲁木齐：新疆人民出版社，2001.11.—473 页；26cm

F426.22-54/2006c　塔里木石油年鉴：2006/ 塔里木石油史志编纂委员会编 .—乌鲁木齐：新疆人民出版社，2006.12.—478 页；26cm

F426.22-54/20081　塔里木石油年鉴：2007/ 塔里木石油史志编纂委员会编 .—乌鲁木齐：新疆人民出版社，2008.1.—458 页；26cm

F426.22-54/20092　塔里木石油年鉴：2008/ 塔里木石油史志编纂委员会编 .—乌鲁木齐：新疆人民出版社，2009.2.—500 页；26cm

F426.61/2009a　供电企业课题研究与实践汇编 / 昌吉电业局编著 .—乌鲁木齐：新疆人民出版社，2009.10.—289 页；21cm

F426.7/2011c　产业生态视角下区域煤化工产业发展研究：以新疆为例 / 李莉著 .—乌鲁木齐：新疆人民出版社，2011.12.—339 页；21cm.—新疆区域经济理论问题研究系列丛书

F426.9/2010c　西部干旱区水利研究与实践 / 新疆水利学会编 .—乌鲁木齐：新疆科学技术出版社，2010.12.—607 页；29cm

F427/85　第二次全国工业普查新疆维吾尔自治区工业企业基本情况一览表：1985 年 / 新疆维吾尔自治区工业普查办公室 .—乌鲁木齐：新疆建筑工程总公司印刷厂，1985.—1202 页；20cm

F427/879　新疆维吾尔自治区昌吉回族自治州第二次全国工业普查资料汇编 . 第一册 /《新疆维吾尔自治区昌吉回族自治州第二次全国工业普查资料汇编》编委会编 .—1987.9.—383 页；26cm

F427/87c　新疆维吾尔自治区伊犁哈萨克自治州第二次全国工业普查资料汇编（州、地属综合资料）/ 伊犁哈萨克自治州工业普查领导小组办公室编 .—1987.12.—1157 页；26cm

F427/87c　新疆维吾尔自治区伊犁哈萨克自治州第二次全国工业普查资料汇编（工业企业基本情况一览表）/ 伊犁哈萨克自治州工业普查领导小组办公室编 .—1987.12.—429 页；26cm

F427/93b　新疆电力多种经营工作大事记 / 新疆电力多种经营局编 .—1993.11.—289 页；20cm

F427/96a　第三次全国工业普查新疆生产建设兵团农六师工业企业基本情况汇编：1995 年 / 新疆生产建设兵团农六师统计局编 .—1996.10.—192 页；20cm

F427/96a　腾飞发展的新疆工业：中华人民共和国 1995 年工业普查资料汇编 . 新疆卷 / 新疆维吾尔自治区工业普查办公室编 .—北京：中国统计出版社，1996.10.—2 册（1290 页）；26cm

F427/972　开拓奋进的乌鲁木齐工业：1995 年工业普查资料及分析汇编 . 区县篇 / 乌鲁木齐市工业普查领导小组办公室编 .—1997.2.—680 页；26cm

F427/976　稳步发展的伊犁工业：伊犁地区第三次工业普查资料汇编 / 伊犁地区统计处编 .—1997.6.—399 页；26cm

F427/996　中国西部民族地区工业化发展研究 / 马洁，苏树军著 .—乌鲁木齐：新疆人民出版社，1999.6.—492 页；20cm

F427/997　新疆 2010 年石油天然气化学工

业及相关产业发展战略研究 / 新疆 2010 年石油天然气化学工业及相关产业发展战略研究课题组著 .—乌鲁木齐：新疆人民出版社，1999.7.—207 页；20cm

F427/2003c　新疆工业化探论 / 新疆维吾尔自治区经济贸易委员会编 .—2003.12.—361 页；24cm

F427/20058　克拉玛依油田 50 年大事聚焦 / 中共克拉玛依市委员会史志办公室编 .—乌鲁木齐：新疆人民出版社，2005.8.—305 页；20cm.—克拉玛依史志丛书

F427/20067　新疆工业化问题研究 / 新疆维吾尔自治区党委政策研究室编著 .—乌鲁木齐：新疆人民出版社，2006.7.—590 页；20cm

F427/2008c　兵团第五次党代会以来工业发展成就 2012 年展望 / 新疆生产建设兵团发展和改革委员会工业局编 .—2008.12.—233 页；23cm

F427-66/97c　新疆生产建设兵团第三次全国工业普查资料：中华人民共和国 1995 年工业普查资料汇编 . 新疆兵团卷 . 上、下卷 / 新疆生产建设兵团第三次工业普查领导小组办公室编 .—北京：中国统计出版社，1997.12.—614 页；26cm

F427.45/20016　跨世纪的新疆工业 / 新疆计委，新疆统计局编 .—乌鲁木齐：新疆科技卫生出版社，2001.6.—415 页；26cm

F427.45/20086　新疆中小型工业企业统计年鉴：2007/ 新疆维吾尔自治区统计局，新疆维吾尔自治区经贸委编 .—乌鲁木齐：新疆科学技术出版社，2008.6.—631 页；26cm

F427.45/20109　兵团新型工业化知识读本 / 卢玉文主编 .—五家渠：新疆生产建设兵团出版社，2010.9.—118 页；20cm.—丰富屯垦内涵　转变屯垦方式知识读本丛书

F427.45/20126　推进新疆生产建设兵团新型工业化进程研究：基于兵地和谐理念视角 / 薛坪等著 .—北京：经济管理出版社，2012.6.—150 页；24cm

F429.45/979　中国煤炭志 . 新疆卷 /《中国煤炭志》编纂委员会编 .—北京：煤炭工业出版社，1997.9.—739 页；26cm

F429.45/20072　新疆生产建设兵团工业简史 / 王利中，岳廷俊著 .—乌鲁木齐：新疆大学出版社，2007.2.—276 页；20cm

F5　交通运输经济

F5/2002a　新疆通联物流有限责任公司改制工作资料汇编 /《新疆通联物流有限责任公司改制工作资料汇编》编写组编 .—2002.10.—2 册（733 页）；20cm

F503/20034　西部交通风采 /《西部交通风采》编辑部编 .—乌鲁木齐：新疆人民出版社，2003.4.—291 页；26cm

F512/954　新疆生产建设兵团交通“九五”计划和 2010 年长远规划 / 新疆生产建设兵团交通局编；1995.4.—63 页；26cm

F512.99/20063　新编新疆维吾尔自治区公路里程地图册 / 图强编著 .—北京：中国地图出版社，2006.3.—30 页；26cm

F54/2001b　新疆公路交通情况调查资料汇编：1995 年 / 新疆维吾尔自治区交通厅公路管理局编 .—乌鲁木齐：乌鲁木齐福利印刷厂，2001.11.—503 页；29cm

F542.84/2002c　新疆公路交通管理与改革研究 / 阿曼 · 哈吉主编 .—北京：人民交通出版社，2002.12.—354 页；24cm

F542.84/2009c　大道之行：新疆交通发展六十年 / 新疆维吾尔自治区交通厅编 .—乌鲁木齐：新疆人民出版社，2009.12.—386 页；23cm

F562.8/20031　新疆民航发展研究：2001—2020/ 韩学琦…[等] 主编 .—乌鲁木齐：新疆人民出版社，2003.1.—86 页；26cm

F592.7/978　中国 · 哈密地区经济旅游开发

指南 / 中共哈密地委宣传部，甘肃飞天文化传播有限公司编 .—深圳：海天出版社，1997.8.—137 页；24cm

F592.7/99c 吐鲁番旅游经济战略研究 / 李维青主编 .—乌鲁木齐：新疆人民出版社，1999.12.—326 页；20cm

F592.7/2005a 新疆旅游扶贫若干问题研究 / 殷少明，邱兰香著 .—乌鲁木齐：新疆人民出版社，2005.10.—316 页；20cm

F592.7/20074 新疆天山天池：风景名胜区景点解说词规范 / 新疆维吾尔自治区质量技术监督局编 .—乌鲁木齐：乌鲁木齐长江印务有限公司，2007.4.—66 页；20cm

F592.7/2008a 新疆旅游产品开发新思路 / 由亚男等著 .—乌鲁木齐：新疆人民出版社，2008.10.—202 页；20cm

F592.74/20081 融合的城市 / 李卫疆著 .—乌鲁木齐：新疆人民出版社，2008.1.—203 页；22cm.—乌鲁木齐旅游文化系列丛书

F592.745/20044 新疆旅游业发展研究：原理·方法·实践 / 殷少明等著 .—乌鲁木齐：新疆人民出版社，2004.4.—247 页；19cm

F592.745/20048 新疆四地州旅游发展战略规划：和田地区旅游发展战略规划 . 分册五 /《新疆四地州旅游发展战略规划》编委会编 .—2004.8.—56 页；29cm

F592.745/20058 新疆特色旅游理论与实践 / 哈斯木江等著 .—乌鲁木齐：新疆人民出版社，2005.8.—218 页；19cm

F592.745/2007c 新疆民俗旅游资源开发研究 / 阿不都外力·阿吉买买提主编 .—北京：民族出版社，2007.12.—287 页；21cm

F592.99/20083 阿尔泰旅游地理 / 少净，琼瑶著 .—乌鲁木齐：新疆美术摄影出版社：新疆电子音像出版社，2008.3.—172 页；20cm.—新疆地理丛书

F592.99/20083 喀什旅游地理 / 赵力编 .—乌鲁木齐：新疆美术摄影出版社，2008.3.—152 页；20cm.—新疆地理丛书

F592.99/20083 吐鲁番旅游地理 / 向京编 .—乌鲁木齐：新疆美术摄影出版社，2008.3.—154 页；20cm.—新疆地理丛书

F592.99/20083 新疆旅游地理 / 梁彤瑾著 .—乌鲁木齐：新疆美术摄影出版社，2008.3.—322 页；20cm.—新疆地理丛书

F6 邮电通信经济

F632.7/20037 新疆邮政简史：1909—1952 年 / 樊伯钦编著 .—乌鲁木齐：新疆人民出版社，2003.7.—183 页；20cm

F7 贸易经济

F713.8/992 新疆广告理论与实践 . 第二辑 / 陈崇相主编 .—乌鲁木齐：新疆青少年出版社，1999.2.—278 页；20cm

F719/94a 新疆生产建设兵团首次第三产业普查资料：1991—1992/ 新疆生产建设兵团第三产业普查办公室编 .—1994.10.—336 页；26cm

F719/954 中国第三产业普查资料：新疆维吾尔自治区 / 新疆维吾尔自治区第三产业普查办公室编 .—北京：中国统计出版社，1995.4.—820 页；26cm

F721/976 商贸流通企业体制改革务实 / 新疆兵团体改委商贸流通处编 .—1997.6.—202 页；20cm

F721/2008 新疆生产建设兵团进出口商会会员名册 /《新疆生产建设兵团进出口商会会员名册》编委会编 .—2008.—70 页；19cm

F726.74/20089 改革开放三十年——新疆城乡人民生活：1978—2008/ 国家统计局新疆调查总队编 .—北京：中国统计出版社，2008.9.—350 页；26cm

F727/99c 新疆市场管理与价格改革问题探索 / 杨学亮著 .—乌鲁木齐：新疆科技卫生

出版社，1999.12.—586 页；20cm

F727/20043　西部商贸：2002—2003《兵团流通》文选 / 朱震达主编 .—香港：香港语丝出版社，2004.3.—350 页；20cm

F727.45/20088　改革开放 30 年：新疆经贸 / 新疆维吾尔自治区经济贸易委员会，新疆维吾尔自治区国防科学技术工业办公室编 .—乌鲁木齐：新疆人民出版社，2008.8.—332 页；26cm

F752/2002a　走向世界：新疆生产建设兵团对外经贸发展与研究 / 何若群编著 .—乌鲁木齐：新疆人民出版社，2002.10.—399 页；20cm

F752/2007c　中国西部百年口岸霍尔果斯 / 冯素俊编著 .—乌鲁木齐：新疆人民出版社，2007.12.—127 页；20cm

F752.8/928　新疆对外经济贸易口岸 / 白平治，昝仁轩，胡祖源主编 .—乌鲁木齐：新疆人民出版社，1992.8.—272 页；20cm

F752.8/937　新疆对外经济贸易运行与操作 / 新疆维吾尔自治区人民政府办公厅编 .—1993.7.—301 页；23cm

F752.8/995　新疆口岸问题研究 / 新疆维吾尔自治区党委政研室经济处编著 .—乌鲁木齐：新疆人民出版社，1999.5.—236 页；19cm

F752.8/20003　新疆边境贸易与县域经济发展 / 杨引官，姬肃林编著 .—乌鲁木齐：新疆人民出版社，2000.3.—291 页；20cm

F752.8/20017　新疆口岸与边境贸易 /《新疆口岸与边境贸易》编委会编 .—乌鲁木齐：新疆人民出版社，2001.7.—123 页；26cm

F752.8/20053　中、俄、哈、蒙阿尔泰区域合作的研究 /《中俄哈蒙次区域合作研究》课题组编 .—2005.3.—298 页；26cm

F752.8/20062　边境经贸与民族地区生态环境发展论 / 刘秀玲等编著 .—北京：民族出版社，2006.2.—439 页；21cm

F752.84/2009c　新疆陆路口岸经济发展与政策研究 / 张永明主编 .—乌鲁木齐：新疆人民出版社，2009.12.—399 页；23cm

F752.845/20064　中国新疆与中亚区域经济贸易 / 胡毅编著 .—乌鲁木齐：新疆人民出版社，2006.4.—412 页；20cm

F752.845/20008　近现代新疆与中亚经济关系史 / 庄鸿铸等著 .—乌鲁木齐：新疆大学出版社，2000.8.—283 页；20cm

F752.845/2009b　新窗口新视野：中哈霍尔果斯口岸边境经济合作研讨会文集 / 杨军等主编 .—乌鲁木齐：新疆人民出版社，2009.11　300 页；21cm

F752.9/2010c　丝绸之路贸易研究 / 李明伟主编 .—乌鲁木齐：新疆人民出版社，2010.12　522 页；27cm

F752.949/20055　清代西北边境地区中俄贸易：从道光朝到宣统朝 / 米镇波著 .—天津：天津社会科学院出版社，2005.5.—346 页；21cm

F760.1/938　新疆优质产品：1988—1991/新疆标准情报资料研究所编 .—乌鲁木齐：新疆人民出版社，1993.8.—403 页；26cm

F8　财政、金融

F810.7/2004　新疆地税十年：1994—2004/新疆维吾尔自治区地方税务局编 .—2004.—150 页；26cm

F812/2006a　财政国库管理·改革 / 新疆维吾尔自治区财政厅编 .—乌鲁木齐：新疆人民出版社，2006.10.—457 页；26cm

F812/20119　新疆维吾尔自治区财政规章制度选编：2010/ 新疆维吾尔自治区财政厅编 .—2011.9.—2 册（1170 页）；23cm

F812.42/2005c　五家渠市国家税务局制度汇编 / 五家渠市国税局 .—2005.12.—259 页；26cm

F812.7/2002a　乌鲁木齐财政会计改革与探索 / 乌鲁木齐市财政会计学会编 .—乌鲁木齐: 新疆科技卫生出版社，2002.10.—369 页；20cm

F812.7/20054　民族地区财政收入问题研究 / 王朝才主编 .—北京：经济科学出版社，2005.4.—317 页；20cm

F812.7/2005b　新疆财政五十年：1955—2005/ 李学军主编 .—乌鲁木齐：新疆人民出版社，2005.11.—368 页；26cm

F812.7/20074　2005/06 年度中国民族地区财政报告 / 中国财政学会民族地区财政研究专业委员会编著 .—北京：中国财政经济出版社，2007.4.—336 页；23cm

F812.7/20089　2005—2007 年新疆财政研究报告 / 新疆财政学会编 .—乌鲁木齐：新疆人民出版社，2008.9.—458 页；22cm

F812.7/20096　2007/08 年度中国民族地区财政报告 / 中国财政学会民族地区财政研究专业委员会编著 .—北京：中国财政经济出版社，2009.6.—408 页；23cm

F812.74/2005b　新疆经济社会发展中财政金融问题支持研究 / 李学军主编 .—乌鲁木齐: 新疆科学技术出版社，2005.11.—471 页；23cm

F812.74/20073　地方政府财政能力研究：以新疆维吾尔自治区为例 / 李学军，刘尚希主编 .—北京：中国财政经济出版社，2007.3.—346 页；23cm

F812.74/2011c　新疆税收研究文集：2010/ 新疆维吾尔自治区国家税务局税收科学研究所编 .—乌鲁木齐：新疆科学技术出版社，2011.12.—332 页；23cm

F812.745/20036　新阶段新疆财政职能研究 / 李学军主编 .—北京：经济科学出版社，2003.6.—223 页；23cm

F812.8/20094　新疆财政农业投入与保障机制研究 / 朱新武著 .—乌鲁木齐：新疆人民出版社，2009.4.—243 页；23cm

F821.9/2010c　丝绸之路货币研究 / 黄志刚主编 .—乌鲁木齐：新疆人民出版社，2010.12　327 页；27cm

F822.7/99a　新疆近二百年的货币与金融 / 董庆煊，穆渊著 .—乌鲁木齐：新疆大学出版社，1999.10.—368 页；20cm

F822.9/99a　新疆钱币漫谈 / 傅棣馨，柴济森编著 .—乌鲁木齐：新疆人民出版社，1999.10.—189 页；19cm.—新疆钱币学会丛书

F822.9/20078　新疆历史货币：东西方货币文化交融的历史考察 / 王永生著 .—北京：中华书局，2007.8.—540 页；26cm.—中国钱币丛书；22

F830/20119　团场家庭理财实用读本 / 谢婷婷编著 .—五家渠：新疆生产建设兵团出版社，2011.9.—123 页；19cm

F832.43/20096　新疆农户小额信贷发展研究 / 费玉娥著 .—乌鲁木齐：新疆人民出版社，2009.6.—312 页；21cm

F832.6/20095　绿洲经济发展中的外商投资重点领域及投资风险研究 / 刘清娟著 .—乌鲁木齐：新疆人民出版社，2009.5.—259 页；20cm

F832.745/20077　新疆农村金融发展综合研究：基于农业与农村经济发展背景 / 费玉娥等著 .—乌鲁木齐：新疆人民出版社，2007.7.—224 页；20cm

F832.745/20093　新疆经济转轨中的金融约束研究 / 卢爱珍，周亚军著 .—乌鲁木齐：新疆人民出版社，2009.3.—415 页；21cm

F842.612/20119　兵团社会养老保险知识读本 / 黄海涛编著 .—五家渠：新疆生产建设兵团出版社，2011.9.—113 页；19cm

G　文化、科学、教育、体育

G1　世界各国文化与文化事业

G112-53/20079　文字、仪式与文化记忆 / 王霄冰，迪木拉提·奥迈尔主编 .—北京：民族出版社，2007.9.—349 页；21cm

G12/2006c　安全文化建设理论与实务 / 吴甲春编著 .—乌鲁木齐：新疆科学技术出版社，2006.12.—421 页；26m

G120/20027　文化市场学习手册 / 新疆生产建设兵团文化局编 .—石河子：石河子大学印刷厂，2002.7.—263 页；20cm

G122/20079　印度宗教文化与回鹘民间文学 / 杨富学著 .—北京：民族出版社，2007.9.—421 页；21cm.—敦煌学研究文库

G127/2001c　新疆生产建设兵团社会文化研究 / 郭宁，刘贡南主编 .—乌鲁木齐：新疆大学出版社，2001.12.—319 页；20cm

G127/2004c　兵团宣传文化系统调研报告汇编 / 新疆生产建设兵团党委宣传部编 .—2004.12.—304 页；20cm

G127/20126　兵团文化与兵团管理行为研究 / 武晓凤著 .—五家渠：新疆生产建设兵团出版社，2012.6.—220 页；21cm

G127.4/20078　吐鲁番地区文化产业发展规划 / 孙昌华，孟建主编 .—乌鲁木齐：新疆人民出版社，2007.8.—290 页；20cm

G127.45/20073　新疆文化撷英 / 文昊编 .—乌鲁木齐：新疆美术摄影出版社，2007.3.—153 页；24cm

G127.45/20094　掀起你的盖头来：发现新疆 / 唐立久，崔保新著 .—乌鲁木齐：新疆人民出版社，2009.4.—415 页；24cm

G127.45/20107　新疆话语 / 新疆维吾尔自治区文化厅，中共乌鲁木齐市委宣传部，乌鲁木齐市图书馆编 .—北京：文化艺术出版社，2010.7.—403 页；23cm

G127.454/20079　通天之地：新疆青河田野人文记录 / 张晖编著 .—重庆：重庆出版社，2007.9.—220 页；24cm.—中国人文地理大发现书系 . 天山南北丛书

G2　信息与知识传播

G2/20039　新疆生产建设兵团第二次基本单位普查资料汇编 /《新疆生产建设兵团第二次基本单位普查资料汇编》编辑委员会 .—乌鲁木齐：新疆新华印刷三厂，2003.9.—638 页；26cm

G21/2004　兵团“三项学习教育”培训材料 / 兵团党委宣传部编 .—2004.—208 页；26cm

G210/20032　舆论导向论 / 何富麟编著 .—乌鲁木齐：新疆人民出版社，2003.2.—316 页；19cm

G212/2006　新闻采访手册 / 新疆生产建设兵团党委宣传部新闻处编 .—2006.—91 页；26cm

G212/20087　石油新闻采写论 / 简新著 .—乌鲁木齐：新疆人民出版社，2008.7.—332 页；24cm

G219.21/2003b　新疆对外报道的一支重要力量：中国新闻社新疆分社十年 / 李德华主编 .—香港：香港中国新闻出版社，2003.11.—176 页；20cm

G219.23/20097　办报手记：关于文化的思考 / 王运华著 .—五家渠：新疆生产建设兵团出版社，2009.7.—381 页；23cm

G219.23/20097　探索在科学发展的路途上：2008 年兵团日报社文化建设文集 / 王运华主编 .—五家渠：新疆生产建设兵团出版社，2009.7.—218 页；23cm

G219.23/20116　党刊公信力影响力舆论引导力研究 / 王德和等编著 .—乌鲁木齐：新疆人民出版社，2011.6.—225 页；22cm

G219.27/97a　哈密报业志 / 范承渠主编 .—乌鲁木齐：新疆新华印刷厂，1997.10.—284 页；20cm

G219.27/20114　人品与作品 / 王运华主编 .—五家渠：新疆生产建设兵团出版社，2011.4.—236 页；20cm

G219.27/2013a　新疆生产建设兵团新闻事业史 / 高山著 .—五家渠：新疆生产建设兵团出版社，2013.10.—179 页；24cm

G219.29/883　五家渠报四十年：1947—1987/ 五家渠报社编 .—五家渠：五家渠印刷厂，1988.3.—50 页；20cm

G229.2/2008c　感受改革开放的新疆：兵团改革开放 30 年辉煌成就 /《感受改革开放的新疆：兵团改革开放 30 年辉煌成就》编辑委员会编 .—乌鲁木齐：新疆美术摄影出版社，2008.12.—367 页；23cm

G229.2/2008c　感受改革开放的新疆：纵横新疆——改革开放 30 年 / 彭旸，田晓燕主编 .—乌鲁木齐：新疆美术摄影出版社，2008.12.—322 页；23cm

G229.2/2009c　岁月如歌·硕果：新疆人民广播电台获奖作品选（1999—2008）/ 史林杰，徐樟梅主编 .—乌鲁木齐：新疆美术摄影出版社：新疆电子音像出版社，2009.12.—454 页；26cm.—新疆人民广播电台建台 60 周年丛书

G229.2/2009c　岁月如歌·足迹：新疆人民广播电台编年史 / 史林杰，徐樟梅主编 .—乌鲁木齐：新疆美术摄影出版社：新疆电子音像出版社，2009.12.—251 页；26cm.—新疆人民广播电台建台 60 周年丛书

G229.2/2009c　岁月如歌·思索：新疆人民广播电台建台 60 周年纪念文集 / 史林杰，徐樟梅主编 .—乌鲁木齐：新疆美术摄影出版社：新疆电子音像出版社，2009.12.—446 页；26cm.—新疆人民广播电台建台 60 周年丛书

G229.23/2006c　农村广播电视公共服务发展战略研究 / 何富麟等著 .—乌鲁木齐：新疆人民出版社，2006.12.—187 页；20cm

G229.27/2010b　新疆广播电影电视编年史 /《新疆广播电影电视编年史》编辑委员会编 .—乌鲁木齐：新疆人民出版社，2010.11.—407 页；26cm

G23/894　新疆日报创刊四十周年纪念：一九四九——一九八九 /《新疆日报创刊四十周年纪念：一九四九——一九八九》编委会编 .—乌鲁木齐：新疆包装装潢印刷厂，1989.4.—150 页；26cm

G23/953　石河子报通讯 .1995 年第 3 期 / 石河子报社编 .—石河子：石河子报社，1995.3.—96 页；20cm

G23/954　石河子报通讯 .1995 年第 4 期 / 石河子报社编 .—石河子：石河子报社，1995.4.—64 页；20cm

G23/971　石河子报通讯 .1997 年第 1 期 / 石河子报社编 .—石河子：石河子报社，1997.1.—64 页；20cm

G232/20115　心血三十年 功业百世存：全国十大文艺集成志书新疆卷编纂纪实 / 新疆艺术研究所编 .—乌鲁木齐：新疆美术摄影出版社，2011.5.—341 页；21cm

G25/20044　编海同舟 / 墨愚，徐霞著 .—乌鲁木齐：新疆人民出版社，2004.4.—318 页；20cm

G25-53/20025　回眸与前瞻：西域图书馆论坛文萃 / 新疆维吾尔自治区图书馆学会编 .—乌鲁木齐：新疆人民出版社，2002.5.—465 页；24cm

G251.3/2014b　图书馆规章制度汇编 / 新疆生产建设兵团党委党校图书馆编 .—五家渠：新疆生产建设兵团党委党校图书馆，2014.11.—64 页；20cm

G252/2005a　新疆生产建设兵团党委党校图

书馆概况 / 新疆生产建设兵团党委党校图书馆编 .—五家渠：新疆生产建设兵团党委党校图书馆，2005.10.—9 页；26cm

G3 科学、科学研究

G301-53/20137 研究探索 创新驱动 服务发展：新疆生产建设兵团软科学研究成果汇编 / 新疆生产建设兵团科技局(知识产权局)编 .—五家渠: 新疆生产建设兵团出版社，2013.7 554 页；24cm

G31/883 科技成果科技授奖目录:1978—1988/ 新疆生产建设兵团科学技术委员会编 .—1988.3.—87 页；26cm

G322/967 新疆生产建设兵团科技统计资料汇编：1995/ 新疆生产建设兵团科学技术委员会编 .—1996.7.—69 页；20cm

G322/2006a 与决策民主化科学化同行 / 新疆科技政策研究所编 .—乌鲁木齐：新疆人民出版社，2006.10.—495 页；26cm

G322.7/20003 科技群众团体建设与发展：新疆科协 40 年 / 新疆维吾尔自治区科学技术协会编 .—乌鲁木齐：新疆人民出版社，2000.3.—651 页；20cm

G322.7/20043 新疆科技实力研究报告 / 新疆科技实力研究课题组著 .—乌鲁木齐：新疆科学技术出版社，2004.3.—408 页；26cm

G322.7/20065 自治区科技五十年：1955—2005/ 新疆维吾尔自治区科学技术厅编 .—2006.5.—622 页；26cm

G322.7/2006c 兵团党校承担国家社科基金项目汇编 / 兵团党校科研处编 .—五家渠：兵团党校科研处，2006.12.—400 页；26cm

G322.7/20073 兵团科技工作年度报告：2006/ 新疆生产建设兵团科技局编 .—2007.3.—79 页；26cm

G322.745/2012a 新疆生产建设兵团第二次全国 R&D 资源清查重点研究课题专辑 / 新疆生产建设兵团统计局，国家统计局新疆生产建设兵团调查总队，新疆生产建设兵团统计学会编 .—五家渠：新疆生产建设兵团出版社，2012.10.—341 页；23cm

G322.745/2013a 新疆生产建设兵团第二次全国 R&D 资源清查资料汇编 / 新疆生产建设兵团统计局，国家统计局新疆生产建设兵团调查总队，新疆生产建设兵团统计学会主编 .—五家渠：新疆生产建设兵团出版社，2013.10.—433 页；29cm

G4 教育

G4-53/2002a 屯垦戍边与现代边防建设 / 肖岗城主编 .—北京：中国广播电视出版社，2002.10.—153 页；19cm

G40/937 教坛偶得 / 刘树靖著 .—乌鲁木齐: 乌鲁木齐军区军医学校印刷厂，1993.7.—380 页；20cm

G40/2000c 新疆摄影论文集 / 新疆摄影理论研究会编 .—2000.12.—177 页；20cm

G42/20037 新疆教师论文集 /《新疆教师论文集》编委会编 .—乌鲁木齐：新疆教育出版社，2003.7.—528 页；26cm

G42/2004b 英才文集 / 刘英才著 .—乌鲁木齐：新疆人民出版社，2004.11.—163 页；26cm

G42/20055 教坛集锦：教育教学文库 / 闫立晋，辛平主编 .—乌鲁木齐：新疆大学出版社，2005.5.—239 页；20cm

G43/988 天山晨犁：新疆兵团广播电视大学工作文集 /《天山晨犁：新疆兵团广播电视大学工作文集》编委会编 .—乌鲁木齐：新疆教育出版社，1998.8.—264 页；20cm

G479/20127 新疆兵团青少年健康相关 / 危险行为调查综合报告：2008/ 刘玉荣主编 .—五家渠：新疆生产建设兵团出版社，2012.7.—314 页；26cm

G52 中国教育事业

G52/20032 新疆教育信息化工作文件选编

/新疆维吾尔自治区教育信息化办公室编.—2003.2.—74页；26cm

G521/2000c　1980年—2000年中共中央、国务院关于教育改革与发展的重要文献选编/兵团教育委员会编.—2000.12.—363页；20cm

G521/20029　素质教育督导评估/高继宏，腊寂山主编.—2002.9.—481页；20cm

G522.3/2005a　新疆生产建设兵团“两基”攻坚文件汇编/新疆生产建设兵团教育局编.—乌鲁木齐：新疆超亚印刷有限公司，2005.10.—402页；20cm

G522.3/20091　天山区“两基”巩固提高工作资料汇编/中共乌鲁木齐市天山区委员会，乌鲁木齐市天山区人民政府编.—2009.1.—333页；26cm

G526.22/20026　世纪丰碑·兵团“两基”集/新疆生产建设兵团教育督导室编.—乌鲁木齐：新疆大学印刷厂，2002.6.—684页；16cm

G526.4/2001c　中国教育督导.兵团卷/腊寂山，高继宏主编.—乌鲁木齐：新疆人民出版社，2001.12.—752页；26cm

G527　西部地区职业技术教育资料汇编/[责任者不详].—200页；26cm

G527.45/98b　迈向21世纪的新疆教育/尔肯江·吐拉洪主编.—乌鲁木齐：新疆青少年出版社，1998.11.—225页；20cm

G527.45-53/2009c　新疆教育与经济的实证及对策研究/蔡文伯主编.—乌鲁木齐：新疆大学出版社，2009.12.—260页；26cm.—石河子大学教育研究系列丛书

G528/20053　新疆生产建设兵团学校概览/新疆生产建设兵团教育局编.—乌鲁木齐：新疆科技卫生出版社，2005.3.—463页；20cm

G62　初等教育

G62-53/20104　与爱同行：石河子第二小学新成长教育实录/马惠平编著.—五家渠：新疆生产建设兵团出版社，2010.4.—247页；20cm

G624.15/20128　爷爷奶奶的故事/马惠平编著.—五家渠：新疆生产建设兵团出版社，2012.8.—155页；21cm

G63　中等教育

G630/20004　教海拾贝：新疆农业大学附属中学教育教学论文集/李真，秦寿昌主编.—乌鲁木齐：新疆科技卫生出版社，2000.4.—437页；20cm

G631.4/2012b　魅力小白杨/小白杨中学校本教材编委会编.—五家渠：新疆生产建设兵团出版社，2012.11.—72页；26cm

G632/20078　教师论文精选：兵团一中建校50周年优秀论文集/新疆生产建设兵团第一中学编.—乌鲁木齐：新疆一龙印刷有限公司.—528页；21cm

G632.0-53/2011c　喀什地区教育教学论文选编/喀什地区教育局编.—喀什：喀什维吾尔文出版社，2011.12.—3册(1116页)；29cm

G633/958　石河子农学院教学指导书/石河子农学院教务处编.—1995.8.—277页；20cm

G635.5/20128　理想从这里放飞/张腊凤主编.—五家渠：新疆生产建设兵团出版社，2012.8.—452页；21cm

G639.2/20071　新疆基础教育发展研究报告/新疆教育科学研究所编.—乌鲁木齐：新疆教育出版社，2007.1.—169页；26cm

G64　高等教育

G641/20147　南疆高校大学生政治价值观调查研究/黄燕著.—五家渠：新疆生产建设兵团出版社，2014.7.—179页；21cm

G641.477/93a　兵团党校 90 级函授大专班学员毕业论文选 / 郝进寿主编 .—五家渠：新疆兵团党校函授部，1993.10.—125 页；20cm

G644/20021　兵团党委党校兵团行政学院科研管理制度汇编 / 兵团党委党校、兵团行政学院科研处编 .—2002.1.—54 页；20cm

G649.28/20098　石河子大学校史 / 吴新平主编 .—五家渠：新疆生产建设兵团出版社，2009.8.—336 页；20cm

G649.29/96c　石河子农学院校史：1959—1995/ 石河子农学院校史编委会编 .—1996.12.—388 页；20cm

G659.28/20098　足音 / 吴新平主编 .—五家渠：新疆生产建设兵团出版社，2009.8.—338 页；20cm

G71　职业技术教育

G719.2/20049　西部职业教育策略 / 冯国凡，高小和著 .—乌鲁木齐：新疆人民出版社，2004.9.—284 页；20cm

G719.2/2009c　烛光 / 史新慧主编 .—五家渠：新疆生产建设兵团出版社，2009.12.—169 页；22cm

G72　成人教育、业余教育

G72/88　新疆生产建设兵团师局院校概况 / 新疆生产建设兵团史志编纂委员会编 .—1988.—526 页；20cm

G726/2008c　新型团场建设与职工素质教育 / 新疆兵团农业广播电视学校编 .—五家渠：新疆生产建设兵团出版社，2008.12.—275 页；20cm

G75　少数民族教育

G759.2/20021　新疆各民族教育改革与发展 / 黄家庆著 .—乌鲁木齐：新疆人民出版社，2002.1.—339 页；24cm

G759.2/20047　新疆双语教学与民汉兼通教育研究 / 尤努斯 · 阿不列孜著 .—乌鲁木齐：新疆教育出版社，2004.7.—460 页；23cm

G759.2/20063　新疆民族教育与社会发展研究 / 赵新居…[等] 著 .—乌鲁木齐：新疆大学出版社，2006.3.—245 页；21cm

G759.2/20079　献身边疆教育的人们 / 陆计明，任伊临主编 .—乌鲁木齐：新疆人民出版社，2007.9.—428 页；20cm

G759.2/2008b　新疆民族双语发展的历史现状与成就 / 廖冬梅著 .—乌鲁木齐：新疆人民出版社，2008.11.—299 页；20cm

G759.2/20116　哈萨克族近代启蒙之星：中国近代哈萨克族著名历史人物教育思想研究 / 沙吾列·依玛哈孜，阿合买提·艾赛因著 .—乌鲁木齐：新疆人民出版社，2011.6.—280 页；24cm

G759.2/20128　莎车调查：莎车民汉双语教育发展情况调查报告 / 李儒忠著 .—五家渠：新疆生产建设兵团出版社，2012.8.—186 页；24cm

G77　社会教育

G775/2010c　播洒（撒）阳光：关心下一代文集 / 乌鲁木齐市关心下一代工作委员会编 .—北京：中国文化出版社，2010.12.—343 页；23cm

G775-53/2009c　春风化雨润心田：关心下一代文集 / 新疆维吾尔自治区关心下一代工作委员会编 .—乌鲁木齐：新疆人民出版社，2009.12.—450 页；26cm

G777/2006c　绿洲晚霞：新疆生产建设兵团老年大学建校十六周年 / 新疆生产建设兵团老年大学编 .—乌鲁木齐：新疆恒远中汇彩印包装有限公司，2006.12.—113 页；26cm

G78　家庭教育

G78/20072　新疆地区弱势群体子女教育与社会稳定、发展关系研究 / 周永华著 .—乌鲁木齐：新疆人民出版社，2007.2.—

233 页；20cm

G8 体育

G812.4/20097 新疆三地区群众体育现状调查与研究 / 庞辉，马江骏著 .—乌鲁木齐：新疆人民出版社，2009.7.—155 页；26cm

G812.7/20068 新疆体育场地现状与发展对策研究 / 新疆体育场地现状与发展对策研究课题组编 .—乌鲁木齐：新疆人民出版社，2006.8.—224 页；26cm

G852.9/2007c 新疆少数民族体育研究 / 武杰著 .—乌鲁木齐：新疆人民出版社，2007.12.—215 页；26cm

G894/20075 新疆奇石大观 / 马吉青著 .—乌鲁木齐：新疆美术摄影出版社：新疆电子音像出版社，2007.5.—226 页；24cm.—走进新疆丛书

G894/20098 收藏与鉴赏 / 薛援朝编著 .—五家渠：新疆生产建设兵团出版社，2009.8.—160 页；20cm

H 语言、文字

H0 语言学

H0–09/2010c 丝绸之路语言研究 / 赵杰著 .—乌鲁木齐：新疆人民出版社，2010.12.—255 页；26cm.—丝绸之路研究丛书

H07/916 吉木萨尔方言志/周磊，王燕著 .—乌鲁木齐：新疆人民出版社，1991.6.—162 页；20cm

H07/95c 乌鲁木齐方言词典 / 李荣主编 .—南京：江苏教育出版社，1995.12.—411 页；20cm

H1 汉语

H172.2/20065 新疆的语言状况及推广普通话方略研究 / 高莉琴等著 .—北京：北京语言大学出版社，2006.5.—314 页；21cm

H172.2/20069 石河子垦区方言词语汇典 / 闵爽主编 .—乌鲁木齐：新疆人民出版社，2006.9.—232 页；24cm

H172.2/20115 巴里坤汉语方言俗语 / 牛炜，牛彩芹编著 .—乌鲁木齐：新疆美术摄影出版社，2011.5.—320 页；23cm

H191/20066 从传统到现代：新疆民族教育改革十年 / 新疆财经学院编 .—乌鲁木齐：新疆教育出版社，2006.6.—247 页；23cm

H2 中国少数民族语言

H211.36/20069 《突厥语词典》研究论文集 / 校仲彝主编 .—乌鲁木齐：新疆人民出版社，2006.9.—386 页；24cm

H215/20118 维吾尔语词汇与文化研究 / 李纯著 .—五家渠：新疆生产建设兵团出版社，2011.8.—272 页；21cm

H222.7/20118 新疆—齐齐哈尔达斡尔语方言—汉语对照 / 彭建新主编 .—五家渠：新疆生产建设兵团出版社，2011.8.—472 页；20cm

I 文学

I1 世界文学

I15/2001c 勇闯无人区 /（法）邦瓦洛特著；简明译 .—乌鲁木齐：新疆人民出版社，2001.12.—398 页；20cm.—亚洲探险之旅

I15/2001c 死城之旅 /（俄）科兹洛夫著；陈贵星译 .—乌鲁木齐：新疆人民出版社，2001.12.—361 页；20cm.—亚洲探险之旅

I15/2001c 西藏秘行 /（日）河口慧海著；孙沈清译 .—乌鲁木齐：新疆人民出版社，2001.12.—344 页；20cm.—亚洲探险之旅

I15/2001c 丝路探险记 /（日）大谷光瑞等

著；章莹译 .—乌鲁木齐：新疆人民出版社，2001.12.—314 页；20cm.—亚洲探险之旅

I15/2001c　荒原的召唤 /（俄）普尔热瓦尔斯基著；王嘎，张友华译 .—乌鲁木齐：新疆人民出版社，2001.12.—344 页；20cm.—亚洲探险之旅

I15/2001c　横跨亚洲大陆 /（英）阿托金逊著；沈青，季元中译 .—乌鲁木齐：新疆人民出版社，2001.12.—366 页；20cm.—亚洲探险之旅

I15/2001c　帕米尔历险记 /（英）扬哈斯本著；任宜勇译 .—乌鲁木齐：新疆人民出版社，2001.12.—321 页；20cm.—亚洲探险之旅

I15/2001c　走向罗布泊 /（俄）普尔热瓦尔斯基著；黄健民译 .—乌鲁木齐：新疆人民出版社，2001.12.—298 页；20cm.—亚洲探险之旅

I2　中国文学

I206/933　寻找理性的绿洲 / 祝谦编 .—乌鲁木齐：新疆人民出版社，1993.3.—248 页；20cm

I206/20044　低语的人生：赵天益作品评论集 / 郭天波编 .—昌吉：昌吉市海天印刷有限责任公司，2004.4.—178 页；20cm

I206/20071　中国回族文学史 / 朱昌平，吴建伟主编 .—银川：宁夏人民出版社，2007.1.—595 页；26cm

I206.7/2007c　天山文艺论丛 . 第 1 辑 / 中共新疆维吾尔自治区党委宣传部，新疆维吾尔自治区文联主编 .—乌鲁木齐：新疆人民出版社，2007.12.—273 页；23cm

I206.7/20119　天山文艺论丛 . 第 2 辑 / 牛远峰，叶尔克西主编 .—乌鲁木齐：新疆青少年出版社，2011.9.—254 页；24cm

I207,209/2009c　清代西域诗研究 / 星汉著 .—上海：上海古籍出版社，2009.12.—464 页；26cm

I207.22/2005c　尼扎里的“达斯坦”创作研究 / 阿布都外力・克热木著 .—北京：民族出版社，2005.12.—283 页；20cm

I207.22/20071　蒙古突厥史诗人生仪礼原型 / 乌日古木勒著 .—北京：民族出版社，2007.1.—310 页；22cm

I207.22/20108　王亚平研究 / 刘胜华主编 .—五家渠：新疆生产建设兵团出版社，2010.8.—437 页；23cm

I207.22/20118　西域诗歌民族精神研究 / 赵嘉麒，钟兴麟，范学新著 .—乌鲁木齐：新疆人民出版社，2011.8.—310 页；21cm

I207.36/854　新疆戏剧论丛 / 新疆维吾尔自治区文联文艺理论研究室主编 .—海门：江苏海门县三星印刷厂，1985.4.—200 页；20cm

I207.7/2010c　丝绸之路民间文学研究 / 李竟成，雷茂奎著 .—乌鲁木齐：新疆人民出版社，2010.12.—224 页；27cm.—丝绸之路研究丛书

I207.9/20034　福乐智慧 / 优素甫・哈斯・哈吉甫著；郝关中等译 .—北京：民族出版社，2003.4.—862 页；20cm

I207.9/20082　文学拓耕集：多民族精品巡视 / 张越著 .—乌鲁木齐：新疆大学出版社，2008.2.—404 页；21cm

I207.9/2010a　融合的高地：见证新疆多民族文学 60 年 / 陈柏中著 .—乌鲁木齐：新疆人民出版社，2010.10.—416 页；21cm

I207.912/96a　史诗《江格尔》探渊（源）/ 贾木查著 .—乌鲁木齐：新疆人民出版社，1996.10.—373 页；20cm

I209.9/987　维吾尔文学史 / 阿布都克里木・热合曼主编 .—乌鲁木齐：新疆大学出版社，1998.7.—584 页；20cm

I209.945/20065　新疆当代多民族文学史 . 散

文·报告文学戏剧·影视文学卷／夏冠洲，阿扎提·苏里坦，艾光辉主编.—乌鲁木齐：新疆人民出版社，2006.5.—347页；22cm

I209.945/20065　新疆当代多民族文学史.文学翻译卷文学评论卷／夏冠洲，阿扎提·苏里坦，艾光辉主编.—乌鲁木齐：新疆人民出版社，2006.5.—342页；21cm

I209.945/20065　新疆当代多民族文学史.小说卷／夏冠洲，阿扎提·苏里坦，艾光辉主编.—乌鲁木齐：新疆人民出版社，2006.5.—359页；22cm

I209.945/20065　新疆当代多民族文学史.诗歌卷／夏冠洲，阿扎提·苏里坦，艾光辉主编.—乌鲁木齐：新疆人民出版社，2006.5.—374页；22cm

I21/979　王恩茂文集／王恩茂著.—北京：中央文献出版社，1997.9.—2册（1335页）；20cm

I21/97a　渡河之舟／李广智编.—乌鲁木齐：新疆美术摄影出版社，1997.10.—325页；20cm

I21/20012　楼兰姑娘／车夫著.—北京：北京燕山出版社，2001.2.—121页；20cm

I21/20059　周总理在葡萄园／高炯干著.—香港：天马出版有限公司，2005.9.—495页；20cm

I21/20087　峥嵘岁月著华章／一二八团《峥嵘岁月著华章》编辑委员会编.—香港：香港银河出版社，2008.7.—373页；26cm

I211/85c　新疆民族文学／《新疆民族文学》编委会编.—乌鲁木齐：新疆人民出版社，1985.12.—6辑；26cm

I211/87　林则徐在伊犁：日记·诗钞·书信／李若彬，赖洪波编.—1987.—202页；20cm

I211/898　马寒冰文集／马寒冰著.—乌鲁木齐：新疆人民出版社，1989.8.—295页；20cm

I211/905　步履／左齐编.—乌鲁木齐：新疆人民出版社，1990.5.—252页；20cm

I211/91　绿潮：职工文学创作选编.一／兵团农六师一〇三团工会编.—1991.—176页；20cm

I211/937　经济宣传探路／刘亮中著.—乌鲁木齐：新疆人民出版社，1993.7.—170页；20cm

I211/938　我带走故乡的明月／贺维铭著.—乌鲁木齐：新疆人民出版社，1993.8.—310页；20cm

I211/95a　历代西域散文选注／钟兴麒，王有德选注.—乌鲁木齐：新疆人民出版社，1995.10.—282页；24cm

I211/963　风波之后的沉思／何富麟著.—乌鲁木齐：新疆人民出版社，1996.3.—396页；20cm

I211/998　老圃黄花／农五师文联编.—博乐：博乐市农垦报社印刷厂，1999.8.—289页；20cm

I211/20012　南门随笔／北野著.—乌鲁木齐：新疆青少年出版社，2001.2.—242页；20cm

I211/2002c　向阳坡：一个广播人的自选集／杨连勇著.—乌鲁木齐：新疆人民出版社，2002.12.—405页；20cm

I211/2003b　秋·用自己的方式收获／王旭著.—乌鲁木齐：新疆教育出版社，2003.11.—309页；20cm

I211/20049　庆祝兵团建工师组建30周年文学集／《庆祝兵团建工师组建30周年文学集》编委会编.—乌鲁木齐：新疆兵团印刷厂，2004.9.—290页；20cm

I211/20049　庆祝兵团建工师组建30周年理论集／《庆祝兵团建工师组建30周年理论集》编委会编.—乌鲁木齐：新疆兵团印刷厂，2004.9.—335页；20cm

I211/20059　拜什墩 / 李乐学著 .—香港：香港天马出版有限公司，2005.9.—300 页；20cm

I211/20065　亚心文萃：2004—2005 年新疆作家作品选 / 矫健主编 .—北京：作家出版社，2006.5.—340 页；23cm

I211/20068　人间秘境喀纳斯 / 文昊编 .—阿图什：克孜勒苏柯尔克孜文出版社；乌鲁木齐：新疆电子出版社，2006.8.—154 页；20cm.—新疆地理系列丛书

I211/20068　新疆风土杂记：新疆风情录 .1/ 文昊编 .—阿图什：克孜勒苏柯尔克孜文出版社；乌鲁木齐：新疆电子出版社，2006.8.—164 页；20cm.—新疆地理系列丛书

I211/20068　魔鬼城风情：新疆风情录 .2/ 文昊编 .—阿图什：克孜勒苏柯尔克孜文出版社；乌鲁木齐：新疆电子出版社，2006.8.—156 页；20cm.—新疆地理系列丛书

I211/20068　奔向巴音布鲁克：新疆风情录 .3/ 文昊编 .—阿图什：克孜勒苏柯尔克孜文出版社；乌鲁木齐：新疆电子出版社，2006.8.—164 页；20cm.—新疆地理系列丛书

I211/20068　成吉思汗与阿尔泰 / 文昊编 .—阿图什：克孜勒苏柯尔克孜文出版社；乌鲁木齐：新疆电子出版社，2006.8.—164 页；20cm.—新疆地理系列丛书

I211/20068　塔里木畅想 / 梁彤瑾编 .—阿图什：克孜勒苏柯尔克孜文出版社；乌鲁木齐：新疆电子出版社，2006.8.—156 页；20cm.—新疆地理系列丛书

I211/20068　新疆旅游地理 / 梁彤瑾编 .—阿图什：克孜勒苏柯尔克孜文出版社；乌鲁木齐：新疆电子出版社，2006.8.—2 册（323 页）；20cm.—新疆地理系列丛书

I211/20068　喀什旅游地理 / 赵力编 .—阿图什: 克孜勒苏柯尔克孜文出版社；乌鲁木齐: 新疆电子出版社，2006.8.—2 册（312 页）；20cm.—新疆地理系列丛书

I211/20068　春读天山 / 梁彤瑾编 .—阿图什：克孜勒苏柯尔克孜文出版社；乌鲁木齐：新疆电子出版社，2006.8.—156 页；20cm.—新疆地理系列丛书

I211/20068　吐鲁番情歌 / 向京编 .—阿图什：克孜勒苏柯尔克孜文出版社；乌鲁木齐：新疆电子出版社，2006.8.—156 页；20cm.—新疆地理系列丛书

I211/20068　阿尔泰旅游地理 / 少净，琼瑶编 .—阿图什：克孜勒苏柯尔克孜文出版社；乌鲁木齐：新疆电子出版社，2006.8.—172 页；20cm.—新疆地理系列丛书

I211/20068　大栅栏 / 于文胜编 .—阿图什：克孜勒苏柯尔克孜文出版社；乌鲁木齐：新疆电子出版社，2006.8.—155 页；20cm.—新疆地理系列丛书

I211/20068　月亮玉石城堡：喀什散记 .1/ 赵力编 .—阿图什：克孜勒苏柯尔克孜文出版社；乌鲁木齐：新疆电子出版社，2006.8.—156 页；20cm.—新疆地理系列丛书

I211/20068　刀郎之梦：喀什散记 .2/ 赵力编 .—阿图什：克孜勒苏柯尔克孜文出版社；乌鲁木齐：新疆电子出版社，2006.8.—156 页；20cm.—新疆地理系列丛书

I211/20068　绣花补丁 / 于文胜编 .—阿图什：克孜勒苏柯尔克孜文出版社；乌鲁木齐：新疆电子出版社，2006.8.—145 页；20cm.—新疆地理系列丛书

I211/20068　吐鲁番旅游地理 / 向京编 .—阿图什：克孜勒苏柯尔克孜文出版社；乌鲁木齐：新疆电子出版社，2006.8.—154 页；20cm.—新疆地理系列丛书

I211/2007c　名人与天池 / 刘力坤选编 .—乌鲁木齐: 新疆人民出版社，2007.12.—260 页；20cm.—人文天池

I217/984　上路的日子 / 伊吾著 .—乌鲁木齐：新疆人民出版社，1998.4.—202 页；20cm

I217/20005　干花集 / 谢友规著 .—乌鲁木齐：新疆青少年出版社，2000.5.—322 页；20cm

I217/20025　高兴自选集 / 高兴著 .—乌鲁木齐：新疆人民出版社，2002.5.—457 页；20cm

I217/2007b　闲扫落花 / 杨红云著 .—五家渠：新疆生产建设兵团党委党校图书馆，2007.11.—184 页；20cm

I217/20097　流荧记 / 常治兴著 .—2009.7.—53 页；26cm

I217/20098　吴锡安诗歌杂文选 / 吴锡安著 .—2009.8.—2 册（103 页）；26cm

I217/20119　书苑印记 / 乌鲁木齐市第一中学编 .—乌鲁木齐：乌鲁木齐科恒彩印有限公司，2011.9.—398 页；23cm

I217.1/20012　边疆的目光 / 韩子勇著 .—乌鲁木齐：新疆青少年出版社，2001.2.—241 页；20cm

I217.1/2001b　闪光的足迹 / 白应东，吕大中主编 .—乌鲁木齐：新疆人民出版社，2001.11.—576 页；24cm

I217.1/20065　冰峰上的沙尘暴 / 卢一萍主编 .—乌鲁木齐：新疆人民出版社，2006.5.—319 页；24cm.—新疆肖像文库

I217.1/20114　心灵的单间 / 莫显国著 .—五家渠：新疆生产建设兵团出版社，2011.4.—356 页；20cm

I217.2/919　问英杰作品集 / 问英杰著 .—昌吉：昌吉市印刷厂，1991.9.—308 页；20cm

I217.2/2000c　飞花流韵 / 王安润著 .—乌鲁木齐：新疆人民出版社，2000.12.—214 页；20cm

I217.2/20037　梦中的福地 / 林丽著 .—乌鲁木齐：新疆人民出版社，2003.7.—239 页；20cm

I217.2/20049　冯松杰边疆文集 / 冯松杰著 .—乌鲁木齐：新疆人民出版社，2004.9.—107 页；24cm

I217.2/20061　草原的门 / 李桥江著 .—乌鲁木齐：新疆美术摄影出版社，2006.1.—312 页；21cm

I217.2/2006c　幸福像花儿绽放 / 商国婵著 .—乌鲁木齐：新疆美术摄影出版社：新疆电子出版社，2006.12.—154 页；19cm

I217.2/20079　守望心灵的绿洲 / 孟丁山著 .—乌鲁木齐：新疆人民出版社，2007.9.—315 页；22cm

I217.2/2007c　王遐作品选 / 王遐著 .—五家渠：新疆生产建设兵团出版社，2007.12.—324 页；24cm.—新闻工作者之路丛书

I217.2/2007c　梁彤瑾作品选 / 梁彤瑾著 .—五家渠：新疆生产建设兵团出版社，2007.12.—329 页；24cm.—新闻工作者之路丛书

I217.2/2007c　张富强作品选 / 张富强著 .—五家渠：新疆生产建设兵团出版社，2007.12.—346 页；24cm.—新闻工作者之路丛书

I217.2/2007c　吴国平作品选 / 吴国平著 .—五家渠：新疆生产建设兵团出版社，2007.12.—331 页；24cm.—新闻工作者之路丛书

I217.2/20088　克拉玛依正年轻 / 刘枫著 .—乌鲁木齐：新疆人民出版社，2008.8.—228 页；22cm

I217.2/2008c　宋慧敏作品选 / 宋慧敏著 .—五家渠：新疆生产建设兵团出版社，2008.12.—418 页；24cm.—新闻工作者之路丛书

I217.2/20097　人生苦旅 / 刘亮中著 .—五家渠：新疆生产建设兵团出版社，2009.7.—274 页；20cm

I217.2/20103　下野地有一片沙枣林 / 石宝岩著 .—乌鲁木齐：新疆人民出版社，2010.3.—396 页；24cm

I217.2/20111　你好，新疆 / 王蒙著 .—北京：人民文学出版社，2011.1.—464 页；24cm

I217.2/2011b　爱上河谷 / 肖志梅著 .—五家渠：新疆生产建设兵团出版社，2011.11.—158 页；21cm.—农四师庆祝建党 90 周年文学丛书

I217.2/20135　丁碧君作品选 / 丁碧君著 .—五家渠：新疆生产建设兵团出版社，2013.5.—3 册（644 页）；23cm

I217.2/20148　天山月 / 詹辉全著 .—五家渠：新疆生产建设兵团出版社，2014.8.—266 页；23cm

I217.62/20033　霜天晓角 / 晓春著 .—乌鲁木齐：新疆青少年出版社，2003.3.—297 页；20cm

I218　雏鹰诗刊：创刊号 / 奎屯武警大队雏鹰诗刊编辑部 .—39 页；26cm

I218　车排子文艺 .2/ 车排子文艺编辑部 .—30 页；26cm

I218/84　小草 .1984 年第 2 期 / 小草文学社 .—1984.—4 页；26cm

I218/88　红山 .1988 创刊号 / 奎屯红山文学社 .—1988.—14 页；26cm

I218/891　金三角 .1989 年第 1 期 / 金三角文学社 .—1989.1.—18 页；26cm

I218/893　前山文艺 .1989 年第 1 期 / 前山文艺编辑组编 .—1989.3.—32 页；26cm

I218/895　阿勒泰山下：献给农十师成立三十周年 / 农十师宣传处，绿洲编辑部合编 .—1989.5.—222 页；20cm

I218/90b　花园情丝：庆祝一四三团建场四十周年专辑 . 第二辑 / 新疆生产建设兵团农八师一四三团政治处编 .—1990.11.—310 页；20cm

I218/928　大漠草 . 创刊号 / 奎屯一三〇团宣传科编 .—1992.8.—20 页；26cm

I218/92b　七色帆 . 第 4 期 / 一二八团一中团总支主编 .—1992.11.—21 页；26cm

I217/937　雁声集 / 史骥著 .—北京：大众文艺出版社，1993.7.—312 页；20cm

I218/947　胡杨林之歌 / 王建新主编 .—乌鲁木齐：新疆人民出版社，1994.7.—307 页；20cm

I218/96c　军垦赞歌：新疆生产建设兵团第四届职工业余文艺调演资料汇编 / 兵团党委宣传部，兵团文化局 .—1996.12.—2 册（324 页）；26cm

I218/97c　奎棉文萃：1963—1998/ 问英杰，张剑敏主编 .—北京：新华出版社，1997.12.—313 页；20cm

I218/97c　落雪的夜 / 韩天航，问英杰编 .—北京：新华出版社，1997.12.—263 页；20cm

I218/2003　可克达拉 .2003 年第 1 期 / 可克达拉文学社编辑 .—2003.—69 页；20cm

I218/20034　文联通讯 .2003 年第 4 期 / 农二师文学艺术界联合会主编 .—2003.4.—60 页；20cm

I218/2004　可克达拉 .2004 年第 1 期 / 可克达拉文学社编辑 .—2004.—84 页；20cm

I218/20042　文联通讯 .2004 年第 2 期 / 农二师文学艺术界联合会主编 .—2004.2.—60 页；20cm

I218/20048　今生如蜂 / 李宗伟著 .—香港：天马出版有限公司，2004.8.—264 页；20cm

I218/20049　天边有块绿云彩：新疆兵团农四师五十周年文学作品选 . 小说・报告文学集 / 伊犁农四师史志办编 .—乌鲁木齐：新疆人民出版社，2004.9.—2 册（798 页）；20cm

I218/2004c　银灰色的故乡 / 沈玉林著 .—香港：华艺出版社，2004.12.—556 页；20cm

I218/20051　文联通讯 .2005 年第 1 期 / 农二师文学艺术界联合会主编 .—2005.1.—60 页；20cm

I218/2006a　明荣辱 共奋进：兵团青少年读书征文大赛获奖作品集 / 向智勇主编 .—2006.10.—162 页；20cm

I218/20089　倾听叶尔羌 / 李进淮，赵力主编 .—乌鲁木齐：新疆人民出版社，2008.9.—409 页；26cm

I218/20099　新疆文学作品大系 . 长篇小说 . 上卷：1949—2009/ 陈柏中主编 .—乌鲁木齐：新疆美术摄影出版社：新疆电子音像出版社，2009.9.—701 页；26cm

I218/20099　新疆文学作品大系 . 长篇小说 . 下卷：1949—2009/ 陈柏中主编 .—乌鲁木齐：新疆美术摄影出版社：新疆电子音像出版社，2009.9.—817 页；26cm

I218/20099　新疆文学作品大系 . 散文卷：1949—2009/ 夏冠洲主编 .—乌鲁木齐：新疆美术摄影出版社：新疆电子音像出版社，2009.9.—769 页；26cm

I218/20099　新疆文学作品大系 . 报告文学卷：1949—2009/ 张列主编 .—乌鲁木齐：新疆美术摄影出版社：新疆电子音像出版社，2009.9.—757 页；26cm

I218/20099　新疆文学作品大系 . 短篇小说卷：1949—2009/ 丁子人主编 .—乌鲁木齐：新疆美术摄影出版社：新疆电子音像出版社，2009.9.—781 页；26cm

I218/20099　新疆文学作品大系 . 诗歌卷：1949—2009/ 郑兴富主编 .—乌鲁木齐：新疆美术摄影出版社：新疆电子音像出版社，2009.9.—773 页；26cm

I218/20099　新疆文学作品大系 . 文学评论卷：1949—2009/ 王仲明主编 .—乌鲁木齐：新疆美术摄影出版社：新疆电子音像出版社，2009.9.—741 页；26cm

I218/20099　新疆文学作品大系 . 戏剧影视文学卷：1949—2009/ 雷茂奎主编 .—乌鲁木齐：新疆美术摄影出版社：新疆电子音像出版社，2009.9.—775 页；26cm

I218/20099　新疆文学作品大系 . 中篇小说卷：1949—2009/ 吴连增主编 .—乌鲁木齐：新疆美术摄影出版社：新疆电子音像出版社，2009.9.—703 页；26cm

I218.45/99b　纵横大漠 / 杜成习主编 .—乌鲁木齐：新疆人民出版社，1999.11.—313 页；24cm

I218.45/20086　新疆作家作品精选：天上有个大大的人字 / 新疆电子音像出版社编 .—阿图什：克孜勒苏柯尔克孜文出版社，2008.6.—288 页；20cm

I218.45/20087　新疆作家作品精选：大爱无疆 / 新疆电子音像出版社编 .—阿图什：克孜勒苏柯尔克孜文出版社，2008.7.—206 页；20cm

I218.45/20088　塞外清风桃花红 / 贾曦著 .—阿图什：克孜勒苏柯尔克孜文出版社，2008.8.—177 页；20cm

I218.45/20099　西域风起塔里木：阿克苏历史人物 / 文琜主编 .—乌鲁木齐：新疆人民出版社，2009.9.—287 页；25cm.—阿克苏文学丛书

I218.45/2009c　新疆石油文学作品精选：2007—2008/ 赵钧海主编 .—乌鲁木齐：新疆人民出版社，2009.12.—330 页；24cm

I218.45/2010c　新疆石油文学作品精选：2009/ 赵钧海主编 .—乌鲁木齐：新疆人民出版社，2010.12.—367 页；24cm

I218.45/2011c　新疆石油文学作品精选：2010/ 赵钧海主编 .—乌鲁木齐：新疆人民出版社，2011.12.—411 页；24cm

I218.48/20085　雪莲花文学作品集：长长的边关 长长的情 / 薛万金著 .—阿图什：克孜勒苏柯尔克孜文出版社，2008.5.—224 页；20cm

I22/84c　绿洲之歌：诗歌选集 /《绿洲之歌》编委会 .—北京：解放军文艺出版社，1984.12.—182 页；20cm

I22/878　丝绸之路诗词选集 / 白应东主编 .—乌鲁木齐：新疆青少年出版社，1987.8.—349 页；20cm

I22/934　民族团结诗话 / 王佑夫，钟兴麒主编 .—乌鲁木齐：新疆人民出版社，1993.4.—311 页；20cm

I22/937　龟兹古今诗词选 / 阿克苏地区诗词学会 .—乌鲁木齐：新疆人民出版社，1993.7.—181 页；20cm

I22/952　岑参西域诗新释 / 徐百成著 .—乌鲁木齐：新疆人民出版社，1995.2.—239 页；19cm

I22/2007a　山水首府：天山天池诗歌 100 首 / 沈苇编 .—乌鲁木齐：新疆人民出版社，2007.10.—203 页；20cm.—人文天池丛书

I222/822　历代西域诗钞 / 吴蔼宸选辑 .—乌鲁木齐：新疆人民出版社，1982.2.—385 页；20cm

I222/20033　边塞诗风西域魂：古代西部诗揽（览）胜 / 薛宗正著 .—乌鲁木齐：新疆青少年出版社，2003.3.—271 页；23cm

I222/20035　诗词中的新疆 / 杨镰著 .—乌鲁木齐：新疆人民出版社，2003.5.—174 页；16cm.—了解新疆 · 认知新疆丛书

I222/20039　新疆诗词选注 /（清）林则徐著；周轩，刘长明注 .—乌鲁木齐：新疆大学出版社，2003.9.—132 页；20cm

I222/20048　阿克苏诗词 /《丝路龟兹行》编委会编 .—乌鲁木齐：新疆人民出版社，2004.8.—190 页；20cm

I226/20019　历代西域屯垦诗词选注 / 星汉，王瀚林选注 .—乌鲁木齐：新疆人民出版社，2001.9.—317 页；21cm

I226/2004c　精美诗歌赏析：游踪景色 / 吕桂田，代汉林等编 .—乌鲁木齐：新疆人民出版社，2004.12.—351 页；20cm

I227/893　塔里木恋歌 / 东虹著 .—乌鲁木齐：新疆青少年出版社，1989.3.—130 页；20cm

I227/895　伊犁河的涟漪 / 雷霆著 .—乌鲁木齐：新疆青少年出版社，1989.5.—166 页；20cm

I227/918　现代西域诗钞 / 胥惠民编注 .—乌鲁木齐：新疆人民出版社，1991.8.—328 页；20cm

I227/919　生命的火炬 / 铁木尔 · 达瓦买提著 .—北京：作家出版社，1991.9.—276 页；20cm

I227/91b　绿风诗刊 .1991 年第 6 期 / 绿风诗刊编辑部编 .—1991.11.—112 页；20cm

I227/92c　遥远的西域 / 东虹著 .—香港：天马图书有限公司，1992.12.—150 页；20cm

I227/933　边塞新韵 / 洋雨编 .—香港：新天出版社，1993.3.—124 页；20cm

I227/951　一朵雪 / 赵雪勤著 .—乌鲁木齐：新疆青少年出版社，1995.1.—124 页；20cm

I227/955　东虹新边塞诗选 / 东虹著 .—乌鲁木齐：新疆人民出版社，1995.5.—258 页；20cm

I227/96　奎屯诗词 . 创刊号 / 奎屯诗词学会主办 .—1996.—113 页；20cm

I227/963　绿风诗刊 .1996 年第 3 期 / 绿风诗刊编辑部编 .—1991.11.—112 页；20cm

I227/963　情满伊犁河 / 腾元，武怀扬编 .—北京：北京燕山出版社，1996.3.—285 页；20cm

I227/96b　乡恋 / 高炯浩著 .—乌鲁木齐：新疆人民出版社，1996.11.—236 页；24cm

I227/973　小屋 / 问英杰著 .—北京：中国和平出版社，1997.3.—149 页；19cm

I227/983　军垦颂 / 新疆生产建设兵团诗词楹联家协会编 .—北京：解放军文艺出版社，1998.3.—259 页；20cm.—兵团文库

I227/988　石河子大学诗选 / 王振祥主编 .—乌鲁木齐：新疆人民出版社，1998.8.—230 页；20cm

I227/98c　绿韵诗刊 .1998 年第 1 期 / 新疆生产建设兵团诗词楹联家协会编 .—乌鲁木齐：乌鲁木齐市惠捷印刷厂，1998.12.—156 页；20cm

I227/995　生命的河 / 郭从远著 .—北京：作家出版社，1999.5.—123 页；20cm

I227/999　与鹤同舞 / 曲近著 .—乌鲁木齐：新疆青少年出版社，1999.9.—215 页；20cm

I227/999　岁月篱笆 / 蒋光成著 .—乌鲁木齐：新疆人民出版社，1999.9.—392 页；20cm

I227/999　情歌照耀的西部 / 杨眉著 .—乌鲁木齐：新疆青少年出版社，1999.9.—160 页；20cm

I227/999　铸魂 / 史清书著 .—乌鲁木齐：新疆青少年出版社，1999.9.—116 页；20cm.—新疆好诗丛

I227/99a　奎屯诗词 . 总第 3 期 / 奎屯诗词学会主办 .—1999.10.—121 页；20cm

I227/99b　犁剑交响 / 纪念农七师成立五十周年领导小组，奎屯诗词学会编 .—乌鲁木齐：新疆人民出版社，1999.11.—194 页；20cm

I227/99c　荒凉的额 / 苏茂著 .—乌鲁木齐：新疆人民出版社，1999.12.—160 页；19cm

I227/2000　奎屯诗词 . 总第 5 期 / 奎屯诗词学会主办 .—乌鲁木齐：新疆地矿彩印厂，2000.—131 页；20cm

I227/20007　永远的罗布泊 / 桑士金，李桅主编 .—乌鲁木齐：新疆人民出版社，2000.7.—195 页；20cm

I227/20008　不陋斋诗稿 / 刘才德著 .—石河子：新疆石河子印刷厂，2000.8.—148 页；20cm

I227/2000a　风物情怀 / 史清书著 .—乌鲁木齐：新疆青少年出版社，2000.10.—112 页；20cm.—新疆好诗丛

I227/2000a　新疆兵团新时期文学作品选 . 诗歌卷 / 新疆兵团文联编 .—北京：作家出版社，2000.10.—337 页；20cm

I227/2001　奎屯诗词 . 总第 6 期 / 奎屯诗词学会主办 .—2001.—154 页；20cm

I227/20017　西部的梦 / 杨志敏著 .—乌鲁木齐：新疆人民出版社，2001.7.—174 页；19cm

I227/20017　王振祥诗词选 / 王振祥著 .—乌鲁木齐：新疆人民出版社，2001.7.—254 页；20cm

I227/2001c　绿韵诗刊 .2001 年第 1 期 / 新疆生产建设兵团诗词楹联家协会编 .—乌鲁木齐：新疆有色地质勘查局印刷厂，2001.12.—170 页；20cm

I227/2002　山河颂：杨应超诗词集 / 杨应超著 .—喀什：新疆喀什日报印刷厂，2002.—153 页；20cm

I227/20021　绿风诗刊 .2002 年第 1 期 / 绿风诗刊编辑部编 .—石河子：石河子报社印刷厂，2002.1.—128 页；20cm

I227/20024　解甲集：王玮珍将军诗集 / 王玮珍著 .—乌鲁木齐：新疆人民出版社，2002.4.—232 页；20cm

I227/2002c　释然亭吟稿 / 贺忠山主编 .—乌鲁木齐：新疆人民出版社，2002.12.—

373页；20cm

I227/20039　新疆兵团农一师建师五十周年文学作品选.诗歌卷/张晓虹，李玉主编.—乌鲁木齐：新疆人民出版社，2003.9.—296页；20cm

I227/2003c　绿韵诗刊.2003年第1期/新疆生产建设兵团诗词楹联家协会编.—乌鲁木齐：新疆建工集团印务包装有限责任公司，2003.12.—158页；20cm

I227/2003c　母亲情/王敬乾著.—乌鲁木齐：新疆人民出版社，2003.12.—225页；20cm

I227/2003c　走天路/齐旭著.—乌鲁木齐：新疆人民出版社，2003.12.—148页；20cm

I227/20044　奎屯诗词.总第7期/奎屯诗词学会主办.—香港：香港银河出版社，2004.4.—153页；20cm

I227/20045　寸草心枝叶情/马颖著.—香港：银河出版社，2004.5.—264页；20cm

I227/20045　果实与野兽/铁梅著.—阿图什：克孜勒苏柯尔克孜文出版社；乌鲁木齐：新疆电子出版社，2004.5.—146页；20cm.—快餐文学坊·天雅诗丛

I227/20045　沉浮的大盆地/王锋著.—阿图什：克孜勒苏柯尔克孜文出版社；乌鲁木齐：新疆电子出版社，2004.5.—144页；20cm.—快餐文学坊·天雅诗丛

I227/20045　鹰翔西部/李伟道著.—阿图什：克孜勒苏柯尔克孜文出版社；乌鲁木齐：新疆电子出版社，2004.5.—71页；20cm.—快餐文学坊·天雅诗丛

I227/20045　相逢紫石林/周宥辰著.—阿图什：克孜勒苏柯尔克孜文出版社；乌鲁木齐：新疆电子出版社，2004.5.—95页；20cm.—快餐文学坊·天雅诗丛

I227/20045　个人的神话/金玮著.—阿图什：克孜勒苏柯尔克孜文出版社；乌鲁木齐：新疆电子出版社，2004.5.—142页；20cm.—快餐文学坊·天雅诗丛

I227/20045　寂静家园/乔梦君著.—阿图什：克孜勒苏柯尔克孜文出版社；乌鲁木齐：新疆电子出版社，2004.5.—52页；20cm.—快餐文学坊·天雅诗丛

I227/20045　雕刻岁月/牛国森著.—阿图什：克孜勒苏柯尔克孜文出版社；乌鲁木齐：新疆电子出版社，2004.5.—118页；20cm.—快餐文学坊·天雅诗丛

I227/20045　守望故乡/张建新著.—阿图什：克孜勒苏柯尔克孜文出版社；乌鲁木齐：新疆电子出版社，2004.5.—76页；20cm.—快餐文学坊·天雅诗丛

I227/20045　爱我就请你放手/闫夕著.—阿图什：克孜勒苏柯尔克孜文出版社；乌鲁木齐：新疆电子出版社，2004.5.—66页；20cm.—快餐文学坊·天雅诗丛

I227/20045　西风红柳/屈直著.—阿图什：克孜勒苏柯尔克孜文出版社；乌鲁木齐：新疆电子出版社，2004.5.—204页；20cm.—快餐文学坊·天雅诗丛

I227/20045　诗语人生/倪秀娟著.—阿图什：克孜勒苏柯尔克孜文出版社；乌鲁木齐：新疆电子出版社，2004.5.—138页；20cm.—快餐文学坊·天雅诗丛

I227/20045　幻美之疆/葛勇著.—阿图什：克孜勒苏柯尔克孜文出版社；乌鲁木齐：新疆电子出版社，2004.5.—130页；20cm.—快餐文学坊·天雅诗丛

I227/20045　心旅无际/赵红岩著.—阿图什：克孜勒苏柯尔克孜文出版社；乌鲁木齐：新疆电子出版社，2004.5.—148页；20cm.—快餐文学坊·天雅诗丛

I227/20045　黎明的敲打声/北野著.—阿图什：克孜勒苏柯尔克孜文出版社；乌鲁木齐：新疆电子出版社，2004.5.—160页；20cm.—快餐文学坊·天雅诗丛

I227/20045　放飞 / 李娜著 .—阿图什：克孜勒苏柯尔克孜文出版社；乌鲁木齐：新疆电子出版社，2004.5.—54 页；20cm.—快餐文学坊 · 天雅诗丛

I227/20045　激情飞歌 / 冯智著 .—阿图什：克孜勒苏柯尔克孜文出版社；乌鲁木齐：新疆电子出版社，2004.5.—90 页；20cm.—快餐文学坊 · 天雅诗丛

I227/20045　梦中玫瑰 / 侯安山著 .—阿图什：克孜勒苏柯尔克孜文出版社；乌鲁木齐：新疆电子出版社，2004.5.—82 页；20cm

I227/20045　走近崇高 / 张笑春著 .—阿图什：克孜勒苏柯尔克孜文出版社；乌鲁木齐：新疆电子出版社，2004.5.—148 页；20cm.—快餐文学坊 · 天雅诗丛

I227/20045　老房子 / 泰安江著 .—阿图什：克孜勒苏柯尔克孜文出版社；乌鲁木齐：新疆电子出版社，2004.5.—114 页；20cm

I227/20045　诗歌之根 / 李光武著 .—阿图什：克孜勒苏柯尔克孜文出版社；乌鲁木齐：新疆电子出版社，2004.5.—100 页；20cm.—快餐文学坊 · 天雅诗丛

I227/20045　守望故乡 / 张建新著 .—阿图什：克孜勒苏柯尔克孜文出版社；乌鲁木齐：新疆电子出版社，2004.5.—76 页；20cm.—快餐文学坊 · 天雅诗丛

I227/20045　心的旅程 / 罗亚琴著 .—阿图什：克孜勒苏柯尔克孜文出版社；乌鲁木齐：新疆电子出版社，2004.5.—78 页；20cm.—快餐文学坊 · 天雅诗丛

I227/2004b　军垦魂 / 唐世政主编 .—北京：中国文联出版公司，2004.11.—221 页；20cm

I227/2004b　绿风诗刊 .2004 年第 6 期 / 绿风诗刊编辑部编 .—2004.11.—128 页；20cm

I227/2004c　昆仑诗词 .2004 年第 2 期 / 新疆维吾尔自治区诗词学会 .—乌鲁木齐：新疆建工集团印务包装有限公司，2004.12.—162 页；20cm

I227/2004c　绿韵诗刊 .2004 年第 1 期 / 新疆生产建设兵团诗词楹联家协会编 .—乌鲁木齐：新疆建工集团印务包装有限责任公司，2004.12.—208 页；20cm

I227/2004c　诗意情怀 / 侯国强著 .—乌鲁木齐：新疆人民出版社，2004.12.—250 页；20cm

I227/20055　绿风诗刊 .2005 年第 3 期 / 绿风诗刊编辑部编 .—石河子：新疆石河子报社印刷厂，2005.5.—128 页；20cm

I227/20056　边关情怀 / 韩连庆著 .—乌鲁木齐：新疆人民出版社，2005.6.—280 页；24cm

I227/20056　昆仑诗词 .2005 年第 1 期 / 新疆维吾尔自治区诗词学会 .—乌鲁木齐：新疆建工集团印务包装有限责任公司，2005.6.—138 页；20cm

I227/20057　走出荒漠 / 王中俊著 .—乌鲁木齐：新疆人民出版社，2005.7.—210 页；19cm

I227/20057　青春的葬礼 / 王善让 .—北京：中国文史出版社，2005.7.—112 页；20cm.—文史集丛

I227/20058　叶尔羌礼赞 . 诗歌卷 / 付爱琴主编 .—阿图什：克孜勒苏柯尔克孜文出版社；乌鲁木齐：新疆电子出版社，2005.8.—176 页；20cm.—魅力文丛

I227/20059　真爱人生 . 上册 / 韩群英著 .—香港：天马出版社，2005.9.—216 页；20cm

I227/2005a　打开幸福的窗口 / 贾曦著 .—阿图什：克孜勒苏柯尔克孜文出版社；乌鲁木齐：新疆电子出版社，2005.10.—173 页；20cm.—新疆作家文丛

I227/2005a　奎屯诗词 . 总第 8 期 / 奎屯

诗词学会主办 .—香港：银河出版社，2005.10.—163 页；20cm

I227/2005c　塞外赋诗 / 许明著 .—香港：银河出版社，2005.12.—189 页；20cm

I227/2006　半闲居诗笺 / 晗谷著 .—乌鲁木齐：新疆大学出版社，2000.6.—186 页；20cm

I227/20065　吻太阳 / 贾曦著 .—阿图什：克孜勒苏柯尔克孜文出版社；乌鲁木齐：新疆电子出版社，2006.5.—211 页；20cm.—新疆作家文丛

I227/20066　田园集 / 王玮珍著 .—乌鲁木齐：新疆美术摄影出版社，2006.6.—167 页；24cm

I227/20069　绿韵诗刊 .2006 年第 1 期 / 凌朝祥主编 .—乌鲁木齐：新疆建工集团印务包装有限责任公司，2006.9.—216 页；20cm

I227/2006b　怀念与歌唱 / 张鹏著 .—乌鲁木齐：新疆美术摄影出版社，2006.11.—182 页；20cm

I227/2006c　我的快乐与你有关 / 刘琼著 .—北京：中国纪实摄影出版社，2006.12.—1 册；20cm

I227/2006c　2006 年绿风诗刊合订本 / 绿风诗刊编辑部编 .—石河子：石河子报社印刷厂，2006.12.—500 页；20cm

I227/2006c　瀚海油花 / 沙德尔 · 卡德尔著；狄里木拉提译 .—乌鲁木齐：新疆人民出版社，2006.12.—107 页；19cm

I227/20076　绿韵诗刊 .2007 年第 1 期 / 新疆生产建设兵团诗词楹联家协会主办 .—乌鲁木齐：新疆鑫博文彩印传媒有限责任公司，2007.6.—186 页；26cm

I227/20076　昆仑诗词 .2007 年第 1 期 / 新疆维吾尔自治区诗词学会主办 .—乌鲁木齐：新疆鑫博文彩印传媒有限责任公司，2007.6.—118 页；20cm

I227/20076　屯垦戍边唱大风：兵团组歌 / 王瀚林编 .—2007.6.—44 页；20cm

I227/20078　残阳血 / 王敬乾著 .—乌鲁木齐：新疆人民出版社，2007.8.—227 页；23cm

I227/20078　深处的盐 / 于贵锋著 .—乌鲁木齐：新疆美术摄影出版社，2007.8.—209 页；20cm

I227/2007a　从龟兹到高昌 / 谢耀德著 .—乌鲁木齐：新疆人民出版社，2007.10.—183 页；24cm

I227/2007c　绿韵诗刊 .2007 年第 2 期 / 新疆生产建设兵团诗词楹联家协会主办 .—乌鲁木齐：新疆生产建设兵团印刷厂，2007.12.—238 页；20cm

I227/20084　天山明月歌：凌朝祥诗词集 / 凌朝祥著 .—北京：作家出版社，2008.4.—2 册（431 页）；20cm

I227/2008c　漠上吟 / 中共和田市委宣传部编 .—乌鲁木齐：新疆美术摄影出版社，2008.12.—135 页；21cm

I227/20096　新歌唱新疆：全国征歌优秀歌词选 / 王立平等著 .—乌鲁木齐：新疆青少年出版社，2009.6.—203 页；23cm

I227/20098　放歌集 / 吴新平主编 .—五家渠：新疆生产建设兵团出版社，2009.8.—317 页；20cm

I227/20099　我与王洛宾的故事 / 陈宬著 .—乌鲁木齐：新疆美术摄影出版社，2009.9.—190 页；21cm

I227/2009b　青春流痕：十年回眸 / 陈红波著 .—五家渠：新疆生产建设兵团出版社，2009.11.—302 页；20cm.—青年诗集系列丛书

I227/2009c　奎河之韵：诗歌集 / 傅国主编 .—五家渠：新疆生产建设兵团出版社，2009.12.—266 页；24cm.—新疆生产建设兵

团农七师建师 60 周年系列丛书

I227/2009c　蜜蜂 / 王飞著 .—五家渠：新疆生产建设兵团出版社，2009.12.—158 页；23cm

I227/2010b　田野上的枝形烛台 / 包苞著 .—乌鲁木齐：新疆美术摄影出版社，2010.11.—172 页；24cm

I227/2010b　丝路恋歌 / 韩博著 .—乌鲁木齐：新疆人民出版社，2010.11.—168 页；21cm

I227/2010c　心雨 / 王旭著 .—乌鲁木齐：新疆教育出版社，2010.12.—326 页；21cm

I227/20111　兵团赋 / 万卫平著 .—五家渠：新疆生产建设兵团出版社，2011.1.—61 页；26cm

I227/20116　落叶自帚：诗词联文选集 / 蔡大文著 .—乌鲁木齐：新疆科学技术出版社，2011.6.—262 页；24cm

I227/20116　走沙集 / 王敬乾著 .—乌鲁木齐：新疆人民出版社，2011.6.—237 页；21cm

I227/20118　沙金 / 贾曦著 .—2011.8.—212 页；19cm

I227/20119　兵团组歌 / 王瀚林著 .—五家渠：新疆生产建设兵团出版社，2011.9.—41 页；21cm

I227/20119　诗意新疆 / 高炯浩著 .—五家渠：新疆生产建设兵团出版社，2011.9.—94 页；20cm

I227/2011a　秋千上的云 / 杨红云著 .—2011.10.—196 页；20cm

I227/2011b　热爱 / 鲜章平著 .—五家渠：新疆生产建设兵团出版社，2011.11.—265 页；21cm.—农四师庆祝建党 90 周年文学丛书

I227/2011b　岁月留痕 / 陈建军著 .—五家渠：新疆生产建设兵团出版社，2011.11.—316 页；21cm.—农四师庆祝建党 90 周年文学丛书

I227/20126　秋水长天集 / 凌朝祥著 .—五家渠：新疆生产建设兵团出版社，2012.6.—288 页；23cm

I227/20128　红枫叶 / 贾曦著 .—2012.8.—201 页；19cm

I227/20128　山高海阔 / 田丁著 .—北京：作家出版社，2012.8.—192 页；23cm.—金戈壁文学丛书

I227/20128　方向 / 秦安江著 .—北京：作家出版社，2012.8.—320 页；23cm.—金戈壁文学丛书

I227/20128　李光武诗歌 / 李光武著 .—北京：作家出版社，2012.8.—316 页；23cm.—金戈壁文学丛书

I227/20128　惶然书 / 郁笛著 .—北京：作家出版社，2012.8.—208 页；23cm.—金戈壁文学丛书

I227/20128　新疆情弦 / 贺海涛著 .—北京：作家出版社，2012.8.—276 页；23cm.—金戈壁文学丛书

I227/20128　一壶月光 / 曲近著 .—北京：作家出版社，2012.8.—220 页；23cm.—金戈壁文学丛书

I227/20128　草木边关 / 刘涛著 .—北京：作家出版社，2012.8.—212 页；23cm.—金戈壁文学丛书

I227/20128　布依鲁克情歌 / 周康芬著 .—北京：作家出版社，2012.8.—256 页；23cm.—金戈壁文学丛书

I227/20128　四季的声音 / 莫春燕著 .—北京：作家出版社，2012.8.—180 页；23cm.—金戈壁文学丛书

I227/20128　月光与蟋蟀 / 单守银著 .—北京：作家出版社，2012.8.—328 页；23cm.—金戈壁文学丛书

I227/2013b　西北风 / 贾曦著 .—2013.11.—126 页；19cm

I227/20143　旷野夕晖 / 青子著 .—五家渠：新疆生产建设兵团出版社，2014.3.—123 页；19cm

I227.1/20119　绿洲之恋 / 杨眉著 .—五家渠：新疆生产建设兵团出版社，2011.9.—107 页；21cm

I227.2/20028　尘埃 · 女神：梅子抒情诗集 . 首卷 / 郭秀梅著 .—乌鲁木齐：新疆美术摄影出版社，2002.8.—221 页；21cm

I227.2/20106　天山抒怀 / 程强著 .—五家渠：新疆生产建设兵团出版社，2010.6.—172 页；21cm

I227.9/2007a　天池赋 / 王宇斌著 .—乌鲁木齐：新疆人民出版社，2007.10.—144 页；20cm.—人文天池

I228/20029　文苑 .2002 年第 3 期 / 新疆生产建设兵团农五师文学艺术界联合会主办 .—博乐：博乐农垦报社印刷厂，2002.9.—76 页；26cm

I228/2002c　文苑 .2002 年第 4 期 / 新疆生产建设兵团农五师文学艺术界联合会主办 .—博乐：博乐农垦报社印刷厂，2002.12.—80 页；26cm

I228/20036　文苑 .2003 年第 2 期 / 新疆生产建设兵团农五师文学艺术界联合会主办 .—博乐：博乐农垦报社印刷厂，2003.6.—68 页；26cm

I228/20036　文苑 .2003 年第 3 期 / 新疆生产建设兵团农五师文学艺术界联合会主办 .—博乐：博乐农垦报社印刷厂，2003.6.—68 页；26cm

I228/2003c　文苑 .2003 年第 4 期 / 新疆生产建设兵团农五师文学艺术界联合会主办 .—博乐：博乐农垦报社印刷厂，2003.12.—88 页；26cm

I228/20043　文苑 .2004 年第 1 期 / 新疆生产建设兵团农五师文学艺术界联合会主办 .—博乐：博乐农垦报社印刷厂，2004.3.—82 页；26cm

I228/2004b　文苑 .2004 年第 2 期 / 新疆生产建设兵团农五师文学艺术界联合会主办 .—博乐：博乐农垦报社印刷厂，2004.11.—82 页；26cm

I228/20049　文苑 .2004 年第 3 期 / 新疆生产建设兵团农五师文学艺术界联合会主办 .—博乐：博乐农垦报社印刷厂，2004.9.—80 页；26cm

I228/2004c　文苑 .2004 年第 4 期 / 新疆生产建设兵团农五师文学艺术界联合会主办 .—博乐：博乐农垦报社印刷厂，2004.12.—80 页；26cm

I228/20053　文苑 .2005 年第 1 期 / 新疆生产建设兵团农五师文学艺术界联合会主办 .—博乐：北疆开发报社印刷厂，2005.3.—82 页；26cm

I230/928　红石榴 / 安定一著 .—乌鲁木齐：新疆人民出版社，1992.8.—442 页；23cm

I230.7/948　伊犁戏剧电视作品选 / 朱广世主编 .—乌鲁木齐：新疆青少年出版社，1994.8.—144 页；20cm

I235.2/20044　吐鲁番郡王 / 贤雕，买提尼牙孜 · 库尔班著 .—乌鲁木齐：新疆人民出版社，2004.4.—616 页；20cm

I235.2/20109　千古之策 / 王瀚林主编 .—五家渠：新疆生产建设兵团出版社，2010.9.—135 页；26cm

I235.2/2010b　行吟火洲 / 张志荣著 .—乌鲁木齐：新疆人民出版社，2010.11.—201 页；21cm

I235.2/20112　走过岁月的河 / 王兴才著 .—五家渠：新疆生产建设兵团出版社，2011.2.—375 页；20cm

I235.2/20112　兵团人 / 王兴才著 .—五家渠：新疆生产建设兵团出版社，2011.2.—663 页；20cm

I235.2/20126　CCTV 远方的家：边疆行·新疆→甘肃 /CCTV《远方的家》栏目著 .—上海：上海科学技术文献出版社，2012.6.—213 页；23cm

I236.45/935　哈密·新疆曲子集 / 哈密市民间文学集成编辑委员会编 .—乌鲁木齐：新疆人民出版社，1993.5.—427 页；20cm

I239/2006c　龙画家：扬子江曲艺作品集 / 扬子江著 .—乌鲁木齐：新疆人民出版社，2006.12.—208 页；20cm

I24/83　路漫漫情深深：门海群作品选 / 门海群著 .—香港：天马出版有限公司，1983.—366 页；20cm

I24/893　地火 / 王正选编 .—乌鲁木齐：新疆青少年出版社，1989.3.—184 页；20cm

I246.7/84a　绿洲之恋：短篇小说选集 /《绿洲之恋》编委会编 .—北京：解放军文艺出版社，1984.10.—602 页；20cm

I247/932　湖畔的沙浪 / 邵华著 .—香港：香港新世纪出版社，1993.2.—276 页；20cm

I247/981　阳光如诉 / 阿拉提·阿斯木 .—乌鲁木齐：新疆人民出版社，1998.1.—442 页；20cm

I247/986　生活的一幕 / 田建华著 .—乌鲁木齐：新疆青少年出版社；阿图什：克孜勒苏柯尔克孜文出版社，1998.6.—364 页；20cm

I247/99b　闫平小说选 / 新疆兵团农五师文联编 .—博乐：博乐农垦报社印刷厂，1999.11.—203 页；20cm

I247/99c　刘岸小说选 / 刘岸著 .—北京：中国文联出版公司，1999.12.—313 页；20cm.—远行者文丛之一

I247/2000a　新疆兵团新时期文学作品选 . 小说卷 / 新疆生产建设兵团文联编 .—北京：作家出版社，2000.10.—636 页；20cm

I247/20058　叶尔羌魅力 / 付爱琴主编 .—阿图什：克孜勒苏柯尔克孜文出版社；乌鲁木齐：新疆电子出版社，2005.8.—363 页；20cm

I247/20066　秋雁南归 / 碧小家著 .—北京：作家出版社，2006.6.—165 页；20cm

I247/20066　穿越孤独 / 碧小家著 .—北京：作家出版社，2006.6.—156 页；20cm

I247/20066　古城子 / 碧小家著 .—北京：作家出版社，2006.6.—188 页；20cm

I247/20066　命里的栅栏 / 碧小家著 .—北京：作家出版社，2006.6.—167 页；20cm

I247.43/2009c　西域忠魂：清末关外三义士之孔才传 / 张立云，孔繁丛著 .—五家渠：新疆生产建设兵团出版社，2009.12.—408 页；20cm.—北庭文化系列丛书

I247.5/63a　军队的女儿 / 邓普著 .—乌鲁木齐：新疆青年出版社，1963.10.—268 页；20cm

I247.5/774　戈壁春风 / 刘学江著 .—济南：山东人民出版社，1977.4.—672 页；20cm

I247.5/898　走向腹地 / 吕艺，颜怀堤编 .—乌鲁木齐：新疆人民出版社，1989.8.—300 页；23cm.—克拉玛依文学丛书

I247.5/934　蝶之灰 / 胡尔朴著 .—乌鲁木齐：新疆人民出版社，1993.4.—308 页；29cm

I247.5/967　悠悠岁月情 / 杨叶著 .—乌鲁木齐：新疆青少年出版社，1996.7.—310 页；20cm

I247.5/988　迁客骚人 / 赵光鸣著 .—乌鲁木齐：新疆人民出版社，1998.8.—419 页；20cm

I247.5/996　风雨兼程 / 李良立著 .—北京：

中国戏剧出版社，1999.6.—357 页；20cm

I247.5/997　孤魂 / 刘彦金，杜桂娥著 .—阿图什：克孜勒苏柯尔克孜文出版社，1999.7.—471 页；20cm

I247.5/999　天涯长路：上海人的故事：兵团人的故事 / 肖道纲著 .—乌鲁木齐：新疆人民出版社，1999.9.—689 页；20cm

I247.5/99c　送你一束沙枣花 / 庄崚著 .—北京：作家出版社，1999.12.—381 页；20cm

I247.5/20006　最后的战争 / 闵文著 .—乌鲁木齐：新疆人民出版社，2000.6.—311 页；20cm

I247.5/20009　古楼兰的迷梦 / 李山林著 .—兰州：敦煌文艺出版社，2000.9.—258 页；20cm

I247.5/2001c　绿色的风 / 刘腊香主编 .—北京：中国文联出版公司，2001.12.—263 页；20cm

I247.5/20021　左宗棠 / 梁赐龙著 .—乌鲁木齐：新疆人民出版社，2002.1.—2 册（1103 页）；20cm

I247.5/20027　策马天山 / 李文庆著 .—西宁：青海人民出版社，2002.7.—399 页；20cm

I247.5/20027　人生如梦 / 黄龙德著 .—北京：作家出版社，2002.7.—346 页；20cm

I247.5/2002a　漩涡 / 张新荃著 .—北京：中国文联出版公司，2002.10.—362 页；20cm

I247.5/2002a　父子双雄：班超班勇 / 童马著 .—乌鲁木齐：新疆青少年出版社，2002.10.—272 页；20cm

I247.5/20034　白豆 / 董立勃著 .—北京：人民文学出版社，2003.4.—279 页；20cm

I247.5/20036　花果山的故事 / 黄龙德著 .—北京：作家出版社，2003.6.—335 页；20cm.—华夏作家文丛

I247.5/20038　风雨奴尔加 / 陈友胜著 .—乌鲁木齐：新疆人民出版社，2003.8.—364 页；24cm

I247.5/20039　新疆兵团农一师建师五十周年文学作品选 . 小说卷 / 江尚义，肖建纲主编 .—乌鲁木齐：新疆人民出版社，2003.9.—629 页；20cm

I247.5/20042　李娟文集 . 报告文学卷 / 李娟著 .—乌鲁木齐：新疆人民出版社，2004.2.—315 页；20cm

I247.5/20042　李娟文集 . 中篇小说卷 / 李娟著 .—乌鲁木齐：新疆人民出版社，2004.2.—334 页；20cm

I247.5/20044　草原恋歌 / 张理贤著 .—北京：作家出版社，2004.4.—413 页；20cm.—华夏作家文丛

I247.5/20045　边城沧桑 / 刘竹溪著 .—乌鲁木齐：新疆人民出版社，2004.5.—569 页；20cm

I247.5/20049　苍松傲雪 / 任伊临著 .—乌鲁木齐：新疆人民出版社，2004.9.—488 页；24cm

I247.5/20051　疆魂 / 王兴才著 .—香港：天马出版有限公司，2005.1.—358 页；20cm

I247.5/20053　喀什噶尔提督马福兴 / 马源著 .—乌鲁木齐：新疆大学出版社，2005.3.—322 页；20cm

I247.5/20056　老虎沟 / 张广西著 .—北京：作家出版社，2005.6.—279 页；20cm.—新纪元作家文丛

I247.5/2005a　风的园子 / 李广智著 .—北京：解放军文艺出版社，2005.10.—260 页；20cm

I247.5/20064　躺过长夜 / 郭丞著 .—乌鲁木齐：新疆人民出版社，2006.4.—564 页；24cm

I247.5/20065　天边炊烟 / 董立勃著 .—乌鲁木齐：新疆人民出版社，2006.5.—331 页；20cm

I247.5/20065　乱世魔王盛世才 / 童马著 .—乌鲁木齐：新疆青少年出版社，2006.5.—364 页；20cm.—西域烽燧系列小说

I247.5/20066　走进云间部落的儿子娃娃 / 闵长庆著 .—乌鲁木齐：新疆人民出版社，2006.6.—358 页；21cm

I247.5/20066　寻觅 / 王玮珍著 .—乌鲁木齐：新疆美术摄影出版社，2006.6.—405 页；24cm

I247.5/20066　缓期执行 / 王伶，褚远亮著 .—北京：大众文艺出版社，2006.6.—281 页；26cm

I247.5/2006b　一炮成功 / 张末著 .—乌鲁木齐：新疆人民出版社，2006.11.—424 页；20cm

I247.5/20071　西域谜案 / 龚培德著 .—乌鲁木齐：新疆美术摄影出版社，2007.1.—244 页；20cm.—雪莲花文丛

I247.5/20075　乱世英豪 / 卢德礼著 .—乌鲁木齐：新疆青少年出版社，2007.5.—2 册（827 页）；19cm

I247.5/2007c　大兵团 / 许开祯著 .—呼和浩特：远方出版社，2007.12.—289 页；26cm

I247.5/20081　风雨紫烟 / 王菊芳著 .—乌鲁木齐：新疆美术摄影出版社：新疆电子音像出版社，2008.1.—188 页；20cm.—雪莲花文丛

I247.5/20081　屯戍西疆 / 李传估著 .—乌鲁木齐：新疆人民出版社，2008.1.—523 页；20cm

I247.5/20083　魔鬼城风情 / 于文胜编 .—乌鲁木齐：新疆美术摄影出版社，2008.3.—156 页；20cm.—新疆地理丛书

I247.5/20086　瀚海男儿 / 蒋献著 .—五家渠：新疆生产建设兵团出版社，2008.6.—315 页；23cm

I247.5/20084　戈壁母亲 / 韩天航著 .—桂林：漓江出版社，2008.4.—284 页；26cm

I247.5/20087　天鹰 / 黄晓峰著 .—乌鲁木齐：新疆人民出版社，2008.7.—321 页；24cm

I247.5/2008a　我在乌鲁木齐等你 / 章海安著 .—济南：黄河出版社，2008.10.—346 页；20cm.—中国作家文丛

I247.5/2008c　梦寻准噶尔 / 姚华祥著 .—五家渠：新疆生产建设兵团出版社，2008.12.—353 页；22cm

I247.5/20093　成吉思汗与阿尔泰 / 文昊编 .—乌鲁木齐：新疆美术摄影出版社：新疆电子音像出版社，2009.3.—188 页；21cm.—新疆地理丛书

I247.5/20096　胡杨有情 / 沪侠著 .—五家渠：新疆生产建设兵团出版社，2009.6.—318 页；25cm

I247.5/20098　拥抱阳光 / 马鹏程著 .—乌鲁木齐：新疆人民出版社，2009.8.—288 页；23cm

I247.5/20099　大漠深处军垦魂 / 吕坷勇著 .—乌鲁木齐：新疆美术摄影出版社，2009.9.—178 页；20cm

I247.5/20099　山围故国：赵光鸣长篇小说 / 赵光鸣著 .—乌鲁木齐：新疆人民出版社，2009.9.—258 页；21cm.—博格达文学丛书

I247.5/20099　白豆　暗红：董立勃长篇小说 / 董立勃著 .—乌鲁木齐：新疆人民出版社，2009.9.—432 页；21cm.—博格达文学丛书

I247.5/2009b　野狼谷 / 张新荃著 .—乌鲁木齐：新疆美术摄影出版社：新疆电子音像出版社，2009.11.—139 页；21cm.—快餐文学坊丛书

I247.5/2009b　边地 / 谢家贵著 .—乌鲁木齐：新疆美术摄影出版社：新疆电子音像出版社，2009.11.—140 页；21cm.—快餐文学坊丛书

I247.5/2009b　最后一个义勇军 / 郭地红，

张新荃著.—乌鲁木齐：新疆美术摄影出版社：新疆电子音像出版社，2009.11.—138页；21cm.—快餐文学坊丛书

I247.5/2009b 夏天与玫瑰/刘岸著.—乌鲁木齐：新疆美术摄影出版社：新疆电子音像出版社，2009.11.—115页；21cm.—快餐文学坊丛书

I247.5/2009b 沙暴/谢家贵著.—乌鲁木齐：新疆美术摄影出版社：新疆电子音像出版社，2009.11.—140页；21cm.—快餐文学坊丛书

I247.5/2009b 碎玉/曾其祥著.—乌鲁木齐：新疆美术摄影出版社：新疆电子音像出版社，2009.11.—164页；21cm.—快餐文学坊丛书

I247.5/2009b 大栅栏/于文胜.—乌鲁木齐：新疆美术摄影出版社：新疆电子音像出版社，2009.11.—92页；21cm.—快餐文学坊丛书

I247.5/2009b 情结/曾其祥著.—乌鲁木齐：新疆美术摄影出版社：新疆电子音像出版社，2009.11.—140页；21cm.—快餐文学坊丛书

I247.5/2009b 最初的地方/凌可新著.—乌鲁木齐：新疆美术摄影出版社：新疆电子音像出版社，2009.11.—176页；21cm.—新时期华夏作家作品自选丛书

I247.5/2009b 帕米尔远山的雪/赵光鸣著.—乌鲁木齐：新疆美术摄影出版社：新疆电子音像出版社，2009.11.—144页；21cm.—新时期华夏作家作品自选丛书

I247.5/2009b 胭脂红红/林那北著.—乌鲁木齐：新疆美术摄影出版社：新疆电子音像出版社，2009.11.—208页；21cm.—新时期华夏作家作品自选丛书

I247.5/2009b 卡玛力丁/穆罕默德·巴格拉希著；狄力木拉提·泰来提译.—乌鲁木齐：新疆美术摄影出版社：新疆电子音像出版社，2009.11.—136页；21cm.—新时期华夏作家作品自选丛书

I247.5/2009b 沉默的奔跑/郭晓力著.—乌鲁木齐：新疆美术摄影出版社：新疆电子音像出版社，2009.11.—152页；21cm.—新时期华夏作家作品自选丛书

I247.5/2009b 永远的春天/红柯著.—乌鲁木齐：新疆美术摄影出版社：新疆电子音像出版社，2009.11.—160页；21cm.—新时期华夏作家作品自选丛书

I247.5/2009b 底色/段海晓著.—乌鲁木齐：新疆美术摄影出版社：新疆电子音像出版社，2009.11.—160页；21cm.—新时期华夏作家作品自选丛书

I247.5/2009b 无花果/王伶著.—乌鲁木齐：新疆美术摄影出版社：新疆电子音像出版社，2009.11.—144页；21cm.—新时期华夏作家作品自选丛书

I247.5/20101 老风口/张者著.—北京：作家出版社，2010.1.—409页；23cm

I247.5/20101 额尔齐斯石/曾其祥著.—乌鲁木齐：新疆美术摄影出版社：新疆电子音像出版社，2010.1.—2册（308页）；21cm

I247.5/20104 凿空/刘亮程著.—北京：作家出版社，2010.4.—257页；23cm

I247.5/2010a 大昆仑.1，新疆秘符/昆石著.—北京：华文出版社，2010.10.—293页；24cm

I247.5/2010c 激流勇进：回眸支边新疆的最初岁月/陆为轩著.—2010.12.—2册（551页）；23cm

I247.5/20112 戈壁红柳/周祖钊著.—五家渠：新疆生产建设兵团出版社，2011.2.—208页；19cm

I247.5/20113 兵团儿女：续集/杨眉著.—五家渠：新疆生产建设兵团出版社，2011.3.—

329 页；20cm

I247.5/20114　会飞的鸽子 / 何军著 .—乌鲁木齐：新疆美术摄影出版社，2011.4.—329 页；20cm

I247.5/2011a　娘子塆 / 萧靖波著 .—五家渠：新疆生产建设兵团出版社，2011.10.—200 页；20cm

I247.5/20128　化蝶 / 曾秀华著 .—北京：作家出版社，2012.8.—336 页；23cm.—金戈壁文学丛书

I247.5/20128　兵团往事 / 郭晓力著 .—北京：作家出版社，2012.8.—340 页；23cm.—金戈壁文学丛书

I247.5/20128　韩天航中篇小说选 / 韩天航著 .—北京：作家出版社，2012.8.—352 页；23cm.—金戈壁文学丛书

I247.5/20128　戈壁炊烟 / 张新荃著 .—北京：作家出版社，2012.8.—324 页；23cm.—金戈壁文学丛书

I247.5/20128　心如蝶舞 / 王伶著 .—北京：作家出版社，2012.8.—304 页；23cm.—金戈壁文学丛书

I247.5/20128　那里的落日一定很美 / 谢家贵著 .—北京：作家出版社，2012.8.—236 页；23cm.—金戈壁文学丛书

I247.5/20128　李林短篇小说选 / 李林著 .—北京：作家出版社，2012.8.—184 页；23cm.—金戈壁文学丛书

I247.5/20128　远嫁 / 郭地红著 .—北京：作家出版社，2012.8.—280 页；23cm.—金戈壁文学丛书

I247.5/2012a　戈壁深处的墓碑：纪念上海知青赴疆屯垦戍边 50 周年 / 李竹平著 .—香港：中国文化艺术出版社，2012.10.—575 页；23cm

I247.5/20145　梦幻人生 / 冯全忠著 .—五家渠：新疆生产建设兵团出版社，2014.5.—211 页；23cm

I247.5/20147　梦里新疆不是客 / 唐月卫著 .—北京：中国工商联合出版社，2014.7.—219 页；23cm

I247.5/20148　走过秋天 / 李明坤著 .—五家渠：新疆生产建设兵团出版社，2014.8.—272 页；21cm

I247.52/2013c　牺牲 / 四月，沙金著 .—五家渠：新疆生产建设兵团出版社，2013.12.—441 页；23cm

I247.53/20139　张仲瀚传奇 / 陈柯钧，谭征，陈虹著 .—北京：中国检察出版社，2013.9.—2 册（605 页）；23cm

I247.57/20049　英格力士 / 王刚著 .—北京：人民文学出版社，2004.9.—391 页；21cm

I247.57/20049　米香 / 董立勃著 .—北京：人民文学出版社，2004.9.—290 页；21cm

I247.57/20125　青涩九月 / 高振著 .—五家渠：新疆生产建设兵团出版社，2012.5　164 页；21cm

I247.57/20137　兵团儿女 .3/ 杨眉著 .—五家渠：新疆生产建设兵团出版社，2013.7.—337 页；24cm

I247.7/824　将军塞上曲 / 安静著 .—北京：解放军文艺出版社，1982.4.—250 页；20cm

I247.7/848　香岛除夕 / 朱定著 .—乌鲁木齐：新疆人民出版社，1984.8.—329 页；20cm

I247.7/898　我们属于戈壁 / 赵钧海，蒋凯编 .—乌鲁木齐：新疆人民出版社，1989.8.—282 页；23cm

I247.7/923　遗落在荒漠的故事 / 谢刚著 .—太原：北岳文艺出版社，1992.3.—285 页；19cm

I247.7/93c　明天的太阳 / 刘殿学著 .—乌鲁木齐：新疆人民出版社，1993.12.—232 页；20cm

I247.7/948　淡淡的彩霞 / 韩天航著 .—乌鲁木齐：新疆人民出版社，1994.8.—288 页；20cm.—农七师史志丛书之三

I247.7/969　白鸥 / 吴连增著 .—乌鲁木齐：新疆青少年出版社，1996.9.—266 页；20cm

I247.7/97c　伊犁河作证 / 马康健著 .—北京：北京燕山出版社，1997.12.—251 页；20cm

I247.7/999　搏击 / 腾元主编 .—乌鲁木齐：新疆人民出版社，1999.9.—366 页；20cm

I247.7/2003c　西线点兵 / 李广智著 .—乌鲁木齐：新疆人民出版社，2003.12.—372 页；20cm.—旗鼓文丛

I247.7/2004a　城市上空的虹 / 刘殿学，杨少林 .—香港：银河出版社，2004.10.—142 页；20cm

I247.7/2008c　新疆故事：奇台民间故事 / 王晨主编 .—乌鲁木齐：新疆电子音像出版社，2008.12.—163 页；23cm

I247.7/20099　太阳下的荒野：董立勃长篇小说 / 董立勃著 .—乌鲁木齐：新疆人民出版社，2009.9.—336 页；21cm.—博格达文学丛书

I247.7/20099　郎库山那个鬼地方：赵光鸣中短篇小说 / 赵光鸣著 .—乌鲁木齐：新疆人民出版社，2009.9.—311 页；21cm.—博格达文学丛书

I247.7/2009c　奎河放歌 . 小说集 / 傅国主编 .—五家渠：新疆生产建设兵团出版社，2009.12.—265 页；20cm.—新疆兵团农七师建师 60 周年系列丛书

I247.7/2011b　神秘的眼泪 / 艾力木・毛拉也夫著 .—五家渠：新疆生产建设兵团出版社，2011.11.—179 页；21cm.—农四师庆祝建党 90 周年文学丛书

I247.7/2011b　在惠远脚下 / 蒋晓华著 .—五家渠：新疆生产建设兵团出版社，2011.11.—347 页；21cm.—农四师庆祝建党 90 周年文学丛书

I247.7/2011b　握紧你的手 / 何金良著 .—五家渠：新疆生产建设兵团出版社，2011.11.—356 页；21cm.—农四师庆祝建党 90 周年文学丛书

I247.7/20128　掌心有痣 / 张小痣著 .—北京：作家出版社，2012.8.—352 页；23cm.—金戈壁文学丛书

I247.7/20128　小地方的人 / 段海晓著 .—北京：作家出版社，2012.8.—336 页；23cm.—金戈壁文学丛书

I247.7/20128　牛背 / 杨威立著 .—北京：作家出版社，2012.8.—236 页；23cm.—金戈壁文学丛书

I247.7/20128　夹面滩 / 姜继先著 .—北京：作家出版社，2012.8.—296 页；23cm.—金戈壁文学丛书

I247.7/20128　天堂里的树 / 刘永涛著 .—北京：作家出版社，2012.8.—300 页；23cm.—金戈壁文学丛书

I247.7/20128　穿红袄的女人 / 黄文生著 .—北京：作家出版社，2012.8.—252 页；23cm.—金戈壁文学丛书

I247.7/20128　十八站 / 刘亮著 .—北京：作家出版社，2012.8.—220 页；23cm.—金戈壁文学丛书

I247.8/913　沙枣花 / 刘殿学等著 .—奎屯：新疆奎屯市印刷厂，1991.3.—205 页；20cm

I247.8/20043　大河百川：新疆民族团结故事 / 张文全主编 .—乌鲁木齐：新疆青少年出版社，2004.3.—193 页；20cm

I247.8/20045　草原在风的指尖上跳舞 / 黄山著 .—阿图什：克孜勒苏柯尔克孜文出版社；乌鲁木齐：新疆电子出版社，2004.5.—168 页；19cm.—魅力文丛

I247.8/20058　叶尔羌英模谱 / 付爱琴主编 .—阿图什：克孜勒苏柯尔克孜文出版社；

乌鲁木齐：新疆电子出版社，2005.8.—426页；21cm.—魅力文丛

I247.8/2006c　图木舒克风韵/付爱琴主编.—乌鲁木齐：新疆电子出版社，2006.12.—222页；20cm.—魅力文丛

I247.8/2009c　打开幸福的窗口/贾曦著.—阿图什：克孜勒苏柯尔克孜文出版社；乌鲁木齐：新疆电子音像出版社，2009.12.—173页；20cm.—魅力文丛

I247.8/2009c　终将化蛹成蝶/郑梅玲著.—阿图什：克孜勒苏柯尔克孜文出版社；乌鲁木齐：新疆电子音像出版社，2009.12.—136页；20cm.—魅力文丛

I247.8/2009c　叶尔羌情思/付爱琴编.—阿图什：克孜勒苏柯尔克孜文出版社；乌鲁木齐：新疆电子音像出版社，2009.12.—2册（404页）；20cm.—魅力文丛

I247.8/2009c　叶尔羌礼赞/付爱琴编.—阿图什：克孜勒苏柯尔克孜文出版社；乌鲁木齐：新疆电子音像出版社，2009.12.—176页；20cm.—魅力文丛

I247.8/2009c　阳光少年/张武悦，孔详源，高爽著.—阿图什：克孜勒苏柯尔克孜文出版社；乌鲁木齐：新疆电子音像出版社，2009.12.—162页；20cm.—魅力文丛

I247.8/2009c　四季如歌/柳金虎著.—阿图什：克孜勒苏柯尔克孜文出版社；乌鲁木齐：新疆电子音像出版社，2009.12.—2册（148页）；20cm.—魅力文丛

I247.8/2009c　红戈壁/曾其详著.—阿图什：克孜勒苏柯尔克孜文出版社；乌鲁木齐：新疆电子音像出版社，2009.12.—124页；20cm.—魅力文丛

I247.8/2009c　额尔齐斯河两岸/曾其详著.—阿图什：克孜勒苏柯尔克孜文出版社；乌鲁木齐：新疆电子音像出版社，2009.12.—155页；20cm.—魅力文丛

I247.8/2009c　吻太阳/贾曦著.—阿图什：克孜勒苏柯尔克孜文出版社；乌鲁木齐：新疆电子音像出版社，2009.12.—208页；20cm.—魅力文丛

I247.8/2010b　民族团结的雪莲花：内地新疆高中班民族团结小故事集萃/新疆维吾尔自治区内地新疆学生工作办公室编.—乌鲁木齐：新疆人民出版社，2010.11.—256页；24cm.—庆祝内地新疆高中班办班十周年丛书

I247.8/20123　永生羊/叶尔克西·胡尔曼别克著.—乌鲁木齐：新疆人民出版社，2012.3.—210页；24cm.—家住新疆丛书

I249/2006a　风儿捎来的名片/杨东著.—北京：中国文联出版公司，2006.10.—267页；20cm.—金蔷薇作家丛书/新疆作家协会编

I249/20087　西部掠影/陶洪著.—北京：中国文联出版社，2008.7.—362页；20cm.—金蔷薇作家丛书/新疆作家协会编

I249/20088　播韵绿洲/祝玉婷著.—北京：中国文联出版社，2008.8.—192页；23cm

I249/20088　绿洲情韵/李红哲主编.—北京：中国文联出版社，2008.8.—142页；21cm.—西域绿洲丛书

I249/20088　湘军出塞/宋湘绮，杨东著.—北京：中国文联出版社，2008.8.—203页；23cm

I249/20093　图木舒克游记/付爱琴主编.—北京：中国文联出版社，2009.3.—296页；23cm.—西域绿洲丛书

I249/20093　珍藏图木舒克：图木舒克非物质文化遗产综述/付爱琴主编.—北京：中国文联出版社，2009.3.—136页；23cm.—西域绿洲丛书

I249/20093　丝路中道名城据史德：图木舒克历史文物概览/谢家贵，杨志杰著.—北京：中国文联出版社，2009.3.—201页；

23cm.—西域绿洲丛书

I25　红柳花盛开的时候：原农二师塔二场上海知青亲历 / 杨雷主编 .—361 页；29cm

I25　农垦职工自营经济集锦 / 农业部农垦局，中国农林工会编 .—227 页；20cm

I25　北屯情愫 / 汪永瑚，邓立新编 .—乌鲁木齐：新疆电子出版社 .—89 页；20cm

I25/65a　上海青年在边疆 / 新疆军区生产建设兵团农六师政治部编 .—1965.10.—145 页；20cm

I25/849　军垦英雄谱 / 新疆生产建设兵团政治部宣传部编 .—1984.9.—135 页；16cm

I25/849　准噶尔之光：散文集 /《石河子丛书》编辑委员会编 .—乌鲁木齐：新疆人民出版社，1984.9.—196 页；19cm.—石河子丛书

I25/84a　绿洲之星 /《绿洲之星》编委会编 .—北京：解放军出版社，1984.10.—615 页；20cm

I25/84a　天山之子 /《天山之子》编委会编 .—北京：解放军出版社，1984.10.—560 页；20cm

I25/84c　绿洲状元谱 . 第一集 / 新疆生产建设兵团农八师政治部编 .—石河子：新疆石河子市印刷厂，1984.12.—133 页；20cm

I25/84c　西陲画卷 / 新疆生产建设兵团农四师政治部编 .—1984.12.—238 页；20cm

I25/853　这里有黄金 / 农六师政治部编 .—五家渠：五家渠印刷厂，1985.3.—170 页；20cm

I25/858　歌会没有中断：报告文学集 /《石河子丛书》编辑委员会编 .—乌鲁木齐：新疆人民出版社，1985.8.—211 页；20cm.—石河子丛书

I25/858　鼓满风帆 /《石河子丛书》编辑委员会编 .—乌鲁木齐：新疆人民出版社，1985.8.—168 页；20cm.—石河子丛书

I25/858　默默无闻的人 /《石河子丛书》编辑委员会编 .—乌鲁木齐：新疆人民出版社，1985.8.—176 页；19cm.—石河子丛书

I25/858　年轻的城 /《石河子丛书》编辑委员会编 .—乌鲁木齐：新疆人民出版社，1985.8.—233 页；20cm.—石河子丛书

I25/859　瀚海晨歌：从南泥湾到塔里木 / 新疆生产建设兵团农业建设第一师史志编纂委员会办公室编 .—1985.9.—488 页；20cm

I25/85b　今日新疆 / 新疆人民广播电台编辑 .—北京：中国电影出版社，1985.11.—157 页；20cm

I25/865　大漠烟霞 / 中国西部文学丛书编委会编 .—乌鲁木齐：新疆青少年出版社，1986.5.—432 页；20cm

I25/867　开拓者的足迹：报告文学专辑 / 绿洲编辑部，农五师政治部编 .—乌鲁木齐：新疆新华印刷三厂，1986.7.—164 页；20cm

I25/86b　天山脚下 / 陶峙岳，陈实等著 .—北京：解放军出版社，1986.11.—434 页；20cm

I25/877　时代的光束：报告文学集 / 兵团农六师政治部编 .—五家渠：农六师五家渠印刷厂，1987.7.—244 页；20cm

I25/885　沙海春色：十二团（原共青团农场）成立三十周年 / 新疆生产建设兵团农一师十二团史志办公室编 .—1988.5.—130 页；20cm

I25/898　中国西部垦区纪行 / 吴映堂著 .—乌鲁木齐：新疆人民出版社，1989.8.—201 页；20cm

I25/899　情溢西陲：伊犁哈萨克自治州报告文学选 / 伊犁哈萨克自治州报告文学选编辑室编 .—1989.9.—345 页；20cm

I25/901　大墙内幕 / 史清书，姚志刚编 .—乌鲁木齐：新疆青少年出版社，1990.1.—

201 页；20cm.—司法纪实文学丛书

I25/902　西部之光 / 吴巍，虞翔鸣主编 .—上海：上海文艺出版社，1990.2.—274 页；20cm.—新疆企业家丛书

I25/908　北疆铁路建设纪实 / 中国作家协会新疆分会，《中国西部文学》编辑部编 .—乌鲁木齐：新疆人民出版社，1990.8.—254 页；20cm

I25/909　为建立新中国而献身：纪念阿合买提江·卡斯米等烈士殉难 40 周年专集 / 新疆维吾尔自治区民政厅编 .—乌鲁木齐：新疆人民出版社，1990.9.—136 页；20cm

I25/90a　天山脚下的热土 / 徐志新著 .—天津：百花文艺出版社，1990.10.—173 页；20cm

I25/915　警魂 / 新疆生产建设兵团公安局政治部编 .—1991.5.—295 页；21cm

I25/917　天山，灵魂的再生地 / 新疆生产建设兵团劳改工作管理局编 .—乌鲁木齐：新疆人民出版社，1991.7.—227 页；20cm

I25/923　小拐沧桑 / 张士高著 .—北京：改革出版社，1992.3.—161 页；20cm.—《新西线》丛书

I25/928　沙漠足迹 / 周叶萍著 .—北京：解放军出版社，1992.8.—370 页；20cm

I25/928　西部军垦风貌 /《西部军垦风貌》编辑委员会编 .—北京：解放军出版社，1992.8.—266 页；20cm

I25/92a　创世纪：新疆生产建设兵团创业纪实 / 闻廉编 .—北京：中国青年出版社，1992.10.—408 页；20cm

I25/92b　边疆一代老战士晚年生活纪实 / 新疆维吾尔自治区顾问委员会，新疆维吾尔自治区老龄委员会，新疆维吾尔自治区关心下一代委员会编 .—1992.11.—357 页；20cm

I25/931　闪烁在绿洲的星辰 / 李如心，韩天航编 .—乌鲁木齐：新疆人民出版社，1993.1.—203 页；20cm

I25/933　昨日红星 / 农五师史志编纂委员会编 .—[印刷地不详]：新疆战旗报社印刷厂，1993.3.—158 页；21cm

I25/937　新纪元：新疆生产建设兵团改革纪实 / 闻廉编 .—北京：大众文艺出版社，1993.7.—400 页；20cm

I25/938　画太阳 / 时星原，庄雪华著 .—乌鲁木齐：新疆青少年出版社，1993.8.—292 页；20cm

I25/93b　解放人的本质力量 / 苏继常著 .—北京：改革出版社，1993.11.—314 页；20cm

I25/942　天山星辰 / 闻廉编 .—山西：希望出版社，1994.2.—382 页；20cm.—拓荒者的足迹

I25/942　痕迹 / 任晨著 .—乌鲁木齐：新疆人民出版社，1994.2.—478 页；20cm

I25/942　大漠魂 / 闻廉编 .—山西：希望出版社，1994.2.—386 页；20cm.—拓荒者的足迹丛书之一

I25/942　塔里木河没有岸 / 闻廉著 .—山西：希望出版社，1994.2.—307 页；20cm

I25/946　西部回音 / 徐志新著 .—乌鲁木齐：新疆青少年出版社，1994.6.—121 页；20cm.—绿太阳文丛

I25/946　情满金山 / 郭荣富，张新泰主编 .—乌鲁木齐：新疆青少年出版社，1994.6.—128 页；20cm.—绿太阳文丛

I25/946　金色的梦 / 汪永瑚，楚德江著 .—乌鲁木齐：新疆青少年出版社，1994.6.—126 页；20cm.—绿太阳文丛

I25/946　西部之星 / 农九师党委宣传处编 .—北屯：农九师印刷厂，1994.6.—99 页；20cm

I25/947　基点：八十三团改革纪实 / 肖夫主编 .—乌鲁木齐：新疆人民出版社，1994.7.—215 页；20cm

I25/947　太阳作证 / 中国西部文学编辑部，绿洲杂志社编 .—乌鲁木齐：新疆人民出版社，1994.7.—361 页；20cm

I25/948　圣火辉煌 / 杨东著 .—乌鲁木齐：新疆人民出版社，1994.8.—239 页；20cm

I25/948　艰难与辉煌 / 孟丁山主编 .—北京：人民文学出版社，1994.8.—407 页；20cm

I25/949　燃烧的绿色回忆 / 王安润著 .—乌鲁木齐：新疆人民出版社，1994.9.—327 页；20cm

I25/94c　跟随王震长征 / 贺劲南著 .—乌鲁木齐：新疆人民出版社，1994.12.—204 页；20cm

I25/951　西部传奇精粹 / 董斐主编 .—乌鲁木齐：新疆人民出版社，1995.1.—299 页；21cm

I25/952　覆辙可鉴 / 马少新主编 .—乌鲁木齐：新疆人民出版社，1995.2.—264 页；20cm

I25/958　情系天山：党和国家领导人在新疆 / 中共新疆维吾尔自治区委员会党史研究室编 .—北京：中共党史出版社，1995.8.—230 页；20cm

I25/958　塔里木英模谱 /《塔里木英模谱》编委会 .—乌鲁木齐：新疆人民出版社，1995.8.—540 页；20cm

I25/959　我们新疆好地方：报告文学作品集 / 中共新疆维吾尔自治区委员会宣传部编 .—乌鲁木齐：新疆人民出版社，1995.9.—323 页；23cm

I25/959　这里曾是胡杨林 /《这里曾是胡杨林》编委会编 .—南京：江苏人民出版社，1995.9.—428 页；29cm

I25/959　岁月的记忆 / 王寿臣著 .—乌鲁木齐：新疆人民出版社，1995.9.—159 页；20cm

I25/95a　西疆国界山 / 郭培中著 .—乌鲁木齐：新疆人民出版社，1995.10.—302 页；20cm

I25/962　公仆 / 邵华，刘明文，田建华主编 .—香港：长城出版社，1996.2.—264 页；20cm

I25/963　西部辉煌 / 张新泰著 .—乌鲁木齐：新疆青少年出版社，1996.3.—130 页；20cm

I25/968　石河子风物记 / 魏新玲，景俊主编 .—北京：中国文联出版公司，1996.8.—123 页；16cm

I25/968　先锋颂：农八师石河子市荣获自治区、兵团党委表彰的先进基层党组织、优秀共产党员和优秀党务工作者事迹汇编 / 中共农八师石河子市委员会组织部编 .—1996.8.—127 页；20cm

I25/969　重铸丰碑：新疆生产建设兵团农七师报告文学集 / 中国西部文学编辑部，新疆生产建设兵团农七师文联编 .—乌鲁木齐:新疆人民出版社，1996.9.—533 页；20cm

I25/96a　创业笔记 / 叶昌柱著 .—乌鲁木齐：新疆大学出版社，1996.10.—415 页；20cm

I25/975　热血 · 热土 / 谢敏，朱国琳著 .—乌鲁木齐：新疆大学出版社，1997.5.—312 页；20cm

I25/977　庭州大洪水 / 叶昌柱编著 .—乌鲁木齐：新疆大学出版社，1997.7.—276 页；20cm

I25/978　世界最大的生产集团 / 新疆生产建设兵团党委宣传部，中国新闻社新疆分社编 .—香港：香港中国新闻出版社，1997.8.—320 页；20cm

I25/978　天山风采录 / 新疆作家协会编 .—乌鲁木齐：新疆人民出版社，1997.8.—373 页；19cm

I25/979　绿色丰碑 / 腾元，武怀扬编 .—北京：北京燕山出版社，1997.9.—533 页；20cm

I25/97a　中国西北部国境大偷越 / 冯建江著 .—乌鲁木齐：新疆人民出版社，1997.10.—229 页；20cm

I25/97c　如歌的西部 / 屈直，问英杰著 .—北京：新华出版社，1997.12.—155 页；20cm.—驼铃文学丛书

I25/97c　英模谱 / 问英杰主编 .—北京：新华出版社，1997.12.—442 页；20cm.—驼铃文学丛书

I25/97c　西上天山的女人 / 丰收著 .—北京：作家出版社，1997.12.—418 页；20cm

I25/97c　绿洲灿烂 / 肖道纲主编 .—乌鲁木齐：新疆人民出版社，1997.12.—252 页；20cm

I25/982　柳沟魂 / 吴连增著 .—北京：中国文联出版公司，1998.2.—212 页；20cm

I25/984　英模礼赞：新疆生产建设兵团农二师先进人物纪实 / 张建新主编 .—乌鲁木齐：新疆大学出版社，1998.4.—291 页；20cm

I25/986　天山大漠颂忠魂：纪念金忠藩将军文集 / 袁文燕主编 .—乌鲁木齐：新疆人民出版社，1998.6.—365 页；20cm

I25/986　西部渔州 / 叶昌柱编著 .—乌鲁木齐：新疆地矿彩印厂，1998.6.—408 页；20cm

I25/986　五彩石情思 / 问英杰，杨成英主编 .—北京：中国文联出版公司，1998.6.—221 页；20cm.—经纬文学丛书

I25/988　春耕集 / 蒙立国著 .—乌鲁木齐：新疆人民出版社，1998.8.—292 页；20cm

I25/989　黑白人生：十三年新疆服刑记 / 李晓光著 .—乌鲁木齐：新疆人民出版社，1998.9.—390 页；20cm

I25/98a　沙海击浪 / 王安润著 .—乌鲁木齐：新疆青少年出版社，1998.10.—312 页；20cm

I25/98b　世纪流芳 . 第二卷 . 上 / 新疆作家协会编 .—乌鲁木齐：新疆人民出版社，1998.11.—318 页；29cm

I25/98b　新疆天山行：“新疆天山行”新闻采访作品选集 / 中共湖南省委宣传部编 .—长沙：湖南省政协机关印刷厂，1998.11.—155 页；19cm

I25/98c　开拓者之歌 / 绿洲杂志社编 .—乌鲁木齐：新疆人民出版社，1998.12.—435 页；20cm

I25/98c　往事掠影 / 穆廉著 .—乌鲁木齐：新疆人民出版社，1998.12.—218 页；20cm

I25/98c　哈密儿女 / 张仁幹主编 .—乌鲁木齐：新疆人民出版社，1998.12.—917 页；20cm

I25/98c　世纪流芳 . 第一卷 . 下 / 新疆作家协会编 .—乌鲁木齐：新疆人民出版社，1998.12.—256 页；29cm

I25/996　往事回眸：20 世纪新疆图片纪实 . 第 1 辑 / 樊娇健主编 .—乌鲁木齐：新疆美术摄影出版社，1999.6.—156 页；20cm

I25/996　往事回眸：20 世纪新疆图片纪实 . 第 2 辑 / 袁国祥主编 .—乌鲁木齐：新疆美术摄影出版社，1999.6.—140 页；20cm

I25/996　往事回眸：20 世纪新疆图片纪实 . 第 3 辑 / 郑华主编 .—乌鲁木齐：新疆美术摄影出版社，1999.6.—140 页；20cm

I25/996　往事回眸：20 世纪新疆图片纪实 . 第 4 辑 / 唐天中主编 .—乌鲁木齐：新疆美术摄影出版社，1999.6.—140 页；20cm

I25/996　半个世纪看新疆：当代新疆之最 / 中共新疆维吾尔自治区委员会党史研究室编 .—乌鲁木齐：新疆人民出版社，1999.6.—436 页；20cm

I25/997 情系绿洲 / 吕四元著 .—乌鲁木齐：新疆人民出版社，1999.7.—311 页；20cm

I25/997 多浪明珠 / 新疆农一师八团四十年团庆征文编委会编 .—1999.7.—267 页；20cm

I25/998 天山警魂：新疆公安群英谱：1978—1998/ 新疆维吾尔自治区公安厅编 .—乌鲁木齐：新疆人民出版社，1999.8.—337 页；26cm

I25/998 天山彩虹 / 陈中祥著 .—乌鲁木齐：新疆人民出版社，1999.8.—546 页；20cm

I25/999 新曙光：庆祝农十师成立 40 周年报告文学集 / 田春西主编 .—北屯：新疆北屯报社，1999.9.—303 页；20cm

I25/999 新疆驶入高速路：吐－乌－大高等级公路建设纪实 / 新疆维吾尔自治区党委宣传部，新疆维吾尔自治区高等级公路管理局编 .—乌鲁木齐：新疆人民出版社，1999.9.—282 页；26cm

I25/999 世纪流芳 . 第二卷 . 下 / 新疆作家协会编 .—乌鲁木齐：新疆人民出版社，1999.9.—343 页；26cm

I25/99b 农垦改革二十年风采录 / 中国农垦编辑部编 .—1999.11.—297 页；20cm

I25/99b 屯垦戍边昭日月：献给农七师五十华诞 / 农七师《屯垦戍边昭日月》编辑委员会编 .—乌鲁木齐：新疆人民出版社，1999.11.—557 页；26cm

I25/99b 西部传奇 / 陶洪著 .—乌鲁木齐：新疆人民出版社，1999.11.—322 页；20cm

I25/99c 奋斗的足迹 / 政协木垒哈萨克自治县委员会编 .—北京：石油工业出版社，1999.12.—267 页；20cm

I25/99c 铸剑为犁：中国西部开发纪实 / 丰收著 .—乌鲁木齐：新疆人民出版社，1999.12.—253 页；20cm

I25/99c 西部大案秘闻 / 吕立峰著 .—乌鲁木齐：新疆人民出版社，1999.12.—250 页；20cm

I25/20002 后来居上看新疆 / 朱太洋主编 .—乌鲁木齐：新疆人民出版社，2000.2.—234 页；28cm

I25/20003 远航：新疆生产建设兵团农一师十二团五年建制试点改革写真 / 肖嗣文主编 .—乌鲁木齐：新疆人民出版社，2000.3.—230 页；20cm

I25/20003 西部隆起 / 新疆报告文学研究会编 .—乌鲁木齐：新疆人民出版社，2000.3.—227 页；20cm

I25/20004 特变之路：新闻聚焦 / 新疆特变电工股份有限公司党务部编 .—昌吉：新疆昌吉州印刷有限责任公司，2000.4.—354 页；20cm

I25/20005 苦恋三部曲：恋土 / 谢敏干著 .—乌鲁木齐：新疆青少年出版社，2000.5.—490 页；23cm.—再回首文丛

I25/20005 苦恋三部曲：恋乡 / 谢敏干著 .—乌鲁木齐：新疆青少年出版社，2000.5.—484 页；23cm.—再回首文丛

I25/20005 苦恋三部曲：恋子 / 谢敏干著 .—乌鲁木齐：新疆青少年出版社，2000.5.—475 页；23cm.—再回首文丛

I25/20005 闻风起舞 / 李洪魁著 .—乌鲁木齐：新疆人民出版社，2000.5.—205 页；20cm

I25/20006 不灭的红星 / 苏甦，邵华主编 .—乌鲁木齐：新疆人民出版社，2000.6.—205 页；20cm

I25/20007 七彩阳光 / 新疆生产建设兵团党委组织部，新疆生产建设兵团党委老干部局编 .—2000.7.—222 页；22cm

I25/20008 克拉玛依河的故事 / 安定一主编 .—乌鲁木齐：新疆人民出版社，2000.8.—378 页；20cm

I25/20009　大漠放歌：新疆兵团农五师新闻作品选/新疆兵团农五师党委宣传部编.—博乐：新疆博乐军垦报社印刷厂，2000.9.—2册（1450页）；20cm

I25/20009　博格达死亡大搜寻/黄毅主编.—乌鲁木齐：新疆人民出版社，2000.9.—336页；20cm

I25/2000a　耕耘曲/邵华，刘承福著.—乌鲁木齐：新疆大学出版社，2000.10.—237页；20cm

I25/2000a　西部纪实/南珠著.—乌鲁木齐：新疆人民出版社，2000.10.—441页；20cm

I25/2000b　难忘征程：进军新疆的故事/袁国祥编著.—乌鲁木齐：新疆人民出版社，2000.11.—516页；20cm

I25/2000b　霍尔果斯的早晨/李传珠著.—乌鲁木齐：新疆人民出版社，2000.11.—288页；24cm

I25/2000b　春水西流：王震兵团向新疆、西藏阿里大进军纪实/新疆军区编.—乌鲁木齐：新疆大学出版社，2000.11.—525页；20cm

I25/20011　执法者风采.一/执法者风采编辑部编.—乌鲁木齐：新疆人民出版社，2001.1.—318页；26cm

I25/20011　执法者风采.二/执法者风采编辑部编.—乌鲁木齐：新疆人民出版社，2001.1.—221页；26cm

I25/20011　魂系准噶尔/中共克拉玛依市，新疆石油管理局委员会史志办公室编.—乌鲁木齐：新疆人民出版社，2001.1.—554页；20cm.—克拉玛依丛书

I25/20014　刺破青天锷未残/塔里木石油报社编.—乌鲁木齐：新疆人民出版社，2001.4.—356页；20cm

I25/2001a　上海知青在新疆/姚勇著.—乌鲁木齐：新疆大学出版社，2001.10.—209页；20cm

I25/2001b　天山回眸铺路人/杨立瑞等编著.—乌鲁木齐：新疆人民出版社，2001.11.—350页；20cm

I25/2001b　世纪曙光.第二卷/西部文学编辑部编.—乌鲁木齐：新疆人民出版社，2001.11.—421页；26cm

I25/2001c　走进兵团/王善让著.—呼和浩特：远方出版社，2001.12.—117页；20cm

I25/2002　北屯记录：兵团十师新闻中心获奖作品选集/汪永瑚主编.—乌鲁木齐：新疆电子出版社，2002.—114页；19cm

I25/20023　执法者风采.三/执法者风采编辑部编.—乌鲁木齐：新疆人民出版社，2002.3.—230页；26cm

I25/20027　西部放歌：博乐农垦报获奖新闻作品集：1997—2001年/博乐农垦报社编.—博乐：博乐农垦报社印刷厂，2002.7.—251页；20cm

I25/2002a　圣土/宗钢著.—乌鲁木齐：新疆人民出版社，2002.10.—321页；23cm

I25/2002b　聚焦新疆：海内外媒体看新疆/辛文编.—乌鲁木齐：新疆人民出版社，2002.11.—510页；20cm

I25/20031　风沙中的塔格特/苏甦，邵华主编.—北京：中国文联出版公司，2003.1.—262页；20cm

I25/20033　跨越/王梅著.—香港：香港华艺出版社，2003.3.—228页；20cm

I25/20033　山峰巍巍：秦峰纪念文集/杨湘岳等编著.—乌鲁木齐：新疆人民出版社，2003.3.—562页；20cm

I25/20035　新闻瞭望/姜继先著.—乌鲁木齐：新疆人民出版社，2003.5.—243页；20cm

I25/20035　天下第一团：从南泥湾到金银

川/程广田，陈宏明主编 .—乌鲁木齐：新疆教育出版社，2003.5.—211 页；20cm

I25/20036　岁月的呼唤：在新疆兵团农六师一〇三团的日子里/《岁月的呼唤》编委会编 .—五家渠：五家渠印刷厂，2003.6.—413 页；20cm

I25/20036　西陲星辰/杨功成著 .—乌鲁木齐：新疆人民出版社，2003.6.—424 页；20cm

I25/20037　抗震救灾精神颂/中共新疆维吾尔自治区委员会宣传部编 .—乌鲁木齐：新疆人民出版社，2003.7.—273 页；20cm

I25/20038　敬礼中国检察官 . 新疆兵团卷/最高人民检察院政治部，新疆兵团检察院合编 .—北京：中国检察出版社，2003.8.—433 页；20cm

I25/20038　为了至高利益：中国打击“东突”报告/刘汉太等主编 .—乌鲁木齐：新疆人民出版社，2003.8.—302 页；20cm.—新西域文库

I25/20039　西疆路长长/刘星著 .—北京：作家出版社，2003.9.—325 页；20cm

I25/2003a　人民的利益高于一切：新疆生产建设兵团抗震救灾新闻作品选/新疆生产建设兵团党委宣传部编 .—乌鲁木齐：新疆人民出版社，2003.10.—315 页；20cm

I25/2003a　走进阳光地带/蒋光成著 .—乌鲁木齐：新疆大学出版社，2003.10.—2 册（1014 页）；20cm

I25/2003b　温馨家园/新疆生产建设兵团计生协编 .—北京：中国人口出版社，2003.11.—479 页；20cm

I25/2003b　伊犁开发史话：水利篇/新疆伊犁州党委党史研究室，新疆伊犁州水利局编 .—伊宁：新疆伊犁日报印刷厂，2003.11.—179 页；20cm

I25/2003c　天山之剑/袁镜武著 .—乌鲁木齐：新疆人民出版社，2003.12.—198 页；20cm

I25/2003c　肝胆篇/毕迺玲，刘钢主编 .—乌鲁木齐：新疆生产建设兵团印刷厂，2003.12.—400 页；20cm

I25/2003c　托里牧歌/苏甦，邵华主编 .—北京：中国文联出版公司，2003.12.—250 页；20cm.—当代作家文萃

I25/2003c　沸腾的哈尔墩/苏甦，邵华主编 .—北京：中国文联出版公司，2003.12.—299 页；20cm.—当代作家文萃

I25/20041　屯垦军魂：抗日时期三五九旅南泥湾大生产运动 解放初期驻疆人民解放军大生产运动/新疆军区编 .—乌鲁木齐：新疆大学出版社，2004.1.—400 页；20cm

I25/20043　桃李集/何慧星主编 .—北京：作家出版社，2004.3.—441 页；20cm.—华夏作家文丛

I25/20044　亲历激情岁月：屯垦戍边讲谈录 . 第二集/新疆生产建设兵团毛泽东屯垦思想研究会编 .—乌鲁木齐：新疆人民出版社，2004.4.—344 页；20cm

I25/20044　从延河畔到天山麓：刘子谟革命生涯/龚金牛，萧铁主编 .—乌鲁木齐：新疆人民出版社，2004.4.—319 页；20cm

I25/20045　叶尔羌放歌：纪念《叶尔羌报》创刊二十周年/《叶尔羌放歌》编委会编 .—阿图什：克孜勒苏柯尔克孜文出版社；乌鲁木齐：新疆电子出版社，2004.5.—362 页；20cm.—魅力文丛

I25/20045　平凡的胡杨：白克日·卡依尔/郁笛著 .—乌鲁木齐：新疆美术摄影出版社，2004.5.—242 页；23cm

I25/20048　红星耀西陲：新疆军区优秀新闻作品评析/游成章编著 .—乌鲁木齐：新疆人民出版社，2004.8.—481 页；20cm

I25/20048　走向辉煌/苏甦，邵华主编 .—

香港：华艺出版社，2004.8.—167页；20cm

I25/20048　风雪格登碑：新疆兵团农四师七十六团“12·1”抗震救灾纪实/中共七十六团委员会编.—2004.8.—605页；20cm

I25/20049　留在征途上的歌/新疆生产建设兵团文学艺术界联合会编.—乌鲁木齐：新疆人民出版社，2004.9.—358页；20cm

I25/2004a　那魂牵梦萦的地方/王国征主编.—北京：中国三峡出版社，2004.10.—349页；20cm

I25/2004a　大漠丰碑/王安润主编.—北京：中国文联出版公司，2004.10.—397页；20cm

I25/2004a　仰止集/袁国祥著.—喀什：喀什维吾尔文出版社，2004.10.—424页；20cm

I25/2004c　苍茫的呼唤/姜继先著.—乌鲁木齐：新疆人民出版社，2004.12.—228页；20cm.—北疆潮汐文丛

I25/2004c　镜势如虹：农五师电视台新闻作品选/何新民，姜继先主编.—乌鲁木齐：新疆人民出版社，2004.12.—219页；20cm.—北疆潮汐文丛

I25/2004c　走进军垦绿洲的收获：南疆少数民族挂职干部学习回眸/中共农八师石河子市委员会组织部编.—2004.12.—258页；20cm

I25/2004c　瀚海红星：献给新疆生产建设兵团成立五十周年/农十三师史志办公室编.—乌鲁木齐：新疆人民出版社，2004.12.—405页；20cm

I25/20051　国门扬威/杜元铎著.—北京：作家出版社，2005.1.—342页；20cm.—华夏作家文丛

I25/20052　天山恋歌/辰鸣著.—乌鲁木齐：新疆美术摄影出版社，2005.2.—194页；21cm

I25/20053　风从东方来/史林杰著.—阿图什：克孜勒苏柯尔克孜文出版社；乌鲁木齐：新疆电子出版社，2005.3.—486页；20cm

I25/20054　南岭以外是天山：广东援疆报告/罗宏，陈实著.—广州：广东人民出版社，2005.4.—225页；20cm

I25/20055　寻找西气东输的太阳/夏公君著.—乌鲁木齐：新疆人民出版社，2005.5.—243页；24cm

I25/20055　守望西陲：“卫国戍边模范连”纪实/卢永华著.—乌鲁木齐：新疆人民出版社，2005.5.—268页；24cm

I25/20056　历史的记忆：献给屯垦戍边的建设者/新疆生产建设兵团党委宣传部编.—乌鲁木齐：新疆人民出版社，2005.6.—513页；20cm

I25/20057　从北京到兵团：中央国家机关援新疆生产建设兵团干部工作纪实/新疆生产建设兵团党委组织部，新疆生产建设兵团党委宣传部编著.—乌鲁木齐：新疆科学技术出版社，2005.7.—377页；20cm

I25/20057　感谢苦难/杜元铎著.—北京：人民文学出版社，2005.7.—527页；20cm

I25/20057　为了西部的孩子/新疆维吾尔自治区内地新疆学生工作办公室编.—乌鲁木齐：新疆人民出版社，2005.7.—282页；20cm

I25/20058　纪念文集：庆祝奎屯市成立三十周年/中共奎屯市委，奎屯市人民政府编.—昌吉：新疆金版印务有限公司，2005.8.—152页；20cm

I25/20058　中国气势：西气东输主气源地塔里木备忘录/薛时文著.—乌鲁木齐：新疆人民出版社，2005.8.—314页；20cm

I25/20059　共和国的血脉/李娟著.—乌鲁木齐：新疆人民出版社，2005.9.—633页；20cm

I25/20059　山魂水韵忆北屯 / 纪念天津知青赴新疆兵团农十师四十周年文集编辑组编 .—2005.9.—489 页；20cm

I25/2005c　在那个年代：我们的知青生活 / 青青主编 .—乌鲁木齐：新疆人民出版社，2005.12.—317 页；20cm

I25/2005c　大漠足音 / 陈平著 .—乌鲁木齐：新疆大学出版社，2005.12.—233 页；20cm

I25/2005c　感动绿洲 / 闵长庆主编 .—2005.12.—259 页；20cm

I25/20061　新疆往事 / 陈伍国，刘向晖著 .—北京：当代中国出版社，2006.1.—199 页；24cm

I25/20062　向祖国报告 / 朱太洋主编 .—北京：华夏翰林出版社，2006.2.—304 页；20cm

I25/20064　北大人在新疆 / 赵子祥主编 .—乌鲁木齐：新疆人民出版社，2006.4.—339 页；20cm

I25/20066　我的父亲王寿臣 / 卡佳著 .—北京：作家出版社，2006.6.—397 页；20cm

I25/20067　情洒瓜乡：广东援疆工作纪实 / 中共哈密地委组织部，中共哈密地委党史办编 .—乌鲁木齐：新疆人民出版社，2006.7.—451 页；26cm

I25/2006a　金秋的回忆 / 陈遵义著 .—北京：中国文联出版社，2006.10.—215 页；20cm

I25/2006c　塔克拉玛干群雕 / 王安润著 .—呼和浩特：内蒙古人民出版社，2006.12.—406 页；20cm

I25/2006c　新疆报告文学：2006/ 毛玉山主编 .—北京：中国文联出版公司，2006.12.—470 页；26cm

I25/2006c　卡德尔和一个村庄的传奇 / 王有才，卢一萍著 .—乌鲁木齐：新疆人民出版社，2006.12.—212 页；24cm

I25/20074　流失西天的河 / 霍玉东著 .—乌鲁木齐：新疆人民出版社，2007.4.—242 页；20cm

I25/20074　难忘兵团：《兵团日报》纪实专栏文章选萃 / 王运华主编 .—乌鲁木齐：新疆人民出版社，2007.4.—275 页；24cm

I25/20074　同济人在新疆 / 陈震东，吴建主编 .—乌鲁木齐：新疆人民出版社，2007.4.—188 页；24cm

I25/20076　轮古项目勘探开发一体化的足迹 / 何君，娄渊明编著 .—乌鲁木齐：新疆人民出版社，2007.6.—245 页；20cm

I25/20076　厚土情深 / 冯全忠著 .—2007.6.—234 页；22cm

I25/20077　隐没戈壁的历史碎片 / 刘向晖，陈伍国编 .—乌鲁木齐：新疆美术摄影出版社，2007.7.—407 页；20cm

I25/20078　功在千秋 / 席少平主编 .—五家渠：新疆生产建设兵团出版社，2007.8.—323 页；20cm

I25/20079　大地回眸 / 伍继红主编 .—乌鲁木齐：新疆人民出版社，2007.9.—169 页；23cm

I25/2007a　熔炼：从风尘女到垦荒兵 / 李素萍著 .—五家渠：新疆生产建设兵团出版社，2007.10.—214 页；20cm

I25/2007c　梅莲：巴尔鲁克山的白衣天使 / 王运华，王瀚林主编 .—五家渠：新疆生产建设兵团出版社，2007.12.—233 页；26cm

I25/2007c　闪光的足迹：口述六师作品集 / 刘毅主编 .—五家渠：新疆生产建设兵团出版社，2007.12.—362 页；20cm

I25/2007c　屯垦往事 / 田应芳著 .—五家渠：新疆生产建设兵团出版社，2007.12.—317 页；20cm

I25/2007c　新疆报告文学：2007/ 毛玉山主编 .—北京：中国文化出版社，2007.12.—

500 页；24cm

I25/20084　天路 / 蒋光成著 .—五家渠：新疆生产建设兵团出版社，2008.4.—388 页；20cm

I25/20084　难忘兵团：2007——《兵团日报》纪实专栏文章选萃 / 王运华主编 .—乌鲁木齐：新疆人民出版社，2008.4.—253 页；22cm

I25/20086　新和先锋 / 李朝志主编 .—乌鲁木齐：新疆人民出版社，2008.6.—324 页；24cm

I25/20087　从北京到兵团 . 二，中央国家机关第二批援兵团干部工作纪实：2005—2008/ 新疆生产建设兵团党委组织部，新疆生产建设兵团党委宣传部编 .—五家渠：新疆生产建设兵团出版社，2008.7.—268 页；23cm

I25/20087　激情岁月 / 方宗云主编 .—2008.7.—365 页；20cm

I25/2008b　大漠雄风天山骨 / 李再君主编 .—五家渠：新疆生产建设兵团出版社，2008.11.—518 页；26cm

I25/2008c　天南地北下野地人 / 李涛著 .—五家渠：新疆生产建设兵团出版社，2008.12.—441 页；25cm

I25/2008c　新疆报告文学：2008/ 毛玉山主编 .—北京：中国文化出版社，2008.12.—440 页；24cm

I25/2008c　戈壁深处的呐喊 / 王良德等著 .—香港：中国文化艺术出版社，2008.12.—620 页；24cm

I25/20091　阿里境界 / 李彦清等著 .—乌鲁木齐：新疆美术摄影出版社，2009.1.—189 页；21cm.—我守卫的地方丛书

I25/20091　雪山凯歌 / 力斐，厉界，东升著 .—乌鲁木齐：新疆美术摄影出版社，2009.1.—300 页；21cm.—我守卫的地方丛书

I25/20091　乌拉斯台烽火 / 拉奇著 .—乌鲁木齐：新疆美术摄影出版社，2009.1.—171 页；21cm.—我守卫的地方丛书

I25/20094　啊，我们农民 / 艾合买提 · 伊明著；阿里木 · 哈德尔译 .—乌鲁木齐：新疆人民出版社，2009.4.—140 页；26cm

I25/20097　回眸吾瓦：新疆军区生产建设兵团农二师二十九团上海支边青年回忆录 / 二十九团回沪支青联谊会编 .—[印刷地不详]：齐心电脑图文制作服务社，2009.7.—358 页；29cm

I25/20098　军垦赞歌 / 王振祥著 .—五家渠：新疆生产建设兵团出版社，2009.8.—438 页；20cm

I25/20099　放歌伊犁 / 凌伟主编 .—五家渠：新疆生产建设兵团出版社，2009.9.—447 页；23cm

I25/2009c　罗布泊丰碑 / 彭继超著 .—乌鲁木齐：新疆人民出版社，2009.12.—307 页；24cm.—阳光丛书

I25/2009c　戈壁红柳：江苏泰州支青扎根边关 50 周年纪实 / 新疆兵团农六师五家渠市军垦博物馆编 .—五家渠：新疆新盛美印刷有限公司，2009.12.—219 页；20cm

I25/2009c　见证七师：新闻集 / 刘江主编 .—五家渠：新疆生产建设兵团出版社，2009.12.—277 页；20cm

I25/2010　情系绿洲：记兵团优秀志愿者 / 大学生志愿服务西部计划兵团项目办主编 .—2010.—244 页；20cm

I25/20106　情系红星：一个兵团农场场长的足迹 / 王顺清主编 .—2010.6.—440 页；23cm

I25/20108　红星魂 / 农五师党委宣传部编 .—2010.8.—216 页；23cm

I25/2010b　火焰山下：报告文学集 / 张志荣著 .—乌鲁木齐：新疆人民出版社，

2010.11.—239 页；21cm

I25/2010b　雪莲花是这样绽放的 / 新疆维吾尔自治区内地新疆学生工作办公室编 .—乌鲁木齐：新疆人民出版社，2010.11.—2 册（626 页）；23cm

I25/2010c　镌刻在大地上的记忆：优秀大学生之路 / 王安润，刘建生主编 .—五家渠：新疆生产建设兵团出版社，2010.12.—356 页；20cm

I25/2010c　镌刻在大地上的记忆：复转军人之歌 / 王安润，刘建生主编 .—五家渠：新疆生产建设兵团出版社，2010.12.—352 页；20cm

I25/2010c　走进金川 / 王安润主编 .—五家渠：新疆生产建设兵团出版社，2010.12.—363 页；20cm

I25/2010c　军垦文物背后 . 一 / 刘宁主编 .—五家渠：新疆生产建设兵团出版社，2010.12.—144 页；20cm

I25/20112　军垦新乐章 / 王兴才著 .—五家渠：新疆生产建设兵团出版社，2011.2.—365 页；20cm

I25/20115　三五九旅传奇 / 冯铁兵著 .—北京：解放军文艺出版社，2011.5.—358 页；24cm

I25/20116　奔流的玛纳斯河 / 陈世修著 .—五家渠：新疆生产建设兵团出版社，2011.6.—468 页；20cm

I25/20116　知青图录：在新疆芳草湖农场 / 政协新疆维吾尔自治区委员会文史资料和学习委员会，新疆维吾尔自治区五家渠政协编 .—乌鲁木齐：新疆人民出版社，2011.6.—536 页；26cm

I25/20117　情满天山：家的故事 / 景俊主编 .—乌鲁木齐：新疆人民出版社，2011.7.—208 页；29cm

I25/20117　雪域忠魂 / 王太元著 .—乌鲁木齐：新疆人民出版社，2011.7.—214 页；26cm

I25/20118　从北京到兵团 . 三，中央国家机关第三批援兵团干部工作纪实 / 新疆生产建设兵团党委组织部，新疆生产建设兵团党委宣传部编 .—五家渠：新疆生产建设兵团出版社，2011.8.—488 页；22cm

I25/20118　大漠留痕：聆听心灵诉说 感悟七彩人生 / 二十九团回沪支青联谊会编 .—[印刷地不详]：齐心电脑图文制作服务社，2011.8.—133 页；29cm

I25/20119　我们这一辈：中国知青纪念文集 / 龙国武，于立波，戴经邦主编 .—长沙：湖南出版社，2011.9.—2 册（850 页）；23cm

I25/2011b　记忆 / 孙昌民著 .—五家渠：新疆生产建设兵团出版社，2011.11.—168 页；21cm

I25/20123　最后十天 / 周学川著 .—五家渠：新疆生产建设兵团出版社，2012.3.—240 页；24cm

I25/20123　胡杨树下的故事（又名 88.8 的印记）/88.8 的印记编委会编 .—上海：上海科学技术文献出版社，2012.3.—460 页；24cm

I25/20124　古代西域名将 / 高崇炳著 .—乌鲁木齐：新疆人民出版社，2012.4　226 页；26cm

I25/20127　茇茇情深：新疆兵团农场上海知青文选 / 新疆生产建设兵团农二师二十三团上海知青联谊会编 .—库尔勒：新疆生产建设兵团农二师二十三团上海知青联谊会，2012.7.—315 页；20cm

I251/617　边疆风貌 / 碧野著 .—北京：作家出版社，1961.7.—144 页；20cm

I251/624　从中原到边疆 . 第二辑 / 新疆生产建设兵团农四师政治部编 .—乌鲁木齐：

新疆人民出版社，1962.4.—128 页；20cm

I251/79b　烽火年代：革命战争回忆录 / 程世才著 .—沈阳：春风文艺出版社，1979.11.—149 页；20cm

I251/834　铁马风尘 / 新疆生产建设兵团农六师政治部编 .—乌鲁木齐：新疆人民出版社，1983.4.—334 页；20cm

I251/836　战斗在大西北 / 罗元发著 .—乌鲁木齐：新疆人民出版社，1983.6.—282 页；20cm

I251/84a　屯垦途程：从南泥湾到塔里木 / 中共新疆生产建设兵团农一师委员会党史资料征集委员会办公室编 .—1984.10.—481 页；20cm

I251/859　写在天山上的碑文 / 中共新疆维吾尔自治区顾问委员会编 .—乌鲁木齐：新疆人民出版社，1985.9.—340 页；20cm

I251/859　老兵歌：开发建设石河子垦区回忆录 /《老兵歌》编辑委员会编 .—1985.9.—348 页；20cm

I251/862　狱中四年 / 中共新疆维吾尔自治区党史工作委员会，新疆维吾尔自治区民政厅新疆烈士传编辑部编 .—乌鲁木齐：新疆人民出版社，1986.2.—115 页；19cm.—前辈话当年丛书

I251/899　写在天山上的碑文 . 第二辑 / 中共新疆维吾尔自治区顾问委员会，《当代新疆》丛书编委会编 .—乌鲁木齐：新疆人民出版社，1989.9.—407 页；20cm

I251/903　万里征途云和月 / 傅志华著 .—乌鲁木齐：新疆人民出版社，1990.3.—244 页；20cm

I251/906　眷恋 · 追求 · 丹心 / 农五师统战处，战旗报社合编 .—博乐：农五师印刷厂，1990.6.—86 页；20cm

I251/907　崛起的石河子 /《崛起的石河子》编委会 .—乌鲁木齐：新疆人民出版社，1990.7.—311 页；24cm

I251/912　庭州巨变 / 中国人民政治协商会议昌吉回族自治州委员会编 .—乌鲁木齐：新疆青少年出版社，1991.2.—538 页；20cm

I251/913　飘动的篝火 / 朱家胜著 .—乌鲁木齐：新疆人民出版社，1991.3.—348 页；20cm

I251/923　红星史话 / 薛福来编著 .—乌鲁木齐：新疆大学出版社，1992.3.—164 页；19cm

I251/925　铁流征程 / 七七一团与新四旅革命回忆编辑组，新疆生产建设兵团农六师政治部合编 .—五家渠：农六师五家渠印刷厂，1992.5.—435 页；20cm

I251/936　烽火年代 / 徐深吉著 .—北京：蓝天出版社，1993.6.—410 页；20cm

I251/948　铁流挥戈五千里 / 谢高忠著 .—乌鲁木齐：新疆人民出版社，1994.8.—272 页；20cm

I251/949　革命回忆录：从渤海到天山 / 熊晃，金忠藩，张峻德等著 .—库尔勒：新疆生产建设兵团农二师，1994.9.—169 页；20cm

I251/957　写在天山上的碑文 . 第三辑 / 中共新疆维吾尔自治区顾问委员会，《当代新疆》丛书编委会编 .—乌鲁木齐：新疆美术摄影出版社，1995.7.—509 页；20cm

I251/957　写在天山上的碑文 . 第四辑 / 中共新疆维吾尔自治区顾问委员会，《当代新疆》丛书编委会编 .—乌鲁木齐：新疆美术摄影出版社，1995.7.—481 页；20cm

I251/958　陇塞情 / 白应东主编 .—乌鲁木齐：新疆人民出版社，1995.8.—438 页；20cm

I251/95c　漫话当年 / 杨有才著 .—乌鲁木齐：新疆青少年出版社，1995.12.—195 页；20cm

I251/95c　投向真理的将士们 / 中共新疆生产建设兵团党委统战部编 .—乌鲁木齐：新疆大学出版社，1995.12.—442 页；20cm

I251/965　裴周玉回忆录 / 裴周玉著 .—北京：中国统计出版社，1996.5.—341 页；26cm

I251/969　红军精神永活人间：缅怀林海清同志 / 袁文燕主编 .—乌鲁木齐：新疆青少年出版社，1996.9.—238 页；20cm

I251/976　历史不会忘记：新疆各族军民抗洪救灾纪实 / 新疆维吾尔自治区民政厅编 .—乌鲁木齐：新疆大学出版社，1997.6.—451 页；20cm

I251/977　在那遥远的地方：怀念不朽的“传歌者”王洛宾 / 刘书环主编 .—北京：解放军出版社，1997.7.—400 页；20cm

I251/99a　玉华堂回忆录 / 戴玉堂，王桂华著 .—1999.10.—130 页；20cm

I251/2000b　庆祝奎屯市成立 25 周年回忆录 / 中共奎屯市委史志工作领导小组办公室编 .—乌鲁木齐：新疆医科大学印刷厂，2000.11.—244 页；20cm

I251/2001c　永恒的辉煌 / 农七师史志编纂委员会编 .—乌鲁木齐：新疆人民出版社，2001.12.—476 页；26cm

I251/20025　留在征途上的歌 / 乔连川，徐瀛洲主编 .—五家渠：新疆生产建设兵团农六师，2002.5.—331 页；20cm

I251/20027　一代风范：将军农民甘祖昌 / 新疆军区编 .—乌鲁木齐：新疆大学出版社，2002.7.—304 页；20cm

I251/20034　亲历激情岁月：屯垦戍边讲谈录 / 新疆生产建设兵团毛泽东屯垦思想研究会 .—乌鲁木齐：新疆人民出版社，2003.4.—663 页；20cm

I251/20049　天山脚下的北京知青 /《天山脚下的北京知青》编委会 .—北京：北京北人羽新胶印有限责任公司，2004.9.—516 页；20cm

I251/2004a　在星光灿烂的年代：新中国建立初期的乌鲁木齐 / 乌鲁木齐市政协学习文史委员会编 .—乌鲁木齐：新疆人民出版社，2004.10.—332 页；20cm

I251/2004c　战神浪花：炮一师老战士回忆录 /《战神浪花》编委会编 .—长沙：长沙银都印务有限公司，2004.12.—393 页；20cm

I251/2005c　写在天山上的碑文 . 第五辑 /《中共新疆党史人物》丛书编委会编 .—乌鲁木齐: 新疆人民出版社，2005.12.—496 页；20cm

I251/20068　叶尔羌的流金岁月 / 付爱琴主编 .—乌鲁木齐：新疆电子出版社，2006.8.—356 页；21cm.—魅力文丛

I251/20069　心路 / 钱建军编著 .—乌鲁木齐：新疆青少年出版社，2006.9.—220 页；24cm

I251/2006c　亲历激情岁月 .4/ 新疆生产建设兵团毛泽东屯垦思想研究会编 .—乌鲁木齐：新疆人民出版社，2006.12.—358 页；20cm

I251/2007a　瀚海情缘 / 文克孝著 .—北京：中国文联出版公司，2007.10.—438 页；22cm.—金蔷薇作家丛书

I251/20084　塔里木军垦见证 / 农一师编纂领导小组编 .—乌鲁木齐：新疆人民出版社，2008.4.—279 页；24cm

I251/20087　亲历兵团：记住北大荒这段历史这代人 / 吕书奎主编 .—北京：中国青年出版社，2008.7.—452 页；23cm

I251/2008c　亲历激情岁月 .5/ 新疆生产建设兵团毛泽东屯垦思想研究会编 .—五家渠: 新疆生产建设兵团出版社，2008.12.—286 页；20cm

I251/20098　兵团一家人．上／贾曦等著．—乌鲁木齐：新疆美术摄影出版社，2009.8.—264页；19cm

I251/20098　字里行间读父亲／刘戈玉主编．—五家渠：新疆生产建设兵团出版社，2009.8.—388页；23cm

I251/2009b　亲历激情岁月．6/新疆生产建设兵团毛泽东屯垦思想研究会编．—五家渠：新疆生产建设兵团出版社，2009.11.—358页；20cm

I251/2009c　历史的回响／王次会，王怀志主编．—五家渠：新疆生产建设兵团出版社，2009.12.—277页；24cm.—新疆生产建设兵团农七师建师60周年系列丛书

I251/20101　八千湘女进疆回忆录/欧长伏，戴庆媛主编．—长沙：湖南人民出版社，2010.1.—599页；24cm

I251/20104　青春纪事：情系北大荒／孙加祺主编．—天津：百花文艺出版社，2010.4.—303页；23cm

I251/20108　亲历激情岁月．7/新疆生产建设兵团毛泽东屯垦思想研究会编．—五家渠：新疆生产建设兵团出版社，2010.8.—247页；20cm

I251/20108　脚印：杨新三回忆录／付海云整理．—五家渠：新疆生产建设兵团出版社，2010.8.—207页；21cm

I251/20109　西部驿站：风雨瀚海／张志尧著．—北京：中国文化出版社，2010.9.—2册（380页）；23cm

I251/2010a　阿拉山下：我们的军垦岁月／许新复，孙书权，刘工主编．—天津：天津社会科学院出版社，2010.10.—340页；20cm

I251/2010c　亲历激情岁月．8/新疆生产建设兵团毛泽东屯垦思想研究会编．—五家渠：新疆生产建设兵团出版社，2010.12.—226页；20cm

I251/2011　戈壁春秋／刘海林主编．—2011.—534页；20cm

I251/20111　我的攀登／梁匡一著．—乌鲁木齐：新疆人民出版社，2011.1.—218页；24cm

I251/20113　路漫漫：我六十多年的回忆／胡兆璋著．—五家渠：新疆生产建设兵团出版社，2011.3.—2册（957页）；20cm

I251/20115　一位老军垦的足迹：陆振欧文集／刘宁，郭婧主编．—五家渠：新疆生产建设兵团出版社，2011.5.—313页；20cm

I251/20116　西域青春赞歌：一位上海老知青对新疆支边生活的深情回忆/高廷伟著．—2011.6.—72页；20cm

I251/20117　20世纪五六十年代到新疆的大学生／刘云，杨霞主编．—乌鲁木齐：新疆人民出版社，2011.7.—466页；26cm.—《志在新疆》专题文史资料系列丛书

I251/20118　青春走过的地方／政协新疆维吾尔自治区委员会文史资料和学习委员会编．—乌鲁木齐：新疆人民出版社，2011.8.—211页；26cm

I251/20118　炼/西方朔，莽焱著．—五家渠：新疆生产建设兵团出版社，2011.8.—244页；20cm

I251/20119　扬帆人生／周长春著．—乌鲁木齐：新疆人民出版社，2011.9.—329页；21cm

I251/20119　在新疆乌拉斯台农场／政协新疆维吾尔自治区委员会文史资料和学习委员会编．—乌鲁木齐：新疆人民出版社，2011.9.—2卷（1266页）；26cm

I251/2011c　亲历激情岁月．9/新疆生产建设兵团毛泽东屯垦思想研究会编．—五家渠：新疆生产建设兵团出版社，2011.12.—253页；21cm

I251/20123　不朽的生命画卷 / 哈孜·艾买提著；狄力木拉提·泰来提译 .—乌鲁木齐：新疆人民出版社，2012.3.—382 页；24cm.—中国新疆少数民族原创文学精品译丛

I251/2012a　回望青春走过的地方 / 孙学敏主编 .—乌鲁木齐：新疆美术摄影出版社，2012.10.—494 页；26cm.—《知青图录》专题文史资料系列丛书

I251/20139　亲历激情岁月 .10/ 新疆生产建设兵团毛泽东屯垦思想研究会编 .—五家渠：新疆生产建设兵团出版社，2013.9.—322 页；24cm

I252/2002　哈密屯垦曲 / 哈密农场管理局宣传处，绿洲杂志社编 .—2002.—258 页；20cm

I253/844　在那遥远的地方 / 凌翔著 .—乌鲁木齐：新疆青年出版社，1984.4.—454 页；20cm

I253/909　创业者之歌 / 石河子总场编 .—石河子：石河子总场，1990.9.—166 页；20cm

I253/913　新疆风情录 / 李现国著 .—西安：未来出版社，1991.3.—122 页；20cm

I253/93c　戈壁惊开新世界：新疆军垦报创刊 40 周年新闻作品选 /《戈壁惊开新世界》编委会编 .—1993.12.—799 页；20cm

I253/948　军垦丰碑 / 杨振华…[等] 著 .—北京：解放军出版社，1994.8.—288 页；20cm

I253/954　辉煌的四十年：庆祝新疆生产建设兵团成立四十周年新闻作品选 / 中共新疆生产建设兵团委员会宣传部编 .—乌鲁木齐：新疆人民出版社，1995.4.—369 页；20cm

I253/955　汗水给大地的注释：敬献给喀什地区三百万各族人民 / 陈才来主编 .—乌鲁木齐：新疆人民出版社，1995.5.—533 页；24cm

I253/959　崛起的天山：新闻通讯作品集 / 中共新疆维吾尔自治区委员会宣传部编 .—乌鲁木齐：新疆人民出版社，1995.9.—399 页；23cm

I253/979　新疆新闻论文集 / 王智生，胡锦秀编 .—乌鲁木齐：新疆人民出版社，1997.9.—552 页；20cm

I253/97a　优秀新闻作品选析 / 新疆准噶尔时报社编 .—1997.10.—400 页；20cm

I253/984　大漠火炬情 / 新疆石油公司党委思想政治工作研究会编 .—乌鲁木齐：新疆财经学院印刷厂，1998.4.—464 页；20cm

I253/988　万方乐奏有“于阗”/ 祝谦著 .—乌鲁木齐：新疆人民出版社，1998.8.—473 页；20cm

I253/986　沧海横流 / 吴羽主编 .—乌鲁木齐：新疆人民出版社，1998.6.—481 页；20cm

I253/98c　开拓者的足迹 / 李秀萍，李兴旺主编 .—乌鲁木齐：新疆人民出版社，1998.12.—599 页；20cm

I253/98c　州魂：1996 年巴州抗洪救灾纪实 / 中共巴音郭楞州委党史委，中共巴音郭楞州委组织部编 .—乌鲁木齐：新疆人民出版社，1998.12.—148 页；23cm

I253/995　国门人 / 阿拉山口站党委编 .—乌鲁木齐：乌鲁木齐铁路局印刷厂，1999.5.—231 页；20cm

I253/20014　新闻落叶 / 刘文健著 .—桂林：漓江出版社，2001.4.—244 页；20cm

I253/20016　绿原春潮 / 王安润主编 .—乌鲁木齐：新疆人民出版社，2001.6.—356 页；20cm

I253/20026　发现的魅力 / 祝谦著 .—乌鲁木齐：新疆人民出版社，2002.6.—343 页；20cm

I253/20036　与时代共成长：《工人时报》复刊 20 年新闻作品选 / 靳云堂主编 .—工人

时报社，2003.6.—312 页；20cm

I253/20037　跨世纪的足迹 / 黄土根，陶洪主编 .—乌鲁木齐：新疆人民出版社，2003.7.—583 页；20cm

I253/20039　口碑 / 朱建新著 .—乌鲁木齐：新疆大学出版社，2003.9.—310 页；20cm

I253/20042　塔里木报获奖新闻作品 / 刘根主编 .—乌鲁木齐：新疆人民出版社，2004.2.—268 页；20cm.—塔里木新闻丛书

I253/20044　天山的魅力：宋铭宝新闻作品集 / 宋铭宝著 .—乌鲁木齐：新疆人民出版社，2004.4.—510 页；20cm

I253/20046　中央媒体宣传报道兵团新闻作品选集 / 中共新疆生产建设兵团委员会宣传部编 .—2004.6.—599 页；26cm

I253/20048　兵团新闻奖作品选 / 兵团党委宣传部，兵团新闻工作者协会编 .—乌鲁木齐：新疆科学技术出版社，2004.8.—991 页；20cm

I253/20049　共和国的界碑 / 兵团日报社编 .—乌鲁木齐：新疆人民出版社，2004.9.—438 页；20cm

I253/2004c　情系阿克苏 / 中共阿克苏地委宣传部，中共阿克苏地委对外宣传办公室，阿克苏地区行署新闻办公室编 .—阿克苏：阿克苏新华印务有限责任公司，2004.12.—230 页；20cm

I253/20054　献给共和国的忠诚：庆祝新疆生产建设兵团成立 50 周年新闻作品选集 / 新疆生产建设兵团党委宣传部编 .—阿图什：克孜勒苏柯尔克孜文出版社；乌鲁木齐：新疆电子出版社，2005.4.—2 册（750 页）；20cm

I253/20056　2004 年度兵团新闻奖获奖作品选 / 兵团新闻工作者协会编 .—2005.6.—278 页；20cm

I253/2005c　石油成就报道论 / 简新著 .—乌鲁木齐：新疆人民出版社，2005.12.—330 页；20cm

I253/20071　天山南北新农村：2006 年大型主题直播报道实录 / 施生田，石永强主编 .—乌鲁木齐：新疆人民出版社，2007.1.—326 页；22cm

I253/20075　新疆探险记 / 武夫安著 .—乌鲁木齐：新疆美术摄影出版社：新疆电子音像出版社，2007.5.—118 页；24cm

I253/2007c　影响力 / 王运华主编 .—五家渠：新疆生产建设兵团出版社，2007.12.—220 页；26cm

I253/20083　舰旗飘扬：兵团日报言论集：2007/ 王运华主编 .—五家渠：新疆生产建设兵团出版社，2008.3.—352 页；23cm

I253/20084　引智工作新闻报道文章汇编：2002—2007 年 / 新疆生产建设兵团外国专家局 .—2008.4.—180 页；26cm

I253/20085　盆地崛起的见证：吐鲁番日报创刊二十周年重点报道优秀作品选 / 李琦主编 .—乌鲁木齐：新疆人民出版社，2008.5.—369 页；26cm

I253/2008a　兵团告诉世界：王安润作品选 / 王运华主编 .—五家渠：新疆生产建设兵团出版社，2008.10.—313 页；23cm.—优秀新闻工作者丛书

I253/2008a　兵团告诉世界：李秀芩作品选 / 王运华主编 .—五家渠：新疆生产建设兵团出版社，2008.10.—393 页；23cm.—优秀新闻工作者丛书

I253/2008a　兵团告诉世界：宋卫作品选 / 王运华主编 .—五家渠：新疆生产建设兵团出版社，2008.10.—339 页；23cm.—优秀新闻工作者丛书

I253/2008a　兵团告诉世界：孟庆新作品选 / 王运华主编 .—五家渠：新疆生产建设兵团出版社，2008.10.—352 页；23cm.—优秀

新闻工作者丛书

I253/2008a　兵团告诉世界：石宝岩作品选 / 王运华主编 .—五家渠：新疆生产建设兵团出版社，2008.10.—346 页；23cm.—优秀新闻工作者丛书

I253/2008c　张光辉作品选 / 张光辉著 .—五家渠：新疆生产建设兵团出版社，2008.12.—331 页；23cm.—《新闻工作者之路》丛书

I253/20098　让历史见证 / 吴新平主编 .—五家渠：新疆生产建设兵团出版社，2009.8.—391 页；20cm.—庆祝石河子大学建校 60 周年系列丛书

I253/20098　焦慧作品选 / 王运华主编 .—五家渠：新疆生产建设兵团出版社，2009.8.—352 页；23cm.—《新闻工作者之路》丛书

I253/20098　额河神韵 / 农十师新闻中心编著 .—阿图什：克孜勒苏柯尔克孜文出版社；乌鲁木齐：新疆电子音像出版社，2009.8.—241 页；24cm

I253/20099　周华林作品选 / 王运华主编 .—五家渠：新疆生产建设兵团出版社，2009.9.—370 页；23cm.—《新闻工作者之路》丛书

I253/20106　陈维平作品选 / 王运华主编 .—五家渠：新疆生产建设兵团出版社，2010.6.—199 页；22cm.—《新闻工作者之路》丛书

I253/20106　兵团：一支悠扬的古韵长歌 / 祝谦著 .—乌鲁木齐：新疆人民出版社，2010.6.—411 页；24cm

I253/2010a　使命在肩：张万明新闻作品选 / 张万明著 .—五家渠：新疆生产建设兵团出版社，2010.10.—281 页；20cm.—石河子日报创刊三十周年新闻丛书

I253/2010a　使命在肩：马玉芬李春弟新闻作品选 / 马玉芬，李春弟著 .—五家渠：新疆生产建设兵团出版社，2010.10.—558 页；20cm.—石河子日报创刊三十周年新闻丛书

I253/2010a　使命在肩：孙新晖新闻作品选 / 孙新晖著 .—五家渠：新疆生产建设兵团出版社，2010.10.—382 页；20cm.—石河子日报创刊三十周年新闻丛书

I253/2010a　使命在肩：石河子日报社新闻作品选 / 黄新龙，孙新晖主编 .—五家渠：新疆生产建设兵团出版社，2010.10.—382 页；20cm.—石河子日报创刊三十周年新闻丛书

I253/2010a　使命在肩：卓力新闻作品选 / 卓力著 .—五家渠：新疆生产建设兵团出版社，2010.10.—554 页；20cm.—石河子日报创刊三十周年新闻丛书

I253/2010a　使命在肩：严萍新闻作品选 / 严萍著 .—五家渠：新疆生产建设兵团出版社，2010.10.—456 页；20cm.—石河子日报创刊三十周年新闻丛书

I253/2010b　一支真实的笔 / 张非易著 .—乌鲁木齐: 新疆人民出版社，2010.11.—380 页; 21cm

I253/2011c　靖波文萃 / 萧靖波著 .—五家渠：新疆生产建设兵团出版社，2011.12.—480 页；21cm

I253/20131　兵团报道：兵团优秀新闻作品选 / 新疆生产建设兵团新闻工作者协会编 .—五家渠：新疆生产建设兵团出版社，2013.1.—353 页；23cm

I253/20139　难忘兵团：《兵团日报》纪实专栏文章选萃 . 第三辑 / 王运华主编 .—五家渠：新疆生产建设兵团出版社，2013.9.—275 页；23cm

I253/2013c　剑雨：情系蔡家湖 / 刘喃著 .—五家渠：新疆生产建设兵团出版社，2013.12.—382 页；24cm

I253.1/20004　沉沦的轨迹：兵团违纪违法

典型案例选编 / 中共新疆生产建设兵团纪律检查委员会，新疆生产建设兵团监察局编 .—乌鲁木齐：兵团印刷厂，2000.4.—302 页；20cm

I253.1/20138　塔里木的上海知青 / 朱根娣著 .—五家渠：新疆生产建设兵团出版社，2013.8.—351 页；23cm

I253.2/20057　留在边界上的足迹 / 孙振光著 .—乌鲁木齐：新疆人民出版社，2005.7.—397 页；20cm

I253.2/2006c　和谐花开天山美：卡德尔·巴克日记的故事 / 新疆军区政治部编 .—乌鲁木齐：新疆人民出版社，2006.12.—260 页；20cm

I253.2/20091　铁流西进 / 李广智著 .—乌鲁木齐：新疆美术摄影出版社，2009.1.—198 页；21cm.—我守卫的地方丛书

I253.2/20119　以笔当剑戍边陲：朱建军新闻作品集 / 朱建军著 .—乌鲁木齐：新疆人民出版社，2011.9.—377 页；23cm

I253.3/20027　超越 / 侯宇振著 .—乌鲁木齐：新疆人民出版社，2002.7.—318 页；20cm

I253.3/2013b　情暖北屯：黑龙江对口支援十师北屯市首批援疆干部通讯集 / 王菊芳主编 .—五家渠：新疆生产建设兵团出版社，2013.11.—125 页；23cm

I253.3/2013c　塔河缘·东海情：浙江省台州市援疆风采：2010—2013/ 塔里木日报社编 .—五家渠：新疆生产建设兵团出版社，2013.12.—276 页；23cm

I253.7/2003c　南疆故事 / 王有才著 .—乌鲁木齐：新疆人民出版社，2003.12.—309 页；20cm.—旗鼓文丛

I26/878　阿勒泰风情 / 中共阿勒泰市委宣传部，阿勒泰市史志办公室编 .—昌吉：新疆昌吉回族自治州印刷厂，1987.8.—214 页；20cm

I26/908　北屯春潮 / 张新泰主编 .—北屯：新疆北屯报社，1990.8.—274 页；20cm

I26/934　新疆杂文选 / 朱建新，李念东主编 .—乌鲁木齐：新疆青少年出版社，1993.4.—335 页；19cm

I26/938　紫色博格达峰 / 梁彤瑾著 .—乌鲁木齐：新疆青少年出版社，1993.8.—301 页；20cm

I26/959　含笑回眸 / 楚云飞著 .—乌鲁木齐：新疆人民出版社，1995.9.—184 页；20cm

I26/95a　门外文谈 / 叶昌柱著 .—乌鲁木齐：新疆人民出版社，1995.10.—355 页；20cm

I26/961　人生在世：长篇系列散文 / 关维晓著 .—乌鲁木齐：新疆人民出版社，1996.1.—3 册（1346 页）；20cm

I26/967　爱洒天涯 / 赵天益 .—乌鲁木齐：新疆人民出版社，1996.7.—349 页；20cm

I26/96c　情系“伊力特” / 王诚平主编 .—乌鲁木齐：新疆青少年出版社，1996.12.—209 页；20cm

I26/974　准噶尔备忘录 / 王旭著 .—北京：中华工商联合出版社，1997.4.—311 页；20cm

I26/981　青色乌伦古湖 / 梁彤瑾著 .—乌鲁木齐：新疆人民出版社，1998.1.—280 页；20cm

I26/989　寻梦飞天 / 梁越著 .—乌鲁木齐：新疆青少年出版社，1998.9.—202 页；20cm

I26/999　伊犁风 / 腾元主编 .—乌鲁木齐：新疆人民出版社，1999.9.—358 页；20cm

I26/20003　荒原纪事 / 马涛著 .—北京：作家出版社，2000.3.—201 页；20cm

I26/20003　世纪留言 / 祝谦，春华著 .—乌鲁木齐：新疆人民出版社，2000.3.—336 页；20cm

I26/20005　伊犁纪事 / 雷霆著 .—乌鲁木齐：

新疆青少年出版社，2000.5.—161 页；20cm

I26/20005　风流绿洲 / 谢家贵著 .—乌鲁木齐：新疆青少年出版社，2000.5.—214 页；20cm

I26/20008　塞上行 / 范长江著 .—银川：宁夏人民出版社，2000.8.—187 页；20cm.—走进大西北丛书

I26/20008　徐旭生西游日记 / 徐旭生著 .—银川：宁夏人民出版社，2000.8.—284 页；20cm.—走进大西北丛书

I26/20008　西北行 / 林鹏侠著 .—银川：宁夏人民出版社，2000.8.—262 页；20cm.—走进大西北丛书

I26/20008　从香港到新疆 / 萨空了 .—银川：宁夏人民出版社，2000.8.—131 页；20cm

I26/20009　额尔齐斯之韵 / 于文胜编著 .—北京：中国文联出版公司，2000.9.—124 页；20cm.—时代作家文库

I26/20011　伟大的西北 / 蒋经国著 .—银川：宁夏人民出版社，2001.1.—244 页；20cm

I26/20014　走过喀什 / 陈平著 .—乌鲁木齐：新疆大学出版社，2001.4.—166 页；20cm

I26/20016　喀纳斯美文与传说 / 温倩，吴彩霞著 .—澳门：中西文艺出版社，2001.6.—106 页；19cm

I26/20019　阳光的原色 / 杨东著 .—乌鲁木齐：新疆青少年出版社，2001.9.—253 页；20cm

I26/2002b　龟兹仰止 / 王族著 .—乌鲁木齐：新疆人民出版社，2002.11.—280 页；23cm

I26/2003c　涛声集 / 扬子江著 .—乌鲁木齐：新疆人民出版社，2003.12.—329 页；20cm

I26/20042　塔里木报副刊文学作品精选 / 路远，李玉主编 .—乌鲁木齐：新疆人民出版社，2004.2.—308 页；20cm.—塔里木新闻丛书

I26/20043　东归英雄颂 / 陈焉生著 .—乌鲁木齐：新疆人民出版社，2004.3.—170 页；20cm

I26/20043　小草集 / 王飞，邓成著 .—香港：天马图书有限公司，2004.3.—174 页；20cm

I26/20045　走进博尔塔拉：献给博尔塔拉蒙古自治州成立 50 周年 / 黄萍，白士昌主编 .—乌鲁木齐：新疆人民出版社，2004.5.—341 页；20cm

I26/20049　路上昆仑 / 萧春华著 .—乌鲁木齐：新疆人民出版社，2004.9.—464 页；20cm

I26/20057　圣水喀纳斯 / 布尔津县委宣传部编 .—乌鲁木齐：新疆美术摄影出版社：新疆电子出版社，2005.7.—200 页；24cm

I26/20059　新疆走笔：新疆当代作家优秀散文集 / 孙立生，矫健主编 .—乌鲁木齐：新疆人民出版社，2005.9.—414 页；20cm

I26/2005c　边城圆月溶溶：散文集 / 许明著 .—香港：香港银河出版社，2005.12.—188 页；20cm

I26/2005c　文苑杂谈 / 许明著 .—香港：香港银河出版社，2005.12.—189 页；20cm

I26/2006b　天边的喀什噶尔 / 安达甄著 .—乌鲁木齐：新疆人民出版社，2006.11.—313 页；20cm

I26/2007　北屯故事：《新疆北屯报》文学作品选 / 于文胜著 .—乌鲁木齐：新疆电子出版社，2007.—225 页；19cm

I26/20081　把心灵叫醒 / 魏红花著 .—北京：中国文化出版社，2008.1.—195 页；20cm

I26/20086　坎儿井边散漫思索 / 马燕著 .—乌鲁木齐：新疆美术摄影出版社，2008.6.—151 页；24cm

I26/2012c　老槐树 / 向选辉著 .—北京：中国文化出版社，2012.12.—187 页；20cm

I266/2000a　新疆兵团新时期文学作品

选.纪实文学卷/新疆兵团文联编.—北京：作家出版社，2000.10.—453页；20cm

I266/2000a　新疆兵团新时期文学作品选.散文卷/新疆兵团文联编.—北京：作家出版社，2000.10.—467页；20cm

I266/20044　望天山/李成林著.—乌鲁木齐：新疆人民出版社，2004.4.—176页；20cm

I266/20044　赵天益散文选/赵天益著.—乌鲁木齐：新疆人民出版社，2004.4.—450页；20cm

I267/839　从天山脚下开始/刘肖芜著.—乌鲁木齐：新疆人民出版社，1983.9.—320页；20cm

I267/938　古玛河纪行/陶洪著.—乌鲁木齐：新疆青少年出版社，1993.8.—222页；20cm

I267/94a　天涯浪迹录：新疆写实/李桦著.—乌鲁木齐：新疆人民出版社，1994.10.—276页；20cm

I267/957　走进葡萄的世界/李琦编.—乌鲁木齐：新疆人民出版社，1995.7.—249页；20cm

I267/977　我们播种绿荫/黄立本主编.—乌鲁木齐：新疆青少年出版社，1997.7.—273页；20cm

I267/984　一个人的村庄/刘亮程著.—乌鲁木齐：新疆人民出版社，1998.4.—200页；20cm

I267/99b　奎河情思/刘志刚主编.—北京：新华出版社，1999.11.—334页；20cm

I267/2000c　托克马克之恋/杨峰著.—乌鲁木齐：新疆人民出版社，2000.12.—290页；20cm

I267/20011　伊犁河情思/谢善智著.—乌鲁木齐：新疆人民出版社，2001.1.—388页；24cm

I267/20015　伊犁，阿力麻里/郭从远著.—乌鲁木齐：新疆人民出版社，2001.5.—149页；20cm

I267/20021　荒野同行鸟/刘枫著.—乌鲁木齐：新疆人民出版社，2002.1.—325页；20cm

I267/20027　难忘岔子沟/杨先金著.—乌鲁木齐：新疆人民出版社，2002.7.—163页；23cm

I267/20028　阿里境界/李广智著.—乌鲁木齐：新疆人民出版社，2002.8.—256页；20cm.—旗鼓文丛

I267/20028　生存之一种/卢一萍著.—乌鲁木齐：新疆人民出版社，2002.8.—255页；20cm.—旗鼓文丛

I267/20028　英雄泪/周涛著.—乌鲁木齐：新疆人民出版社，2002.8.—238页；20cm.—旗鼓文丛

I267/20028　关于风情的故事/王有才著.—乌鲁木齐：新疆人民出版社，2002.8.—238页；20cm.—旗鼓文丛

I267/20031　雪山·雪人·雪狼/李广智著.—乌鲁木齐：新疆人民出版社，2003.1.—211页；20cm.—住居新疆丛书

I267/20031　九篇雪/李娟著.—乌鲁木齐：新疆人民出版社，2003.1.—171页；20cm

I267/20031　难解喀什/刘学杰著.—乌鲁木齐：新疆人民出版社，2003.1.—194页；20cm.—住居新疆丛书

I267/20031　动物精神/王族著.—乌鲁木齐：新疆人民出版社，2003.1.—213页；20cm.—住居新疆丛书

I267/20039　新疆兵团农一师建师五十周年文学作品选.散文卷/金其圣，谷水清主编.—乌鲁木齐：新疆人民出版社，2003.9.—378页；20cm

I267/2003a　收获/雒秋江主编.—乌鲁木

齐：新疆人民出版社，2003.10.—458 页；20cm

I267/20041 孤鸿天籁 / 清平著 .—乌鲁木齐：新疆电子出版社，2004.1.—103 页；20cm

I267/20045 塔什库尔干 / 赵力主编 .—福州：福建人民出版社，2004.5.—107 页；20cm

I267/20045 天山那边 / 卫华著 .—乌鲁木齐：新疆人民出版社，2004.5.—185 页；20cm

I267/20046 去帕米尔的路上 / 尚崇龙著 .—乌鲁木齐：新疆人民出版社，2004.6.—265 页；20cm

I267/2004a 复活者笔记 / 丁朗著 .—乌鲁木齐：新疆大学出版社，2004.10.—309 页；21cm

I267/20051 新疆词典 / 沈苇著 .—天津：百花文艺出版社，2005.1.—286 页；20cm.—后散文文丛

I267/20051 悠悠我心：刘军散文随笔 / 刘军著 .—乌鲁木齐：新疆人民出版社，2005.1.—268 页；21cm

I267/20055 走向有水的罗布泊 / 陈雅丹著 .—北京：昆仑出版社，2005.5.—507 页；26cm

I267/20055 昆仑行 / 李复楼著 .—乌鲁木齐：新疆美术摄影出版社，2005.5.—295 页；20cm

I267/20057 图瓦之书 / 王族著 .—乌鲁木齐：新疆人民出版社，2005.7.—341 页；19cm

I267/20058 叶尔羌丰碑 . 报告文学卷 / 刘韦主编 .—阿图什：克孜勒苏柯尔克孜文出版社，2005.8.—495 页；21cm.—魅力文丛

I267/20058 叶尔羌情思 . 散文卷 / 付爱琴主编 .—阿图什：克孜勒苏柯尔克孜文出版社，2005.8.—447 页；21cm.—魅力文丛

I267/20059 在海的那边 / 赵天益著 .—乌鲁木齐：新疆人民出版社，2005.9.—325 页；20cm

I267/2005b 路上的风景 / 程煜著 .—2005.11.—149 页；20cm

I267/20062 二小二小头上长草 / 李振翔著 .—香港：香港银河出版社，2006.2.—170 页；23cm

I267/20065 新疆津帮 / 李颖超著 .—乌鲁木齐：新疆人民出版社，2006.5.—333 页；20cm

I267/20066 行走在新疆大地：新疆美文精品选 / 刘长明，罗迎福主编 .—乌鲁木齐：新疆美术摄影出版社，2006.6.—482 页；23cm

I267/20065 深处的漫游：美文二十家 / 韩子勇主编 .—乌鲁木齐：新疆人民出版社，2006.5.—302 页；24cm

I267/2006a 老陕制造 / 康克俭著 .—乌鲁木齐: 新疆美术摄影出版社，2006.10.—194 页；24cm

I267/20078 有些事情 / 唐新运著 .—北京：中国文联出版公司，2007.8.—168 页；20cm.—文海作家文丛 · 白雪莲系列

I267/20078 废墟上的震撼 / 石慧琼主编 .—乌鲁木齐：新疆人民出版社，2007.8.—176 页；20cm

I267/20083 春读天山 / 梁彤瑾编著 .—乌鲁木齐：新疆美术摄影出版社，2008.3.—156 页；20cm.—新疆地理丛书

I267/20087 新疆情韵：伊犁垦区报获奖作品集 / 伊犁垦区报社编 .—乌鲁木齐：新疆美术摄影出版社：新疆电子音像出版社，2008.7.—406 页；20cm

I267/2008b 天山 · 故乡的情思：财政系统第五批援疆干部文集 / 弯海川，居来

提·买买提明主编 .—北京：新华出版社，2008.11.—152 页；23cm

I267/2008c　时光隧道：天山天池散文选 / 碧小家选编 .—乌鲁木齐：新疆人民出版社，2008.12.—255 页；23cm.—人文天池丛书

I267/2008c　我将去远行 / 史建新著 .—乌鲁木齐：新疆人民出版社，2008.12.—194 页；20cm

I267/20093　塔里木故事 / 郝贵平编撰 .—乌鲁木齐：新疆人民出版社，2009.3.—238 页；21cm

I267/20094　我的第三所大学 / 许柏林著 .—北京：五洲传播出版社，2009.4.—263 页；22cm

I267/2009c　奎河情思：散文集 / 傅国主编 .—五家渠：新疆生产建设兵团出版社，2009.12.—264 页；20cm

I267/2009c　惟一的青春 / 汤敏清著 .—乌鲁木齐：新疆美术摄影出版社，2009.12.—220 页；21cm

I267/20104　童话布尔津 / 江南主编 .—乌鲁木齐：新疆美术摄影出版社，2010.4.—240 页；24cm.—魅力阿勒泰丛书

I267/20107　喀纳斯秀 / 满也主编 .—乌鲁木齐：新疆人民出版社，2010.7.—279 页；21cm.—喀纳斯文丛

I267/20107　我的阿勒泰 / 李娟著 .—昆明：云南人民出版社，2010.7.—260 页；24cm

I267/2010a　放歌塔里木 / 李静平著 .—五家渠：新疆生产建设兵团出版社，2010.10.—235 页；26cm

I267/2010c　半山笔记 / 秦安江著 .—五家渠：新疆生产建设兵团出版社，2010.12.—203 页；20cm

I267/20112　西眺烟云 / 田先瑶主编 .—北京：时代作家出版社，2011.2.—681 页；20cm

I267/20113　家住北道桥 / 唐新运著 .—乌鲁木齐：新疆人民出版社，2011.3.—256 页；21cm

I267/20115　往事的台阶 / 蒋光成著 .—五家渠：新疆生产建设兵团出版社，2011.5.—316 页；13cm

I267/20115　走过岁月 / 萧马著 .—2011.5.—269 页；21cm

I267/20117　神奇古城 / 王晨主编 .—五家渠：新疆生产建设兵团出版社，2011.7.—320 页；23cm

I267/20118　爱满天山：援疆特警风采征文集 / 公安部治安管理局编 .—北京：群众出版社，2011.8.—449 页；24cm

I267/2011a　天堂的地址 / 王有才著 .—乌鲁木齐：新疆人民出版社，2011.10.—216 页；23cm.—家住新疆丛书 / 刘亮程主编

I267/2011a　天边麦场 / 唐新运著 .—乌鲁木齐：新疆人民出版社，2011.10.—172 页；24cm.—家住新疆丛书 / 刘亮程主编

I267/2011b　河谷吟雪 / 王复耀著 .—五家渠：新疆生产建设兵团出版社，2011.11.—149 页；21cm.—农四师庆祝建党 90 周年文学丛书

I267/2011b　温暖在心 / 王景著 .—五家渠：新疆生产建设兵团出版社，2011.11.—168 页；21cm.—农四师庆祝建党 90 周年文学丛书

I267/2011b　对酒当歌 / 周文贵主编 .—乌鲁木齐：新疆人民出版社，2011.11.—302 页；19cm

I267/20123　跟羊儿分享的秘密 / 帕蒂古丽著 .—乌鲁木齐：新疆人民出版社，2012.3.—190 页；24cm.—家住新疆丛书 / 刘亮程主编

I267/20123　一代匠人 / 张景祥著 .—乌鲁木齐：新疆人民出版社，2012.3.—228 页；

24cm.—家住新疆丛书 / 刘亮程主编

I267/20123　发现塔玛牧道 / 方如果著 .—乌鲁木齐：新疆人民出版社，2012.3.—187 页；24cm.—家住新疆丛书 / 刘亮程主编

I267/20123　睡在戈壁滩上的辣椒 / 尚崇龙著 .—乌鲁木齐：新疆人民出版社，2012.3.—172 页；24cm.—家住新疆丛书 / 刘亮程主编

I267/20123　沙漠上的英雄树 / 孤岛著 .—乌鲁木齐：新疆人民出版社，2012.3.—180 页；24cm.—家住新疆丛书 / 刘亮程主编

I267/20123　准噶尔之书 / 赵钧海著 .—乌鲁木齐：新疆人民出版社，2012.3.—172 页；24cm.—家住新疆丛书 / 刘亮程主编

I267/20128　拓荒者 / 陈平著 .—北京：作家出版社，2012.8.—204 页；23cm.—金戈壁文学丛书

I267/20128　天益散文 / 赵天益著 .—北京：作家出版社，2012.8.—328 页；23cm.—金戈壁文学丛书

I267/20128　遥远的老房子 / 张新军著 .—北京：作家出版社，2012.8.—316 页；23cm.—金戈壁文学丛书

I267/20128　岁月三重奏 / 全宪章著 .—北京：作家出版社，2012.8.—304 页；23cm.—金戈壁文学丛书

I267/20128　落地风 / 张燕生著 .—北京：作家出版社，2012.8.—200 页；23cm.—金戈壁文学丛书

I267/20128　向里向外的风 / 王永健著 .—北京：作家出版社，2012.8.—212 页；23cm.—金戈壁文学丛书

I267/20128　新疆记忆 / 丰收著 .—北京：作家出版社，2012.8.—392 页；23cm.—金戈壁文学丛书

I267/20128　秋天的语言 / 魏红花著 .—北京：作家出版社，2012.8.—220 页；23cm.—金戈壁文学丛书

I267/20128　金色库姆塔格 / 梁彤瑾著 .—北京：作家出版社，2012.8.—360 页；23cm.—金戈壁文学丛书

I267/20128　伤筋动骨一百天 / 王善让著 .—北京：作家出版社，2012.8.—148 页；23cm.—金戈壁文学丛书

I267/2012c　滨河情韵：新疆昌吉市散文作品选 / 中共昌吉市委宣传部，中共昌吉市委史志办编 .—五家渠：新疆生产建设兵团出版社，2012.12.—259 页；21cm.—昌吉市打造“文化名市”系列丛书；3

I267/20132　青青芦苇 / 李振翔著 .—北京：华夏出版社，2013.2.—264 页；23cm.—今日原创丛书

I267/20138　淡淡的乡愁 / 高炯浩著 .—五家渠：新疆生产建设兵团出版社，2013.8.—259 页；23cm

I267/20138　走过的真实 / 赵天益著 .—五家渠：新疆生产建设兵团出版社，2013.8.—298 页；23cm

I267/20139　那一年你路过我的生活 / 老韩著 .—五家渠：新疆生产建设兵团出版社，2013.9.—287 页；24cm

I267.1/20074　旅游漫笔 / 池重庆著 .—乌鲁木齐：新疆青少年出版社，2007.4.—296 页；21cm

I267.1/20079　新疆访古散记 / 王炳华著 .—北京：中华书局，2007.9.—216 页；22cm

I267.1/20117　南疆飞鸿：陈锐军援疆手记 / 陈锐军著 .—北京：新华出版社，2011.7.—236 页；23cm

I267.1/20117　往事与追寻 / 李大龙著 .—五家渠：新疆生产建设兵团出版社，2011.7.—350 页；20cm

I267.4/20061　遥远的撒马尔罕 / 杨峰著 .—乌鲁木齐：新疆大学出版社，2006.1.—293

页；20cm

I267.4/20065　荒野笔记：一个新疆女记者的自然亲历 / 江南著 .—乌鲁木齐：新疆科学技术出版社，2006.5.—196 页；23cm

I267.4/20088　天山天人吐鲁番 / 周李杰，王功恪编著 .—重庆：重庆出版社，2008.8.—272 页；20cm.—天山南北丛书

I267.5/20099　家书 / 郝磊，董长洪主编 .—乌鲁木齐：新疆青少年出版社，2009.9.—218 页；23cm

I267.5/2010c　雪莲花信箱 / 新疆维吾尔自治区内地新疆学生工作办公室编 .—乌鲁木齐：新疆人民出版社，2010.12.—2 册（569 页）；24cm.—庆祝内地新疆高中班十周年丛书

I268/20069　布衣智者 / 仲河编著 .—香港：天马出版有限公司，2006.9.—227 页；20cm.—金蔷薇作家丛书

I27/928　中国民间故事集成新疆卷 . 新疆生产建设兵团农五师分卷 / 农五师民间文学集成编委会编 .—1992.8.—404 页；20cm

I27/92a　中国民间故事集成新疆卷 . 新疆生产建设兵团农二师分卷 / 农二师民间文学集成编委会编 .—乌鲁木齐：新疆新华印刷二厂，1992.10.—433 页；20cm

I27/92a　中国民间故事集成新疆卷 . 新疆生产建设兵团工交局分卷 / 工交局民间文学集成编辑委员会编 .—1992.10.—279 页；20cm

I27/936　中国民间故事集成新疆卷 . 乌鲁木齐市南山矿区分卷 / 南山矿区民间文学集成编委会编 .—1993.6.—221 页；20cm

I27/93b　中国民间故事集成新疆卷 . 新疆生产建设兵团农三师分卷 / 农三师民间文学集成编辑委员会编 .—1993.11.—573 页；20cm

I27/2004c　金秋溢彩：阿克苏文化名人南疆行作品集 / 于洪亚主编 .—阿克苏：阿克苏新华印务有限责任公司，2004.12.—288 页；21cm

I27/2005a　棉花的温暖：塔里木的怀恋 / 张巍钟，冰燃等著 .—香港：天马出版有限公司，2005.10.—266 页；21cm.—金蔷薇作家丛书

I27/20069　《江格尔》故事梗概 / 关巴，马雄福译 .—乌鲁木齐：新疆人民出版社，2006.9.—200 页；20cm

I276/20083　塔里木畅想 / 梁彤瑾著 .—乌鲁木齐：新疆美术摄影出版社：新疆电子音像出版社，2008.3.—156 页；20cm.—新疆地理丛书

I276.2/20007　甘露川文存：迎接西部开发纪念支边 40 周年专辑 . 第二辑 / 巴里坤乡土文学社编辑 .—哈密：哈密地区三元印刷有限责任公司，2000.7.—266 页；20cm

I276.2/2000c　甘露川文存：巴里坤民间文学专辑 . 第三辑 / 巴里坤乡土文学社编辑 .—哈密：哈密地区三元印刷公司，2000.12.—212 页；20cm

I276.29/898　神秘的梦：维吾尔族民间故事集 / 苏天虎，苏全贵译 .—乌鲁木齐：新疆人民出版社，1989.8.—286 页；20cm

I276.7/91a　中国谚语集成新疆卷 . 哈密市分卷 / 哈密市民间文学集成编辑委员会编 .—1991.10.—234 页；20cm

I276.7/933　中国民间谚语集成新疆卷 . 新疆生产建设兵团农四师分卷 / 新疆生产建设兵团农四师民间文学编辑委员会 .—五家渠：新疆五家渠印刷厂，1993.3.—124 页；20cm

I277/92a　中国歌谣集成新疆卷 . 新疆生产建设兵团农二师分卷 / 农二师民间文学集成编委会编 .—1992.10.—511 页；20cm

I277/931　中国民间故事、歌谣、谚语集成新疆卷 . 新疆生产建设兵团农九师分卷 / 农九师民间文学集成编辑委员会编 .—乌鲁木齐：新疆农业厅印刷厂，1993.1.—576 页；20cm

I277/20009　青松是我家：职工名言录 /《青松是我家》编委会编 .—阿克苏：新疆阿克苏飞达印刷厂，2000.9.—299 页；20cm

I277/2006c　军垦谣 / 新疆生产建设兵团诗词楹联家协会编 .—乌鲁木齐：新疆人民出版社，2006.12.—359 页；20cm

I277/2010c　踏歌行 / 董先明著 .—乌鲁木齐：新疆大学出版社，2010.12.—369 页；24cm

I277.2/916　中国歌谣集成新疆卷 . 木垒哈萨克自治县分卷 / 木垒哈萨克自治县民间文学集成编委会编 .—乌鲁木齐：乌鲁木齐福利印刷厂，1991.6.—434 页；20cm

I277.2/92c　中国歌谣集成新疆卷 . 乌鲁木齐县分卷 / 乌鲁木齐县民间文学集成编委会编 .—乌鲁木齐：新疆乌鲁木齐县印刷厂，1992.12.—322 页；20cm

I277.2/933　中国歌谣集成新疆卷 . 新疆生产建设兵团农八师石河子市分卷 / 农八师石河子市编委会编 .—乌鲁木齐：新疆人民出版社，1993.3.—723 页；20cm

I277.2/936　中国歌谣集成新疆卷 . 哈密市分卷 / 哈密市民间文学集成编辑委员会编 .—乌鲁木齐：新疆人民出版社，1993.6.—432 页；20cm

I277.2/93c　中国歌谣集成新疆卷 . 新疆生产建设兵团农六师分卷 / 农六师歌谣集成编辑部委员会编 .—五家渠：新疆五家渠印刷厂，1993.12.—493 页；20cm

I277.2/947　新疆回族传统花儿 / 铁学林，马玉琪编 .—乌鲁木齐：新疆青少年出版社，1994.7.—342 页；20cm

I277.2/2009c　民谣辑录 / 李爱中，李长山，张立江编著 .—五家渠：新疆生产建设兵团出版社，2009.12.—3 册（914 页）；20cm

I277.3/925　中国谚语集成新疆卷 . 新疆生产建设兵团农七师分卷 / 农七师谚语集成编辑委员会编 .—乌鲁木齐：新疆人民出版社，1992.5.—170 页；20cm

I277.3/925　中国民间故事集成新疆卷 . 新疆生产建设兵团农七师分卷 / 农七师民间文学集成编委会编 .—乌鲁木齐：新疆人民出版社，1992.5.—620 页；20cm

I277.3/92a　中国民间文学集成新疆卷 . 新疆生产建设兵团农六师新湖农场分卷 / 新湖农场民间故事集成编辑委员会编 .—昌吉：农六师新湖印刷厂，1992.10.—601 页；20cm

I277.3/933　中国民间故事新疆卷 . 新疆生产建设兵团农四师分卷 / 农四师民间文学集成编辑委员会编 .—1993.3.—461 页；20cm

I277.3/933　中国民间故事集成新疆卷 . 哈密分卷 / 哈密市民间文学集成编辑委员会编 .—乌鲁木齐：新疆人民出版社，1993.3.—2 卷（969 页）；20cm

I277.3/934　中国民间故事集成新疆卷 . 新疆生产建设兵团农一师分卷 / 农一师民间文学集成编委会编 .—乌鲁木齐：新疆青少年出版社，1993.4.—423 页；20cm

I277.3/934　中国歌谣集成新疆卷 . 新疆生产建设兵团农一师分卷 / 农一师民间文学集成编委会编 .—乌鲁木齐：新疆青少年出版社，1993.4.—247 页；20cm

I277.3/934　中国谚语集成新疆卷 . 新疆生产建设兵团农一师分卷 / 农一师谚语集成编辑委员会编 .—乌鲁木齐：新疆青少年出版社，1993.4.—416 页；20cm

I277.3/934　中国谚语集成新疆卷 . 新疆生产建设兵团农八师石河子市分卷 / 农八师石河子市编委会 .—乌鲁木齐：新疆人民出版社，1993.4.—387 页；20cm

I277.3/935　中国民间故事集成新疆卷 . 新疆生产建设兵团农八师石河子市分卷 / 农八师石河子市编委会编 .—乌鲁木齐：新疆人民出版社，1993.5.—903 页；20cm

I277.3/93c　中国民间故事集成新疆卷．新疆生产建设兵团农六师分卷 / 农六师民间文学编辑委员会编．—五家渠：新疆五家渠印刷厂，1993.12.—477 页；20cm

I277.3/20036　传说中的新疆 / 王永涛编写．—乌鲁木齐：新疆人民出版社，2003.6.—143 页；16cm

I277.3/20063　鄯善故事传说 / 鄯善县委《吐鲁番·鄯善文库系列丛书》编委会编．—乌鲁木齐：新疆人民出版社，2006.3.—189 页；20cm

I277.3/20069　伊斯哈的故事 / 龚茂夫，马雄美搜集整理．—乌鲁木齐：新疆人民出版社，2006.9.—147 页；19cm

I277.3/20073　新疆故事 / 武夫安著．—乌鲁木齐：新疆美术摄影出版社：新疆电子音像出版社，2007.3.—115 页；24cm.—新疆人文地理丛书 / 张新泰主编

I277.3/20083　喀纳斯故事新编 / 张永江，武琼瑶著．—乌鲁木齐：新疆美术摄影出版社：新疆电子音像出版社，2008.3.—148 页；20cm

I277.3/2008c　草原古墓与黄金宝藏 / 李桥江著．—乌鲁木齐：新疆美术摄影出版社，2008.12.—115 页；24cm

I277.3/20093　喀纳斯故事续编 / 张永江，武琼瑶著．—乌鲁木齐：新疆美术摄影出版社：新疆电子音像出版社，2009.3.—156 页；20cm.—新疆地理丛书

I277.3/20093　在云间行走的部落 / 张永江，武琼瑶著．—乌鲁木齐：新疆美术摄影出版社，2009.3.—2 册（312 页）；20cm

I277.7/92a　中国谚语集成新疆卷．新疆生产建设兵团农二师分卷 / 农二师谚语集成编辑委员会编．—乌鲁木齐：新疆新华印刷二厂，1992.10.—132 页；20cm

I277.7/93c　中国谚语集成新疆卷．新疆生产建设兵团农六师分卷 / 农六师谚语集成编辑委员会编—五家渠：新疆五家渠印刷厂，1993.12.—191 页；20cm

I287.2/2011c　诗海拾贝 / 马惠平主编．—五家渠：新疆生产建设兵团出版社，2011.12.—212 页；22cm

I3/7　各国文学

I305/20104　天之业·郭庆人：一个军垦工业帝国的崛起之谜 / 刘冰，杨东，梁建春著．—北京：中国文化出版社，2010.4.—371 页；26cm

I313.86/20069　伊犁纪行 /（日）日野强著；华立译．—哈尔滨：黑龙江教育出版社，2006.9.—488 页；20cm

I351.4/858　探索楼兰之谜 / 屠国璧…[等] 著．—1985.8.—284 页；20cm

I518/20138　淡淡的书 / 王瑜著．—北京：中国文化出版社，2013.8.—165 页；20cm

I519/20139　而立之年 / 李龙著．—北京：中国文化出版社，2013.9.—158 页；20cm

I520/20139　给点阳光就灿烂 / 熊欣著．—北京：中国文化出版社，2013.9.—165 页；20cm

I522/20139　婆婆妈妈 / 宋晓亮著．—北京：中国文化出版社，2013.9.—210 页；20cm

I523/20139　生活莲莲看 / 何玉莲著．—北京：中国文化出版社，2013.9.—212 页；20cm

I524/20139　为脸负责 / 柳亚军著．—北京：中国文化出版社，2013.9.—467 页；20cm

I525/20139　艳之声 / 姚艳著．—北京：中国文化出版社，2013.9.—165 页；20cm

I526/20139　洋芋开花 / 张明娟著．—北京：中国文化出版社，2013.9.—206 页；20cm

I527/20139　走过，路过 / 孙健著．—北京：中国文化出版社，2013.9.—174 页；20cm

I542.9/2005c　天山路魂 / 库车天山公路段编委会编 .—乌鲁木齐：新疆人民出版社，2005.12.—245 页；24cm

J　艺术

J1　世界各国艺术概况

J12–4/20109　新疆美术教育 60 年 / 吴世宁著 .—乌鲁木齐：新疆人民出版社，2010.9.—385 页；26cm

J120.9/20063　西域艺术史 / 王嵘著 .—昆明：云南人民出版社，2006.3.—388 页；26cm

J120.9/20075　龟兹艺术之最 / 中子著 .—乌鲁木齐：新疆美术摄影出版社：新疆电子音像出版社，2007.5.—234 页；23cm.—走进新疆丛书

J120.9/2010c　丝绸之路楼兰艺术研究 / 李青著 .—乌鲁木齐：新疆人民出版社，2010.12.—298 页；26cm.—丝绸之路研究丛书

J120.9/2010c　丝绸之路艺术研究 / 仲高著 .—乌鲁木齐：新疆人民出版社，2010.12.—348 页；27cm.—丝绸之路研究丛书

J121/2004a　辉煌五十年：新疆生产建设兵团直属机关书法美术摄影展作品选集 / 中共新疆生产建设兵团直属机关工作委员会编 .—2004.10.—86 页；28cm

J121/2007c　弘扬兵团精神 再造兵团辉煌：新疆生产建设兵团直属机关第二届书法、摄影、美术作品选集 / 中共新疆生产建设兵团直属机关工作委员会编 .—2007.12.—96 页；26cm

J121/20096　与屯垦戍边事业共奋进：第三届兵团青少年文化艺术节获奖作品集 / 兵团团委，文明办，教育局编 .—2009.6.—76 页；26cm

J121/2010b　走进博尔塔拉：最美的还是我们新疆美术展作品集 /《最美的还是我们新疆：美丽的博尔塔拉美术作品展》编委会主编 .—乌鲁木齐：新疆美术摄影出版社，2010.11.—194 页；29cm

J121/2011a　石河子美术书法作品集 / 石河子文学艺术界联合会编 .—五家渠：新疆生产建设兵团出版社，2011.10.—162 页；31cm

J121/2013b　逐浪拾萃：石河子大学国家大学生文化素质教育基地教学成果作品集 / 石河子国家大学生文化素质教育基地编 .—五家渠：新疆生产建设兵团出版社，2013.11.—62 页；29cm

J2　绘画

J2/20034　两地墨缘：新疆生产建设兵团老年书画学会，湖北省襄樊市老年书画协会书画联展作品选集 / 左夫棠，胡树国主编 .—深圳：深圳南方印刷厂，2003.4.—68 页；20cm

J2/20047　情满绿洲：庆祝新疆生产建设兵团成立五十周年新疆生产建设兵团老年书画作品选集 / 新疆生产建设兵团老年书画学会编 .—2004.7.—113 页；20cm

J2/20056　戍边新苗 / 徐秀芝，姜晓龙等主编 .—乌鲁木齐：新疆兵团印刷厂，2005.6.—58 页；26cm

J2/2006a　我与祖国共奋进：第二届兵团青少年文化艺术节获奖作品集/蔡子童主编 .—2006.10.—84 页；26cm

J22/85　新疆行 / 卜维勤编 .—北京：人民美术出版社，1985.—151 页；26cm

J221/20065　沙漠玫瑰 / 阿不都热合曼・艾白，王敏主编 .—乌鲁木齐：新疆人民出版社，2006.5.—137 页；20cm.—新疆肖像文库

J221/20065　超海诗竹画丛辑 / 王超海著 .—乌鲁木齐：新疆电子音像出版社，2006.5.—

4册（946页）；26cm

J221.45/20038　边魂：董振堂兵团人水墨系列作品集 / 董振堂绘 .—乌鲁木齐：新疆美术摄影出版社，2003.8.—77页；26cm

J222/20011　《塔里木人写真》画册 / 廖周炎主编 .—广东：雅图国际美术出版社，2001.1.—130页；20cm

J222.7　于云涛——西域风情：中国水墨人物画 / 于云涛作 .—33页；26cm

J222.7/2004c　牛志耕书法 / 牛志耕书 .—北京：国际文化出版公司，2004.12.—38页；20cm.—中国实力派书法家

J222.7/20098　石河子大学书画集 / 吴新平主编 .—五家渠：新疆生产建设兵团出版社，2009.8.—93页；23cm.—庆祝石河子大学建校60周年系列丛书

J224/2011c　韩世品速写 / 韩世品著 .—五家渠：新疆生产建设兵团出版社，2011.12.—97页；24×25cm

J227/93c　新疆黑白版画 /《新疆黑白版画》编委会编 .—乌鲁木齐：新疆美术摄影出版社，1993.12.—121页；20cm

J227/2007b　孙宗礼版画集 / 孙宗礼编 .—乌鲁木齐：新疆美术摄影出版社，2007.11.—88页；27cm

J292　乐在其中：农四师机关老年书画学会书法习作选 . 第一辑 / 农四师机关老年书画学会 .—66页；26cm

J292/919　丝绸之路与中国书法艺术：西域书法史纲 / 王乃栋著 .—乌鲁木齐：新疆人民出版社，1991.9.—146页；20cm

J292/99a　王兆法石刻选 / 新疆生产建设兵团农四师文联编 .—博乐：新疆博乐市印刷厂，1999.10.—122页；26cm

J292/2000b　墨海扬帆：新疆生产建设兵团老年书画作品选集 / 左夫棠主编 .—深圳：深圳每日广告设计有限公司，2000.11.—112页；26cm

J292/20019　金荣华书法作品选 / 金荣华书 .—乌鲁木齐：新疆人民出版社，2001.9.—69页；26cm

J292/2002c　沈国钦书画集 / 北京东方神州书画院编 .—北京：华夏文化艺术，2002.12.—30页；26cm

J292.11/20018　吴登云的情感世界：窦新国书法作品集 / 窦新国著 .—乌鲁木齐：新疆人民出版社，2001.8.—107页；26cm

J292.2/954　金荣华书法作品集 / 金荣华著 .—乌鲁木齐：新疆人民出版社，1995.4.—173页；26cm

J292.28/2005c　阿克苏地区文联书协会员作品选集 /《阿克苏地区文联书协会员作品选集》编委会编 .—2005.12.—130页；26cm

J292.28/20078　陈克勤小楷作品集 / 陈克勤书 .—五家渠：新疆生产建设兵团出版社，2007.8.—60页；26cm

J292.28/20101　石河子赋 / 王希科著 .—五家渠：新疆生产建设兵团出版社，2010.1.—33页；20cm

J292.3/2006b　新疆维吾尔自治区社会主义新农村建设书法展览作品集 / 新疆维吾尔自治区书法家协会编 .—2006.11.—154页；26cm

J292.3/20077　中国新疆·韩国书法交流展作品集 / 新疆书法家协会编 .—乌鲁木齐：新疆美术摄影出版社，2007.7.—121页；26cm

J3　雕塑

J32/99a　张文阁大漠土艺 / 张文阁著 .—乌鲁木齐：新疆人民出版社，1999.10.—49页；26cm

J4　摄影艺术

J405.2/20098　摄影文化与摄影家研究 / 雷

茂奎著 .—乌鲁木齐：新疆人民出版社，2009.8.—434 页；26cm

J421　古道丰源招商项目 /《古道丰源招商项目》编写组编 .—38 页；20cm

J421　阿拉尔市资源介绍 /[责任者不详].—30 页；26cm

J421　阿拉尔市投资指南 /[责任者不详].—58 页；26cm

J421　新疆 · 阿勒泰投资指南 / 新疆阿勒泰地区行政公署编 .—59 页；26cm

J421　新疆特色农业 /《新疆特色农业》编委会编 .—深圳：深圳海天出版公司 .—44 页；26cm

J421　创业的历程 / 第一汽车制造厂史志编纂室编 .—117 页；26cm

J421　今日寨口 / 王秋生编著 .—10 页；20cm

J421　肖尔布拉克之恋 /《肖尔布拉克之恋》编写组编 .—36 页；20cm

J421　蓬勃发展的一二一团教育事业 / 新疆兵团农八师一二一团教育中心编辑 .—1 册；20cm

J421　哈密农垦之光：兵团哈密农场管理局五十年掠影 / 哈管局党委宣传部 .—广州：广州中汇实业彩印公司 .—50 页；28cm

J421　石河子是一首最美的歌 / 宋士敬…[等] 摄影 .—44 页；26cm

J421　伊犁河谷南岗人 / 新疆伊犁南岗建材有限责任公司 .—8 页；26cm

J421　阿山第一团：庆祝一八一团建团五十周年 / 农十师一八一团 .—49 页；28cm

J421　拓展绿洲 / 新疆生产建设兵团农一师农业综合开发办公室编 .—24 页；26cm

J421　艾瑞斯：中国西部升腾的靓丽彩虹 / 新疆西域彩棉股份有限公司 .—12 页；29cm

J421/847　克孜勒苏 /《克孜勒苏》编委会 .—上海：上海印刷厂，1984.7.—146 页；23cm

J421/866　天山凯歌：新疆维吾尔自治区三十周年纪念画册 / 新疆维吾尔自治区三十周年纪念画册编辑委员会编 .—1986.6.—243 页；28cm

J421/876　瀚海新图：新疆生产建设兵团建设事业 / 新疆生产建设兵团建设局 .—乌鲁木齐：新疆人民出版社，1987.6.—141 页；29cm

J421/889　人民战争必胜：抗日战争中的晋察冀摄影集 / 晋察冀文艺研究会编 .—沈阳：辽宁美术出版社，1988.9.—342 页；24cm

J421/88a　伊犁哈萨克自治州经济画册 / 伊犁哈萨克自治州党委宣传部编 .—奎屯：伊犁自治州人民出版社，1988.10.—134 页；26cm

J421/89　北疆铁路建设掠影 /《北疆铁路建设掠影》画册编辑委员会 .1989.—52 页；28cm

J421/899　西线后勤风采 / 新疆军区后勤部政治部 .—北京：长城出版社，1989.9.—194 页；28cm

J421/89c　新疆建设：1949—1989/ 新疆维吾尔自治区城乡建设环境保护厅编 .—北京：中国城市经济社会出版社，1989.12.—160 页；29cm

J421/89c　乌鲁木齐城市建设画册 /《乌鲁木齐城市建设画册》编委会编 .—香港：金马广告公司，1989.12.—170 页；28cm

J421/904　绿洲：前进中的新疆生产建设兵团 /《绿洲》画册编辑委员会 .—1990.4.—191 页；32cm

J421/909　戈壁绿涛：中国 · 新疆 · 石河子总场：1950—1990/ 李文厚编 .—乌鲁木齐：新疆摄影艺术出版社，1990.9.—108 页；26cm

J421/919　新疆工人/新疆维吾尔自治区总工会编.—北京：中国工人出版社，1991.9.—90页；28cm

J421/92　一九九二年农一师参加乌洽会图片集/《一九九二年农一师参加乌洽会图片集》编委会.—1992.—12页；26cm

J421/92　伊犁垦区：1952—1992/谢睦森主编.—香港：香港联合出版社，1992.—70页；28cm

J421/92　石河子大学/《石河子大学》画册编委会编.—1992.—32页；26cm

J421/92b　亚欧大陆桥/《亚欧大陆桥》画册编委会.—长春：吉林美术出版社，1992.11.—279页；28cm

J421/93b　血沃天山：献给为新疆革命建设牺牲的英烈们/新疆维吾尔自治区民政厅编.—乌鲁木齐：新疆人民出版社，1993.11.—82页；26cm

J421/93c　王震/中共中央文献研究室，新华通讯社，中华人民共和国农业部编.—北京：中央文献出版社，1993.12.—267页；35cm

J421/94　兵团成立四十年农一师成果展览图片集：1994/《兵团成立四十年农一师成果展览图片集》编委会.—1994.—12页；26cm

J421/946　科技兴国.新疆卷/《科技兴国.新疆卷》编委会编.—北京：中国科学技术出版社，1994.6.—137页；29cm

J421/948　大业千秋：新疆生产建设兵团40年：1954—1994/新疆生产建设兵团党委宣传部编辑.—乌鲁木齐：新疆美术摄影出版社，1994.8.—132页；29cm

J421/948　新疆生产建设兵团物资画册/新疆生产建设兵团物资画册编委会编辑.—乌鲁木齐：新疆美术摄影出版社，1994.8.—113页；26cm

J421/94a　绿洲礼花：新疆生产建设兵团成立40周年活动纪念册/新疆生产建设兵团党委宣传部.—深圳：华太彩色印务（深圳）有限公司，1994.10.—138页；20cm

J421/95　绿洲金盾/绿洲金盾编委会编.—1995.—34页；26cm

J421/956　塔里木壮歌/新疆生产建设兵团农业建设第一师.—乌鲁木齐：新疆美术摄影出版社，1995.6.—160页；28cm

J421/958　开拓画册.第一册/中共新疆维吾尔自治区委员会党史研究室编.—乌鲁木齐：新疆美术摄影出版社，1995.8.—242页；26cm

J421/958　绿染新疆/新疆维吾尔自治区林业厅.—乌鲁木齐：新疆美术摄影出版社，1995.8.—165页；28cm

J421/958　新疆妇女风采/《新疆妇女风采》编辑委员会.—乌鲁木齐：新疆美术摄影出版社，1995.8.—190页；28cm

J421/959　新疆水利四十年/《新疆水利四十年》画册编委会编.—乌鲁木齐：新疆美术摄影出版社，1995.9.—110页；26cm

J421/959　中国新疆·伊吾/孙文学摄影.—1995.9.—8页；28cm

J421/961　喀什噶尔屯垦：新疆生产建设兵团农业建设第三师30年：1966—1996/新疆生产建设兵团农三师编.—乌鲁木齐：新疆美术摄影出版社，1996.1.—89页；26cm

J421/962　西长城：新疆生产建设兵团林业建设/新疆生产建设兵团林业局编辑.—乌鲁木齐：新疆美术摄影出版社，1996.2.—137页；26cm

J421/964　光辉节日/庆祝新疆维吾尔自治区成立四十周年筹备委员会编.—乌鲁木齐：新疆美术摄影出版社，1996.4.—163页；35cm

J421/964　伊犁哈萨克自治州/《伊犁哈萨

克自治州》画册编委会编辑 .—乌鲁木齐：新疆美术摄影出版社，1996.4.—110 页；29cm

J421/967　开拓画册 . 第二辑 / 中共新疆维吾尔自治区委员会党史研究室 .—乌鲁木齐：新疆美术摄影出版社，1996.7.—158 页；26cm

J421/968　石河子 / 新疆石河子市人民政府编 .—新疆装璜印刷厂，1996.8.—66 页；26cm

J421/968　石河子 / 石河子党委宣传部编 .—乌鲁木齐：新疆美术摄影出版社，1996.8.—66 页；20cm

J421/96c　军垦战歌 . 上 / 兵团党委宣传部，兵团文化局编 .—深圳：深圳市海天出版印务公司，1996.12.—96 页；26cm

J421/976　新疆百花村股份有限公司 /《新疆百花村股份有限公司》画册编委会编 .—1997.6.—20 页；26cm

J421/978　新疆农垦科技：新疆生产建设兵团科学技术事业 / 新疆生产建设兵团科学技术委员会 .—乌鲁木齐：新疆美术摄影出版社，1997.8.—144 页；28cm

J421/979　戈壁明珠——石河子 /《戈壁明珠——石河子》编辑委员会编 .—北京：中国统计出版社，1997.9.—95 页；26cm.—发展中的新疆城市

J421/97a　辉煌岁月：前进中的新疆生产建设兵团农七师 / 新疆生产建设兵团农七师编 .—每日广告公司，1997.10.—158 页；29cm

J421/97b　绿洲明珠炮台：新疆兵团农八师一二一团 /《绿洲明珠炮台》画册编委会 .—1997.11.—54 页；28cm

J421/97c　柱石：新疆政法风采录 /《柱石》画册编辑委员会 .—乌鲁木齐：新疆美术摄影出版社，1997.12.—182 页；26cm

J421/97c　迈向 21 世纪的新疆生产建设兵团 / 新疆生产建设兵团党委宣传部，甘肃飞天文化传播有限公司编 .—深圳：海天出版社，1997.12.—343 页；28cm

J421/98c　面向新世纪的阿克苏 / 甘肃飞天文化传播有限公司编 .—乌鲁木齐：新疆人民出版社，1998.12.—281 页；26cm.—中国西部新世纪系列丛书

J421/99　幸福之路 / 乌鲁木齐铁路局编 .—乌鲁木齐：新疆铁道报社，1999.—61 页；28cm

J421/991　风景这边独好：中国新疆生产建设兵团农四师四十五年 /《风景这边独好》画册编委会编 .—深圳：深圳沙头角广告公司印刷厂，1999.1.—123 页；28cm

J421/993　新疆解放 / 中共新疆维吾尔自治区委员会党史研究室 .—乌鲁木齐：新疆美术摄影出版社，1999.3.—207 页；28cm

J421/994　播种文明：汉维文对照 /《播种文明》画册编委会 .—乌鲁木齐：新疆美术摄影出版社，1999.4.—129 页；28cm

J421/998　华夏名州：巴音郭楞 / 中共巴音郭楞州委宣传部编 .—乌鲁木齐：新疆美术摄影出版社，1999.8.—95 页；28cm

J421/999　群星耀边陲：庆祝新疆生产建设兵团农十师成立 40 周年 /《群星耀边陲》编委会编 .—1999.9.—131 页；26cm

J421/99a　神奇的绿洲 / 新疆生产建设兵团农二师编委会 .—深圳：深圳市盐田广告有限公司印刷厂，1999.10.—56 页；28cm

J421/99b　新疆生产建设兵团水利画册：1949—1999/《新疆生产建设兵团水利画册》编辑委员会 .—乌鲁木齐：新疆人民出版社，1999.11.—126 页；28cm

J421/2000　今日农垦七十五团 /[责任者不详].—2000.—1 册；26cm

J421/2000　2000 年乌鲁木齐对外经济贸易

洽谈会会刊/新天国际葡萄酒业有限公司.—2000.—44 页；26cm

J421/20001　世纪流芳：献给继往开来的二十一世纪.上册/新疆作家协会编.—北京:中国文联出版公司，2000.1.—338 页；28cm

J421/20007　新疆行：走进令人神往的宝地/孙家斌主编.—乌鲁木齐: 新疆人民出版社，2000.7.—127 页；28cm

J421/2000c　今日新疆巡礼/新疆作家协会百瑞文化中心编.—乌鲁木齐：新疆人民出版社，2000.12.—217 页；26cm

J421/2001　阿合齐辉煌 50 年：热烈祝贺农四师七十一团屯垦新源 50 年/《阿合齐辉煌 50 年》编委会编.—2001.—35 页；26cm

J421/20011　中国新疆民俗大观：中英文对照/新疆美术摄影出版社编.—乌鲁木齐：新疆美术摄影出版社，2001.1.—125 页；26cm

J421/20011　中国新疆民俗大观：中日文对照/新疆美术摄影出版社编.—乌鲁木齐：新疆美术摄影出版社，2001.1.—125 页；26cm

J421/20011　劳动 神圣的创造，保障 社会的支撑：新疆生产建设兵团劳动保障系统摄影作品集/丰收主编.—深圳：深圳市盐田广告有限公司，2001.1.—100 页；29cm

J421/20011　新疆生产建设兵团劳动保障系统摄影作品集/《新疆生产建设兵团劳动保障系统摄影作品集》编委会编.—2001.1.—100 页；26cm

J421/20011　瀚海明珠桃花镇/《瀚海明珠桃花镇》画册编委会编.—2001.1.—63 页；26cm

J421/20016　历史的丰碑/中共新疆维吾尔自治区委员会党史研究室编.—乌鲁木齐：新疆人民出版社，2001.6.—257 页；26cm

J421/20018　天康生物/新疆天康畜牧生物技术股份有限公司编.—2001.8.—7 页；26cm

J421/20019　奔腾不息的巴音沟河/《奔腾不息的巴音沟河》编委会.—2001.9.—32 页；29cm

J421/20019　火红的七月：兵团第五届职工业余文艺会演/《火红的七月》编委会编.—深圳：深圳市佳正航设计制版有限公司，2001.9.—90 页；28cm

J421/2001a　孔雀开屏的地方/新疆生产建设兵团农二师二十九团.—2001.10.—56 页；28cm

J421/2001a　开拓者之歌/《开拓者之歌》编委会.—深圳：深圳市蓝星艺术印刷有限公司，2001.10.—227 页；28cm

J421/2001a　戍边青年/《戍边青年》编辑委员会.—深圳：深圳市佳正航包装设计有限公司，2001.10.—36 页；28cm

J421/2001b　红星闪闪：庆祝红星一场建场 50 周年/新疆生产建设兵团红星一场.—2001.11.—25 页；28cm

J421/2001c　岁月长歌：新疆生产建设兵团农六师屯垦戍边纪实：1949—2001/《岁月长歌》画册编辑委员会.—五家渠：新疆五家渠农六师印刷厂，2001.12.—148 页；26cm

J421/2002　阿力玛里辉煌历程四十年：新疆兵团农四师六十一团 40 年：1962—2002/《阿力玛里辉煌历程四十年》编委会编.—2002.—1 册；26cm

J421/2002　朝阳的事业：新疆维吾尔自治区质量技术监督局五周年巡礼：1996—2001/《朝阳的事业》编委会编.—贝尔彩色制版印刷公司，2002.—185 页；26cm

J421/2002　供销风采：新疆生产建设兵团农七师供销合作总公司十周年纪念：1999—2001/《供销风采》编委会.—深圳：深圳博

彩印刷有限公司，2002.—36 页；26cm

J421/20023　伊力特世界 / 新疆伊力特实业股份有限公司 .—2002.3.—76 页；29cm

J421/20028　西部丰碑：石河子总场 · 石河子市北泉镇/《西部丰碑》画册编辑委员会 .—深圳市五丰纸制品有限公司南湖印刷厂，2002.8.—141 页；28cm

J421/20028　光荣与梦想：农四师工会 1996—2002 年发展回眸 / 农四师工会 .—2002.8.—24 页；26cm

J421/20028　在那遥远的地方——那拉提 / 新源县旅游局编 .—乌鲁木齐：新疆人民出版社，2002.8.—60 页；20cm

J421/2002b　戈壁绿洲: 东野镇 /《戈壁绿洲》画册编委会 .—石河子：石河子市天发广告装饰有限公司，2002.11.—61 页；28cm

J421/2002c　工一师图志 / 工一师史志编纂委员会编 .—乌鲁木齐：新疆地矿彩印厂，2002.12.—175 页；20cm.—新疆生产建设兵团史志丛书

J421/20036　草原明珠：庆祝紫泥泉种羊场建场五十周年 /《草原明珠》画册编委会 .—2003.6.—101 页；28cm

J421/2003b　前进中的一三六团 /《前进中的一三六团》画册编委会 .—石河子：石河子市天发广告装饰有限公司，2003.11.—63 页；28cm

J421/2004　阿克苏市投资指南 /[责任者不详].—2004.—60 页；26cm

J421/2004　兵团政法：1954—2004/ 兵团党委政法委员会，兵团社会治安综合治理委员会 .—2004.—204 页；29cm

J421/2004　二〇〇四年初一〇二团八一水库管涌各连队受灾情况图片资料 / 农六师一〇二团 .—2004.—7 页；26cm

J421/20041　多彩新疆 / 张天羽啸编 .—北京：北京科学技术出版社，2004.1.—210 页；20cm

J421/20045　塔里木大学：更名特刊 /《塔里木大学》编委会编 .—2004.5.—48 页；28cm

J421/20046　锦绣伊犁 / 赵承安著 .—北京：中国旅游出版社，2004.6.—123 页；26cm

J421/20049　幸福滩：庆贺新疆生产建设兵团二十二团五十周年：1954—2004/ 二十二团 .—乌鲁木齐：乌鲁木齐市云洁文化传播有限公司，2004.9.—67 页；28cm

J421/2004a　不朽丰碑：新疆生产建设兵团成立五十周年农十师成立四十五周年 / 汪永瑚著 .—乌鲁木齐：新疆电子出版社，2004.10.—61 页；28cm

J421/2004a　美丽的博尔塔拉 / 博尔塔拉蒙古自治州旅游局编 .—乌鲁木齐：新疆人民出版社，2004.10.—74 页；26cm

J421/2005　走进新疆生产建设兵团 / 中共新疆生产建设兵团委员会宣传部 .—乌鲁木齐：2005.—20 页；28cm

J421/2005　抢险救灾重建家园：新疆生产建设兵团农六师五家渠市 2004 年一〇二团抢险救灾重建家园纪念册 / 农六师师市党委办公室，师市党委宣传部，师市党委党史研究室编 .—乌鲁木齐：乌鲁木齐网典方正多媒体制作有限公司，2005.—26 页；28cm

J421/2005　金色奎屯：热烈庆祝奎屯市成立 30 周年: 1975—2005/ 中共奎屯市委员会，奎屯市人民政府 .—2005.—64 页；28cm

J421/2005　中国彩棉之路 / 新疆中国彩棉（集团）股份有限公司 .—2005.—34 页；26cm

J421/20051　《兵团风光》画册 / 廖周炎编 .—香港：香港天马出版有限公司，2005.1.—141 页；20cm

J421/20055　辉煌五十年：新疆维吾尔自治区工商联合会成立五十周年纪念 / 新疆维吾

尔自治区工商联合会编.—2005.5.—149页；26cm

J421/20057　张学芳油画集/张学芳著.—乌鲁木齐：新疆人民出版社，2005.7.—55页；26cm

J421/20059　八师石河子市“九五”—“十五”项目建设成就回顾/《八师石河子市“九五”—“十五”项目建设成就回顾》画册编委会.—2005.9.—170页；28cm

J421/20059　新疆卫生事业50年：1955—2005/新疆维吾尔自治区卫生厅编.—2005.9.—179页；26cm

J421/20059　新疆50年摄影作品集/新疆摄影家协会编.—乌鲁木齐：新疆美术摄影出版社，2005.9.—146页；26cm

J421/2005b　辉煌三十年：2005/石河子当代研究会编.—乌鲁木齐：新疆科学技术出版社，2005.11.—124页；26cm

J421/2006　兵团星火计划与科技扶贫/《兵团星火计划与科技扶贫》纪念画册编委会.—2006.12.—72页；26cm

J421/20065　魅力水磨沟：庆祝乌鲁木齐市水磨沟区建区五十周年/中共乌鲁木齐市水磨沟区委员会，乌鲁木齐水磨沟区人民政府.—乌鲁木齐：乌鲁木齐三丰印务有限公司，2006.5.—83页；26cm

J421/20065　漂泊的镜头/沈桥，南子主编.—乌鲁木齐：新疆人民出版社，2006.5.—181页；26cm.—新疆肖像文库

J421/20065　和谐·伊犁文化央行·巡礼：中国人民银行伊犁州中心支行职工摄影、书画、文学作品集/郭庆祥编.—乌鲁木齐：新疆人民出版社，2006.5.—169页；26cm

J421/20068　石河子大学/石河子大学党委宣传部.—2006.8.—22页；28cm

J421/2006a　基石：新疆机关党建巡礼/自治区直属机关工委编.—乌鲁木齐：新疆人民出版社，2006.10.—137页；26cm

J421/2006a　叶尔羌风情：郑掷民俗风情摄影作品集/付爱琴主编.—乌鲁木齐：新疆电子出版社，2006.10.—95页；26cm

J421/2007　新疆导游/居建新摄影.—乌鲁木齐：新疆电子音像出版社，2007.—159页；14cm.—《精彩新疆》系列/于文胜主编

J421/2007　中国新疆五家渠画册/新疆生产建设兵团农业建设第六师编.—2007.—1册；26cm

J421/20073　百名中外摄影家镜头中的“四季新疆”/中国国务院新闻办公室编.—北京：五洲传播出版社，2007.3.—293页；27cm

J421/2007b　图木舒克市成立五周年纪念画册/图木舒克市人民政府.—2007.11.—108页；28cm

J421/2008　石河子大学商学院/问云峰主编.—深圳：深圳市佳正航包装有限公司，2008.—24页；21cm

J421/2008　西部绿色明珠哈巴河/《西部绿色明珠哈巴河》编委会.—深圳：深圳市金豪毅彩色印刷有限公司，2008.—125页；22cm

J421/2008　先行者之歌/《先行者之歌》编委会.—2008.—31页；29cm

J421/2008　中国·新疆准噶尔明珠福海/新疆福海县旅游局编.—2008.—79页；26cm

J421/2008　五家渠/新疆生产建设兵团农六师.—2008.—16页；26cm

J421/2008　和谐奋进的一〇四团：新疆生产建设兵团农十二师一〇四团50年华诞志庆/农十二师一〇四团.—乌鲁木齐：新疆华之媒传媒有限公司，2008.—53页；21cm

J421/20081　读图走奇台/中共奇台县委，奇台县人民政府.—深圳：深圳市金豪毅彩色印刷有限公司，2008.1.—126页；28cm

J421/20084　情系我的兄弟姐妹 / 新疆生产建设兵团残疾人联合会编 .—2008.4.—92 页；28cm

J421/20085　和谐之韵：前进中的兵团法院 /《和谐之韵》编委会编 .—北京：北京野马阳光文化有限公司新疆分公司，2008.5.—104 页；28cm

J421/20087　永远的新疆情：刘格摄影集 / 刘格 .—五家渠：新疆生产建设兵团出版社，2008.7.—126 页；26cm

J421/2009　北亭情：热烈庆祝二二二团成立五十周年 / 兵团二二二团史志编纂委员会编 .—2009.—65 页；28cm

J421/20091　魅力新疆兵团：西部边境 / 李春林摄 .—乌鲁木齐：新疆美术摄影出版社：新疆电子出版社，2009.1.—179 页；26cm

J421/20096　与屯垦戍边事业共奋进 / 共青团新疆生产建设兵团委员会 .—2009.6.—46 页；26cm

J421/20098　中国人民解放军二十二兵团领导办公居住旧址 / 新疆生产建设兵团农垦博物馆编辑委员会编 .—五家渠：新疆生产建设兵团出版社，2009.8.—135 页；26cm

J421/20102　大业千秋：新疆生产建设兵团庆祝中华人民共和国成立 60 周年成就摄影展 / 新疆生产建设兵团文联编 .—五家渠：新疆生产建设兵团出版社，2010.2.—175 页；26cm

J421/20105　深沉大爱献边疆：新疆生产建设兵团工会庆贺新中国 60 周年华诞职工摄影作品集 / 黄炜主编 .—五家渠：新疆生产建设兵团出版社，2010.5.—267 页；25cm

J421.8/919　难忘的历程：袁国祥 42 年军旅摄影作品选 / 袁国祥 .—乌鲁木齐：新疆美术摄影出版社，1991.9.—170 页；26cm

J421.8/20051　朱国柱摄影作品集 / 新疆维吾尔自治区农八师石河子总场编 .—乌鲁木齐：新疆电子音像出版社，2005.1.—104 页；28cm

J426.45/915　党的光辉照喀什 / 中共喀什地委宣传部编 .—乌鲁木齐：新疆美术摄影出版社，1991.5.—104 页；26cm

J421.45/2001c　情凝天山：刘春池新疆风情摄影作品集 / 刘春池摄 .—乌鲁木齐：新疆人民出版社，2001.12.—90 页；26cm

J421.8/20087　黎明摄影手记 /《黎明摄影手记》编写组编 .—乌鲁木齐：新疆美术摄影出版社，2008.7.—2 册（290 页）；26cm

J429.1/2008c　杨克勤摄影作品选 / 杨克勤著 .—五家渠：新疆生产建设兵团出版社，2008.12.—183 页；20cm

J5　工艺美术

J522.8/20066　哈萨克传统图案 / 巴哈提 · 阿力布拉提编 .—乌鲁木齐：新疆青少年出版社，2006.6.—162 页；29cm

J523.5/83　新疆维吾尔民间花帽图案集 /《新疆维吾尔民间花帽图案集》编委会编 .—乌鲁木齐：新疆人民出版社，1983.—152 页；20cm

J525/974　西域装饰艺术 / 万新君著 .—乌鲁木齐：新疆人民出版社，1997.4.—122 页；19cm

J528/20064　哈萨克民间图案集 / 夏坎编 .—乌鲁木齐：新疆美术摄影出版社，2006.4.—224 页；26cm

J6　音乐

J604.6/20094　表演艺术研究 / 张欢主编 .—乌鲁木齐：新疆人民出版社，2009.4.—491 页；26cm.—双重乐感的理论与实践

J607/20094　新疆民族音乐教育研究 / 张欢主编 .—乌鲁木齐：新疆人民出版社，2009.4.—556 页；26cm.—双重乐感的理论与实践

J607.2/20094　新疆民族音乐研究：走进田野/张欢主编.—乌鲁木齐: 新疆人民出版社，2009.4.—580 页；26cm.—双重乐感的理论与实践

J607.2/20094　新疆民族音乐研究历史与文献/张欢主编.—乌鲁木齐: 新疆人民出版社，2009.4.—390 页；26cm.—双重乐感的理论与实践

J607.2/20094　维吾尔族传统音乐文化/周吉著.—乌鲁木齐：新疆人民出版社，2009.4.—156 页；26cm.—双重乐感的理论与实践

J607.21/20087　新疆故事：木卡姆/韩子勇著.—乌鲁木齐：新疆人民出版社，2008.7.—155 页；24cm

J607.21/20099　哈密木卡姆/哈密地区非物质文化遗产保护中心编.—乌鲁木齐：新疆人民出版社，2009.9.—178 页；30cm

J607.215/20051　木卡姆/周吉著.—杭州：浙江人民出版社，2005.1.—224 页；25cm

J609.2/20069　西域音乐史/宋博年著.—乌鲁木齐：新疆人民出版社，2006.9.—418 页；24cm

J609.2/2010c　丝绸之路音乐研究/宋博年，李强著.—乌鲁木齐：新疆人民出版社，2010.12.—382 页；27cm.—丝绸之路研究丛书

J616.2/2009c　丝路西域漫回音/董光军著.—北京：中央文献出版社，2009.12.—240 页；24cm

J624/20097　绿色的歌：黄彦歌曲选集/黄彦著.—香港: 名人出版社，2009.7.—250 页；21cm

J64/20057　举杯祝贺：安静作词歌曲选/安静著.—乌鲁木齐：新疆电子音像出版社，2005.7.—269 页；20cm

J641/97a　王洛宾歌曲选/王洛宾著.—北京：解放军出版社，1997.10.—135 页；20cm

J641/2009a　石河子之歌音乐作品集：石河子，军垦儿女心中的歌/石河子市委宣传部主编.—五家渠：新疆生产建设兵团出版社，2009.10.—195 页；20cm

J642/818　天山歌曲选/中国音乐家协会新疆维吾尔自治区分会编.—乌鲁木齐：新疆人民出版社，1981.8.—176 页；20cm

J642/84c　送你一束沙枣花：歌曲集/新疆生产建设兵团政治部宣传部编.—北京：人民音乐出版社，1984.12.—176 页；20cm

J642/91c　未来世界属于我/徐晓明曲.—乌鲁木齐：新疆青少年出版社，1991.12.—248 页；20cm

J642/948　生日的祝贺：献给新疆生产建设兵团成立四十周年/新疆生产建设兵团音乐家协会编.—乌鲁木齐：新疆人民出版社，1994.8.—170 页；20cm

J642/96c　情满准噶尔：农六师职工自创歌曲集/新疆生产建设兵团农六师工会编.—1996.12.—178 页；20cm

J642/97c　最美的还是我们新疆：新疆名歌选/张遇良主编.—乌鲁木齐：新疆美术摄影出版社，1997.12.—282 页；19cm

J642/984　准噶尔放歌/易传江主编.—乌鲁木齐：新疆青少年出版社，1998.4.—129 页；20cm.—农七师史志丛书

J642/20002　新疆好歌精选/陈永莉主编.—乌鲁木齐：新疆人民出版社，2000.2.—108 页；20cm

J642/20041　丝路情歌/王洛宾著.—乌鲁木齐：新疆人民出版社，2004.1.—107 页；26cm

J642/20044　我是新疆人/杨伟著.—乌鲁木齐：新疆人民出版社，2004.4.—44 页；19cm

J642/2004b　不断的歌声：任友志歌曲集 / 田永康主编 .—乌鲁木齐：新疆电子音像出版社，2004.11.—238 页；20cm

J642/2004c　天籁之韵：天籁音乐村音乐作品选之一 / 陈磊主编 .—阿图什：克孜勒苏柯尔克孜文出版社；乌鲁木齐：新疆电子出版社，2004.12.—303 页；20cm

J642/2004c　花开花落别样红：天籁音乐村音乐作品选之二 / 陈磊主编 .—阿图什：克孜勒苏柯尔克孜文出版社；乌鲁木齐：新疆电子出版社，2004.12.—303 页；20cm

J642/20053　军垦之歌：歌曲集 / 农八师工会编著 .—乌鲁木齐：新疆人民出版社，2005.3.—176 页；20cm

J642/20059　瀚海歌啸 / 中共乌鲁木齐市委宣传部,乌鲁木齐市文学艺术界联合会编 .—乌鲁木齐：新疆人民出版社，2005.9.—195 页；20cm

J642/20089　塔河源头我的家：夏明创作歌曲集 / 夏明著 .—乌鲁木齐：新疆美术摄影出版社，2008.9.—127 页；21cm

J642.2/20048　阿克苏民歌 /《丝路龟兹行》编委会编 .—乌鲁木齐：新疆人民出版社，2004.8.—183 页；20cm.—丝路龟兹行丛书

J642.2/20064　新疆民歌精选：达坂城的姑娘 / 崔旋，刘丹编 .—乌鲁木齐：新疆人民出版社，2006.4.—115 页；20cm

J642.2/2010c　新疆经典民歌 / 崔旋，刘丹主编 .—乌鲁木齐：新疆人民出版社，2010.12.—145 页；26cm

J642.22/20035　歌声中的新疆 / 晓犁编 .—乌鲁木齐：新疆人民出版社，2003.5.—120 页；16cm.—了解新疆认识新疆丛书 / 舒怀

J648/20068　柯尔克孜民间乐曲集 / 买买提珠马・买买提阿昆主编 .—乌鲁木齐：新疆科学技术出版社，2006.8.—573 页；23cm

J7　舞蹈

J709.1/2010c　丝绸之路乐舞艺术研究 / 金秋著 .—乌鲁木齐：新疆人民出版社，2010.12.—308 页；27cm

J722/20116　炫舞天山：第二届中国新疆国际民族舞蹈节论文集 / 新疆维吾尔自治区文化厅，新疆维吾尔自治区艺术研究所编 .—乌鲁木齐：新疆美术摄影出版社，2011.6.—349 页；24cm

J8　戏剧、曲艺、杂技艺术

J809.2/2010c　丝绸之路戏曲研究 / 陆晖著 .—乌鲁木齐：新疆人民出版社，2010.12.—250 页；27cm

J809.2/2010c　丝绸之路戏剧文化研究 / 李强著 .—乌鲁木齐：新疆人民出版社，2010.12.—394 页；26cm

J81/998　万方乐奏 / 赵文定主编 .—乌鲁木齐：新疆人民出版社，1999.8.—444 页；20cm

J825.45/20127　新疆曲子在呼图壁的传承与发展 / 宋振迪主编 .—五家渠：新疆生产建设兵团出版社，2012.7.—316 页；26cm

J9　电影、电视艺术

J90/20118　新疆广播影视传播效果 / 张允著 .—乌鲁木齐：新疆美术摄影出版社，2011.8.—199 页；24cm

J943/2011b　新视界：乌鲁木齐社区公益电影放映工程纪实 / 朱惠鹏主编 .—乌鲁木齐：新疆科学技术出版社，2011.11.—2 册（875 页）；23cm

K　历史、地理

K2　中国史

K2/904　中国屯垦史 / 杨向奎，张政烺，

孙言诚著.—北京：中国农业出版社，1990.4.—3册（1013页）；20cm

K203/968 丝绸之路与龟兹历史文化/苏北海著.—乌鲁木齐：新疆人民出版社，1996.8.—642页；20cm.—丝绸之路研究丛书；10

K203/98a 丝绸之路人口问题研究/袁祖亮主编.—乌鲁木齐：新疆人民出版社，1998.10.—297页；20cm.—丝绸之路研究丛书；13

K203/20004 西域文化的回声/王嵘著.—乌鲁木齐：新疆青少年出版社，2000.4.—354页；20cm

K203/20066 文化的绿洲：丝路语言与西域文明/牛汝极等著.—乌鲁木齐：新疆人民出版社，2006.6.—341页；26cm

K203/2006a 丝绸之路：中国—波斯文化交流史/（法）阿里·玛扎海里著；耿昇译.—乌鲁木齐：新疆人民出版社，2006.10.—473页；26cm.—中亚历史文化翻译丛书

K203/2008a 丝绸之路2000年/（英）吴芳思著.—济南：山东画报出版社，2008.10.—242页；23cm

K203/20104 丝绸之路/（瑞典）斯文·赫定著；江红，李佩娟译.—乌鲁木齐：新疆人民出版社，2010.4.—309页；20cm.—西域探险考察大系/杨镰主编

K203/2010c 丝绸之路中国与非洲文化交流研究/沈福伟著.—乌鲁木齐：新疆人民出版社，2010.12.—391页；27cm.—丝绸之路研究丛书

K203/2010c 丝绸之路中国与西亚文化交流研究/沈福伟著.—乌鲁木齐：新疆人民出版社，2010.12.—285页；26cm.—丝绸之路研究丛书

K203/2010c 丝绸之路古道研究/丁笃本著.—乌鲁木齐：新疆人民出版社，2010.12.—262页；26cm.—丝绸之路研究丛书

K204/20059 新疆少数民族古籍论文选编/新疆维吾尔自治区少数民族古籍领导小组办公室编.—乌鲁木齐：新疆人民出版社，2005.9.—529页；20cm

K204.3/2012c 《资治通鉴》突厥回纥史料校注/杨圣敏校注.—北京：社会科学文献出版社，2012.12.—419页；23cm

K206/795 新疆文史资料选辑.第一辑/中国人民政治协商会议新疆维吾尔自治区委员会文史资料研究委员会编.—乌鲁木齐：新疆人民出版社，1979.5.—162页；20cm

K206/798 新疆文史资料选辑.第二辑/中国人民政治协商会议新疆维吾尔自治区委员会文史资料研究委员会编.—乌鲁木齐：新疆人民出版社，1979.8.—180页；20cm

K206/918 新疆文史资料.第23辑，东北抗日义勇军在新疆/中国人民政治协商会议新疆维吾尔自治区委员会，文史资料研究委员会等编.—乌鲁木齐：新疆人民出版社，1991.8.—235页；20cm

K206/988 新疆文史资料精选.第一辑/余骏升主编.—乌鲁木齐：新疆人民出版社，1998.8.—213页；20cm

K206/988 新疆文史资料精选.第二辑/余骏升主编.—乌鲁木齐：新疆人民出版社，1998.8.—236页；20cm

K206/988 新疆文史资料精选.第三辑/余骏升主编.—乌鲁木齐：新疆人民出版社，1998.8.—223页；20cm

K206/998 新疆文史资料精选.第四辑/余骏升主编.—乌鲁木齐：新疆人民出版社，1999.8.—213页；20cm

K206/2006c 昌吉州政协文史资料.第三十辑，庭州春晓：建政土改回忆/昌吉回族自治州政协民主党派社团学习文史委员会编.—昌吉：新疆金版印务有限公司，

2006.12.—484 页；20cm

K206/20076　二十四史魏晋南北朝西域史料汇编 / 陈世明，孟楠，高健编 .—乌鲁木齐：新疆大学出版社，2007.6.—680 页；22cm

K206.3/969　清代新疆稀见奏牍汇编 . 道光朝卷 / 马大正，吴丰培主编 .—乌鲁木齐：新疆人民出版社，1996.9.—498 页；26cm

K206.3/977　清代新疆稀见奏牍汇编 . 同治、光绪、宣统朝卷 / 马大正，吴丰培主编 .—乌鲁木齐：新疆人民出版社，1997.7.—3 册（498 页）；26cm

K206.6/898　新疆纪事 . 一 / 中共新疆维吾尔自治区顾问委员会，《当代新疆》丛书编辑委员会编 .—乌鲁木齐：新疆人民出版社，1989.8.—258 页；20cm.—《当代新疆》丛书

K207/97b　二十世纪的中国边疆研究：一门发展中的边缘学科的演进历程 / 马大正，刘逖著 .—哈尔滨：黑龙江教育出版社，1997.11.—291 页；20cm

K207/991　丝绸之路与文化开放：新疆吐鲁番学会 1996 年度论文集：维吾尔文 / 阿不力木 · 克尤木主编；吐鲁番地区文物局编 .—乌鲁木齐：新疆人民出版社，1999.1.—207 页；19cm

K207/991　丝绸之路与文化开放：新疆吐鲁番学会 1996 年度论文集 / 阿不力木 · 克尤木主编；吐鲁番地区文物局编 .—乌鲁木齐：新疆人民出版社，1999.1.—121 页；19cm

K207/20078　中国历史上的大辟疆 / 云中天著 .—北京：中国三峡出版社，2007.8.—263 页；22cm

K207.8/2007c　边臣与疆吏 /《法国汉学》丛书编辑委员会编 .—北京：中华书局，2007.12.—425 页；23cm.—法国汉学；第 12 辑

K208.49/654　清代各地将军都统大臣等年表：1796—1911/ 章伯锋编 .—北京：中华书局出版社，1965.4.—272 页；26cm

K209/2007c　兵团纵论 / 牛永刚，石宝岩主编 .—五家渠：新疆生产建设兵团出版社，2007.12.—275 页；20cm.—《兵团建设》百期文萃系列丛书

K209/2007c　我看兵团 / 牛永刚，石宝岩主编 .—五家渠：新疆生产建设兵团出版社，2007.12.—269 页；20cm.—《兵团建设》百期文萃系列丛书

K209/2007c　世纪兵团 / 牛永刚，石宝岩主编 .—五家渠：新疆生产建设兵团出版社，2007.12.—261 页；20cm.—《兵团建设》百期文萃系列丛书

K209/2007c　兵团史话 / 牛永刚，石宝岩主编 .—五家渠：新疆生产建设兵团出版社，2007.12.—280 页；20cm.—《兵团建设》百期文萃系列丛书

K220.7/20055　马大正文集 / 马大正著 .—上海：上海辞书出版社，2005.5.—613 页；21cm.—中国社会科学院学术委员会文库

K238.07/20065　南凉与西秦 / 周伟洲著 .—桂林：广西师范大学出版社，2006.5.—213 页；21cm

K238.07/20065　汉赵国史 / 周伟洲著 .—桂林：广西师范大学出版社，2006.5.—217 页；23cm

K242/852　大唐西域记校注 /（唐）玄奘，辩机原著；季羡林等校注 .—北京：中华书局，1985.2.—1116 页；20cm

K249/20048　清代新疆流放研究 / 周轩著 .—乌鲁木齐：新疆大学出版社，2004.8.—434 页；20cm.—边疆民族研究丛书

K249.07/20017　清代西部历史论衡 / 马汝珩著 .—太原：山西人民出版社，2001.7.—368 页；20cm

K25/915　准噶尔的苏醒 / 新疆生产建设兵

团农业建设第七师史志编纂委员会编.—1991.5.—378页；20cm.—农七师史志丛书之二

K250.6/823　新疆文史资料选辑.第十辑/中国人民政治协商会议新疆维吾尔自治区委员会文史资料研究委员会编.—乌鲁木齐:新疆人民出版社，1982.3.—151页；20cm

K250.6/876　新疆文史资料选辑.第二十二辑/政协新疆维吾尔自治区委员会文史资料研究委员会编.—乌鲁木齐：新疆人民出版社，1987.6.—149页；19cm

K265.06/20081　抗日战争时期新疆各民族民众抗日募捐档案史料/新疆维吾尔自治区档案局，中国社会科学院边疆史地研究中心,《新疆通史》编撰委员会编.—乌鲁木齐:新疆人民出版社，2008.1.—427页；26cm

K266.906/20099　亲历激情岁月特辑：青史丹心昭天山/新疆生产建设兵团毛泽东屯垦思想研究会编.—五家渠：新疆生产建设兵团出版社，2009.9.—252页；26cm

K28/847　伊犁哈萨克自治州概况：内部资料/《伊犁哈萨克自治州概况》编写组编.—1984.7.—235页；20cm.—国家民委民族问题五种丛书之一

K28/858　博尔塔拉蒙古自治州概况/《博尔塔拉蒙古自治州概况》编写组.—乌鲁木齐：新疆人民出版社，1985.8.—185页；20cm.—国家民委民族问题五种丛书之一

K28/859　伊犁哈萨克自治州概况/《伊犁哈萨克自治州概况》编写组.—乌鲁木齐：新疆人民出版社，1985.9.—200页；20cm.—国家民委民族问题五种丛书之一

K28/859　昌吉回族自治州概况/《昌吉回族自治州概况》编写组编.—乌鲁木齐：新疆人民出版社，1985.9.—197页；20cm.—中国少数民族自治地方概况丛书

K28/85a　维吾尔族社会历史调查/新疆维吾尔自治区丛刊编辑组.—乌鲁木齐：新疆人民出版社，1985.10.—95页；26cm.—国家民委民族问题五种丛书之一

K28/867　和布克赛尔蒙古自治县概况/《和布克赛尔蒙古自治县概况》编写组.—乌鲁木齐：新疆人民出版社，1986.7.—95页；20cm.—国家民委民族问题五种丛书之一

K28/869　柯尔克孜族简史/《柯尔克孜族简史》编写组编.—乌鲁木齐:新疆人民出版社，1986.9.—185页；20cm.—国家民委民族问题五种丛书之一

K28/873　焉耆回族自治县概况/《焉耆回族自治县概况》编写组.—乌鲁木齐：新疆人民出版社，1987.3.—92页；20cm.—国家民委民族问题五种丛书之一

K28/899　当代中国民族工作大事记：1949—1988/《当代中国的民族工作》编辑组.—北京：民族出版社，1989.9.—603页；20cm

K28/902　中国民族关系史纲要/翁独健著.—北京：中国社会科学出版社，1990.2.—885页；20cm

K28/909　中国民族指南/国家民委政法司编著.—北京:海洋出版社,1990.9.—418页;16cm

K28/911　玛纳斯：柯尔克孜族英雄史诗.第一部/居素普·玛玛依演唱；刘发俊，朱玛玛依，尚锡静翻译整理.—乌鲁木齐：新疆人民出版社，1991.1.—2卷（1031页）；20cm

K28/914　维吾尔族简史/《维吾尔族简史》编写组.—乌鲁木齐：新疆人民出版社，1991.4.—409页；20cm.—中国少数民族简史丛书

K28/92　中国俄罗斯族简史/《中国俄罗斯族简史》编写组.—北京：外文出版社，1992.—98页；20cm

K28/926　卫拉特蒙古简史.上册/《卫拉特蒙古简史》编写组.—乌鲁木齐：新疆人民

出版社，1992.6.—366 页；20cm

K28/941　回族知识辞典 / 海杰编著 .—乌鲁木齐：新疆人民出版社，1994.1.—366 页；20cm

K28/963　卫拉特蒙古简史 . 下册 /《卫拉特蒙古简史》编写组 .—乌鲁木齐：新疆人民出版社，1996.3.—452 页；20cm

K28/984　回族研究：第八次全国回族史讨论会论文集 / 韩斌主编 .—乌鲁木齐：新疆人民出版社，1998.4.—398 页；19cm

K28/984　中国民族史 / 林惠祥著 .—北京：商务印书馆，1998.4.—2 册（593 页）；20cm

K28/99　维吾尔族与藏族历史关系研究 / 中国西北文献丛书续编编纂委员会 .—兰州：甘肃文化出版社，1999.—389 页；26cm.—中国西北文献丛书续编

K28/991　民族知识千题：修订本 / 李晋有主编 .—北京：中央民族大学出版社，1999.1.—600 页；20cm

K28/20003　边疆民族历史与文物考论 / 周伟洲著 .—哈尔滨：黑龙江教育出版社，2000.3.—470 页；20cm.—边疆史地丛书

K28/2000a　古代西域民族关系与政策研究 / 刘锡淦著 .—乌鲁木齐：新疆大学出版社，2000.10.—168 页；20cm

K28/20039　中国维吾尔历史文化研究论丛 .3/ 中国维吾尔历史文化研究会编 .—北京：民族出版社，2003.9.—272 页；20cm

K28/20045　多桑蒙古史 /（瑞典）多桑著；冯承钧译 .—北京：中华书局，2004.5.—2 册（1020 页）；20cm.—中外关系史名著译丛

K28/20045　突厥集史 / 岑仲勉著 .—北京：中华书局，2004.5.—2 册（1136 页）；24cm

K28/20051　中国民族关系史纲要 / 翁独健主编 .—北京：中国社会科学出版社，2005.1.—2 册（881 页）；21cm.—中国文库 · 史学类

K28/20058　中国少数民族通论 / 杨建新著 .—北京：民族出版社，2005.8.—412 页；20cm

K28/20064　中国维吾尔历史文化研究论丛 .4/ 塔瓦库力 · 提力瓦尔地主编 .—北京：民族出版社，2006.4.—383 页；20cm

K28/2006c　中国民族边疆史简论 / 戴逸著 .—北京：民族出版社，2006.12.—69 页；21cm.—民族工作学习文库

K28/2010c　丝绸之路草原文化研究 / 盖山林著 .—乌鲁木齐：新疆人民出版社，2010.12.—377 页；27cm.—丝绸之路研究丛书

K28：F/86a　西部民族地区经济开发探索 / 中央民族学院少数民族经济研究所编 .—北京：中央民族学院出版社，1986.10.—174 页；20cm

K280/20036　中国西北少数民族史 / 杨建新著 .—北京：民族出版社，2003.6.—648 页；20cm

K280.145/938　新疆——我可爱的故乡 / 铁木尔 · 达瓦买提著 .—乌鲁木齐：新疆人民出版社，1993.8.—385 页；20cm

K280.2/874　古代天山历史地理学研究 /（日）松田寿男著；陈俊谋译 .—北京：中央民族学院出版社，1987.4.—475 页；20cm

K280.245/906　西域史地文物丛考 / 马雍著 .—北京：文物出版社，1990.6.—253 页；26cm

K280.3/20025　北部边疆民族史研究 / 孟广耀著 .—哈尔滨：黑龙江教育出版社，2002.5.—2 册（791 页）；20cm.—边疆史地丛书

K280.4/2003c　西北民族论丛 . 第二辑 / 周伟洲主编 .—北京：中国社会科学出版社，2003.12.—291 页；20cm

K280.4/20046　西部民族文化研究 / 何琼著 .—北京：民族出版社，2004.6.—361 页；23cm

K280.4/2004c　西北民族论丛．第三辑 / 周伟洲主编．—北京：中国社会科学出版社，2004.12.—281 页；21cm

K280.4/20076　西北民族论丛．第五辑 / 周伟洲主编．—北京：中国社会科学出版社，2007.6.—225 页；21cm

K280.4/20091　中国西北少数民族通史．第一册，导论卷 / 杨建新主编；杨建新著．—北京：民族出版社，2009.1.—317 页；21cm

K280.4/20091　中国西北少数民族通史．第二册，先秦卷 / 杨建新主编；李吉和著．—北京：民族出版社，2009.1.—246 页；21cm

K280.4/20091　中国西北少数民族通史．第三册，秦、西汉卷 / 杨建新主编；武沐著．—北京：民族出版社，2009.1.—357 页；21cm

K280.4/20091　中国西北少数民族通史．第四册，东汉、三国卷 / 杨建新主编；胡小鹏著．—北京：民族出版社，2009.1.—496 页；21cm

K280.4/20091　中国西北少数民族通史．第五册，西晋十六国卷 / 杨建新主编；马建春著．—北京：民族出版社，2009.1.—399 页；21cm

K280.4/20091　中国西北少数民族通史．第六册，南北朝卷 / 杨建新主编；魏长洪分册主编．—北京：民族出版社，2009.1.—378 页；21cm

K280.4/20091　中国西北少数民族通史．第七册，隋、唐、五代卷 / 杨建新主编；尹伟先著．—北京：民族出版社，2009.1.—739 页；21cm

K280.4/20091　中国西北少数民族通史．第八册，辽、宋、西夏、金卷 / 杨建新主编；刘建丽著．—北京：民族出版社，2009.1.—715 页；21cm

K280.4/20091　中国西北少数民族通史．第九册，蒙、元卷 / 杨建新主编；马曼丽，切排著．—北京：民族出版社，2009.1.—480 页；21cm

K280.4/20091　中国西北少数民族通史．第十册，明代卷 / 杨建新主编；刘夏蓓著．—北京：民族出版社，2009.1.—274 页；21cm

K280.4/20091　中国西北少数民族通史．第十一册，清代卷 / 杨建新主编；杨志娟，牛海桢著．—北京：民族出版社，2009.1.—540 页；21cm

K280.4/20091　中国西北少数民族通史．第十二册，民国卷 / 杨建新主编；闫丽娟著．—北京：民族出版社，2009.1.—540 页；21cm

K280.4/20091　中国西北少数民族通史．第十三册，当代卷 / 杨建新主编；徐黎丽分册主编．—北京：民族出版社，2009.1.—640 页；21cm

K280.4/20097　中国西北跨国民族文化变异研究 / 马曼丽，安俭，艾买提著．—北京：民族出版社，2009.7.—204 页；23cm.—兰州大学民族学精选文库

K280.4/2009a　中国西北少数民族史论集 / 王宗维著．—西安：三秦出版社，2009.10.—425 页；20cm

K280.4-53/20063　西北民族论丛．第四辑 / 周伟洲主编．—北京：中国社会科学出版社，2006.3.—262 页；21cm

K280.45/638　维吾尔族简史简志合编：初稿 / 中国科学院民族研究所新疆少数民族社会历史调查组编．—北京：中国科学院民族研究所，1963.8.—252 页；20cm.—少数民族史志丛书

K280.45/953　古代高昌王国物质文明史 /（法）莫尼克·玛雅尔著；耿昇译．—北京：中华书局，1995.3.—312 页；20cm.—法国西域敦煌学名著译丛

K280.45/20018　新疆民族 / 薛宗正著．—北京：五洲传播出版社，2001.8.—77 页；19cm.—中国新疆丛书

K280.45/20037　新疆民族传统社会与文化 / 何星亮著 .—北京：商务印书馆，2003.7.—476 页；20cm

K280.45/20059　从游牧到定居 / 阿德力汗·叶斯汗著 .—乌鲁木齐: 新疆人民出版社，2005.9.—230 页；24cm

K280.45/20073　新疆刀郎 / 文胜编 .—阿图什：克孜勒苏柯尔克孜文出版社；乌鲁木齐: 新疆电子音像出版社，2007.3.—150 页；23cm.—新疆人文地理丛书；第一辑

K280.45/20078　多民族区域的历史发展 / 厉声，杨圣敏，华涛著 .—乌鲁木齐：新疆人民出版社，2007.8.—139 页；15cm

K280.45/20078　"东突厥斯坦"分裂主义的由来与发展 / 厉声著 .—乌鲁木齐：新疆人民出版社，2007.8.—67 页；19cm

K280.45/20099　1949—2009 新疆少数民族发展报告 / 吴福环编著 .—乌鲁木齐：新疆人民出版社，2009.9.—252 页；24cm

K280.45/20135　当代新疆民族文化现代化与国家认同研究 / 李瑞君著 .—北京：中国政法大学出版社，2013.5.—239 页；23cm

K280.45/20145　新疆古籍文献大词典 / 张新泰总纂；贺灵主编 .—乌鲁木齐：新疆人民出版社，2014.5.—3 册（4962 页）；29cm

K280.45/20148　新疆民族文化、民族心理与社会长治久安 / 高静文等著 .—北京：经济科学出版社，2014.8.—462 页；26cm

K280.454/20075　人文视野中的刀郎文化：麦盖提县人文资源开发研究 / 艾比布拉编 .—乌鲁木齐：新疆人民出版社，2007.5.—354 页；24cm

K281/875　俄罗斯族简史 /《俄罗斯族简史》编写组编 .—乌鲁木齐：新疆人民出版社，1987.5.—76 页；20cm.—中国少数民族简史丛书

K281.2/20045　清代西迁新疆察哈尔蒙古满文档案全译 / 博尔塔拉蒙古自治州史志办等编 .—乌鲁木齐：新疆人民出版社，2004.5.—539 页；26cm

K281.2/2007c　近代新疆蒙古历史档案 / 新疆维吾尔自治区档案局，中国社会科学院边疆史研究中心,《新疆通史》编撰委员会编 .—乌鲁木齐：新疆人民出版社，2007.12.—457 页；26cm

K281.2/20104　蒙古的人和神 /（丹麦）亨宁 · 哈士纶著；徐孝祥译 .—乌鲁木齐：新疆人民出版社，2010.4.—348 页；20cm.—西域探险考察大系 / 杨镰主编

K281.2/20132　民国新疆焉耆地区蒙古族档案选编 / 吐娜主编 .—乌鲁木齐：新疆人民出版社，2013.2.—387 页；20cm.—新疆通史 /《新疆通史》编撰委员会

K281.3/78a　回族简史 /《回族简史》编写组 .—银川：宁夏人民出版社，1978.10.—116 页；20cm.—中国少数民族简史丛书

K281.3/958　回族史指南 / 李松茂著 .—乌鲁木齐：新疆人民出版社，1995.8.—153 页；19cm.—中国边疆 · 民族历史研究指南丛书 / 黄振华，孟凡人主编

K281.42/63　塔塔尔族简史简志合编：初稿 / 中国科学院民族研究所新疆少数民族社会历史调查组编 .—北京：中国科学院民族研究所，1963.—47 页；20cm.—少数民族史志丛书

K281.5/2003c　维吾尔古代文献研究 / 耿世民著 .—北京：中央民族大学出版社，2003.12.—546 页；20cm

K281.5/20066　话说南疆 画说南疆 / 程万里著 .—乌鲁木齐：新疆青少年出版社，2006.6.—264 页；24cm

K281.5/2008b　图说丝绸之路上的维吾尔人: 从河西走廊到塔克拉玛干 / 迪木拉提·奥迈尔编著；努尔巴哈提 · 吐尔逊…[等] 摄影 .—北京：民族出版社，2008.11.—209 页；

28cm

K281.5/20145　罗布人：绿洲文化变迁的人类学研究——以喀尔曲尕乡个案为例 / 艾比不拉·卡地尔著 .—北京：社会科学文献出版社，2014.5.—356 页；23cm.—马克思主义大众化与新疆发展研究丛书

K283.6/895　哈萨克族 / 贾合甫·米尔扎汗著; 纳比坚·穆哈穆德罕, 何星亮译 .—北京：民族出版社，1989.5.—154 页；20cm.—民族知识丛书

K283.6/93c　十三史哈萨克族资料简编 / 洪涛编著 .—乌鲁木齐：新疆大学出版社，1993.12.—131 页；20cm

K283.6/2004c　哈萨克文化研究 / 赵嘉麒主编 .—乌鲁木齐：新疆人民出版社，2004.12.—585 页；20cm

K283.6/20097　哈萨克跨国民族社会文化比较研究 / 王希隆，汪金国著 .—北京：民族出版社，2009.7.—243 页；23cm

K283.7/20103　柯尔克孜族 / 刘文霞主编 .—乌鲁木齐：新疆美术摄影出版社：新疆电子音像出版社，2010.3.—152 页；20cm.—中华民族大家庭知识读本；38

K284.1/898　塔吉克族 / 肖之兴著 .—北京：民族出版社，1989.8.—89 页；20cm.—民族知识丛书

K284.3/20087　锡伯族民间信仰与社会 / 仲高…[等] 著 .—北京：民族出版社，2008.7.—293 页；21cm.—新疆少数民族民间信仰与民族社会研究丛书 / 迪木拉提·奥迈尔主编

K289/958　回鹘史指南 / 郭平梁，刘戈著 .—乌鲁木齐：新疆人民出版社，1995.8.—191 页；19cm.—中国边疆·民族历史研究指南丛书 / 黄振华，孟凡人主编

K289/96b　突厥汗国史 / 刘锡淦著 .—乌鲁木齐：新疆大学出版社，1996.11.—159 页；20cm.—西域研究丛书

K289/98c　叶尔羌汗国史纲 / 魏良弢著 .—哈尔滨：黑龙江教育出版社，1998.12.—223 页；20cm.—边疆史地丛书

K289/2004a　渥巴锡的子孙们 / 吐娜著 .—乌鲁木齐：新疆人民出版社，2004.10.—109 页；20cm

K289/20058　中国西北古代少数民族宗法文化研究 / 廖杨著 .—桂林：广西师范大学出版社，2005.8.—404 页；21cm

K289/2005c　唐代吐蕃与西域诸族关系研究 / 杨铭著 .—哈尔滨：黑龙江教育出版社，2005.12.—307 页；20cm.—边疆史地丛书

K289/20065　卫拉特蒙古史纲 / 马大正，成崇德主编 .—乌鲁木齐：新疆人民出版社，2006.5.—768 页；26cm

K289/20065　敕勒与柔然 / 周伟洲著 .—桂林：广西师范大学出版社，2006.5.—155 页；21cm.—中国古代北方民族史丛书

K289/20065　突厥人和突厥汗国 / 马长寿著 .—桂林：广西师范大学出版社，2006.5.—100 页；21cm.—中国古代北方民族史丛书

K289/20066　吐谷浑史 / 周伟洲著 .—桂林：广西师范大学出版社，2006.6.—244 页；21cm.—中国古代北方民族史丛书

K289/20066　北狄与匈奴 / 马长寿著 .—桂林：广西师范大学出版社，2006.6.—160 页；21cm.—中国古代北方民族史丛书

K289/20076　新疆图瓦人研究：蒙古文 / 南快莫德格著 .—北京：民族出版社，2007.6.—200 页；19cm

K289/20077　突厥与回纥史 / 林幹著 .—呼和浩特：内蒙古人民出版社，2007.7.—500 页；21cm.—中国古代北方民族史丛书

K289/20077　匈奴史 / 林幹著 .—呼和浩特：内蒙古人民出版社，2007.7.—306 页；

21cm.—中国古代北方民族史丛书

K289/20079　准噶尔史略 /《准噶尔史略》编写组编著 .—桂林：广西师范大学出版社，2007.9.—305 页；21cm.—中国古代北方民族史丛书

K289/20083　突厥史话 / 何星亮，郭宏珍著 .—北京：五洲传播出版社，2008.3.—124 页；23cm

K289/20106　乌古斯和回鹘研究 / 李树辉著 .—北京：民族出版社，2010.6.—464 页；20cm.—敦煌学研究文库 / 郑炳林，樊锦诗主编

K289/20107　土尔扈特源流：乌讷恩素珠克图旧土尔扈特南路盟及其有关古今历史记 / 道·乃岱著；其达拉图，米代译 .—乌鲁木齐：新疆人民出版社，2010.7.—268 页；24cm

K289/2012b　十至十四世纪回鹘王国的经济和社会制度 / 姬增禄译 .—乌鲁木齐：新疆人民出版社，2012.11.—315 页；24cm

K289/2012b　吐蕃在中亚：中古早期吐蕃、突厥、大食、唐朝争夺史 /（美）白桂思著；付建河译 .—乌鲁木齐：新疆人民出版社，2012.11.—226 页；24cm

K29/628　中国古方志考 / 张国淦编著；中华书局上海编辑所编辑 .—北京：中华书局，1962.8.—782 页；20cm

K29/637　宋元方志传记索引 / 朱士嘉编；中华书局上海编辑所编辑 .—北京：中华书局出版社，1963.7.—182 页；20cm

K29/848　明代哈密、吐鲁番资料汇编 / 陈高华编 .—乌鲁木齐：新疆人民出版社，1984.8.—483 页；20cm.—新疆历史资料研究丛书

K29/928　龟兹古国史 / 刘锡淦，陈良伟著 .—乌鲁木齐：新疆大学出版社，1992.8.—203 页；20cm.—西域研究丛书

K29/959　中国边疆史地研究 .1995 年第 3 期 / 中国边疆史地研究杂志社编辑 .—北京：中国边疆史地研究杂志社，1995.9.—118 页；20cm

K29/20041　西突厥史料 /（法）沙畹著；冯承钧译 .—北京：中华书局，2004.1.—339 页；20cm

K29-55/91c　中国边疆史地研究报告 .1991/ 中国边疆史地研究报告编辑部 .—北京：中国边疆史地研究报告编辑部，1991.12.—4 期（220 页）；26cm

K29-55/92a　中国边疆史地研究 .1991—1992/ 中国边疆史地研究杂志社主编 .—北京：中国边疆史地研究杂志社，1992.10.—6 期（708 页）；26cm

K29-55/92c　中国边疆史地研究报告 .1992/ 中国边疆史地研究报告编辑部 .—北京：中国边疆史地研究报告编辑部，1992.12.—4 期（192 页）；26cm

K29-55/93a　中国边疆史地研究 .1993/ 中国边疆史地研究杂志社 .—北京：中国边疆史地研究杂志社，1993.10.—4 期（462 页）；26cm

K29-55/94c　中国边疆史地研究 .1994/ 中国边疆史地研究杂志社 .—北京：中国边疆史地研究杂志社，1994.12.—4 期（472 页）；26cm

K29-55/97c　中国边疆史地研究 .1997/ 中国边疆史地研究杂志社 .—北京：中国边疆史地研究杂志社，1997.12.—4 期（472 页）；26cm

K29-55/98c　中国边疆史地研究 .1998/ 中国边疆史地研究杂志社 .—北京：中国边疆史地研究杂志社，1998.12.—4 期（472 页）；26cm

K29-55/99c　中国边疆史地研究 .1999/ 中国边疆史地研究杂志社 .—北京：中国边疆史地研究杂志社，1999.12.—4 期（472 页）；26cm

K29-55/2000c　中国边疆史地研究 .2000/ 中国边疆史地研究杂志社 .—北京：中国边疆史地研究杂志社，2000.12.—4 期（472 页）；26cm

K29-55/2002c　中国边疆史地研究 .2002/ 中国边疆史地研究杂志社 .—北京：中国边疆史地研究杂志社，2002.12.—4 期（472 页）；26cm

K290-53/57c　西域南海史地考证论著专辑 / 冯承钧撰 .—北京：中华书局出版社，1957.12.—336 页；20cm

K290.49/20019　清代藩部研究：以政治变迁为中心 / 张永江著 .—哈尔滨：黑龙江教育出版社，2001.9.—358 页；20cm.—边疆史地丛书

K291.45/893　1986 年新疆维吾尔自治区大事记 / 中共新疆维吾尔自治区委员会党史工作委员会编 .—乌鲁木齐：新疆人民出版社，1989.3.—327 页；20cm

K291.6/858　新民主主义革命时期中国共产党在新疆斗争纪事：1933—1949/ 新疆维吾尔自治区党史委员会编 .—北京：解放军出版社，1985.8.—132 页；20cm

K293.5/915　将军与北大荒人 / 郑加真，齐长伐主编 .—上海：上海社会科学院出版社，1991.5.—254 页；20cm

K293.5/91c　王震与北大荒 / 黑龙江省国营农场总局史志办公室 .—哈尔滨：农场总局史志办，1991.12.—212 页；20cm.—黑龙江农垦党史农垦志资料丛书；4

K294/972　清朝藩部要略稿本 / 包文汉整理 .—哈尔滨：黑龙江教育出版社，1997.2.—485 页；20cm.—边疆史地丛书

K294/20048　千秋伟业：新疆生产建设兵团历史征程 / 新疆生产建设兵团史志编纂委员会编 .—乌鲁木齐：新疆人民出版社，2004.8.—325 页；20cm

K294/20055　西北通史 . 第一卷 / 刘光华主编 .—兰州：兰州大学出版社，2005.5.—733 页；21cm.—西北通史 / 谷苞主编

K294/20055　西北通史 . 第二卷 / 齐陈骏主编 .—兰州：兰州大学出版社，2005.5.—618 页；21cm.—西北通史 / 谷苞主编

K294/20055　西北通史 . 第三卷 / 郭厚安，李清凌主编 .—兰州：兰州大学出版社，2005.5.—543 页；21cm.—西北通史 / 谷苞主编

K294/20055　西北通史 . 第四卷 / 尹伟光主编 .—兰州：兰州大学出版社，2005.5.—776 页；21cm.—西北通史 / 谷苞主编

K294/20055　西北通史 . 第五卷 / 宋仲福主编 .—兰州：兰州大学出版社，2005.5.—863 页；21cm.—西北通史 / 谷苞主编

K294/2007c　绝域与绝学：清代中叶西北史地学研究 / 郭丽萍著 .—北京：生活·读书·新知三联书店，2007.12.—329 页；22cm

K294/20114　西北边疆 /《西北边疆》编委会编 .—北京：知识产权出版社，2011.4.—17 册（4352 页）；26cm.—中国边疆研究资料文库

K294-53/20057　西北史研究 . 第三辑 / 田澍，李清凌主编 .—天津：天津古籍出版社，2005.7.—548 页；21cm

K294.2/20047　阿克塞哈萨克族自治县志：1988—2002/ 阿克塞县志编纂委员会编 .—兰州：敦煌文艺出版社，2004.7.—481 页；26cm.—中华人民共和国地方志丛书

K294.22/834　丝路访古 / 丝绸之路考察队编著 .—兰州：甘肃人民出版社，1983.4.—319 页；20cm

K294.4/914　柴达木开发史 / 张嘉选 .—兰州：兰州大学出版社，1991.4.—291 页；20cm

K294.4/20008　明珠史志 / 新疆石河子市农

八师史志办编 .—乌鲁木齐：新疆人民出版社，2000.8.—188 页；20cm

K294.5/638　新疆历史丛话 . 第一集 / 谷苞等著 .—乌鲁木齐：新疆人民出版社，1963.8.—143 页；20cm

K294.5/808　新疆简史 / 新疆社会科学院历史研究所编著 .—乌鲁木齐：新疆人民出版社，1980.8.—3 册（1294 页）；20cm

K294.5/80b　喀什噶尔文存 . 第一辑 / 新疆喀什师范学院图书馆编 .—喀什：喀什师范学院图书馆，1980.11.—28 页；20cm

K294.5/811　喀什噶尔文存 . 第二辑 / 喀什师范学院图书馆编 .—喀什：喀什师范学院图书馆，1981.1.—33 页；20cm

K294.5/813　喀什噶尔文存 . 第三辑 / 新疆喀什师范学院图书馆编 .—喀什：喀什师范学院图书馆，1981.3.—36 页；20cm

K294.5/817　喀什噶尔文存 . 第四辑 / 喀什师范学院图书馆编 .—喀什：喀什师范学院图书馆，1981.7.—42 页；20cm

K294.5/819　西域文化史 /（日）羽田亨著；耿世民译 .—乌鲁木齐：新疆人民出版社，1981.9.—104 页；20cm

K294.5/823　喀什噶尔文存 . 第五辑 / 喀什师范学院图书馆编 .—喀什：喀什师范学院图书馆，1982.3.—96 页；20cm

K294.5/83a　我国自汉迄历代屯垦概况：修改稿 / 国家农垦总局政策研究室 .—乌鲁木齐：兵团党史资料征集办公室，1983.10.—32 页；26cm

K294.5/83b　18—19 世纪新疆社会史研究 /（日）佐口透著；凌颂纯译 .—乌鲁木齐：新疆人民出版社，1983.11.—2 册（718 页）；20cm

K294.5/842　新疆五十年 / 包尔汉 .—北京：文史资料出版社，1984.2.—379 页；20cm

K294.5/844　一〇三团从战斗到生产简史：修改稿：1948—1954/ 新疆生产建设兵团农六师党史资料征集办公室编 .—1984.4.—58 页；26cm

K294.5/84a　昌吉文史资料选辑 . 第一辑 / 中国人民政治协商会议昌吉回族自治州委员会文史资料研究委员会编 .—昌吉：昌吉州印刷厂，1984.10.—147 页；20cm

K294.5/84a　新疆生产建设兵团发展史：征求意见稿 / 兵团党史资料征集委员会办公室编 .—1984.10.—2 册（233 页）；26cm

K294.5/85　农三师情况汇编：1985/ 新疆生产建设兵团农三师史志编纂委员会编 .—喀什：新疆生产建设兵团农三师史志编纂委员会，1985.—206 页；20cm

K294.5/854　新疆文史资料选辑 . 第十四辑 / 中国人民政治协商会议新疆维吾尔自治区委员会文史资料研究委员会编 .—乌鲁木齐：新疆人民出版社，1985.4.—146 页；20cm

K294.5/856　新疆对外经济与优惠政策 /《今日新疆》丛书编写组编 .—乌鲁木齐：新疆人民出版社，1985.6.—11 页；20cm.—《今日新疆》丛书

K294.5/856　新疆维吾尔自治区在前进 /《今日新疆》丛书编写组编 .—乌鲁木齐：新疆人民出版社，1985.6.—9 页；20cm.—《今日新疆》丛书

K294.5/856　新疆的体育事业 /《今日新疆》丛书编写组编 .—乌鲁木齐：新疆人民出版社，1985.6.—7 页；20cm.—《今日新疆》丛书

K294.5/856　新疆的旅游事业 /《今日新疆》丛书编写组编 .—乌鲁木齐：新疆人民出版社，1985.6.—8 页；20cm.—《今日新疆》丛书

K294.5/856　新疆的卫生事业 /《今日新疆》丛书编写组编 .—乌鲁木齐：新疆人民出版社，1985.6.—7 页；20cm.—《今日新疆》丛书

K294.5/856　美丽富饶的新疆 /《今日新疆》丛书编写组编 .—乌鲁木齐：新疆人民出版社，1985.6.—9 页；20cm.—《今日新疆》丛书

K294.5/856　玛纳斯文史资料 . 第一辑 / 中国人民政治协商会议玛纳斯县委员会文史资料研究委员会编 .—石河子：石河子印刷厂，1985.6.—159 页；20cm

K294.5/856　新疆经济发展概况 /《今日新疆》丛书编写组编 .—乌鲁木齐：新疆人民出版社，1985.6.—8 页；20cm.—《今日新疆》丛书

K294.5/856　新疆的科学技术 /《今日新疆》丛书编写组编 .—乌鲁木齐：新疆人民出版社，1985.6.—7 页；20cm.—《今日新疆》丛书

K294.5/856　新疆的文化事业 /《今日新疆》丛书编写组编 .—乌鲁木齐：新疆人民出版社，1985.6.—7 页；20cm.—《今日新疆》丛书

K294.5/856　新疆的宗教 /《今日新疆》丛书编写组编 .—乌鲁木齐：新疆人民出版社，1985.6.—8 页；20cm.—《今日新疆》丛书

K294.5/856　新疆的教育事业 /《今日新疆》丛书编写组编 .—乌鲁木齐：新疆人民出版社，1985.6.—7 页；20cm.—《今日新疆》丛书

K294.5/857　新疆甜瓜西瓜志 / 新疆甜瓜西瓜资源调查组编著 .—乌鲁木齐：新疆人民出版社，1985.7.—120 页；26cm

K294.5/857　昌吉文史资料选辑 . 第二辑 / 中国人民政治协商会议昌吉回族自治州委员会文史资料研究委员会编 .—昌吉：昌吉印刷厂，1985.7.—133 页；20cm

K294.5/857　新疆维吾尔自治区概况 /《新疆维吾尔自治区概况》编写组 .—乌鲁木齐：新疆人民出版社，1985.7.—322 页；20cm.—中国少数民族自治地方概况丛书

K294.5/859　石河子概况 / 农八师石河子市党史资料征集委员会，地方志编纂委员会办公室编 .—1985.9.—177 页；26cm

K294.5/859　前进中的喀什噶尔 / 中共喀什地委党史资料征集小组办公室编 .—喀什：中共喀什地委党史资料征集小组办公室，1985.9.—175 页；20cm

K294.5/85a　新疆维吾尔自治区概况：维吾尔文 /《新疆维吾尔自治区概况》编写组 .—乌鲁木齐：新疆人民出版社，1985.10.—667 页；20cm

K294.5/85b　昌吉文史资料选辑 . 第三辑 / 中国人民政治协商会议昌吉回族自治州委员会文史资料研究委员会编 .—1985.11.—169 页；20cm

K294.5/85c　创业农场志 / 创业农场编写办公室编 .—1985.12.—559 页；29cm

K294.5/85c　昌吉市文史资料 . 第一辑 / 中国人民政治协商会议昌吉市委员会文史资料研究委员会编 .—1985.12.—129 页；20cm

K294.5/86　农三师情况汇编：1986/ 新疆生产建设兵团农三师史志编纂委员会编 .—1986.—206 页；20cm

K294.5/862　中国经营西域史 / 曾问吾著 .—上海：商务印书馆，1986.2.—782 页；19cm

K294.5/863　玛纳斯文史资料 . 第二辑 / 中国人民政治协商会议玛纳斯县委员会文史资料研究委员会编 .—1986.3.—177 页；20cm

K294.5/864　新疆民众反帝联合会资料汇编 / 共青团新疆维吾尔自治区委员会，八路军驻新疆办事处纪念馆编 .—乌鲁木齐：新疆青少年出版社，1986.4.—514 页；20cm

K294.5/867　昌吉文史资料选辑 . 第四辑 / 中国人民政治协商会议昌吉回族自治州委员会文史资料研究委员会编 .—1986.7.—178 页；20cm

K294.5/868　昌吉文史资料选辑 . 第五辑 / 中国人民政治协商会议昌吉回族自治州委员会文史资料研究委员会编 .—1986.8.—138 页；20cm

K294.5/86c　伊犁地区县市概况 / 伊犁地区地方志编纂委员会编 .—伊宁：伊犁地区地方志编纂委员会，1986.12.—233 页；20cm

K294.5/86c　石河子市地名图志 / 石河子市地名委员会编 .—1986.12.—127 页；20cm

K294.5/86c　阜康文史 . 第二辑 / 中国人民政治协商会议阜康县委员会文史资料研究委员会编 .—1986.12.—103 页；20cm

K294.5/86c　呼图壁文史资料 . 第三辑 / 中国人民政治协商会议新疆呼图壁县政协文史资料委员会编 .—1986.12.—147 页；20cm

K294.5/875　乌鲁木齐 / 乌鲁木齐市地方志编纂委员会编 .—1987.5.—387 页；26cm

K294.5/875　昌吉文史资料选辑 . 第六辑 / 中国人民政治协商会议昌吉回族自治州委员会文史资料研究委员会编 .—1987.5.—228 页；20cm

K294.5/876　腾飞的哈密绿洲 / 哈密地委党史地方志办公室编 .—乌鲁木齐：新疆人民出版社，1987.6.—252 页；20cm

K294.5/876　北庭文史 . 第四辑 / 中国人民政治协商会议吉木萨尔县委员会文史资料研究委员会编 .—1987.6.—179 页；20cm

K294.5/876　昌吉市文史资料 . 第二辑 / 中国人民政治协商会议昌吉市委员会文史资料研究委员会编 .—1987.6.—190 页；20cm

K294.5/879　巴音郭楞文史资料 . 第三辑 / 中国人民政治协商会议巴音郭楞蒙古自治州委员会文史资料研究委员会编 .—1987.9.—161 页；20cm

K294.5/87b　新疆地方历史资料选辑 / 新疆社会科学院历史研究所 .—北京：人民出版社，1987.11.—654 页；20cm

K294.5/87c　米泉文史 . 第一辑 / 米泉县政协文史资料研究委员会编 .—米泉：米泉县印刷厂，1987.12.—252 页；20cm

K294.5/88　农三师情况汇编：1987—1988/ 农三师史志编纂委员会 .—1988.—206 页；20cm

K294.5/886　玛纳斯文史资料 . 第三辑 / 中国人民政治协商会议玛纳斯县委员会文史资料委员会编 .—石河子：石河子印刷厂，1988.6.—160 页；20cm

K294.5/888　新疆石河子一四三团农场志 / 一四三团农场志编纂组 .—杭州：杭州余杭人民印刷厂，1988.8.—247 页；26cm

K294.5/888　乌鲁木齐市水磨沟区志 / 乌鲁木齐市水磨沟区史志办公室 .—1988.8.—665 页；26cm

K294.5/889　新疆家畜家禽品种志 /《新疆家畜家禽品种志》编写委员会编 .—乌鲁木齐：新疆人民出版社，1988.9.—141 页；26cm

K294.5/88c　新疆生产建设兵团农业建设第一师组织史资料：1953—1987/ 新疆生产建设兵团农业建设第一师组织处，史志办编 .—1988.12.—243 页；26cm

K294.5/88c　新疆八一农学院史：1952—1985/ 新疆八一农学院史（志）编纂委员会编 .—乌鲁木齐：新疆八一农学院印刷厂，1988.12.—225 页；20cm

K294.5/88c　新疆生产建设兵团发展史 . 第一、二篇 / 新疆生产建设兵团史志编纂委员会编 .—1988.12.—73 页；26cm

K294.5/88c　额敏县地名图志 / 额敏县地名委员会编 .—中国人民解放军空军勤务学院印刷厂，1988.12.—371 页；20cm

K294.5/892　呼图壁文史资料 . 第五辑 / 中国人民政治协商会议呼图壁县委员会文史资料研究委员会编 .—1989.2.—147 页；20cm

K294.5/893　新疆屯垦史 / 方英楷著 .—乌鲁木齐：新疆青少年出版社，1989.3.—2 册（1056 页）；20cm

K294.5/894　阿勒泰地区概况 / 阿勒泰地区党史地方志办公室编 .—乌鲁木齐：新疆人民出版社，1989.4.—147 页；20cm

K294.5/896　奇台县文史资料 . 第 19 辑 / 中国人民政治协商会议奇台县委员会文史资料研究委员会编 .—1989.6.—64 页；26cm

K294.5/897　新疆三区革命史·大事记：讨论稿 / 中共伊犁哈萨克自治州委员会，《三区革命史》编写组编 .—1989.7.—160 页；20cm

K294.5/89a　乌苏县文史资料 . 第二辑 / 中国人民政治协商会议乌苏县委员会文史资料委员会编 .—1989.10.—37 页；20cm

K294.5/89b　农七师大事记：1949—1989/ 新疆生产建设兵团农七师史志编纂委员会编 .—乌鲁木齐：新疆人民出版社，1989.11.—120 页；19cm.—农七师史志丛书之一

K294.5/89b　北庭文史 . 第五辑 / 政协吉木萨尔委员会文史资料研究委员会编 .—1989.11.—204 页；20cm

K294.5/901　伊犁风物 / 伊犁地区地方志编纂委员会编 .—乌鲁木齐：新疆人民出版社，1990.1.—454 页；20cm

K294.5/902　米泉文史 . 第二辑 / 中国人民政治协商会议新疆米泉县委员会文史资料研究委员会编 .—1990.2.—233 页；20cm

K294.5/903　中国共产党新疆维吾尔自治区哈密地区组织史资料：1949—1987/ 中共哈密地委组织部，中共哈密地委党史办，哈密地区档案馆 .—北京：中共党史出版社，1990.3.—287 页；26cm

K294.5/903　昌吉岩画：昌吉文史资料选辑 . 第十二辑 / 政协昌吉州委员会学习文史资料委员会编 .—1990.3.—341 页；20cm

K294.5/904　石河子文史资料 . 第三辑，绿洲诗粹 / 中国人民政治协商会议石河子市文史研究委员会，石河子市诗词学会筹备组编 .—1990.4.—35 页；20cm

K294.5/907　中国共产党新疆生产建设兵团组织史资料：自编本：1954.10—1987.10/ 中共新疆生产建设兵团委员会办公厅，组织部编 .—1990.7.—198 页；32cm

K294.5/908　昌吉文史资料 . 第十七辑 / 中国人民政治协商会议昌吉回族自治州委员会文史资料委员会编 .—1990.8.—263 页；20cm

K294.5/90a　新疆屯垦简史 / 赵予征 .—1990.10.—169 页；26cm

K294.5/90a　玛纳斯文史资料 . 第四辑 / 中国人民政治协商会议玛纳斯县委员会文史资料研究委员会编 .—1990.10.—206 页；20cm

K294.5/90a　哈密地区商业志 / 范润章主编 .—1990.10.—254 页；20cm.—哈密地区地方志丛书之二

K294.5/90c　楼兰新史 / 孟凡人著 .—北京：光明日报出版社，1990.12.—280 页；19cm.—中国边疆·民族历史和文化研究指南丛书

K294.5/90c　新疆：昨天·今天·明天 / 乔正明编著 .—阿克苏：阿克苏报社印刷厂，1990.12.—131 页；20cm.—中学生热爱边疆乡土教材系列之一

K294.5/90c　新疆生产建设兵团劳改志：征求意见稿 / 新疆生产建设兵团劳改工作管理局史志办公室编 .—1990.12.—241 页；26cm

K294.5/91　中国共产党新疆生产建设兵团农业建设第三师组织史资料：1966.1—1987.10/ 中共农三师党委组织处等编 .—阿克苏：阿克苏报社印刷厂，1991.—196 页；26cm

K294.5/913　新疆兵团果树品种志 / 新疆生产建设兵团农业局编 .—乌鲁木齐：新疆人民出版社，1991.3.—253 页；26cm

K294.5/913　奇台县文史资料 . 第 26 辑 / 中国人民政治协商会议奇台县委员会文史资料研究委员会编 .—1991.3.—45 页；26cm

K294.5/914　新疆生产建设兵团概况 / 新疆生产建设兵团经济技术协作办公室编 .—1991.4.—17 页；20cm

K294.5/914　中国共产党新疆生产建设兵团农业建设第八师、新疆维吾尔自治区石河子市组织史资料：1954.10—1987.10/ 中共农八师石河子市党委组织部等编 .—乌鲁木齐：新疆新华印刷三厂，1991.4.—543 页；26cm

K294.5/914　伊吾保卫战 / 中共新疆维吾尔自治区委员会党史工作委员会等编 .—乌鲁木齐：新疆人民出版社，1991.4.—276 页；20cm.—中国共产党新疆历史资料丛书

K294.5/914　新疆屯垦 / 赵予征著 .—乌鲁木齐：新疆人民出版社，1991.4.—385 页；20cm

K294.5/916　中国共产党新疆生产建设兵团组织史资料：1954.10—1987.10/ 中国新疆生产建设兵团委员会办公厅组织部编 .—北京：中共党史出版社，1991.6.—375 页；26cm

K294.5/918　新疆地方史 / 新疆维吾尔自治区教育厅，新疆历史教材编写组 .—乌鲁木齐：新疆大学出版社，1991.8.—343 页；20cm

K294.5/918　新疆生产建设兵团农四师七十二团史 / 新疆生产建设兵团农四师七十二团政治处编 .—1991.8.—196 页；26cm

K294.5/919　中国工农红军西路军左支队在新疆 / 中共新疆维吾尔自治区委员会党史工作委员会，中共乌鲁木齐市委员会党史工作委员会编 .—乌鲁木齐：新疆人民出版社，1991.9.—240 页；20cm

K294.5/91a　奇台县文史资料 . 第 27 辑 / 中国人民政治协商会议奇台县委员会文史资料研究委员会编 .—1991.10.—51 页；26cm

K294.5/91b　阜康文史 . 第四辑 / 中国人民政治协商会议阜康县委员会文史资料委员会编 .—1991.11.—213 页；20cm

K294.5/91b　阿克苏市志 / 阿克苏市史志编纂委员会编 .—北京：新华出版社，1991.11.—820 页；26cm.—新疆维吾尔自治区地方志丛书

K294.5/91c　中国共产党新疆生产建设兵团农业建设第七师组织史资料：1954.10—1987.10/ 中共农七师委员会组织处，农七师史志编纂委员会办公室，农七师党委办公室档案科编 .—奎屯：农七师史志编纂委员会，1991.12.—416 页；26cm

K294.5/91c　新疆生产建设兵团史料选辑 . 第 1 辑，新疆和平解放，军队参加生产建设：1949.9—1950.12/ 新疆生产建设兵团史志编纂委员会编著 .—乌鲁木齐：新疆人民出版社，1991.12.—186 页；20cm

K294.5/91c　中国共产党吉木萨尔县历史大事记：1950.1—1990.12/ 吉木萨尔县史志编纂委员会编 .—1991.12.—180 页；20cm

K294.5/921　新疆工商税收志 / 新疆维吾尔自治区税务局，新疆维吾尔自治区税务学会编 .—1992.1.—365 页；26cm

K294.5/922　黑龙江省志 . 国营农场志 / 黑龙江省地方志编纂委员会编 .—哈尔滨：黑龙江人民出版社，1992.2.—594 页；26cm

K294.5/924　博乐市志 / 博乐市志编纂委员会编 .—乌鲁木齐：新疆人民出版社，1992.4.—751 页；26cm.—新疆维吾尔自治区地方志丛书

K294.5/925　新疆生产建设兵团史料选辑 . 第 2 辑，进军新疆，艰苦创业 . 一 / 新疆生产建设兵团史志编纂委员会，《新疆生产建设兵团史料选辑》编辑部编 .—乌鲁

木齐：新疆人民出版社，1992.5.—238 页；20cm

K294.5/925　呼图壁县志 / 呼图壁县志编纂委员会编 .—乌鲁木齐：新疆人民出版社，1992.5.—716 页；26cm.—新疆维吾尔自治区地方志丛书

K294.5/925　北庭文史 . 第七辑 / 中国人民政治协商会议吉木萨尔县委员会文史资料研究委员会编 .—奇台：奇台县印刷厂，1992.5.—206 页；20cm

K294.5/927　前进农场志：1952.8—1992.8/《前进农场志》编纂委员会 .—银川：宁夏人民出版社，1992.7.—357 页；26cm

K294.5/927　哈密市文史资料 . 第四辑 / 中国人民政治协商会议哈密市委员会文史资料工作委员会编 .—哈密：哈密地区印刷厂，1992.7.—210 页；20cm

K294.5/928　新疆生产建设兵团史料选辑 . 第 3 辑，艰苦创业 . 二 / 新疆生产建设兵团史志编纂委员会，《新疆生产建设兵团史料选辑》编辑部编 .—乌鲁木齐：新疆人民出版社，1992.8.—269 页；20cm

K294.5/928　米泉文史 . 第三辑 / 中国人民政治协商会议新疆米泉县政协文史资料研究委员会编 .—阜康：新疆阜康县印刷厂，1992.8.—263 页；20cm

K294.5/928　新疆与内地关系史 / 李德华…[等] 编著 .—乌鲁木齐：新疆人民出版社，1992.8.—385 页；20cm

K294.5/929　新湖总场三十年发展简介 / 新湖总场三十年场庆委员会编 .—五家渠：新疆农六师新湖印刷厂，1992.9.—50 页；20cm

K294.5/92b　新疆生产建设兵团史料选辑 . 第 4 辑，艰苦创业 . 三 / 新疆生产建设兵团史志编纂委员会，《新疆生产建设兵团史料选辑》编辑部编 .—乌鲁木齐：新疆人民出版社，1992.11.—268 页；20cm

K294.5/92b　新疆通志 . 第 21 卷，检察志 / 新疆维吾尔自治区地方志编纂委员会，《新疆通志 . 检察志》编纂委员会 .—乌鲁木齐：新疆人民出版社，1992.11.—289 页；26cm.—新疆维吾尔自治区地方志丛书

K294.5/92c　中国共产党奇台县历史大事记：1949.10—1989.12/ 中共奇台县党史地方志编纂委员会编 .—奇台：奇台县印刷厂，1992.12.—217 页；20cm

K294.5/92c　新疆地方史 / 中学新疆地方史编写组编 .—乌鲁木齐：新疆教育出版社，1992.12.—180 页；20cm

K294.5/92c　新疆通志 . 第 24 卷，民政志 / 新疆维吾尔自治区地方志编纂委员会，《新疆通志 . 民政志》编纂委员会 .—乌鲁木齐：新疆人民出版社，1992.12.—317 页；26cm.—新疆维吾尔自治区地方志丛书

K294.5/92c　玛纳斯文史资料 . 第五辑，少数民族史料专辑 / 中国人民政治协商会议玛纳斯县委员会文史资料委员会编 .—乌鲁木齐: 乌鲁木齐福利印刷厂，1992.12.—170 页; 20cm

K294.5/931　新疆九十题 / 国家民委文化宣传司，新疆维吾尔自治区民委编 .—乌鲁木齐：新疆人民出版社，1993.1.—122 页；20cm

K294.5/933　奎屯文史资料 . 第四辑 / 政协奎屯市文史委员会编 .—奎屯：奎屯市印刷厂，1993.3.—133 页；20cm

K294.5/933　新四旅、十七师、农六师大事记 . 上册 / 新疆生产建设兵团农业建设第六师史志编纂委员会编 .—1993.3.—198 页；16cm

K294.5/934　玛纳斯县志 / 玛纳斯县地方编纂委员会编 .—乌鲁木齐：新疆大学出版社，1993.4.—525 页；26cm.—新疆维吾尔自治区地方志丛书

K294.5/934　巴里坤哈萨克自治县志 / 巴里

坤县地方志编纂委员会编 .—乌鲁木齐：新疆大学出版社，1993.4.—646 页；26cm.—新疆维吾尔自治区地方志丛书

K294.5/936　库车县志 /《库车县志》编纂委员会编 .—乌鲁木齐：新疆大学出版社，1993.6.—740 页；26cm.—新疆维吾尔自治区地方志丛书

K294.5/936　新疆生产建设兵团农一师二团志 / 二团志编纂委员会编 .—阿克苏：阿克苏飞达印刷厂，1993.6.—425 页；26cm

K294.5/936　甘肃省志 . 第 19 卷，农垦志 / 甘肃省地方史志编纂委员会，甘肃省农垦志编纂领导小组编纂 .—兰州：甘肃人民出版社，1993.6.—433 页；29cm

K294.5/937　哈密文物志 /《哈密文物志》编纂组编写 .—乌鲁木齐：新疆人民出版社，1993.7.—420 页；20cm

K294.5/937　温宿县志 / 温宿县志编纂委员会编 .—乌鲁木齐：新疆大学出版社，1993.7.—854 页；26cm.—新疆维吾尔自治区地方志丛书

K294.5/938　哈密、吐鲁番维吾尔王历史：清朝至民国 / 苏北海，黄建华著 .—乌鲁木齐：新疆大学出版社，1993.8.—233 页；20cm

K294.5/939　新疆农业科学院志略：1955—1985/《新疆农业科学院志略》编辑委员会 .—乌鲁木齐：新疆农业科学院印刷厂，1993.9.—230 页；20cm

K294.5/939　抗日战争时期中国共产党人在新疆日报社的活动 / 中共新疆维吾尔自治区委员会党史工作委员会编 .—乌鲁木齐：新疆人民出版社，1993.9.—217 页；20cm

K294.5/939　新疆农业生产资料志：1993 年 /《新疆农业生产资料志》编纂委员会编 .—乌鲁木齐：新疆生产建设兵团印刷厂，1993.9.—166 页；26cm

K294.5/939　中国共产党新疆维吾尔自治区哈密地区企事业单位组织史资料：1949 年 10 月—1987 年 10 月 / 中共哈密地区委员会组织部，中共哈密地区委员会党史办，哈密地区档案馆 .—乌鲁木齐：新疆人民出版社，1993.9.—208 页；16cm

K294.5/93a　中国共产党新疆生产建设兵团农业建设第六师组织史资料：1954.10—1987.10/ 中共农六师委员会组织处，中共农六师资料征集委员会办公室，农六师办公室档案科 .—乌鲁木齐：新疆人民出版社，1993.10.—526 页；26cm

K294.5/93a　博湖县志 /《博湖县志》编纂委员会编 .—乌鲁木齐：新疆大学出版社，1993.10.—456 页；26cm.—新疆维吾尔自治区地方志丛书

K294.5/93a　新疆革命史：1933—1957/ 朱培民著 .—乌鲁木齐：新疆人民出版社，1993.10.—368 页；20cm

K294.5/93c　中国共产党新疆历史大事记：1949.10—1966.4. 上册 / 富文主编 .—乌鲁木齐：新疆人民出版社，1993.12.—304 页；20cm

K294.5/93c　新疆对苏（俄）贸易史：1600—1990/ 厉声著 .—乌鲁木齐：新疆人民出版社，1993.12.—785 页；20cm

K294.5/93c　乌鲁木齐税务志：1911—1987/ 乌鲁木齐市税务局税务志编纂委员会 .—乌鲁木齐：新疆人民出版社，1993.12.—255 页；26cm

K294.5/93c　农八师石河子市科学技术委员会志：1910—1993/《农八师石河子市科学技术委员会志》编纂组编 .—1993.12.—159 页；26cm

K294.5/93c　新疆维吾尔自治区克拉玛依市地名志 / 克拉玛依市地名委员会编 .—乌鲁木齐：新疆人民出版社，1993.12.—211 页；26cm

K294.5/93c　阜康文史 . 第五辑 / 中国人

民政治协商会议阜康市委员会文史资料委员会编.—阜康：新疆阜康市印刷厂，1993.12.—247页；20cm

K294.5/93c　北庭文史.第八辑/中国人民政治协商会议吉木萨尔县委员会文史资料研究委员会编.—阜康：阜康市印刷厂，1993.12.—178页；20cm

K294.5/93c　呼图壁文史资料.第六辑/中国人民政治协商会议呼图壁县政协文史资料委员会编.—阜康：新疆阜康市印刷厂，1993.12.—221页；20cm

K294.5/93c　中国共产党新疆维吾尔自治区阿克苏市组织史资料：1949.10—1987.10/中共阿克苏市委组织部，中共阿克苏市委党史办公室，阿克苏市档案局编.—乌鲁木齐：新疆人民出版社，1993.12.—492页；26cm

K294.5/93c　尉犁县志/尉犁县地方志编纂委员会编.—乌鲁木齐：新疆大学出版社，1993.12.—458页；26cm.—新疆维吾尔自治区地方志丛书

K294.5/941　通俗新疆史/钱伯泉，王炳华编著.—乌鲁木齐：新疆人民出版社，1994.1.—246页；20cm

K294.5/943　蒲类春秋/邹春信，浩耕主编.—乌鲁木齐：新疆新华印刷厂；昌吉：昌吉市印刷厂，1994.3.—482页；20cm

K294.5/943　乌鲁木齐铁路分局志：1960—1990/乌鲁木齐铁路分局史志编纂委员会编.—北京：中国铁道出版社，1994.3.—412页；26cm

K294.5/943　新疆生产建设兵团农业建设第三师历史大事记：1966—1994/农三师史志编纂委员会办公室编.—1994.3.—140页；20cm

K294.5/944　伊吾县志/伊吾县地方志编纂委员会编.—乌鲁木齐：新疆大学出版社，1994.4.—368页；20cm.—新疆维吾尔自治区地方志丛书

K294.5/944　奎屯文史资料.第五辑/政协奎屯市文史委员会编.—奎屯：奎屯市印刷厂，1994.4.—154页；20cm

K294.5/945　农八师垦区石河子市教育志：1910—1993/农八师垦区石河子市教育志编纂组.—1994.5.—457页；26cm

K294.5/945　米泉文史.第四辑/中国人民政治协商会议米泉县政协文史资料研究委员会编.—阜康：新疆阜康市印刷厂，1994.5.—229页；20cm

K294.5/945　屯垦戍边40年：新疆生产建设兵团农牧团场概况/新疆生产建设兵团史志编纂委员会编.—乌鲁木齐：新疆人民出版社，1994.5.—769页；20cm

K294.5/945　麦盖提县志/《麦盖提县志》编纂委员会编.—乌鲁木齐：新疆大学出版社，1994.5.—584页；26cm.—新疆维吾尔自治区地方志丛书

K294.5/947　中国共产党新疆维吾尔自治区呼图壁县组织史资料：1949—1987/中共呼图壁县委员会组织部，中共呼图壁县委员会党史办公室，呼图壁县档案局.—乌鲁木齐：新疆人民出版社，1994.7.—296页；26cm

K294.5/947　奇台县志/奇台县史志编纂委员会编.—乌鲁木齐：新疆大学出版社，1994.7.—657页；26cm.—新疆维吾尔自治区地方志丛书

K294.5/947　昌吉40年/《昌吉40年》编写组编.—乌鲁木齐：新疆人民出版社，1994.7.—351页；20cm

K294.5/947　和田风物/《和田风物》编辑委员会.—乌鲁木齐：新疆美术摄影出版社，1994.7.—263页；29cm

K294.5/948　农一师志/农一师史志编纂委员会编.—乌鲁木齐：新疆人民出版社，

1994.8.—614 页；26cm.—新疆生产建设兵团史志丛书

K294.5/948 农八师垦区石河子市志 / 农八师石河子市地方志编纂委员会编 .—乌鲁木齐：新疆人民出版社，1994.8.—856 页；26cm.—新疆维吾尔自治区地方志丛书

K294.5/948 中国共产党吐鲁番地区历史大事记：1949.10—1993.12/ 中共吐鲁番地区委员会党史地方志办公室编 .—乌鲁木齐：新疆人民出版社，1994.8.—417 页；20cm

K294.5/948 新疆通志 . 第 26 卷，侨务志 / 新疆维吾尔自治区地方志编纂委员会，《新疆通志 . 侨务志》编纂委员会 .—乌鲁木齐：新疆人民出版社，1994.8.—218 页；26cm.—新疆维吾尔自治区地方志丛书

K294.5/949 新疆生产建设兵团农业生产第八师一四二团场志 / 一四二团场史志编纂委员会编 .—乌鲁木齐：新疆人民出版社，1994.9.—276 页；20cm

K294.5/949 新疆三区革命大事记 / 新疆三区革命史编纂委员会 .—乌鲁木齐：新疆人民出版社，1994.9.—363 页；20cm

K294.5/949 屯垦戍边四十年：1954—1994/ 新疆生产建设兵团《屯垦戍边四十年》编辑委员会编 .—北京：中国统计出版社，1994.9.—372 页；26cm

K294.5/949 西域考察与研究 / 马大正，王嵘，杨镰主编 .—乌鲁木齐：新疆人民出版社，1994.9.—450 页；20cm.—西域探险考察大系

K294.5/94a 乌鲁木齐市天山区志 / 天山区志编纂委员会编 .—上海：上海社会科学院出版社，1994.10.—459 页；26cm

K294.5/94a 哈密市文史资料 . 第五辑 / 中国人民政治协商会议哈密市委员会文史资料工作委员会编 .—哈密：哈密市兰天印刷厂，1994.10.—202 页；20cm

K294.5/94a 乌鲁木齐市志 . 第一卷，总类 / 乌鲁木齐市党史地方志编纂委员会编 .—乌鲁木齐：新疆人民出版社，1994.10.—346 页；26cm

K294.5/94a 新疆通志 . 第 52 卷，金融志 / 新疆维吾尔自治区地方志编纂委员会，《新疆通志 . 金融志》编纂委员会编 .—乌鲁木齐：新疆人民出版社，1994.10.—721 页；26cm

K294.5/94a 新疆通志 . 第 72 卷，科学技术志 / 新疆维吾尔自治区地方志编纂委员会，《新疆通志 . 科学技术志》编纂委员会 .—乌鲁木齐：新疆人民出版社，1994.10.—512 页；26cm

K294.5/94b 新疆通志 . 第 30 卷，农业志 / 新疆维吾尔自治区地方志编纂委员会，《新疆通志 . 农业志》编纂委员会编 .—乌鲁木齐：新疆人民出版社，1994.11.—654 页；26cm

K294.5/94c 塔里木石油志 / 塔里木石油勘探开发指挥部，新疆石油管理局塔西南勘探开发公司编 .—乌鲁木齐：新疆人民出版社，1994.12.—2 册（1432 页）；20cm

K294.5/94c 中国共产党呼图壁县历史大事记：1949.9—1993.12/ 中共呼图壁县委员会党史办公室 .—昌吉：昌吉回族自治州印刷厂，1994.12.—181 页；20cm

K294.5/951 新疆通志 . 第 79 卷，广播电视志 / 新疆维吾尔自治区地方志编纂委员会，《新疆通志 . 广播电视志》编纂委员会编 .—乌鲁木齐：新疆人民出版社，1995.1.—429 页；26cm.—新疆维吾尔自治区地方志丛书

K294.5/953 新疆生产建设兵团工业志 · 交通志 /《新疆生产建设兵团工业志 · 交通志》编纂委员会 .—乌鲁木齐：新疆人民出版社，1995.3.—506 页；20cm.—新疆生产建设兵团史志丛书

K294.5/953 新疆生产建设兵团检察志 / 兵团检察院史志编纂领导小组 .—乌鲁木齐：新疆人民出版社，1995.3.—380 页；20cm.—新疆生产建设兵团史志丛书

K294.5/955　哈密回王 /《哈密回王》编写组编 .—乌鲁木齐：新疆人民出版社，1995.5.—410 页；20cm

K294.5/955　清代前期西部边政史论 / 张羽新著 .—哈尔滨：黑龙江教育出版社，1995.5.—407 页；20cm

K294.5/955　乌鲁木齐石油化工总厂志：1975—1993/ 中国石化乌鲁木齐石油化工总厂《乌石化志》编纂委员会编 .—乌鲁木齐：新疆人民出版社，1995.5.—782 页；26cm

K294.5/956　新疆通志 . 第 62 卷，物资管理志 / 新疆维吾尔自治区地方志编纂委员会，《新疆通志 . 物资管理志》编纂委员会编 .—乌鲁木齐：新疆人民出版社，1995.6.—535 页；26cm.—新疆维吾尔自治区地方志丛书

K294.5/956　新疆生产建设兵团史料选辑 . 第 5 辑，新疆军区生产建设兵团成立 / 新疆生产建设兵团史志编纂委员会，《新疆生产建设兵团史料选辑》编辑部编 .—乌鲁木齐：新疆人民出版社，1995.6.—352 页；20cm

K294.5/956　塔城市志 / 塔城市地方志编纂委员会编 .—乌鲁木齐：新疆人民出版社，1995.6.—750 页；26cm.—新疆维吾尔自治区地方志丛书

K294.5/957　乌恰县志 / 乌恰县地方志编纂委员会编 .—乌鲁木齐：新疆人民出版社，1995.7.—713 页；26cm.—新疆维吾尔自治区地方志丛书

K294.5/957　农二师志 / 农二师史志编纂委员会编 .—乌鲁木齐：新疆人民出版社，1995.7.—773 页；26cm.—新疆生产建设兵团史志丛书

K294.5/958　新疆建设 40 年 / 阿不来提 · 阿布都热西提，韩学琦主编 .—乌鲁木齐：新疆人民出版社，1995.8.—421 页；20cm

K294.5/958　温宿县木本粮油林场志 /《温宿县木本粮油林场志》编纂领导小组编 .—乌鲁木齐：新疆人民出版社，1995.8.—181 页；20cm.—新疆温宿县地方志丛书

K294.5/958　库尔勒市志 / 库尔勒市史志编纂委员会编 .—乌鲁木齐：新疆人民出版社，1995.8.—762 页；26cm.—新疆维吾尔自治区地方志丛书

K294.5/959　新疆生产建设兵团农一师八团志：1958—1994/ 八团志编纂委员会编 .—阿克苏：新疆阿克苏飞达印刷厂，1995.9.—325 页；26cm.—新疆生产建设兵团史志丛书

K294.5/959　沙雅县志 / 沙雅县史志编纂委员会编 .—乌鲁木齐：新疆人民出版社，1995.9.—714 页；26cm.—新疆维吾尔自治区地方志丛书

K294.5/959　喀什市文史资料 . 第十辑 / 中国人民政治协商会议喀什市政协文史资料委员会主编 .—喀什：喀什日报印刷厂，1995.9.—217 页；20cm

K294.5/95a　抗战中的新疆 / 中共新疆维吾尔自治区委员会党史研究室编 .—乌鲁木齐：新疆人民出版社，1995.10.—266 页；20cm

K294.5/95a　新疆生产建设兵团大事记：1949 年 10 月—1992 年 12 月 / 新疆生产建设兵团史志编纂委员会编 .—乌鲁木齐：新疆人民出版社，1995.10.—435 页；20cm

K294.5/95a　农七师志 / 新疆生产建设兵团农七师史志编纂委员会编 .—北京：人民出版社，1995.10.—953 页；29cm

K294.5/95a　乌鲁木齐市志 . 第二卷，城市建设 / 乌鲁木齐市党史地方志编纂委员会编 .—乌鲁木齐：新疆人民出版社，1995.10.—454 页；26cm

K294.5/95c　农三师统计历史资料汇编：1966—1996/ 新疆生产建设兵团农三师计财处编 .—1995.12.—312 页；26cm

K294.5/95c　哈密市文史资料 . 第六辑 / 中

国人民政治协商会议哈密市委员会文史资料工作委员会编 .—哈密：哈密矿务局新闻中心印刷厂，1995.12.—223 页；20cm

K294.5/95c　五十三团场志 / 五十三团场史志编纂委员会编 .—喀什：喀什日报社印刷厂，1995.12.—264 页；26cm.—新疆生产建设兵团史志丛书

K294.5/961　中国共产党新疆维吾尔自治区昌吉回族自治州组织史资料：1949—1987/中共昌吉回族自治州委员会组织部，中共昌吉回族自治州委员会史志办，昌吉回族自治州档案局（馆）.—乌鲁木齐：新疆人民出版社，1996.1.—656 页；26cm

K294.5/961　新疆通志 . 第 34 卷，畜牧志 / 新疆维吾尔自治区地方志编纂委员会，《新疆通志 . 畜牧志》编纂委员会编 .—乌鲁木齐：新疆人民出版社，1996.1.—705 页；26cm.—新疆维吾尔自治区地方志丛书

K294.5/962　新疆生产建设兵团农三师四十三团场志 / 新疆生产建设兵团农三师四十三团史志编纂委员会 .—喀什：喀什日报社印刷厂，1996.2.—429 页；26cm.—新疆生产建设兵团史志丛书

K294.5/963　中国共产党和布克赛尔蒙古自治县历史大事记：1949 年 10 月—1992 年 9 月 / 中共和布克赛尔蒙古自治县委员会党史委员会编 .—乌鲁木齐：新疆人民出版社，1996.3.—160 页；20cm

K294.5/963　岳普湖县志 / 岳普湖县地方志编纂委员会编 .—乌鲁木齐：新疆人民出版社，1996.3.—531 页；26cm.—新疆维吾尔自治区地方志丛书

K294.5/963　新疆通志 . 第 67 卷，供销合作社志 / 新疆维吾尔自治区地方志编纂委员会，《新疆通志 . 供销合作社志》编委会 .—乌鲁木齐：新疆人民出版社，1996.3.—657 页；26cm.—新疆维吾尔自治区地方志丛书

K294.5/964　纪念新疆三区革命文集 / 新疆三区革命史编纂委员会编 .—乌鲁木齐：新疆人民出版社，1996.4.—127 页；20cm

K294.5/964　新疆政协志 / 政协新疆维吾尔自治区委员会，《新疆政协志》编纂委员会编 .—乌鲁木齐：新疆人民出版社，1996.4.—423 页；26cm

K294.5/964　新疆通志 . 第 15 卷，政务志·政协 / 新疆维吾尔自治区地方志编纂委员会，《新疆通志 . 政务志·政协》编纂委员会编 .—乌鲁木齐：新疆人民出版社，1996.4.—425 页；26cm.—新疆维吾尔自治区地方志丛书

K294.5/965　米泉文史 . 第五辑 / 中国人民政治协商会议米泉县政协文史资料研究委员会编 .—阜康：新疆阜康市印刷厂，1996.5.—240 页；20cm

K294.5/966　新疆生产建设兵团史料选辑 . 第 6 辑，中国人民解放军二十二兵团专辑 . 上 / 新疆生产建设兵团史志编纂委员会，《新疆生产建设兵团史料选辑》编辑部编 .—乌鲁木齐：新疆人民出版社，1996.6.—354 页；20cm

K294.5/966　哈密文史资料 . 第一辑 / 哈密地区政协工委 .—乌鲁木齐: 新疆八一印刷厂，1996.6.—166 页；20cm.—哈密文史资料

K294.5/966　哈密文史资料 . 第二辑 / 哈密地区政协工委 .—乌鲁木齐: 新疆八一印刷厂，1996.6.—120 页；20cm.—哈密文史资料

K294.5/966　新疆生产建设兵团农一师一团志：1953—1995/ 一团志编纂委员会 .—乌鲁木齐：新疆人民出版社，1996.6.—422 页；26cm.—新疆生产建设兵团史志丛书

K294.5/966　阿克陶县志 /《阿克陶县志》编委会 .—乌鲁木齐：新疆人民出版社，1996.6.—644 页；26cm.—新疆维吾尔自治区地方志丛书

K294.5/966　中国共产党农八师石河子市历史大事记：1949 年 10 月 —1994 年 12 月 / 中共农八师石河子市委员会党史工作领导

小组编 .—乌鲁木齐：新疆人民出版社，1996.6.—199 页；26cm

K294.5/966　中国共产党精河县历史大事记：1949.10—1990.12/ 中共精河县委党史工作委员会编写 .—乌鲁木齐：新疆人民出版社，1996.6.—186 页；20cm

K294.5/967　石河子文史资料 . 第六辑 / 中国人民政治协商会议石河子市委员会文史资料委员会编 .—石河子：石河子印刷厂铅印分厂，1996.7.—138 页；20cm

K294.5/967　且末县志 / 且末县地方志编纂委员会编 .—乌鲁木齐：新疆人民出版社，1996.7.—494 页；26cm.—新疆维吾尔自治区丛书

K294.5/967　轮台丝路今觅处：乌鲁木齐建城史研究 / 徐百成编著 .—乌鲁木齐：新疆大学出版社，1996.7.—220 页；19cm

K294.5/967　玛纳斯文史资料 . 第六辑 / 中国人民政治协商会议玛纳斯县委员会文史资料研究委员会编 .—乌鲁木齐：乌鲁木齐星志印刷厂，1996.7.—200 页；20cm

K294.5/968　阜康文史 . 第六辑 / 中国人民政治协商会议阜康市委员会文史资料委员会编 .—阜康：新疆阜康市印刷厂，1996.8.—225 页；20cm

K294.5/968　中国共产党新疆维吾尔自治区泽普县组织史资料：1949 年 10 月—1987 年 10 月 / 中共泽普县委组织部，中共泽普县委党史委，泽普县档案局编 .—乌鲁木齐：新疆人民出版社，1996.8.—287 页；26cm

K294.5/968　新疆区情 / 陈献珩主编 .—乌鲁木齐：新疆人民出版社，1996.8.—340 页；20cm

K294.5/969　阿图什市志 / 阿图什市地方志编纂委员会编 .—乌鲁木齐：新疆大学出版社，1996.9.—904 页；26cm.—新疆维吾尔自治区地方志丛书

K294.5/969　莎车县志 / 莎车县地方志编纂委员会编 .—乌鲁木齐：新疆人民出版社，1996.9.—791 页；26cm.—新疆维吾尔自治区地方志丛书

K294.5/96a　新疆生产建设兵团农业建设第十师一八八团志 / 一八八团史志编纂委员会编 .—北屯：北屯农十师印刷厂，1996.10.—297 页；26cm.—新疆生产建设兵团史志丛书

K294.5/96a　新疆生产建设兵团农一师三团志 / 农一师三团志编纂委员会 .—乌鲁木齐：新疆人民出版社，1996.10.—446 页；26cm.—新疆生产建设兵团史志丛书

K294.5/96a　中国共产党新疆维吾尔自治区哈密市（县）组织史资料：1949.10—1994.12/ 中共哈密市委组织部，中共哈密市委史志编辑室，哈密市档案局编 .—乌鲁木齐：新疆人民出版社，1996.10.—600 页；26cm

K294.5/96b　新疆通志 . 第 39 卷，煤炭工业志 / 新疆维吾尔自治区地方志编纂委员会，《新疆通志 . 煤炭工业志》编纂委员会编 .—乌鲁木齐：新疆人民出版社，1996.11.—1021 页；26cm.—新疆维吾尔自治区地方志丛书

K294.5/96b　丝绸之路屯垦研究 / 赵予征著 .—乌鲁木齐：新疆人民出版社，1996.11.—543 页；20cm

K294.5/96c　新疆通志 . 第 82 卷，卫生志 / 新疆维吾尔自治区地方志编纂委员会，《新疆通志 . 卫生志》编纂委员会 .—乌鲁木齐：新疆人民出版社，1996.12.—588 页；26cm.—新疆维吾尔自治区地方志丛书

K294.5/96c　北庭文史 . 第 6 辑 / 中国人民政治协商会议吉木萨尔县委员会文史资料研究委员会编 .—阜康：阜康市印刷厂，1996.12.—209 页；20cm

K294.5/971　奇台文史 . 第 6 辑 / 中国人民政治协商会议新疆维吾尔自治区奇台县委

员会文史资料委员会编 .—奇台：奇台县印刷厂，1997.1.—236 页；20cm

K294.5/971 农一师医院志 / 农一师医院志编纂委员会编 .—乌鲁木齐：新疆人民出版社，1997.1.—304 页；26cm.—新疆生产建设兵团农一师史志丛书

K294.5/972 奎屯市概览 / 中共奎屯市委史志办公室编 .—乌鲁木齐：新疆大学出版社，1997.2.—82 页；20cm

K294.5/972 呼图壁文史资料 . 第七辑，献给呼图壁县政协成立四十周年 / 中国人民政治协商会议呼图壁县委员会文史资料委员会编 .—呼图壁：呼图壁县印刷工业公司，1997.2.—248 页；20cm

K294.5/973 米泉文史 . 第六辑，米泉政协四十年：1957—1997/ 中国人民政治协商会议办公室米泉县委员会文史办公室编 .—1997.3.—160 页；20cm

K294.5/974 中国共产党新疆生产建设兵团农业第十师组织史资料：1959.1—1994.12/ 中共新疆生产建设兵团农业第十师组织部，史志办 .—北屯：新疆北屯印刷厂，1997.4.—196 页；26cm

K294.5/974 丝绸之路与东察合台汗国史研究 / 田卫疆著 .—乌鲁木齐: 新疆人民出版社，1997.4.—249 页；20cm.—丝绸之路研究丛书

K294.5/975 新疆生产建设兵团农一师六团志 / 农一师六团史志编纂委员会编 .—乌鲁木齐：新疆人民出版社，1997.5.—359 页；26cm.—新疆生产建设兵团农一师史志丛书

K294.5/975 新疆生产建设兵团农一师七团志 / 农一师七团志编纂委员会编 .—乌鲁木齐：新疆人民出版社，1997.5.—417 页；26cm.—新疆生产建设兵团农一师史志丛书

K294.5/975 五十二团志 / 农三师五十二团志编纂委员会 .—乌鲁木齐：新疆人民出版社，1997.5.—367 页；26cm.—新疆生产建设兵团农三师史志丛书

K294.5/976 新和县志 /《新和县志》编纂委员会编 .—乌鲁木齐：新疆人民出版社，1997.6.—778 页；26cm.—新疆维吾尔自治区地方志丛书

K294.5/976 二十一团志 / 兵团农二师二十一团志编纂委员会编 .—乌鲁木齐：新疆人民出版社，1997.6.—607 页；26cm.—新疆生产建设兵团史志丛书

K294.5/976 新疆生产建设兵团史料选辑 . 第 7 辑，中国人民解放军二十二兵团专辑 . 下 / 新疆生产兵团史志编纂委员会编著 .—乌鲁木齐：新疆人民出版社，1997.6.—367 页；20cm

K294.5/976 农一师十三团志 / 农一师十三团史志编纂委员会编 .—乌鲁木齐：新疆人民出版社，1997.6.—381 页；26cm

K294.5/976 戈壁明珠——石河子 / 石河子市人民政府办公室，石河子市统计局编 .—北京：中国统计出版社，1997.6.—306 页；29cm

K294.5/977 二十九团志 / 兵团农二师二十九团史志编纂委员会编 .—乌鲁木齐：新疆人民出版社，1997.7.—628 页；26cm.—新疆生产建设兵团史志丛书

K294.5/977 伊犁州通志 . 第 34 卷，二轻工业志 /《伊犁州通志》编委会编 .—乌鲁木齐：新疆人民出版社，1997.7.—334 页；26cm.—新疆伊犁哈萨克自治州地方志丛书

K294.5/977 哈密市文史资料 . 第七辑 / 中国人民政治协商会议哈密市委员会文史资料工作委员会编 .—哈密：哈密矿务局新闻中心印刷厂，1997.7.—223 页；20cm

K294.5/978 新疆兵团屯垦戍边史 / 李福生主编；方英楷撰著 .—乌鲁木齐：新疆科技卫生出版社，1997.8.—2 卷（1570 页）；20cm

K294.5/978 农一师志鉴：1994—1996 年 / 农一师史志编纂委员会编 .—乌鲁木齐：新

疆人民出版社，1997.8.—288 页；26cm.—新疆生产建设兵团史志丛书

K294.5/978　昌吉回族自治州文化艺术志 /《昌吉回族自治州文化艺术志》编委会编 .—乌鲁木齐：新疆美术摄影出版社，1997.8.—620 页；26cm

K294.5/978　四十九团志 / 农三师四十九团志编纂委员会 .—1997.8.—356 页；26cm.—新疆生产建设兵团史志丛书

K294.5/979　新疆生产建设兵团水利志 / 新疆生产建设兵团水利志编纂领导小组 .—乌鲁木齐：新疆人民出版社，1997.9.—444 页；20cm.—新疆生产建设兵团史志丛书

K294.5/97a　塔城地区志 / 塔城地区地方志编纂委员会编 .—乌鲁木齐：新疆人民出版社，1997.10.—1062 页；26cm.—新疆维吾尔自治区地方志丛书

K294.5/97a　新疆历史百问 / 纪大椿主编 .—乌鲁木齐：新疆美术摄影出版社，1997.10.—157 页；20cm.—历史上的新疆绘图丛书

K294.5/97a　乌鲁木齐市志 . 第三卷，经济 . 上 / 乌鲁木齐市党史地方志编纂委员会编 .—乌鲁木齐：新疆人民出版社，1997.10.—537 页；26.5cm

K294.5/97a　乌鲁木齐市志 . 第四卷，经济 . 下 / 乌鲁木齐市党史地方志编纂委员会编 .—乌鲁木齐：新疆人民出版社，1997.10.—720 页；26.5cm

K294.5/97a　哈密地区志 / 哈密地区地方志编纂委员会编 .—乌鲁木齐：新疆大学出版社，1997.10.—1527 页；26cm.—新疆维吾尔自治区地方志丛书

K294.5/97c　新疆生产建设兵团简史 / 李福生主编 .—乌鲁木齐：新疆人民出版社，1997.12.—336 页；20cm

K294.5/97c　新疆生产建设兵团农八师一二二团场志 /《一二二团场志》编纂委员会编 .—乌鲁木齐：新疆人民出版社，1997.12.—380 页；26cm.—新疆生产建设兵团史志丛书

K294.5/97c　新疆生产建设兵团农一师十二团志 / 农一师十二团志编纂委员会 .—乌鲁木齐：新疆人民出版社，1997.12.—373 页；26cm.—新疆生产建设兵团农一师史志丛书

K294.5/981　木垒人物：木垒文史资料选辑 . 第三辑 / 刘世东主编 .—新疆有色地勘局印刷厂，1998.1.—164 页；20cm

K294.5/981　中国共产党新疆生产建设兵团建筑工程第一师组织史资料：1974.4—1995.12/ 中共新疆兵团建筑工程第一师委员会史志办公室编 .—乌鲁木齐：新疆地矿彩印厂，1998.1.—247 页；26cm

K294.5/981　史志研究文选 / 刘树靖著 .—呼图壁：新疆呼图壁县印刷工业公司，1998.1.—364 页；20cm

K294.5/982　西域春晓：新疆天山毛纺织股份有限公司发展史 / 周礼钧，侯伦编 .—北京：改革出版社，1998.2.—255 页；20cm.—中国企业史丛书 / 中国企业史研究中心编

K294.5/983　焉耆回族自治县志 / 焉耆回族自治县地方志编纂委员会编 .—乌鲁木齐：新疆人民出版社，1998.3.—1066 页；26cm.—新疆维吾尔自治区地方志丛书

K294.5/983　中国共产党新疆生产建设兵团工一师四团组织史资料：1963.11—1995.12/ 中共新疆生产建设兵团工一师四团委员会 .—乌鲁木齐：新疆地矿彩印厂，1998.3.—289 页；26cm

K294.5/984　阜康文史 . 第七辑 / 中国人民政治协商会议阜康市委员会文史资料委员会编 .—阜康：新疆阜康市辉贤印刷厂，1998.4.—250 页；20cm

K294.5/984　一三七团志 / 一三七团志编纂委员会 .—乌鲁木齐：新疆科技卫生出版社，

1998.4.—389 页；26cm

K294.5/984　八十九团志 / 兵团农五师八十九团志编纂委员会编 .—乌鲁木齐：新疆人民出版社，1998.4.—361 页；26cm.—新疆生产建设兵团史志丛书

K294.5/985　中国共产党新疆生产建设兵团农九师历史大事记：1949.10—1997.12/ 农九师史志编纂委员会编 .—塔城：农九师印刷厂，1998.5.—271 页；26cm

K294.5/985　新疆两千年 / 刘逊，刘迪编著 .—乌鲁木齐：新疆青少年出版社，1998.5.—255 页；20cm

K294.5/985　前山之春：新疆生产建设兵团农七师一二八团四十周年 / 谢荷英 .—乌鲁木齐：乌鲁木齐市世纪风广告有限公司，1998.5.—66 页；26cm

K294.5/985　云南省志 . 卷 39，农垦志 / 云南省地方志编纂委员会总纂 .—昆明：云南人民出版社，1998.5.—862 页；29cm

K294.5/986　新疆生产建设兵团史料选辑 . 第 8 辑，老红军老八路专辑 . 上 / 新疆生产建设兵团史志编纂委员会，兵团党委党史研究室编 .—乌鲁木齐：新疆人民出版社，1998.6.—373 页；20cm

K294.5/986　中国共产党新疆生产建设兵团农八师一三二团场历史大事记：1958 年 1 月—1997 年 12 月 / 农八师一三二团场史志编纂委员会编 .—乌鲁木齐：新疆人民出版社，1998.6.—328 页；20cm

K294.5/986　油气储运 40 年 / 新疆石油管理局油气储运公司编 .—乌鲁木齐：新疆人民出版社，1998.6.—302 页；23cm

K294.5/987　新疆三区革命史 / 新疆三区革命史编写组 .—北京：民族出版社，1998.7.—278 页；20cm.—新疆三区革命丛书

K294.5/988　新疆通志 . 第 48 卷，公路交通志 / 新疆维吾尔自治区地方志编纂委员会，《新疆通志 . 公路交通志》编纂委员会编 .—乌鲁木齐：新疆人民出版社，1998.8.—845 页；26cm.—新疆维吾尔自治区地方志丛书

K294.5/988　中国共产党新疆生产建设兵团农五师组织史资料：1949.10—1987.10/ 中共农五师委员会办公室，中共农五师委员会组织部,农五师史志编纂委员会办公室 .—乌鲁木齐：新疆大学出版社，1998.8.—326 页；26cm

K294.5/988　四十四团志 / 四十四团史志编纂委员会 .—阿克苏：新疆阿克苏飞达印刷厂，1998.8.—285 页；26cm.—新疆生产建设兵团史志丛书

K294.5/988　呼图壁文史资料 . 第四辑 / 中国人民政治协商会议呼图壁县委员会文史资料委员会编 .—乌鲁木齐：乌鲁木齐军区军医学校印刷厂，1988.8.—147 页；20cm

K294.5/988　喀什地区税务志 / 喀什地区国家税务局，喀什地区地方税务局编 .—乌鲁木齐：新疆人民出版社，1998.8.—455 页；26cm.—新疆维吾尔自治区地方志丛书

K294.5/988　新疆生产建设兵团农六师共青团农场大事记 / 农六师史志编纂委员会编 .—1998.8.—268 页；16cm

K294.5/989　新疆生产建设兵团发展史 / 新疆生产建设兵团史志编纂委员会编 .—乌鲁木齐：新疆人民出版社，1998.9.—530 页；20cm

K294.5/989　阿克苏地区武警志：1950.3—1997.12/ 武警阿克苏地区支队史志编纂委员会编 .—乌鲁木齐：新疆人民出版社，1998.9.—424 页；26cm

K294.5/989　哈密矿务局志：1986—1997/ 哈密矿务局志编纂委员会 .—哈密：哈密矿务局印刷厂，1998.9.—493 页；26cm

K294.5/989　新疆通志 . 第 65 卷，商检志 / 新疆维吾尔自治区地方志编纂委员会，《新疆通志 . 商检志》编纂委员会编 .—乌鲁木

齐：新疆人民出版社，1998.9.—560 页；26cm.—新疆维吾尔自治区地方志丛书

K294.5/989　新疆通志 . 第 36 卷，水利志 / 新疆维吾尔自治区地方志编纂委员会，《新疆通志 . 水利志》编纂委员会编 .—乌鲁木齐：新疆人民出版社，1998.9.—593 页；26cm.—新疆维吾尔自治区地方志丛书

K294.5/989　新疆通志 . 第 37 卷，生产建设兵团志 / 新疆维吾尔自治区地方志编纂委员会，《新疆通志 . 生产建设兵团志》编纂委员会编 .—乌鲁木齐：新疆人民出版社，1998.9.—1279 页；16cm.—新疆维吾尔自治区地方志丛书

K294.5/989　巴楚县志 / 巴楚县地方志编纂委员会编 .—乌鲁木齐：新疆大学出版社，1998.9.—920 页；26cm.—新疆维吾尔自治区地方志丛书

K294.5/98a　米泉县志 / 米泉县地方志编纂委员会编 .—乌鲁木齐：新疆人民出版社，1998.10.—689 页；26cm.—新疆维吾尔自治区地方志丛书

K294.5/98a　中国共产党新疆生产建设兵团工一师六团组织史资料：1951.3—1995.12/ 中共新疆生产建设兵团工一师六团委员会 .—乌鲁木齐：新疆地矿彩印厂，1998.10.—517 页；26cm

K294.5/98a　米泉文史 . 第七辑 / 中国人民政治协商会议米泉市委员会文史资料编辑室 .—阜康：新疆阜康印刷厂，1998.10.—184 页；20cm

K294.5/98b　中国共产党乌鲁木齐县历史大事记：1949 年 10 月—1995 年 12 月 / 中国共产党乌鲁木齐县委员会党史委编 .—乌鲁木齐：新疆人民出版社，1998.11.—428 页；20cm

K294.5/98c　中国共产党喀什地区历史大事记：1949.10—1994.12/ 中共喀什地委党史工作委员会办公室编 .—乌鲁木齐：新疆人民出版社，1998.12.—553 页；20cm

K294.5/98c　新疆通志 . 第 61 卷，商业志 / 新疆维吾尔自治区地方志编纂委员会，《新疆通志 . 商业志》编纂委员会编 .—乌鲁木齐：新疆人民出版社，1998.12.—716 页；26cm.—新疆维吾尔自治区地方志丛书

K294.5/98c　二十三团志 / 兵团农二师二十三团志编纂委员会 .—库尔勒：巴音郭楞日报印刷厂，1998.12.—603 页；26cm.—新疆生产建设兵团史志丛书

K294.5/98c　塔城地区金融志 /《塔城地区金融志》编纂委员会编 .—乌鲁木齐：新疆人民出版社，1998.12.—481 页；26cm.—新疆维吾尔自治区地方志丛书

K294.5/98c　农十师志 / 农十师史志编纂委员会编 .—乌鲁木齐：新疆人民出版社，1998.12.—792 页；26cm.—新疆生产建设兵团史志丛书

K294.5/98c　新疆生产建设兵团农三师建筑工程公司志 / 农三师建筑工程公司史志编纂委员会编 .—1998.12.—194 页；26cm.—新疆生产建设兵团史志丛书

K294.5/98c　精河县志 / 精河县地方志编纂委员会编 .—乌鲁木齐：新疆人民出版社，1998.12.—811 页；26cm.—新疆维吾尔自治区地方志丛书

K294.5/99　中国共产党哈密矿务局委员会历史大事记：1958—1998 年 6 月 /《中国共产党哈密矿务局委员会历史大事记》编审委员会编撰 .—1999.—287 页；26cm

K294.5/991　和硕县志 / 和硕县地方志编纂委员会 .—乌鲁木齐：新疆人民出版社，1999.1.—859 页；26cm.—新疆维吾尔自治区地方志丛书

K294.5/991　博尔塔拉蒙古自治州志 / 博尔塔拉蒙古自治州地方志编纂委员会编 .—乌鲁木齐：新疆大学出版社，1999.1.—1042 页；26cm.—新疆维吾尔自治区地方志丛书

K294.5/991　新疆古代文明 / 柳用能著 .—乌鲁木齐：新疆美术摄影出版社，1999.1.—132 页；20cm

K294.5/991　伊犁交通志 / 新疆伊犁地区交通局编 .—伊宁：伊犁地区交通局，1999.1.—295 页；26cm

K294.5/991　工一师四团志 / 工一师四团史志编纂委员会编 .—乌鲁木齐：新疆人民出版社，1999.1.—270 页；26cm.—新疆生产建设兵团史志丛书

K294.5/992　哈密市文史资料 . 第八辑 / 中国人民政治协商会议哈密市委员会文史资料工作委员会编 .—哈密：新疆哈密地区三元印刷有限公司，1999.2.—298 页；20cm

K294.5/993　克拉玛依市白碱滩区志 / 克拉玛依市乌尔禾区地方志编纂委员会编 .—乌鲁木齐：新疆人民出版社，1999.3.—336 页；26cm

K294.5/993　北泉煤矿志：1989—1998/ 北泉煤矿志编纂办公室编 .—1999.3.—162 页；26cm

K294.5/993　新疆反对民族分裂主义斗争史话 / 中共新疆维吾尔自治区委员会党史研究室编 .—乌鲁木齐：新疆人民出版社，1999.3.—192 页；20cm

K294.5/994　新疆通志 . 第 40 卷，石油工业志 / 新疆维吾尔自治区地方志编纂委员会，《新疆通志 . 石油工业志》编纂委员会编 .—乌鲁木齐：新疆人民出版社，1999.4.—699 页；26cm.—新疆维吾尔自治区地方志丛书

K294.5/994　伊犁史简明读本 / 姜崇仑主编 .—乌鲁木齐：新疆人民出版社，1999.4.—118 页；20cm

K294.5/995　中国共产党新疆生产建设兵团农八师石河子市一三六团场组织史资料、一三六团场历史大事记：1949.10—1997.12/ 中共农八师石河子市党史工作委员会，中共农八师石河子市一三六团场史志编纂委员会 .—乌鲁木齐：新疆人民出版社，1999.5.—335 页；26cm

K294.5/995　中国共产党青河县历史大事记：1949.10—1997.7/ 中共青河县党委史地方志编纂委员会编 .—乌鲁木齐：新疆人民出版社，1999.5.—203 页；20cm.—新疆维吾尔自治区地方志丛书

K294.5/995　新疆无线通信志 /《新疆无线通信志》编纂委员会 .—乌鲁木齐：新疆人民出版社，1999.5.—242 页；26cm.—新疆维吾尔自治区地方志丛书

K294.5/995　农四师志：送审稿 / 农四师史志编纂委员会编 .—1999.5.—885 页；26cm.—新疆生产建设兵团史志丛书

K294.5/995　奇台县烹饪志 / 昌吉回族自治州烹饪协会奇台分会 .—奇台：奇台县志同印刷部，1999.5.—206 页；20cm

K294.5/995　乌苏县志 / 乌苏县党史地方志编纂委员会编 .—乌鲁木齐：新疆人民出版社，1999.5.—902 页；20cm.—新疆维吾尔自治区地方志丛书

K294.5/996　新疆生产建设兵团农三师四十八团志 / 农三师四十八团志编纂委员会 .—乌鲁木齐：新疆人民出版社，1999.6.—367 页；26cm.—新疆生产建设兵团农三师史志丛书

K294.5/996　叶城县志 / 叶城县地方志编纂委员会编 .—乌鲁木齐：新疆人民出版社，1999.6.—716 页；26cm.—新疆维吾尔自治区地方志丛书

K294.5/996　二十七团志 / 兵团农二师二十七团史志编纂委员会编 .—库尔勒：巴音郭楞日报印刷厂，1999.6.—495 页；26cm.—新疆生产建设兵团史志丛书

K294.5/996　新疆生产建设兵团农三师小海子水管处志 / 农三师小海子水管处史志编纂委员会编 .—阿克苏：新疆阿克苏飞达印刷厂，1999.6.—243 页；26cm.—新疆生产建

设兵团史志丛书

K294.5/996　新疆通志．第57卷，财政志/新疆维吾尔自治区地方志编纂委员会，《新疆通志．财政志》编纂委员会．—乌鲁木齐：新疆人民出版社，1999.6.—585页；26cm.—新疆维吾尔自治区地方志丛书

K294.5/996　中国共产党哈密市（县）历史大事记：1949—1998/张仁幹主编．—乌鲁木齐：新疆人民出版社，1999.6.—830页；20cm

K294.5/996　新疆维吾尔自治区石河子市邮电志/新疆石河子市邮电局编著．—乌鲁木齐：新疆人民出版社，1999.6.—353页；26cm.—新疆维吾尔自治区地方志丛书

K294.5/996　梧桐化工厂志/梧桐化工厂史志编纂委员会编．—1999.6.—286页；20cm

K294.5/996　新疆生产建设兵团史料选辑．第9辑，老红军老八路专辑．中/新疆生产建设兵团史志编纂委员会，兵团党委党史研究室编．—乌鲁木齐：新疆人民出版社，1999.6.—423页；20cm

K294.5/997　屯垦喀什噶尔三十年/政协新疆维吾尔自治区委员会文史资料委员会，新疆生产建设兵团农三师编．—乌鲁木齐：新疆人民出版社，1999.7.—403页；26cm

K294.5/997　克拉玛依市乌尔禾区志/克拉玛依市乌尔禾区地方志编纂委员会．—乌鲁木齐：新疆人民出版社，1999.7.—548页；26cm

K294.5/998　八十五团志/八十五团史志编纂委员会编．—乌鲁木齐：新疆大学出版社，1999.8.—308页；20cm.—新疆生产建设兵团史志丛书

K294.5/998　兵团三运司志/三运司史志编纂委员会编．—1999.8.—471页；26cm.—新疆生产建设兵团史志丛书

K294.5/998　新疆生产建设兵团农三师四十二团志/农三师四十二团史志编纂委员会．—阿克苏：新疆阿克苏飞达印刷厂，1999.8.—311页；26cm.—新疆生产建设兵团农三师史志丛书

K294.5/998　十八世纪俄国炮兵大尉新疆见闻录/（俄）伊·温科夫斯基著；（俄）尼·维谢洛夫斯基编；宋嗣喜译．—哈尔滨：黑龙江教育出版社，1999.8.—282页；20cm.—边疆史地丛书

K294.5/998　哈密文史资料．第三辑/哈密地区政协工委．—哈密：新疆哈密市印刷厂，1999.8.—238页；20cm

K294.5/999　中国共产党新疆维吾尔自治区伊宁县历史大事记：1949年1月—1997年12月/中共新疆维吾尔自治区委员会党史研究室编．—乌鲁木齐：新疆人民出版社，1999.9.—372页；20cm

K294.5/999　新疆通志．第49卷，铁道志/新疆维吾尔自治区地方志编纂委员会，《新疆通志．铁道志》编纂委员会编．—乌鲁木齐：新疆人民出版社，1999.9.—461页；26cm.—新疆维吾尔自治区地方志丛书

K294.5/999　新疆通志．第41卷，钢铁工业志/新疆维吾尔自治区地方志编纂委员会，《新疆通志．钢铁工业志》编纂委员会编．—乌鲁木齐：新疆人民出版社，1999.9.—487页；26cm.—新疆维吾尔自治区地方志丛书

K294.5/999　新疆生产建设兵团农六师一〇一团大事记：1949—1998/新疆生产建设兵团农六师一〇一团史志编纂委员会编．—1999.9.—134页；20cm

K294.5/999　乌鲁木齐市志．第五卷，政治/乌鲁木齐市党史地方志编纂委员会编．—乌鲁木齐：新疆人民出版社，1999.9.—560页；26cm

K294.5/999　二十四团志/兵团农二师二十四团志编纂委员会编．—库尔勒：巴音郭楞日报社印刷厂，1999.9.—605页；

26cm.—新疆生产建设兵团史志丛书

K294.5/999　新疆生产建设兵团农业建设第十师一八三团志 / 一八三团史志编纂委员会 .—乌鲁木齐：新疆人民出版社，1999.9.—293 页；20cm.—新疆生产建设兵团史志丛书

K294.5/999　和布克赛尔蒙古自治县志 / 和布克赛尔蒙古自治县地方志编纂委员会编 .—乌鲁木齐：新疆人民出版社，1999.9.—667 页；26cm.—新疆维吾尔自治区地方志丛书

K294.5/999　一四七团志 / 一四七团史志编纂委员会编 .—乌鲁木齐：新疆人民出版社，1999.9.—519 页；20cm.—新疆生产建设兵团史志丛书

K294.5/999　米泉回族 / 米泉市政协文史资料编辑室编 .—阜康：新疆阜康市印刷厂，1999.9.—207 页；20cm

K294.5/999　西北石油局志 /《西北石油局志》编纂委员会编 .—乌鲁木齐：新疆人民出版社，1999.9.—971 页；26cm.—新疆维吾尔自治区地方志丛书

K294.5/999　中国共产党伊宁县历史大事记 / 中共新疆维吾尔自治区委员会党史研究室编 .—乌鲁木齐：新疆人民出版社，1999.9.—372 页；20cm

K294.5/999　呼图壁文史资料 . 第八辑 / 呼图壁县政协文史资料委员会 .—呼图壁：呼图壁县印刷厂，1999.9.—338 页；20cm

K294.5/999　北庭文史 . 第十辑，庭州春晖 / 中国人民政治协商会议吉木萨尔县委员会文史委员会 .—阜康：阜康市印刷厂，1999.9.—288 页；20cm

K294.5/999　北庭文史 . 特辑，庭州攒珠 / 中国人民政治协商会议吉木萨尔县委员会文史委员会 .—阜康：阜康市印刷厂，1999.9.—447 页；20cm

K294.5/99a　乌苏县文史资料 . 第三辑 / 中国人民政治协商会议乌苏县委员会文史资料委员会 .—乌苏：乌苏县印刷厂，1999.10.—106 页；20cm

K294.5/99a　奇台文史 . 第 9 辑 / 奇台县政协文史资料委员会 .—昌吉：新疆昌吉金威印刷厂，1999.10.—241 页；20cm

K924.5/99a　庭州纵横 / 戴良佐著 .—乌鲁木齐：新疆人民出版社，1999.10.—325 页；20cm

K294.5/99a　农九师团结农场志 / 团结农场史志编纂委员会编 .—乌鲁木齐：新疆人民出版社，1999.10.—330 页；26cm.—新疆生产建设兵团史志丛书

K924.5/99a　农六师垦区实用手册 / 农六师党委办公室编 .—1999.10.—276 页；19cm

K294.5/99b　新疆生产建设兵团外事志、外贸志 / 新疆生产建设兵团《外事志》编辑组，新疆生产建设兵团《外贸志》编纂领导小组 .—乌鲁木齐：新疆人民出版社，1999.11.—448 页；20cm.—新疆生产建设兵团史志丛书

K294.5/99b　奎屯市志 / 奎屯市地方志编纂委员会编 .—北京：中华书局，1999.11.—602 页；26cm.—新疆维吾尔自治区地方志丛书

K294.5/99b　新疆维吾尔自治区电力设计院志：1958—1998/《新疆电力设计院志》编委会编 .—北京：中国电力出版社，1999.11.—319 页；26cm.—新疆电力工业志丛书

K294.5/99b　奎屯市重要文件汇编：1975—1998/ 中共奎屯市委史志工作领导小组办公室编 .—1999.11.—506 页；20cm

K294.5/99c　一二五团志 / 新疆生产建设兵团农七师一二五团史志编纂委员会编 .—北京：方志出版社，1999.12.—1134 页；26cm

K294.5/99c　一八二团志 /《一八二团志》

编纂委员会编.—乌鲁木齐：新疆人民出版社，1999.12.—271页；20cm.—新疆生产建设兵团史志丛书

K294.5/99c 新疆生产建设兵团农四师七十二团志/七十二团史志编纂委员会编.—乌鲁木齐：新疆人民出版社，1999.12.—707页；26cm

K294.5/99c 走向21世纪的新疆.经济卷/王拴乾主编.—乌鲁木齐：新疆人民出版社，1999.12.—518页；20cm

K294.5/99c 走向21世纪的新疆.文化卷/王拴乾主编.—乌鲁木齐：新疆人民出版社，1999.12.—372页；20cm

K294.5/99c 走向21世纪的新疆.政治卷/王拴乾主编.—乌鲁木齐：新疆人民出版社，1999.12.—378页；20cm

K294.5/99c 长征农场场志/长征农场场志编纂委员会编.—1999.12.—241页；29cm

K294.5/99c 阿瓦提县志/阿瓦提县地方志编纂委员会编.—乌鲁木齐：新疆人民出版社，1999.12.—562页；26cm.—新疆维吾尔自治区地方志丛书

K294.5/99c 三十五团志/三十五团志编纂委员会编.—1999.12.—687页；26cm.—新疆生产建设兵团史志丛书

K294.5/99c 一八七团志/一八七团史志编纂委员会编.—乌鲁木齐：新疆人民出版社，1999.12.—371页；26cm.—新疆生产建设兵团史志丛书

K294.5/99c 一二五团志/农七师一二五团史志编纂委员会编.—北京：方志出版社，1999.12.—1134页；26cm

K294.5/99c 新疆生产建设兵团农四师七十二团志/七十二团史志编纂委员会编.—乌鲁木齐：新疆人民出版社，1999.12.—707页；26cm.—新疆生产建设兵团史志丛书

K294.5/99c 新疆通志.第47卷，化学工业志/新疆维吾尔自治区地方志编纂委员会编.—乌鲁木齐：新疆人民出版社，1999.12.—342页；26cm.—新疆维吾尔自治区地方志丛书

K294.5/99c 阿克苏市文史资料.第七辑/中国人民政治协商会议新疆阿克苏市委员会文史资料委员会.—1999.12.—228页；20cm

K294.5/99c 沙湾县志/《沙湾县志》编纂委员会编.—乌鲁木齐：新疆人民出版社，1999.12.—908页；26cm.—新疆维吾尔自治区地方志丛书

K294.5/99c 民国新疆史/陈慧生，陈超著.—乌鲁木齐：新疆人民出版社，1999.12.—452页；20cm

K294.5/99c 新疆改革开放二十年志：1978—1999年/新疆维吾尔自治区地方志编纂委员会编.—乌鲁木齐：新疆人民出版社，1999.12.—684页；26cm

K294.5/20001 二十八团志/二十八团志编纂委员会编.—乌鲁木齐：新疆大学出版社，2000.1.—509页；26cm.—新疆生产建设兵团史志丛书

K294.5/20001 阜康县文史.第八辑/中国人民政治协商会议阜康市委员会文史资料委员会编.—2000.1.—233页；20cm

K294.5/20002 新疆通志.第64卷，海关志/新疆维吾尔自治区地方志编纂委员会，《新疆通志.海关志》编纂委员会.—乌鲁木齐：新疆人民出版社，2000.2.—496页；26cm.—新疆维吾尔自治区地方志丛书

K294.5/20003 伊犁文史资料.第十六辑/中国人民政治协商会议伊犁哈萨克自治州委员会文史资料委员会.—2000.3.—179页；20cm

K294.5/20005 中共新疆地方史：青少年读本/中共新疆区委党史研究室编.—北京：中共党史出版社，2000.5.—271页；20cm

K294.5/20005　乌鲁木齐市工会志 / 乌鲁木齐市总工会编 .—乌鲁木齐：新疆人民出版社，2000.5.—560 页；26cm

K294.5/20005　阿克苏地区金融志 / 阿克苏地区金融志编纂委员会编 .—乌鲁木齐：新疆人民出版社，2000.5.—317 页；26cm.—新疆维吾尔自治区地方志丛书

K294.5/20006　农一师工会志 / 农一师史志编纂委员会编 .—乌鲁木齐：新疆人民出版社，2000.6.—355 页；26cm.—新疆生产建设兵团农一师史志丛书

K294.5/20006　农一师九团志 / 农一师九团志编纂委员会编 .—乌鲁木齐：新疆人民出版社，2000.6.—423 页；26cm.—新疆生产建设兵团农一师史志丛书

K294.5/20006　焉耆回族自治县邮电志 /《焉耆回族自治县邮电志》编撰小组编 .—乌鲁木齐：新疆人民出版社，2000.6.—195 页；26cm

K294.5/20006　新疆通志 . 第 72 卷，科学技术志 / 新疆维吾尔自治区地方志编纂委员会，《新疆通志 . 科学技术志》编纂委员会 .—乌鲁木齐：新疆人民出版社，2000.6.—974 页；26cm.—新疆维吾尔自治区地方志丛书

K294.5/20006　农一师教育志 / 农一师教育志编纂委员会编 .—乌鲁木齐：新疆人民出版社，2000.6.—549 页；26cm.—新疆生产建设兵团农一师史志丛书

K294.5/20006　农六师志：讨论稿 / 农六师志编辑室 .—2000.6.—5 册（1246 页）；26cm

K294.5/20006　八十八团志 / 八十八团史志编纂委员会编 .—乌鲁木齐：新疆人民出版社，2000.6.—369 页；26cm.—新疆生产建设兵团史志丛书

K294.5/20006　乌鲁木齐县志 / 乌鲁木齐县地方志编纂委员会编 .—乌鲁木齐：新疆人民出版社，2000.6.—936 页；26cm.—新疆维吾尔自治区地方志丛书

K294.5/20007　八十六团志 / 八十六团志编纂委员会 .—乌鲁木齐：新疆人民出版社，2000.7.—276 页；26cm.—新疆生产建设兵团史志丛书

K294.5/20007　兵团农八师一二一团五十周年庆典暨首届炮台甜瓜节纪念册 / 兵团农八师一二一团编 .—2000.7.—38 页；20cm

K294.5/20007　一五〇团场志 / 新疆石河子一五〇团场史志编纂委员会编 .—乌鲁木齐：新疆人民出版社，2000.7.—485 页；26cm.—新疆生产建设兵团农八师石河子市史志丛书；17

K294.5/20007　奎屯市第一中学校志 / 奎屯市第一中学校志编纂委员会编 .—2000.7.—113 页；26cm

K294.5/20007　新疆通志 . 第 66 卷，粮食志 / 新疆维吾尔自治区地方志编纂委员会，《新疆通志 . 粮食志》编纂委员会 .—乌鲁木齐：新疆人民出版社，2000.7.—779 页；26cm.—新疆维吾尔自治区地方志丛书

K294.5/20008　额敏县志 / 额敏县地方志编纂委员会编 .—乌鲁木齐：新疆人民出版社，2000.8.—647 页；26cm.—新疆维吾尔自治区地方志丛书

K294.5/20008　农一师西大桥水电厂志：1982—1999/《农一师西大桥水电厂志》编委会编 .—乌鲁木齐：新疆人民出版社，2000.8.—350 页；26cm.—新疆维吾尔自治区电力工业志丛书

K294.5/20008　一二九团志 / 一二九团史志编纂委员会编 .—北京：中华书局，2000.8.—699 页；26cm

K294.5/20008　六十二团志 / 六十二团史志编纂委员会 .—乌鲁木齐：新疆人民出版社，2000.8.—478 页；26cm.—新疆生产建设兵团史志丛书

K294.5/20009 一三〇团志 / 一三〇团史志编纂委员会编 .—北京：中华书局，2000.9.—488 页；26cm

K294.5/20009 新疆通志 . 第 76 卷，语言文字志 / 新疆维吾尔自治区地方志编纂委员会,《新疆通志 . 语言文字志》编纂委员会 .—乌鲁木齐：新疆人民出版社，2000.9.—756 页；26cm.—新疆维吾尔自治区地方志丛书

K294.5/2000a 新疆生产建设兵团农五师八十三团志 / 八十三团史志编纂委员会编 .—乌鲁木齐：新疆人民出版社，2000.10.—394 页；26cm.—新疆生产建设兵团史志丛书

K294.5/2000a 农一师志：1997—1999/ 农一师史志编纂委员会编 .—乌鲁木齐：新疆人民出版社，2000.10.—297 页；26cm

K294.5/2000a 农四师志 / 农四师史志编纂委员会 .—北京：中华书局，2000.10.—798 页；26cm

K294.5/2000a 新疆梧桐化工厂志 / 梧桐化工厂史志编纂委员会 .—乌鲁木齐：新疆大学出版社，2000.10.—328 页；26cm

K294.5/2000a 新疆生产建设兵团史料选辑 . 第 10 辑，老红军老八路专辑 . 下 / 新疆生产建设兵团史志编纂委员会，兵团党委党史研究室编 .—乌鲁木齐：新疆人民出版社，2000.10.—424 页；20cm

K294.5/2000a 奇台总场志 . 第一分册：讨论稿 / 奇台总场志办公室 .—2000.10.—134 页；26cm

K294.5/2000a 一〇二团志 / 一〇二团史志编纂委员会 .—乌鲁木齐：新疆大学出版社，2000.10.—491 页；26cm.—新疆生产建设兵团史志丛书

K294.5/2000a 中国共产党十二团组织史资料 / 十二团史志编纂委员会 .—乌鲁木齐：新疆人民出版社，2000.10.—526 页；26cm.—新疆生产建设兵团农一师史志丛书

K294.5/2000b 新疆历史主旋律 . 上卷 / 邵纯主编 .—北京：中共中央党校出版社，2000.11.—307 页；20cm

K294.5/2000b 一二七团志 / 一二七团史志编纂委员会编 .—北京：中华书局，2000.11.—713 页；26cm

K294.5/2000b 改革开放中的奎屯市 / 中共奎屯市委史志工作领导小组办公室编 .—2000.11.—132 页；20cm.—中共奎屯市历史资料丛书之五

K294.5/2000c 新疆通志 . 第 23 卷，司法行政志 / 新疆维吾尔自治区地方志编纂委员会,《新疆通志 . 司法行政志》编纂委员会 .—乌鲁木齐：新疆人民出版社，2000.12.—550 页；26cm

K294.5/2000c 火箭农场志 / 哈管局火箭农场史志编纂委员会编 .—乌鲁木齐：新疆人民出版社，2000.12.—443 页；26cm.—新疆生产建设兵团史志丛书

K294.5/2000c 六十一团志 / 六十一团史志编纂委员会 .—2000.12.—563 页；26cm.—新疆生产建设兵团史志丛书

K294.5/2000c 新疆通志 . 第 33 卷，瓜果志 / 新疆维吾尔自治区地方志编纂委员会，《新疆通志 . 瓜果志》编纂委员会 .—乌鲁木齐：新疆人民出版社，2000.12.—474 页；26cm.—新疆维吾尔自治区地方志丛书

K294.5/2000c 新疆通志 . 第 43 卷，机械电子工业志 / 新疆维吾尔自治区地方志编纂委员会，《新疆通志 . 机械电子工业志》编纂委员会 .—乌鲁木齐：新疆人民出版社，2000.12.—487 页；26cm.—新疆维吾尔自治区地方志丛书

K294.5/2000c 六十九团志 / 农四师六十九团志编纂委员会 .—乌鲁木齐：新疆地矿彩印厂，2000.12.—284 页；26cm.—新疆生产建设兵团史志丛书

K294.5/2000c 六十八团志 / 农四师六十八

团志史志编纂员会编 .—乌鲁木齐：新疆地矿彩印厂，2000.12.—406 页；26cm.—新疆生产建设兵团史志丛书

K294.5/2000c 一九〇团志 / 一九〇团史志编纂委员会 .—乌鲁木齐：新疆人民出版社，2000.12.—377 页；26cm.—新疆生产建设兵团史志丛书

K294.5/2000c 七十九团志 / 七十九团志编纂委员会编 .—乌鲁木齐：新疆地矿彩印厂，2000.12.—375 页；26cm.—新疆生产建设兵团史志丛书

K294.5/2000c 农三师志 / 农三师史志编纂委员会编 .—乌鲁木齐：新疆人民出版社，2000.12.—776 页；26cm.—新疆生产建设兵团史志丛书

K294.5/2000c 尼勒克县志 / 尼勒克县地方志编委会 .—乌鲁木齐：新疆人民出版社，2000.12.—670 页；26cm

K294.5/2000c 一八一团志 /《一八一团志》编纂委员会 .—乌鲁木齐：新疆人民出版社，2000.12.—407 页；26cm.—新疆生产建设兵团史志丛书

K294.5/2000c 木垒景观与文物：木垒文史资料选编 . 第五辑 / 政协木垒哈萨克自治县委员会编 .—乌鲁木齐：乌鲁木齐福利印刷厂，2000.12.—114 页；20cm

K294.5/2000c 哈密市文史资料 . 第九辑 / 中国人民政治协商会议哈密市委员会文史资料工作委员会编 .—哈密：哈密地区三元印刷有限公司，2000.12.—187 页；20cm

K294.5/2000c 奇台文史 . 第 10 辑 / 中国人民政治协商会议新疆维吾尔自治区奇台县委员会文史资料委员会编 .—2000.12.—199 页；20cm

K294.5/2001 新疆石河子红山嘴水力发电厂志：1959—1997/《新疆石河子红山嘴水力发电厂志》编纂委员会编 .—乌鲁木齐：新疆人民出版社，2001.—625 页；26cm.—新疆生产建设兵团农八师石河子市史志丛书；23

K294.5/20011 第二建筑安装工程公司志 / 新疆生产建设兵团农七师二建史志编纂委员会编 .—北京：中华书局，2001.1.—273 页；26cm

K294.5/20012 木垒文史 . 第六辑 / 政协木垒哈萨克自治县委员会编 .—乌鲁木齐：乌鲁木齐福利印刷厂，2001.2.—190 页；20cm

K294.5/20012 木垒文史 . 第七辑 / 政协木垒哈萨克自治县委员会编 .—乌鲁木齐：乌鲁木齐福利印刷厂，2001.2.—106 页；20cm

K294.5/20013 伊州补遗 / 张仁幹主编 .—乌鲁木齐：新疆大学出版社，2001.3.—179 页；20cm.—瀚海拾贝丛书

K294.5/20013 农业科学研究所志 / 农科所志编纂委员会 .—乌鲁木齐：新疆人民出版社，2001.3.—312 页；26cm.—新疆生产建设兵团农一师史志丛书

K294.5/20013 新疆通志 . 第 73 卷，社会科学志 / 新疆维吾尔自治区地方志编纂委员会，《新疆通志 . 社会科学志》编纂委员会 .—乌鲁木齐：新疆人民出版社，2001.3.—436 页；26cm.—新疆维吾尔自治区地方志丛书

K294.5/20014 阜康县志 / 阜康市党史地方志编纂委员会编著 .—乌鲁木齐：新疆人民出版社，2001.4.—792 页；26cm.—新疆维吾尔自治区地方志丛书

K294.5/20014 阿勒泰地区邮电志 / 新疆自治区地方志编委会编 .—乌鲁木齐：新疆人民出版社，2001.4.—562 页；26cm.—新疆维吾尔自治区地方志丛书

K294.5/20015 新疆通志 . 第 14 卷，共产党志 / 新疆维吾尔自治区地方志编纂委员会，《新疆通志 . 共产党志》编纂委员会 .—乌鲁木齐：新疆人民出版社，2001.5.—520 页；26cm.—新疆维吾尔自治区地方志丛书

K294.5/20015　中国共产党水磨沟区历史大事记：一九五六年·五—一九九九年·十二/水磨沟区党史地方志编纂委员会办公室编.—乌鲁木齐：新疆人民出版社，2001.5.—309页；20cm

K294.5/20015　阿勒泰市志/阿勒泰市党史、地方志编纂委员会.—乌鲁木齐：新疆人民出版社，2001.5.—604页；26cm.—新疆维吾尔自治区地方志丛书

K294.5/20016　南山煤矿志/《南山煤矿志》编纂委员会编.—乌鲁木齐：新疆人民出版社，2001.6.—405页；26cm.—新疆生产建设兵团农八师石河子市史志丛书；31

K294.5/20016　乌鲁木齐铁路分局续志：1991—2000年/《乌鲁木齐铁路分局续志》编纂委员会.—北京：中国铁道出版社，2001.6.—480页；26cm

K294.5/20016　正确阐明新疆历史/田卫疆著.—乌鲁木齐：新疆人民出版社，2001.6.—79页；20cm

K294.5/20016　正确阐明新疆民族史/陈超著.—乌鲁木齐：新疆人民出版社，2001.6.—69页；20cm

K294.5/20016　正确阐明新疆伊斯兰教史/马品彦著.—乌鲁木齐：新疆人民出版社，2001.6.—86页；20cm

K294.5/20016　玛纳斯县土地志/《玛纳斯县土地志》编纂委员会编.—北京：中华书局，2001.6.—451页；26cm.—新疆维吾尔自治区地方志丛书

K294.5/20016　新疆文史论集/耿世民著.—北京：中央民族大学出版社，2001.6.—497页；20cm.—中央民族大学学术文库

K294.5/20016　《屯垦戍边》、《剿匪斗争》文史资料/农六师奇台总场编.—2001.6.—34页；26cm

K294.5/20017　新疆生产建设兵团史料选辑.第11辑/新疆生产建设兵团史志编纂委员会，《新疆生产建设兵团史料选辑》编辑部编.—乌鲁木齐：新疆人民出版社，2001.7.—383页；20cm

K294.5/20017　新疆湖光糖厂志/新疆湖光糖厂史志编纂委员会编.—乌鲁木齐：新疆人民出版社，2001.7.—530页；26cm.—新疆生产建设兵团史志丛书

K294.5/20017　二十二团志/农二师二十二团史志编纂委员会编.—库尔勒：巴音郭楞日报社印刷厂，2001.7.—745页；26cm.—新疆生产建设兵团史志丛书

K294.5/20017　委员风采/中国人民政治协商会议米泉市委员会文史资料编辑室编.—2001.7.—213页；20cm

K294.5/20018　新疆·吐鲁番风物志/王嵘编著.—昆明：云南人民出版社，2001.8.—227页；20cm.—中国西部风物志丛书

K294.5/20018　八钢志/《八钢志》编纂委员会编.—北京：冶金工业出版社，2001.8.—803页；26cm

K294.5/20018　新疆·哈密风物志/王嵘编著.—昆明：云南人民出版社，2001.8.—227页；20cm.—中国西部风物志丛书

K294.5/20018　十八团渠管理处志/农二师十八团渠管理处史志编委员会编.—乌鲁木齐：新疆人民出版社，2001.8.—369页；26cm.—新疆生产建设兵团史志丛书

K294.5/20018　新疆·伊犁风物志/李耕耘编著.—昆明：云南人民出版社，2001.8.—214页；20cm.—中国西部风物志丛书

K294.5/20018　新疆·巴音郭楞风物志/张体先编著.—昆明：云南人民出版社，2001.8.—205页；20cm.—中国西部风物志丛书

K294.5/20018　新疆·喀什风物志/管守新，梁俊燕，张文亚编著.—昆明：云南人民出

版社，2001.8.—252 页；20cm.—中国西部风物志丛书

K294.5/20019　新疆维吾尔自治区红雁池发电厂志：1958—1996/ 新疆红雁池发电厂编著 .—北京：中国电力出版社，2001.9.—429 页；26cm.—新疆维吾尔自治区电力工业志丛书

K294.5/20019　新疆通志 . 第 50 卷，民用航空志 / 新疆维吾尔自治区地方志编纂委员会,《新疆通志 . 民用航空志》编纂委员会 .—乌鲁木齐：新疆人民出版社，2001.9.—697 页；26cm.—新疆维吾尔自治区地方志丛书

K294.5/20019　水利二处志 / 新疆生产建设兵团农七师水利工程第二管理处史志编纂委员会编 .—北京：方志出版社，2001.9.—342 页；26cm

K294.5/20019　新疆维吾尔自治区电力安装公司志：1956—1990/ 新疆电力安装公司志编委会编 .—乌鲁木齐：新疆人民出版社，2001.9.—320 页；26cm.—新疆电力工业志丛书

K294.5/20019　吐鲁番地区电力工业志：1932—1998/《吐鲁番地区电力工业志》编纂委员会编 .—乌鲁木齐：新疆人民出版社，2001.9.—290 页；26cm.—新疆维吾尔自治区电力工业志丛书

K294.5/2001a　洛浦县志 / 洛浦县志编纂委员会编 .—乌鲁木齐：新疆美术摄影出版社，2001.10.—757 页；26cm.—新疆维吾尔自治区地方志丛书

K294.5/2001a　农六师垦区 · 五家渠市志 / 新疆生产建设兵团农六师史志编纂委员会 .—乌鲁木齐：新疆人民出版社，2001.10.—979 页；26cm

K294.5/2001a　红星一场志 /《红星一场志》编纂委员会编写 .—乌鲁木齐：新疆人民出版社，2001.10.—622 页；26cm.—新疆生产建设兵团史志丛书

K294.5/2001c　中国共产党哈密地区历史大事记：1949.10—2000.12/ 邢建立主编 .—乌鲁木齐: 新疆大学出版社，2001.12.—474 页；20cm

K294.5/2001b　中国工商银行新疆维吾尔自治区分行行志：1985—1995 年 / 中国工商银行新疆区分行行志编纂委员会编 .—乌鲁木齐: 区工行干校印刷厂，2001.11.—648 页；26cm

K294.5/2001c　乌鲁木齐掌故 . 一 / 刘荫楠著 .—乌鲁木齐：新疆人民出版社，2001.12.—353 页；20cm

K294.5/2001c　西部大开发：新疆概览 / 新疆维吾尔自治区地方志编纂委员会编 .—乌鲁木齐: 新疆人民出版社，2001.12.—931 页；20cm.—中国西部投资指南系列丛书

K294.5/20021　奇台文史 . 第 11 辑 / 中国人民政治协商会议新疆维吾尔自治区奇台县委员会文史资料委员会编 .—2002.1.—188 页；20cm

K294.5/20021　农十师卫生防疫站志 / 农十师卫生防疫站编 .—昌吉：新疆金版印务有限公司，2002.1.—191 页；26cm.—新疆生产建设兵团史志丛书

K294.5/20023　新疆生产建设兵团武警志 / 武警兵团指挥部史志编审委员会，武警兵团指挥部编史办公室 .—乌鲁木齐：新疆人民出版社，2002.3.—302 页；26cm

K294.5/20023　新疆伊犁酿酒总厂志 / 新疆伊犁酿酒总厂史志编纂委员会编 .—北京：方志出版社，2002.3.—354 页；26cm.—新疆生产建设兵团史志丛书

K294.5/20023　呼图壁文史 . 第九辑 / 呼图壁县政协文史资料委员会编 .—呼图壁：呼图壁县阳光彩印有限公司，2002.3.—311 页；20cm

K294.5/20023　阜康文史 . 第九辑 / 阜康市政协文史委员会编 .—2002.3.—272 页；20cm

K294.5/20024　和田简史 / 新疆《和田简史》编纂委员会编 .—郑州：中州古籍出版社，2002.4.—423 页；20cm

K294.5/20024　新疆近世史论稿 / 纪大椿著 .—哈尔滨：黑龙江教育出版社，2002.4.—465 页；20cm.—边疆史地丛书

K294.5/20025　石河子造纸厂志 /《石河子造纸厂志》编纂委员会编写 .—乌鲁木齐：新疆教育出版社，2002.5.—448 页；26cm.—新疆生产建设兵团农八师石河子市史志丛书；27

K294.5/20025　北庭文史 . 第二辑：维文 / 政协吉木萨尔委员会文史资料研究委员会编 .—2002.5.—261 页；20cm

K294.5/20025　吐鲁番市志 /《吐鲁番市志》编纂委员会编 .—乌鲁木齐：新疆人民出版社，2002.5.—1123 页；26cm.—新疆维吾尔自治区地方志丛书

K294.5/20025　新疆生产建设兵团农三师四十五团志 / 农三师四十五团史志编纂委员会 .—阿克苏：新疆阿克苏飞达印刷厂，2002.5.—548 页；26cm.—新疆生产建设兵团史志丛书

K294.5/20025　新疆生产建设兵团农三师伽师总场志 / 农三师伽师总场史志编纂委员会 .—阿克苏：新疆阿克苏飞达印刷厂，2002.5.—327 页；26cm.—新疆生产建设兵团史志丛书

K294.5/20025　岳普湖县教育志 /《岳普湖县教育志》编纂委员会编 .—乌鲁木齐：新疆人民出版社，2002.5.—229 页；26cm

K294.5/20026　清代新疆军府制度研究 / 管守新著 .—乌鲁木齐：新疆大学出版社，2002.6.—203 页；20cm.—新疆大学西北少数民族研究中心学术著作丛书

K294.5/20026　新疆维吾尔自治区乌鲁木齐电业局志：1953—1995/ 乌鲁木齐电业局史志鉴编纂委员会编 .—乌鲁木齐：新疆人民出版社，2002.6.—414 页；26cm.—新疆维吾尔自治区电力工业志丛书

K294.5/20026　新疆生产建设兵团农四师良繁场志 / 良繁场史志编纂委员会 .—伊宁：伊犁伊力特印务有限责任公司，2002.6.—222 页；26cm.—新疆生产建设兵团史志丛书

K294.5/20027　七十团志 / 新疆生产建设兵团农四师七十团史志编纂委员会编 .—乌鲁木齐：新疆人民出版社，2002.7.—578 页；26cm.—新疆生产建设兵团史志丛书

K294.5/20027　古城酒香六百年 / 周文贵编著 .—北京：民族出版社，2002.7.—231 页；20cm

K294.5/20027　一三一团志 / 一三一团史志编纂委员会 .—北京：中华书局，2002.7.—625 页；26cm

K294.5/20027　新疆石河子粮油加工厂志 /《石河子粮油加工厂志》编纂委员会 .—2002.7.—184 页；26cm

K294.5/20027　一二六团志 / 一二六团史志编纂委员会 .—北京：中华书局，2002.7.—599 页；26cm

K294.5/20028　四十六团志 / 农三师四十六团志编纂委员会 .—阿克苏：新疆阿克苏飞达印刷厂，2002.8.—275 页；26cm.—新疆生产建设兵团农三师史志丛书

K294.5/20028　乌鲁木齐市粮食志 / 乌鲁木齐市粮食局编纂委员会 .—乌鲁木齐：乌鲁木齐福利印刷厂，2002.8.—769 页；26cm

K294.5/20028　托里县志 / 托里县地方志编纂委员会编 .—乌鲁木齐：新疆人民出版社，2002.8.—485 页；26cm.—新疆维吾尔自治区地方志丛书

K294.5/20028　新疆生产建设兵团农四师拜什墩农场志 / 拜什墩农场史志编纂委员会编 .—乌鲁木齐：新疆大学出版社，

2002.8.—331 页；26cm.—新疆生产建设兵团史志丛书

K294.5/20028　一〇一团志 / 一〇一团史志编纂委员会编写 .—乌鲁木齐：新疆人民出版社，2002.8.—633 页；26cm.—新疆生产建设兵团史志丛书

K294.5/20029　四十一团志 / 四十一团志编纂委员会 .—乌鲁木齐：新疆新华印刷厂，2002.9.—304 页；26cm.—新疆生产建设兵团史志丛书

K294.5/20029　农四师第一中学志 / 农四师第一中学史志编纂委员会 .—奎屯：伊犁人民出版社，2002.9.—430 页；26cm.—新疆生产建设兵团史志丛书

K294.5/20029　七十五团志 /《七十五团志》编纂委员会编 .—乌鲁木齐：新疆人民出版社，2002.9.—440 页；26cm.—新疆生产建设兵团史志丛书

K294.5/20029　七十八团志 / 农四师七十八团史志编纂委员会 .—乌鲁木齐：新疆人民出版社，2002.9.—439 页；26cm.—新疆生产建设兵团史志丛书

K294.5/20029　七十七团志 / 农四师七十七团史志编纂委员会 .—奎屯：伊犁人民出版社，2002.9.—394 页；26cm.—新疆生产建设兵团史志丛书

K294.5/20029　六十四团志 / 农四师六十四团史志编纂委员会编 .—乌鲁木齐：新疆人民出版社，2002.9.—371 页；26cm.—新疆生产建设兵团史志丛书

K294.5/20029　西域图志校注 / 钟兴麒，王豪，韩慧等校注 .—乌鲁木齐：新疆人民出版社，2002.9.—611 页；26cm

K294.5/20029　农一师简史 / 农一师史志编纂委员会编 .—乌鲁木齐：新疆人民出版社，2002.9.—450 页；20cm.—新疆生产建设兵团史志丛书

K294.5/20029　喀什市志 / 喀什市地方志编纂委员会 .—乌鲁木齐：新疆人民出版社，2002.9.—761 页；26cm.—新疆维吾尔自治区地方志丛书

K294.5/20029　吉木萨尔县志 / 吉木萨尔县史志编纂委员会编 .—乌鲁木齐：新疆人民出版社，2002.9.—670 页；20cm.—新疆维吾尔自治区地方志丛书

K294.5/2002a　当代新疆风云 / 中共新疆维吾尔自治区委员会党史研究室编著 .—乌鲁木齐：新疆人民出版社，2002.10.—528 页；20cm

K294.5/2002a　走入龟兹 / 郭旭霞编著 .—乌鲁木齐: 新疆人民出版社, 2002.10.—151 页; 20cm

K294.5/2002a　新疆通志 . 第 35 卷，林业志 / 新疆维吾尔自治区地方志编纂委员会，《新疆通志 . 林业志》编纂委员会 .—乌鲁木齐：新疆人民出版社，2002.10.—628 页；26cm.—新疆维吾尔自治区地方志丛书

K294.5/2002a　哈密市文史资料 . 第十辑 / 新疆哈密市政协文史资料工作委员会编 .—哈密：哈密地区三元印刷有限责任公司，2002.10.—356 页；20cm

K294.5/2002b　头屯河区志 / 乌鲁木齐市头屯河区史志编纂委员会编 .—乌鲁木齐：新疆人民出版社，2002.11.—640 页；26cm.—新疆维吾尔自治区地方志丛书

K294.5/2002b　《明实录》新疆资料辑录 / 田卫疆编 .—乌鲁木齐：新疆人民出版社，2002.11.—288 页；20cm

K294.5/2002b　布尔津县志 / 布尔津县地方志编纂委员会编 .—乌鲁木齐：新疆人民出版社，2002.11.—721 页；26cm.—新疆维吾尔自治区地方志丛书

K294.5/2002c　新疆石油管理局钻井公司志 /《新疆石油管理局钻井公司志》编纂委员会编 .—乌鲁木齐：新疆人民出版社，

2002.12.—2 册（1847 页）；26cm

K294.5/2002c　工一师六团志 / 工一师六团史志编纂委员会 .—乌鲁木齐：新疆地矿彩印厂，2002.12.—613 页；26cm.—新疆生产建设兵团史志丛书

K294.5/2002c　工一师五团志 / 工一师五团史志编纂委员会 .—乌鲁木齐：新疆地矿彩印厂，2002.12.—291 页；26cm.—新疆生产建设兵团史志丛书

K294.5/2002c　和田农场管理局志 / 和田农场管理局史志编纂委员会 .—乌鲁木齐：新疆人民出版社，2002.12.—558 页；26cm.—新疆生产建设兵团史志丛书

K294.5/2002c　新疆通志 . 第 11 卷，地震志 / 新疆维吾尔自治区地方志编纂委员会，《新疆通志 . 地震志》编纂委员会 .—乌鲁木齐：新疆人民出版社，2002.12.—791 页；26cm.—新疆维吾尔自治区地方志丛书

K294.5/2002c　新疆通志 . 地质矿产志：1986—2000 年 / 新疆维吾尔自治区地方志编纂委员会，《新疆通志 . 地质矿产志》编纂委员会 .—乌鲁木齐：新疆人民出版社，2002.12.—1158 页；26cm.—新疆维吾尔自治区地方志丛书

K294.5/2002c　五十一团志 / 农三师五十一团志编纂委员会编 .—乌鲁木齐：新疆教育出版社，2002.12.—367 页；26cm.—新疆生产建设兵团史志丛书

K294.5/2002c　北庭文史 . 第十三辑 / 中国人民政治协商会议吉木萨尔县委员会文史委员会 .—乌鲁木齐：乌鲁木齐市新都实业总公司印刷厂，2002.12.—290 页；20cm

K294.5/2002c　昌吉回族自治州志 / 昌吉回族自治州地方志编纂委员会编 .—乌鲁木齐：新疆人民出版社，2002.12.—2 册（2073 页）；26cm.—新疆维吾尔自治区地方志丛书

K294.5/2002c　奇台文史 . 第 12 辑 / 中国人民政治协商会议新疆维吾尔自治区奇台县委员会文史资料委员会编 .—2002.12.—207 页；20cm

K294.5/2002c　乌鲁木齐市新市区志 / 乌鲁木齐市新市区党史地方志编纂委员会编 .—乌鲁木齐：新疆人民出版社，2002.12.—576 页；20cm.—新疆维吾尔自治区地方志丛书

K294.5/20031　乌鲁木齐掌故 . 二 / 刘荫楠著 .—乌鲁木齐：新疆人民出版社，2003.1.—363 页；20cm

K294.5/20031　七十六团志 /《七十六团志》编纂委员会编 .—乌鲁木齐：新疆人民出版社，2003.1.—426 页；26cm.—新疆维吾尔自治区地方志丛书

K294.5/20031　西域通史 / 余太山主编 .—郑州：中州古籍出版社，2003.1.—513 页；26cm.—中国边疆通史丛书

K294.5/20031　沙湾县邮电志 /《沙湾县邮电志》编纂委员会编 .—乌鲁木齐：新疆地矿彩印厂，2003.1.—339 页；26cm.—新疆维吾尔自治区地方志丛书

K294.5/20032　新疆生产建设兵团计划志 / 新疆生产建设兵团史志编纂委员会，新疆生产建设兵团计划委员会 .—乌鲁木齐：新疆人民出版社，2003.2.—580 页；26cm.—新疆生产建设兵团史志丛书

K294.5/20033　新疆生产建设兵团史料选辑 . 第 12 辑，支边知识青年专辑 / 新疆生产建设兵团史志编纂委员会，兵团党委党史研究室编 .—乌鲁木齐：新疆人民出版社，2003.3.—483 页；20cm

K294.5/20033　七十四团志 / 农四师《七十四团志》编纂委员会编 .—乌鲁木齐：新疆人民出版社，2003.3.—440 页；26cm.—新疆生产建设兵团史志丛书

K294.5/20033　新疆生产建设兵团农十师大事记 / 农十师史志编纂委员会编 .—乌鲁木齐：新疆人民出版社，2003.3.—302 页；19cm

K294.5/20033　木垒哈萨克自治县志 / 木垒哈萨克自治县地方志编纂委员会 .—乌鲁木齐：新疆人民出版社，2003.3.—597 页；26cm

K294.5/20034　农四师医院志 /《农四师医院志》编纂委员会 .—北京：方志出版社，2003.4.—508 页；26cm.—新疆生产建设兵团史志丛书

K294.5/20034　芳草湖农场志 /《芳草湖农场志》编纂委员会编 .—乌鲁木齐：新疆人民出版社，2003.4.—658 页；26cm.—新疆生产建设兵团史志丛书

K294.5/20034　奇台总场志：评审稿 / 奇台总场史志编纂委员会 .—2003.4.—425 页；26cm.—新疆生产建设兵团史志丛书

K294.5/20034　新疆生产建设兵团水利五十年 /《新疆生产建设兵团水利五十年》编纂委员会编 .—乌鲁木齐：新疆人民出版社，2003.4.—424 页；26cm

K294.5/20034　阿克苏地区经济贸易志 /《阿克苏地区经济贸易志》编纂委员会编 .—北京：方志出版社，2003.4.—517 页；29cm.—新疆维吾尔自治区阿克苏地区地方志丛书

K294.5/20034　四十七团志 / 新疆生产建设兵团史志编纂委员会，四十七团史志编纂委员会编 .—乌鲁木齐：新疆人民出版社，2003.4.—616 页；26cm.—新疆生产建设兵团史志丛书

K294.5/20035　农六师简史：讨论稿 / 农六师史志编纂委员会 .—五家渠：五家渠印刷厂，2003.5.—519 页；20cm

K294.5/20035　新疆史志 . 第一部 / 天龙长城文化艺术公司 .—北京：全国图书馆文献缩微复制中心，2003.5.—13 册（5383 页）；26cm.—中国边疆史志集成

K294.5/20035　新疆史志 . 第二部 / 天龙长城文化艺术公司 .—北京：全国图书馆文献缩微复制中心，2003.5.—16 册（6816 页）；26cm.—中国边疆史志集成

K294.5/20035　新疆史志 . 第三部 / 天龙长城文化艺术公司 .—北京：全国图书馆文献缩微复制中心，2003.5.—13 册（5774 页）；26cm.—中国边疆史志集成

K294.5/20035　新疆史志 . 第四部 / 天龙长城文化艺术公司 .—北京：全国图书馆文献缩微复制中心，2003.5.—16 册（9062 页）；26cm.—中国边疆史志集成

K294.5/20035　新疆生产建设兵团农三师土地志 / 农三师土地志编纂委员会 .—阿克苏：阿克苏飞达印务有限责任公司，2003.5.—211 页；26cm.—新疆生产建设兵团史志丛书

K294.5/20036　新疆生产建设兵团工会志：1993.1—2002.12/ 新疆生产建设兵团工会编 .—乌鲁木齐：新疆生产建设兵团工会，2003.6.—605 页；26cm

K294.5/20036　新疆通志 . 第 70 卷，标准计量志 / 新疆维吾尔自治区地方志编纂委员会、《新疆通志 . 标准计量志》编纂委员会编 .—乌鲁木齐：新疆新华印刷厂，2003.6.—753 页；26cm.—新疆维吾尔自治区地方志丛书

K294.5/20036　新湖总场志 / 新湖总场史志编纂委员会编 .—乌鲁木齐：新疆人民出版社，2003.6.—745 页；26cm.—新疆生产建设兵团史志丛书

K294.5/20036　哈密地区地方税务志 / 哈密地区地方税务局编 .—乌鲁木齐：新疆人民出版社，2003.6.—436 页；26cm.—新疆维吾尔自治区地方志丛书

K294.5/20036　亲临秘境：新疆探险史图说 / 杨镰编著 .—乌鲁木齐：新疆人民出版社，2003.6.—224 页；18cm.—西域探险考察大系

K294.5/20037　当代新疆简史 / 党育林，张玉玺编著 .—北京：当代中国出版社，

2003.7.—406 页；20cm.—中华人民共和国地方简史丛书

K294.5/20037　红星二场志 / 农十三师红星二场史志编纂委员会 .—北京：社会科学文献出版社，2003.7.—744 页；26cm.—新疆生产建设兵团史志丛书

K294.5/20037　农五师志：评审稿 / 农五师史志编纂委员会 .—2003.7.—2 册 (1254 页)；26cm

K294.5/20037　昌吉州政协文史资料 . 总第二十五辑，历史不会忘记：志愿军老战士回忆录 / 昌吉回族自治州政协 .—昌吉：新疆金版印务有限公司，2003.7.—316 页；20cm

K294.5/20037　裕民县志 / 裕民县地方志编纂委员会编 .—乌鲁木齐：新疆人民出版社，2003.7.—649 页；26cm.—新疆维吾尔自治区地方志丛书

K294.5/20037　福海县志 / 福海县史志编纂委员会编 .—乌鲁木齐：新疆人民出版社，2003.7.—914 页；26cm.—新疆维吾尔自治区地方志丛书

K294.5/20037　农四师农科所志 / 农科所史志办编 .—乌鲁木齐：新疆人民出版社，2003.7.—382 页；26cm.—新疆生产建设兵团史志丛书

K294.5/20037　玛纳斯文史资料 . 第七辑 / 玛纳斯县政协文史资料委员会编 .—呼图壁：呼图壁县阳光彩印有限公司，2003.7.—177 页；20cm

K294.5/20038　头屯河农场志 / 头屯河农场志编纂委员会编 .—乌鲁木齐：新疆人民出版社，2003.8.—464 页；26cm.—新疆生产建设兵团史志丛书

K294.5/20038　一八一团志：1995—2002/ 一八一团史志编纂委员会编 .—乌鲁木齐：新疆人民出版社，2003.8.—321 页；26cm.—新疆生产建设兵团史志丛书

K294.5/20038　独山子区志 / 独山子区地方志编纂委员会编 .—乌鲁木齐：新疆人民出版社，2003.8.—763 页；26cm.—新疆维吾尔自治区地方志丛书

K294.5/20038　轮台古今 / 苏浩发，麦学湛著 .—乌鲁木齐：新疆人民出版社，2003.8.—402 页；20cm

K294.5/20038　温泉县志 / 温泉县地方志编纂委员会编 .—乌鲁木齐：新疆人民出版社，2003.8.—890 页；26cm.—新疆维吾尔自治区地方志丛书

K294.5/20038　富蕴县志 / 富蕴县党史地方志编纂委员会编 .—乌鲁木齐：新疆人民出版社，2003.8.—600 页；26cm.—新疆维吾尔自治区地方志丛书

K294.5/20038　工一师三团志 / 工一师三团史志编纂委员会 .—乌鲁木齐：新疆地矿彩印厂，2003.8.—402 页；26cm.—新疆生产建设兵团史志丛书

K294.5/20038　五一农场志 / 五一农场地方志编纂委员会编 .—乌鲁木齐：新疆人民出版社，2003.8.—552 页；26cm.—新疆生产建设兵团地方志丛书

K294.5/20039　一〇四团志 / 农十二师一〇四团史志办编 .—乌鲁木齐：新疆人民出版社，2003.9.—594 页；26cm.—新疆生产建设兵团地方志丛书

K294.5/20039　三坪农场志 / 农十二师三坪农场史志办编 .—乌鲁木齐：新疆人民出版社，2003.9.—679 页；26cm.—新疆生产建设兵团地方志丛书

K924.5/20039　新疆有什么不好 / 李痴著 .—乌鲁木齐：新疆人民出版社，2003.9.—187 页；20cm

K294.5/2003a　中国人民武装警察部队新疆生产建设兵团指挥部第六支队志：1983.11—2002.12.31/ 中国人民武装警察部队新疆生产建设兵团指挥部第六支队史志

编审委员会编 .—2003.10.—349 页；26cm

K294.5/2003a　青河县志 / 青河县史志编纂委员会编 .—乌鲁木齐：新疆人民出版社，2003.10.—619 页；26cm.—新疆维吾尔自治区地方志丛书

K294.5/2003a　新疆生产建设兵团史料选辑 . 第 13 辑，兵团早期女兵和妇女专辑 / 新疆生产建设兵团史志编纂委员会，兵团党委党史研究室编 .—乌鲁木齐：新疆人民出版社，2003.10.—458 页；20cm

K294.5/2003a　五十团志 / 农三师五十团史志编纂委员会编 .—阿克苏：新疆阿克苏飞达印刷厂，2003.10.—262 页；26cm.—新疆生产建设兵团农三师史志丛书

K294.5/2003b　昌吉市教育志 / 新疆昌吉市教育局编 .—2003.11.—311 页；20cm

K294.5/2003b　昌吉市志 / 昌吉市地方志编委会编 .—乌鲁木齐：新疆人民出版社，2003.11.—812 页；26cm

K294.5/2003b　两汉魏晋南北朝正史西域传研究 / 余太山著 .—北京：中华书局，2003.11.—573 页；20cm

K294.5/2003b　新疆旧事 / 刘学杰著 .—乌鲁木齐：新疆人民出版社，2003.11.—259 页；20cm

K294.5/2003b　一二四团志 / 一二四团史志编纂委员会编 .—北京：中华书局，2003.11.—599 页；26cm

K294.5/2003b　米泉文史 . 第十辑 / 中国人民政治协商会议米泉市委员会文史资料编辑室 .—阜康：新疆阜康印刷厂，2003.11.—214 页；20cm

K294.5/2003c　新疆生产建设兵团财务志 / 新疆生产建设兵团史志编纂委员会，《兵团财务志》编纂领导小组编 .—乌鲁木齐：新疆人民出版社，2003.12.—503 页；26cm.—新疆生产建设兵团史志丛书

K294.5/2003c　新疆生产建设兵团农作物种子志 / 新疆生产建设兵团史志编纂委员会，新疆生产建设兵团种子管理总站编 .—乌鲁木齐：新疆人民出版社，2003.12.—246 页；20cm.—新疆生产建设兵团史志丛书

K294.5/2003c　新疆生产建设兵团审判志 / 新疆生产建设兵团史志编纂委员会，新疆生产建设兵团审判志编纂委员会编 .—乌鲁木齐：新疆人民出版社，2003.12.—532 页；20cm.—新疆生产建设兵团史志丛书

K294.5/2003c　乌鲁木齐市水磨沟区 2002 资料汇编 / 水磨沟党史地方志编委会编 .—乌鲁木齐：新疆地矿彩印厂，2003.12.—408 页；20cm

K294.5/2003c　农七师教育中心志 / 农七师教育中心史志编纂委员会编 .—奎屯：新疆奎屯农七师福利印刷厂，2003.12.—414 页；20cm

K294.5/2003c　英吉沙县志 / 英吉沙县地方志编纂委员会编 .—乌鲁木齐：新疆人民出版社，2003.12.—1187 页；26cm.—新疆维吾尔自治区地方志丛书

K294.5/2003c　伊宁县志 / 伊宁县地方志编纂委员会编 .—乌鲁木齐：新疆人民出版社，2003.12.—848 页；26cm.—新疆维吾尔自治区地方志丛书

K294.5/2003c　石河子市城市建设志 / 石河子市城市建设志编纂委员会编 .—乌鲁木齐：新疆人民出版社，2003.12.—587 页；26cm.—新疆维吾尔自治区地方志丛书

K294.5/2003c　乌什县志 / 乌什县地方志编纂委员会编 .—乌鲁木齐：新疆人民出版社，2003.12.—751 页；26cm.—新疆维吾尔自治区地方志丛书

K294.5/2003c　《清实录》新疆资料辑录 . 光绪朝宣统朝卷 / 新疆社会科学院历史研究所编 .—乌鲁木齐：新疆大学出版社，2003.12.—548 页；20cm

K294.5/2003c　农三师图木舒克市大事记 / 农三师图木舒克市史志编纂委员会 .—乌鲁木齐：新疆电子出版社，2003.12.—264 页；20cm.—新疆生产建设兵团史志丛书

K294.5/2003c　一二二团场组织史资料·一二二团场历史大事记：1949.12—1998.12/ 中共农八师一二二团场史志编纂委员会 .—乌鲁木齐：新疆大众彩印有限责任公司，2003.12.—529 页；26cm

K294.5/2003c　新疆劳动教养志：1956—2002/《新疆劳动教养志》编纂委员会编 .—乌鲁木齐：新疆人民出版社，2003.12.—336 页；26cm.—新疆维吾尔自治区地方志丛书

K294.5/2003c　柳树泉农场志 / 农十三师柳树泉农场史志编纂委员会 .—北京：方志出版社，2003.12.—413 页；26cm.—新疆生产建设兵团史志丛书

K294.5/2003c　北庭文史 . 第十四辑：维文 / 中国人民政治协商会议吉木萨尔县委员会文史委员会 .—乌鲁木齐：乌鲁木齐隆益达印务有限公司，2003.12.—261 页；20cm

K294.5/2003c　奇台文史 . 第 13 辑 / 中国人民政治协商会议新疆维吾尔自治区奇台县委员会文史资料委员会 .—奇台：奇台县天明印刷厂，2003.12.—258 页；20cm

K294.5/20041　古尔图牧场（镇）志 / 新疆乌苏市古尔图牧场（镇）志编写组 .—乌苏：乌苏市精彩印刷厂，2004.1.—369 页；20cm.—新疆乌苏市地方志丛书

K294.5/20041　木垒文史 . 第八辑 / 政协木垒哈萨克自治县委员会编 .—乌鲁木齐：乌鲁木齐天平印刷厂，2004.1.—215 页；20cm

K294.5/20041　中国石化（新星石油公司）西北石油局钻井志 /《中国石化（新星石油公司）西北石油局钻井志》编委会编 .—乌鲁木齐：新疆人民出版社，2004.1.—527 页；26cm

K294.5/20042　农五师土地志 / 农五师土地志编纂委员会编 .—乌鲁木齐：新疆人民出版社，2004.2.—360 页；26cm.—农五师史志丛书

K294.5/20042　一〇六团志 / 农六师史志编纂委员会 .—乌鲁木齐：新疆电子出版社，2004.2.—328 页；26cm.—庭州屯垦地情丛书

K294.5/20042　土墩子农场志 / 农六师史志编纂委员会 .—乌鲁木齐：新疆电子出版社，2004.2.—312 页；26cm.—庭州屯垦地情丛书

K294.5/20042　军户农场志 / 农六师史志编纂委员会 .—乌鲁木齐：新疆电子出版社，2004.2.—627 页；26cm.—庭州屯垦地情丛书

K294.5/20042　六运湖农场志：1965—2002/ 农六师史志编纂委员会 .—乌鲁木齐：新疆电子出版社，2004.2.—页；26cm.—庭州屯垦地情丛书

K294.5/20042　一〇七团志 / 农六师史志编纂委员会 .—乌鲁木齐：新疆电子出版社，2004.2.—352 页；26cm.—庭州屯垦地情丛书

K294.5/20042　奇台总场志 / 农六师史志编纂委员会编 .—乌鲁木齐：新疆电子出版社，2004.2.—415 页；26cm.—庭州屯垦地情丛书

K294.5/20042　红旗农场志 / 农六师史志编纂委员会 .—乌鲁木齐：新疆电子出版社，2004.2.—442 页；26cm.—庭州屯垦地情丛书

K294.5/20042　永远的丝绸之路：走过新疆 / 邵如林，邸明明著 .—昆明：云南人民出版社，2004.2.—239 页；20cm

K294.5/20042　一一〇团志 / 农六师史志编纂委员会 .—乌鲁木齐：新疆电子出版社，2004.2.—170 页；26cm.—庭州屯垦地情丛书

K294.5/20042　北塔山牧场志 / 农六师史志编纂委员会 .—乌鲁木齐：新疆电子出版社，2004.2.—350 页；26cm.—庭州屯垦地情丛书

K294.5/20042　一〇五团志：1959—2002/ 农六师一〇五团史志编纂委员会编 .—乌鲁木齐：新疆电子出版社，2004.2.—340 页；26cm

K294.5/20043　新疆生产建设兵团农业机械志 / 新疆生产建设兵团史志编委员会，新疆生产建设兵团农业机械志编纂委员会编 .—乌鲁木齐：新疆人民出版社，2004.3.—435 页；26cm.—新疆生产建设兵团史志丛书

K294.5/20043　新疆通志 . 第 20 卷，公安志 / 新疆维吾尔自治区地方志编纂委员会，《新疆通志 . 公安志》编纂委员会 .—乌鲁木齐：新疆人民出版社，2004.3.—882 页；26cm.—新疆维吾尔自治区地方志丛书

K294.5/20043　岳普湖县政法志 /《岳普湖县政法志》编纂委员会编 .—乌鲁木齐：新疆人民出版社，2004.3.—314 页；26cm

K294.5/20043　新疆史纲 / 苗普生，田卫疆主编 .—乌鲁木齐：新疆人民出版社，2004.3.—485 页；20cm

K294.5/20044　拜城县志 / 拜城县史志编纂委员会编 .—乌鲁木齐：新疆人民出版社，2004.4.—678 页；26cm.—新疆维吾尔自治区地方志丛书

K294.5/20044　文史资料专辑：庆祝政协奎屯市委员会成立二十周年 / 政协奎屯市委员会编 .—昌吉：新疆金版印务有限公司，2004.4.—275 页；20cm

K294.5/20044　新疆生产建设兵团农四师大事记：2003 年 / 农四师史志编纂委员会编 .—北京：五洲传播出版社，2004.4.—46 页；20cm

K294.5/20044　沙井子灌区水利管理处志 / 沙井子灌区水利管理处史志编纂委员会编 .—乌鲁木齐：新疆人民出版社，2004.4.—255 页；26cm.—新疆生产建设兵团农一师史志丛书

K294.5/20045　新疆维吾尔自治区卫生防疫站志 / 新疆维吾尔自治区卫生防疫站志编委会编 .—乌鲁木齐：新疆人民出版社，2004.5.—470 页；26cm

K294.5/20045　一一一团志：1962—2001/ 一一一团史志编纂委员会编写 .—乌鲁木齐：新疆人民出版社，2004.5.—392 页；26cm.—新疆生产建设兵团史志丛书

K294.5/20045　阿勒泰地区志 / 阿勒泰地区地方志编纂委员会编 .—乌鲁木齐：新疆人民出版社，2004.5.—1331 页；26cm.—新疆维吾尔自治区地方志丛书

K294.5/20045　新疆生产建设兵团农一师九团简史 / 农一师九团史志编纂委员会编 .—乌鲁木齐：新疆人民出版社，2004.5.—239 页；20cm

K294.5/20046　石河子邮电志：1991—1998/《石河子邮电志》编纂领导小组编 .—乌鲁木齐：新疆人民出版社，2004.6.—469 页；26cm.—新疆维吾尔自治区地方志丛书

K294.5/20046　昌吉州政协文史资料 . 第二十六辑，回族专辑史料 / 政协新疆维吾尔自治区委员会文史资料和学习委员会，政协昌吉回族自治州委员会民主党派社团学习文史委员会合编 .—昌吉：新疆金版印务有限公司，2004.6.—548 页；20cm

K294.5/20046　巴音郭楞文史资料 / 政协巴音郭楞蒙古自治州委员会文史资料编辑委员会 .—库尔勒：农二师光彩印务有限责任公司，2004.6.—369 页；20cm

K294.5/20046　一二一团场组织史资料 · 一二一团场历史大事记：1949.12—2002.12/ 中共农八师一二一团史志编纂委员会，新疆农八师一二一团场 .—昌吉：新疆金版印务有限公司，2004.6.—708 页；26cm.—中共新疆生产建设兵团农八师石河子市组织史资料 · 历史大事记丛书；2

K294.5/20046　哈巴河县志 / 哈巴河县地方志编纂委员会 .—乌鲁木齐：新疆人民出版社，2004.6.—888 页；26cm.—新疆维吾尔自治区地方志丛书

K294.5/20046　教导大队志：1984.11—2002.12/ 中国人民武装警察部队新疆生产建设兵团指

挥部教导大队史志编审委员会 .—2004.6.—261 页；26cm.—中国人民武装警察部队新疆生产建设兵团指挥部史志丛书

K294.5/20046 塔城地区电力工业志 /《塔城地区电力工业志》编纂委员会编 .—乌鲁木齐：新疆人民出版社，2004.6.—457 页；26cm.—新疆维吾尔自治区电力工业志丛书

K294.5/20047 新疆维吾尔自治区人民医院志 / 新疆维吾尔自治区地方志编纂委员会，新疆维吾尔自治区人民医院志编纂委员会 .—乌鲁木齐：新疆人民出版社，2004.7.—830 页；26cm

K294.5/20047 新疆生产建设兵团农三师前进水库管理处志 / 前进水库管理处史志编纂委员会 .—阿克苏：新疆阿克苏飞达印务有限责任公司，2004.7.—266 页；26cm.—新疆生产建设兵团农三师史志丛书

K294.5/20047 春满庭州：昌吉州政协文史资料 . 第二十七辑 / 昌吉回族自治州政协民主党派社团学习文史委员会编 .—2004.7.—475 页；20cm

K294.5/20047 新疆生产建设兵团农六师一〇三团志 / 农六师一〇三团史志编纂委员会编 .—乌鲁木齐：新疆人民出版社，2004.7.—840 页；26cm.—新疆生产建设兵团史志丛书

K294.5/20047 新疆通志 . 烟草志：1607—2000/ 新疆维吾尔自治区地方志编纂委员会，《新疆通志 . 烟草志》编纂委员会 .—乌鲁木齐：新疆人民出版社，2004.7.—795 页；26cm.—新疆维吾尔自治区地方志丛书

K294.5/20047 石河子史话 / 曹文编著 .—乌鲁木齐：新疆人民出版社，2004.7.—197 页；20cm

K294.5/20047 正确阐明新疆屯垦史 / 潘仁源主编 .—乌鲁木齐：新疆人民出版社，2004.7.—105 页；20cm

K294.5/20047 克孜勒苏柯尔克孜自治州志 / 克孜勒苏柯尔克孜自治州史志编纂委员会 .—乌鲁木齐：新疆人民出版社，2004.7.—2 册（1658 页）；26cm.—新疆维吾尔自治区地方志丛书

K294.5/20048 上海农垦志 /《上海农垦志》编纂委员会编 .—上海：上海社会科学院出版社，2004.8.—765 页；29cm

K294.5/20048 伊犁历史与文化 / 姜崇仑主编 .—乌鲁木齐：新疆人民出版社，2004.8.—385 页；20cm

K294.5/20048 难忘岁月 / 荣建齐主编 .—乌鲁木齐：新疆人民出版社，2004.8.—379 页；20cm

K294.5/20048 农一师十四团大事记：1958—2003/ 农一师十四团史志编纂委员会 .—乌鲁木齐：新疆人民出版社，2004.8.—200 页；20cm

K294.5/20048 新疆新兴的工业城市：哈密市 / 中共哈密市委员会，哈密市人民政府编 .—乌鲁木齐：新疆人民出版社，2004.8.—124 页；20cm

K294.5/20048 伊犁哈萨克自治州志 / 伊犁哈萨克自治州地方志编纂委员会编 .—乌鲁木齐：新疆人民出版社，2004.8.—1103 页；26cm.—新疆维吾尔自治区地方志丛书

K294.5/20048 喀什地区志 / 喀什地区地方志编纂委员会编 .—乌鲁木齐：新疆人民出版社，2004.8.—2 册（1766 页）；26cm.—新疆维吾尔自治区地方志丛书

K294.5/20048 阿克苏史话 /《丝路龟兹行》编委会编 .—乌鲁木齐：新疆人民出版社，2004.8.—227 页；20cm.—丝路龟兹行丛书

K294.5/20048 新疆通志 . 第 19 卷，群团志 · 工会 / 新疆维吾尔自治区地方志编纂委员会，《新疆通志 . 群团志 · 工会》编纂委员会 .—乌鲁木齐：新疆人民出版社，2004.8.—584 页；26cm.—新疆维吾尔自治区地方志丛书

K294.5/20049　石河子大事记：1949年9月—2004年8月/中共农八师石河子市委党史研究室编.—乌鲁木齐：新疆科技技术出版社，2004.9.—191页；26cm

K294.5/20049　新疆生产建设兵团机构编制志/兵团机构编制委员会办公室.—乌鲁木齐：新疆兵团印刷厂，2004.9.—749页；20cm.—新疆生产建设兵团史志丛书

K294.5/20049　新疆通志.第15卷，政务志·人大/新疆维吾尔自治区地方志编纂委员会，《新疆通志.政务志·人大》编纂委员会.—乌鲁木齐：新疆人民出版社，2004.9.—756页；26cm.—新疆维吾尔自治区地方志丛书

K294.5/20049　新疆通志.第44卷，建材工业志/新疆维吾尔自治区地方志编纂委员会，《新疆通志.建材工业志》编纂委员会.—乌鲁木齐：新疆人民出版社，2004.9.—595页；26cm.—新疆维吾尔自治区地方志丛书

K294.5/20049　乌鲁木齐市水磨沟区志/何鸿飞主编.—乌鲁木齐：新疆人民出版社，2004.9.—733页；26cm

K294.5/20049　淖毛湖农场志/淖毛湖农场志编纂委员会.—乌鲁木齐：新疆彩印胶厂，2004.9.—473页；26cm.—新疆生产建设兵团史志丛书

K294.5/20049　新疆医科大学第二附属医院志：1954—2004/新疆医科大学第二附属医院院志编纂委员会编.—乌鲁木齐：新疆地矿彩印厂，2004.9.—395页；26cm

K294.5/2004a　新疆通志.邮电志：1991—1998/新疆维吾尔自治区地方志编纂委员会，《新疆通志.邮电志》编纂委员会编.—乌鲁木齐：新疆人民出版社，2004.10.—953页；26cm.—新疆维吾尔自治区地方志丛书

K294.5/2004a　特克斯县志/特克斯县地方志编纂委员会编.—乌鲁木齐：新疆人民出版社，2004.10.—577页；26cm.—新疆维吾尔自治区地方志丛书

K294.5/2004a　玛纳斯文史资料.第八辑/政协玛纳斯县委员会编.—乌鲁木齐：乌鲁木齐隆益达印务有限公司，2004.10.—189页；20cm

K294.5/2004a　60年代国民经济调整时期的克拉玛依油田/中共克拉玛依市委员会史志办公室，新疆石油管理局委员会史志办公室编.—乌鲁木齐：新疆人民出版社，2004.10.—705页；20cm.—克拉玛依史志丛书

K294.5/2004a　昭苏县志/昭苏县地方志编纂委员会编.—乌鲁木齐：新疆人民出版社，2004.10.—623页；26cm.—新疆维吾尔自治区地方志丛书

K294.5/2004a　新疆生产建设兵团农一师十四团简史/农一师十四团史志编纂委员会编.—乌鲁木齐：新疆人民出版社，2004.10.—208页；20cm.—新疆生产建设兵团史志丛书

K294.5/2004b　乌鲁木齐沙依巴克区志/乌鲁木齐市沙依巴克区党史地方志编纂委员会编.—乌鲁木齐：新疆人民出版社，2004.11.—741页；26cm.—新疆维吾尔自治区地方志丛书

K294.5/2004b　呼图壁文史.第十辑/呼图壁县政协文史资料委员会编.—呼图壁：呼图壁阳光彩印有限公司，2004.11.—353页；20cm

K294.5/2004b　新疆生产建设兵团史料选辑.第14辑，中央领导与兵团专辑/新疆生产建设兵团史志编纂委员会，《新疆生产建设兵团史料选辑》编辑部编.—乌鲁木齐：新疆人民出版社，2004.11.—498页；20cm

K294.5/2004c　新疆生产建设兵团农六师简史/农六师史志编纂委员会编.—乌鲁木齐：新疆人民出版社，2004.12.—400页；20cm

K294.5/2004c　塔河明珠：农一师中心团场

十团 /《塔河明珠：农一师中心团场十团》编写组编 .—2004.12.—32 页；26cm

K294.5/2004c　近代英国和中国新疆：1840—1911/ 许建英著 .—哈尔滨：黑龙江教育出版社，2004.12.—461 页；20cm.—边疆史地丛书

K294.5/2004c　戈壁沙漠之谜 /（瑞典）斯文·赫定著；许建英译 .—喀什：喀什维吾尔文出版社，2004.12.—26 页；20cm

K294.5/2004c　新疆通志 . 第 68 卷，统计志 / 新疆维吾尔自治区地方志编纂委员会，《新疆通志 . 统计志》编纂委员会编 .—乌鲁木齐：新疆人民出版社，2004.12.—498 页；26cm.—新疆维吾尔自治区地方志丛书

K294.5/2004c　新疆生产建设兵团人口和计划生育志 / 新疆生产建设兵团史志编纂委员会 .—乌鲁木齐：新疆人民出版社，2004.12.—651 页；20cm.—新疆生产建设兵团史志丛书

K294.5/2004c　新疆生产建设兵团农一师十一团大事记 / 农一师十一团史志编纂委员会编 .—乌鲁木齐：新疆人民出版社，2004.12.—200 页；20cm.—新疆生产建设兵团农一师史志丛书

K294.5/2004c　吐鲁番地区志 / 吐鲁番地区地方志编纂委员会编 .—乌鲁木齐：新疆人民出版社，2004.12.—1202 页；26cm.—新疆维吾尔自治区地方志丛书

K294.5/2004c　奇台文史 . 第 14 辑 / 奇台县政协文史资料委员会 .—奇台：奇台县天明印刷厂，2004.12.—270 页；20cm

K294.5/2004c　北庭文史 . 第十五辑 / 政协吉木萨尔委员会编 .—2004.12.—319 页；20cm

K294.5/2004c　新疆之谜 / 杨新才编著 .—乌鲁木齐：新疆美术摄影出版社，2004.12.—212 页；20cm

K294.5/20051　新疆生产建设兵团农一师十团简史 / 农一师十团史志编纂委员会编 .—乌鲁木齐：新疆人民出版社，2005.1.—258 页；20cm.—新疆生产建设兵团史志丛书

K294.5/20051　阜康文史 . 第十辑 / 中国人民政治协商会议阜康市委员会文史资料委员会编 .—乌鲁木齐：乌鲁木齐仁详印务有限公司，2005.1.—238 页；20cm

K294.5/20051　新疆生产建设兵团农三师工程团志 / 工程团志编纂委员会编 .—阿克苏：新疆阿克苏飞达印务有限责任公司，2005.1.—346 页；26cm.—新疆生产建设兵团史志丛书

K294.5/20051　十六团大事记：1958—2004/ 十六团史志编纂委员会编 .—乌鲁木齐：新疆人民出版社，2005.1.—227 页；20cm.—新疆生产建设兵团农一师史志丛书

K294.5/20052　一〇九团志 / 农六师史志编纂委员会 .—乌鲁木齐：新疆电子出版社，2005.2.—287 页；26cm.—庭州屯垦地情丛书

K294.5/20052　农垦黎明志 / 云南省国营黎明农场编 .—昆明：云南民族出版社，2005.2.—707 页；29cm

K294.5/20053　一三三团简史 / 一三三团史志编纂委员会编 .—乌鲁木齐：新疆人民出版社，2005.3.—262 页；20cm.—新疆生产建设兵团史志丛书

K294.5/20053　2003 水磨沟区资料汇编 / 水磨沟区党史地方志编委会 .—乌鲁木齐：新疆地矿彩印厂，2005.3.—469 页；24cm

K294.5/20054　红星四场志 / 红星四场志编纂领导小组编 .—乌鲁木齐：新疆地矿彩印厂，2005.4.—362 页；26cm.—新疆生产建设兵团史志丛书

K294.5/20054　坚持马克思主义正确认识新疆历史民族宗教问题 / 新疆维吾尔自治区党委组织部 .—乌鲁木齐：乌鲁木齐大金马印务有限责任公司，2005.4.—407 页；20cm

K294.5/20055　克拉玛依市人民代表大会志 /《克拉玛依市人民代表大会志》编纂委员会编 .—乌鲁木齐：新疆人民出版社，2005.5.—688 页；26cm

K294.5/20056　农六师科技志 / 农六师科技局编 .—乌鲁木齐：新疆电子出版社，2005.6.—398 页；26cm.—庭州屯垦地情丛书

K294.5/20056　农二师简史 / 农二师史志编纂委员会编著 .—乌鲁木齐：新疆人民出版社，2005.6.—371 页；20cm.—新疆生产建设兵团史志丛书

K294.5/20057　农十二师志 / 农十二师史志编纂委员会编 .—乌鲁木齐：新疆人民出版社，2005.7.—1013 页；26cm.—新疆生产建设兵团史志丛书

K294.5/20057　乌苏文史资料 . 第四辑 / 中国人民政治协商会议乌苏市委员会文史资料委员会 .—乌苏：乌苏市精彩印刷厂，2005.7.—241 页；20cm

K294.5/20057　阿克苏地区审判志 /《阿克苏地区审判志》编纂委员会编 .—乌鲁木齐：新疆人民出版社，2005.7.—366 页；26cm.—新疆维吾尔自治区阿克苏地区地方志丛书

K294.5/20058　昌吉回族自治州政协五十年：昌吉州政协文史资料 . 第二十八辑 / 政协昌吉回族自治州委员会民主党派社团学习文史委员会编 .—昌吉：新疆金版印务有限公司，2005.8.—528 页；20cm

K294.5/20058　图木舒克史话 / 兵团农三师编 .—阿图什：克孜勒苏柯尔克孜文出版社；乌鲁木齐：新疆电子出版社，2005.8.—198 页；20cm.—叶尔羌文化丛书

K294.5/20058　昌吉州政协文史资料 . 第二十九辑，烽火岁月：庆祝抗日战争胜利六十周年 / 昌吉回族自治州政协民主党派社团学习文史委员会编 .—昌吉：昌吉回族自治州升华印刷有限责任公司，2005.8.—238 页；20cm

K294.5/20058　玛纳斯文史资料 . 第九辑 / 政协玛纳斯县委员会编 .—乌鲁木齐：新疆地矿彩印厂，2005.8.—212 页；20cm

K294.5/20058　木垒政协五十年：木垒文史资料选编 . 第九辑 / 政协木垒哈萨克自治县委员会编 .—乌鲁木齐：新疆农科院印刷厂，2005.8.—212 页；20cm

K294.5/20058　新疆地矿局测绘大队志：1956—2004/ 新疆地矿局测绘大队志编纂委员会 .—乌鲁木齐：新疆地矿彩印厂，2005.8.—795 页；26cm

K294.5/20059　中国共产党新疆历史大事记：1992.1—2002.12/ 中共新疆维吾尔自治区委员会党史研究室编 .—乌鲁木齐：新疆人民出版社，2005.9.—459 页；20cm

K294.5/20059　石河子人民医院志 / 石河子人民医院志编纂委员会编 .—乌鲁木齐：新疆科学技术出版社，2005.9.—531 页；26cm.—新疆生产建设兵团农八师石河子市史志丛书；30

K294.5/20059　中国共产党拜城县历史大事记 / 拜城县史志办编 .—乌鲁木齐：新疆人民出版社，2005.9.—282 页；20cm

K294.5/20059　新疆通志 . 第 27 卷，民族志 / 新疆维吾尔自治区地方志编纂委员会编 .—乌鲁木齐：新疆人民出版社，2005.9.—1319 页；26cm

K294.5/20059　米泉文史：维文 . 第十一辑 / 米泉县政协文史资料研究委员会编 .—2005.9.—226 页；20cm

K294.5/20059　西域文明史概论 /（日）羽田亨著；耿世民译 .—北京：中华书局，2005.9.—189 页；20cm.—世界汉学论丛

K294.5/2005a　新疆生产建设兵团共青团志 / 新疆生产建设兵团史志编纂委员会，《新疆生产建设兵团共青团志》编纂委员会编 .—

乌鲁木齐：新疆人民出版社，2005.10.—535页；26cm.—新疆生产建设兵团史志丛书

K294.5/2005a 新疆生产建设兵团农一师二团简史 / 农一师二团史志编纂委员会 .—乌鲁木齐：新疆人民出版社，2005.10.—215 页；20cm.—新疆生产建设兵团史志丛书

K294.5/2005a 新疆生产建设兵团史料选辑 . 第 15 辑 / 新疆生产建设兵团史志编纂委员会，兵团党委党史研究室编 .—乌鲁木齐：新疆人民出版社，2005.10.—430 页；20cm

K294.5/2005a 今日乌苏 / 乌苏市史志办公室编 .—香港：香港银河出版社，2005.10.—240 页；20cm

K294.5/2005a 新疆生产建设兵团农一师二团简史 / 农一师二团史志办编 .—乌鲁木齐：新疆人民出版社，2005.10.—215 页；20cm

K294.5/2005b 农一师十五团大事记：1958—2004/ 农一师十五团史志编纂委员会编 .—乌鲁木齐：新疆人民出版社，2005.11.—248 页；20cm

K294.5/2005b 新疆生产建设兵团农一师十六团简史 / 农一师十六团史志编纂委员会编 .—乌鲁木齐：新疆人民出版社，2005.11.—307 页；20cm.—新疆生产建设兵团农一师史志丛书

K294.5/2005b 吉木乃县志 / 吉木乃县地方志编纂委员会编 .—乌鲁木齐：新疆人民出版社，2005.11.—646 页；26cm.—新疆维吾尔自治区地方志丛书

K294.5/2005b 新疆生产建设兵团农一师五团简史 / 农一师五团史志编纂委员会编 .—乌鲁木齐：新疆人民出版社，2005.11.—221 页；20cm.—新疆生产建设兵团史志丛书

K294.5/2005c 农一师五团大事记 / 农一师五团史志编纂委员会编 .—乌鲁木齐：新疆人民出版社，2005.12.—200 页；20cm.—新疆生产建设兵团农一师史志丛书

K294.5/2005c 新疆通志 . 第 71 卷，土地志 / 新疆维吾尔自治区地方志编纂委员会，《新疆通志 . 土地志》编纂委员会编 .—乌鲁木齐：新疆人民出版社，2005.12.—789 页；26cm.—新疆维吾尔自治区地方志丛书

K294.5/2005c 巩留县志 / 巩留县志编纂委员会编 .—乌鲁木齐：新疆人民出版社，2005.12.—843 页；26cm.—新疆维吾尔自治区地方志丛书

K294.5/2005c 农五师志 / 农五师史志编纂委员会编 .—乌鲁木齐：新疆人民出版社，2005.12.—929 页；26cm.—新疆生产建设兵团史志丛书

K294.5/2005c 中国共产党第三汽车运输公司组织史资料·历史大事记：1949 年 10 月—2004 年 12 月 / 兵团三运司组织史资料编纂委员会 .—乌鲁木齐：新疆生产建设兵团印刷厂，2005.12.—230 页；26cm.—新疆生产建设兵团农三师史志丛书

K294.5/2005c 中国共产党农三师伽师总场组织史资料·历史大事记：1958—2004/ 农三师伽师总场史志编纂委员会 .—乌鲁木齐：新疆生产建设兵团印刷厂，2005.12.—178 页；26cm.—新疆生产建设兵团农三师史志丛书

K294.5/2005c 中国共产党农三师五十三团组织史资料·历史大事记：1969 年 10 月—2004 年 6 月 / 农三师五十三团组织史资料编纂委员会编 .—阿克苏：新疆阿克苏飞达印务有限责任公司，2005.12.—260 页；26cm.—新疆生产建设兵团农三师史志丛书

K294.5/2005c 中国共产党农三师五十二团组织史资料·历史大事记：1954 年 5 月—2004 年 12 月 / 农三师五十二团史志编纂委员会 .—乌鲁木齐：新疆生产建设兵团印刷厂，2005.12.—242 页；26cm.—新疆生产建设兵团农三师史志丛书

K294.5/2005c 中国共产党农三师五十一团组织史资料·历史大事记：1969 年 9 月—

2004年12月/农三师五十一团史志编纂委员会.—乌鲁木齐：新疆生产建设兵团印刷厂，2005.12.—242页；26cm.—新疆生产建设兵团农三师史志丛书

K294.5/2005c　中国共产党农三师五十团组织史资料·历史大事记：1969年10月—2004年6月/农三师五十团史志编纂委员会.—乌鲁木齐：新疆生产建设兵团印刷厂，2005.12.—169页；26cm.—新疆生产建设兵团农三师史志丛书

K294.5/2005c　中国共产党农三师四十九团组织史资料·历史大事记：1958年5月—2004年12月/四十九团史志编纂委员会编.—乌鲁木齐：新疆生产建设兵团印刷厂，2005.12.—246页；26cm.—新疆生产建设兵团农三师史志丛书

K294.5/2005c　中国共产党农三师四十八团组织史资料·历史大事记:1966年3月—2004年12月/四十八团史志编纂委员会.—乌鲁木齐：新疆生产建设兵团印刷厂，2005.12.—196页；26cm.—新疆生产建设兵团农三师史志丛书

K294.5/2005c　中国共产党农三师四十六团组织史资料·历史大事记：1969年1月—2004年6月/四十六团史志编纂委员会.—乌鲁木齐：新疆生产建设兵团印刷厂，2005.12.—85页；26cm.—新疆生产建设兵团农三师史志丛书

K294.5/2005c　中国共产党农三师四十四团组织史资料·历史大事记：1966年2月—2004年6月/四十四团史志编纂委员会.—乌鲁木齐：新疆生产建设兵团印刷厂，2005.12.—155页；26cm.—新疆生产建设兵团农三师史志丛书

K294.5/2005c　中国共产党农三师四十三团组织史资料·历史大事记：1952年3月—2004年6月/四十三团史志编纂委员会.—乌鲁木齐：新疆生产建设兵团印刷厂，2005.12.—225页；26cm.—新疆生产建设兵团农三师史志丛书

K294.5/2005c　中国共产党农三师四十二团组织史资料·历史大事记：1950年3月—2004年12月/四十二团史志编纂委员会.—乌鲁木齐：新疆生产建设兵团印刷厂，2005.12.—161页；26cm.—新疆生产建设兵团农三师史志丛书

K294.5/2005c　中国共产党农三师四十一团组织史资料·历史大事记.1950年—2004年6月/农三师四十一团史志编纂委员会.—乌鲁木齐：新疆生产建设兵团印刷厂，2005.12.—362页；26cm.—新疆生产建设兵团农三师史志丛书

K294.5/2005c　中国共产党农三师组织史资料：1982年4月—2004年6月/农三师党史研究室.—乌鲁木齐：新疆生产建设兵团印刷厂，2005.12.—294页；26cm.—新疆生产建设兵团农三师史志丛书

K294.5/2005c　托克逊县志/托克逊县史志办编.—乌鲁木齐：新疆人民出版社，2005.12.—1038页；26cm.—新疆维吾尔自治区地方志丛书

K294.5/2005c　新疆通志.第53卷，建筑工程志/新疆维吾尔自治区地方志编纂委员会,《新疆通志.建筑工程志》编纂委员会.—乌鲁木齐：新疆人民出版社，2005.12.—632页；26cm.—新疆维吾尔自治区地方志丛书

K294.5/2005c　新疆生产建设兵团农一师十二团简史/农一师十二团史志办公室编.—乌鲁木齐：新疆人民出版社，2005.12.—316页；20cm.—新疆生产建设兵团史志丛书

K294.5/2005c　新疆生产建设兵团农一师八团简史/农一师八团史志办编.—乌鲁木齐：新疆人民出版社，2005.12.—217页；20cm.—新疆生产建设兵团史志丛书

K294.5/2005c　哈密市辉煌“十五”：2000—2005/哈密市统计局编.—2005.12.—586页；29cm

K294.5/2005c　策勒县志 / 策勒县地方志编纂委员会编 .—乌鲁木齐：新疆人民出版社，2005.12.—796 页；26cm.—新疆维吾尔自治区地方志丛书

K294.5/20062　于田县志 / 于田县史志编纂委员会编 .—乌鲁木齐：新疆人民出版社，2006.2.—794 页；26cm.—新疆维吾尔自治区地方志丛书

K294.5/20063　鄯善历史文化论集 / 鄯善县委《吐鲁番·鄯善文库系列丛书》编委会编 .—乌鲁木齐：新疆人民出版社，2006.3.—335 页；20cm.—吐鲁番·鄯善文库系列丛书

K294.5/20064　正确阐明新疆历史　新疆民族史　新疆伊斯兰教史 / 田卫疆，陈超，马品彦著 .—乌鲁木齐：新疆人民出版社，2006.4.—232 页；19cm

K294.5/20064　龟兹文化研究 / 张国领，裴孝曾主编 .—乌鲁木齐：新疆人民出版社，2006.4.—4 册（2887 页）；26cm

K294.5/20064　新疆生产建设兵团组织人事志：1954—2004 年 / 兵团史志编纂委员会，兵团党委组织部史志编纂委员会 .—乌鲁木齐：新疆兵团印刷厂，2006.4.—535 页；26cm.—新疆生产建设兵团史志丛书

K294.5/20065　农六师党委党校志 / 农六师党委党校志编纂委员会编 .—乌鲁木齐：新疆电子出版社，2006.5.—245 页；26cm

K294.5/20065　吐鲁番学新论 / 殷晴主编 .—乌鲁木齐：新疆人民出版社，2006.5.—974 页；26cm

K294.5/20065　浩罕国与西域政治 / 潘志平著 .—乌鲁木齐：新疆人民出版社，2006.5.—246 页；26cm.—新疆历史研究丛书

K294.5/20065　中国共产党农三师叶城二牧场组织史资料·历史大事记：1953 年 3 月—2004 年 6 月 / 农三师叶城二牧场史志编纂委员会编 .—喀什：新疆兵团农三师印刷厂，2006.5.—72 页；20cm.—新疆生产建设兵团农三师史志丛书

K294.5/20065　中国共产党农三师东风农场组织史资料·历史大事记：1958 年 8 月—2004 年 6 月 / 农三师东风农场史志编纂委员会编 .—喀什：新疆兵团农三师印刷厂，2006.5.—99 页；20cm.—新疆生产建设兵团农三师史志丛书

K294.5/20065　中国共产党农三师托云牧场组织史资料·历史大事记：1951—2004 年 / 农三师托云牧场史志编纂委员会编 .—喀什：新疆兵团农三师印刷厂，2006.5.—83 页；20cm.—新疆生产建设兵团农三师史志丛书

K294.5/20065　历史上的新疆 / 苗普生著 .—乌鲁木齐：新疆人民出版社，2006.5.—450 页；26cm

K294.5/20065　中国共产党农三师前进水库管理处组织史资料·历史大事记：1966 年 1 月—2004 年 12 月 / 农三师前进水库管理处史志编纂委员会编 .—喀什：新疆兵团农三师印刷厂，2006.5.—176 页；20cm.—新疆生产建设兵团农三师史志丛书

K294.5/20065　百年新疆 / 厉声，许建英编写 .—乌鲁木齐：新疆人民出版社，2006.5.—295 页；29cm

K294.5/20065　历史上的新疆 / 苗普生，马品彦，厉声编写 .—乌鲁木齐：新疆人民出版社，2006.5.—450 页；20cm

K294.5/20066　中国新疆历史与现状 / 厉声主编 .—乌鲁木齐：新疆人民出版社，2006.6.—347 页；23cm

K294.5/20066　中国共产党昌吉回族自治州简史 / 中共昌吉回族自治州委员会党史研究室著 .—乌鲁木齐：新疆人民出版社，2006.6.—475 页；20cm.—中共新疆地方史丛书

K294.5/20066　新疆史鉴 / 马大正等著 .—乌鲁木齐：新疆人民出版社，2006.6.—435 页；20cm

K294.5/20066　农六师一〇一团简史 / 农六师一〇一团史志编纂委员会编著 .—乌鲁木齐：新疆人民出版社，2006.6.—341 页；20cm

K294.5/20066　和田春秋 / 李吟屏著 .—乌鲁木齐：新疆人民出版社，2006.6.—241 页；26cm.—新疆历史研究丛书

K294.5/20066　新疆即景 / 刘学杰著 .—乌鲁木齐：新疆人民出版社，2006.6.—306 页；23cm.—正说新疆轶事丛书

K294.5/20066　和田市志 / 和田市地方志编纂委员会编 .—乌鲁木齐：新疆人民出版社，2006.6.—557 页；26cm.—新疆维吾尔自治区地方志丛书

K294.5/20067　新疆通志 . 商检志：1996—1999/ 新疆维吾尔自治区地方志编纂委员会，《新疆通志 . 商检志》编纂委员会 .—乌鲁木齐：新疆人民出版社，2006.7.—751 页；26cm.—新疆维吾尔自治区地方志丛书

K294.5/20068　和田县志 / 和田县地方志编纂委员会编 .—乌鲁木齐：新疆人民出版社，2006.8.—763 页；26cm.—新疆维吾尔自治区地方志丛书

K294.5/20068　石河子大学大事记：1949—2005/ 石河子大学档案馆 .—石河子：石河子大学印刷厂，2006.8.—360 页；20cm

K294.5/20068　新疆历史与文化概论 / 耿世民著 .—北京：中央民族大学出版社，2006.8.—451 页；20cm

K294.5/20069　西域往事：新疆最后一个王公 200 年的家族记忆 / 许福芦著 .—北京：华文出版社，2006.9.—232 页；25cm

K294.5/20069　新疆生产建设兵团农三师四十五团简史：1966—2005/《四十五团简史》编委员会编 .—乌鲁木齐：新疆人民出版社，2006.9.—277 页；20cm.—新疆生产建设兵团史志丛书

K294.5/20069　农一师水利水电工程处志 / 农一师水利水电工程处史志编纂委员会编 .—乌鲁木齐：新疆人民出版社，2006.9.—464 页；26cm.—新疆生产建设兵团农一师史志丛书

K294.5/20069　屯垦史话 . 第一辑 / 农一师阿拉尔史志编纂委员会编 .—乌鲁木齐：新疆人民出版社，2006.9.—271 页；20cm.—新疆生产建设兵团农一师阿拉尔市党史资料丛书

K294.5/20069　新疆荣辱 / 刘学杰编著 .—乌鲁木齐：新疆人民出版社，2006.9.—214 页；20cm.—正说新疆轶事丛书

K294.5/2006b　阿克苏地区土地志 /《阿克苏地区土地志》编委会编 .—乌鲁木齐：新疆人民出版社，2006.11.—526 页；26cm.—新疆阿克苏地区地方志丛书

K294.5/2006b　农二师文史资料 .1，历史沿革 / 新疆生产建设兵团农二师史志编纂委员会编著 .—库尔勒：农二师光彩印务有限责任公司，2006.11.—326 页；20cm.—新疆生产建设兵团农业建设第二师史志丛书

K294.5/2006b　农二师文史资料 .2，悠悠岁月 / 新疆生产建设兵团农二师史志编纂委员会编著 .—库尔勒：农二师光彩印务有限责任公司，2006.11.—212 页；20cm.—新疆生产建设兵团农业建设第二师史志丛书

K294.5/2006b　三团大事记：1955—2005/ 农一师三团史志编纂委员会编 .—乌鲁木齐：新疆人民出版社，2006.11.—266 页；20cm.—新疆生产建设兵团农一师史志丛书

K294.5/2006c　农二师二十二团简史 /《农二师二十二团简史》编委会编 .—乌鲁木齐：新疆人民出版社，2006.12.—304 页；20cm.—新疆生产建设兵团史志丛书

K294.5/2006c　农二师二十九团简史 /《农二师二十九团简史》编委会编 .—乌鲁木齐：新疆人民出版社，2006.12.—320 页；

20cm.—新疆生产建设兵团史志丛书

K294.5/2006c　中国共产党博湖县历史大事记：一九九五·一至二〇〇四·十二/博湖县档案史志局编.—乌鲁木齐：新疆人民出版社，2006.12.—270页；20cm.—中共新疆地方志丛书

K294.5/2006c　新疆生产建设兵团史志工作二十年/兵团党委党史研究室，兵团志办公室.—乌鲁木齐：新疆兵团印刷厂，2006.12.—589页；26cm

K294.5/2006c　伽师县志/伽师县地方志编纂委员会编.—乌鲁木齐：新疆人民出版社，2006.12.—824页；26cm.—新疆维吾尔自治区地方志丛书

K294.5/2006c　新疆逸事/刘学杰著.—乌鲁木齐：新疆人民出版社.—2006.12.—205页；23cm.—正说新疆逸事丛书

K294.5/2006c　新疆通志.第29卷，综合经济志/新疆维吾尔自治区地方志编纂委员会，《新疆通志.综合经济志》编纂委员会编.—乌鲁木齐：新疆人民出版社，2006.12.—722页；26cm.—新疆维吾尔自治区地方志丛书

K294.5/2006c　新疆通志.第15卷，政务志·政府/新疆维吾尔自治区地方志编纂委员会，《新疆通志.政务志·政府》编纂委员会编.—乌鲁木齐：新疆人民出版社，2006.12.—1247页；26cm.—新疆维吾尔自治区地方志丛书

K294.5/2006c　新疆通志.第80卷，著述出版志/新疆维吾尔自治区地方志编纂委员会，《新疆通志.著述出版志》编纂委员会编.—乌鲁木齐：新疆人民出版社，2006.12.—435页；26cm.—新疆维吾尔自治区地方志丛书

K294.5/20071　军川农场志：1986—2000/军川农场志编纂委员会编.—黑龙江银手杖印务有限公司，2007.1.—407页；26cm

K294.5/20071　民国旧事札记/乌鲁木齐市政协学习文史委员会著.—乌鲁木齐：新疆人民出版社，2007.1.—357页；24cm

K294.5/20072　中国共产党农三师小海子水管处组织史资料·历史大事记：1982年6月—2004年12月/农三师小海子水管处史志编纂委员会.—乌鲁木齐：新疆兵团印刷厂，2007.2.—99页；26cm.—新疆生产建设兵团农三师史志丛书

K294.5/20072　乌鲁木齐教育志/《乌鲁木齐教育志》编纂委员会.—乌鲁木齐：新疆鑫博文彩印传媒有限责任公司，2007.2.—516页；26cm

K294.5/20073　新疆掌故/申国祥编.—乌鲁木齐：新疆美术摄影出版社：新疆电子音像出版社，2007.3.—136页；24cm.—新疆人文地理丛书

K294.5/20073　新疆纪实/凌愉，刘李红著.—乌鲁木齐：新疆美术摄影出版社：新疆电子音像出版社，2007.3.—133页；24cm.—新疆人文地理丛书

K294.5/20073　呼图壁县政协志/中国人民政治协商会议呼图壁县委员会编.—2007.3.—402页；26cm

K294.5/20074　农六师一〇三团简史：1940—2003/《农六师一〇三团简史》编纂委员会编.—乌鲁木齐：新疆人民出版社，2007.4.—420页；20cm.—新疆生产建设兵团史志丛书

K294.5/20074　清三通与续通考新疆资料辑录/高健，李芳主编.—乌鲁木齐：新疆大学出版社，2007.4.—2册（891页）；20cm.—新疆中亚教学科研资料丛书/管守新主编

K294.5/20075　新疆通志.第81卷，文物志/新疆维吾尔自治区地方志编纂委员会，《新疆通志.文物志》编纂委员会编.—乌鲁木齐：新疆人民出版社，2007.5.—847页；

26cm.—新疆维吾尔自治区地方志丛书

K294.5/20075 新疆维吾尔自治区建工医院志 / 新疆建工医院志编纂委员会 .—昌吉：新疆金版印务有限公司，2007.5.—370 页；26cm

K294.5/20075 一三六团简史 / 一三六团史志编纂委员会编 .—乌鲁木齐：新疆科学技术出版社，2007.5.—248 页；20cm.—新疆维吾尔自治区石河子市，新疆生产建设兵团农八师简史丛书；8

K294.5/20076 奎屯电业局志：1990—2005/《奎屯电业局志》编纂委员会编 .—乌鲁木齐：新疆人民出版社，2007.6.—370 页；26cm.—新疆维吾尔自治区电力工业志丛书

K294.5/20077 中国科学院新疆分院五十年：1957—2007/ 张小雷主编 .—2007.7.—394 页；20cm

K294.5/20077 新疆生产建设兵团农六师二二二团志 / 新疆生产建设兵团二二二团史志编纂委员会编 .—乌鲁木齐：新疆人民出版社，2007.7.—762 页；26cm.—新疆生产建设兵团史志丛书

K294.5/20077 龟兹学研究 . 第 2 辑 / 新疆龟兹学会编 .—乌鲁木齐：新疆大学出版社，2007.7.—373 页；22cm.—龟兹学研究丛书之二

K294.5/20078 新疆生产建设兵团发展的历程 / 马大正著 .—乌鲁木齐: 新疆人民出版社，2007.8.—61 页；15cm.—中国新疆：历史与现状简读本

K294.5/20078 新疆生产建设兵团监狱管理志 / 新疆生产建设兵团史志编纂委员会，《新疆生产建设兵团监狱管理志》编纂委员会编 .—乌鲁木齐：新疆生产建设兵团印刷厂，2007.8.—435 页；26cm.—新疆生产建设兵团史志丛书

K294.5/20078 多元文化的继承与并存 / 李方著 .—乌鲁木齐：新疆人民出版社，2007.8.—115 页；15cm.—中国新疆：历史与现状简读本

K294.5/20078 三区革命运动与新疆和平解放 / 厉声著 .—乌鲁木齐：新疆人民出版社，2007.8.—78 页；15cm.—中国新疆：历史与现状简读本

K294.5/20078 新疆生产建设兵团卫生志 / 新疆生产建设兵团史志编纂委员会，《新疆生产建设兵团卫生志》编纂委员会编 .—乌鲁木齐：新疆人民出版社，2007.8.—615 页；26cm.—新疆生产建设兵团史志丛书

K294.5/20078 中国共产党伊宁市简史 / 中共伊宁市委员会党史办公室编著 .—乌鲁木齐：新疆科学技术出版社，2007.8.—326 页；21cm

K294.5/20079 《清实录》新疆资料辑录 . 同治朝卷 / 新疆社会科学院历史研究所编 .—乌鲁木齐：新疆大学出版社，2007.9.—573 页；20cm

K294.5/20079 乌鲁木齐国家高新区志 / 乌鲁木齐国家高新区志编纂委员会 .—乌鲁木齐：新疆新华华龙印务有限责任公司，2007.9.—563 页；26cm

K294.5/20079 阿勒泰公路总段志 / 阿勒泰公路总段志编纂委员会编 .—2007.9.—271 页；26cm

K294.5/2007a 不能忘却的记忆：档案中的故事 / 许新江，孙新刚主编 .—乌鲁木齐：新疆人民出版社，2007.10.—167 页；20cm

K294.5/2007a 近代新疆史事述论 / 杨策著 .—北京：中央民族大学出版社，2007.10.—278 页；21cm

K294.5/2007a 新疆生产建设兵团林业志 / 新疆生产建设兵团史志编纂委员会，新疆生产建设兵团林业志编纂委员会编 .—乌鲁木齐：新疆人民出版社，2007.10.—381 页；26cm.—新疆生产建设兵团史志丛书

K294.5/2007b　新疆生产建设兵团史料选辑．第16—17辑，兵团工业专辑/新疆生产建设兵团史志编纂委员会，兵团党史研究室编.—乌鲁木齐：新疆人民出版社，2007.11.—985页；20cm

K294.5/2007b　昌吉市人民代表大会志：1950.4—2007.10/昌吉市人民代表大会常务委员会编.—乌鲁木齐：新疆科学技术出版社，2007.10.—708页；26cm.—昌吉市地方志丛书

K294.5/2007c　新疆生产建设兵团农四师六十四团简史/六十四团史志编纂委员会编.—五家渠：新疆生产建设兵团出版社，2007.12.—142页；20cm.—新疆生产建设兵团史志丛书

K294.5/2007c　一八一团简史/农十师《一八一团简史》编纂委员会编.—五家渠：新疆生产建设兵团出版社，2007.12.—305页；20cm.—新疆生产建设兵团史志丛书

K294.5/2007c　中国共产党昌吉市简史：1949—2003/中共昌吉市委员会党史研究室著.—五家渠：新疆生产建设兵团出版社，2007.12.—328页；20cm.—中共新疆地方史丛书

K294.5/2007c　农二师文史资料.3，聚焦2006/新疆生产建设兵团农二师史志编纂委员会编著.—库尔勒：农二师光彩印务中心，2007.12.—342页；24cm.—新疆生产建设兵团农业建设第二师史志丛书

K294.5/2007c　新疆生产建设兵团统计志/新疆生产建设兵团史志编纂委员会，《新疆生产建设兵团统计志》编纂委员会编.—乌鲁木齐：新疆人民出版社，2007.12.—684页；26cm.—新疆生产建设兵团史志丛书

K294.5/2007c　民丰县志/《民丰县志》编委会编.—乌鲁木齐：新疆人民出版社，2007.12.—691页；26cm.—新疆维吾尔自治区地方志丛书

K294.5/2007c　阿克苏地区金融志/《阿克苏地区金融志》编纂委员会，阿克苏地委地方志办公室编.—乌鲁木齐：新疆人民出版社，2007.12.—774页；26cm.—新疆维吾尔自治区地方志丛书

K294.5/2007c　阿克苏地区电力工业志：1938—2004/《阿克苏地区电力工业志》编纂委员会编.—乌鲁木齐：新疆人民出版社，2007.12.—625页；26cm.—新疆维吾尔自治区电力工业志丛书

K294.5/2007c　农二师二十三团简史/《农二师二十三团简史》编纂委员会编.—乌鲁木齐：新疆人民出版社，2007.12.—259页；20cm.—新疆生产建设兵团史志丛书

K294.5/2007c　乌苏市人口与计划生育志/新疆乌苏市人口与计划生育委员会编.—五家渠：新疆生产建设兵团出版社，2007.12.—549页；26cm

K294.5/2007c　察布查尔锡伯自治县志/《察布查尔锡伯自治县志》编委会编.—乌鲁木齐：新疆人民出版社，2007.12.—683页；26cm.—新疆维吾尔自治区地方志丛书

K294.5/2007c　农二师十八团渠管理处简史/十八团渠管理处史志编纂委员会编著.—五家渠：新疆生产建设兵团出版社，2007.12.—306页；20cm.—新疆生产建设兵团史志丛书

K294.5/2007c　五家渠文史．第一辑/五家渠市政协编.—五家渠：新疆生产建设兵团出版社，2007.12.—333页；20cm

K294.5/2007c　新疆生产建设兵团劳动和社会保障志/新疆生产建设兵团史志编纂委员会，《新疆生产建设兵团劳动和社会保障志》编纂领导小组编.—五家渠：新疆生产建设兵团出版社，2007.12.—1038页；26cm.—新疆生产建设兵团史志丛书

K294.5/2007c　新疆生产建设兵团建设环保志/新疆生产建设兵团史志编纂委员会，《新

疆生产建设兵团建设环保志》编纂领导小组编.—五家渠：新疆生产建设兵团出版社，2007.12.—640页；26cm.—新疆生产建设兵团史志丛书

K294.5/2008 走进西域文化/塔里木大学编.—2008.—64页；26cm

K294.5/20081 发现乌鲁木齐/王宏杰著.—乌鲁木齐：新疆人民出版社，2008.1.—211页；22cm.—乌鲁木齐旅游文化系列丛书

K294.5/20081 新疆史话：新疆历史知识杂谈/文昊编.—乌鲁木齐：新疆美术摄影出版社：新疆电子音像出版社，2008.1.—151页；23cm.—走进新疆丛书/刘长明

K294.5/20081 农二师二二三团简史/农二师二二三团史志办公室编.—乌鲁木齐：新疆人民出版社，2008.1.—291页；20cm.—新疆生产建设兵团史志丛书

K294.5/20081 中国共产党米泉市历史大事记：1949—2006/中共米东新区党史地方志办公室编.—乌鲁木齐：新疆人民出版社，2008.1.—298页；20cm

K294.5/20082 《清实录》新疆资料辑录.嘉庆朝卷/新疆社会科学院历史研究所编.—乌鲁木齐：新疆大学出版社，2008.2.—308页；21cm

K294.5/20083 东天山文化研究/哈密东天山古伊州文化研究院编.—乌鲁木齐：新疆人民出版社，2008.3.—207页；22cm

K294.5/20083 新疆上海知识青年：上山下乡四十年大事记/谢敏干编.—珠海：珠海出版社，2008.3.—180页；23cm

K294.5/20083 新疆上海知识青年：名人录/谢敏干著.—珠海：珠海出版社，2008.3.—533页；23cm

K294.5/20084 新疆生产建设兵团农十二师一〇四团大事记/一〇四团史志编纂委员会编.—乌鲁木齐：新疆一龙印刷有限公司，2008.4.—169页；20cm

K294.5/20084 2007年新疆周边国家大事记：内部资料/吴福环主编.—乌鲁木齐：新疆八百印务有限公司，2008.4.—329页；26cm

K294.5/20084 叶尔羌河流域水利志/《叶尔羌河流域水利志》编委会编.—乌鲁木齐：新疆人民出版社，2008.4.—871页；26cm.—新疆维吾尔自治区地方志丛书

K294.5/20085 和布克赛尔蒙古自治县人民代表大会志/《和布克赛尔蒙古自治县人民代表大会志》编写组编.—乌鲁木齐：新疆人民出版社，2008.5.—403页；26cm

K294.5/20086 新疆通志.第56卷，旅游志/新疆维吾尔自治区地方志编纂委员会，《新疆通志.旅游志》编纂委员会.—乌鲁木齐：新疆人民出版社，2008.6.—878页；26cm.—新疆维吾尔自治区地方志丛书

K294.5/20086 新疆电力设计院志：1999—2007/《新疆电力设计院志》编委会编.—乌鲁木齐：新疆人民出版社，2008.6.—421页；26cm.—新疆电力公司系统电力工业志丛书

K294.5/20086 吐鲁番地区邮电志/《吐鲁番地区邮电志》编纂委员会编.—乌鲁木齐：新疆人民出版社，2008.6.—616页；26cm.—新疆维吾尔自治区地方志丛书

K294.5/20086 农五师简史/新疆生产建设兵团农五师史志编纂委员会编著.—乌鲁木齐：新疆人民出版社，2008.6.—347页；21cm

K294.5/20086 阿克苏地区志/《阿克苏地区志》编纂委员会编.—乌鲁木齐：新疆人民出版社，2008.6.—3册（2579页）；26cm.—新疆维吾尔自治区地方志丛书

K294.5/20086 墨玉县志/墨玉县地方志编纂委员会编.—乌鲁木齐：新疆人民出版社，2008.6.—849页；26cm.—新疆维吾尔自治区地方志丛书

K294.5/20087　鄯善文物志 / 李肖，陈云华主编 .—乌鲁木齐：新疆人民出版社，2008.7.—457 页；23cm.—吐鲁番 · 鄯善文库系列丛书；第 2 辑

K294.5/20087　新疆通志 . 出版志：1990—2007/《新疆通志 . 出版志》编纂委员会编 .—乌鲁木齐：新疆人民出版社，2008.7.—719 页；26cm.—新疆维吾尔自治区地方志丛书

K294.5/20088　档案中的克拉玛依 / 克拉玛依市档案局编 .—乌鲁木齐：新疆人民出版社，2008.8.—240 页；26cm

K294.5/20088　新疆生产建设兵团农四师六十六团简史 / 六十六团史志编纂委员会编 .—五家渠：新疆生产建设兵团出版社，2008.8.—222 页；20cm.—新疆生产建设兵团史志丛书

K294.5/20088　七十二团简史 / 农四师七十二团史志编纂委员会编 .—五家渠：新疆生产建设兵团出版社，2008.8.—307 页；20cm.—新疆生产建设兵团史志丛书

K294.5/20088　农八师一四一团简史 / 一四一团史志编纂委员会编 .—乌鲁木齐：新疆科学技术出版社，2008.8.—178 页；20cm.—新疆维吾尔自治区石河子市，新疆生产建设兵团农八师简史丛书；18

K294.5/20089　中国共产党库车县简史 / 中共库车县委史志办公室编 .—乌鲁木齐：新疆人民出版社，2008.9.—397 页；20cm.—中共新疆地方史丛书

K294.5/2008a　新疆生产建设兵团史料选辑 .18，兵团改革开放专辑 / 新疆生产建设兵团史志编纂委员会，兵团党委党史研究室编 .—乌鲁木齐：新疆人民出版社，2008.10.—729 页；20cm

K294.5/2008b　农二师文史资料 .4，生态史话 / 新疆生产建设兵团农二师史志编纂委员会编著 .—库尔勒：农二师光彩刷务中心，2008.11.—331 页；24cm.—新疆生产建设兵团农业建设第二师史志丛书

K294.5/2008b　新疆生产建设兵团农二师三十一团简史 / 三十一团史志编纂委员会编 .—乌鲁木齐：新疆人民出版社，2008.11.—422 页；23cm.—新疆生产建设兵团史志丛书

K294.5/2008b　新疆生产建设兵团农十二师头屯河农场大事记 / 头屯河农场史志编纂委员会编 .—乌鲁木齐：新疆地矿彩印厂，2008.11.—195 页；20cm

K294.5/2008b　中国共产党新疆维吾尔自治区克拉玛依市、新疆石油管理局组织史资料：1988—1999. 第二卷 / 中共克拉玛依市新疆油田公司委员会组织部，中共克拉玛依市新疆油田公司委员会史志办公室编 .—乌鲁木齐：新疆人民出版社，2008.11.—684 页；26cm

K294.5/2008b　新疆与祖国关系史论 / 朱培民著 .—乌鲁木齐：新疆人民出版社，2008.11.—396 页；21cm

K294.5/2008c　新疆历史民族宗教源流述略 / 马登杰著 .—乌鲁木齐：新疆人民出版社，2008.12.—455 页；23cm

K294.5/2008c　红星一场简史 /《红星一场简史》编纂委员会编 .—五家渠：新疆生产建设兵团出版社，2008.12.—226 页；20cm.—新疆生产建设兵团史志丛书

K294.5/2008c　桃花依旧笑春风：庆祝一三三团建团五十周年历史图片集 / 一三三团编辑委员会编 .—2008.12.—144 页；26cm

K294.5/2008c　西域文史 . 第 3 辑 / 朱玉麒主编 .—北京：科学出版社，2008.12.—358 页；26cm

K294.5/2008c　天山区文史资料 . 第九辑，社区专辑 / 中国人民政治协商会议乌鲁木齐市天山区委员会文史资料委员会编 .—乌鲁木齐：乌鲁木齐隆益达印务有限公司，2008.12.—499 页；23cm

K294.5/2008c 新疆维吾尔自治区地方病防治研究所志 /《新疆维吾尔自治区地方病防治研究所志》编委会编 .—乌鲁木齐：新疆人民卫生出版社，2008.12.—489 页；26cm

K294.5/2008c 新疆历史研究论文选编 . 隋唐卷 / 新疆通史编撰委员会编 .—乌鲁木齐：新疆人民出版社，2008.12.—402 页；20cm

K294.5/2008c 新疆历史研究论文选编 . 通论卷 / 新疆通史编撰委员会编 .—乌鲁木齐：新疆人民出版社，2008.12.—285 页；20cm

K294.5/2008c 新疆历史研究论文选编 . 史前卷 / 新疆通史编撰委员会编 .—乌鲁木齐：新疆人民出版社，2008.12.—318 页；20cm

K294.5/2008c 新疆历史研究论文选编 . 两汉卷 / 新疆通史编撰委员会编 .—乌鲁木齐：新疆人民出版社，2008.12.—323 页；20cm

K294.5/2008c 新疆历史研究论文选编 . 当代卷 / 新疆通史编撰委员会编 .—乌鲁木齐：新疆人民出版社，2008.12.—305 页；20cm

K294.5/2008c 新疆历史研究论文选编 . 辽宋金卷 / 新疆通史编撰委员会编 .—乌鲁木齐：新疆人民出版社，2008.12.—365 页；20cm

K294.5/2008c 新疆历史研究论文选编 . 元明卷 / 新疆通史编撰委员会编 .—乌鲁木齐：新疆人民出版社，2008.12.—326 页；20cm

K294.5/2008c 新疆历史研究论文选编 . 魏晋南北朝卷 / 新疆通史编撰委员会编 .—乌鲁木齐: 新疆人民出版社，2008.12.—331 页；20cm

K294.5/2008c 三坪农场大事记 / 兵团农十二师三坪农场编纂委员会编 .—乌鲁木齐：新疆生产建设兵团印刷厂，2008.12.—266 页；21cm

K294.5/2008c 民国时期英国与中国新疆 / 许建英著 .—乌鲁木齐：新疆人民出版社，2008.12.—437 页；20cm

K294.5/20091 农八师石河子总场北泉镇简史 / 石河子总场北泉镇史志编纂委员会编 .—乌鲁木齐：新疆科学技术出版社，2009.1.—272 页；23cm.—新疆维吾尔自治区石河子市，新疆生产建设兵团农八师简史丛书；20

K294.5/20091 新疆生产建设兵团园艺志 / 新疆生产建设兵团史志编纂委员会编 .—五家渠：新疆生产建设兵团出版社，2009.1.—569 页；26cm.—新疆生产建设兵团史志丛书

K294.5/20091 昌吉回族自治州统计志 / 昌吉回族自治州统计局编 .—乌鲁木齐：新疆统计印刷厂，2009.1.—502 页；26cm.—昌吉回族自治州地方志丛书

K294.5/20093 中国共产党新疆生产建设兵团农业建设第七师一二八团历史资料：1958—2006/ 一二八团史志编纂委员会编 .—北京：中共党史出版社，2009.3.—497 页；20cm

K294.5/20094 乌鲁木齐市南山矿区志 / 达坂城区地方志编纂委员会编 .—乌鲁木齐：新疆人民出版社，2009.4.—378 页；26cm.—新疆维吾尔自治区地方志丛书

K294.5/20096 新疆生产建设兵团文化志 / 新疆生产建设兵团史志编纂委员会，新疆生产建设兵团文化志编纂委员会编 .—五家渠：新疆生产建设兵团出版社，2009.6.—651 页；26cm.—新疆生产建设兵团史志丛书

K294.5/20096 新疆生产建设兵团农五师八十四团简史 / 八十四团史志编纂委员会编 .—乌鲁木齐：新疆人民出版社，2009.6.—324 页；23cm.—新疆生产建设兵团史志丛书

K294.5/20097 新疆生产建设兵团农业志 / 新疆生产建设兵团史志编纂委员会，新疆生产建设兵团农业志编纂委员会编 .—五家渠：新疆生产建设兵团出版社，2009.7.—718 页；

26cm.—新疆生产建设兵团史志丛书

K294.5/20098　新疆生产建设兵团农十师一八五团简史 /《一八五团简史》编纂委员会编 .—乌鲁木齐：新疆人民出版社，2009.8.—230 页；23cm.—新疆生产建设兵团史志丛书

K294.5/20098　林则徐新疆资料全编 / 周轩，刘长明编注 .—乌鲁木齐：新疆大学出版社，2009.8.—465 页；26cm

K294.5/20098　新疆通志 . 扶贫开发志 / 新疆维吾尔自治区地方志编纂委员会，《新疆通志 . 扶贫开发志》编委会编 .—乌鲁木齐：新疆人民出版社，2009.8.—1476 页；26cm.—新疆维吾尔自治区地方志丛书

K294.5/20098　新疆生产建设兵团农十师一八二团简史 /《一八二团简史》编纂委员会编 .—乌鲁木齐：新疆人民出版社，2009.8.—234 页；23cm.—新疆生产建设兵团史志丛书

K294.5/20098　新疆生产建设兵团农二师二十一团简史 / 农二师二十一团史志编纂委员会编 .—乌鲁木齐：新疆人民出版社，2009.8.—212 页；23cm.—新疆生产建设兵团史志丛书

K294.5/20099　兵出南泥湾：从三五九旅到新疆兵团 / 新疆生产建设兵团党委党史研究室编 .—乌鲁木齐：新疆人民出版社，2009.9.—463 页；23cm

K294.5/20099　新疆生产建设兵团农五师八十九团简史 / 八十九团史志编纂委员会编 .—乌鲁木齐：新疆人民出版社，2009.9.—97 页；20cm.—新疆生产建设兵团史志丛书

K294.5/20099　黄田农场简史 / 农十三师黄田农场简史编纂委员会编 .—五家渠：新疆生产建设兵团出版社，2009.9.—278 页；20cm.—新疆生产建设兵团史志丛书

K294.5/2009a　昌吉市史志文集 / 中共昌吉市委党史地方志办公室编 .—五家渠：新疆生产建设兵团出版社，2009.10.—284 页；23cm

K294.5/2009a　火箭农场简史 / 农十三师火箭农场（中心团场）简史编纂委员会编 .—五家渠：新疆生产建设兵团出版社，2009.10.—249 页；20cm.—新疆生产建设兵团史志丛书

K294.5/2009b　塔什库尔干塔吉克自治县志 / 塔什库尔干塔吉克自治县地方志编纂委员会编 .—乌鲁木齐：新疆人民出版社，2009.11.—700 页；26cm.—新疆维吾尔自治区地方志丛书

K294.5/2009b　新疆生产建设兵团史料选辑 .19/ 新疆生产建设兵团史志编纂委员会，兵团党委党史研究室编 .—乌鲁木齐：新疆人民出版社，2009.11.—511 页；21cm

K294.5/2009b　一三六团资料汇编：2000 年 1 月—2008 年 12 月 / 一三六团二轮修志编纂委员会编 .—五家渠：新疆生产建设兵团出版社，2009.11.—387 页；20cm

K294.5/2009b　新疆生产建设兵团农十二师西山农牧场大事记 / 西山农牧场史志编纂委员会编 .—乌鲁木齐：新疆地矿彩印厂，2009.11.—171 页；20cm

K294.5/2009b　新疆非物质文化遗产集锦 . 第一卷 /《新疆非物质文化遗产集锦》编委会编 .—乌鲁木齐：新疆美术摄影出版社：新疆电子音像出版社，2009.11.—132 页；21cm

K294.5/2009b　新疆非物质文化遗产集锦 . 第二卷 /《新疆非物质文化遗产集锦》编委会编 .—乌鲁木齐：新疆美术摄影出版社：新疆电子音像出版社，2009.11.—179 页；21cm

K294.5/2009b　新疆非物质文化遗产集锦 . 第三卷 /《新疆非物质文化遗产集锦》编委会编 .—乌鲁木齐：新疆美术摄影出版社

社：新疆电子音像出版社，2009.11.—177页；21cm

K294.5/2009b　新疆非物质文化遗产集锦．第四卷/《新疆非物质文化遗产集锦》编委会编．—乌鲁木齐：新疆美术摄影出版社：新疆电子音像出版社，2009.11.—168页；21cm

K294.5/2009b　戈壁创辉煌：新疆生产建设兵团史论文集/王飞主编．—2009.11.—233页；21cm

K294.5/2009c　2009兵团发布/麻霞主编．—五家渠：新疆生产建设兵团出版社，2009.12.—188页；23cm

K294.5/2009c　五家渠文史．第二辑/政协新疆五家渠市委员会编．—五家渠：新疆生产建设兵团出版社，2009.12.—407页；20cm

K294.5/2009c　柳树泉农场简史/农十三师柳树泉农场史志编纂委员会编．—五家渠：新疆生产建设兵团出版社，2009.12.—197页；20cm.—新疆生产建设兵团史志丛书

K294.5/2009c　十三团大事记/农一师十三团史志编纂委员会编．—五家渠：新疆生产建设兵团出版社，2009.12.—310页；20cm.—新疆生产建设兵团农一师史志丛书

K294.5/2009c　新疆生产建设兵团农一师十三团简史/十三团史志编纂委员会编．—五家渠：新疆生产建设兵团出版社，2009.12.—257页；20cm.—新疆兵团生产建设兵团史志丛书

K294.5/2009c　红山农场简史/农十三师红山农场简史编纂委员会编．—五家渠：新疆生产建设兵团出版社，2009.12.—206页；20cm.—新疆生产建设兵团史志丛书

K294.5/2009c　新疆生产建设兵团商业志/新疆生产建设兵团史志编纂委员会，《新疆生产建设兵团商业志》编纂委员会编．—五家渠：新疆生产建设兵团出版社，2009.12.—807页；26cm

K294.5/2009c　奇台县志/《奇台县志》编纂委员会编．—五家渠：新疆生产建设兵团出版社，2009.12.—657页；26cm.—新疆维吾尔自治区地方志丛书

K294.5/2009c　新疆通志．第18卷，民主党派志/《新疆通志．民主党派志》编纂委员会编．—乌鲁木齐：新疆人民出版社，2009.12.—582页；26cm.—新疆维吾尔自治区地方志丛书

K294.5/2009c　新疆生产建设兵团农十二师二二一团大事记/农十二师二二一团史志编纂委员会编．—乌鲁木齐：新疆地矿彩印厂，2009.11.—300页；20cm

K294.5/2009c　农六师水利志/农六师水利局编．—五家渠：新疆生产建设兵团出版社，2009.12.—422页，26cm

K294.5/20101　农十师青河农场简史/农十师青河农场史志编纂委员会编．—乌鲁木齐：新疆人民出版社，2010.1.—264页；21cm.—新疆生产建设兵团史志丛书

K294.5/20104　边城蒙难记/吴蔼宸著．—乌鲁木齐：新疆人民出版社，2010.4.—208页；20cm.—西域探险考察大系

K294.5/20105　新疆生产建设兵团农十师一八四团简史/一八四团简史编纂委员会编著．—乌鲁木齐：新疆人民出版社，2010.5.—280页；23cm.—新疆生产建设兵团史志丛书

K294.5/20105　周恩来总理纪念碑志/石河子总场北泉镇史志编纂委员会编．—五家渠：新疆生产建设兵团出版社，2010.5.—333页；22cm

K294.5/20105　新疆和平解放史/张安军，曹文著．—五家渠：新疆生产建设兵团出版社，2010.5.—248页；23cm

K294.5/20106　农五师八十六团简史：

1960—2007/农五师八十六团史志编纂委员会编.—乌鲁木齐：新疆人民出版社，2010.6.—291页；21cm.—新疆生产建设兵团史志丛书

K294.5/20108　新疆地方国营阿瓦提县丰收三场大事记：1965—2003年/《新疆地方国营阿瓦提县丰收三场大事记》编纂委员会编.—乌鲁木齐：新疆人民出版社，2010.8.—211页；21cm

K294.5/20108　新疆生产建设兵团农三师五十团简史/新疆生产建设兵团农三师五十团史志编纂委员会编.—五家渠：新疆生产建设兵团出版社，2010.8.—401页；20cm.—新疆生产建设兵团史志丛书

K294.5/20108　红星三场简史/《红星三场简史》编纂委员会编.—五家渠：新疆生产建设兵团出版社，2010.8.—211页；20cm.—新疆生产建设兵团史志丛书

K294.5/2010a　中共农八师石河子市委员会党校大事记：1975—2010/中共农八师石河子市委员会党校编.—2010.10.—193页；21cm

K294.5/2010b　新疆生产建设兵团史料选辑.20,兵团援建兄弟省区:甘肃农建十一师、宁夏农建十三师/新疆生产建设兵团史志编纂委员会，兵团党委党史研究室编.—乌鲁木齐：新疆人民出版社，2010.11.—363页；21cm

K294.5/2010b　淖毛湖农场简史/农十三师淖毛湖农场简史编纂委员会编.—五家渠：新疆生产建设兵团出版社，2010.11.—173页；20cm.—新疆生产建设兵团史志丛书

K294.5/2010c　丝绸之路伊犁研究/贺灵主编.—乌鲁木齐：新疆人民出版社，2010.12.—318页；27cm.—丝绸之路研究丛书

K294.5/2010c　丝绸之路龟兹研究/苏北海著.—乌鲁木齐：新疆人民出版社，2010.12.—422页；27cm.—丝绸之路研究丛书

K294.5/2010c　丝绸之路北庭研究/薛宗正著.—乌鲁木齐：新疆人民出版社，2010.12.—433页；27cm.—丝绸之路研究丛书

K294.5/2010c　丝绸之路吐鲁番研究/田卫疆著.—乌鲁木齐：新疆人民出版社，2010.12.—360页；27cm.—丝绸之路研究丛书

K294.5/2010c　新疆生产建设兵团农一师四团简史/农一师四团史志编纂委员会编.—五家渠：新疆生产建设兵团出版社，2010.12.—316页；20cm.—新疆生产建设兵团史志丛书

K294.5/2010c　农九师医院简史/农九师医院史志编纂委员会编.—五家渠：新疆生产建设兵团出版社，2010.12.—245页；20cm.—新疆生产建设兵团史志丛书

K294.5/2010c　水利水电工程处大事记：1960—2009/农一师水利水电工程处史志编纂委员会编.—五家渠：新疆生产建设兵团出版社，2010.12.—284页；20cm

K294.5/2010c　2000—2010农十师疾病预防控制中心工作纪实/农十师疾病预防控制中心编.—2010.12.—26cm

K294.5/2010c　农九师团结农场简史：1958—2003/农九师团结农场史志编纂委员会编.—五家渠：新疆生产建设兵团出版社，2010.12.—453页；20cm

K294.5/2010c　新疆生产建设兵团农三师四十三团简史：1945—2005年/农三师四十三团史志编纂委员会编.—五家渠：新疆生产建设兵团出版社，2010.12.—188页；20cm.—新疆生产建设兵团史志丛书

K294.5/20113　天津支农支边上山下乡记事/刘金镖编撰.—2011.3.—326页；26cm

K294.5/20113　不辱使命：建设大军/《不辱使命》编写组编.—五家渠：新疆生产建设兵团出版社，2011.3.—216页；20cm

K294.5/20114　伊吾政协志：1956—2010/《伊吾政协志》编纂委员会编 .—乌鲁木齐：新疆人民出版社，2011.4.—237 页；26cm

K294.5/20114　农二师三十三团简史 / 农二师三十三团史志编纂委员会编 .—五家渠：新疆生产建设兵团出版社，2011.4.—310 页；20cm.—新疆生产建设兵团史志丛书

K294.5/20114　新疆通志 . 政协志：1995—2007 年 /《新疆通志 . 政协志》编纂委员会编 .—乌鲁木齐：新疆人民出版社，2011.4.—663 页；26cm.—新疆维吾尔自治区地方志丛书

K294.5/20116　新疆生产建设兵团发展史 / 新疆生产建设兵团史志编纂委员会编 .—五家渠：新疆生产建设兵团出版社，2011.6.—413 页；24cm

K294.5/20116　乌鲁木齐统战志 / 中共乌鲁木齐市委统一战线工作部编纂 .—乌鲁木齐：新疆人民出版社，2011.6.—444 页；29cm

K294.5/20116　新疆天富热电股份有限公司供电公司志 / 天富供电公司地方志编纂委员会编 .—五家渠：新疆生产建设兵团出版社，2011.6.—438 页；26cm

K294.5/20117　西域史地探微 / 郭平梁著 .—乌鲁木齐：新疆人民出版社，2011.7.—444 页；24cm.—新疆社会科学院专家学者文库

K294.5/20117　新疆历史丛稿 / 田卫疆著 .—乌鲁木齐：新疆人民出版社，2011.7.—461 页；24cm.—新疆社会科学院专家学者文库

K294.5/20117　边史探研 / 陈超著 .—乌鲁木齐：新疆人民出版社，2011.7.—275 页；24cm.—新疆社会科学院专家学者文库

K294.5/20118　农二师三十二团简史 / 农二师三十二团中心团场史志编纂委员会著 .—五家渠：新疆生产建设兵团出版社，2011.8.—366 页；21cm.—新疆生产建设兵团史志丛书

K294.5/20118　农二师三十四团简史 / 农二师三十四团史志编纂委员会著 .—五家渠：新疆生产建设兵团出版社，2011.8.—382 页；21cm.—新疆生产建设兵团史志丛书

K294.5/20118　农二师三十六团简史 / 农二师三十六团史志编纂委员会著 .—五家渠：新疆生产建设兵团出版社，2011.8.—306 页；21cm.—新疆生产建设兵团史志丛书

K294.5/20118　农七师一二八团简史 / 农七师一二八团史志编纂委员会编著 .—五家渠：新疆生产建设兵团出版社，2011.8.—244 页；21cm.—新疆生产建设兵团史志丛书

K294.5/20118　农二师二十四团简史 / 农二师二十四团史志编纂委员会著 .—五家渠：新疆生产建设兵团出版社，2011.8.—286 页；21cm.—新疆生产建设兵团史志丛书

K294.5/20118　一三〇团简史 / 农七师一三〇团史志编纂委员会编 .—五家渠：新疆生产建设兵团出版社，2011.8.—257 页；21cm.—新疆生产建设兵团史志丛书

K294.5/20118　一三七团简史 / 农七师一三七团史志编纂委员会编 .—五家渠：新疆生产建设兵团出版社，2011.8.—231 页；21cm.—新疆生产建设兵团史志丛书

K294.5/20118　一二三团简史 / 农七师一二三团史志办编 .—五家渠：新疆生产建设兵团出版社，2011.8.—245 页；21cm.—新疆生产建设兵团史志丛书

K294.5/20119　建工师简史 / 建工师史志编纂委员会编 .—五家渠：新疆生产建设兵团出版社，2011.9.—380 页；21cm.—新疆生产建设兵团史志丛书

K294.5/20111　农五师八十三团简史：1958—2005/ 农五师八十三团史志编纂委员会编 .—乌鲁木齐：新疆人民出版社，2011.1.—362 页；21cm.—新疆生产建设兵团史志丛书

K294.5/2011a　中国共产党奇台县历史大事

记：1949—2010/中共奇台县委党史地方志办公室编.—五家渠：新疆生产建设兵团出版社，2011.10.—494页；29cm

K294.5/2011b 烽火铁骑：骑兵团史话/梁俊山编著.—2011.11.—259页；20cm

K294.5/2011b 新疆生产建设兵团史料选辑.21，城镇化专辑/新疆生产建设兵团史志编纂委员会，新疆生产建设兵团党委党史研究室编.—乌鲁木齐：新疆人民出版社，2011.11.—489页；24cm

K294.5/2011c 叶尔羌报社志：1984—2010/叶尔羌报社编.—2011.12.—323页；26cm

K294.5/2011c 新疆生产建设兵团农六师一〇五团、一一一团简史：1959—2006/新疆生产建设兵团农六师一〇五团史志编纂委员会.—五家渠：新疆生产建设兵团出版社，2011.12.—464页；21cm.—新疆生产建设兵团史志丛书

K294.5/2011c 农十三师红星二场简史/农十三师红星二场简史编纂委员会编.—五家渠：新疆生产建设兵团出版社，2011.12.—246页；21cm.—新疆生产建设兵团史志丛书

K294.5/2011c 兵团五建简史：1966—2006/兵团五建史志编纂委员会编.—五家渠：新疆生产建设兵团出版社，2011.12.—284页；21cm

K294.5/20121 新疆史话/王建民著.—北京：社会科学文献出版社，2012.1.—163页；21cm.—中国史话·近代区域文化系列

K294.5/20123 龟兹学研究.第5辑/新疆龟兹学会编.—乌鲁木齐：新疆人民出版社，2012.3.—681页；23cm.—龟兹学研究丛书之五

K294.5/20123 十师辉煌50年：1959—2009/农十师统计局编.—2012.3.—361页；29cm

K294.5/20123 农十三师红星四场简史/农十三师红星四场（中心团场）简史编纂委员会编.—五家渠：新疆生产建设兵团出版社，2012.3.—238页；21cm

K294.5/20124 可爱的家乡石河子/新疆生产建设兵团农八师石河子市党委宣传部编.—五家渠：新疆生产建设兵团出版社，2012.4.—174页；24cm

K294.5/20125 记忆守望/文定讴著.—五家渠：新疆生产建设兵团出版社，2012.5.—326页；24cm

K294.5/20125 龟兹学研究.第4辑/新疆龟兹学会编.—乌鲁木齐：新疆人民出版社，2012.5.—420页；23cm.—龟兹学研究丛书

K294.5/20125 农一师十团志/农一师十团史志编纂委员会编.—五家渠：新疆生产建设兵团出版社，2012.5.—570页；26cm.—新疆生产建设兵团农一师阿拉尔市史志丛书

K294.5/20126 新疆生产建设兵团农四师七十二团简史/农四师七十二团史志编纂委员会编.—乌鲁木齐：新疆人民出版社，2012.6.—859页；21cm.—新疆生产建设兵团史志丛书

K294.5/20126 农十二师二二一团简史：1953.2—2007.12/农十二师二二一团史志编纂委员会编.—五家渠：新疆生产建设兵团出版社，2012.6.—407页；21cm.—新疆生产建设兵团史志丛书

K294.5/20127 农六师一〇二团简史：1950—2010/农六师一〇二团史志编纂委员会编.—五家渠：新疆生产建设兵团出版社，2012.7.—278页；21cm.—新疆生产建设兵团史志丛书

K294.5/20127 陇川农场志：1955—2010/陇川农场志编纂委员会编纂.—昆明：云南人民出版社，2012.7.—476页；29cm.—德宏农垦志丛书之三

K294.5/20128 农七师一二六团简史/农七

师一二六团史志编纂委员会编著.—五家渠:新疆生产建设兵团出版社，2012.8.—259页；21cm.—新疆生产建设兵团史志丛书·农七师史志丛书之三十一

K294.5/20128　米东区高新技术工业园志/米东区高新技术工业园志编纂委员会.—五家渠：新疆生产建设兵团出版社，2012.8.—436页；26cm

K294.5/20129　农十师一八六团简史/农十师一八六团史志编纂委员会编.—五家渠：新疆生产建设兵团出版社，2012.9.—371页；21cm.—新疆生产建设兵团史志丛书

K294.5/20129　遮放农场志：1956—2010/遮放农场志编纂委员会编纂.—昆明：云南人民出版社，2012.9.—390页；29cm.—德宏农垦志丛书之四

K294.5/2012a　新疆生产建设兵团勘测规划设计研究院史志：1952—2012/新疆生产建设兵团勘测规划设计研究院史志编纂委员会编.—五家渠：新疆生产建设兵团出版社，2012.10.—299页；29cm

K294.5/2012b　云南省农垦总局第二职工医院志：1972—2010/云南省农垦总局第二职工医院志编纂委员会编纂.—昆明：云南人民出版社，2012.11.—359页；29cm.—德宏农垦志丛书之八

K294.5/2012b　畹町农场志：1959—2010/《畹町农场志》编纂委员会编纂.—昆明：云南人民出版社，2012.11.—290页；29cm.—德宏农垦志丛书之六

K294.5/2012b　西域历史文化大词典/张新泰总纂；贺灵主编.—乌鲁木齐：新疆人民出版社，2012.11.—3册（1661页）；29cm

K294.5/2012b　新疆生产建设兵团史料选辑.22，建立边境农场专辑/新疆生产建设兵团史志编纂委员会，兵团党委党史研究室编.—乌鲁木齐：新疆人民出版社，2012.11.—378页；24cm

K294.5/2012b　陈诚西域资料校注/王继光校注.—乌鲁木齐：新疆人民出版社，2012.11.—174页；20cm

K294.5/2012b　当代新疆屯垦口述史/王小平主编.—乌鲁木齐：新疆人民出版社，2012.11.—349页；24cm.—《新疆通史》研究丛书

K294.5/2012b　石河子市文史资料.第8辑/中国人民政治协商会议石河子市委员会文史资料委员会编.—五家渠：新疆生产建设兵团出版社，2012.11.—211页；23cm

K294.5/2012b　农十二师简史：1964—2007/《农十二师简史》编纂委员会编.—五家渠:新疆生产建设兵团出版社，2012.11.—303页；21cm　新疆生产建设兵团史志丛书

K294.5/2012c　农十二师养禽场简史/一〇四团《养禽场简史》编纂委员会编.—乌鲁木齐：新疆人民出版社，2012.12.—282页；21cm

K294.5/2012c　农四师七十七团简史/农四师七十七团史志编纂委员会编.—五家渠：新疆生产建设兵团出版社，2012.12.—167页；21cm.—新疆生产建设兵团史志丛书

K294.5/20131　俄国解密档案：新疆问题/沈志华编译.—乌鲁木齐：新疆人民出版社，2013.1.—557页；29cm.—《新疆通史》翻译丛书

K294.5/20131　北方集团年鉴：2010—2011/北方集团史志编纂委员会编.—五家渠：新疆生产建设兵团出版社，2013.1.—416页；26cm

K294.5/20132　特克斯年鉴：2012/特克斯县地方志编纂委员会办公室编.—五家渠：新疆生产建设兵团出版社，2013.2.—401页；29cm

K294.5/20132　塔城市年鉴：2011—2012/塔城市党史地方志办公室编.—五家渠：新疆生产建设兵团出版社，2013.12.—504页；26cm

K294.5/20133　新疆五十年：包尔汉回忆录 / 全国政协文史和学习委员会编 .—北京：中国文史出版社，2013.3.—448 页；24cm.—文史资料百部经典文库

K294.5/20135　新疆生产建设兵团历史文件选编：1981—2000/ 兵团党委党史研究室，兵团档案局编，2013.5.—530 页；23cm

K294.5/20135　新疆生产建设兵团历史文件选编：1952—1981/ 兵团党委党史研究室，兵团档案局编 .—2013.5.—537 页；23cm

K294.5/20137　文本解读与田野实践：新疆历史与民族研究 / 王欣著 .—北京：中国社会科学出版社，2013.7.—595 页；24cm.—西北民族研究丛书

K294.5/20139　石河子市文史资料 . 第 10 辑 / 中国人民政治协商会议石河子市委员会文史资料委员会编 .—五家渠：新疆生产建设兵团出版社，2013.9.—196 页；23cm

K294.5/20139　屯垦史话 . 第二辑 / 新疆生产建设兵团第一师阿拉尔市史志编纂委员会编 .—五家渠：新疆生产建设兵团出版社，2013.9.—605 页；21cm.—新疆生产建设兵团第一师阿拉尔市党史资料丛书

K294.5/20139　新疆生产建设兵团史料选辑 .23，兵团援建青海农建十二师、陕西农建十四师、西藏易贡农垦团专辑 / 新疆生产建设兵团史志编纂委员会，兵团党委党史研究室编 .—乌鲁木齐：新疆人民出版社，2013.9.—400 页；23cm

K294.5/20139　新疆通志 . 民政志：1986—2008/ 新疆维吾尔自治区地方志编纂委员会，《新疆通志 . 民政志》编纂委员会编著 .—乌鲁木齐：新疆人民出版社，2013.9.—663 页；26cm.—新疆维吾尔自治区地方志丛书

K294.5/20139　十六团志：1996—2010/ 第一师十六团史志编纂委员会编 .—五家渠：新疆生产建设兵团出版社，2013.9.—554 页；29cm

K294.5/20139　新疆三区革命史鉴 / 杜荣坤等著 .—北京：中国社会科学出版社，2013.9.—239 页；24cm.—中国社会科学院老学者文库

K294.5/2013a　清代新疆稀见奏牍汇编 / 马大正，阿拉腾奥其尔主编；《新疆通史》编撰委员会编 .—乌鲁木齐：新疆人民出版社，2013.10.—8 册（3895 页）；26cm.—《新疆通史》资料丛书

K294.5/2013b　海南省志 . 农垦志：1991—2010/ 海南省地方志办公室编 .—北京：方志出版社，2013.11.—418 页；29cm

K294.5/2013b　阿图什市年鉴：2013/ 阿图什市史志编纂委员会办公室编 .—五家渠：新疆生产建设兵团出版社，2013.11.—279 页；29cm

K294.5/2013c　木垒年鉴：2012/ 中共木垒县党史地方志办公室编 .—五家渠：新疆生产建设兵团出版社，2013.12.—514 页；26cm

K294.5/2013c　一二九团年鉴：2010/ 一二九团史志编纂委员会编 .—五家渠：新疆生产建设兵团出版社，2013.12.—380 页；26cm

K294.5/2013c　第七师一三七团年鉴：2012/ 第七师一三七团史志编纂委员会编 .—五家渠：新疆生产建设兵团出版社，2013.12.—580 页；26cm

K294.5/2013c　北方集团年鉴：2012/ 北方集团史志编纂委员会编 .—五家渠：新疆生产建设兵团出版社，2013.12.—283 页；26cm

K294.5/2013c　精河年鉴：2013/ 精河县党委党史研究室编 .—五家渠：新疆生产建设兵团出版社，2013.12.—388 页；26cm

K294.5/2013c　呼图壁年鉴：2013/《呼图壁年鉴》编纂委员会编 .—五家渠：新疆生产建设兵团出版社，2013.12.—294 页；26cm

K294.5/2013c　吐鲁番年鉴：2013/ 吐鲁番地区地方志编纂委员会编辑室编 .—五家渠：新疆生产建设兵团出版社，2013.12.—364 页；26cm

K294.5/2013c　托克逊年鉴：2013/ 托克逊县地方志编纂委员会办公室编 .—五家渠：新疆生产建设兵团出版社，2013.12.—310 页；26cm

K294.5/2013c　特克斯年鉴：2013/ 特克斯县地方志编纂委员会办公室编 .—五家渠：新疆生产建设兵团出版社，2013.12.—479 页；26cm

K294.5/2013c　塔城市年鉴：2013/ 塔城市地方志办公室编 .—五家渠：新疆生产建设兵团出版社，2013.12.—344 页；26cm

K294.5/2013c　中国共产党乌什县简史 . 第一卷：1949.9—2010.12/ 中共乌什县委党史研究室著 .—五家渠：新疆生产建设兵团出版社，2013.12.—357 页；21cm.—中共新疆地方史丛书

K294.5/20141　疾控中心行政业务规范管理工作史志：2011—2013/ 十师北屯市疾病预防控制中心 .—2014.1.—810 页；29cm

K294.5/20141　五家渠文史 . 第三辑 / 新疆五家渠市政协文史资料委员会编 .—五家渠：新疆生产建设兵团出版社，2014.1.—211 页；23cm

K294.5/20143　哈巴河年鉴：2013/ 哈巴河县地方志办公室编 .—五家渠：新疆生产建设兵团出版社，2014.3.—343 页；26cm

K294.5/20145　中国共产党吉木乃县简史 / 中共吉木乃县委党史研究室编 .—五家渠：新疆生产建设兵团出版社，2014.5.—305 页；23cm

K294.5/2014a　兵团六十年 / 兵团六十年编辑委员会编 .—2014.10.—304 页；29cm

K294.5/2014a　新疆生产建设兵团的历史与发展 / 中华人民共和国国务院新闻办公室著 .—北京：人民出版社，2014.10.—16 页；19cm

K294.5/2014a　新疆生产建设兵团史料选辑 .24，庆祝兵团成立 60 周年专辑 / 新疆生产建设兵团史志编纂委员会，兵团党委党史研究室编 .—乌鲁木齐：新疆人民出版社，2014.10.—814 页；23cm

K294.5-53/2005a　新疆研究文论选 . 第 2 辑 / 毛公宁主编 .—北京：民族出版社，2005.10.—642 页；20cm

K294.5-53/2008a　清代新疆研究文集 / 齐清顺著 .—乌鲁木齐：新疆人民出版社，2008.10.—491 页；24cm

K294.5-53/20117　新疆历史与文化：2005—2007/ 新疆社会科学院历史研究所编 .—乌鲁木齐：新疆人民出版社，2011.7.—592 页；24cm.—新疆社会科学院专家学者文库

K294.5-53/20117　当午耕耘集 / 齐清顺著 .—乌鲁木齐：新疆人民出版社，2011.7.—460 页；24cm.—新疆社会科学院专家学者文库

K294.52/2006a　吐鲁番学研究：第二届吐鲁番学国际学术研讨会论文集 / 新疆吐鲁番地区文物局编 .—上海：上海辞书出版社，2006.10.—450 页；29cm

K294.52/20073　吐鲁番五千年 / 曹尚亭编著 .—乌鲁木齐：新疆大学出版社，2007.3.—3 册（1411 页）；26cm

K294.52/20089　庭州记忆：档案中的故事 / 中共昌吉回族自治州委员会宣传部，昌吉回族自治州档案局（馆）编 .—乌鲁木齐：新疆人民出版社，2008.9.—98 页；20cm.—昌吉州历史文化丛书

K294.52/20099　2009 年东天山文化研究 / 哈密东天山古伊州文化研究院编 .—乌鲁木齐：新疆人民出版社，2009.9.—190 页；25cm

K294.53/2002c　昌吉市史话/桑生保主编.—乌鲁木齐：新疆人民出版社，2002.12.—195页；20cm

K294.53/20138　图木舒克市志：1969—2010/《图木舒克市志》编纂委员会编.—五家渠：新疆生产建设兵团出版社，2013.8.—696页；29cm

K294.53/2011c　热土丹青：独山子百年发展历程/中国人民政治协商会议克拉玛依市独山子区委员会编.—乌鲁木齐：新疆青少年出版社，2011.12.—522页；26cm

K294.54/2007b　历史上的鄯善/赵文泉，田卫疆主编.—乌鲁木齐：新疆人民出版社，2007.11.—266页；22cm.—吐鲁番·鄯善文库系列丛书；第一辑

K296.6/964　南海诸岛史地研究/韩振华著.—北京：社会科学文献出版社，1996.4.—271页；20cm.—中国边疆史地文库

K296.7/98c　广西通志.农垦志/广西壮族自治区地方志编纂委员会编.—南宁：广西人民出版社，1998.12.—354页；29cm

K296.7/2011c　德宏农垦志：1951—2010/德宏农垦志编纂委员会编纂.—昆明：云南人民出版社，2011.12.—778页；29cm

K296.7/20125　瑞丽农场志：1959—2010/瑞丽农场志编纂委员会编纂.—昆明：云南人民出版社，2012.5.—512页；29cm

K296.7/20125　盈江农场志：1952—2010/盈江农场志编纂委员会编纂.—昆明：云南人民出版社，2012.5.—548页；29cm

K3　亚洲史

K3/2004c　海市蜃楼中的帝国：丝绸之路上的人、神与神话/（法）F·-B·于格，E·于格著；耿昇译.—喀什：喀什维吾尔文出版社，2004.12.—400页；23cm

K308/20027　吐火罗史研究/王欣著.—北京：中国社会科学出版社，2002.7.—245页；20cm.—西北民族研究丛书

K329.45/39　历代屯田考/张君约著.—上海：商务印书馆，1939.—583页；20cm

K36/94b　草原丝绸之路与中亚文明/张志尧主编.—乌鲁木齐：新疆美术摄影出版社，1994.11.—361页；20cm.—国际阿尔泰学研究丛书

K36/20002　中亚五国史纲/马大正，冯锡时主编.—乌鲁木齐：新疆人民出版社，2000.2.—511页；20cm

K36/20021　中亚文明史.第一卷，文明的曙光：远古时代至公元前700年/（巴基斯坦）丹尼，（俄罗斯）马松主编；芮传明译.—北京：中国对外翻译出版公司，2002.1.—444页；24cm

K36/20021　中亚文明史.第二卷，定居文明与游牧文明的发展：公元前700年至公元250年/（匈牙利）哈尔马塔主编；徐文堪译.—北京：中国对外翻译出版公司，2002.1.—482页；24cm

K36/2003c　中亚维吾尔人/李琪著.—乌鲁木齐：新疆人民出版社，2003.12.—220页；20cm.—新西域文库.新疆研究丛书

K36/20042　中亚通史.古代卷/王治来著.—乌鲁木齐：新疆人民出版社，2004.2.—2册（948页）；20cm

K36/20042　中亚通史.近代卷/王治来著.—乌鲁木齐：新疆人民出版社，2004.2.—490页；20cm

K36/20042　中亚通史.现代卷/丁笃本著.—乌鲁木齐：新疆人民出版社，2004.2.—474页；20cm

K36/20058　中亚五国史纲/马大正，冯锡时主编.—乌鲁木齐：新疆人民出版社，2005.8.—386页；20cm

K36/2006c　西域的历史与文明/（法）鲁保罗编；耿昇译.—乌鲁木齐：新疆人民出版社，

2006.12.—606 页；26cm.—中亚历史文化翻译丛书

K360.03/20089　中亚研究 / 石河子大学新疆屯垦与文化研究院，石河子大学经济研究院编著；宋晓梅主编 .—北京：中国农业出版社，2008.9.—251 页；21cm

K81　传记

K81/20098　屯垦在天山：纪念农一师南疆屯垦戍边六十年 / 农一师阿拉尔市史志编纂委员会编 .—洛阳：解放军外语音像出版社，2009.8.—567 页；29cm

K82　中国人物传记

K82/83b　左宗棠年谱 / 罗正钧著 .—长沙：岳麓书社，1983.11.—405 页；20cm

K82/20038　和静不会忘记 / 中共和静县委员会，和静县人民政府编 .—乌鲁木齐：新疆人民出版社，2003.8.—401 页；26cm

K82-61/999　我是湖南人：新疆石河子湘籍人名录 / 新疆石河子湘籍人名录编辑委员会编 .—1999.9.—507 页；20cm

K820/964　昌吉科技人才辞典 . 第一卷 / 海杰编 .—乌鲁木齐：新疆人民出版社，1996.4.—471 页；20cm

K820/98b　边城英烈 . 第一辑 / 成军主编 .—乌鲁木齐：新疆人民出版社，1998.11.—263 页；20cm

K820/99c　大漠丰碑：兵团农六师英模谱 / 李守谦主编 .—乌鲁木齐：新疆大学出版社，1999.12.—387 页；20cm

K820/2000b　人大代表风采录：新疆卷 / 新疆维吾尔自治区人大常委会组织编写 .—北京：中国经济出版社，2000.11.—2 册（2218 页）；26cm

K820/20035　人物中的新疆 / 谷苞等著 .—乌鲁木齐：新疆人民出版社，2003.5.—174 页；16cm.—了解新疆 · 认识新疆丛书 / 舒怀主编

K820/20037　新疆生产建设兵团农业建设第六师 50 年英模谱 / 农六师党委办公室 .—乌鲁木齐：新疆彩印胶印厂印刷，2003.7.—225 页；20cm

K820/20054　时代先锋 / 陈茁等著 .—北京：人民美术出版社，2005.4.—254 页；24cm

K820.45/20011　新疆世居民族概览 / 续西发著 .—北京：民族出版社，2001.1.—218 页；20cm

K820.7/20101　父辈画传：解放建设新疆的那代人 / 刘向辉主编 .—北京：中央文献出版社，2010.1.—733 页；24cm

K820.8/859　军垦英雄谱 . 续集 / 新疆生产建设兵团政治部宣传部编 .—五家渠：农六师五家渠印刷厂，1985.9.—164 页；20cm

K820.8/20046　群英谱：庆祝新疆生产建设兵团成立五十周年新闻报道先进集体、先进个人材料 / 新疆生产建设兵团党委宣传部汇编 .—2004.6.—575 页；26cm

K820.8/20057　新疆历史名人 / 刘长明，周轩主编 .—乌鲁木齐：新疆大学出版社，2005.7.—190 页；20cm

K820.8/20059　西部精英 / 贺庆新主编 .—阿图什：克孜勒苏柯尔克孜文出版社，2005.9.—346 页；20cm

K820.8/20067　新疆历史人物 / 谷苞主编 .—乌鲁木齐：新疆人民出版社，2006.7.—380 页；26cm.—新疆社会史丛书

K820.8/20079　心系克州　情洒边陲 / 克州党委史志办编 .—乌鲁木齐：新疆人民出版社，2007.9.—467 页；20cm

K820.8/2007a　豫沙情深：援疆干部风采录 / 孟铁山主编 .—乌鲁木齐：新疆人民出版社，2007.10.—239 页；20cm

K820.8/20087　鄯善人物志 / 周玮，马龙主编 .—乌鲁木齐：新疆人民出版社，2008.7.—130 页；20cm

K820.8/20123　石河子总场人物志 / 闫学柱，程乐人主编 .—乌鲁木齐：新疆人民出版社，2012.3.—362 页；26cm

K820.84/20068　感动新疆：2005 感动新疆十大人物评选活动纪实 / 史林杰，孙新刚主编 .—乌鲁木齐：新疆人民出版社，2006.8.—218 页；24cm

K820.84/2007a　热血青春：新疆烈士传 . 第十三辑 / 李世勋编 .—乌鲁木齐：新疆人民出版社，2007.10.—324 页；24cm

K820.84/2011b　丰碑：兵团劳模谱：2005—2011/ 新疆生产建设兵团工会编 .—五家渠：新疆生产建设兵团出版社，2011.11.—773 页；24cm

K820.845/2007a　感动兵团："2006 感动兵团年度人物"评选活动纪实 / 万卫平，王运华主编 .—五家渠：新疆生产建设兵团出版社，2007.10.—281 页；20cm

K820.845/20117　嚼火人生 / 申北人著 .—五家渠：新疆生产建设兵团出版社，2011.7.—146 页；19cm

K820.845/20144　最美兵团人 / 最美兵团人评选活动组委会编 .—五家渠：新疆生产建设兵团出版社，2014.4.—258 页；23cm

K822/814　林基路 / 王嵘著 .—乌鲁木齐：新疆人民出版社，1981.4.—305 页；20cm

K824.1/866　先锋颂：优秀共产党员先进事迹 / 中共中央组织部组织局编 .—北京：新华出版社，1986.6.—305 页；20cm.—社会主义精神文明建设丛书

K825/838　新疆烈士传 . 第一辑 / 新疆维吾尔自治区民政厅编 .—新疆：新疆人民出版社，1983.8.—186 页；20cm

K825/908　平暴英烈传 / 新疆革命烈士事迹编纂委员会，新疆维吾尔自治区民政厅编 .—乌鲁木齐：新疆人民出版社，1990.8.—135 页；20cm

K825/98b　中国专家人名辞典 . 新疆卷 /《中国专家人名辞典》新疆卷编委会编 .—乌鲁木齐：新疆人民出版社，1998.11.—1085 页；26cm

K825/991　守疆儒将任晨 / 薛春德著 .—北京：解放军出版社，1999.1.—457 页；20cm

K825/998　呼图壁人物春秋 . 第 1 卷 / 刘树靖主编，呼图壁县志编委会编 .—北京：民族出版社，1999.8.—750 页；20cm

K825/998　王震传 /《王震传》编写组编著 .—北京：当代中国出版社，1999.8.—2 卷（988 页）；20cm

K825/20017　中共奎屯市历史人物 / 中共奎屯市委史志工作领导小组办公室编 .—新疆：有色地质勘查局印刷厂，2001.7.—147 页；20cm.—中共奎屯历史资料丛书之七

K825/20039　南疆勘地 / 周轩，刘长明著 .—乌鲁木齐：新疆大学出版社，2003.9.—163 页；20cm.—《林则徐在新疆》丛书

K825/20039　流放伊犁 / 周轩，刘长明著 .—乌鲁木齐：新疆大学出版社，2003.9.—169 页；20cm.—《林则徐在新疆》丛书

K825/20039　怀念英雄 / 周轩，刘长明编 .—乌鲁木齐：新疆大学出版社，2003.9.—177 页；20cm.—《林则徐在新疆》丛书

K825/2003a　中共伊犁州历史人物 . 第一辑 / 中共伊犁哈萨克自治州委员会组织部，中共伊犁哈萨克自治州委员会党史研究室，中共伊犁哈萨克自治州委员会老干部工作局 .—伊宁：伊犁日报印刷厂，2003.10.—424 页；20cm.—中共伊犁州历史资料书系

K825/20077　天山创业企业家：郭庆人 / 胡宗奎著 .—乌鲁木齐：新疆人民出版社，2007.7.—443 页；20cm

K825.2/832　左宗棠与新疆 / 杜经国著 .—乌鲁木齐：新疆人民出版社，1983.2.—161 页；20cm

K825.2/996　金秋颂 / 贺劲南著 .—乌鲁木齐：新疆人民出版社，1999.6.—338 页；20cm

K825.2/2000b　清代新疆军府制职官传略 / 阿拉腾奥其尔，阎芳编著 .—哈尔滨：黑龙江教育出版社，2000.11.—270 页；21cm.—边疆史地丛书

K825.2/20078　军垦忠魂 .2/ 赵天益编著 .—乌鲁木齐：新疆人民出版社，2007.8.—505 页；20cm

K825.2/2007b　小舟冲浪记 / 王永庆著 .—乌鲁木齐: 新疆人民出版社, 2007.11.—256 页; 20cm

K825.2/20099　闪亮的足迹 / 席少平主编 .—五家渠：新疆生产建设兵团出版社，2009.9.—349 页；22cm

K825.2/2009c　王震与兵团 / 万卫平主编 .—五家渠：新疆生产建设兵团出版社，2009.12.—339 页；23cm

K825.2/2009c　百年王震 / 万卫平，王瀚林主编 .—五家渠：新疆生产建设兵团出版社，2009.12.—381 页；23cm.—纪念王震诞辰 100 周年丛书

K825.2/20108　生命浇铸团结情 / 新疆维吾尔自治区党委宣传部编 .—五家渠：新疆生产建设兵团出版社，2010.8.—111 页；20cm

K825.2/20116　农六师前身部队走出的将军 / 新疆生产建设兵团农六师五家渠市党委宣传部编 .—五家渠：新疆生产建设兵团出版社，2011.6.—261 页；23cm

K825.2/20118　无衔将军张仲瀚 / 娄锡文编著 .—石家庄：河北人民出版社，2011.8.—368 页；23cm

K825.2/20119　王震将军的新疆情 / 王宏杰著 .—五家渠：新疆生产建设兵团出版社，2011.9.—142 页；20cm

K825.2/20129　湘鲁女兵在新疆 / 姚勇著 .—北京：光明日报出版社，2012.9.—397 页；24cm

K825.2/20137　兵团女兵 . 山东篇 / 王宏杰主编 .—五家渠：新疆生产建设兵团出版社，2013.7.—329 页；23cm

K825.3/94a　新疆生产建设兵团财经系统高级专业职务人名录 / 新疆生产建设兵团财经系统职改工作领导小组办公室编印 .—乌鲁木齐：新疆生产建设兵团财经系统职改工作领导小组办公室编印，1994.10.—179 页；26cm

K825.3/2011c　兵团人——郭庆人 / 胡宗奎著 .—五家渠：新疆生产建设兵团出版社，2011.12.—256 页；25cm

K825.38/2002b　世纪歌：乌鲁木齐市民营企业家启示录 / 周建明主编 .—乌鲁木齐：新疆人民出版社，2002.11.—272 页；20cm.—乌鲁木齐文史资料；第 19 辑

K825.4/866　由香港到新疆 / 萨空了著 .—北京：新华出版社，1986.6.—170 页；20cm

K825.46/2009c　全国模范教师代江生 / 新疆生产建设兵团宣传部，新疆石河子大学编 .—五家渠：新疆生产建设兵团出版社，2009.12.—266 页；22cm.—新疆生产建设兵团屯垦戍边建设者系列丛书

K825.72/888　新疆美术家 / 中国美协新疆分院，新疆画院编 .—乌鲁木齐：新疆人民出版社，1988.8.—344 页；20cm

K825.76/20054　我的父亲王洛宾 / 王海成著 .—乌鲁木齐：新疆美术摄影出版社，2005.4.—307 页；20cm

K825.76/20112　永恒的旋律 / 李宪章著 .—乌鲁木齐：新疆美术摄影出版社，2011.2.—248 页；21cm

K825.81/20017　兵团史志工作者名录 / 新疆生产建设兵团党委党史研究室，兵团志办公室编 .—乌鲁木齐：新疆生产建设兵团印

刷厂，2001.7.—292 页；20cm

K826.1/20087　怀念杨拯陆 / 新疆克拉玛依市党委宣传部，新疆石油管理局党委宣传部编 .—乌鲁木齐：新疆人民出版社，2008.7.—278 页；26cm

K826.1/2012b　在新疆的科学事业 . 第一辑 / 新疆政协文史资料和学习委员会，新疆维吾尔自治区科学技术协会编 .—乌鲁木齐：新疆人民出版社，2012.11.—419 页；26cm.—口述新疆

K826.2/2000c　帕米尔之子——吴登云 / 中共新疆维吾尔自治区委员会组织部，中共新疆维吾尔自治区委员会宣传部编著 .—乌鲁木齐: 新疆人民出版社，2000.12.—631 页；20cm

K826.2/20059　西部白衣天使 / 龚克主编 .—乌鲁木齐：新疆人民卫生出版社，2005.9.—513 页；20cm

K826.2/20097　橄榄绿荫：苍生大医庄仕华 / 朱建新著 .—奎屯：伊犁人民出版社，2009.7.—290 页；23cm

K826.2/20098　民族团结的白衣使者姜万富 / 中共中央宣传部新闻局，新疆生产建设兵团党委宣传部编 .—五家渠：新疆生产建设兵团出版社，2009.8.—207 页；20cm.—时代先锋大型主题宣传系列丛书

K826.2/20128　李梦桃：100 位新中国成立以来感动中国人物 / 王小平，刘玉欣著 .—长春：吉林文史出版社，2012.8.—125 页；20cm

K827/87c　杜重远 / 张宝裕，杨美君，关继廉主编 .—乌鲁木齐：新疆大学出版社，1987.12.—335 页；20cm

K827/89a　达列力汗烈士纪念文集 / 阿勒泰地区纪念三区革命烈士殉难四十周年活动筹备领导小组编 .—1989.10.—108 页；20cm

K827/963　吐鲁番回鹘文社会经济文书研究 / 李经纬著 .—乌鲁木齐：新疆人民出版社，1996.3.—458 页；20cm

K827/99a　伟业千秋：王震和新疆 / 袁文燕主编 .—乌鲁木齐：新疆人民出版社，1999.10.—2 册 (1000 页)；20cm.—《中共新疆党史人物》丛书

K827/2001a　忆曾涤：曾涤逝世三十周年纪念文集 / 李立主编 .—北京: 中国工人出版社，2001.10.—291 页；20cm

K827/20034　新时期领导干部的优秀代表——郑培民 / 中共中央组织部办公厅，中共中央宣传部宣教局编 .—北京：党建读物出版社，2003.4.—159 页；20cm

K827/20035　功垂天山：王恩茂同志纪念文集 /《中共新疆党史人物》丛书编委会编 .—乌鲁木齐：新疆人民出版社，2003.5.—663 页；20cm.—《中共新疆党史人物》丛书

K827/20047　正气永存：纪念吴鉴群同志文集 / 袁文燕主编 .—乌鲁木齐：新疆人民出版社，2004.7.—531 页；20cm.—《中共新疆党史人物》丛书

K827/20063　邓发 /《邓发》编委会编写 .—乌鲁木齐：新疆人民出版社，2006.3.—173 页；19cm

K827/20065　包尔汉画传：汉维双语 / 武天际等编著 .—北京：民族出版社，2006.5.—240 页；26cm

K827/2006c　青山不老：纪念张世功同志文集 / 袁文燕编 .—乌鲁木齐: 新疆人民出版社，2006.12.—497 页；20cm.—《中共新疆党史人物》丛书

K827/20071　清风正气满人间：辛兰亭纪念文集 / 袁文燕主编 .—乌鲁木齐：新疆人民出版社，2007.1.—340 页；26cm.—《中共新疆党史人物》丛书

K827/20081　难忘的岁月 / 肖桂馨著 .—乌鲁木齐：新疆人民出版社，2008.1.—188 页；

19cm

K827/20082　知青心中的周恩来 / 侯隽主编 .—北京：人民日报出版社，2008.2.—236 页；24cm

K827/20088　历史的回声：格尔夏回忆录 / 王永庆整理 .—五家渠：新疆生产建设兵团出版社，2008.8.—319 页；20cm

K827/20089　回忆录：从延安走到塔里木 / 赵国胜著 .—2008.9.—448 页；21cm

K827/20134　王恩茂画传 / 中共新疆维吾尔自治区委员会党史研究室编著 .—北京：中央文献出版社，2013.4.—263 页，29cm

K827/2013c　英名与天山共存: 纪念陈潭秋、毛泽民、杜重远、林基路等烈士牺牲 70 周年 / 中共新疆维吾尔自治区委员会党史研究室，乌鲁木齐烈士陵园编 .—乌鲁木齐：新疆美术摄影出版社，2013.12.—285 页；29cm

K827/20146　公仆风范：纪念宋汉良同志文集 / 中共新疆维吾尔自治区委员会党史研究室编著 .—北京：中央文献出版社，2014.6.—379 页；24cm

K827=76/20132　史诗人生：赵予征的革命生涯 / 赵予征口述；盛丰田，吕书来记录整理 .—沈阳：沈阳出版社，2013.2.—178 页；24cm

K827.45/2013a　新疆文物考古资料汇编 / 伊弟利斯 · 阿不都热苏勒，安尼瓦尔 · 哈斯木主编 .—乌鲁木齐：新疆人民出版社，2013.10.—3 册（1964 页）；29cm.—《新疆通史》研究丛书

K827.6/86c　新疆烈士传 . 第二辑 / 新疆维吾尔自治区民政厅编 .—乌鲁木齐：新疆人民出版社，1986.12.—177 页；20cm

K827.6/883　新疆烈士传 . 第三辑 / 新疆维吾尔自治区民政厅编 .—乌鲁木齐：新疆人民出版社，1988.3.—256 页；20cm

K827.6/899　新疆烈士传 . 第四辑 / 新疆维吾尔自治区民政厅编 .—乌鲁木齐：新疆人民出版社，1989.9.—164 页；20cm

K827.6/92c　新疆烈士传 . 第五辑 / 新疆维吾尔自治区民政厅编 .—乌鲁木齐：新疆人民出版社，1992.12.—198 页；20cm

K827.6/20106　杨增新研究文集 / 陈慧生著 .—乌鲁木齐：新疆人民出版社，2010.6　424 页；24cm.—新疆社会科学院专家学者文库

K827.7/983　忆王震 /《忆王震》编写组编 .—北京：当代中国出版社，1998.3.—473 页；20cm

K828/2002b　油田群英谱 / 中共克拉玛依市委员会史志办公室，中共新疆石油管理局委员会史志办公室编 .—乌鲁木齐：新疆建工印务包装有限责任公司印刷，2002.11.—579 页；20cm

K828.2/20089　英雄屠海力 / 王运华主编 .—乌鲁木齐：新疆美术摄影出版社，2008.9.—182 页；20cm

K828.2/20135　优秀援疆干部田百春 / 王运华，郭灵计主编 .—五家渠：新疆生产建设兵团出版社，2013.5.—208 页；23cm

K828.5/20116　我们成长在那个年代：新中国成立初期新疆各族妇女成长口述 / 刘云，杨霞，张玉霞主编 .—兰州: 兰州大学出版社，2011.6.—259 页；26cm.—新疆政协文史资料 / 新疆政协文史资料和学习委员会编

K828.7/20066　曙光下的爱 / 阿布来提 · 居马著 .—喀什：喀什维吾尔文出版社，2006.6.—157 页；20cm

K87　中国文物考古

K870.6/2010c　丝绸之路敦煌研究 / 刘进宝著 .—乌鲁木齐：新疆人民出版社，2010.12.—488 页；26cm.—丝绸之路研究丛书

K871.34/20074　新疆的青铜时代和早期铁器时代文化/韩建业著.—北京:文物出版社,2007.4.—128页;26cm

K872/87a　新疆古代雕塑辑佚/孟凡人编著.—乌鲁木齐:新疆人民出版社,1987.10.—228页;26cm

K872/93b　丝绸之路考古研究/王炳华著.—乌鲁木齐:新疆人民出版社,1993.11.—428页;20cm.—丝绸之路研究丛书

K872/959　楼兰文化研究论集/穆舜英,张平主编.—乌鲁木齐:新疆人民出版社,1995.9.—449页;20cm.—楼兰文化研究丛书

K872/95c　丝绸之路草原石人研究/王博,祁小山著.—乌鲁木齐:新疆人民出版社,1995.12.—313页;20cm.—丝绸之路研究丛书

K872/968　克孜尔石窟探秘/姚士宏著.—乌鲁木齐:新疆美术摄影出版社,1996.8.—257页;20cm

K872/97b　新疆考古记/(瑞典)贝格曼著;王安洪译.—乌鲁木齐:新疆人民出版社,1997.11.—378页;20cm.—西域探险考察大系·瑞曲东方学译丛

K872/2000a　踏勘尼雅遗址/(英)奥雷尔·斯坦因著;刘文锁,肖小勇,胡锦州译.—桂林:广西师范大学出版社,2000.10.—307页;20cm

K872/20014　访古吐鲁番/王炳华著.—乌鲁木齐:新疆人民出版社,2001.4.—334页;20cm

K872/20018　交河沟西1994—1996年度考古发掘报告:交河沟西墓地地形图/新疆文物考古研究所编.—2001.8.—40页;20cm

K872.4/20104　斯坦因西域考古记/(英)奥里尔·斯坦因著;向达译.—乌鲁木齐:新疆人民出版社,2010.4.—326页;20cm.—西域探险考察大系

K872.4/20104　亲历西北/林竞著;杨镰,张颐青整理.—乌鲁木齐:新疆人民出版社,2010.4.—433页;20cm.—西域探险考察大系/杨镰主编

K872.4/20132　西域考古记/(英)斯坦因著,向达译.—北京:商务印书馆,2013.2.—424页;21cm.—汉译世界学术名著丛书

K872.45/958　新疆文物考古新收获:1979—1989/新疆文物考古研究所编.—乌鲁木齐:新疆人民出版社,1995.8.—686页;20cm

K872.45/96b　新疆考古发现与研究.第一辑/中国新疆文物考古研究所编.—1996.11.—171页;26cm

K872.45/978　新疆文物考古新收获(续):1990—1996/新疆文物考古研究所,新疆维吾尔自治区博物馆编.—乌鲁木齐:新疆美术摄影出版社,1997.8.—785页;20cm

K872.45/20004　西域国宝录:汉日对照/祁小山编.—乌鲁木齐:新疆人民出版社,2000.4.—128页;20cm

K872.45/20048　阿克苏文物/《丝路龟兹行》编委会编.—乌鲁木齐:新疆人民出版社,2004.8.—129页;20cm

K872.45/20078　新疆考古与探险/文昊编.—乌鲁木齐:新疆美术摄影出版社:新疆电子音像出版社,2007.8.—166页;23cm.—走进新疆丛书

K872.45/20081　中国新疆的土地和人民/(德)勒柯克著;齐树仁译.—北京:中华书局,2008.1.—212页;29cm.—吐鲁番学研究丛书

K872.45/2010c　丝绸之路考古研究/王炳华著.—乌鲁木齐:新疆人民出版社,2010.12.—351页;27cm.—丝绸之路研究丛书

K872.45/20111　博尔塔拉文物考古文集/韩雪昆编著.—乌鲁木齐:新疆美术摄影出版社:新疆电子音像出版社,2011.1.—135页;

21cm

K872.45/20148　汉代西域考古与汉文化 / 中国社会科学院考古研究所，新疆文物考古研究所编 .—北京：科学出版社，2014.8.—510 页；26cm

K872.452/20043　于阗 / 和田地区文管所编著 .—乌鲁木齐：新疆美术摄影出版社，2004.3.—163 页；20cm

K875.6/915　新疆钱币和历史考古：合订本 / 新疆文物编辑部编 .—乌鲁木齐：新疆社会科学院知青印刷厂，1991.5.—5 册（486 页）；26cm

K876.54/20076　丝绸之路上的古代玻璃研究：2004 年乌鲁木齐中国北方古代玻璃研讨会和 2005 年上海国际玻璃考古研讨会论文集 / 干福熹主编 .—上海: 复旦大学出版社，2007.6.—242 页；26cm

K877/956　楼兰鄯善简牍年代学研究 / 孟凡人著 .—乌鲁木齐：新疆人民出版社，1995.6.—566 页；26cm.—楼兰文化研究丛书

K877.03/20058　斯坦因第三次中亚考古所获汉文文献 . 非佛经部分 / 沙知，吴芳思编著 .—上海：上海辞书出版社，2005.8.—2 册（689 页）；38cm

K877.42/20058　古代突厥文碑铭研究 / 耿世民著 .—北京：中央民族大学出版社，2005.8.—334 页；20cm

K878/20018　交河沟西：1994—1996 年度考古发掘报告 / 王炳华主编 .—乌鲁木齐：新疆人民出版社，2001.8.—113 页；26cm

K878/20051　尼雅：静止的家园和时间 / 刘文锁著 .—北京：外文出版社，2005.1.—157 页；20cm.—神秘中国系列丛书

K878.23/20074　八路军驻新疆办事处纪念馆 / 中共新疆维吾尔自治区委员会宣传部主编 .—乌鲁木齐：新疆人民出版社，2007.4.—57 页；19cm.—新疆爱国主义教育基地建设系列丛书

K878.23/20074　伊犁林则徐纪念馆 / 中共新疆维吾尔自治区委员会宣传部主编 .—乌鲁木齐：新疆人民出版社，2007.4.—57 页；19cm.—新疆爱国主义教育基地建设系列丛书

K878.23/20106　新疆革命历史遗址遗迹揽胜 / 中共新疆维吾尔自治区委员会党史研究室编 .—乌鲁木齐：新疆美术摄影出版社，2010.6.—255 页；26cm

K878.304/20073　西域古城探秘 / 李广智著 .—成都：四川文艺出版社，2007.3.—231 页；21cm.—西域探秘系列

K878.64/20076　新疆古佛寺：1905—1907 年考察成果 /（德）A. 格伦威德尔著；赵崇民，巫新华译 .—北京：中国人民大学出版社，2007.6.—634 页；22cm.—文明的中介：汉译亚欧文化名著 / 巫新华主编

K878.8/999　新疆察吾呼：大型氏族墓地发掘报告 / 新疆文物考古研究所编著 .—北京：东方出版社，1999.9.—416 页；26cm

K879.2/20073　新疆石窟艺术纵览 / 中子著；刘长明主编 .—乌鲁木齐：新疆美术摄影出版社：新疆电子音像出版社，2007.3.—129 页；23cm.—走进新疆丛书；第 2 辑

K879.25/962　新疆石窟艺术 / 常书鸿著 .—北京：中共中央党校出版社，1996.2.—238 页；20cm

K879.34/2010c　丝绸之路草原石人研究 / 王博，祁小山著 .—乌鲁木齐：新疆人民出版社，2010.12.—355 页；27cm.—丝绸之路研究丛书

K879.4/936　丝绸之路岩画艺术 / 周菁葆主编 .—乌鲁木齐：新疆人民出版社，1993.6.—704 页；20cm.—丝绸之路研究丛书

K879.42/2010c　丝绸之路岩画研究 / 盖山林，盖志浩著 .—乌鲁木齐：新疆人民出版社，2010.12.—377 页；27cm.—丝绸之路研究丛书

K892/979　外交官夫人的回忆 /（英）凯瑟琳·马嘎特尼，戴安娜·西普顿著；王卫平，崔延虎译 .—乌鲁木齐：新疆人民出版社，1997.9.—450 页；20cm.—西域探险考察大系

K892/97c　那达木之歌 / 张寿年主编 .—乌鲁木齐: 新疆人民出版社，1997.12.—163 页; 20cm

K892/20026　新疆十八怪 / 刘鹏，张海珊著 .—乌鲁木齐：新疆人民出版社，2002.6.—99 页；20cm

K892/20051　龟兹：蒙着面纱的牧女与骑士 / 刘锡淦，张平，边人著 .—北京：外文出版社，2005.1.—163 页；24cm.—神秘中国系列丛书

K892/20051　楼兰：千年的传奇和千年的谜 / 穆舜英，梁越编著 .—北京：外文出版社，2005.1.—160 页；24cm.—神秘中国系列丛书

K892/20068　沙漠绿洲克里雅人 / 罗沛编著；马宏建摄影 .—乌鲁木齐：新疆人民出版社，2006.8.—113 页；20cm

K892/20069　抢救·保护非物质文化遗产：西北各民族在行动 / 郝苏民，文化主编 .—北京：民族出版社，2006.9.—462 页；20cm

K892/2006c　神化镇西：掀起新疆汉文化神秘盖头 / 许学诚著 .—北京: 光明日报出版社，2006.12.—312 页；20cm.—光明学术文库

K892/20079　新疆生产建设兵团非物质文化遗产项目图册 / 新疆生产建设兵团党委宣传部，文化广播电视局，文物局编 .—2007.9.—44 页；26cm

K892.2/20075　维吾尔族手工艺文化研究 / 伊明江·阿布都热依木著 .—乌鲁木齐：新疆美术摄影出版社，2007.5.—244 页；20cm

K892.22/20064　新疆婚俗 / 楼望皓著 .—乌鲁木齐：新疆人民出版社，2006.4.—201 页；26cm.—新疆风情丛书

K892.22/2012c　嫁给谁：新疆阿村维吾尔族妇女婚姻民族志 / 冯雪红著 .—北京：社会科学文献出版社，2012.12.—407 页；23cm.—民族与社会丛书

K892.23/958　中国西域民族服饰研究 / 李肖冰著 .—乌鲁木齐：新疆人民出版社，1995.8.—328 页；26cm

K892.25/20123　西域饮食文化史 / 伊斯拉斐尔·玉苏甫，安尼瓦尔·哈斯木编著 .—乌鲁木齐：新疆人民出版社，2012.3.—312 页；24cm.—新疆通史研究丛书

K892.3/85c　柯尔克孜族风俗习惯 / 新疆维吾尔自治区丛刊编辑组编 .—乌鲁木齐：新疆人民出版社，1985.12.—76 页；26cm.—国家民委民族问题五种丛书之一

K892.3/86c　巴里坤哈萨克族风俗习惯 / 新疆维吾尔自治区丛刊编辑组编 .—乌鲁木齐：新疆人民出版社，1986.12.—138 页；26cm.—国家民委民族问题五种丛书之一

K892.3/969　哈萨克族 / 贾合甫·米尔扎汗，阿不都力江·赛依提著 .—乌鲁木齐：新疆美术摄影出版社，1996.9.—97 页；16cm.—中国新疆民族民俗知识丛书 / 田卫疆，许建英主编

K892.3/969　塔吉克族 / 李晓霞著 .—乌鲁木齐：新疆美术摄影出版社，1996.9.—109 页；16cm.—中国新疆民族民俗知识丛书 / 田卫疆，许建英主编

K892.3/969　满族　达斡尔族　塔塔尔族 / 许秀芒，吐尔文江，殷红梅著 .—乌鲁木齐：新疆美术摄影出版社，1996.9.—137 页；16cm.—中国新疆民族民俗知识丛书 / 田卫疆，许建英主编

K892.3/969　蒙古族 / 加·奥其尔巴特，李行力著 .—乌鲁木齐：新疆美术摄影出版社，1996.9.—103 页；16cm.—中国新疆民族民俗知识丛书 / 田卫疆，许建英主编

K892.3/969　锡伯族 / 佟克力著 .—乌鲁木齐：新疆美术摄影出版社，1996.9.—102 页；16cm.—中国新疆民族民俗知识丛书 / 田卫

疆，许建英主编

K892.3/969 乌孜别克族 俄罗斯族 / 贾丛江著 .—乌鲁木齐：新疆美术摄影出版社，1996.9.—101 页；16cm.—中国新疆民族民俗知识丛书 / 田卫疆，许建英主编

K892.3/969 维吾尔族 / 齐清顺，巴哈尔古丽著 .—乌鲁木齐：新疆美术摄影出版社，1996.9.—130 页；16cm.—中国新疆民族民俗知识丛书 / 田卫疆，许建英主编

K892.3/969 回族 / 马国荣著 .—乌鲁木齐：新疆美术摄影出版社，1996.9.—93 页；16cm.—中国新疆民族民俗知识丛书 / 田卫疆，许建英主编

K892.3/99c 中国哈萨克：汉、英、日文对照 / 涂苏别克摄 .—奎屯：伊犁人民出版社，1999.12.—148 页；26cm

K892.3/20011 中国新疆民俗大观 / 新疆美术摄影出版社编 .—乌鲁木齐：新疆美术摄影出版社，2001.1.—125 页；26cm

K892.3/20021 回族的习俗 / 杨淑玲，李文治著 .—北京：宗教文化出版社，2002.1.—134 页；20cm

K892.3/20028 哈萨克民俗大观：哈、汉、维、英对照 / 涂苏别克编 .—乌鲁木齐：新疆美术摄影出版社，2002.8.—199 页；26cm

K892.3/20045 锡伯族风情录 / 佟加 · 庆夫，佟林清主编 .—乌鲁木齐：新疆人民出版社，2004.5.—237 页；20cm

K892.3/20048 哈萨克民俗文化 / 阿斯力汗 · 巴根著 .—乌鲁木齐：新疆美术摄影出版社，2004.8.—133 页；26cm

K892.3/2005b 维吾尔族 / 续西发著 .—北京：中国水利水电出版社，2005.11.—216 页；21cm.—中国少数民族风情游丛书

K892.312/2006c 蒙古族民俗文化 / 新疆维吾尔自治区对外文化交流协会编 .—乌鲁木齐：新疆美术摄影出版社，2006.12.—158 页；24cm.—中国新疆民族民俗文化系列丛书

K892.313/2006c 回族民俗文化 / 新疆维吾尔自治区对外文化交流协会编 .—乌鲁木齐：新疆美术摄影出版社：新疆电子音像出版社，2006.12.—133 页；24cm.—中国新疆民族民俗文化系列丛书

K892.315/2006c 维吾尔族民俗文化 / 新疆维吾尔自治区对外文化交流协会编 .—乌鲁木齐：新疆美术摄影出版社，2006.12.—217 页；24cm.—中国新疆民族民俗文化系列丛书

K892.336/2006c 哈萨克族民俗文化 / 新疆维吾尔自治区对外文化交流协会编 .—乌鲁木齐：新疆美术摄影出版社：新疆电子音像出版社，2006.12.—209 页；24cm.—中国新疆民族民俗文化系列丛书

K892.337/2006c 柯尔克孜族民俗文化 / 新疆维吾尔自治区对外文化交流协会编 .—乌鲁木齐：新疆美术摄影出版社，2006.12.—173 页；24cm.—中国新疆民族民俗文化系列丛书

K892.338/878 乌孜别克语简志 / 程适良，阿不都热合曼编著 .—北京：民族出版社，1987.8.—123 页；20cm.—国家民族民族问题五种丛书之一

K892.341/2006c 塔吉克族民俗文化 / 新疆维吾尔自治区对外文化交流协会编 .—乌鲁木齐：新疆美术摄影出版社，2006c.—176 页；24cm.—中国新疆民族民俗文化系列丛书

K892.4/20012 新疆民俗 / 韩连赟摄影；程万里撰文 .—乌鲁木齐：新疆人民出版社，2001.2.—126 页；20cm.—新疆民俗风情录

K892.4/20012 新疆巴扎 / 韩连赟摄影；程万里撰文 .—乌鲁木齐：新疆人民出版社，2001.2.—79 页；20cm.—新疆民俗风情录

K892.4/20017 哈密回族民俗 / 张仁榦主编 .—乌鲁木齐：新疆大学出版社，2001.7.—202 页；20cm.—哈密民俗丛书

K892.4/20017　哈密哈萨克族民俗 / 张仁幹主编 .—乌鲁木齐：新疆大学出版社，2001.7.—201 页；20cm.—哈密民俗丛书

K892.4/20017　哈密维吾尔族民俗 / 张仁幹主编 .—乌鲁木齐：新疆大学出版社，2001.7.—196 页；20cm.—哈密民俗丛书

K892.4/20017　哈密汉族民俗 / 张仁幹主编 .—乌鲁木齐：新疆大学出版社，2001.7.—202 页；20cm.—哈密民俗丛书

K892.4/20033　新疆民俗 / 楼望皓编著 .—乌鲁木齐：新疆人民出版社，2003.3.—198 页；20cm

K892.4/20037　新疆民族传统社会与文化 / 何星亮著 .—北京：商务印书馆，2003.7.—476 页；20cm

K892.4/20068　新疆回族民俗 /《新疆回族民俗》编委会编 .—银川：宁夏人民出版社，2006.8.—232 页；20cm

K892.4/20073　巴音郭楞风物录 / 中子著 .—乌鲁木齐：新疆美术摄影出版社：新疆电子音像出版社，2007.3.—167 页；23cm.—走进新疆丛书 / 刘长明主编

K892.445/20073　新疆民俗风情 / 文昊编著 .—乌鲁木齐：新疆美术摄影出版社：新疆电子音像出版社，2007.3.—154 页；24cm.—新疆人文地理丛书

K892.45/20083　刀郎之梦 / 赵力编 .—乌鲁木齐：新疆美术摄影出版社：新疆电子音像出版社，2008.3.—156 页；20cm.—新疆地理丛书

K892.45/20083　人间秘境喀纳斯：喀纳斯旅游地理 / 文昊编 .—乌鲁木齐：新疆美术摄影出版社：新疆电子音像出版社，2008.3.—154 页；20cm.—新疆地理丛书

K892.45/20083　吐鲁番情歌 / 向京编 .—乌鲁木齐：新疆美术摄影出版社：新疆电子音像出版社，2008.3.—156 页；20cm.—新疆地理丛书

K892.45/20083　新疆风土杂记 / 吴晓霞编 .—乌鲁木齐：新疆美术摄影出版社：新疆电子音像出版社，2008.3.—164 页；20cm.—新疆地理丛书

K9　地理

K901.4/2003a　中亚的地缘政治文化 / 潘志平著 .—乌鲁木齐：新疆人民出版社，2003.10.—369 页；20cm

K919/20041　马可波罗行纪 /(法) 沙海昂注；冯承钧译 .—北京：中华书局，2004.1.—865 页；20cm

K919/20079　斯坦因第四次新疆探险档案史料 / 中国新疆维吾尔自治区档案馆，日本佛教大学尼雅遗址学术研究机构编 .—乌鲁木齐：新疆美术摄影出版社，2007.9.—109 页；28cm

K919/2008c　西域探险史 / 王嵘著 .—乌鲁木齐：新疆人民出版社，2008.12.—312 页；26cm

K919/20104　横渡戈壁沙漠 /(瑞典) 斯文·赫定，沃尔克·贝格曼著；李述礼，张鸣译 .—乌鲁木齐：新疆人民出版社，2010.4.—350 页；20cm.—西域探险考察大系

K919/20104　荒漠寻宝 /(苏联) 费·阿·奥勃鲁切夫著；王沛译 .—乌鲁木齐：新疆人民出版社，2010.4.—285 页；20cm.—西域探险考察大系

K919/20104　我的探险生涯 /(瑞典) 斯文·赫定著；孙仲宽译 .—乌鲁木齐：新疆人民出版社，2010.4.—531 页；20cm.—西域探险考察大系

K92/948　丝路明珠：奇台概览 / 中共奇台县委宣传部编 .—乌鲁木齐：教育印刷厂，1994.8.—53 页；20cm

K92/978　伊犁哈萨克自治州概况 / 伊犁州党委宣传部编 .—1997.8.—29 页；20cm

K92/988　最美的还是我们新疆：玛纳斯县/李铁成主编.—乌鲁木齐：新疆人民出版社，1998.8.—173页；20cm

K92/999　最美的还是我们新疆：伊犁地区/张国梁主编.—乌鲁木齐：新疆人民出版社，1999.9.—182页；20cm

K92/999　最美的还是我们新疆：昭苏县/刘书仓主编.—乌鲁木齐：新疆人民出版社，1999.9.—151页；20cm

K92/999　最美的还是我们新疆：尼勒克县/丁军生主编.—乌鲁木齐：新疆人民出版社，1999.9.—169页；20cm

K92/999　最美的还是我们新疆：伊犁哈萨克自治州/姜崇仑主编.—乌鲁木齐：新疆人民出版社，1999.9.—185页；20cm

K92/20057　秘境西域：新疆之悬疑与浪漫/张晖编著.—北京：新世界出版社，2005.7.—162页；20cm

K92/20086　戈壁明珠——石河子/张秀勇主编.—五家渠：新疆生产建设兵团出版社，2008.6.—46页；19cm

K922.245/20032　新疆维吾尔自治区地图册/尹嘉珉，乔俊军主编.—北京：中国地图出版社，2003.2.—186页；20cm

K924/20007　发现西部/杨镰著.—乌鲁木齐：新疆人民出版社，2000.7.—450页；20cm

K924.5　博尔塔拉蒙古自治州地名手册/博尔塔拉蒙古自治州地名办公室编.—129页；20cm

K924.5/84c　新疆维吾尔自治区阜康县地名图志/阜康县地名委员会编.—阜康：阜康县印刷厂，1984.12.—263页；26cm

K924.5/85　新疆维吾尔自治区昌吉市地名图志/昌吉市地名委员会编.—阜康：阜康县印刷厂，1985.—277页；26cm

K924.5/854　新疆维吾尔自治区呼图壁县地名图志/呼图壁县地名委员会编.—1985.4.—253页；26cm

K924.5/855　新疆维吾尔自治区玛纳斯县地名图志/玛纳斯县地名委员会编.—1985.5.—343页；26cm

K924.5/859　新疆维吾尔自治区轮台县地名图志/轮台县地名委员会编.—1985.9.—160页；26cm

K924.5/85a　新疆维吾尔自治区吉木萨尔县地名图志/吉木萨尔县地名委员会编.—1985.10.—344页；26cm

K924.5/85b　新疆维吾尔自治区策勒县地名图志/策勒县地名委员会编.—1985.11.—164页；26cm

K924.5/85c　新疆维吾尔自治区阿图什县地名图志/阿图什县地名委员会编.—北京：北京民族印刷厂劳动服务公司，1985.12.—230页；20cm

K924.5/862　新疆维吾尔自治区尼勒克县地名图志/尼勒克县地名委员会编.—乌鲁木齐：新疆新华印刷厂，1986.2.—214页；26cm

K924.5/865　新疆维吾尔自治区沙雅县地名图志/沙雅县地名委员会编.—1986.5.—195页；26cm

K924.5/867　新疆维吾尔自治区特克斯县地名图志/特克斯县地名委员会编.—新疆地矿局测绘大队制印厂，1986.7.—174页；26cm

K924.5/868　乌鲁木齐县地名图志/乌鲁木齐县地名委员会编.—1986.8.—263页；26cm

K924.5/868　新疆维吾尔自治区吉木乃县地名图志/吉木乃县地名委员会编.—乌鲁木齐：新疆新华印刷三厂，1986.8.—231页；26cm

K924.5/86a　新疆维吾尔自治区奇台县地名

图志 / 奇台县人民政府编 .—乌鲁木齐：新疆新华印刷厂，1986.10.—272 页；26cm

K924.5/86a　新疆维吾尔自治区伊吾县地名图志 / 伊吾县地名委员会编 .—武汉：湖北科技出版社黄冈印刷厂，1986.10.—216 页；26cm

K924.5/86a　新疆维吾尔自治区洛浦县地名图志 / 洛浦县地名委员会编 .—北京：北京民族印刷厂劳动服务公司，1986.10.—178 页；26cm

K924.5/86c　新疆维吾尔自治区疏附县地名图志 / 疏附县地名委员会编 .—乌鲁木齐：新疆新华印刷三厂，1986.12.—395 页；26cm

K924.5/86c　新疆维吾尔自治区和静县地名图志 / 和静县地名委员会编 .—1986.12.—306 页；26cm

K924.5/86c　新疆维吾尔自治区塔城市地名图志 / 塔城市地名委员会编 .—1986.12.—300 页；26cm

K924.5/87　新疆维吾尔自治区博湖县地名图志 / 博湖县地名委员会编 .—1987.—176 页；26cm

K924.5/874　新疆维吾尔自治区焉耆回族自治县地名图志 / 焉耆回族自治县地名委员会编 .—1987.4.—194 页；26cm

K924.5/877　新疆维吾尔自治区喀什地区地名图志 / 喀什地区地名委员会编 .—1987.7.—469 页；26cm

K924.5/878　新疆维吾尔自治区哈巴河县地名图志 / 哈巴河县地名委员会编 .—1987.8.—185 页；26cm

K924.5/878　新疆维吾尔自治区库尔勒市地名图志 / 库尔勒市地名委员会编 .—1987.8.—269 页；26cm

K924.5/878　新疆维吾尔自治区米泉县地名图志 / 米泉县地名委员会编 .—乌鲁木齐：新疆新华印刷厂，1987.8.—170 页；26cm

K924.5/879　新疆维吾尔自治区青河县地名图志 / 青河县地名委员会编 .—乌鲁木齐：新疆新华印刷厂，1987.9.—220 页；26cm

K924.5/87a　新疆维吾尔自治区木垒哈萨克自治县地名图志 / 木垒哈萨克自治县地名委员会编 .—乌鲁木齐：新疆新华印刷厂，1987.10.—251 页；26cm

K924.5/87a　新疆维吾尔自治区阿克陶县地名图志 / 阿克陶县地名委员会编 .—1987.10.—246 页；26cm

K924.5/884　新疆维吾尔自治区石河子市地名图志 / 石河子市地名委员会编 .—乌鲁木齐：新疆新华印刷厂，1988.4.—127 页；26cm

K924.5/885　新疆概览 / 新疆维吾尔自治区人民政府外事办公室主编 .—乌鲁木齐：新疆美术摄影出版社，1988.5.—252 页；20cm

K924.5/887　新疆维吾尔自治区鄯善县地名图志 / 鄯善县地名委员会编 .—新疆地质矿产局测绘大队制印厂，1988.7.—260 页；26cm

K924.5/887　新疆昌吉回族自治州地名图志 / 昌吉回族自治州地名委员会编 .—1988.7.—441 页；26cm

K924.5/88a　新疆维吾尔自治区伽师县地名图志 / 伽师县地名委员会编 .—1988.10.—269 页；26cm

K924.5/88a　新疆维吾尔自治区且末县地名图志 / 且末县地名委员会编 .—1988.10.—249 页；26cm

K924.5/88b　新疆维吾尔自治区伊宁县地名图志 / 伊宁县地名委员会编 .—乌鲁木齐：新疆新华印刷厂，1988.11.—171 页；26cm

K924.5/88b　新疆维吾尔自治区察布查尔锡伯自治县地名图志 / 察布查尔锡伯自治县地名委员会编 .—乌鲁木齐：新疆新华印刷厂，

1988.11.—354 页；26cm

K924.5/88c　新疆维吾尔自治区额敏县地名图志 / 额敏县地名委员会编 .—中国人民解放军空军勤务学院印刷厂，1988.12.—371 页；26cm

K924.5/893　新疆维吾尔自治区巴里坤哈萨克自治县地名图志 / 巴里坤哈萨克自治县地名委员会编 .—新疆地矿局测绘大队制印厂，1989.3.—370 页；26cm

K924.5/897　新疆维吾尔自治区疏勒县地名图志 / 疏勒县地名委员会编 .—苏州：苏州市吴县教育印刷二分厂，1989.7.—300 页；26cm

K924.5/899　新疆维吾尔自治区巴楚县地名图志 / 巴楚县地名委员会编 .—1989.9.—338 页；26cm

K924.5/899　新疆维吾尔自治区温宿县地名图志 / 温宿县地名委员会编 .—阿克苏：新疆阿克苏报社印刷厂，1989.9.—421 页；26cm

K924.5/89c　新疆维吾尔自治区温泉县地名图志 / 温泉县地名委员会编 .—1989.12.—192 页；26cm

K924.5/903　新疆维吾尔自治区精河县地名图志 / 精河县地名委员会编 .—新疆地矿局测绘大队制印厂，1990.3.—162 页；26cm

K924.5/903　新疆维吾尔自治区尉犁县地名图志 / 尉犁县地名委员会编 .—新疆地矿局测绘大队制印厂，1990.3.—244 页；26cm

K924.5/903　新疆维吾尔自治区吐鲁番市地名图志 / 吐鲁番市地名委员会编 .—新疆地矿局测绘大队制印厂，1990.3.—270 页；26cm

K924.5/904　新疆维吾尔自治区福海县地名图志 / 福海县地名委员会编 .—新疆地矿局测绘大队制印厂，1990.4.—207 页；26cm

K924.5/909　新疆维吾尔自治区乌苏县地名图志 / 乌苏县地名委员会编 .—乌苏：乌苏县印刷厂，1990.9.—266 页；26cm

K924.5/90a　新疆维吾尔自治区拜城县地名图志 / 拜城县地名委员会编 .—新疆地矿局测绘大队制印厂，1990.10.—280 页；26cm

K924.5/90a　新疆维吾尔自治区和布克赛尔蒙古自治县地名图志 / 新疆维吾尔自治区和布克赛尔蒙古自治县地名委员会编 .—1990.10.—372 页；26cm

K924.5/90a　新疆维吾尔自治区巩留县地名图志 / 巩留县地名委员会编 .—新疆地矿局测绘大队制印厂，1990.10.—156 页；26cm

K924.5/90b　新疆及呼图壁县乡土地理 / 付钦亚编著 .—1990.11.—60 页；20cm

K924.5/90c　新疆维吾尔自治区新和县地名图志 / 新和县地名委员会编 .—新疆地矿局测绘大队制印厂，1990.12.—183 页；26cm

K924.5/90c　新疆维吾尔自治区若羌县地名图志 / 若羌县地名委员会编 .—新疆地矿局测绘大队制印厂，1990.12.—250 页；26cm

K924.5/911　新疆维吾尔自治区麦盖提县地名图志 / 麦盖提县地名委员会编 .—喀什：喀什日报社印刷厂，1991.1.—244 页；26cm

K924.5/913　新疆维吾尔自治区富蕴县地名图志 / 富蕴县地名委员会编 .—新疆地矿局测绘大队制印厂，1991.3.—250 页；26cm

K924.5/913　新疆维吾尔自治区博乐市地名图志 / 博乐市地名委员会编 .—1991.3.—237 页；26cm

K924.5/915　新疆维吾尔自治区裕民县地名图志 / 裕民县地名委员会编 .—新疆地矿局测绘大队制印厂，1991.5.—190 页；26cm

K924.5/91a　新疆维吾尔自治区乌恰县地名图志 / 乌恰县地名委员会编 .—新疆地矿局测绘大队制印厂，1991.10.—232 页；26cm

K924.5/91b　新疆维吾尔自治区奎屯市地名图志 / 奎屯市地名委员会编 .—1991.11.—

150 页；26cm

K924.5/91c　新疆维吾尔自治区布尔津县地名图志 / 布尔津县地名委员会编 .—1991.12.—192 页；26cm

K924.5/921　新疆维吾尔自治区阿合奇县地名图志 / 阿合奇县地名委员会编 .—新疆地矿局测绘大队制印厂，1992.1.—291 页；26cm

K924.5/924　新疆维吾尔自治区托克逊县地名图志 / 托克逊县地名委员会编 .—1992.4.—300 页；26cm

K924.5/927　若羌县志 / 若羌县地方志编纂委员会编 .—乌鲁木齐：新疆大学出版社，1992.7.—455 页；26cm.—新疆维吾尔自治区地方志丛书

K924.5/937　库车—龟兹佛韵乐都风情 / 邹卓然，刘松柏著 .—乌鲁木齐：新疆大学出版社，1993.7.—130 页；20cm.—新疆大学西域研究中心文库

K924.5/93c　新疆维吾尔自治区库车县地名图志 / 库车县地名委员会编 .—1993.12.—382 页；26cm

K924.5/959　新疆维吾尔自治区巴音郭楞蒙古自治州地名图志 / 巴音郭楞蒙古自治州地名委员会编 .—1995.9.—303 页；26cm

K924.5/959　新疆概览 / 刘宇生，张滨，刘晓庆主编 .—乌鲁木齐：新疆人民出版社，1995.9.—385 页；20cm

K924.5/95c　新疆维吾尔自治区昭苏县地名图志 / 昭苏县地名委员会编 .—乌鲁木齐：新疆生产建设兵团印刷厂，1995.12.—233 页；26cm

K924.5/971　邻边概览：新疆边境地州与周边各国概况 / 艾力提 · 沙力也夫著 .—乌鲁木齐：新疆青少年出版社，1997.1.—341 页；20cm

K924.5/989　在六分之一国土上 / 韩全学，李泽主编 .—乌鲁木齐：新疆青少年出版社，1998.9.—184 页；20cm

K924.5/989　中国六分之一的国土——新疆 / 尹青山，李维森主编 .—北京：民族出版社，1998.9.—238 页；26cm

K924.5/992　无限风光在新疆 / 徐金发，程春，李都编著 .—乌鲁木齐：新疆青少年出版社，1999.2.—425 页；20cm

K924.5/20004　新疆风物志 / 李春华主编 .—乌鲁木齐：新疆人民出版社，2000.4.—399 页；20cm.—中国风物志丛书

K924.5/2000b　新疆维吾尔自治区阿克苏地区地名图志 / 阿克苏地区地名委员会编 .—乌鲁木齐：新疆教育学院印刷厂，2000.11.—526 页；26cm

K924.5/2000c　巴里坤哈萨克自治县乡土知识 / 乡土知识编辑委员会编 .—2000.12.—187 页；20cm

K924.5/20011　石河子办公问事指南 / 石河子市西域文化工作室 .—2001.1.—183 页；26cm

K924.5/20011　西部商都阿图什 / 中共阿图什市委员会，阿图什市人民政府编 .—乌鲁木齐：新疆人民出版社，2001.1.—312 页；20cm

K924.5/20019　新疆 / 新疆维吾尔自治区政府新闻办公室编 .—北京：五洲传播出版社，2001.9.—120 页；20cm.—中国西部概览丛书

K924.5/2001c　走进新疆 / 施生田，石永强主编 .—乌鲁木齐：新疆人民出版社，2001.12.—600 页；20cm

K924.5/2002c　额河明珠——北屯 / 杨正生，郭勇著 .—澳门：中西文艺出版社，2002.12.—108 页；20cm

K924.5/20035　地名中的新疆 / 解玉忠著 .—乌鲁木齐：新疆人民出版社，2003.5.—265 页；16cm.—了解新疆 · 认识新疆丛书 / 舒

怀主编

K924.5/20036　新疆的历史与发展白皮书/中华人民共和国国务院新闻办公室.—北京:新星出版社，2003.6.—54 页；26cm

K924.5/20036　辉煌新疆/王拴乾主编.—乌鲁木齐:新疆人民出版社，2003.6.—251 页；20cm

K924.5/2003c　新疆办事指南/中共新疆维吾尔自治区委员会党史研究室.—2003.12.—330 页；20cm

K924.5　神秘的喀纳斯/于文胜编.—乌鲁木齐：新疆电子出版社.—111 页；20cm.—新疆地理/温倩主编

K924.5/20044　收藏喀什/赵力编著.—阿图什：克孜勒苏柯尔克孜文出版社；乌鲁木齐：新疆电子出版社，2004.4.—304 页；20cm.—新疆地理/于文胜，邢刚主编

K924.5/20044　喀纳斯传说/张永江，武琼瑶著.—阿图什：克孜勒苏柯尔克孜文出版社；乌鲁木齐：新疆电子出版社，2004.4.—326页; 20cm.—新疆地理/于文胜，邢刚主编

K924.5/20044　神秘新疆/张辉编著.—阿图什：克孜勒苏柯尔克孜文出版社；乌鲁木齐：新疆电子出版社，2004.4.—484 页；20cm.—新疆地理/于文胜，邢刚主编

K924.5/20044　阿尔泰传奇/文昊著.—阿图什：克孜勒苏柯尔克孜文出版社；乌鲁木齐：新疆电子出版社，2004.4.—214 页；20cm.—新疆地理/于文胜，邢刚主编

K924.5/20044　新疆味道/文昊编.—阿图什：克孜勒苏柯尔克孜文出版社；乌鲁木齐：新疆电子出版社，2004.4.—359 页；20cm.—新疆地理/于文胜，邢刚主编

K924.5/20044　喀什味道/赵力编.—阿图什：克孜勒苏柯尔克孜文出版社；乌鲁木齐：新疆电子出版社，2004.4.—312 页；20cm.—新疆地理/于文胜，邢刚主编

K924.5/20044　收藏新疆/梁彤瑾编著.—阿图什：克孜勒苏柯尔克孜文出版社；乌鲁木齐：新疆电子出版社，2004.4.—432 页；20cm.—新疆地理/于文胜，邢刚主编

K924.5/20044　收藏吐鲁番/向京编.—阿图什：克孜勒苏柯尔克孜文出版社；乌鲁木齐：新疆电子出版社，2004.4.—300 页；20cm.—新疆地理/于文胜，邢刚主编

K924.5/20045　2004 中国新疆/新疆维吾尔自治区人民政府新闻办公室，新疆维吾尔自治区统计局编.—乌鲁木齐：新疆人民出版社，2004.5.—183 页；20cm

K924.5/20045　带你走进阿勒泰/张永江，武琼瑶著.—阿图什：克孜勒苏柯尔克孜文出版社；乌鲁木齐：新疆电子出版社，2004.5.—153 页；20cm.—魅力文丛

K924.5/20047　人间天堂那拉提：新源风物录/李松林编著.—阿图什：克孜勒苏柯尔克孜文出版社; 乌鲁木齐: 新疆电子出版社，2004.7.—154 页；20cm.—新疆地理丛书

K924.5/20048　龟兹古都库车/库车县委宣传部编.—乌鲁木齐：新疆人民出版社，2004.8.—150 页；26cm

K924.5/20048　石河子办公问事指南/农八师石河子市建设委员会编.—乌鲁木齐：新疆新华印刷厂，2004.8.—198 页；26cm

K924.5/2004c　游遍新疆/毕亚丁编著.—乌鲁木齐: 新疆人民出版社，2004.12.—383 页；20cm.—魅力新疆·旅游丛书

K924.5/2004c　走进阿克苏：2004/阿克苏地区统计局编.—乌鲁木齐：新疆人民出版社，2004.12.—147 页；20cm.—魅力文丛

K924.5/20054　美丽家园：阿勒泰市/武春声编著.—阿图什：克孜勒苏柯尔克孜文出版社；乌鲁木齐：新疆电子出版社，2005.4.—148 页；20cm.—魅力文丛

K924.5/20054　走进新和 / 孟庆武主编 .—乌鲁木齐：新疆人民出版社，2005.4.—246 页；20cm

K924.5/20055　揽（览）胜伊犁：跃马放歌 / 李松林编著 .—乌鲁木齐：新疆电子出版社；阿图什：克孜勒苏柯尔克孜文出版社，2005.5.—232 页；20cm.—走进新疆丛书

K924.5/20056　热吻新疆 / 梁彤瑾编 .—阿图什：克孜勒苏柯尔克孜文出版社；乌鲁木齐：新疆电子出版社，2005.6.—224 页；20cm.—新疆地理 / 于文胜，邢刚主编

K924.5/20056　神秘新疆之魔幻生灵 / 张晖编著 .—阿图什：克孜勒苏柯尔克孜文出版社；乌鲁木齐：新疆电子出版社，2005.6.—244 页; 20cm.—新疆地理 / 于文胜，邢刚主编

K924.5/20056　走进新疆丛书 . 第一辑 / 刘长明主编 .—乌鲁木齐：新疆美术摄影出版社；新疆电子出版社，2005.6.—6 册（1028 页）；24cm

K924.5/20057　中国新疆：2005/ 新疆维吾尔自治区人民政府新闻办公室，新疆维吾尔自治区统计局编 .—乌鲁木齐：新疆人民出版社，2005.7.—217 页；20cm

K924.5/20058　新疆广记 / 胡文康编译 .—乌鲁木齐：新疆人民出版社，2005.8.—288 页；23cm

K924.5/20058　新疆地名与建制沿革 / 于维诚著 .—乌鲁木齐：新疆人民出版社，2005.8.—198 页；23cm

K924.5/2005b　大话新疆 / 刘学杰著 .—乌鲁木齐：新疆人民出版社，2005.11.—182 页；23cm

K924.5/2005b　新疆风土记 / 李现国著 .—乌鲁木齐: 新疆人民出版社，2005.11.—290 页; 23cm

K924.5/20065　新疆通览 / 吴福环，郭泰山等著 .—乌鲁木齐：新疆人民出版社，2006.5.—379 页；26cm

K924.5/20065　阅读边城 / 杨光主编 .—乌鲁木齐：新疆人民出版社，2006.5.—2 册（552 页）；26cm

K924.5/20066　新疆之最 / 湘舟编著 .—乌鲁木齐：新疆青少年出版社，2006.6.—316 页；26cm

K924.5/20066　信马游疆：新疆自助旅行完全攻略 / 卢一萍著 .—乌鲁木齐：新疆人民出版社，2006.6.—453 页；20cm

K924.5/20068　新疆旅游地理 / 梁彤瑾编 .—阿图什：克孜勒苏柯尔克孜文出版社，2006.8.—2 册（484 页）；20cm.—新疆地理系列丛书

K924.5/20069　中国新疆：2006/ 新疆维吾尔自治区人民政府新闻办公室，新疆维吾尔自治区统计局编 .—乌鲁木齐：新疆人民出版社，2006.9.—162 页；19cm

K924.5/20069　新疆百科知识辞典 / 蒲开夫，朱一凡，李行力主编 .—西安：陕西人民出版社，2006.9.—1004 页；21cm

K924.5/2007　影像新疆 / 骆娟著 .—广州：广东旅游出版社，2007.—214 页；23cm.—影像中国风物丛书

K924.5/20073　新疆趣闻 / 申国祥编 .—乌鲁木齐：新疆美术摄影出版社：新疆电子音像出版社，2007.3.—121 页；24cm.— 新疆人文地理丛书

K924.5/20073　新疆珍奇 / 高炯浩著 .—乌鲁木齐：新疆美术摄影出版社：新疆电子音像出版社，2007.3.—157 页；24cm.— 新疆人文地理丛书

K924.5/20073　新疆地名与传说故事 / 文昊编 .—乌鲁木齐：新疆美术摄影出版社；新疆电子音像出版社，2007.3.—347 页；24cm.—走近新疆丛书

K924.5/20078　中国新疆：2007/ 新疆维吾尔自治区统计局编 .—乌鲁木齐：新疆人民出版社，2007.8.—169 页；19cm

K924.5/20078　新疆历史文化名城：吐鲁番 / 李琦，李颖超著 .—乌鲁木齐：新疆人民出版社，2007.8.—191 页；21cm

K924.5/2007a　新疆密码 / 胡笳，钟习政著 .—北京：五洲传播出版社，2007.10.—200 页；23cm

K924.5/2007c　新疆人文地理丛书 . 第一集 / 张新泰，于文胜主编 .—乌鲁木齐：新疆美术摄影出版社，2007.12.—884 页；24cm

K924.5/20081　垂直新疆 / 刘湘晨著 .—乌鲁木齐：新疆美术摄影出版社，2008.1.—199 页；22cm

K924.5/20086　中国新疆：2008/ 新疆维吾尔自治区人民政府新闻办公室，新疆维吾尔自治区统计局编 .—乌鲁木齐：新疆人民出版社，2008.6.—174 页；19cm

K924.5/20086　精彩新疆：额尔齐斯河的韵律 / 中共富蕴县委宣传部编 .—阿图什：克孜勒苏柯尔克孜文出版社；乌鲁木齐：新疆电子音像出版社，2008.6.—153 页；24cm

K924.5/20087　精彩新疆：古城新风 / 中国奇台县纪律检查委员会奇台县人民政府纠风办，新疆电子音像出版社编 .—阿图什：克孜勒苏柯尔克孜文出版社，2008.7.—247 页；24cm

K924.5/2008b　新疆百科知识辞典 / 蒲开夫，朱一凡，李行力主编 .—西安：陕西人民出版社，2008.11.—1045 页；26cm

K924.5/2008c　铸剑为犁　生生不息：新疆生产建设兵团农十师成立五十周年回忆录 / 新疆电子音像出版社编 .—阿图什：克孜勒苏柯尔克孜文出版社，2008.12.—352 页；23cm

K924.5/2008c　文明地理 / 韩子勇著 .—乌鲁木齐：新疆美术摄影出版社：新疆电子音像出版社，2008.12.—174 页；24cm.—新疆人文地理丛书

K924.5/2009　新疆维吾尔自治区概况 /《新疆维吾尔自治区概况》编写组，《新疆维吾尔自治区概况》修订本编写组编写 .—版本：修订本 .—北京：民族出版社，2009.—631 页；21cm.—国家民委民族问题五种丛书

K924.5/20091　人文新疆 / 骆娟著 .—广州：广东旅游出版社，2009.1.—214 页；20cm

K924.5/20091　新疆好・三字经 / 慕游著 .—乌鲁木齐：新疆青少年出版社，2009.1.—151 页；24cm

K924.5/20091　新疆你早 / 中共新疆维吾尔自治区委员会党史研究室编 .—乌鲁木齐：新疆人民出版社，2009.1.—484 页；24cm

K924.5/20093　在三山两盆里寻情夺色 / 梁彤瑾编 .—乌鲁木齐：新疆美术摄影出版社：新疆电子音像出版社，2009.3.—3 册（468 页）；20cm.—新疆地理 / 于文胜，邢刚主编

K924.5/20093　香妃的家乡 / 赵力编著 .—乌鲁木齐：新疆美术摄影出版社，2009.3.—2 册（312 页）；20cm.—新疆地理 / 于文胜，邢刚主编

K924.5/20094　马达汉中国西部考察调研报告合集：1906/（芬）马达汉著；阿拉腾奥其尔，王家骥译 .—乌鲁木齐：新疆人民出版社，2009.4.—253 页；23cm

K924.5/2009a　新疆的发展与进步（2009 年 9 月）新疆的历史与发展（2003 年 5 月）/ 中国国务院新闻办公室著 .—北京：人民出版社，2009.10.—115 页；21cm

K924.5/2009a　乌鲁木齐指南 /《乌鲁木齐指南》编辑部编 .—五家渠：新疆生产建设兵团出版社，2009.10.—136 页；26cm

K924.5/2009c　石河子指南：2009/《石河子

指南》编辑部编 .—五家渠：新疆生产建设兵团出版社，2009.12.—100 页；21cm

K924.5/20104　新疆新观察 / 储安平，浦熙修著；杨镰，张颐青整理 .—乌鲁木齐：新疆人民出版社，2010.4.—286 页；20cm.—西域探险考察大系

K924.5/20105　新疆简读 /《新疆简读》编委会编 .—乌鲁木齐：新疆人民出版社，2010.5.—255 页；24cm

K924.5/2011b　漫画兵团 / 新疆生产建设兵团新闻办公室编；王麒诚绘画 .—北京：五洲传播出版社，2011.11.—173 页；23cm

K924.5/20121　新疆地名大词典 / 新疆地名大词典编纂委员会编 .—北京：中国大百科全书出版社，2012.1.—704 页；29cm

K924.5/20127　石河子指南：2011—2012/《石河子指南》编辑部编 .—五家渠：新疆生产建设兵团出版社，2012.7.—142 页；29cm

K924.5/20128　中国新疆：2012/ 新疆维吾尔自治区人民政府新闻办公室，新疆维吾尔自治区统计局编 .—乌鲁木齐：新疆科学技术出版社，2012.8.—219 页；21cm

K924.5/20138　中国新疆：2013/ 新疆维吾尔自治区人民政府新闻办公室，新疆维吾尔自治区统计局，新疆维吾尔自治区测绘局编 .—奎屯：伊犁人民出版社，2013.8.—265 页；21cm

K924.51/20073　乌鲁木齐风物录 / 中子著 .—乌鲁木齐：新疆美术摄影出版社：新疆电子音像出版社，2007.3.—146 页；24cm

K924.52/979　塞外江南：阿克苏 / 刘文柱编—北京: 中国统计出版社, 1997.9.—88 页; 26cm.—发展中的新疆城市

K924.52/20083　奔向巴音布鲁克 / 于文胜编 .—乌鲁木齐：新疆美术摄影出版社，2008.3.—164 页；20cm.—新疆地理丛书

K924.52/20095　巴音郭楞蒙古自治州概况 /《巴音郭楞蒙古自治州概况》编写组，《巴音郭楞蒙古自治州概况》修订本编写组编 .—北京：民族出版社，2009.5.—444 页；21cm

K924.52/20095　巴音郭楞蒙古自治州概况 /《巴音郭楞蒙古自治州概况》修订本编写组 .—北京：民族出版社，2009.5.—444 页；21cm.—国家民委民族问题五种丛书

K924.52/20108　2010 博尔塔拉蒙古自治州手册 / 中共博尔塔拉蒙古自治州委员会宣传部编 .—五家渠：新疆生产建设兵团出版社，2010.8.—95 页；19cm

K924.53/999　最美的还是我们新疆：石河子 / 王飞主编 .—乌鲁木齐: 新疆人民出版社，1999.9.—206 页；16cm

K924.53/2008c　五弦之都 / 侯科妍，陈斌主编 .—五家渠：新疆生产建设兵团出版社，2008.12.—292 页；20cm

K924.53/20116　石河子指南：2010—2011/《石河子指南》编辑部编 .—五家渠：新疆生产建设兵团出版社，2011.6.—111 页；26cm

K924.53/20137　石河子指南：2012—2013/《石河子指南》编辑部编 .—五家渠：新疆生产建设兵团出版社，2013.7.—162 页；29cm

K924.54/848　木垒哈萨克自治县概况 /《木垒哈萨克自治县概况》编写组编 .—乌鲁木齐：新疆人民出版社，1984.8.—115 页；20cm

K924.54/2005a　辉煌库车 / 中共库车县委宣传部编 .—乌鲁木齐：新疆人民出版社，2005.10.—122 页；12cm

K924.54/2007c　杏花龟兹 / 张国领，刘亮程主编 .—乌鲁木齐：新疆人民出版社，2007.12.—274 页；24cm

K924.54/20085　今日富蕴 / 中共富蕴县史志

办公室编 .—乌鲁木齐：新疆人民出版社，2008.5.—343 页；24cm

K924.54/20092 和布克赛尔风情 / 和布克赛尔蒙古自治县史志办编 .—乌鲁木齐：新疆人民出版社，2009.2.—159 页；21cm

K924.54/20095 巴里坤哈萨克自治县概况 /《巴里坤哈萨克自治县概况》修订本编写组编写 .—北京：民族出版社，2009.5.—312 页；21cm.—国家民委民族问题五种丛书

K924.54/20095 和布克赛尔蒙古自治县概况 /《和布克赛尔蒙古自治县概况》修订本编写组编写 .—北京：民族出版社，2009.5.—278 页；21cm.—国家民委民族问题五种丛书

K924.54/20096 木垒哈萨克自治县概况 /《木垒哈萨克自治县概况》编写组，《木垒哈萨克自治县概况》修订本编写组编 .—北京：民族出版社，2009.6.—279 页；21cm.—国家民委民族问题五种丛书

K924.54/20096 焉耆回族自治县概况 /《焉耆回族自治县概况》编写组编写 .—北京：民族出版社，2009.6.—289 页；21cm

K924.54/20096 克孜勒苏柯尔克孜自治州概况 /《克孜勒苏柯尔克孜自治州概况》修订本编写组编写 .—北京：民族出版社，2009.6.—345 页；21cm.—国家民委民族问题五种丛书

K924.54/20096 博尔塔拉蒙古自治州概况 /《博尔塔拉蒙古自治州概况》编写组编写 .—北京：民族出版社，2009.6.—339 页；21cm.—国家民委民族问题五种丛书

K924.54/20096 察布查尔锡伯自治县概况 /《察布查尔锡伯自治县概况》编写组编写 .—北京：民族出版社，2009.6.—271 页；21cm.—国家民委民族问题五种丛书

K924.54/20096 伊犁哈萨克自治州概况 /《伊犁哈萨克自治州概况》编写组编写 .—北京：民族出版社，2009.6.—444 页；21cm.—国家民委民族问题五种丛书

K924.54/20097 昌吉回族自治州概况 /《昌吉回族自治州概况》编写组编写 .—北京：民族出版社，2009.7.—437 页；21cm.—国家民委民族问题五种丛书

K924.54/20097 塔什库尔干塔吉克自治县概况 /《塔什库尔干塔吉克自治县概况》编写组编写 .—北京：民族出版社，2009.7.—240 页；21cm.—国家民委民族问题五种丛书

K924.54/20101 新和印象 / 新和县委外宣办编 .—乌鲁木齐：新疆人民出版社，2010.1.—163 页；20cm

K924.54/20114 库车 / 中共库车县委员会，库车县人民政府编 .—乌鲁木齐：新疆人民出版社，2011.4.—130 页；21cm

K924.54/2011b 太阳城方舆记 / 张明亮著 .—乌鲁木齐：新疆人民出版社，2011.11.—150 页；21cm

K928/854 新疆特产风味指南 /《新疆特产风味指南》编委会编 .—乌鲁木齐：新疆人民出版社，1985.4.—203 页；20cm.—中国特产风味指南丛书

K928/928 亚洲腹地探险八年 /（瑞典）斯文·赫定著；徐十周等译 .—乌鲁木齐：新疆人民出版社，1992.8.—776 页；20cm.—西域探险考察大系

K928/949 沙埋和阗废墟记 /（英）马克·奥里尔·斯坦因著；殷晴，剧世华等译 .—乌鲁木齐：新疆美术摄影出版社，1994.9.—317 页；20cm.—西域佛教文化艺术译丛

K928/979 罗布泊探秘 /（瑞典）斯文·赫定著；王安洪，崔延虎译 .—乌鲁木齐：新疆人民出版社，1997.9.—824 页；20cm.—西域探险考察大系

K928/97a 我的探险生涯 /（瑞典）斯文·赫定著；孙仲宽译 .—乌鲁木齐：新疆人民出版社，1997.10.—460 页；20cm.—西域探险

考察大系

K928/992　新疆的地下文化宝藏 /（德）阿尔伯特·冯·勒柯克著；陈海涛译 .—乌鲁木齐：新疆人民出版社，1999.2.—229 页；20cm.—西域探险考察大系

K928/992　橘瑞超西行记 /（日）橘瑞超著；柳洪亮译 .—乌鲁木齐：新疆人民出版社，1999.2.—280 页；20cm.—西域探险考察大系

K928/993　重返喀什噶尔 /（瑞典）贡纳尔·雅林著；崔延虎，郭颖杰译 .—乌鲁木齐：新疆人民出版社，1999.3.—360 页；20cm.—西域探险考察大系

K928/993　在中国漫长的古道上 /（瑞典）兰登·华纳尔著；姜洪源，魏宏举译 .—乌鲁木齐：新疆人民出版社，1999.3.—360 页；20cm.—西域探险考察大系

K928/20001　游移的湖 /（瑞典）斯文·赫定著；江红译 .—乌鲁木齐：新疆人民出版社，2000.1.—265 页；20cm.—西域探险考察大系

K928/20002　走进塔克拉玛干 / 胡文康著 .—乌鲁木齐：新疆人民出版社，2000.2.—263 页；20cm.—边地文化探踪丛书 / 马大正主编

K928/20002　海角寻古今 / 马大正著 .—乌鲁木齐：新疆人民出版社，2000.2.—100 页；20cm.—边地文化探踪丛书 / 马大正主编

K928/20002　罗布泊：一个正在解开的谜 / 胡文康，王炳华著 .—乌鲁木齐：新疆人民出版社，2000.2.—219 页；20cm.—边地文化探踪丛书 / 马大正主编

K928/20002　走进死亡之海 / 齐东方著 .—乌鲁木齐：新疆人民出版社，2000.2.—169 页；20cm.—边地文化探踪丛书 / 马大正主编

K928/20003　考古探险手记 /（瑞典）贝格曼著；张鸣译 .—乌鲁木齐：新疆人民出版社，2000.3.—208 页；20cm.—探险与发现丛书 / 杨镰，陈宏博主编

K928/20016　戈壁沙漠之路 /（瑞典）斯文·赫定著；李述礼译 .—乌鲁木齐：新疆人民出版社，2001.6.—168 页；20cm.—探险与发现丛书 / 杨镰，陈宏博主编

K928/20016　走进西部 / 陈赓雅著 .—乌鲁木齐：新疆人民出版社，2001.6.—204 页；20cm.—探险与发现丛书 / 杨镰，陈宏博主编

K928/20016　天山之麓 / 黄汲清著 .—乌鲁木齐：新疆人民出版社，2001.6.—146 页；20cm.—探险与发现丛书 / 杨镰，陈宏博主编

K928/20016　亚洲的脉搏 /（美）亨廷顿著；王彩琴，葛莉译 .—乌鲁木齐：新疆人民出版社，2001.6.—228 页；20cm.—探险与发现丛书 / 杨镰，陈宏博主编

K928/20017　迷失的骆驼 /（英）海尔著；袁磊等译 .—乌鲁木齐：新疆人民出版社，2001.7.—224 页；20cm.—探险与发现丛书 / 杨镰，陈宏博主编

K928/20019　追踪野骆驼 / 袁国映著 .—乌鲁木齐：新疆人民出版社，2001.9.—177 页；20cm.—探险与发现丛书 / 杨镰，陈宏博主编

K928/20028　在那遥远的地方——那拉提 / 新疆新源县旅游局编 .—乌鲁木齐：新疆人民出版社，2002.8.—64 页；20cm

K928/20034　西部行知书 / 赵子允等著 .—广州：广东旅游出版社，2003.4.—296 页；20cm

K928/20036　云游塔里木 / 杨镰著 .—乌鲁木齐：新疆人民出版社，2003.6.—167 页；20cm.—探险与发现丛书 / 杨镰，陈宏博主编

K928/20037　阿勒泰风物录 / 文胜，向京编 .—乌鲁木齐：新疆电子出版社，2003.7.—209 页；23cm

K928/2003a　中国西部：新疆手册 / 胡文康主编 .—乌鲁木齐：新疆人民出版社，2000.10.—245 页；20cm

K928/20041　塔什库尔干：高天下的太阳

部落 / 黄石著 .—西安：陕西师范大学出版社，2004.1.—212 页；20cm.—中国原生部族丛书

K928/20041　火焰山：古老文明的最后守望 / 杨丽琴，黄石著 .—西安：陕西师范大学出版社，2004.1.—239 页；20cm.—中国原生部族丛书

K928/20041　新疆行知书 / 谭祎波著 .—广州：广东旅游出版社，2004.1.—287 页；20cm

K928/20047　金山银水阿勒泰：新疆理论研究创新优秀学术成果选萃 /《新疆理论研究创新优秀学术成果选萃》编委会编 .—阿图什：克孜勒苏柯尔克孜文出版社；乌鲁木齐：新疆电子出版社，2004.7.—253 页；20cm.—新西部丛书

K928/2004c　唐努乌梁海历史研究 / 樊明方著 .—北京：中国社会科学出版社，2004.12.—409 页；21cm.—西部民族研究丛书

K928/20051　西去的使节 / 梁越著 .—北京：外文出版社，2005.1.—329 页；26cm.—汗血马系列丛书

K928/20057　神奇阿勒泰 / 胡晋生主编 .—北京：学习出版社，2005.7.—223 页；20cm.—《中国黄金部落》丛书

K928/20066　新疆秀 / 张新泰主编 .—乌鲁木齐：新疆美术摄影出版社：新疆电子出版社，2006.6.—95 页；19cm

K928/20066　丝路岁月 /（英）苏珊·惠特菲尔德著；李淑珺译 .—海口：海南出版社：三环出版社，2006.6.—259 页；20cm

K928/20081　和田玉探奇 / 唐延龄著 .—乌鲁木齐：新疆美术摄影出版社，2008.1.—230 页；23cm

K928.1/95a　中国边疆研究通报 / 中国社会科学院中国边疆史地研究中心编 .—乌鲁木齐：新疆人民出版社，1995.10.—168 页；26cm

K928.1/95a　安西与北庭：唐代西陲边政研究 / 薛宗正著 .—哈尔滨: 黑龙江教育出版社，1995.10.—542 页；20cm

K928.1/98a　中国边疆研究通报 . 二集，云南专号 / 中国社会科学院中国边疆史地研究中心，中国边疆地区历史与社会研究云南工作站编 .—乌鲁木齐：新疆人民出版社，1998.10.—153 页；26cm

K928.1/20018　中国西北边疆发展史研究 / 马曼丽主编 .—哈尔滨：黑龙江教育出版社，2001.8.—275 页；21cm.—边疆史地丛书

K928.1/20028　中国边疆研究论稿 / 马大正著 .—哈尔滨：黑龙江教育出版社，2002.8.—458 页；20cm.—边疆史地丛书

K928.1/20054　中国边疆与民族问题：当代中国的挑战及其历史由来 / 张植荣著 .—北京：北京大学出版社，2005.4.—307 页；23cm.—21 世纪国际关系学系列教材

K928.1/2005b　中国的亚洲内陆边疆 /（美）拉铁摩尔著；唐晓峰译 .—南京：江苏人民出版社，2005.11.—411 页；23cm

K928.1/2007c　中国古代疆域史 / 林荣贵主编 .—哈尔滨：黑龙江教育出版社，2007.12.—3 卷（2127 页）；20cm.—边疆史地丛书

K928.2　辉煌成就美好前景 . 第一册，历史沿革与行政区划 / 姜崇仑主编 .—44 页；26cm.—伊犁州成立 50 周年系列丛书

K928.2　辉煌成就美好前景 . 第二册，资源与产业 / 姜崇仑主编 .—32 页；26cm.—伊犁州成立 50 周年系列丛书

K928.2　辉煌成就美好前景 . 第三册，对外开放 / 姜崇仑主编 .—46 页；26cm.—伊犁州成立 50 周年系列丛书

K928.2　辉煌成就美好前景 . 第四册，基础设施 / 姜崇仑主编 .—54 页；26cm.—伊犁州成立 50 周年系列丛书

K928.2　辉煌成就美好前景 . 第五册，旅游业 / 姜崇仑主编 .—36 页；26cm.—伊犁州成立 50 周年系列丛书

K928.2　辉煌成就美好前景 . 第六册，社会事业 / 姜崇仑主编 .—40 页；26cm.—伊犁州成立 50 周年系列丛书

K928.2/814　新疆维吾尔自治区地名录 / 新疆维吾尔自治区地名委员会，国家测绘总局测绘科学研究所编 .—乌鲁木齐：新疆新华印刷厂，1981.4.—385 页；23cm

K928.2-64/979　明代政区沿革综表 / 牛平汉编著 .—北京：中国地图出版社，1997.9.—571 页；27cm

K928.4/20022　哈纳斯风景：汉英对照 / 赵承安摄影 .—北京：中国旅游出版社，2002.2.—122 页；20cm

K928.4/20025　克拉玛依自然奇观 / 赵承安编著 .—北京：中国旅游出版社，2002.5.—124 页；20cm

K928.4/2007c　美景天池 / 刘力坤，王春亮编著 .—乌鲁木齐：新疆人民出版社，2007.12.—191 页；24cm.—人文天池

K928.5/992　最美的还是我们新疆：哈密市 / 张仁幹主编 .—乌鲁木齐: 新疆人民出版社，1999.2.—223 页；20cm.—最美的还是我们新疆丛书

K928.5/20064　军垦之城：石河子 / 陈新文编著 .—昆明：云南人民出版社，2006.4.—77 页；20cm

K928.5/20082　都市美食游：吃在乌鲁木齐 / 新疆第二测绘院编 .—济南：山东省地图出版社，2008.2.—30 页；20cm

K928.6/82a　中国历史地图集 . 第三册，三国西晋时期 / 中国历史地图集编辑组编辑 .—上海：中华地图学社，1982.10.—1 册；52cm

K928.6/85b　小方壶斋舆地丛钞 .1—20/（清）王锡祺辑 .—杭州：杭州古籍书店，1985.11.—20 册（7010 页）；20cm

K928.6/988　西域历史地理 . 第一卷 / 苏北海著 .—乌鲁木齐：新疆大学出版社，1988.8.—396 页；20cm

K928.6/2002a　西域地名词典 / 冯志文，吐尔迪·纳斯尔，李春华等编著 .—乌鲁木齐：新疆人民出版社，2002.10.—599 页；20cm

K928.6/2004b　丝绸之路史话 / 王应林编著 .—喀什：喀什维吾尔文出版社，2004.11.—212 页；19cm

K928.6/20057　西域水道记 /（清）徐松著；朱玉麟整理 .—北京：中华书局，2005.7.—701 页；23cm.—中外交通史籍丛刊

K928.6/20083　月亮玉石城堡 / 赵力编 .—乌鲁木齐：新疆美术摄影出版社：新疆电子音像出版社，2008.3.—156 页；20cm.—新疆地理丛书

K928.6/20086　中国新疆达斡尔族 / 任少武著；新疆电子音像出版社编 .—阿图什：克孜勒苏柯尔克孜文出版社；乌鲁木齐：新疆电子音像出版社，2008.6.—195 页；25cm

K928.6/20086　西域佛教研究 / 陈世良著 .—乌鲁木齐：新疆美术摄影出版社，2008.6.—257 页；23cm.—丝路佛光丛书

K928.6/20088　丝绸之路史地研究 / 陈世良著 .—乌鲁木齐：新疆美术摄影出版社，2008.8.—193 页；23cm.—丝路佛光丛书

K928.6/20114　黑戈壁 / 杨镰著 .—北京：北京航空航天大学出版社，2011.4.—214 页；24cm

K928.6/20123　唐安西都护府史事编年 / 石墨林编著；陈国灿校订 .—乌鲁木齐：新疆人民出版社，2012.3.—787 页；20cm

K928.6-53/989　西域考察与研究续编 / 马大正，杨镰主编 .—乌鲁木齐：新疆人民出版社，1998.9.—350 页；21cm.—西域探险

考察大系

K928.6-61/82b　中国古今地名大辞典 / 臧励禾等编 .—香港：商务印书馆香港分馆，1982.11.—1410 页；20cm

K928.62/20073　西域古道探秘 / 王嵘著 .—成都：四川文艺出版社，2007.3.—287 页；20cm.—西域探秘系列

K928.62/20123　西域史地三种资料校注 / 李之勤编 .—乌鲁木齐：新疆人民出版社，2012.3.—437 页；24cm.—新疆通史研究丛书

K928.62-53/20117　探索与求真：西域史地论集 / 殷晴著 .—乌鲁木齐：新疆人民出版社，2011.7.—454 页；24cm.—新疆社会科学院专家学者文库

K928.7　喀纳斯 / 文焱主编 .—乌鲁木齐：新疆电子音像出版社 .—93 页；20cm

K928.7/899　中国新疆·喀什噶尔 /《中国新疆·喀什噶尔》画册编委会编 .—乌鲁木齐：新疆人民出版社，1989.9.—120 页；29cm

K928.7/899　中国新疆·哈密 /《中国新疆·哈密》画册编委会编 .—乌鲁木齐：新疆人民出版社，1989.9.—101 页；29cm

K928.7/899　中国新疆·吐鲁番 /《中国新疆·吐鲁番》画册编委会编 .—乌鲁木齐：新疆人民出版社，1989.9.—120 页；29cm

K928.7/958　新疆大写真 /《新疆大写真》编委会，新疆对外文化交流协会编 .—乌鲁木齐：新疆美术摄影出版社，1995.8.—110 页；26cm

K928.7/968　中国新疆名胜古迹 / 杨夫立等编 .—乌鲁木齐：新疆青少年出版社，1996.8.—429 页；24cm

K928.7/986　走进新疆：中英文对照 / 新疆对外文化交流协会编 .—乌鲁木齐：新疆美术摄影出版社，1998.6.—148 页；26cm

K928.7/20006　吐鲁番旅游指南 / 周辉编 .—乌鲁木齐：新疆美术摄影出版社，2000.6.—178 页；219cm

K928.7/20018　天下第一井：神奇的新疆坎儿井 / 新疆坎儿井研究会编 .—乌鲁木齐：新疆人民出版社，2001.8.—87 页；21cm.—最美的还是我们新疆系列丛书

K928.7/20026　望西北：绚丽风光 / 张田，王金主编 .—乌鲁木齐：新疆人民出版社，2002.6.—57 页；20cm.—中国西部旅游探险系列丛书

K928.7/20026　望西北：名胜古迹 / 张田，王金主编 .—乌鲁木齐：新疆人民出版社，2002.6.—57 页；20cm.—中国西部旅游探险系列丛书

K928.7/20026　望西北：神秘故城 / 张田，王金主编 .—乌鲁木齐：新疆人民出版社，2002.6.—57 页；20cm.—中国西部旅游探险系列丛书

K928.7/20026　望西北：自然奇观 / 张田，王金主编 .—乌鲁木齐：新疆人民出版社，2002.6.—57 页；20cm.—中国西部旅游探险系列丛书

K928.7/2003　丝路游：2003 年 /《丝路游》杂志社编 .—乌鲁木齐：新疆美术摄影出版社，2003.—5 期（102 页）；26cm

K928.7/20051　人间仙境哈纳斯 / 张新泰著 .—北京：北京出版社，2005.1.—195 页；20cm.—绿太阳丛书

K928.7/20055　走读喀什 / 赵力编著 .—乌鲁木齐：新疆美术摄影出版社：新疆电子出版社，2005.5.—183 页；24cm.—走进新疆丛书 / 刘长明主编

K928.7/20056　最美的还是我们新疆：阿勒泰 / 范勇胜，富山玮编著 .—乌鲁木齐：新疆人民出版社，2005.6.—89 页；21cm.—最美的还是我们新疆系列丛书

K928.7/20056　最美的还是我们新疆：吐鲁番 / 张惠琴，林辉编著 .—乌鲁木齐：新疆

人民出版社，2005.6.—91 页；21cm.—最美的还是我们新疆系列丛书

K928.7/20056　行吟阿勒泰 / 张永江，武琼瑶著 .—乌鲁木齐：新疆美术摄影出版社：新疆电子出版社，2005.6.—173 页；21cm.—走进新疆丛书 / 刘长明主编

K928.7/20056　最美的还是我们新疆：阿瓦提 / 赵勤编著 .—乌鲁木齐: 新疆人民出版社，2005.6.—89 页；21cm

K928.7/20056　最美的还是我们新疆：伊犁 / 赵勤，张建军编著 .—乌鲁木齐：新疆人民出版社，2005.6.—89 页；20cm

K928.7/20057　新疆奇石收藏与鉴赏 / 马吉青著 .—乌鲁木齐：新疆美术摄影出版社：新疆电子出版社，2005.7.—176 页；20cm.—走进新疆丛书 / 刘长明主编

K928.7/20057　精彩新疆 / 梁彤瑾编著 .—乌鲁木齐：新疆美术摄影出版社：新疆电子出版社，2005.7.—189 页；20cm.—走进新疆丛书 / 刘长明主编

K928.7/20057　品味吐鲁番 / 向京编 .—乌鲁木齐：新疆美术摄影出版社：新疆电子出版社，2005.7.—178 页；20cm.—走进新疆丛书 / 刘长明主编

K928.7/20057　揽(览)胜伊犁 / 闵长庆著 .—乌鲁木齐：新疆美术摄影出版社：新疆电子出版社，2005.7.—152 页；20cm.—走进新疆丛书 / 刘长明主编

K928.7/20057　珍藏喀纳斯 / 文昊编 .—乌鲁木齐：新疆美术摄影出版社：新疆电子出版社，2005.7.—147 页；20cm.—走进新疆丛书 / 刘长明主编

K928.7/20069　北疆最美的地方：奎屯地名与旅游 / 窦晓群编著 .—乌鲁木齐：新疆美术摄影出版社，2006.9.—149 页；20cm

K928.7/20082　新疆畅想曲 / 张天羽啸编著 .—乌鲁木齐：新疆美术摄影出版社，2008.2.—132 页；22cm

K928.7/20083　山川人文水磨沟 / 张末著 .—乌鲁木齐：新疆美术摄影出版社，2008.3.—107 页；23cm

K928.7/20118　中国新疆名胜古迹：汉英对照 / 余言，向京著 .—北京：五洲传播出版社，2011.8.—225 页；21cm

K928.704/20073　新疆发现 / 温倩，灵子编 .—乌鲁木齐：新疆美术摄影出版社：新疆电子音像出版社，2007.3.—151 页；24cm.—新疆人文地理丛书

K928.79/20061　新疆坎儿井 / 吾甫尔主编 .—乌鲁木齐：新疆人民出版社，2006.1.—2 册（1143 页）；26cm

K928.9　喀纳斯游记 / 于文胜主编 .—乌鲁木齐：新疆电子出版社 .—97 页；20cm.—新疆地理丛书

K928.9/878　西北考察记 /《地理知识》编辑部编 .—西安：陕西人民出版社，1987.8.—206 页；20cm

K928.9/959　中国新疆环游录 / 新疆维吾尔自治区旅游局，中国科学院·国家计委地理研究所编 .—北京：科学出版社，1995.9.—225 页；26cm

K928.9/95b　荒漠独行——西域探险考察热点寻迹 / 杨镰著 .—北京：中共中央党校出版社，1995.11.—272 页；20cm

K928.9/965　丝绸古道旅游 / 钟林编著 .—乌鲁木齐：新疆人民出版社，1996.5.—227 页；20cm

K928.9/20001　新疆之旅 / 玫影编著 .—广州：广东旅游出版社，2000.1.—153 页；19cm.—中国之旅热线丛书

K928.9/20003　未完成的探险 /（德）特林克勒著；张凤朝译 .—乌鲁木齐：新疆人民出版社，2000.3.—218 页；20cm

K928.9/20003　人在天涯 / 天涯游子著 .—乌

鲁木齐：新疆人民出版社，2000.3.—149 页；20cm.—探险与发现丛书 / 杨镰，陈宏博主编

K928.9/20008　天涯孤旅 / 庄雪华，周凤彩著 .2000.8.—247 页；20cm

K928.9/20009　路经楼兰 /（英）奥雷尔·斯坦因著；肖小勇，巫新华译 .—桂林：广西师范大学出版社，2000.9.—320 页；20cm.—西域游历丛书

K928.9/2000a　重返和田绿洲 /（英）奥雷尔·斯坦因著；刘文锁译 .—桂林：广西师范大学出版社，2000.10.—300 页；20cm.—西域游历丛书

K928.9/2000a　穿越塔克拉玛干 /（英）奥雷尔·斯坦因著；巫新华等译 .—桂林：广西师范大学出版社，2000.10.—325 页；20cm.—西域游历丛书

K928.9/2000a　从罗布沙漠到敦煌 /（英）奥雷尔·斯坦因著；赵燕，谢仲礼，秦立彦译 .—桂林：广西师范大学出版社，2000.10.—331 页；20cm.—西域游历丛书

K928.9/20013　吐鲁番旅游 / 丁晓仑编著 .—乌鲁木齐：新疆美术摄影出版社，2001.3.—60 页；20cm

K928.9/20015　天山游记 /（俄）谢苗诺夫著；李步月译 .—乌鲁木齐：新疆人民出版社，2001.5.—249 页；20cm.—西域文化丛书

K928.9/20035　旅游中的新疆 / 石晓奇，李春华编著 .—乌鲁木齐：新疆人民出版社，2003.5.—150 页；25cm

K928.9/20036　西极探险：从叶尔羌到藏北 /（瑞典）斯文·赫定著；王鸣野译 .—乌鲁木齐：新疆人民出版社，2003.6.—255 页；20cm.—穿越昆仑山丛书

K928.9/20039　新疆盛宴 / 沈苇著 .—北京：中国青年出版社，2003.9.—373 页；20cm

K928.9/20039　一个英国“商人”的冒险：从克什米尔到叶尔羌 /（英）罗伯特·沙敖著；王欣，韩香译 .—乌鲁木齐：新疆人民出版社，2003.9.—302 页；20cm.—穿越昆仑山丛书

K928.9/20042　神奇之旅 / 新疆第二测绘院编 .—济南：山东省地图出版社，2004.2.—92 页；20cm

K928.9/20046　斯坦因中国探险手记 /（英）奥里尔·斯坦因著；巫新华，伏霄汉译 .—沈阳：春风文艺出版社，2004.6.—4 册（1068 页）；20cm

K928.9/20048　乌鲁木齐故事 /《乌鲁木齐故事》编撰委员会 .—乌鲁木齐：新疆人民出版社，2004.8.—193 页；20cm.—新疆乌鲁木齐文化旅游丛书

K928.9/2004c　罗布泊旅游探险日记 / 周凤彩著 .—海口：南方出版社，2004.12.—420 页；20cm.—新世纪作家文库

K928.9/20058　收藏乌鲁木齐 / 王雪卿，李岳伍著 .—乌鲁木齐：新疆人民出版社，2005.8.—222 页；20cm

K928.9/2005c　魅力阿克苏 / 中共阿克苏地委对外宣传办公室，阿克苏地区行署新闻办公室编 .—2005.12.—174 页；21cm

K928.94/2003　亚洲腹地旅行记：最有名的探险 /（瑞典）斯文·赫定著；大陆桥翻译社译 .—呼和浩特：远方出版社，2003.—194 页；23cm.—探索 / 大旅行家游记

K928.94/20045　曾经沧海罗布人 / 刘友军，王汉冰著 .—乌鲁木齐：新疆人民出版社，2004.5.—99 页；24cm

K928.94/20106　吐鲁番导游读本 / 吐鲁番地区行政公署编 .—乌鲁木齐：新疆人民出版社，2010.6.—178 页；24cm

K928.945/20075　新疆 / 王炜，路痴编著；马强，邸晋军摄影 .—桂林：广西师范大学出版社，2007.5.—542 页；21cm

K928.945/20076　北疆：走出来的旅行指南 / 赵宗锋著 .—北京：科学普及出版社，

2007.6.—180 页；24cm

K928.945/20091　新疆攻略 / 知行图书工作室编著 .—北京：中国旅游出版社，2009.1.—289 页；24cm

K928.945/20104　外交官夫人的回忆 /（英）凯瑟琳·马噶特尼，戴安娜·西普顿著；王卫平，崔延虎译 .—乌鲁木齐：新疆人民出版社，2010.4.—479 页；20cm.—西域探险考察大系

K928.945/20104　新疆游记 / 谢彬著 .—乌鲁木齐：新疆人民出版社，2010.4.—426 页；20cm.—西域探险考察大系

K936/20068　中亚五国概况 / 王沛主编 .—乌鲁木齐：新疆人民出版社，2006.8.—481 页；20cm

K992/84a　中华人民共和国地图集 / 地图出版社编制 . — 北京：地图出版社，1984.10.—75 页；26cm

K992/874　中国历史地图集 . 第八册，清时期 / 谭其骧主编 .—北京：地图出版社，1987.4.—120 页；26cm

K992/921　伊犁哈萨克自治州经济地图册 / 伊犁日报主编 .—广州：广东省地图出版社，1992.1.—174 页；26cm

K992/97　新疆生产建设兵团公路交通图册 / 新疆生产建设兵团交通局，新疆生产建设兵团勘测设计院编 .—1997.—253 页；36cm

K992.2/20048　新疆维吾尔自治区地图集 / 新疆维吾尔自治区测绘局编 .—北京：地图出版社，2004.8.—307 页；26cm

K992.245/20099　新疆维吾尔自治区地图集 /《新疆维吾尔自治区地图集》编纂委员会编著 .—北京：地图出版社，2009.9.—307 页；26cm

K992.5/948　新疆对外开放口岸·城市地图册 / 新疆第二测绘大队编制 .—成都：成都地图出版社，1994.8.—87 页；19cm

K992.5/20053　乌鲁木齐市影像地图集 / 新疆第二测绘院编 .—济南：山东省地图出版社，2005.3.—185 页；30cm

K992.641/82a　中国历史地图集 . 第三册，三国、西晋时期 / 谭其骧主编 .—北京：地图出版社，1982.10.—79 页；26cm

K992.641/82a　中国历史地图集 . 第五册，隋·唐·五代十国时期 / 谭其骧主编 .—北京：地图出版社，1982.10.—132 页；26cm

K992.641/82a　中国历史地图集 . 第六册，宋辽金时期 / 谭其骧主编 .—北京：地图出版社，1982.10.—115 页；26cm

K992.65/84c　中国近代史稿地图集 / 张海鹏编著 .—北京：地图出版社，1984.12.—177 页；20cm

K992.945/20064　新疆是个好地方：新疆旅游交通地图册 / 宋长江，杨新才编著 .—济南：山东省地图出版社，2006.4.—232 页；21cm

N　自然科学总论

N1　自然科学概况现状、进展

N1/86a　科技成果选编 / 新疆生产建设兵团科学技术委员会编 .—1986.10.—349 页；26cm

N124.5/20049　昌吉地区科学研究成果辑录 / 昌吉回族自治州科学技术局编 .—乌鲁木齐：新疆科学技术出版社，2004.9.—538 页；26cm

N4　自然科学教育及普及

N4/20069　走进新疆动物世界 / 黄人鑫著 .—乌鲁木齐：新疆科学技术出版社，2006.9.—147 页；20cm

N8　自然科学调查、考察

N82/20104　驼队 /（瑞典）尼尔斯·安博特著；

杨子，宋增科译 .—乌鲁木齐：新疆人民出版社，2010.4.—193 页；20cm.— 西域探险考察大系

P　天文学、地球科学

P1　天文学

P196/2001c　中西回俄历表：1821—2020/ 纪大椿编著 .—乌鲁木齐：新疆人民出版社，2001.12.—407 页；20cm

P2　测绘学

P28-091/20127　中央亚细亚地图是怎样产生的 /（苏）H.M. 休金娜著；姬增禄，阎菊玲译 .—乌鲁木齐：新疆人民出版社，2012.7.—222 页；24cm

P3　地球物理学

P316.245/20009　新疆地震研究文集 . 第 2 辑 / 新疆维吾尔自治区地震局编 .—乌鲁木齐：新疆人民出版社，2000.9.—271 页；26cm

P344.24/969　干旱区水文水资源研究成果汇编：庆祝新疆水文水资源局成立四十周年 / 新疆水文水资源局编 .—乌鲁木齐：新疆大学出版社，1996.9.—308 页；23cm

P4　大气科学（气象学）

P426.616/20001　新疆'96 洪水灾害研究 /《新疆'96 洪水灾害与防治研究》课题组编著 .—乌鲁木齐：新疆科技卫生出版社，2000.1.—298 页；26cm

P468.45/761　自治区、乌鲁木齐市直属台站逐日气温降水：1951—1975/ 新疆维吾尔自治区气象局编 .—1976.1.—343 页；26cm

P468.45/79a　新疆维吾尔自治区乌苏县农业气候手册 / 新疆维吾尔自治区气象局科研所，塔城地区乌苏县气象站编 .—1979.10.—220 页；26cm

P468.45/80c　阿克苏地区地面气候资料：1951—1980/ 新疆维吾尔自治区气象局编 .—1980.12.—522 页；26cm

P468.45/80c　阿勒泰地区地面气候资料：1951—1980/ 新疆维吾尔自治区气象局编 .—1980.12.—593 页；26cm

P468.45/80c　巴音郭楞蒙古自治州地面气候资料：1951—1980/ 新疆维吾尔自治区气象局编 .—1980.12.—633 页；26cm

P468.45/80c　博尔塔拉蒙古自治州地面气候资料：1951—1980/ 新疆维吾尔自治区气象局编 .—1980.12.—244 页；26cm

P468.45/80c　昌吉回族自治州地面气候资料：1951—1980/ 新疆维吾尔自治区气象局编 .—1980.12.—539 页；26cm

P468.45/80c　哈密地区地面气候资料：1951—1980/ 新疆维吾尔自治区气象局编 .—1980.12.—449 页；26cm

P468.45/80c　和田地区地面气候资料：1951—1980/ 新疆维吾尔自治区气象局编 .—1980.12.—356 页；26cm

P468.45/80c　喀什地区地面气候资料：1951—1980/ 新疆维吾尔自治区气象局编 .—1980.12.—583 页；26cm

P468.45/80c　克孜勒苏柯尔克孜自治州地面气候资料：1951—1980/ 新疆维吾尔自治区气象局编 .—1980.12.—306 页；26cm

P468.45/80c　石河子地区地面气候资料：1951—1980/ 新疆维吾尔自治区气象局编 .—1980.12.—220 页；26cm

P468.45/80c　塔城地区地面气候资料：1951—1980/ 新疆维吾尔自治区气象局编 .—1980.12.—281 页；26cm

P468.45/80c　吐鲁番地区地面气候资料：1951—1980/ 新疆维吾尔自治区气象局编 .—1980.12.—281 页；26cm

P468.45/80c　伊犁哈萨克自治州地面气候

资料：1951—1980/新疆维吾尔自治区气象局编.—1980.12.—535页；26cm

P468.45/80c　直属台站地面气候资料：1951—1980/新疆维吾尔自治区气象局编.—1980.12.—407页；26cm

P468.45/81a　新疆维吾尔自治区气候历史史料/新疆维吾尔自治区气象局科研所编.—1981.10.—263页；26cm

P468.45/824　新疆维吾尔自治区石河子农业气候手册/新疆维吾尔自治区石河子气象局编.—1982.4.—138页；26cm

P468.45/938　新疆生产建设兵团地面气候资料：农二、三师/新疆生产建设兵团农业局编.—1993.8.—365页；26cm

P468.45/938　新疆生产建设兵团地面气候资料：1956—1988/新疆生产建设兵团农业局编.—1993.8.—399页；26cm

P468.45/938　新疆生产建设兵团地面气候资料：1955－1988/新疆生产建设兵团农业局编.—1993.8.—391页；26cm

P468.45/938　新疆生产建设兵团地面气候资料：农九、十师/新疆生产建设兵团农业局编.—1993.8.—310页；26cm

P5　地质学

P562.45/20068　新疆维吾尔自治区古地理及地质生态图集/新疆地质矿产勘查开发局地质矿产研究所编制.—北京：中国地图出版社，2006.8.—226页；37cm

P562.45/20086　新疆地质概论/木合塔尔·扎日主编.—乌鲁木齐：新疆大学出版社，2008.6.—199页；26cm

P61　矿床学

P617.45/954　新疆阿勒泰地区矿产勘查开发战略规划研究/陈哲夫…[等]编.—乌鲁木齐：新疆人民出版社，1995.4.—254页；20cm.—新疆经济研究丛书

P62　地质、矿产普查与勘探

P621/20076　新疆吐鲁番市乌宗布拉克铜多金属矿区普查地质报告/河南省地质矿产勘查开发局第一地质勘查院编.—2007.6.—74页；26cm

P64　水文地质学与工程地质学

P642.23/928　天山阿拉沟泥石流考察研究/陈亚宁，颜新等著.—乌鲁木齐：新疆科技卫生出版社，1992.8.—170页；26cm

P9　自然地理学

P941.73/911　干旱荒漠生态研究专集/新疆大学编.—1991.1.—180页；26cm

P942.45/2009c　艾比湖流域典型绿洲稳定性研究/毋兆鹏，金海龙著.—乌鲁木齐：新疆科学技术出版社，2009.12.—170页；24cm

P942.45/2010c　丝绸之路绿洲研究/钱云，金海龙等编著.—乌鲁木齐：新疆人民出版社，2010.12.—388页；26cm

P966/90c　新疆的宝藏/新疆维吾尔自治区地质矿产局编著.—乌鲁木齐：新疆人民出版社；香港：香港文化教育出版社，1990.12.—328页；26cm

Q　生物科学

Q1　普通生物学

Q147/2005a　生态系统耦合的原理与方法/王让会，张慧芝著.—乌鲁木齐：新疆人民出版社，2005.10.—212页；26cm

Q149-53/2003c　中国干旱区景观生态学研究进展/肖笃宁，王根绪，王让会编.—乌鲁木齐：新疆人民出版社，2003.12.—503页；26cm

Q16/20087　新疆克拉玛依生物多样性及保

护 / 吕光辉，杨建军，孙凡等著 .—乌鲁木齐：新疆人民出版社，2008.7.—364 页；23cm

Q16/2008b　新疆生物多样性 / 袁国映主编 .—乌鲁木齐：新疆科学技术出版社，2008.11.—210 页；26cm

Q94　植物学

Q948/20075　新疆极端环境植物种质资源的研究 / 马淼，李学禹编 .—乌鲁木齐：新疆科学技术出版社，2007.5.—281 页；26cm

Q948.5/20087　新疆克拉玛依动植物名录 / 吕光辉，杨建军，孙凡等编著 .—乌鲁木齐：新疆人民出版社，2008.7.—320 页；26cm

Q948.52/20108　塔里木河中下游退耕土地转化利用的理论与实践 / 尹林克主编 .—乌鲁木齐：新疆科学技术出版社，2010.8.—254 页；26cm

Q958.52/20068　新疆野生动物名典 / 阿布力米提·阿布都卡迪尔等著 .—乌鲁木齐：新疆科学技术出版社，2006.8.—118 页；29cm

Q958.52/20078　西部野生动物探秘 / 袁国映著 .—乌鲁木齐：新疆美术摄影出版社：新疆电子音像出版社，2007.8.—169 页；24cm

Q958.52/2009b　西部野生动物探秘 / 袁国映著 .—乌鲁木齐：新疆美术摄影出版社，2009.11.—2 册（334 页）；20cm

Q959.84/20058　野马：重返卡拉麦里：戈壁女孩手记 / 张赫凡著 .—乌鲁木齐：新疆青少年出版社，2005.8.—167 页；23cm

Q981/93c　丝绸之路古代居民种族人类学研究 / 韩康信著 .—乌鲁木齐: 新疆人民出版社，1993.12.—426 页；20cm

Q982/2010c　丝绸之路古代种族研究 / 韩康信著 .—乌鲁木齐：新疆人民出版社，2010.12.—532 页；27cm

Q983/20073　体质人类学 / 常伦荣，武杰编著 .—乌鲁木齐：新疆人民出版社，2007.3.—217 页；24cm

R　医药、卫生

R1　预防医学、卫生学

R1/2003c　新疆预防医学会 2003 年学术年会论文集 / 新疆预防医学会编 .—乌鲁木齐：新疆人民出版社，2003.12.—301 页；26cm

R123/978　饮水思源：新疆改水防病纪实 /《饮水思源: 新疆改水防病纪实》编委会编 .—乌鲁木齐：新疆美术摄影出版社，1997.8.—95 页；26cm

R123/20003　新疆生产建设兵团防病改水工程建设与管理 / 张连德，殷泰平主编 .—乌鲁木齐：新疆科技卫生出版社，2000.3.—313 页；26cm

R161/20119　兵团职工健康知识读本 / 杨学田编著 .—五家渠：新疆生产建设兵团出版社，2011.9.—114 页；13cm

R183/20119　农牧区常见传染病综合防治 / 杨学田编著 .—五家渠：新疆生产建设兵团出版社，2011.9.—119 页；19cm

R184.3/2010.7　新疆北屯城区蚊虫治理工作纪实资料 / 农十师蚊虫治理项目办公室，农十师疾病预防控制中心编 .—2010.7.—页；26cm

R19/94b　新疆农牧区卫生发展战略研究 / 谭一文主编 .—乌鲁木齐：新疆科技卫生出版社，1994.11.—156 页；20cm

R19/999　新疆医疗卫生信息大全 / 马秦，亚森·吐尔逊主编 .—乌鲁木齐：新疆科技卫生出版社，1999.9.—1032 页；26cm

R19/2001　北屯医学 / 新疆生产建设兵团农十师医学院学会主编 .—2001.—262 页；26cm

R19/20046　兵团卫生改革与发展经验交流材料汇编 / 新疆生产建设兵团卫生局编 .—

2004.6.—121 页；26cm

R19/20047　基层医院常见病诊疗规程 /《新疆理论研究创新优秀学术成果选萃》编委会编 .—阿图什：克孜勒苏柯尔克孜文出版社；乌鲁木齐：新疆电子出版社，2004.7.—306 页；20cm.—新西部文丛

R195/20065　新疆维、哈、蒙、柯、锡、塔、回七民族 3—6 岁幼儿体质与健康调研 / 武杰主编 .—乌鲁木齐：新疆人民出版社，2006.5.—133 页；26cm

R197/2001a　农六师职工基本医疗保险制度改革文件汇编 / 农六师医疗保险制度改革办公室编制 .—2001.10.—129 页；20cm

R197/20064　兵团卫生监督执法人员系列培训教材 . 一 / 新疆生产建设兵团卫生局编 .—2006.4.—200 页；26cm

R197/20066　兵团卫生监督执法人员系列培训教材 . 二 / 新疆生产建设兵团卫生局编 .—2006.6.—444 页；26cm

R197.1/20076　新疆生产建设兵团卫生服务调查研究：1998、2004 年兵团两次卫生服务调查分析报告 / 秦江梅，王国建，杨磊主编 .—乌鲁木齐：新疆科技卫生出版社，2007.6.—350 页；28cm

R197.1/20138　2010 年新疆生产建设兵团卫生服务调查研究：第三次家庭健康询问调查分析报告 / 秦江梅，王国建，朱东兵主编 .—五家渠：新疆生产建设兵团出版社，2013.8.—246 页；29cm

R197.3/2006c　新疆兵团农十师北屯医院规章制度职责汇编 / 新疆兵团农十师北屯医院编 .—2006.12.—208 页；26cm

R2　中国医学

R29/94c　丝绸之路医药学交流研究 / 王孝先著 .—乌鲁木齐：新疆人民出版社，1994.12.—477 页；20cm

R291.5/867　维吾尔药志 / 刘勇民，沙吾提·伊克木编 .—乌鲁木齐：新疆人民出版社，1986.7.—491 页；26cm

R5　内科学

R531.9/20065　新疆维吾尔自治区的利什曼病与白蛉 / 柴君杰主编 .—乌鲁木齐：新疆人民出版社，2006.5.—385 页；26cm

R565/20049　胸部临床影像诊断手册 / 陈德主编 .—乌鲁木齐：新疆科学技术出版社，2004.9.—290 页；20cm

R71　妇产科学

R71/994　产科及母婴保健工作技术规范 / 新疆生产建设兵团卫生局印制 .—1999.4.—124 页；20cm

R9　药学

R9/20006　阿勒泰垦区健康教育医学：药物与检验手册 / 北屯医院科委编 .—2000.6.—36 页；20cm

R9/20053　抗菌药物临床应用指导原则 / 农十师卫生局编 .—2005.3.—87 页；20cm

S　农业科学

S-0　一般性理论

S-0/20027　新疆绿洲农业学 / 赖先齐主编 .—乌鲁木齐：新疆科技卫生出版社，2002.7.—181 页；20cm

S-092/2001c　中华农器图谱 / 宋树友主编 .—北京：中国农业出版社，2001.12.—3 卷（1487 页）；26cm

S-1/82　新疆农垦科技 .1982 年合订本 / 新疆生产建设兵团 .—乌鲁木齐：乌鲁木齐市印刷厂，1982.—390 页；26cm

S-1/83　新疆农垦科技 .1983 年合订本 / 新疆生产建设兵团 .—乌鲁木齐：乌鲁木齐市印刷厂，1983.—390 页；26cm

S-1/84　新疆农垦科技.1984年合订本/新疆生产建设兵团.—乌鲁木齐：乌鲁木齐市印刷厂，1984.—390页；26cm

S-1/85　新疆农垦科技.1985年合订本/新疆生产建设兵团.—乌鲁木齐：乌鲁木齐市印刷厂，1985.—390页；26cm

S-1/86　新疆农垦科技.1986年合订本/新疆生产建设兵团.—乌鲁木齐：乌鲁木齐市印刷厂，1986.—390页；26cm

S-1/87　新疆农垦科技.1987年合订本/新疆生产建设兵团.—乌鲁木齐：乌鲁木齐市印刷厂，1987.—390页；26cm

S-1/88　新疆农垦科技.1988年合订本/新疆生产建设兵团.—乌鲁木齐：乌鲁木齐市印刷厂，1988.—390页；26cm

S-1/98　新疆农垦科技.1998年合订本/新疆生产建设兵团.—乌鲁木齐：乌鲁木齐市印刷厂，1998.—390页；26cm

S-1/99　新疆农垦科技.1999年合订本/新疆生产建设兵团.—乌鲁木齐：乌鲁木齐市印刷厂，1999.—522页；26cm

S-1/2004c　重视生态农业发展无公害食品：2004年天山环保世纪行资料汇编/新疆维吾尔自治区人大常委会环境与资源保护委员会编.—乌鲁木齐：乌鲁木齐市松山印刷有限公司，2004.12.—450页；20cm

S-1/2007c　新疆农垦科技.2007年合订本/《新疆农垦科技》编辑部编.—石河子：《新疆农垦科技》编辑部，2007.12.—16期（390页）；29cm

S-1/2008c　新疆农垦科技.2008年合订本/《新疆农垦科技》编辑部编.—石河子：《新疆农垦科技》编辑部，2008.12.—16期（390页）；29cm

S-1/2009c　新疆农垦科技.2009年合订本/《新疆农垦科技》编辑部编.—石河子：《新疆农垦科技》编辑部，2009.12.—16期（390页）；29cm

S-53/20119　胡兆璋农业科技文章及讲话选编/新疆生产建设兵团农业局编.—五家渠：新疆生产建设兵团出版社，2011.9.—435页；29cm

S1　农业基础科学

S157/20045　乌鲁木齐市水土保持规划/乌鲁木齐市人民政府编.—2004.5.—132页；29cm

S157.1/95c　新疆头屯河流域山地侵蚀与减沙治理研究/陈亚宁，汪雄祥等著.—乌鲁木齐：新疆人民出版社，1995.12.—237页；26cm

S162/832　新疆维吾尔自治区巴里坤哈萨克自治县农业气候手册/哈密地区气象局农业气候区划办公室，巴里坤哈萨克自治县农业区划办公室编.—1983.2.—134页；23cm

S181/2011a　和田地区民国时期绿洲农业与生态环境档案选辑/谢丽，杨方正编.—乌鲁木齐：新疆人民出版社，2011.10.—641页；26cm

S2　农业工程

S2/981　农六师"五小"成果选编/兵团农六师工会编印.—1998.1.—54页；20cm

S223.2/2010a　旱田地膜覆盖精量播种机械的研究与设计/陈学庚，胡斌著.—乌鲁木齐：新疆科学技术出版社，2010.10.—245页；21cm

S275/2009c　绿洲节水灌溉技术/郑重主编.—乌鲁木齐：新疆大学出版社，2009.12.—184页；26cm

S3　农学（农艺学）

S3/906　塔里木农业实用技术/农一师农业处，教育处合编.—阿克苏：农一师印刷厂，1990.6.—336页；20cm

S3/92c　新疆农业高产经验/新疆维吾尔自

治区人民政府办公厅，新疆维吾尔自治区农业科学院编 .—乌鲁木齐：新疆农业科学院印刷厂，1992.12.—295 页；23cm

S4　植物保护

S42/20119　农牧区气象防灾减灾知识读本 / 金中编 .—五家渠：新疆生产建设兵团出版社，2011.9.—170 页；19cm

S5　农作物

S5/952　新疆农作物病害 / 尹玉琦，李国英主编 .—乌鲁木齐：新疆科技卫生出版社，1995.2.—297 页；26cm

S512/20027　麦类作物栽培育种研究 / 王荣栋，曹连莆，吕新主编 .—乌鲁木齐：新疆科技卫生出版社，2002.7.—357 页；26cm

S512.1/20055　小麦精准栽培技术 / 新疆生产建设兵团劳动和社会保障局，新疆生产建设兵团农业局编 .—昌吉：新疆金版印务有限公司，2005.5.—73 页；20cm

S512.1/20055　番茄精准栽培技术 / 新疆生产建设兵团劳动和社会保障局，新疆生产建设兵团农业局编 .—昌吉：新疆金版印务有限公司，2005.5.—93 页；20cm

S512.1/20055　向日葵精准栽培技术 / 新疆生产建设兵团劳动和社会保障局，新疆生产建设兵团农业局编 .—昌吉：新疆金版印务有限公司，2005.5.—34 页；20cm

S562/20025　棉花膜下滴灌技术理论与实践 / 马富裕，严以绥主编 .—乌鲁木齐：新疆大学出版社，2002.5.—169 页；26cm

S562/20055　棉花精准栽培技术 / 新疆生产建设兵团劳动和社会保障局，新疆生产建设兵团农业局编 .—昌吉：新疆金版印务有限公司，2005.5.—64 页；20cm

S6　园艺

S642.09/20102　新疆瓜类贮藏实用新技术 / 刘福林，郑晓吉主编 .—乌鲁木齐：新疆美术摄影出版社；五家渠：新疆生产建设兵团出版社，2010.2.—165 页；19cm

S652/20076　贡品哈密瓜 / 张仁幹主编 .—乌鲁木齐：新疆人民出版社，2007.6.—89 页；20cm

S66/2009b　新疆果树绿色高效生产新技术 / 冯建荣主编 .—乌鲁木齐：新疆大学出版社，2009.11.—385 页；21cm

S7　林业

S714.7/2002b　天山北坡山地森林水土保持功能效益研究 / 高新和，张金池，潘存德著 .—乌鲁木齐：新疆人民出版社，2002.11.—185 页；24cm

S727.27/2007b　横贯死亡之海的绿色走廊：塔里木沙漠公路防护林生态工程建设大事记 / 中国石油塔里木油田分公司编 .—乌鲁木齐：新疆人民出版社，2007.11.—272 页；26cm

S73/984　绿色的呼唤 / 中共新疆维吾尔自治区委员会政策研究室，新疆维吾尔自治区林业厅编 .—乌鲁木齐：新疆人民出版社，1998.4.—279 页；20cm

S763/2009c　新疆特色林果主要有害生物 / 李宏主编 .—五家渠：新疆生产建设兵团出版社，2009.12.—208 页；26cm

S8　畜牧、动物医学、狩猎、蚕、蜂

S812.5-24/2009c　新疆草原总站 50 年 / 新疆维吾尔自治区草原总站编著 .—乌鲁木齐：新疆科学技术出版社，2009.12.—143 页；26cm

S812.8/2010b　新疆生产建设兵团天然草地与牧草资源图集 /《新疆生产建设兵团天然草地与牧草资源图集》编委会编 .—乌鲁木齐：新疆人民出版社，2010.11.—148 页；30cm

S858.26/20118　新疆羊病诊疗处方精选 / 赵远良，丑武江，刕根强主编 .—五家渠：新疆生产建设兵团出版社，2011.8.—176 页；

150cm

T 工业技术

TD9 选矿

TD98/948 新疆阿勒泰地区矿产勘查和开发利用战略规划论证研究 / 新疆维吾尔自治区专家顾问团地矿专业组课题组编 .—1994.8.—162 页；26cm

TE3 油气田开发与开采

TE3/2005c 准噶尔盆地油气藏开发技术研究论文集 / 闻玉贵主编 .—乌鲁木齐：新疆人民出版社，2005.12.—382 页；29cm

TE4 油气田建设工程

TE4/2003b 新时期新疆油气资源开发用地研究 / 杨俊孝主编 .—乌鲁木齐：新疆人民出版社，2003.11.—237 页；20cm

TE6 石油、天然气加工工业

TE64/20013 天然气化工 / 刘志泉，文江琴著 .—乌鲁木齐：新疆人民出版社，2001.3.—768 页；26cm

TE8 石油、天然气储存与运输

TE8/20047 新疆油田油气储运论文集 / 新疆油田油气储运公司编 .—乌鲁木齐：新疆人民出版社，2004.7.—501 页；26cm

TE832/20109 阿拉山口口岸进口管输原油检验计量与监督管理 / 阿拉山口出入境检验检疫局编 .—乌鲁木齐：新疆人民出版社，2010.9.—262 页；25cm

TE9 石油机械设备与自动化

TE973/20035 库鄯线论文集 / 孙胜戈主编 .—乌鲁木齐：新疆人民出版社，2003.5.—184 页；26cm

TN91 通信

TN915/20076 新疆互联网网站发展报告：2006 年 / 新疆维吾尔自治区通信管理局，新疆维吾尔自治区互联网协会编 .—2007.6.—196 页；26cm

TS2 食品工业

TS255.4/20102 新疆浆果加工实用新技术 / 万银松，刘福林主编 .—乌鲁木齐：新疆美术摄影出版社；五家渠：新疆生产建设兵团出版社，2010.2.—177 页；19cm

TS93 工艺美术制品工业

TS933.21/945 中国和阗玉 / 唐延龄等著 .—乌鲁木齐：新疆人民出版社，1994.5.—353 页；26cm

TS933.21/20127 新疆戈壁玉 / 张新荃编著 .—五家渠：新疆生产建设兵团出版社，2012.7.—135 页；19cm

TS94 服务工业、制鞋工业

TS941.12/2010c 丝绸之路服饰研究 / 李肖冰著 .—乌鲁木齐：新疆人民出版社，2010.12.—237 页；26cm

TS95 其他轻工业、手工业

TS953.2/20065 维吾尔乐器 / 伊里夏提・吐尔逊等编 .—喀什：喀什维吾尔文出版社，2006.5.—173 页；26cm

TS97 生活服务技术

TS971/20065 新疆美食 / 楼望皓著 .—乌鲁木齐：新疆人民出版社，2006.5.—245 页；23cm

TS972.1/2003b 新疆风味食谱 / 李维达，李西虹编著 .—乌鲁木齐：新疆人民出版社，2003.11.—151 页；20cm

TU-8 建筑艺术

TU-80/958 新疆民居 / 严大椿主编 .—北京：中国建筑工业出版社，1995.8.—307 页；

20cm

TU9　地下建筑

TU982.245/20138　以限制开发为主的边疆地区主体功能区建设研究：以新疆生产建设兵团为例 / 朱金鹤，崔登峰著 .—北京：中国农业出版社，2013.8.—310 页；23cm

TU984/20036　新疆青格达湖风景旅游区总体规划 / 中国城市规划设计研究院编 .—2003.6.—36 页；26cm

TU984/2003a　五家渠市城市总体规划图集：2001—2020/ 新疆五家渠市人民政府，中国城市规划设计研究院编 .—2003.10.—23 页；26cm

TV　水利工程

TV-092/20011　克拉玛依引水备忘录 / 中共克拉玛依市新疆石油管理局委员会史志办公室编 .—乌鲁木齐：新疆人民出版社，2001.1.—439 页；20cm

TV21　水资源调查与水利规划

TV21/899　新疆水资源合理利用与供需平衡：新疆资源开发综合考察报告集 / 中国科学院新疆资源开发综合考察队编 .—北京：科学出版社，1989.9.—178 页；26cm

TV21/986　塔里木河流域水资源、环境与管理 / 毛德华主编 .—北京：中国环境科学出版社，1998.6.—378 页；26cm

TV211/2008b　新疆艾比湖地区水资源承载力研究 / 李艳红著 .—乌鲁木齐：新疆人民出版社，2008.11.—187 页；20cm

TV211.1/20084　新疆地表水资源概评 / 王志杰主编 .—北京：中国水利水电出版社，2008.4.—144 页；26cm

TV213.2/20009　中国塔里木河水资源与生态问题研究 / 宋郁东等编著 .—乌鲁木齐：新疆人民出版社，2000.9.—481 页；26cm

TV213.4/20087　干旱区水资源资产化管理研究 / 吕雁琴，李旭东著 .—乌鲁木齐：新疆大学出版社，2008.7.—242 页；20cm

TV5　水利工程施工

TV5/943　新疆引水渠首 / 新疆维吾尔自治区水利厅，新疆水利学会编 .—乌鲁木齐：新疆人民出版社，1994.3.—185 页；29cm

TV52/20051　新疆水利水电工程活断层处理的工程实践 / 彭敦复编 .—乌鲁木齐：新疆人民出版社，2005.1.—270 页；26cm

TV6　水利枢纽、水工建筑物

TV698.2/20047　防治混凝土渠道冻胀破坏技术 / 余书超，宋玲，欧阳辉著 .—乌鲁木齐：新疆科学技术出版社，2004.7.—112 页；20cm

U　交通运输

U4　公路运输

U41-53/999　吐—乌—大高等级公路论文集 / 新疆维吾尔自治区高等级公路建设指挥部，新疆维吾尔自治区交通厅编 .—北京：人民交通出版社，1999.9.—696 页；26cm

U415.1/20103　新疆农村公路工程标准施工招标文件 / 新疆维吾尔自治区公路工程造价管理站编 .—五家渠：新疆生产建设兵团出版社，2010.3.—122 页；25cm

X　环境科学、安全科学

X2　社会与环境

X2　塔里木河流域生态环境保护与可持续发展 / 李志军编 .—65 页；26cm

X2/20015　新疆维吾尔自治区生态环境现状调查报告 / 新疆维吾尔自治区生态环境

现状调查领导小组编 .—2001.5.—231 页；26cm

X2/20059 新疆环境资源和城乡建设概况 / 新疆维吾尔自治区人大常委会环境与资源保护委员会编 .—2005.9.—62 页；20cm

X3 环境保护管理

X32/20025 新疆山川秀美科技行动战略研究 / 陈亚宁主编 .—乌鲁木齐：新疆人民出版社，2002.5.—174 页；26cm

X321/20007 新疆环境 / 新疆环保局编 .—乌鲁木齐：新疆美术摄影出版社，2000.7.—140 页；20cm

X321.2/20062 环境资源可持续发展与制度创新：一个基于利益冲突的分析框架 / 邓峰著 .—乌鲁木齐：新疆人民出版社，2006.2.—298 页；20cm

X321.2/20065 全国生态现状调查与评估 / 国家环境保护总局编著 .—北京：中国环境科学出版社，2006.5.—890 页；26cm

X321.245/20112 走进自然呵护生灵：新疆野生动植物保护 / 谷连福主编 .—五家渠：新疆生产建设兵团出版社，2011.2.—102 页；26cm

X37-51/95b 中国自然资源丛书 . 新疆卷 / 中国自然资源丛书编撰委员会编著 .—北京：中国环境科学出版社，1995.11.—428 页；20cm

X372/20061 民族地区的资源利用与环境保护论 / 张巨勇编著 .—北京：民族出版社，2006.1.—423 页；20cm

X372.45/2010b 循环经济：新疆发展模式与支撑体系建设研究 / 宋岭，刘环玉著 .—乌鲁木齐：新疆大学出版社，2010.11.—210 页；26cm

X4 灾害及其防治

X4/96a 乌鲁木齐市减灾研究 /《乌鲁木齐市减灾研究》课题组编著 .—北京：地震出版社，1996.10.—343 页；26cm

X4/20015 乌鲁木齐综合减灾规划研究 /《乌鲁木齐综合减灾规划研究》课题组编著 .—北京：地震出版社，2001.5.—108 页；24cm

X43/933 新疆减灾四十年 / 朱令人主编 .—北京：地震出版社，1993.3.—312 页；26cm

X43/99b 新疆灾荒史 / 刘星著 .—乌鲁木齐：新疆人民出版社，1999.11.—371 页；20cm

X43/2002c 防沙治沙 保卫家园 :2002 年天山环保世纪行资料汇编 / 新疆维吾尔自治区人大常委会环境与资源保护委员会编 .—乌鲁木齐：新疆有色地质勘查局印刷厂，2002.12.—357 页；20cm

X5 环境污染及其防治

X52/2006c 防治水污染 节约水资源：2006 年天山环保世纪行资料汇编 / 新疆维吾尔自治区人大常委会环境与资源保护委员会编 .—乌鲁木齐：乌鲁木齐市松山印刷厂，2006.12.—372 页；20cm

X954/2007c 兵团产品质量和食品安全工作宣传册 / 兵团产品质量和食品安全工作领导小组办公室编 .—2007.12.—36 页；24cm

Z 综合性图书

Z2 百科全书、类书

Z227/20048 新疆生产建设兵团百科全书 / 新疆生产建设兵团百科全书编纂委员会编 .—北京：中国大百科全书出版社，2004.8.—429 页；26cm

Z28/947 民族工作大全 / 千里原主编 .—北京：中国经济出版社，1994.7.—812 页；26cm

Z3 辞典

Z38/94a 中国丝绸之路辞典 / 雪犁主编 .—

乌鲁木齐：新疆人民出版社，1994.10.—1193 页；20cm

Z38：K/905　中国民族史人物辞典 / 高文德主编 .—北京：中国社会科学出版社，1990.5.—805 页；26cm

Z4　论文集、全集、选集、杂著

Z4/974　新疆生产建设兵团劳动学会 1996 年年会暨理论研讨会论文集 / 新疆生产建设兵团劳动学会秘书处编 .—乌鲁木齐：哈密地区印刷厂乌鲁木齐分厂，1997.4.—231 页；20cm

Z427/20049　新疆第五届青年学术年会论文集 / 新疆维吾尔自治区科学技术协会编 .—乌鲁木齐：新疆人民出版社，2004.9.—2 册（1105 页）；26cm

Z5　年鉴、年刊

Z52/858　新疆年鉴：1985/ 新疆维吾尔自治区地方志编纂委员会主编 .—杭州：余杭人民印刷厂，1985.8.—708 页；26cm

Z52/861　新疆生产建设兵团统计年鉴：1984/ 新疆生产建设兵团统计处编 .—湖北印刷厂，1986.1.—548 页；20cm

Z52/86a　新疆年鉴：1986/ 新疆维吾尔自治区地方志编纂委员会主编 .—乌鲁木齐：新疆人民出版社，1986.10.—731 页；26cm

Z52/86a　兵团统计年鉴：1985/ 新疆生产建设兵团统计处编 .—乌鲁木齐：兵团机关印刷厂，1986.10.—590 页；20cm

Z52/87a　新疆年鉴：1987/ 新疆维吾尔自治区地方志编纂委员会主编 .—乌鲁木齐：新疆人民出版社，1987.10.—677 页；26cm

Z52/889　新疆年鉴：1988/ 新疆维吾尔自治区地方志编纂委员会主编 .—乌鲁木齐：新疆人民出版社，1988.9.—569 页；26cm

Z52/897　新疆统计年鉴：1989/ 新疆维吾尔自治区统计局编 .—北京：中国统计出版社，1989.7.—690 页；26cm

Z52/899　新疆年鉴：1989/ 新疆维吾尔自治区地方志编纂委员会主编 .—乌鲁木齐：新疆人民出版社，1989.9.—569 页；26cm

Z52/89a　新疆生产建设兵团年鉴：1989/ 新疆生产建设兵团史志编纂委员会，新疆生产建设兵团年鉴编辑部编辑 .—乌鲁木齐：新疆人民出版社，1989.10.—516 页；26cm

Z52/907　新疆统计年鉴：1990/ 新疆维吾尔自治区统计局编 .—北京：中国统计出版社，1990.7.—669 页；26cm

Z52/907　新疆生产建设兵团统计年鉴：1990/ 新疆生产建设兵团统计年鉴编辑委员会编 .—北京：中国统计出版社，1990.7.—590 页；26cm

Z52/909　新疆年鉴：1990/ 新疆维吾尔自治区地方志编纂委员会编 .—乌鲁木齐：新疆人民出版社，1990.9.—564 页；26cm

Z52/917　新疆统计年鉴：1991/ 新疆维吾尔自治区统计局编 .—北京：中国统计出版社，1991.7.—655 页；26cm

Z52/919　新疆年鉴：1991/ 新疆维吾尔自治区地方志编纂委员会编 .—乌鲁木齐：新疆人民出版社，1991.9.—610 页；26cm

Z52/928　新疆年鉴：1992/ 新疆维吾尔自治区地方志编纂委员会编 .—乌鲁木齐：新疆人民出版社，1992.8.—582 页；26cm

Z52/937　新疆统计年鉴：1993/ 新疆维吾尔自治区统计局编 .—北京：中国统计出版社，1993.7.—557 页；26cm

Z52/948　新疆年鉴：1994/ 新疆维吾尔自治区地方志编纂委员会编 .—乌鲁木齐：新疆人民出版社，1994.8.—482 页；26cm

Z52/948　新疆统计年鉴：1994/ 新疆维吾尔自治区统计局编 .—北京：中国统计出版社，1994.8.—505 页；26cm

Z52/94a　新疆生产建设兵团年鉴：1994/ 新疆生产建设兵团史志编纂委员会，新疆生

产建设兵团年鉴编辑部编 .—乌鲁木齐：新疆大学出版社，1994.10.—335 页；26cm

Z52/957　新疆统计年鉴：1995/ 新疆维吾尔自治区统计局编 .—北京：中国统计出版社，1995.7.—536 页；26cm

Z52/958　新疆生产建设兵团年鉴：1995/ 新疆生产建设兵团史志编纂委员会，新疆生产建设兵团年鉴编辑部编 .—乌鲁木齐：新疆人民出版社，1995.8.—376 页；26cm

Z52/958　新疆年鉴：1995/ 新疆维吾尔自治区地方志编纂委员会编 .—乌鲁木齐：新疆人民出版社，1995.8.—518 页；26cm

Z52/968　新疆年鉴：1996/ 新疆维吾尔自治区地方志编纂委员会编 .—乌鲁木齐：新疆人民出版社，1996.8.—494 页；26cm

Z52/968　新疆生产建设兵团统计年鉴：1996/ 新疆生产建设兵团统计局编 .—北京：中国统计出版社，1996.8.—630 页；26cm

Z52/977　新疆统计年鉴：1997/ 新疆维吾尔自治区统计局编 .—北京：中国统计出版社，1997.7.—648 页；26cm

Z52/977　新疆生产建设兵团统计年鉴：1997/ 新疆生产建设兵团统计年鉴编辑委员会编 .—北京：中国统计出版社，1997.7.—719 页；26cm

Z52/978　新疆年鉴：1997/ 新疆维吾尔自治区地方志编纂委员会编 .—乌鲁木齐：新疆人民出版社，1997.8.—510 页；26cm

Z52/987　新疆统计年鉴：1998/ 新疆维吾尔自治区统计局编 .—北京：中国统计出版社，1998.7.—681 页；26cm

Z52/995　新疆生产建设兵团统计年鉴：1999/ 新疆生产建设兵团统计局编 .—北京：中国统计出版社，1999.5.—624 页；26cm

Z52/997　新疆统计年鉴：1999/ 新疆维吾尔自治区统计局编 .—北京：中国统计出版社，1999.7.—715 页；26cm

Z52/20006　新疆统计年鉴：2000/ 新疆维吾尔自治区统计局编 .—北京：中国统计出版社，2000.6.—728 页；26cm

Z52/20017　新疆统计年鉴：2001/ 新疆维吾尔自治区统计局编 .—北京：中国统计出版社，2001.7.—784 页；30cm

Z52/2002a　新疆生产建设兵团年鉴：2002/ 新疆生产建设兵团史志编纂委员会，新疆生产建设兵团年鉴编辑部编 .—乌鲁木齐：新疆新华印刷厂，2002.10.—481 页；29cm

Z52/20039　新疆生产建设兵团年鉴：2003/ 新疆生产建设兵团史志编纂委员会，新疆生产建设兵团年鉴编辑部编 .—乌鲁木齐：新疆新华印刷厂，2003.9.—502 页；29cm

Z52/2003b　农七师年鉴：2002/ 农七师史志编纂委员会编 .—北京：中华书局，2003.11.—482 页；30cm

Z52/20049　新疆生产建设兵团年鉴：2004/ 新疆生产建设兵团史志编纂委员会，新疆生产建设兵团年鉴社编 .—乌鲁木齐：新疆新华印刷厂，2004.9.—444 页；29cm

Z52/2004c　屯垦成边礼赞：新疆生产建设兵团成立五十周年庆祝活动纪念 /《屯垦成边礼赞：新疆生产建设兵团成立五十周年庆祝活动纪念》编委会编 .—2004.12.—147 页；20cm

Z52/20059　新疆生产建设兵团年鉴：2005/ 新疆生产建设兵团史志编纂委员会，新疆生产建设兵团年鉴社编 .—乌鲁木齐：新疆生产建设兵团印刷厂，2005.9.—659 页；29cm

Z52/20069　新疆生产建设兵团年鉴：2006/ 新疆生产建设兵团史志编纂委员会，新疆生产建设兵团年鉴社编 .—乌鲁木齐：新疆生产建设兵团印刷厂，2006.9.—829 页；29cm

Z52/20079　新疆生产建设兵团年鉴：2007/ 新疆生产建设兵团年鉴编辑委员会，新疆

生产建设兵团年鉴社编 .—乌鲁木齐：新疆生产建设兵团印刷厂，2007.9.—694 页；29cm

Z52/20089　新疆生产建设兵团年鉴：2008/新疆生产建设兵团年鉴编辑委员会，新疆生产建设兵团年鉴社编 .—乌鲁木齐：新疆生产建设兵团印刷厂，2008.9.—812 页；29cm

Z52/20099　新疆生产建设兵团年鉴：2009/新疆生产建设兵团年鉴编辑委员会，新疆生产建设兵团年鉴社编 .—乌鲁木齐：新疆生产建设兵团印刷厂，2009.9.—878 页；29cm

Z52/20109　新疆生产建设兵团年鉴：2010/新疆生产建设兵团年鉴编辑委员会，新疆生产建设兵团年鉴社编 .—乌鲁木齐：新疆生产建设兵团印刷厂，2010.9.—924 页；29cm

Z52：C/96a　中国民族统计年鉴：1996/ 国家民族事务委员会经济司，国家统计局国民经济综合统计司编 .—北京：民族出版社，1996.10.—445 页；26cm

Z52：C/2003c　中国民族年鉴：2003/ 中国民族年鉴编辑部编 .—济南：济南新华印刷厂，2003.12.—653 页；29cm

Z52：F/875　兵团统计年鉴：1986/ 新疆生产建设兵团统计处编 .—五家渠：五家渠印刷厂，1987.5.—728 页；20cm

Z52：F/888　新疆生产建设兵团年鉴：1988/ 新疆生产建设兵团史志编纂委员会编 .—乌鲁木齐：新疆生产建设兵团机关印刷厂，1988.8.—438 页；26cm

Z52：F/896　兵团统计年鉴：1988/ 新疆生产建设兵团计财局统计处编 .—大邑：四川省大邑县印刷厂，1989.6.—939 页；20cm

Z52：F/927　新疆生产建设兵团统计年鉴：1992/ 新疆生产建设兵团统计年鉴编辑委员会编 .—北京：中国统计出版社，1992.7.—576 页；26cm

Z52：F/92a　新疆生产建设兵团年鉴：1992/新疆生产建设兵团史志编纂委员会编 .—乌鲁木齐: 新疆大学出版社，1992.10.—316 页；26cm

Z52：F/938　新疆生产建设兵团统计年鉴：1993/ 新疆生产建设兵团统计年鉴编辑委员会编 .—北京：中国统计出版社，1993.8.—582 页；26cm

Z52：F/96b　中国中西部地区开发年鉴：1996/ 陈耀邦主编 .—北京：改革出版社，1996.11.—618 页；26cm

Z52：F/20015　新疆生产建设兵团统计年鉴：2001/ 新疆生产建设兵团统计年鉴编辑委员会编 .—北京：中国统计出版社，2001.5.—570 页；30cm

Z524.5/858　喀什年鉴：1985/ 喀什地区地方志编纂委员会编 .—喀什：喀什年鉴编辑部，1985.8.—406 页；26cm

Z524.5/868　新疆生产建设兵团年鉴：1986/新疆生产建设兵团史志编纂委员会编 .—乌鲁木齐：新疆生产建设兵团年鉴编辑部，1986.8.—324 页；26cm

Z524.5/86a　喀什年鉴：1986/ 喀什地区地方志编辑委员会编 .—喀什：喀什年鉴编辑部，1986.10.—589 页；26cm

Z524.5/878　新疆生产建设兵团年鉴：1987/新疆生产建设兵团史志编纂委员会编 .—乌鲁木齐：新疆生产建设兵团年鉴编辑部，1987.8.—453 页；26cm

Z524.5/885　喀什年鉴：1987/ 喀什地区地方志编纂委员会编 .—乌鲁木齐：新疆人民出版社，1988.5.—461 页；26cm

Z524.5/885　新疆生产建设兵团统计年鉴：1987/ 新疆生产建设兵团统计局编 .—1988.5.—763 页；26cm

Z524.5/888　新疆生产建设兵团年鉴：1988/

新疆生产建设兵团史志编纂委员会，新疆生产建设兵团年鉴编辑部编 .—乌鲁木齐：新疆生产建设兵团史志编纂委员会，1988.8.—438 页；26cm

Z524.5/889 新疆伊犁统计年鉴：1988/ 伊犁地区统计处编 .—伊宁：农四师印刷厂，1988.9.—558 页；26cm

Z524.5/897 新疆财政年鉴：1986/ 新疆维吾尔自治区财政厅编 .—乌鲁木齐：新疆人民出版社，1989.7.—354 页；26cm

Z524.5/908 新疆财政年鉴：1987—1988/ 新疆维吾尔自治区财政厅编 .—乌鲁木齐：新疆人民出版社，1990.8.—553 页；26cm

Z524.5/90a 新疆生产建设兵团年鉴：1990/ 新疆生产建设兵团史志编纂委员会，新疆生产建设兵团年鉴编辑部编 .—乌鲁木齐：新疆大学出版社，1990.10.—381 页；26cm

Z524.5/916 新疆生产建设兵团统计年鉴：1991/ 新疆生产建设兵团统计年鉴编辑委员会编 .—北京：中国统计出版社，1991.6.—577 页；26cm

Z524.5/916 新疆财政年鉴：1989/ 新疆维吾尔自治区财政厅编 .—乌鲁木齐：新疆人民出版社，1991.6.—364 页；26cm

Z524.5/917 新疆教育年鉴：1949—1989/ 新疆教育年鉴编辑室编 .—乌鲁木齐：新疆教育出版社，1991.7.—407 页；26cm

Z524.5/91a 新疆生产建设兵团年鉴：1991/ 新疆生产建设兵团史志编纂委员会，新疆生产建设兵团年鉴编辑部编 .—乌鲁木齐：新疆大学出版社，1991.10.—463 页；26cm

Z524.5/924 新疆财政年鉴：1990/ 新疆维吾尔自治区财政厅编 .—乌鲁木齐：新疆人民出版社，1992.4.—417 页；26cm

Z524.5/926 甘肃农垦年鉴：1953—1990/ 甘肃农垦年鉴编辑委员会编 .—兰州：甘肃科学技术出版社，1992.6.—744 页；29cm

Z524.5/927 新疆统计年鉴：1992/ 新疆维吾尔自治区统计局编 .—北京：中国统计出版社，1992.7.—693 页；26cm

Z524.5/938 新疆年鉴：1993/ 新疆维吾尔自治区地方志编纂委员会编 .—乌鲁木齐：新疆人民出版社，1993.8.—461 页；26cm

Z524.5/938 奎屯统计年鉴：1993/ 奎屯市统计局编 .—北京：中国统计出版社，1993.8.—219 页；26cm

Z524.5/939 新疆财政年鉴：1991/ 新疆维吾尔自治区财政厅编 .—乌鲁木齐：新疆人民出版社，1993.9.—500 页；26cm

Z524.5/93a 新疆生产建设兵团年鉴：1993/ 新疆生产建设兵团史志编纂委员会，新疆生产建设兵团年鉴编辑部编 .—乌鲁木齐：新疆大学出版社，1993.10.—307 页；26cm

Z524.5/948 巴音郭楞统计年鉴：1994/ 新疆巴音郭楞蒙古自治州统计局编 .—北京：中国统计出版社，1994.8.—463 页；26cm

Z524.5/948 奎屯统计年鉴：1994/ 新疆维吾尔自治区奎屯市统计局编 .—北京：中国统计出版社，1994.8.—144 页；26cm

Z524.5/94a 乌鲁木齐铁路局年鉴：1994/ 乌鲁木齐铁路局年鉴编委会编 .—北京：中国铁道出版社，1994.10.—314 页；26cm

Z524.5/94c 新疆财政年鉴：1992/ 新疆维吾尔自治区财政厅编 .—乌鲁木齐：新疆人民出版社，1994.12.—367 页；26cm

Z524.5/957 新疆生产建设兵团统计年鉴：1995/ 新疆生产建设兵团统计局编 .—北京：中国统计出版社，1995.7.—652 页；26cm

Z524.5/957 奎屯统计年鉴：1995/ 新疆维吾尔自治区奎屯市统计局编 .—北京：中国统计出版社，1995.7.—181 页；27cm

Z524.5/958 巴音郭楞统计年鉴：1995/ 新疆巴音郭楞蒙古自治州统计局编 .—北京：中国统计出版社，1995.8.—525 页；26cm

Z524.5/959　乌鲁木齐铁路局年鉴：1995/乌鲁木齐铁路局年鉴编委会编.—北京：中国铁道出版社，1995.9.—330页；26cm

Z524.5/95c　新疆检察年鉴：1993/新疆维吾尔自治区人民检察院编.—乌鲁木齐：新疆建工印刷厂，1995.12.—346页；26cm

Z524.5/966　新疆财政年鉴：1993/新疆维吾尔自治区财政厅编.—乌鲁木齐：新疆人民出版社，1996.6.—438页；26cm

Z524.5/967　巴音郭楞统计年鉴：1996/巴音郭楞蒙古自治州统计局编.—北京：中国统计出版社，1996.7.—525页；26cm

Z524.5/968　奎屯统计年鉴：1996/新疆维吾尔自治区奎屯市统计局编.—北京：中国统计出版社，1996.8.—253页；26cm

Z524.5/969　新疆钢铁年鉴：1996/《新疆钢铁年鉴》编辑委员会编.—北京：冶金工业出版社，1996.9.—410页；26cm

Z524.5/96a　新疆生产建设兵团年鉴：1996/新疆生产建设兵团史志编纂委员会，新疆生产建设兵团年鉴编辑部编.—乌鲁木齐：新疆人民出版社，1996.10.—430页；26cm

Z524.5/96b　乌鲁木齐铁路局年鉴：1996/乌鲁木齐铁路局年鉴编委会编.—北京：中国铁道出版社，1996.11.—340页；26cm

Z524.5/96b　乌鲁木齐年鉴：1996/乌鲁木齐市党史地方志编纂委员会编.—乌鲁木齐：新疆人民出版社，1996.11.—323页；26cm

Z524.5/977　巴音郭楞统计年鉴：1997/巴音郭楞蒙古自治州统计局编.—北京：中国统计出版社，1997.7.—460页；26cm

Z524.5/978　奎屯统计年鉴：1997/新疆维吾尔自治区奎屯市统计局编.—北京：中国统计出版社，1997.8.—233页；26cm

Z524.5/97a　新疆生产建设兵团年鉴：1997/新疆生产建设兵团史志编纂委员会，新疆生产建设兵团年鉴编辑部编.—乌鲁木齐：新疆人民出版社，1997.10.—427页；26cm

Z524.5/97a　乌鲁木齐铁路局年鉴：1997/乌鲁木齐铁路局年鉴编委会编.—北京：中国铁道出版社，1997.10.—345页；26cm

Z524.5/97a　新疆钢铁年鉴：1997/《新疆钢铁年鉴》编辑委员会编.—北京：冶金工业出版社，1997.10.—451页；26cm

Z524.5/97b　新疆财政年鉴：1995/新疆财政年鉴编辑委员会编.—北京：中国财政经济出版社，1997.11.—392页；26cm

Z524.5/97b　乌鲁木齐年鉴：1997/乌鲁木齐市党史地方志编纂委员会编.—乌鲁木齐：新疆人民出版社，1997.11.—377页；26cm

Z524.5/97c　新疆财政年鉴：1994/新疆维吾尔自治区财政厅编.—乌鲁木齐：新疆人民出版社，1997.12.—290页；26cm

Z524.5/98　奇台总场年鉴：1996/奇台总场史志办公室编.—1998.—71页；26cm

Z524.5/98　奎屯统计年鉴：1998/新疆维吾尔自治区奎屯市统计局编.—1998.—285页；26cm

Z524.5/983　塔里木石油年鉴：1997/塔里木石油史志编纂委员会编.—乌鲁木齐：新疆人民出版社，1998.3.—435页；26cm

Z524.5/988　吐鲁番统计年鉴：1998/吐鲁番地区统计局编.—北京：中国统计出版社，1998.8.—360页；26cm

Z524.5/988　新疆年鉴：1998/新疆维吾尔自治区地方志编纂委员会编.—乌鲁木齐：新疆年鉴社，1998.8.—522页；26cm

Z524.5/988　巴音郭楞统计年鉴：1998/新疆巴音郭楞蒙古自治州统计局编.—北京：中国统计出版社，1998.8.—449页；26cm

Z524.5/989　石河子社会经济统计年鉴：1998/《石河子社会经济统计年鉴》编委会

编 .—北京：中国统计出版社，1998.9.—711 页；26cm

Z524.5/98a 新疆钢铁年鉴：1998/《新疆钢铁年鉴》编辑委员会编 .—北京：冶金工业出版社，1998.10.—337 页；26cm

Z524.5/98a 新疆生产建设兵团年鉴：1998/ 新疆生产建设兵团史志编纂委员会，新疆生产建设兵团年鉴编辑部编 .—乌鲁木齐：新疆人民出版社，1998.10.—464 页；29cm

Z524.5/98b 乌鲁木齐年鉴：1998/ 乌鲁木齐市党史地方志编纂委员会编 .—乌鲁木齐：新疆人民出版社，1998.11.—428 页；26cm

Z524.5/98c 新疆邮电年鉴：1998/ 新疆邮政电信局编 .—乌鲁木齐：新疆新华印刷三厂，1998.12.—290 页；26cm

Z524.5/98c 乌鲁木齐铁路局年鉴：1998/ 乌鲁木齐铁路局年鉴编委会编 .—北京：中国铁道出版社，1998.12.—317 页；26cm

Z524.5/992 塔里木石油年鉴：1998/ 塔里木石油史志编纂委员会编 .—乌鲁木齐：新疆人民出版社，1999.2.—421 页；26cm

Z524.5/993 新疆石油管理局年鉴：1998/ 中共克拉玛依市新疆石油管理局委员会史志办公室编 .—乌鲁木齐：新疆人民出版社，1999.3.—780 页；26cm

Z524.5/998 巴音郭楞统计年鉴：1999/ 新疆巴音郭楞蒙古自治州统计局编 .—北京：中国统计出版社，1999.8.—431 页；26cm

Z524.5/998 新疆年鉴：1999/ 新疆维吾尔自治区地方志编纂委员会编 .—昌吉：新疆昌吉州印刷有限责任公司，1999.8.—476 页；26cm

Z524.5/998 伊犁统计年鉴：1999/ 伊犁地区统计局编 .—北京：中国统计出版社，1999.8.—699 页；26cm

Z524.5/998 吐鲁番统计年鉴：1999/ 吐鲁番地区统计局编 .—乌鲁木齐：新疆人民出版社，1999.8.—378 页；26cm

Z524.5/998 石河子社会经济统计年鉴：1999/《石河子社会经济统计年鉴》编辑委员会编 .—北京：中国统计出版社，1999.8.—915 页；26cm

Z524.5/998 新疆教育年鉴：1990—1998/ 新疆教育年鉴编辑室编 .—乌鲁木齐：新疆教育出版社，1999.8.—889 页；26cm

Z524.5/998 乌鲁木齐统计年鉴：1999/ 乌鲁木齐市统计局编 .—北京：中国统计出版社，1999.8.—454 页；29cm

Z524.5/999 新疆财政年鉴：1996/ 新疆财政年鉴编辑委员会编 .—北京：中国财政经济出版社，1999.9.—450 页；26cm

Z524.5/999 新疆农村社会经济统计年鉴：1998/ 新疆维吾尔自治区统计局，农调队，农业厅，畜牧厅编 .—乌鲁木齐：新疆工业高等专科学校印刷厂，1999.9.—245 页；26cm

Z524.5/999 喀什年鉴：1999/ 喀什地区地方志办公室编 .—乌鲁木齐：新疆人民出版社，1999.9.—364 页；28cm

Z524.5/999 阿勒泰辉煌五十年 / 阿勒泰地区统计局编 .—北京：中国统计出版社，1999.9.—405 页；26cm

Z524.5/999 乌鲁木齐铁路局年鉴：1999/ 乌鲁木齐铁路局年鉴编委会编 .—北京：中国铁道出版社，1999.9.—330 页；26cm

Z524.5/999 新疆钢铁年鉴：1999/《新疆钢铁年鉴》编辑委员会编 .—北京：冶金工业出版社，1999.9.—291 页；26cm

Z524.5/99a 新疆生产建设兵团年鉴：1999/ 新疆生产建设兵团史志编纂委员会，新疆生产建设兵团年鉴编辑部编 .—乌鲁木齐：新疆人民出版社，1999.10.—472 页；27cm

Z524.5/99a 新疆财政年鉴：1997/ 新疆财政年鉴编辑委员会编 .—北京：中国财政经

济出版社，1999.10.—602 页；26cm

Z524.5/99b　乌鲁木齐年鉴：1999/ 乌鲁木齐市党史地方志编纂委员会编 .—乌鲁木齐：新疆人民出版社，1999.11.—356 页；29cm

Z524.5/99c　塔里木石油年鉴：1999/ 塔里木石油史志编纂委员会编 .—乌鲁木齐：新疆人民出版社，1999.12.—372 页；26cm

Z524.5/99c　克拉玛依市新疆石油管理局年鉴：1999 年 / 中共克拉玛依市委员会史志办，中共新疆石油管理局委员会史志办编 .—乌鲁木齐：新疆人民出版社，1999.12.—792 页；26cm

Z524.5/2000　奎屯统计年鉴：2000/ 新疆维吾尔自治区奎屯市统计局编 .—2000.—291 页；26cm

Z524.5/2000　奇台总场年鉴：1999/ 奇台总场史志办公室编 .—2000.—51 页；26cm

Z524.5/20003　头屯河区年鉴：1999/ 乌鲁木齐市头屯河区党史地方志办公室编 .—乌鲁木齐：新疆人民出版社，2000.3.—245 页；26cm

Z524.5/20005　中国农业银行新疆分行资金组织统计年鉴：1980—1998/ 中国农业银行新疆维吾尔自治区分行资金组织处编 .—2000.5.—481 页；26cm

Z524.5/20005　新疆生产建设兵团统计年鉴：2000/ 新疆生产建设兵团统计年鉴编委会编 .—北京：中国统计出版社，2000.5.—635 页；26cm

Z524.5/20006　新疆农村社会经济统计年鉴：1999/ 新疆维吾尔自治区统计局，农调队，农业厅，畜牧厅编 .—乌鲁木齐：新疆统计印刷厂，2000.6.—244 页；26cm

Z524.5/20007　巴音郭楞统计年鉴：2000/ 新疆巴音郭楞蒙古自治州统计局编 .—北京：中国统计出版社，2000.7.—392 页；26cm

Z524.5/20007　新疆邮电年鉴：1999/ 新疆邮电管理局编 .—2000.7.—237 页；26cm

Z524.5/20007　伊犁统计年鉴：2000/ 伊犁地区统计局编 .—北京：中国统计出版社，2000.7.—286 页；26cm

Z524.5/20008　石河子社会经济统计年鉴：2000/《石河子社会经济统计年鉴》编辑委员会编 .—北京：中国统计出版社，2000.8.—807 页；26cm

Z524.5/20009　新疆财政年鉴：1999/ 新疆财政年鉴编辑委员会编 .—乌鲁木齐：新疆维吾尔自治区财政厅印刷厂，2000.9.—740 页；26cm

Z524.5/20009　乌鲁木齐年鉴：2000/ 乌鲁木齐市党史地方志编纂委员会编 .—乌鲁木齐：新疆人民出版社，2000.9.—394 页；28cm

Z524.5/20009　新疆邮政年鉴：2000/ 新疆维吾尔自治区邮政局编 .—乌鲁木齐：新疆邮政年鉴编辑部，2000.9.—268 页；26cm

Z524.5/2000a　新疆生产建设兵团年鉴：2000/ 新疆生产建设兵团史志编纂委员会，新疆生产建设兵团年鉴编辑部编 .—乌鲁木齐：新疆人民出版社，2000.10.—476 页；26cm

Z524.5/2000b　喀什年鉴：2000/ 喀什地区地方志办公室编 .—乌鲁木齐：新疆人民出版社，2000.11.—378 页；28cm

Z524.5/2000b　克拉玛依市新疆石油管理局年鉴：2000 年 / 中共克拉玛依市新疆石油管理局委员会史志办公室编 .—乌鲁木齐：新疆人民出版社，2000.11.—764 页；26cm

Z524.5/2001　奎屯统计年鉴：2001/ 新疆维吾尔自治区奎屯市统计局编 .—2001.—203 页；27cm

Z524.5/20016　新疆邮政年鉴：2001/ 新疆维吾尔自治区邮政局编 .—乌鲁木齐：新疆邮政年鉴编辑部，2001.6.—307 页；29cm

Z524.5/20017　新疆农村社会经济统计年鉴：2000/ 新疆维吾尔自治区统计局，农调队，农业厅，畜牧厅编 .—乌鲁木齐：新疆工业高等专科学校印刷厂，2001.7.—228 页；26cm

Z524.5/20017　巴音郭楞统计年鉴：2001/ 新疆巴音郭楞蒙古自治州统计局编 .—北京：中国统计出版社，2001.7.—382 页；29cm

Z524.5/20017　伊犁哈萨克自治州统计年鉴：2001/ 伊犁哈萨克自治州统计局编 .—乌鲁木齐：新疆有色地质勘查局印刷厂，2001.7.—341 页；26cm

Z524.5/20018　乌鲁木齐统计年鉴：2001/ 乌鲁木齐市统计局编 .—北京：中国统计出版社，2001.8.—325 页；29cm

Z524.5/20018　喀什统计年鉴：1990—2001/ 喀什地区统计局编 .—2001.8.—650 页；26cm

Z524.5/20018　石河子社会经济统计年鉴：2001/ 石河子市统计局编 .—北京：中国统计出版社，2001.8.—779 页；30cm

Z524.5/20019　新疆生产建设兵团年鉴：2001/ 新疆生产建设兵团史志编纂委员会，新疆生产建设兵团年鉴编辑部编 .—乌鲁木齐：新疆新华印刷厂，2001.9.—481 页；29cm

Z524.5/20019　乌鲁木齐年鉴：2001/ 乌鲁木齐史志办编 .—乌鲁木齐：新疆人民出版社，2001.9.—379 页；29cm

Z524.5/2001b　乌鲁木齐铁路局年鉴：2001/ 乌鲁木齐铁路局年鉴委员会编 .—北京：北京南召印刷厂，2001.11.—411 页；26cm

Z524.5/2001b　克拉玛依年鉴：2001/ 中共克拉玛依市新疆石油管理局委员会史志办公室编纂 .—乌鲁木齐：新疆人民出版社，2001.11.—753 页；26cm

Z524.5/2001b　喀什年鉴：2001/ 喀什地区地方志办公室编 .—喀什：喀什维吾尔文出版社，2001.11.—369 页；29cm

Z524.5/2001c　新疆出入境检验检疫局年鉴：2001/《新疆出入境检验检疫局年鉴》编辑委员会编 .—昌吉：新疆金版印务有限公司，2001.12.—662 页；27cm

Z524.5/2001c　巴音郭楞年鉴：2001/ 中共巴音郭楞蒙古自治州委员会党史办公室编 .—乌鲁木齐：新疆人民出版社，2001.12.—145 页；29cm

Z524.5/2001c　新疆企业年鉴：2001/ 新疆年鉴社编 .—乌鲁木齐：新疆人民出版社，2001.12.—143 页；26cm

Z524.5/2002　奎屯统计年鉴：2002/ 新疆维吾尔自治区奎屯市统计局编 .—2002.—184 页；27cm

Z524.5/2002　阿克苏市统计年鉴：1993—2002/ 阿克苏市统计局编 .—2002.—456 页；30cm

Z524.5/2002　阿克苏统计年鉴：2001—2002/ 阿克苏地区统计局编 .—阿克苏：阿克苏飞达印刷厂，2002.—740 页；30cm

Z524.5/2002　奇台总场年鉴：2001/ 奇台总场史志办公室编 .—2002.—56 页；26cm

Z524.5/2002　乌鲁木齐高新技术产业开发区年鉴：1993—2002/《乌鲁木齐高新技术产业开发区年鉴》编委会 .—2002.—210 页；29cm

Z524.5/20021　新疆财政年鉴：1998/ 新疆财政年鉴编辑委员会编 .—北京：中国财政经济出版社，2002.1.—645 页；26cm

Z524.5/20025　新疆生产建设兵团统计年鉴：2002/ 新疆生产建设兵团统计年鉴编辑委员会编 .—北京：中国统计出版社，2002.5.—568 页；30cm

Z524.5/20025　新疆农村社会经济统计年鉴：2001/ 新疆维吾尔自治区统计局，农调

队，农业厅，畜牧厅编 .—乌鲁木齐：金长江印刷有限责任公司，2002.5.—237 页；26cm

Z524.5/20026　一二九团年鉴：2000/一二九团史志编纂委员会编 .—乌鲁木齐：新疆地矿彩印厂，2002.6.—368 页；26cm

Z524.5/20026　乌鲁木齐县年鉴资料汇编：2001/ 乌鲁木齐县党史地方志编纂委员会编 .—乌鲁木齐：新疆地矿彩印厂，2002.6.—459 页；20cm

Z524.5/20027　吐鲁番统计年鉴：2002/ 吐鲁番地区统计局编 .—北京：中国统计出版社，2002.7.—266 页；30cm

Z524.5/20027　新疆统计年鉴：2002/ 新疆维吾尔自治区统计局编 .—北京：中国统计出版社，2002.7.—740 页；30cm

Z524.5/20027　巴音郭楞统计年鉴：2002/ 新疆巴音郭楞蒙古自治州统计局编 .—北京：中国统计出版社，2002.7.—406 页；30cm

Z524.5/20028　乌鲁木齐统计年鉴：2002/ 乌鲁木齐市统计局编 .—北京：中国统计出版社，2002.8.—248 页；29cm

Z524.5/20028　奎屯年鉴：2002/ 中共奎屯市委史志工作领导小组办公室编 .—乌鲁木齐：新疆教育出版社，2002.8.—251 页；26cm

Z524.5/20029　巴音郭楞年鉴：2002/ 巴音郭楞蒙古自治州地方志编委会办公室编 .—乌鲁木齐：新疆人民出版社，2002.9.—165 页；29cm

Z524.5/2002a　克拉玛依年鉴：2002/ 中共克拉玛依市新疆石油管理局委员会史志办公室编纂 .—乌鲁木齐：新疆人民出版社，2002.10.—720 页；26cm

Z524.5/2002b　西北石油局年鉴：2002/《西北石油局年鉴》编纂委员会编 .—乌鲁木齐：新疆人民出版社，2002.11.—377 页；26cm

Z524.5/2002b　乌鲁木齐年鉴：2002/ 乌鲁木齐市党史地方志编纂委员会编 .—乌鲁木齐：新疆人民出版社，2002.11.—418 页；29cm

Z524.5/2002b　乌鲁木齐铁路局年鉴：2002/ 乌鲁木齐铁路局年鉴编委会编 .—乌鲁木齐：乌鲁木齐铁路局青年印刷厂，2002.11.—364 页；26cm

Z524.5/2002b　吐哈石油年鉴：2002/ 中国石油吐哈石油分公司，吐哈石油勘探开发指挥部主编 .—乌鲁木齐：新疆人民出版社，2002.11.—416 页；26cm

Z524.5/2002c　福海年鉴：2002/《福海年鉴》编委会编 .—乌鲁木齐：新疆人民出版社，2002.12.—231 页；26cm

Z524.5/2002c　新疆出入境检验检疫局年鉴：2002/《新疆出入境检验检疫局年鉴》编辑委员会编 .—昌吉：新疆金版印务有限公司，2002.12.—493 页；27cm

Z524.5/2002c　新疆财政年鉴：2000/ 新疆财政年鉴编辑委员会编 .—乌鲁木齐：新疆维吾尔自治区财政厅印刷厂，2002.12.—633 页；26cm

Z524.5/2002c　农七师年鉴：2001/ 农七师史志编纂委员会编 .—北京：中华书局，2002.12.—465 页；30cm

Z524.5/2002c　石河子年鉴：2002/ 石河子年鉴编辑部编 .—乌鲁木齐：新疆人民出版社，2002.12.—459 页；29cm

Z524.5/2003　阿克苏统计年鉴：2003/ 阿克苏地区行署办公室,阿克苏地区统计局编 .—乌鲁木齐: 新疆统计印刷厂, 2003.—750 页; 30cm

Z524.5/2003　喀什统计年鉴：2003/ 喀什地区行署办公室，喀什地区统计局编 .—乌鲁木齐：新疆统计印刷厂，2003.—414 页；26cm

Z524.5/2003　新疆电信年鉴：2003/ 中国

电信集团新疆维吾尔自治区电信公司编 .—2003.—255 页；26cm

Z524.5/2003　奎屯统计年鉴：2003/ 新疆维吾尔自治区奎屯市统计局编 .—2003.—182 页；26cm

Z524.5/2003　奇台总场年鉴：2002/ 奇台总场史志办公室编 .—2003.—69 页；26cm

Z524.5/20031　一二九团年鉴：2001/ 一二九团史志编纂委员会编 .—乌鲁木齐：新疆地矿彩印厂，2003.1.—429 页；26cm

Z524.5/20033　一二五团年鉴：2001/ 一二五团史志编纂委员会编 .—乌鲁木齐：新疆地矿彩印厂，2003.3.—393 页；26cm

Z524.5/20033　一二七团年鉴：2001/ 一二七团史志编纂委员会编 .—乌鲁木齐：新疆地矿彩印厂，2003.3.—268 页；26cm

Z524.5/20033　一二四团年鉴：2001/ 一二四团史志编纂委员会编 .—乌鲁木齐：新疆地矿彩印厂，2003.3.—278 页；26cm

Z524.5/20033　一三〇团年鉴：2001/ 一三〇团史志编纂委员会编 .—乌鲁木齐：新疆地矿彩印厂，2003.3.—287 页；26cm

Z524.5/20033　一二三团年鉴：2001/ 一二三团史志编纂委员会编 .—乌鲁木齐：新疆地矿彩印厂，2003.3.—417 页；26cm

Z524.5/20034　新疆移动通信年鉴：2002/ 新疆维吾尔自治区移动通信公司编 .—乌鲁木齐：网典方正多媒体制作有限公司，2003.4.—400 页；26cm

Z524.5/20034　新疆钢铁年鉴：2002/《新疆钢铁年鉴》编辑委员会编 .—乌鲁木齐：新疆人民出版社，2003.4.—285 页；26cm

Z524.5/20035　新疆财政年鉴：2001/ 新疆财政年鉴编辑委员会编 .—乌鲁木齐：新疆维吾尔自治区财政厅印刷厂，2003.5.—565 页；30cm

Z524.5/20035　新疆生产建设兵团统计年鉴：2003/ 新疆生产建设兵团统计年鉴编辑委员会编 .—北京：中国统计出版社，2003.5.—534 页；30cm

Z524.5/20035　新疆农村社会经济统计年鉴: 2002/ 新疆维吾尔自治区统计局，农调队，农业厅，畜牧厅编 .—乌鲁木齐：工人时报印刷厂，2003.5.—224 页；26cm

Z524.5/20035　一三七团年鉴：2001/ 一三七团史志编纂委员会编 .—乌鲁木齐：新疆地矿彩印厂，2003.5.—227 页；26cm

Z524.5/20036　塔里木石油年鉴：2002/ 塔里木石油史志编纂委员会编 .—乌鲁木齐：新疆人民出版社，2003.6.—426 页；26cm

Z524.5/20037　和田统计年鉴：2003/ 和田地区统计局编 .—乌鲁木齐：新疆统计印刷厂，2003.7.—494 页；27cm

Z524.5/20037　新疆统计年鉴：2003/ 新疆维吾尔自治区统计局编 .—北京：中国统计出版社，2003.7.—754 页；30cm

Z524.5/20037　巴音郭楞统计年鉴：2003/ 新疆巴音郭楞蒙古自治州统计局编 .—北京：中国统计出版社，2003.7.—422 页；30cm

Z524.5/20037　吐鲁番统计年鉴：2003/ 吐鲁番地区统计局编 .—北京：中国统计出版社，2003.7.—278 页；30cm

Z524.5/20037　乌鲁木齐县年鉴：2002/ 乌鲁木齐县党史地方志编纂委员会编 .—乌鲁木齐：乌鲁木齐光大印刷有限公司，2003.7.—375 页；26cm

Z524.5/20037　独山子石化年鉴：2000—2003/ 独山子石化史志办公室编纂 .—乌鲁木齐：新疆人民出版社，2003.7.—2 册（1594 页）；26cm

Z524.5/20038　乌鲁木齐统计年鉴：2003/ 乌鲁木齐统计局编 .—北京：中国统计出版社，2003.8.—312 页；29cm

Z524.5/20038　昌吉市年鉴：2003/ 昌吉市

委党史地方志办公室编 .—乌鲁木齐：新疆人民出版社，2003.8.—278 页；26cm

Z524.5/20039　石河子年鉴：2003/ 石河子年鉴编纂委员会编 .—乌鲁木齐：新疆科技学术出版社，2003.9.—488 页；29cm

Z524.5/20039　新疆年鉴：2002/ 新疆维吾尔自治区地方志编纂委员会编 .—昌吉：新疆金版印务有限公司，2003.9.—528 页；26cm

Z524.5/20039　巴音郭楞年鉴：2003/ 巴音郭楞蒙古自治州地方志编委会办公室编 .—乌鲁木齐：新疆人民出版社，2003.9.—215 页；29cm

Z524.5/20039　新疆年鉴：2003/ 新疆维吾尔自治区地方志编纂委员会编 .—昌吉：新疆金版印务有限公司，2003.9.—571 页；26cm

Z524.5/2003a　乌鲁木齐铁路局年鉴：2003/ 乌鲁木齐铁路局年鉴编委会编 .—2003.10.—426 页；26cm

Z524.5/2003a　克拉玛依年鉴：2003/ 中共克拉玛依市新疆石油管理局委员会史志办公室编 .—乌鲁木齐：新疆人民出版社，2003.10.—779 页；26cm

Z524.5/2003a　乌鲁木齐年鉴：2003/ 乌鲁木齐市党史地方志编纂委员会编 .—乌鲁木齐：新疆人民出版社，2003.10.—413 页；29cm

Z524.5/2003a　哈密市年鉴：2003/ 哈密市年鉴编纂委员会编 .—乌鲁木齐：新疆人民出版社，2003.10.—289 页；29cm

Z524.5/2003b　阿克苏年鉴：2003/ 中共阿克苏地委史志办编 .—乌鲁木齐：新疆人民出版社，2003.11.—441 页；29cm

Z524.5/2003b　博尔塔拉年鉴：2003/ 博州史志办公室编 .—乌鲁木齐：新疆人民出版社，2003.11.—327 页；29cm

Z524.5/2003b　奎屯年鉴：2003/ 中共奎屯市委史志工作领导小组办公室编 .—乌鲁木齐：新疆人民出版社，2003.11.—242 页；26cm

Z524.5/2003b　新疆财政年鉴：2002/ 新疆财政年鉴编辑委员会编 .—乌鲁木齐：新疆维吾尔自治区财政厅印刷厂，2003.11.—554 页；30cm

Z524.5/2003c　塔里木石油年鉴：2003/ 塔里木石油史志编纂委员会编 .—乌鲁木齐：新疆人民出版社，2003.12.—427 页；26cm

Z524.5/2003c　一二八团年鉴：2001/ 一二八团史志编纂委员会编 .—乌鲁木齐：新疆地矿彩印厂，2003.12.—280 页；26cm

Z524.5/2003c　新疆出入境检验检疫局年鉴：2003/ 新疆出入境检验检疫局编 .—昌吉：新疆金版印务有限公司，2003.12.—551 页；27cm

Z524.5/2003c　新疆移动通信年鉴：2003/《新疆移动通信年鉴》编纂委员会编 .—乌鲁木齐：网典方正多媒体制作有限公司，2003.12.—414 页；26cm

Z524.5/2003c　一二七团年鉴：2002/ 一二七团史志办编 .—香港：银河出版社，2003.12.—280 页；26cm

Z524.5/2003c　一二九团年鉴：2002/ 一二九团史志办编 .—香港：银河出版社，2003.12.—430 页；26cm

Z524.5/2003c　一二三团年鉴：2002/ 一二三团史志办编 .—香港：银河出版社，2003.12.—237 页；26cm

Z524.5/2003c　一三七团年鉴：2002/ 一三七团史志办编 .—香港：银河出版社，2003.12.—199 页；26cm

Z524.5/2004　奎屯统计年鉴：2004/ 新疆维吾尔自治区奎屯市统计局编 .—2004.—178 页；26cm

Z524.5/20041　新疆企业年鉴：2003/ 新疆年鉴社编 .—乌鲁木齐：新疆人民出版社，2004.1.—174 页；26cm

Z524.5/20041　西北石油年鉴：2003/ 中石化西北石油局西北分公司年鉴编纂委员会编 .—乌鲁木齐：新疆人民出版社，2004.1.—436 页；26cm

Z524.5/20041　福海年鉴：2003/《福海年鉴》编委会编 .—乌鲁木齐：新疆人民出版社，2004.1.—288 页；26cm

Z524.5/20042　新疆邮政年鉴：2002/ 新疆维吾尔自治区邮政局编 .—乌鲁木齐：新疆新华印刷三厂，2004.2.—273 页；29cm

Z524.5/20045　新疆兵团农一师阿拉尔市统计年鉴：2004 年 / 农一师阿拉尔市统计局编 .—2004.5.—371 页；26cm

Z524.5/20045　巴音郭楞统计年鉴：2004/ 新疆巴音郭楞蒙古自治州统计局编 .—北京：中国统计出版社，2004.5.—498 页；30cm

Z524.5/20046　阿勒泰地区统计年鉴：2004/ 阿勒泰地区统计局编 .—阿勒泰：阿勒泰地区统计局，2004.6.—156 页；29cm

Z524.5/20046　吐鲁番统计年鉴：2004/ 吐鲁番地区统计局编 .—北京：中国统计出版社，2004.6.—282 页；30cm

Z524.5/20046　博尔塔拉蒙古自治州统计年鉴：2004/ 博尔塔拉蒙古自治州统计局编 .—乌鲁木齐：新疆统计印刷厂，2004.6.—356 页；30cm

Z524.5/20046　昌吉统计年鉴：2004/ 新疆昌吉回族自治州统计局编 .—昌吉：新疆金版印务有限公司，2004.6.—276 页；26cm

Z524.5/20046　博尔塔拉年鉴：2004/ 博州史志办编 .—乌鲁木齐：新疆人民出版社，2004.6.—382 页；29cm

Z524.5/20046　新疆生产建设兵团统计年鉴：2004/ 新疆生产建设兵团统计年鉴编辑委员会编 .—北京：中国统计出版社，2004.6.—660 页；30cm

Z524.5/20046　一三〇团年鉴：2002/ 一三〇团史志编纂委员会编 .—香港：银河出版社，2004.6.—278 页；26cm

Z524.5/20046　新疆大学年鉴：2003/ 新疆大学年鉴编委会编 .—乌鲁木齐：乌鲁木齐科恒彩印有限公司，2004.6.—352 页；28cm

Z524.5/20046　新疆农村社会经济统计年鉴：2004/ 新疆维吾尔自治区统计局，农调队，农业厅，畜牧厅编 .—乌鲁木齐：金长江印刷有限责任公司，2004.6.—219 页；26cm

Z524.5/20049　乌鲁木齐年鉴：2004/ 乌鲁木齐市党史地方志编委会办公室编 .—乌鲁木齐：新疆人民出版社，2004.9.—381 页；29cm

Z524.5/20049　新疆年鉴：2004/ 新疆维吾尔自治区地方志编纂委员会编 .—昌吉：新疆金版印务有限公司，2004.9.—543 页；26cm

Z524.5/20049　石河子年鉴：2004/《石河子年鉴》编纂委员会编 .—乌鲁木齐：新疆科学技术出版社，2004.9.—659 页；29cm

Z524.5/20049　新疆财政年鉴：2003/ 新疆财政年鉴编辑委员会编 .—乌鲁木齐：新疆维吾尔自治区财政厅印刷厂，2004.9.—568 页；30cm

Z524.5/2004a　乌鲁木齐铁路局年鉴：2004/ 乌鲁木齐铁路局年鉴编委会编 .—乌鲁木齐：乌鲁木齐铁路局印刷厂，2004.10.—410 页；26cm

Z524.5/2004a　巴音郭楞年鉴：2004/ 巴音郭楞蒙古自治州地方志编纂委员会办公室编 .—乌鲁木齐：新疆人民出版社，2004.10.—281 页；29cm

Z524.5/2004a　一二七团年鉴：2003/ 一二七团史志办编 .—香港：银河出版社，

2004.10.—266 页；26cm

Z524.5/2004a　沙雅年鉴：2004/ 沙雅县史志办编 .—乌鲁木齐：新疆人民出版社，2004.10.—347 页；26cm

Z524.5/2004a　新疆出入境检验检疫局年鉴：2004/ 新疆出入境检验检疫局编 .—昌吉：新疆金版印务有限公司，2004.10.—581 页；27cm

Z524.5/2004a　克拉玛依年鉴：2004/ 中共克拉玛依市新疆石油管理局委员会史志办公室编 .—乌鲁木齐：新疆人民出版社，2004.10.—739 页；26cm

Z524.5/2004b　新疆移动通信年鉴：2004/《新疆移动通信年鉴》编纂委员会编 .—乌鲁木齐：乌鲁木齐网典正多媒体制作有限公司，2004.11.—442 页；26cm

Z524.5/2004b　喀什年鉴：2002—2004/ 喀什地区史志办编 .—喀什：喀什维吾尔文出版社，2004.11.—566 页；29cm

Z524.5/2004c　八师石河子市第一次全国经济普查年鉴：2004/ 八师石河子市第一次全国经济普查领导小组办公室编 .—2004.12.—575 页；26cm

Z524.5/2004c　吐哈石油年鉴：2003—2004/ 吐哈石油年鉴编辑部编 .—乌鲁木齐：新疆人民出版社，2004.12.—552 页；26cm

Z524.5/2004c　阿克苏年鉴：2004/ 中共阿克苏地委史志办编 .—乌鲁木齐：新疆人民出版社，2004.12.—436 页；29cm

Z524.5/2004c　一三七团年鉴：2004/ 一三七团史志编纂委员会编 .—香港：银河出版社，2004.12.—293 页；26cm

Z524.5/2004c　一二八团年鉴：2002/ 一二八团史志编纂委员会编 .—香港：银河出版社，2004.12.—227 页；26cm

Z524.5/2004c　昌吉市年鉴：2004/ 昌吉市委党史地方志办公室编 .—乌鲁木齐：新疆人民出版社，2004.12.—404 页；26cm

Z524.5/2004c　西北石油年鉴：2004/《西北石油年鉴》编纂委员会编 .—乌鲁木齐：新疆年鉴社，2004.12.—445 页；26cm

Z524.5/2004c　奎屯年鉴：2004/ 中共奎屯市委史志工作领导小组办公室编 .—乌鲁木齐: 新疆科学技术出版社，2004.12.—259 页；26cm

Z524.5/2005　和田地区统计年鉴：2005/ 和田地区统计局编 .—2005.—698 页；26cm

Z524.5/2005　奎屯统计年鉴：2005/ 新疆维吾尔自治区奎屯市统计局编 .—2005.—189 页；26cm

Z524.5/2005　阿瓦提县统计年鉴：2003—2004/ 阿瓦提县统计局编 .—2005.—329 页；26cm

Z524.5/2005　库尔勒统计年鉴：2005/ 库尔勒市统计局编 .—2005.—294 页；30cm

Z524.5/2005　克拉玛依市统计年鉴：2005/ 克拉玛依市统计局编 .—2005.—701 页；30cm

Z524.5/2005　阿克苏统计年鉴：2005/ 阿克苏地区统计局编 .—乌鲁木齐：新疆统计印刷厂，2005.—683 页；30cm

Z524.5/20053　一二八团年鉴：2003/ 一二八团史志办编 .—香港：银河出版社，2005.3.—230 页；26cm

Z524.5/20056　巴音郭楞统计年鉴：2005/ 巴音郭楞蒙古自治州统计局编 .—北京：中国统计出版社，2005.6.—494 页；30cm

Z524.5/20056　和田 55 年历程：1949—2004/ 和田地区统计局编 .—乌鲁木齐：新疆统计印刷厂，2005.6.—303 页；20cm

Z524.5/20056　乌鲁木齐县年鉴：2005/ 乌鲁木齐县党史地方志编纂委员会编 .—乌鲁木齐：乌鲁木齐光大印刷有限公司，2005.6.—388 页；20cm

Z524.5/20057　湖南省农垦志 / 湖南省农垦局编 .—2005.7.—102 页；29cm

Z524.5/20057　新疆农村社会经济统计年鉴: 2005/ 新疆维吾尔自治区统计局,农调队,农业厅，畜牧厅编 .—乌鲁木齐：金长江印刷有限责任公司，2005.7.—219 页；26cm

Z524.5/20058　阿勒泰地区统计年鉴：2005/ 阿勒泰地区统计局编 .—阿勒泰：阿勒泰地区统计局，2005.8.—192 页；30cm

Z524.5/20058　新疆生产建设兵团统计年鉴：2005/ 新疆生产建设兵团统计年鉴编委会编 .—北京：中国统计出版社，2005.8.—626 页；30cm

Z524.5/20059　新疆年鉴：2005/ 新疆维吾尔自治区地方志编纂委员会编 .—昌吉：新疆金版印务有限公司，2005.9.—598 页；26cm

Z524.5/20059　乌鲁木齐年鉴：2005/ 乌鲁木齐市史志办编 .—乌鲁木齐：新疆人民出版社，2005.9.—414 页；29cm

Z524.5/20059　喀什年鉴：2005/ 喀什地委史志办编 .—喀什：喀什维吾尔文出版社，2005.9.—425 页；29cm

Z524.5/20059　博尔塔拉年鉴：2005/ 博州史志办编 .—乌鲁木齐：新疆人民出版社，2005.9.—433 页；29cm

Z524.5/2005a　巴音郭楞年鉴：2005/ 巴音郭楞蒙古自治州地方志编纂委员会编 .—北京：人民日报出版社，2005.10.—307 页；29cm

Z524.5/2005a　塔里木石油年鉴：2005/ 塔里木石油史志编纂委员会编 .—乌鲁木齐：新疆人民出版社，2005.10.—506 页；26cm

Z524.5/2005a　吐鲁番统计年鉴：2005/ 吐鲁番地区统计局编 .—北京：中国统计出版社，2005.10.—634 页；30cm

Z524.5/2005b　新疆财政年鉴：2004/ 新疆财政年鉴编辑委员会编 .—乌鲁木齐：新疆维吾尔自治区财政厅印刷厂，2005.11.—623 页；30cm

Z524.5/2005b　西北石油年鉴：2005/《西北石油年鉴》编纂委员会编 .—乌鲁木齐：新疆人民出版社，2005.11.—613 页；26cm

Z524.5/2005b　克拉玛依年鉴：2005/ 中共克拉玛依市新疆石油管理局委员会史志办公室编 .—乌鲁木齐：新疆人民出版社，2005.11.—739 页；26cm

Z524.5/2005b　库车年鉴：2005/ 库车县史志办编 .—乌鲁木齐：新疆人民出版社，2005.11.—368 页；29cm

Z524.5/2005b　石河子年鉴：2005/ 石河子年鉴编纂委员会编 .—乌鲁木齐：新疆科学技术出版社，2005.11.—569 页；28cm

Z524.5/2005b　奎屯年鉴：2005/ 中共奎屯市委史志工作领导小组办公室编 .—乌鲁木齐：新疆人民出版社，2005.11.—225 页；29cm

Z524.5/2005b　和田年鉴：2005 年创刊 / 和田地委史志办公室编 .—乌鲁木齐：新疆人民出版社，2005.11.—314 页；29cm

Z524.5/2005c　喀什地区统计年鉴：2005/ 喀什地区行署办公室,喀什地区统计局编 .—乌鲁木齐：新疆统计印刷厂，2005.12.—459 页；30cm

Z524.5/2005c　玛纳斯年鉴：2005/ 新疆玛纳斯县地方志编纂委员会办公室编 .—昌吉: 新疆金版印务有限公司，2005.12.—342 页；26cm

Z524.5/2005c　阿克苏年鉴：2005/ 中共阿克苏地委史志办编 .—乌鲁木齐：新疆人民出版社，2005.12.—367 页；29cm

Z524.5/2005c　和田统计年鉴：2005/ 和田地区统计局编 .—2005.12.—698 页；26cm

Z524.5/2006　阿克苏市统计年鉴：2003—

2005/阿克苏市统计局编 .—2006.—319 页；30cm

Z524.5/2006　克拉玛依市统计年鉴：2006/克拉玛依市统计局编 .—2006.—754 页；30cm

Z524.5/2006　库尔勒统计年鉴：2006/库尔勒市统计局编 .—2006.—298 页；30cm

Z524.5/2006　新疆维吾尔自治区科学技术协会年鉴：2006/新疆维吾尔自治区科学技术协会办公室编 .—2006.—305 页；29cm

Z524.5/20061　塔城年鉴：2005/塔城地区史志办编 .—乌鲁木齐：新疆电子音像出版社，2006.1.—248 页；29cm

Z524.5/20063　新疆电信年鉴：2004/中国电信集团新疆维吾尔自治区电信公司编 .—乌鲁木齐：新疆地矿彩印厂，2006.3.—266 页；26cm

Z524.5/20063　中国石油独山子石化年鉴：2004—2005/中国石油独山子石化编 .—乌鲁木齐：新疆人民出版社，2006.3.—736 页；26cm

Z524.5/20064　新疆邮政年鉴：2003/新疆邮政局编 .—乌鲁木齐：新疆新华印刷厂，2006.4.—273 页；29cm

Z524.5/20064　克孜勒苏年鉴：2005/克孜勒苏自治州党委史志办编 .—阿图什：克孜勒苏柯尔克孜文出版社，2006.4.—239 页；29cm

Z524.5/20065　新疆大学年鉴：2005/新疆大学年鉴编委会编 .—乌鲁木齐：新疆乌鲁木齐科恒彩印有限公司，2006.5.—496 页；28cm

Z524.5/20066　哈密市年鉴：2006/哈密市年鉴编纂委员会编 .—乌鲁木齐：新疆人民出版社，2006.6.—326 页；26cm

Z524.5/20066　新疆生产建设兵团统计年鉴：2006/新疆生产建设兵团统计局编 .—北京：中国统计出版社，2006.6.—630 页；30cm

Z524.5/20066　伊犁哈萨克自治州统计年鉴：2006/伊犁哈萨克自治州统计局编 .—乌鲁木齐：新疆统计印刷厂，2006.6.—420 页；30cm

Z524.5/20066　吐鲁番统计年鉴：2006/吐鲁番地区统计局编 .—北京：中国统计出版社，2006.6.—248 页；30cm

Z524.5/20067　新疆调查年鉴：2006/国家统计局新疆调查总队编 .—北京：中国统计出版社，2006.7.—676 页；30cm

Z524.5/20067　巴音郭楞统计年鉴：2006/巴音郭楞蒙古自治州统计局编.—乌鲁木齐：新疆统计印刷厂，2006.7.—492 页；30cm

Z524.5/20068　阿克苏统计年鉴：2006/阿克苏地区行署办公室,阿克苏地区统计局编 .—乌鲁木齐：新疆统计印刷厂，2006.8.—870 页；30cm

Z524.5/20069　博尔塔拉统计年鉴：2006/博尔塔拉蒙古自治州统计局编 .—乌鲁木齐：新疆统计印刷厂，2006.9.—757 页；30cm

Z524.5/20069　乌鲁木齐年鉴：2006/乌鲁木齐市党史地方志编委会办公室编 .—乌鲁木齐：新疆人民出版社，2006.9.—396 页；29cm

Z524.5/20069　喀什地区统计年鉴：2006/喀什地区统计局编 .—乌鲁木齐：新疆统计印刷厂，2006.9.—401 页；30cm

Z524.5/20069　乌鲁木齐统计年鉴：2006/乌鲁木齐市统计局编 .—北京：中国统计出版社，2006.9.—439 页；29cm

Z524.5/20069　新和年鉴：2006/新和县委史志办公室编 .—乌鲁木齐：新疆人民出版社，2006.9.—373 页；29cm

Z524.5/20069　石河子年鉴：2006/《石河子年鉴》编纂委员会编 .—乌鲁木齐：新疆科

学技术出版社，2006.9.—491 页；29cm

Z524.5/20069　和田地区统计年鉴：2006/ 和田地区统计局编 .—2006.9.—694 页；26cm

Z524.5/20069　乌苏年鉴：2006/ 中共乌苏市委史志工作委员会办公室编 .—昌吉：新疆金版印务有限公司，2006.9.—382 页；26cm

Z524.5/2006a　西北石油年鉴：2006/《西北石油年鉴》编纂委员会编 .—乌鲁木齐：新疆人民出版社，2006.10.—627 页；26cm

Z524.5/2006a　新疆年鉴：2006/ 新疆维吾尔自治区地方志编纂委员会编 .—昌吉：新疆金版印务有限公司，2006.10.—578 页；26cm

Z524.5/2006a　奎屯年鉴：2006/ 中共奎屯市委史志工作领导小组办公室编 .—乌鲁木齐：新疆人民出版社，2006.10.—241 页；26cm

Z524.5/2006a　托里年鉴：2006/ 托里县史志编纂委员会办公室编 .—昌吉：新疆金版印务有限公司，2006.10.—333 页；26cm

Z524.5/2006b　克拉玛依年鉴：2006/ 中共克拉玛依市新疆石油管理局委员会史志办公室编 .—乌鲁木齐：新疆人民出版社，2006.11.—749 页；26cm

Z524.5/2006b　新疆经济普查年鉴：2004/ 新疆维吾尔自治区第一次全国经济普查领导小组办公室编 .—北京：中国统计出版社，2006.11.—2 册（1419）页；30cm

Z524.5/2006b　新疆移动通信年鉴：2006/《新疆移动通信年鉴》编纂委员会编 .—乌鲁木齐：乌鲁木齐网典方正多媒体制作有限公司，2006.11.—545 页；29cm

Z524.5/2006b　库车年鉴：2006/ 库车县史志办编 .—乌鲁木齐：新疆人民出版社，2006.11.—380 页；29cm

Z524.5/2006b　农七师年鉴：2005/ 农七师史志编纂委员会编 .—北京：中华书局，2006.11.—572 页；30cm

Z524.5/2006c　乌鲁木齐铁路局年鉴：2006 / 乌鲁木齐铁路局年鉴编委会编 .—乌鲁木齐：新疆蓝天铁路印务有限公司，2006.12.—270 页；26cm

Z524.5/2006c　沙湾年鉴：2006/ 中共沙湾县委史志办公室编 .—昌吉：新疆金版印务有限公司，2006.12.—247 页；29cm

Z524.5/2006c　温宿年鉴：2006/ 温宿县委史志办编 .—乌鲁木齐：新疆人民出版社，2006.12.—330 页；29cm

Z524.5/2006c　昌吉年鉴：2006/ 昌吉回族自治州史志办编 .—乌鲁木齐：新疆人民出版社，2006.12.—506 页；26cm

Z524.5/2006c　巴音郭楞年鉴：2006/《巴音郭楞年鉴》编委会编 .—乌鲁木齐：新疆人民出版社，2006.12.—471 页；29cm

Z524.5/2006c　农六师五家渠市年鉴：2006/《农六师五家渠市年鉴》编委会编 .—乌鲁木齐：新疆人民出版社，2006.12.—349 页；26cm

Z524.5/2007　克拉玛依市统计年鉴：2007/ 克拉玛依市统计局编 .—2007.—500 页；30cm

Z524.5/2007　库尔勒统计年鉴：2007/ 库尔勒市统计局编 .—2007.—300 页；30cm

Z524.5/2007　阿勒泰地区统计年鉴：2007/ 阿勒泰地区统计局编 .—阿勒泰：阿勒泰地区统计局，2007.—243 页；30cm

Z524.5/20071　新疆石油管理局钻井公司年鉴：2005/《新疆石油管理局钻井公司年鉴》编委会编 .—乌鲁木齐：新疆人民出版社，2007.1.—474 页；26cm

Z524.5/20071　塔里木石油勘探开发指挥部石油天然气开发公司年鉴：1990—1995/《塔里木石油勘探开发指挥部，石油天然气开

发公司年鉴》编纂委员会编.—乌鲁木齐:新疆人民出版社,2007.1.—257页;20cm

Z524.5/20071 吐哈油田年鉴:2005—2006/吐哈石油编纂委员会编.—乌鲁木齐:新疆人民出版社,2007.1.—550页;26cm

Z524.5/20073 水磨沟区年鉴:2006/乌鲁木齐市水磨沟区史志办编.—乌鲁木齐:新疆地矿彩印厂,2007.3.—431页;26cm

Z524.5/20073 伊犁年鉴:2006/伊犁州地方志编纂委员会编.—乌鲁木齐:新疆人民出版社,2007.3.—280页;26cm

Z524.5/20074 中国共产党伊犁地方工作年鉴:2006/中共伊犁哈萨克自治州委员会党史研究室编.—乌鲁木齐:新疆人民出版社,2007.4.—329页;29cm

Z524.5/20075 阿克苏年鉴:2006/中共阿克苏地委史志办编.—乌鲁木齐:新疆人民出版社,2007.5.—380页;29cm

Z524.5/20076 新疆电信年鉴:2005/中国电信集团新疆维吾尔自治区电信有限公司编.—乌鲁木齐:新疆新华印刷厂,2007.6.—243页;29cm

Z524.5/20076 吐鲁番统计年鉴:2007/吐鲁番地区统计局编.—北京:中国统计出版社,2007.6.—238页;30cm

Z524.5/20076 新疆生产建设兵团经济普查年鉴:文献卷.2004/新疆生产建设兵团第一次全国经济普查领导小组办公室,新疆生产建设兵团统计局编.—2007.6.—463页;30cm

Z524.5/20077 塔城地区统计年鉴:2006/塔城地区统计局编.—乌鲁木齐:新疆生产建设兵团印刷厂,2007.7.—430页;26cm

Z524.5/20077 2004新疆生产建设兵团经济普查年鉴/新疆生产建设兵团第一次全国经济普查领导小组办公室,新疆生产建设兵团统计局编.—北京:中国统计出版社,2007.7.—934页;30cm

Z524.5/20077 新疆生产建设兵团统计年鉴:2007/新疆生产建设兵团统计局编.—北京:中国统计出版社,2007.7.—646页;30cm

Z524.5/20077 巴音郭楞统计年鉴:2007/巴音郭楞蒙古自治州统计局编.—乌鲁木齐:新疆统计印刷厂,2007.7.—488页;30cm

Z524.5/20077 塔城年鉴:2006/塔城地区史志办编.—乌鲁木齐:新疆生产建设兵团印刷厂,2007.7.—336页;29cm

Z524.5/20078 伊犁哈萨克自治州统计年鉴:2007/伊犁哈萨克自治州统计局编.—2007.8.—378页;30cm

Z524.5/20078 新疆调查年鉴:2007/国家统计局新疆调查总队编.—北京:中国统计出版社,2007.8.—634页;30cm

Z524.5/20079 乌鲁木齐统计年鉴:2007/乌鲁木齐市统计局编.—北京:中国统计出版社,2007.9.—455页;29cm

Z524.5/20079 阿克苏统计年鉴:2007/阿克苏地区行署办公室,阿克苏地区统计局编.—乌鲁木齐:新疆统计印刷厂,2007.9.—799页;30cm

Z524.5/20079 新疆邮政年鉴:2006/新疆维吾尔自治区邮政局编.—2007.9.—370页;29cm

Z524.5/20079 新疆邮政年鉴:2005/新疆维吾尔自治区邮政局编.—2007.9.—380页;29cm

Z524.5/20079 石河子年鉴:2007/《石河子年鉴》编纂委员会编.—乌鲁木齐:新疆科学技术出版社,2007.9.—419页;29cm

Z524.5/2007a 新疆年鉴:2007/新疆维吾尔自治区地方志编纂委员会编辑.—昌吉:新疆金版印务有限公司,2007.10.—603页;26cm

Z524.5/2007b　西北石油年鉴：2007/《西北石油年鉴》编纂委员会编 .—乌鲁木齐：新疆人民出版社，2007.11.—507 页；26cm

Z524.5/2007b　乌鲁木齐年鉴：2007/ 乌鲁木齐市党史地方志编委会办公室编 .—乌鲁木齐：新疆人民出版社，2007.11.—393 页；29cm

Z524.5/2007b　新疆体育年鉴：2007/《新疆体育年鉴》编辑委员会编 .—2007.11.—553 页；26cm

Z524.5/2007b　新疆移动通信年鉴：2007/ 中国移动通信集团新疆有限公司编 .—2007.11.—565 页；29cm

Z524.5/2007b　克拉玛依年鉴：2007/ 中共克拉玛依市，中共新疆石油管理局委员会史志办公室编 .—乌鲁木齐：新疆人民出版社，2007.11.—721 页；26cm

Z524.5/2007b　新疆石油管理局钻井公司年鉴：2006/《新疆石油管理局钻井公司年鉴》编委会编 .—乌鲁木齐：新疆人民出版社，2007.11.—556 页；26cm

Z524.5/2007c　哈巴河统计年鉴：2007/ 哈巴河县统计局编 .—2007.12.—282 页；29cm

Z524.5/2007c　博尔塔拉年鉴：2007/ 博尔塔拉蒙古自治州史志办公室编 .—乌鲁木齐：新疆人民出版社，2007.12.—591 页；29cm

Z524.5/2007c　阿克苏年鉴：2007/ 中共阿克苏地委史志办公室编 .—乌鲁木齐：新疆人民出版社，2007.12.—381 页；29cm

Z524.5/2007c　沙湾年鉴：2007/ 沙湾县委史志办公室编 .—五家渠：新疆生产建设兵团出版社，2007.12.—230 页；29cm

Z524.5/2007c　乌苏年鉴：2007/ 中共乌苏市委史志工作委员会办公室编 .—五家渠：新疆生产建设兵团出版社，2007.12.—479 页；29cm

Z524.5/2007c　建工师年鉴：2007/ 建工师史志办编 .—五家渠：新疆生产建设兵团出版社，2007.12.—562 页；29cm

Z524.5/2007c　新疆财政年鉴：2006/ 新疆财政年鉴编辑委员会编 .—北京：中国财政经济出版社，2007.12.—550 页；29cm

Z524.5/2007c　喀什年鉴：2007/ 喀什地区党史地方志办公室编 .—乌鲁木齐：新疆人民出版社，2007.12.—285 页；29cm

Z524.5/2007c　和田年鉴：2007/ 和田地委党史地方志办公室编 .—乌鲁木齐：新疆人民出版社，2007.12.—375 页；29cm

Z524.5/2007c　农六师五家渠市年鉴：2007/ 农六师五家渠市史志办编 .—五家渠：新疆生产建设兵团出版社，2007.12.—405 页；26cm

Z524.5/2007c　昌吉市年鉴：2007/ 昌吉市委史志办编 .—五家渠：新疆生产建设兵团出版社，2007.12.—338 页；26cm

Z524.5/2007c　库车年鉴：2007/ 库车县党史地方志编纂委员会编 .—乌鲁木齐：新疆人民出版社，2007.12.—370 页；29cm

Z524.5/2007c　裕民年鉴：2006/ 裕民县史志编纂委员会编 .—乌鲁木齐：新疆人民出版社，2007.12.—255 页；26cm

Z524.5/2007c　伊宁县年鉴：2007/ 伊宁县地方志编纂委员会编 .—乌鲁木齐：新疆人民出版社，2007.12.—280 页；26cm

Z524.5/2007c　阜康年鉴：2007/《阜康年鉴》编纂委员会编 .—乌鲁木齐：新疆人民出版社，2007.12.—419 页；26cm

Z524.5/2007c　呼图壁年鉴：2007/ 呼图壁县史志办公室编 .—乌鲁木齐：新疆人民出版社，2007.12.—412 页；26cm

Z524.5/2007c　巴里坤年鉴：2007/ 巴里坤哈萨克自治县委史志办编 .—乌鲁木齐：新疆人民出版社，2007.12.—294 页；26cm

Z524.5/2007c　拜城年鉴：2007/《拜城年鉴》

编纂委员会编.—乌鲁木齐：新疆人民出版社，2007.12.—221页；26cm

Z524.5/2007c　米东年鉴：2007/米东新区史志办编.—五家渠：新疆生产建设兵团出版社，2007.12.—573页；26cm

Z524.5/2007c　玛纳斯年鉴：2007/玛纳斯县地方志编纂委员会办公室编.—乌鲁木齐：新疆人民出版社，2007.12.—380页；26cm

Z524.5/2008　新疆维吾尔自治区科学技术协会年鉴：2008/新疆维吾尔自治区科学技术协会办公室编.—2008.—172页；29cm

Z524.5/20081　库尔勒市统计年鉴：2008/库尔勒市统计局编.—2008.1.—326页；30cm

Z524.5/20081　奎屯年鉴：2007/中共奎屯市委史志工作领导小组办公室编.—乌鲁木齐：新疆人民出版社，2008.1.—237页；26cm

Z524.5/20081　吐鲁番市年鉴：2007/中共吐鲁番市委党史地方志编纂委员会编.—乌鲁木齐：新疆人民出版社，2008.1.—322页；26cm

Z524.5/20081　新和年鉴：2007/新和县地方志编纂委员会编.—乌鲁木齐：新疆人民出版社，2008.1.—369页；29cm

Z524.5/20081　阿瓦提年鉴：2007/阿瓦提县地方志编纂委员会编.—乌鲁木齐：新疆人民出版社，2008.1.—228页；26cm

Z524.5/20081　伊犁年鉴：2007/伊犁州地方志编纂委员会编.—乌鲁木齐：新疆人民出版社，2008.1.—307页；26cm

Z524.5/20081　沙雅年鉴：2007/沙雅县党史地方志编纂委员会办公室编.—乌鲁木齐：新疆人民出版社，2008.1.—420页；29cm

Z524.5/20081　鄯善年鉴：2007/中共鄯善县委党史地方志办公室编.—乌鲁木齐：新疆人民出版社，2008.1.—326页；26cm

Z524.5/20081　温宿年鉴：2007/中共温宿县委史志办公室编纂.—乌鲁木齐：新疆人民出版社，2008.1.—275页；29cm

Z524.5/20081　和田市年鉴：2007/中共和田市委史志办编.—乌鲁木齐：新疆人民出版社，2008.1.—261页；26cm

Z524.5/20082　尼勒克年鉴：2007/尼勒克县地方志编纂委员会办公室编.—乌鲁木齐：新疆人民出版社，2008.2.—321页；26cm

Z524.5/20083　和布克赛尔蒙古自治县年鉴：2007/和布克赛尔蒙古自治县党史办公室，和布克赛尔蒙古自治县地方志办公室编.—乌鲁木齐：新疆人民出版社，2008.3.—346页；26cm

Z524.5/20083　塔城年鉴：2007/中共塔城市委党史地方志办公室编.—乌鲁木齐：新疆人民出版社，2008.3.—241页；29cm

Z524.5/20083　泽普年鉴：2007/《泽普年鉴》编委会编.—乌鲁木齐：新疆人民出版社，2008.3.—317页；26cm

Z524.5/20083　巴音郭楞年鉴：2007/巴音郭楞蒙古自治州地方志编纂委员会编.—乌鲁木齐：新疆人民出版社，2008.3.—455页；29cm

Z524.5/20083　托里年鉴：2007/托里县史志编纂委员会办公室编.—乌鲁木齐：新疆人民出版社，2008.3.—348页；26cm

Z524.5/20085　新疆能源统计年鉴：2007/新疆维吾尔自治区统计局，新疆维吾尔自治区经贸委编.—乌鲁木齐：新疆科学技术出版社，2008.5.—173页；26cm

Z524.5/20086　乌鲁木齐县年鉴：2008/乌鲁木齐县党史地方志编纂委员会编.—乌鲁木齐：乌鲁木齐光大印刷有限公司，2008.6.—398页；26cm

Z524.5/20087　巴音郭楞统计年鉴：2008/巴音郭楞蒙古自治州统计局编.—乌鲁木齐：新疆统计印刷厂，2008.7.—496页；30cm

Z524.5/20087　新疆生产建设兵团统计年鉴：2008/ 新疆生产建设兵团统计局编 .—北京：中国统计出版社，2008.7.—600 页；30cm

Z524.5/20087　博尔塔拉统计年鉴：2008/ 博尔塔拉蒙古自治州统计局编 .—乌鲁木齐：新疆统计印刷厂，2008.7.—382 页；30cm

Z524.5/20088　伊犁哈萨克自治州统计年鉴：2008/ 伊犁哈萨克自治州统计局编 .—2008.8.—430 页；30cm

Z524.5/20088　乌鲁木齐市水磨沟区年鉴：2007/ 乌鲁木齐市水磨沟区党史地方志编纂委员会办公室编 .—乌鲁木齐：新疆人民出版社，2008.8.—474 页；26cm

Z524.5/20088　乌鲁木齐统计年鉴：2008/ 乌鲁木齐市统计局编 .—北京：中国统计出版社，2008.8.—455 页；29cm

Z524.5/20089　石河子年鉴：2008/《石河子年鉴》编纂委员会编 .—乌鲁木齐：新疆科学技术出版社，2008.9.—398 页；29cm

Z524.5/2008a　新疆年鉴：2008/ 新疆维吾尔自治区地方志编纂委员会编辑 .—昌吉：新疆金版印务有限公司，2008.10.—583 页；26cm

Z524.5/2008a　阿克苏年鉴：2008/ 中共阿克苏地委史志办公室编 .—乌鲁木齐：新疆人民出版社，2008.10.—410 页；29cm

Z524.5/2008a　哈密年鉴：2008/ 哈密地区地方志编纂委员会办公室编 .—乌鲁木齐：新疆人民出版社，2008.10.—468 页；29cm

Z524.5/2008a　石河子统计年鉴：2008/ 新疆石河子统计局编 .—乌鲁木齐：新疆兵团印刷厂，2008.10.—624 页；26cm

Z524.5/2008a　玛纳斯年鉴：2008/ 玛纳斯县地方志编纂委员会办公室编 .—乌鲁木齐：新疆人民出版社，2008.10.—406 页；26cm

Z524.5/2008a　托里年鉴：2008/ 托里县史志编纂委员会办公室编 .—郑州：河南郑州方志印务有限公司，2008.10.—387 页；26cm

Z524.5/2008b　新疆体育年鉴：2008/《新疆体育年鉴》编辑委员会编 .—2008.11.—587 页；26cm

Z524.5/2008b　巴里坤年鉴：2008/ 中共巴里坤县委党史地方志办公室编 .—乌鲁木齐：新疆人民出版社，2008.11.—338 页；26cm

Z524.5/2008b　西北石油年鉴：2008/《西北石油年鉴》编纂委员会编 .—乌鲁木齐：新疆人民出版社，2008.11.—518 页；26cm

Z524.5/2008b　沙湾年鉴：2008/ 中共沙湾县委史志办公室编 .—五家渠：新疆生产建设兵团出版社，2008.11.—296 页；26cm

Z524.5/2008b　昭苏年鉴：2008/ 昭苏县地方志编纂委员会编 .—乌鲁木齐：新疆人民出版社，2008.11.—418 页；26cm

Z524.5/2008b　克拉玛依年鉴：2008/ 中共克拉玛依市委员会史志办公室，中共克拉玛依市新疆油田公司委员会史志办公室编 .—乌鲁木齐：新疆人民出版社，2008.11.—681 页；26cm

Z524.5/2008b　奎屯年鉴：2008/ 中共奎屯市委史志办编 .—乌鲁木齐：新疆人民出版社，2008.11.—234 页；26cm

Z524.5/2008b　黑龙江农垦年鉴：2008/ 隋凤富，史桂霞主编 .—哈尔滨：黑龙江人民出版社，2008.11.—505 页；30cm

Z524.5/2008c　沙雅年鉴：2008/ 沙雅县史志编纂委员会办公室编 .—乌鲁木齐：新疆人民出版社，2008.12.—441 页；29cm

Z524.5/2008c　木垒年鉴：2008/《木垒年鉴》编纂委员会编 .—乌鲁木齐：新疆人民出版社，2008.12.—317 页；26cm

Z524.5/2008c　托克逊年鉴：2008/ 托克逊

县地方志编纂委员会编 .—乌鲁木齐：新疆人民出版社，2008.12.—293 页；26cm

Z524.5/2008c 昌吉年鉴：2008/《昌吉年鉴》编纂委员会编 .—乌鲁木齐：新疆人民出版社，2008.12.—499 页；26cm

Z524.5/2008c 乌鲁木齐年鉴：2008/ 乌鲁木齐市党史地方志编委会办公室编 .—乌鲁木齐：新疆人民出版社，2008.12.—393 页；29cm

Z524.5/2008c 西部钻探克拉玛依钻井公司年鉴：2007/《西部钻探克拉玛依钻井公司年鉴》编委会编 .—乌鲁木齐：新疆人民出版社，2008.12.—503 页；26cm

Z524.5/2008c 农六师五家渠市年鉴：2008/ 农六师五家渠市史志办编 .—五家渠：新疆生产建设兵团出版社，2008.12.—403 页；26cm

Z524.5/2008c 奇台年鉴：2008/ 中共奇台县委员会党史地方志办公室编 .—五家渠：新疆生产建设兵团出版社，2008.12.—296 页；26cm

Z524.5/2008c 温宿年鉴：2008/ 中共温宿县委史志办公室编 .—乌鲁木齐：新疆人民出版社，2008.12.—286 页；29cm

Z524.5/2008c 新疆大学年鉴：2007/《新疆大学年鉴》编委会编 .—乌鲁木齐：新疆大学出版社，2008.12.—377 页；29cm

Z524.5/2008c 伊宁县年鉴：2008/ 中共伊宁县委党史地方志办公室，伊宁县档案局编 .—乌鲁木齐：新疆人民出版社，2008.12.—346 页；26cm

Z524.5/2008c 博尔塔拉年鉴：2008/ 博尔塔拉蒙古自治州党史研究室，博尔塔拉蒙古自治州地方志办公室编 .—乌鲁木齐：新疆人民出版社，2008.12.—432 页；29cm

Z524.5/2008c 吉木萨尔年鉴：2008/ 吉木萨尔县党史地方志办公室编 .—乌鲁木齐：新疆人民出版社，2008.12.—413 页；28cm

Z524.5/2008c 乌鲁木齐铁路局年鉴：2008/《乌鲁木齐铁路局年鉴》编委会编 .—乌鲁木齐：新疆华铁彩色制作有限责任公司，2008.12.—210 页；26cm

Z524.5/2008c 昌吉市年鉴：2008/ 昌吉市委史志办编 .—五家渠：新疆生产建设兵团出版社，2008.12.—356 页；26cm

Z524.5/2008c 米东年鉴：2008/ 米东区党史地方志编纂委员会编 .—五家渠：新疆生产建设兵团出版社，2008.12.—546 页；26cm

Z524.5/2008c 吐鲁番市年鉴：2008/ 中共吐鲁番市委党史地方志编纂委员会编 .—乌鲁木齐：新疆人民出版社，2008.12.—315 页；26cm

Z524.5/2008c 克孜勒苏年鉴：2008/ 克孜勒苏柯尔克孜自治州党委史志办编 .—阿图什：克孜勒苏柯尔克孜文出版社，2008.12.—319 页；29cm

Z524.5/2008c 和田年鉴：2008/《和田年鉴》编委会编 .—乌鲁木齐：新疆人民出版社，2008.12.—414 页；29cm

Z524.5/2008c 伊犁年鉴：2008/ 伊犁州地方志编纂委员会编 .—乌鲁木齐：新疆人民出版社，2008.12.—318 页；26cm

Z524.5/2009 新疆亚欧铁路多元经济发展中心年鉴：2009/《新疆亚欧铁路多元经济发展中心年鉴》编委会编 .—2009.—245 页；29cm

Z524.5/20091 建工师年鉴：2008/ 建工师史志办编 .—五家渠：新疆生产建设兵团出版社，2009.1.—487 页；29cm

Z524.5/20091 阿瓦提年鉴：2008/ 阿瓦提县地方志编纂委员会编 .—乌鲁木齐：新疆人民出版社，2009.1.—230 页；26cm

Z524.5/20091 新和年鉴：2008/ 中共新和县委史志办公室编 .—乌鲁木齐：新疆人民

出版社，2009.1.—348 页；29cm

Z524.5/20092 民丰年鉴：2008/ 中共民丰县委史志办公室编 .—乌鲁木齐：新疆人民出版社，2009.2.—306 页；29cm

Z524.5/20092 巴音郭楞职业技术学院年鉴：2002—2006/《巴音郭楞职业技术学院年鉴》编纂委员会编 .—乌鲁木齐：新疆人民出版社，2009.2.—833 页；29cm

Z524.5/20092 伊吾年鉴：2007—2008/ 伊吾县地方志编纂委员会编 .—乌鲁木齐：新疆人民出版社，2009.2.—270 页；29cm

Z524.5/20093 库车年鉴：2008/ 库车县党史地方志编纂委员会办公室编 .—乌鲁木齐：新疆人民出版社，2009.3.—361 页；29cm

Z524.5/20093 新疆出入境检验检疫局年鉴：2006/《新疆出入境检验检疫局年鉴》编辑委员会编 .—乌鲁木齐：新疆人民出版社，2009.3.—618 页；27cm

Z524.5/20094 博湖年鉴：2008/ 博湖县档案史志局编 .—乌鲁木齐：新疆人民出版社，2009.4.—432 页；26cm

Z524.5/20095 新源年鉴：2008/ 新源县地方志编纂委员会编 .—乌鲁木齐：新疆人民出版社，2009.5.—257 页；26cm

Z524.5/20095 吐鲁番年鉴：2008/ 吐鲁番地区地方志编纂委员会办公室编 .—乌鲁木齐：新疆人民出版社，2009.5.—363 页；26cm

Z524.5/20097 石河子统计年鉴：2009/ 新疆兵团农八师石河子市统计局编 .—乌鲁木齐：新疆兵团印刷厂，2009.7.—576 页；30cm

Z524.5/20097 泽普年鉴：2008/ 泽普县党史地方志编纂委员会编 .—乌鲁木齐：新疆人民出版社，2009.7.—335 页；26cm

Z524.5/20097 昌吉统计年鉴：2009/ 新疆昌吉回族自治州统计局编 .—昌吉：新疆金版印务有限公司，2009.7.—308 页；26cm

Z524.5/20097 新疆生产建设兵团统计年鉴：2009/ 新疆生产建设兵团统计局编 .—北京：中国统计出版社，2009.7.—602 页；30cm

Z524.5/20098 沙湾年鉴：2009/ 中共沙湾县委史志办公室编 .—五家渠：新疆生产建设兵团出版社，2009.8.—467 页；26cm

Z524.5/20098 库尔勒年鉴：2008/ 库尔勒市地方志编纂委员会，库尔勒市档案史志局编 .—乌鲁木齐：新疆人民出版社，2009.8.—384 页；29cm

Z524.5/20098 新疆财政年鉴：2007/ 新疆财政年鉴编辑委员会编 .—北京：中国财政经济出版社，2009.8.—659 页；29cm

Z524.5/20099 昌吉市年鉴：2009/ 中共昌吉市委党史地方志办公室编 .—五家渠：新疆生产建设兵团出版社，2009.9.—394 页；26cm

Z524.5/20099 乌鲁木齐县年鉴：2009/ 乌鲁木齐县党史地方志编委会办公室编 .—乌鲁木齐：新疆人民出版社，2009.9.—335 页；26cm

Z524.5/20099 玛纳斯年鉴：2009/ 玛纳斯县地方志编纂委员会办公室编 .—乌鲁木齐：新疆人民出版社，2009.9.—436 页；26cm

Z524.5/20099 阿克苏年鉴：2009/ 中共阿克苏地委史志办公室编 .—乌鲁木齐：新疆人民出版社，2009.9.—421 页；29cm

Z524.5/20099 阿克苏地区统计年鉴：2009/ 阿克苏地区行署办公室，阿克苏地区统计局编 .—乌鲁木齐：新疆统计印刷厂，2009.9.—832 页；30cm

Z524.5/20099 乌鲁木齐统计年鉴：2009/ 乌鲁木齐市统计局编 .—北京：中国统计出版社，2009.9.—506 页；29cm

Z524.5/20099　新疆卫生监督年鉴：2002—2007/ 新疆维吾尔自治区卫生厅监督所编 .—乌鲁木齐：乌鲁木齐市科恒彩印有限公司，2009.9.—234 页；29cm

Z524.5/20099　石河子年鉴：2009/《石河子年鉴》编纂委员会编 .—五家渠：新疆生产建设兵团出版社，2009.9.—348 页；29cm

Z524.5/2009a　哈密年鉴：2009/ 哈密地区地方志编纂委员会办公室编 .—乌鲁木齐：新疆人民出版社，2009.10.—500 页；30cm

Z524.5/2009a　昭苏年鉴：2009/ 昭苏县地方志编纂委员会编 .—乌鲁木齐：新疆人民出版社，2009.10.—275 页；26cm

Z524.5/2009a　特克斯年鉴：2008/ 特克斯县地方志编纂委员会编 .—乌鲁木齐：新疆人民出版社，2009.10.—354 页；26cm

Z524.5/2009a　尉犁年鉴：2008/ 尉犁县档案史志局编 .—乌鲁木齐：新疆人民出版社，2009.10.—404 页；26cm

Z524.5/2009a　建工师年鉴：2009/ 建工师史志办编 .—五家渠：新疆生产建设兵团出版社，2009.10.—422 页；29cm

Z524.5/2009a　木垒年鉴：2009/ 木垒县委史志办编 .—乌鲁木齐：新疆人民出版社，2009.10.—459 页；26cm

Z524.5/2009b　巴里坤年鉴：2009/ 中共巴里坤县委党史地方志办公室编 .—乌鲁木齐：新疆人民出版社，2009.11.—334 页；26cm

Z524.5/2009b　昌吉年鉴：2009/《昌吉年鉴》编纂委员会编 .—乌鲁木齐：新疆人民出版社，2009.11.—500 页；26cm

Z524.5/2009b　阿瓦提年鉴：2009/ 阿瓦提县地方志编纂委员会编 .—乌鲁木齐：新疆人民出版社，2009.11.—285 页；26cm

Z524.5/2009b　阿克苏市年鉴：2009/ 阿克苏市史志办编 .—乌鲁木齐：新疆人民出版社，2009.11.—396 页；29cm

Z524.5/2009b　哈密市年鉴：2009/《哈密市年鉴》编纂委员会编 .—乌鲁木齐：新疆人民出版社，2009.11.—618 页；29cm

Z524.5/2009b　吐鲁番统计年鉴：2009/ 吐鲁番地区统计局编 .—北京：中国统计出版社，2009.11.—744 页；30cm

Z524.5/2009b　克拉玛依年鉴：2009/ 中共克拉玛依市委员会史志办公室，中共克拉玛依市新疆油田公司委员会史志办公室编 .—乌鲁木齐：新疆人民出版社，2009.11.—591 页；29cm

Z524.5/2009b　克拉玛拉市克拉玛依区年鉴：2008/ 中共克拉玛依区委员会史志办公室编 .—乌鲁木齐：新疆人民出版社，2009.11.—307 页；29cm

Z524.5/2009b　阿勒泰年鉴：2009/ 阿勒泰地区地方志编纂委员会办公室编 .—乌鲁木齐：新疆人民出版社，2009.11.—414 页；26cm

Z524.5/2009b　新疆年鉴：2009/ 新疆维吾尔自治区地方志编纂委员会编辑 .—昌吉：新疆金版印务有限公司，2009.11.—602 页；26cm

Z524.5/2009b　奎屯年鉴：2009/ 中共奎屯市委史志工作领导小组办公室编 .—乌鲁木齐：新疆人民出版社，2009.11.—211 页；26cm

Z524.5/2009b　阜康年鉴：2009/《阜康年鉴》编纂委员会编 .—乌鲁木齐：新疆人民出版社，2009.11.—547 页；26cm

Z524.5/2009c　塔里木石油年鉴：2009/ 塔里木石油史志编纂委员会编 .—乌鲁木齐：新疆人民出版社，2009.12.—522 页；26cm

Z524.5/2009c　乌鲁木齐年鉴：2009/ 乌鲁木齐市党史地方志编委会编 .—乌鲁木齐：新疆人民出版社，2009.12.—375 页；29cm

Z524.5/2009c　新和年鉴：2009/ 中共新和

县委史志办公室编 .—乌鲁木齐：新疆人民出版社，2009.12.—388 页；29cm

Z524.5/2009c　乌鲁木齐铁路局年鉴：2009/《乌鲁木齐铁路局年鉴》编委会编 .—乌鲁木齐：新疆华铁彩色制作有限责任公司，2009.12.—198 页；26cm

Z524.5/2009c　农六师五家渠市年鉴：2009/农六师五家渠市史志办编 .—五家渠：新疆生产建设兵团出版社，2009.12.—430 页；26cm

Z524.5/2009c　吉木萨尔年鉴：2009/ 吉木萨尔县党史地方志办公室编 .—乌鲁木齐：新疆人民出版社，2009.12.—353 页；28cm

Z524.5/2009c　吐哈油田年鉴：2007—2008/中国石油吐哈油田公司编 .—乌鲁木齐：新疆人民出版社，2009.12.—447 页；27cm

Z524.5/2009c　托克逊年鉴：2009/ 托克逊县党史地方志编纂委员会编 .—乌鲁木齐：新疆人民出版社，2009.12.—250 页；26cm

Z524.5/2009c　米东年鉴：2009/ 米东区党史地方志编纂委员会编 .—五家渠：新疆生产建设兵团出版社，2009.12.—428 页；26cm

Z524.5/2009c　奇台年鉴：2009/ 中共奇台县委员会党史地方志办公室编 .—五家渠：新疆生产建设兵团出版社，2009.12.—367 页；26cm

Z524.5/2009c　西北石油年鉴：2009/ 西北石油局，西北油田分公司编 .—乌鲁木齐：新疆人民出版社，2009.12.—576 页；26cm

Z524.5/2009c　乌鲁木齐市水磨沟区年鉴：2008/ 乌鲁木齐水磨沟区党史地方志编纂委员会办公室编 .—乌鲁木齐：新疆人民出版社，2009.12.—436 页；26cm

Z524.5/2009c　新疆出入境检验检疫局年鉴：2008/《新疆出入境检验检疫局年鉴》编辑委员会编 .—乌鲁木齐：新疆人民出版社，2009.12.—582 页；27cm

Z524.5/2010　新疆维吾尔自治区科学技术协会年鉴：2010/ 新疆维吾尔自治区科学技术协会办公室编 .—2010.—220 页；29cm

Z524.5/2010　新疆移动通信年鉴：2009/ 中国移动通信集团新疆有限公司编 .—2010.—384 页；29cm

Z524.5/20101　博尔塔拉年鉴：2009/ 博尔塔拉蒙古自治州党史研究室，博尔塔拉蒙古自治州地方志办公室编 .—乌鲁木齐：新疆人民出版社，2010.1.—389 页；29cm

Z524.5/20101　新源年鉴：2009/ 新源县地方志编纂委员会编 .—乌鲁木齐：新疆人民出版社，2010.1.—317 页；26cm

Z524.5/20101　民丰年鉴：2009/《民丰年鉴》编纂委员会编 .—乌鲁木齐：新疆人民出版社，2010.1.—308 页；29cm

Z524.5/20102　霍城年鉴：2007—2008/ 霍城县委史志办公室编 .—乌鲁木齐：新疆人民出版社，2010.2.—264 页；29cm

Z524.5/20102　拜城年鉴：2009/《拜城年鉴》编纂委员会编 .—乌鲁木齐：新疆人民出版社，2010.2.—358 页；29cm

Z524.5/20102　伊宁市年鉴：2009/ 伊宁市史志办编 .—乌鲁木齐：新疆人民出版社，2010.2.—328 页；26cm

Z524.5/20102　吐鲁番年鉴：2009/ 中共吐鲁番地委党史研究室，吐鲁番地区地方志编辑室编 .—五家渠：新疆生产建设兵团出版社，2010.2.—340 页；26cm

Z524.5/20103　伊吾年鉴：2009/ 伊吾县地方志编纂委员会编 .—乌鲁木齐：新疆人民出版社，2010.3.—260 页；28cm

Z524.5/20103　沙雅年鉴：2009/ 沙雅县史志编纂委员会办公室编 .—乌鲁木齐：新疆人民出版社，2010.3.—387 页；29cm

Z524.5/20103　库车年鉴：2009/《库车年鉴》

编纂委员会编 .—乌鲁木齐：新疆人民出版社，2010.3.—363 页；29cm

Z524.5/20103　哈巴河年鉴：2009/ 哈巴河县地方志办公室编纂 .—乌鲁木齐：新疆人民出版社，2010.3.—231 页；26cm

Z524.5/20104　巴音郭楞职业技术学院巴音郭楞技师培训学院年鉴：2008/《巴音郭楞职业技术学院巴音郭楞技师培训学院年鉴》编纂委员会编著 .—乌鲁木齐：新疆人民出版社，2010.4.—325 页；26cm

Z524.5/20104　和布克赛尔蒙古自治县年鉴：2008/ 和布克赛尔县史志办编 .—乌鲁木齐：新疆人民出版社，2010.4.—268 页；26cm

Z524.5/20105　新疆财政年鉴：2008/ 新疆财政年鉴编辑委员会编 .—北京：中国财政经济出版社，2010.5.—625 页；29cm

Z524.5/20105　农一师阿拉尔市年鉴：2009/ 农一师阿拉尔市史志编纂委员会编 .—五家渠：新疆生产建设兵团出版社，2010.5.—539 页；26cm

Z524.5/20106　塔城市年鉴：2009/ 塔城市党史地方志办公室编 .—五家渠：新疆生产建设兵团出版社，2010.6.—323 页；26cm

Z524.5/20106　温宿年鉴：2009/ 中共温宿县委史志办公室编 .—乌鲁木齐：新疆人民出版社，2010.6.—214 页；29cm

Z524.5/20106　尼勒克年鉴：2008—2009/ 中共尼勒克县委史志办公室编著 .—乌鲁木齐：新疆人民出版社，2010.6.—502 页；26cm

Z524.5/20106　和田年鉴：2009/《和田年鉴》编纂编委会编 .—乌鲁木齐：新疆人民出版社，2010.6.—412 页；29cm

Z524.5/20106　乌鲁木齐市达坂城区年鉴：2009/ 中共达坂城区委党史地方志办公室编 .—乌鲁木齐：新疆人民出版社，2010.6.—228 页；26cm

Z524.5/20107　木垒年鉴：2010/ 木垒县委史志办编 .—乌鲁木齐：新疆人民出版社，2010.7.—582 页；26cm

Z524.5/20107　新疆生产建设兵团统计年鉴：2010/ 新疆生产建设兵团统计局，国家统计局兵团调查总队编 .—北京：中国统计出版社，2010.7.—622 页；30cm

Z524.5/20108　阿勒泰地区统计年鉴：2010/ 阿勒泰地区统计局编 .—阿勒泰：阿勒泰地区统计局，2010.8.—329 页；30cm

Z524.5/20108　和田统计年鉴：2010/ 和田地区统计局编 .—和田：和田地区统计局，2010.8.—598 页；30cm

Z524.5/20108　新疆经济普查年鉴：2008/ 新疆维吾尔自治区人民政府第二次全国经济普查领导小组办公室，新疆维吾尔自治区统计局编 .—北京：中国统计出版社，2010.8.—604 页；30cm

Z524.5/20108　昌吉市年鉴：2010/ 中共昌吉市委党史地方志办公室编 .—五家渠：新疆生产建设兵团出版社，2010.8.—386 页；26cm

Z524.5/20108　新疆统计年鉴：2010/ 新疆维吾尔自治区统计局编 .—北京：中国统计出版社，2010.8.—640 页；30cm

Z524.5/20108　新疆调查年鉴：2010/ 国家统计局新疆调查总队编 .—北京：中国统计出版社，2010.8.—378 页；30cm

Z524.5/20109　石河子年鉴：2010/《石河子年鉴》编纂委员会编 .—五家渠：新疆生产建设兵团出版社，2010.9.—340 页；29cm

Z524.5/20109　新疆出入境检验检疫局年鉴：2007/《新疆出入境检验检疫局年鉴》编辑委员会编 .—乌鲁木齐：新疆人民出版社，2010.9.—588 页；27cm

Z524.5/2010a　沙湾年鉴：2010/ 中共沙湾

县委史志办公室编 .—五家渠：新疆生产建设兵团出版社，2010.10.—286 页；26cm

Z524.5/2010a　阜康年鉴：2010/《阜康年鉴》编纂委员会编 .—乌鲁木齐：新疆人民出版社，2010.10.—581 页；26cm

Z524.5/2010a　玛纳斯年鉴：2010/ 玛纳斯县地方志编纂委员会办公室编 .—乌鲁木齐：新疆人民出版社，2010.10.—499 页；26cm

Z524.5/2010a　新疆公安年鉴：2009/ 新疆维吾尔自治区公安厅编 .—乌鲁木齐：乌鲁木齐新金盾彩印厂，2010.10.—326 页；29cm

Z524.5/2010b　乌鲁木齐县年鉴：2010/ 乌鲁木齐县党史地方志编纂委员会编 .—五家渠：新疆生产建设兵团出版社，2010.11.—391 页；26cm

Z524.5/2010b　阿勒泰年鉴：2010/ 阿勒泰地区地方志编纂委员会办公室编 .—乌鲁木齐：新疆人民出版社，2010.11.—502 页；26cm

Z524.5/2010b　新疆年鉴：2010/ 新疆维吾尔自治区地方志编纂委员会编辑 .—昌吉：新疆金版印务有限公司，2010.11.—558 页；29cm

Z524.5/2010b　新和年鉴：2010/ 中共新和县委史志办公室编 .—乌鲁木齐：新疆人民出版社，2010.11.—334 页；29cm

Z524.5/2010b　克拉玛依年鉴：2010/ 中共克拉玛依市委员会史志办公室，中共新疆油田公司委员会史志办公室编 .—乌鲁木齐：新疆人民出版社，2010.11.—531 页；29cm

Z524.5/2010b　精河年鉴：2010/ 精河县党史研究室（地方志办公室）编 .—五家渠：新疆生产建设兵团出版社，2010.11.—240 页；26cm

Z524.5/2010b　米东年鉴：2010/ 米东区党史地方志编纂委员会办公室编 .—五家渠：新疆生产建设兵团出版社，2010.11.—396 页；26cm

Z524.5/2010b　西北石油年鉴：2010/ 西北石油局，西北油田分公司编 .—乌鲁木齐：新疆人民出版社，2010.11.—540 页；26cm

Z524.5/2010c　农六师五家渠市年鉴：2010/ 农六师五家渠市史志办编 .—五家渠：新疆生产建设兵团出版社，2010.12.—414 页；26cm

Z524.5/2010c　伊宁县年鉴：2010/ 中共伊宁县委党史地方志办公室编 .—乌鲁木齐：新疆人民出版社，2010.12.—384 页；26cm

Z524.5/2010c　且末年鉴：2010/《且末年鉴》编纂委员会办公室编 .—乌鲁木齐：新疆人民出版社，2010.12.—270 页；26cm

Z524.5/2010c　昌吉年鉴：2010/《昌吉年鉴》编纂委员会编 .—乌鲁木齐：新疆人民出版社，2010.12.—512 页；26cm

Z524.5/2010c　吉木萨尔年鉴：2010/《吉木萨尔年鉴》编纂委员会编 .—五家渠：新疆生产建设兵团出版社，2010.12.—333 页；26cm

Z524.5/2010c　吐鲁番年鉴：2010/ 吐鲁番地区地方志编纂委员会编 .—五家渠：新疆生产建设兵团出版社，2010.12.—330 页；26cm

Z524.5/2010c　托克逊年鉴：2010/ 托克逊县地方志编纂委员会编 .—五家渠：新疆生产建设兵团出版社，2010.12.—245 页；26cm

Z524.5/2010c　奇台年鉴：2010/ 中共奇台县委员会党史地方志办公室编 .—五家渠：新疆生产建设兵团出版社，2010.12.—380 页；26cm

Z524.5/2010c　呼图壁年鉴：2010/《呼图壁年鉴》编纂委员会编 .—五家渠：新疆生产

建设兵团出版社，2010.12.—334 页；26cm

Z524.5/2010c　农六师五家渠市年鉴：2010/农六师五家渠市史志办编 .—五家渠：新疆生产建设兵团出版社，2010.12.—414 页；26cm

Z524.5/2010c　哈密年鉴：2010/ 哈密地区地方志编纂委员会办公室编 .—乌鲁木齐：新疆人民出版社，2010.12.—541 页；30cm

Z524.5/2010c　喀什市年鉴：2010/ 喀什市史志编纂委员会办公室编 .—乌鲁木齐：新疆人民出版社，2010.12.—285 页；29cm

Z524.5/2010c　克拉玛依市独山子区年鉴：2010/ 独山子区地方志编纂委员会办公室编 .—乌鲁木齐：新疆人民出版社，2010.12.—263 页；28cm

Z524.5/2010c　克拉玛依市白碱滩区年鉴：2010/ 中共克拉玛依市白碱滩区委员会史志办公室编 .—乌鲁木齐：新疆人民出版社，2010.12.—348 页；29cm

Z524.5/2010c　新疆交通年鉴：2010/ 新疆交通年鉴编纂委员会编 .—2010.12.—470 页；29cm

Z524.5/2010c　焉耆年鉴：2010/ 焉耆县档案史志局编 .—乌鲁木齐：新疆人民出版社，2010.12.—304 页；25cm

Z524.5/2010c　乌鲁木齐铁路局年鉴：2010/乌鲁木齐铁路局年鉴编委会编 .—乌鲁木齐：新疆华铁彩色制作有限责任公司，2010.12.—206 页；26cm

Z524.5/2010c　伊犁年鉴：2010/ 伊犁州地方志编纂委员会编 .—乌鲁木齐：新疆人民出版社，2010.12.—373 页；26cm

Z524.5/2010c　特克斯年鉴：2009—2010/ 特克斯县地方志编纂委员会编 .—乌鲁木齐：新疆人民出版社，2010.12.—223 页；26cm

Z524.5/20111　库车年鉴：2010/ 库车县党史地方志编纂委员会办公室编 .—乌鲁木齐：新疆人民出版社，2011.1.—346 页；29cm

Z524.5/20111　新疆出入境检验检疫局年鉴：2010/《新疆出入境检验检疫局年鉴》编辑委员会编 .—乌鲁木齐：新疆人民出版社，2011.1.—559 页；27cm

Z524.5/20112　建工师年鉴：2010/ 建工师史志办编 .—五家渠：新疆生产建设兵团出版社，2011.2.—517 页；29cm

Z524.5/20112　塔里木石油年鉴：2010/ 塔里木石油史志编纂委员会编 .—乌鲁木齐：新疆人民出版社，2011.2.—562 页；26cm

Z524.5/20113　哈巴河年鉴：2011/ 哈巴河县地方志办公室编纂 .—乌鲁木齐：新疆人民出版社，2011.3.—265 页；26cm

Z524.5/20113　沙雅年鉴：2010/ 沙雅县史志编纂委员会办公室编 .—乌鲁木齐：新疆人民出版社，2011.3.—345 页；29cm

Z524.5/20113　乌鲁木齐市水磨沟区年鉴：2009/ 乌鲁木齐市水磨沟区党史地方志编纂委员会办公室编 .—乌鲁木齐：新疆人民出版社，2011.3.—369 页；26cm

Z524.5/20113　泽普年鉴：2009/ 泽普县党史地方志编纂委员会编 .—乌鲁木齐：新疆人民出版社，2011.3.—309 页；26cm

Z524.5/20113　布尔津年鉴：2010/《布尔津年鉴》编纂委员会编 .—乌鲁木齐：新疆人民出版社，2011.3.—305 页；26cm

Z524.5/20113　伊吾年鉴：2010/ 伊吾县地方志编纂委员会办公室编 .—乌鲁木齐：新疆人民出版社，2011.3.—283 页；29cm

Z524.5/20115　塔城市年鉴：2010/ 塔城市党史地方志办公室编 .—五家渠：新疆生产建设兵团出版社，2011.5.—314 页；26cm

Z524.5/20115　新疆财政年鉴：2009/ 新疆财政年鉴编辑委员会编 .—北京：中国财政经济出版社，2011.5.—681 页；29cm

Z524.5/20117　昌吉回族自治州统计年鉴：2011/ 昌吉回族自治州统计局编 .—乌鲁木齐：新疆统计印刷厂，2011.7.—446 页；30cm

Z524.5/20117　阿勒泰地区统计年鉴：2011/ 阿勒泰地区统计局编 .—阿勒泰：阿勒泰地区统计局，2011.7.—376 页；30cm

Z524.5/20117　新疆调查年鉴：2011/ 国家统计局新疆调查总队编 .—北京：中国统计出版社，2011.7.—456 页；30cm

Z524.5/20117　和田统计年鉴：2011/ 和田地区统计局编 .—2011.7.—526 页；26cm

Z524.5/20118　新疆生产建设兵团统计年鉴：2011/ 新疆生产建设兵团统计局，国家统计局兵团调查总队编 .—北京：中国统计出版社，2011.8.—606 页；30cm

Z524.5/20118　新疆统计年鉴：2011/ 新疆维吾尔自治区统计局编 .—北京：中国统计出版社，2011.8.—620 页；30cm

Z524.5/20118　巩留年鉴：2009/ 巩留县史志办公室编 .—乌鲁木齐：新疆人民出版社，2011.8.—283 页；29cm

Z524.5/20118　巴音郭楞统计年鉴：2011/ 新疆巴音郭楞蒙古自治州统计局编 .—郑州：郑州金秋彩印有限公司，2011.8.—461 页；30cm

Z524.5/20118　昌吉市年鉴：2011/ 昌吉市史志办编 .—五家渠：新疆生产建设兵团出版社，2011.8.—351 页；26cm

Z524.5/20118　沙湾年鉴：2011/ 中共沙湾县委史志办编 .—五家渠：新疆生产建设兵团出版社，2011.8.—258 页；26cm

Z524.5/20118　吉木萨尔年鉴：2011/ 吉木萨尔县委史志办编 .—五家渠：新疆生产建设兵团出版社，2011.8.—420 页；26cm

Z524.5/20118　玛纳斯年鉴：2011/ 玛纳斯县地方志编委会编 .—五家渠：新疆生产建设兵团出版社，2011.8.—422 页；26cm

Z524.5/20118　尉犁年鉴：2009/ 尉犁县档案史志局编 .—乌鲁木齐：新疆人民出版社，2011.8.—302 页；26cm

Z524.5/20119　喀什市统计年鉴：2011/ 喀什市政府办公室，喀什市统计局编 .—喀什：喀什市统计局，2011.9.—702 页；29cm

Z524.5/20119　乌鲁木齐县年鉴：2011/ 乌鲁木齐县党史地方志编纂委员会编 .—五家渠：新疆生产建设兵团出版社，2011.9.—359 页；26cm

Z524.5/20119　乌鲁木齐统计年鉴：2011/ 乌鲁木齐市统计局编 .—北京：中国统计出版社，2011.9.—463 页；29cm

Z524.5/20119　新疆生产建设兵团年鉴：2011/ 新疆生产建设兵团年鉴社编 .—乌鲁木齐：新疆生产建设兵团印刷厂，2011.9.—914 页；29cm

Z524.5/20119　麦盖提年鉴：2011/ 麦盖提县史志编纂委员会编 .—乌鲁木齐：新疆人民出版社，2011.9.—347 页；26cm

Z524.5/2011a　伊宁市统计年鉴：2011/ 新疆伊宁市统计局，新疆伊宁市统计学会编 .—2011.10.—383 页；30cm

Z524.5/2011a　哈密地区“十五”统计资料：2011/ 哈密地区统计局编 .—2011.10.—627 页；30cm

Z524.5/2011a　尼勒克县统计年鉴：1949—2010/ 尼勒克县统计局编 .—2011.10.—448 页；30cm

Z524.5/2011a　温宿年鉴：2010/ 中共温宿县委史志办公室编 .—乌鲁木齐：新疆人民出版社，2011.10.—245 页；29cm

Z524.5/2011a　温宿年鉴：2011/ 中共温宿县委史志办公室编 .—乌鲁木齐：新疆人民出版社，2011.10.—235 页；29cm

Z524.5/2011a　富蕴“十一五”统计年鉴：

2005—2010/《富蕴“十一五”统计年鉴》编辑委员会编 .—2011.10.—630 页；30cm

Z524.5/2011a　呼图壁年鉴：2011/ 呼图壁年鉴编纂委员会编 .—五家渠：新疆生产建设兵团出版社，2011.10.—346 页；26cm

Z524.5/2011a　奇台年鉴：2011/ 中共奇台县委员会党史地方志办公室编 .—五家渠：新疆生产建设兵团出版社，2011.10.—448 页；26cm

Z524.5/2011b　和田市年鉴：2011/ 中共和田市委史志办编 .—乌鲁木齐：新疆人民出版社，2011.11.—284 页；29cm

Z524.5/2011c　米东年鉴：2011/ 米东区党史地方志编纂委员会办公室编 .—五家渠：新疆生产建设兵团出版社，2011.12.—412 页；26cm

Z524.5/2011c　新疆公安年鉴：2010/ 新疆维吾尔自治区公安厅编 .—乌鲁木齐：乌鲁木齐新金盾彩印厂，2011.12.—326 页；29cm

Z524.5/2011c　西北石油年鉴：2011/《西北石油年鉴》编纂委员会编 .—乌鲁木齐：新疆人民出版社，2011.12.—532 页；26cm

Z524.5/2011c　和田年鉴：2011/《和田年鉴》编委会编 .—乌鲁木齐：新疆人民出版社，2011.12.—466 页；29cm

Z524.5/2011c　库车年鉴：2011/ 库车县党史地方志编纂委员会办公室编 .—乌鲁木齐：新疆人民出版社，2011.12.—360 页；29cm

Z524.5/2011c　乌什年鉴：2011/ 乌什县委史志办编 .—乌鲁木齐：新疆人民出版社，2011.12.—382 页；29cm

Z524.5/2011c　拜城年鉴：2011/《拜城年鉴》编纂委员会编 .—乌鲁木齐：新疆人民出版社，2011.12.—458 页；29cm

Z524.5/2011c　阿克苏年鉴：2011/ 中共阿克苏地委史志办编 .—乌鲁木齐：新疆人民出版社，2011.12.—441 页；29cm

Z524.5/2011c　博乐市统计年鉴：2011/ 博乐市统计局编 .—2011.12.—530 页；29cm

Z524.5/2011c　伊犁年鉴：2011/ 伊犁州地方志编纂委员会编 .—乌鲁木齐：新疆人民出版社，2011.12.—377 页；29cm

Z524.5/2011c　克拉玛依年鉴：2011/ 中共克拉玛依市委员会史志办公室，中共新疆油田公司委员会史志办公室编 .—乌鲁木齐：新疆人民出版社，2011.12.—585 页；29cm

Z524.5/2011c　阿克苏市年鉴：2011/ 阿克苏市史志编纂委员会办公室编 .—乌鲁木齐：新疆人民出版社，2011.12.—386 页；29cm

Z524.5/2011c　巴里坤年鉴：2011/ 中共巴里坤县委党史地方志办公室编 .—乌鲁木齐：新疆人民出版社，2011.12.—318 页；26cm

Z524.5/2011c　新和年鉴：2011/ 中共新和县委史志办公室编 .—乌鲁木齐：新疆人民出版社，2011.12.—356 页；29cm

Z524.5/2011c　哈密市年鉴：2011/ 哈密市地方志编纂委员会编 .—乌鲁木齐：新疆人民出版社，2011.12.—480 页；29cm

Z524.5/2011c　哈密年鉴：2011/ 哈密地区地方志编纂委员会办公室编 .—乌鲁木齐：新疆人民出版社，2011.12.—502 页；30cm

Z524.5/2011c　和布克赛尔蒙古自治县年鉴：2010/ 和布克赛尔蒙古自治县党史办公室，和布克赛尔蒙古自治县地方志办公室编 .—乌鲁木齐：新疆人民出版社，2011.12.—244 页；26cm

Z524.5/2011c　克拉玛依市独山子区年鉴：2011/ 独山子区地方志编纂委员会办公室编 .—乌鲁木齐：新疆青少年出版社，2011.12.—328 页；28cm

Z524.5/2011c　石河子年鉴：2011/ 石河子

市党史地方志办公室编 .—五家渠：新疆生产建设兵团出版社，2011.12.—340 页；29cm

Z524.5/2011c　吐鲁番年鉴：2011/ 吐鲁番地区地方志编纂委员会编 .—五家渠：新疆生产建设兵团出版社，2011.12.—368 页；26cm

Z524.5/2011c　农六师五家渠市年鉴：2011/ 农六师五家渠市史志办编 .—五家渠：新疆生产建设兵团出版社，2011.12.—414 页；26cm

Z524.5/2011c　新疆亚欧铁路多元经济发展中心年鉴：2011/ 新疆亚欧铁路多元经济发展中心编 .—乌鲁木齐：新疆蓝天铁路印务有限公司，2011.12.—237 页；29cm

Z524.5/2011c　鄯善年鉴：2010/ 中共鄯善县委党史地方志办公室编 .—五家渠：新疆生产建设兵团出版社，2011.12.—284 页；26cm

Z524.5/2011c　鄯善年鉴：2011/ 中共鄯善县委党史地方志办公室编 .—五家渠：新疆生产建设兵团出版社，2011.12.—310 页；26cm

Z524.5/2011c　新疆年鉴：2011/ 新疆维吾尔自治区地方志编纂委员会编 .—昌吉：新疆金版印务有限公司，2011.12.—547 页；29cm

Z524.5/2012　博尔塔拉年鉴：2010/ 博尔塔拉蒙古自治州党史研究室，博尔塔拉蒙古自治州地方志办公室编 .—乌鲁木齐：新疆人民出版社，2012.—412 页；30cm

Z524.5/20121　阜康年鉴：2011/《阜康年鉴》编纂委员会编 .—乌鲁木齐：新疆人民出版社，2012.1.—540 页；26cm

Z524.5/20121　伊吾年鉴：2011/ 伊吾县地方志编纂委员会办公室编 .—乌鲁木齐：新疆人民出版社，2012.1.—266 页；29cm

Z524.5/20121　喀什市年鉴：2011/ 喀什市史志编纂委员会办公室编 .—乌鲁木齐：新疆人民出版社，2012.1.—284 页；29cm

Z524.5/20121　巴音郭楞职业技术学院巴音郭楞技师培训学院年鉴：2010/《巴音郭楞职业技术学院巴音郭楞技师培训学院年鉴》编纂委员会编 .—乌鲁木齐：新疆人民出版社，2012.1.—435 页；26cm

Z524.5/20121　吐鲁番市年鉴：2012/ 中共吐鲁番市委党史地方志编纂委员会编 .—乌鲁木齐：新疆人民出版社，2012.1.—280 页；26cm

Z524.5/20122　乌鲁木齐年鉴：2011/ 乌鲁木齐市党史地方志编委会办公室编 .—乌鲁木齐：新疆人民出版社，2012.2.—354 页；29cm

Z524.5/20122　伊宁市年鉴：2011/ 伊宁市史志办编 .—乌鲁木齐：新疆人民出版社，2012.2.—322 页；26cm

Z524.5/20122　特克斯年鉴：2012/ 特克斯县地方志编纂委员会办公室编 .—乌鲁木齐：新疆人民出版社，2012.2.—407 页；26cm

Z524.5/20122　阿勒泰年鉴：2011/ 阿勒泰地区地方志编纂委员会办公室编 .—乌鲁木齐：新疆人民出版社，2012.2.—516 页；26cm

Z524.5/20122　奎屯年鉴：2011/ 中共奎屯市委史志办编 .—乌鲁木齐：新疆人民出版社，2012.2.—230 页；29cm

Z524.5/20122　建工师年鉴：2011/ 兵团建工师史志办编 .—五家渠：新疆生产建设兵团出版社，2012.2.—464 页；29cm

Z524.5/20122　新疆财政年鉴：2010/ 新疆财政年鉴编辑委员会编 .—北京：中国财政经济出版社，2012.2.—652 页；29cm

Z524.5/20123　沙雅年鉴：2011/ 沙雅县史志编纂委员会办公室编 .—乌鲁木齐：新疆人民出版社，2012.3.—323 页；29cm

Z524.5/20123　新源年鉴：2011/ 新源县地方志编纂委员会编 .—乌鲁木齐：新疆人民出版社，2012.3.—332 页；26cm

Z524.5/20123　阿瓦提年鉴：2011/ 阿瓦提县地方志编纂委员会编 .—乌鲁木齐：新疆人民出版社，2012.3.—360 页；26cm

Z524.5/20124　库尔勒年鉴：2010/ 库尔勒市档案史志局编 .—乌鲁木齐：新疆人民出版社，2012.4.—480 页；28cm

Z524.5/20124　霍城年鉴：2009—2010/ 霍城县地方志编纂委员会编 .—乌鲁木齐：新疆人民出版社，2012.4.—214 页；29cm

Z524.5/20124　托克逊年鉴：2011/ 托克逊县地方志编纂委员会编 .—乌鲁木齐：新疆人民出版社，2012.4.—264 页；26cm

Z524.5/20124　克拉玛依市乌尔禾区年鉴：2011/ 中共乌尔禾区委员会史志办公室编 .—乌鲁木齐：新疆人民出版社，2012.4.—272 页；26cm

Z524.5/20125　克拉玛依市白碱滩区年鉴：2011/ 中共克拉玛依市白碱滩区委员会史志办公室编 .—乌鲁木齐：新疆人民出版社，2012.5.—376 页；29cm

Z524.5/20125　新疆邮政年鉴：2009—2010/ 新疆维吾尔自治区邮政局编 .—2012.5.—510 页；29cm

Z524.5/20126　新疆生产建设兵团农七师统计年鉴：2012/ 新疆生产建设兵团农七师统计局，国家统计局兵团农七师调查队编 .—奎屯：奎屯晨光印刷厂，2012.6.—250 页；26cm

Z524.5/20127　新疆生产建设兵团农二师统计年鉴：2012/ 新疆生产建设兵团农二师统计局，国家统计局兵团农二师调查队编 .—2012.7.—408 页；29cm

Z524.5/20127　和布克赛尔蒙古自治县年鉴：2011/ 和布克赛尔蒙古自治县党史办公室，和布克赛尔蒙古自治县地方志办公室编 .—乌鲁木齐：新疆人民出版社，2012.7.—298 页；26cm

Z524.5/20127　阿勒泰地区统计年鉴：2012/ 阿勒泰地区统计局编 .—2012.7.—378 页；30cm

Z524.5/20127　新疆调查年鉴：2012/ 国家统计局新疆调查总队编 .—北京：中国统计出版社，2012.7.—482 页；30cm

Z524.5/20127　新疆生产建设兵团统计年鉴：2012/ 新疆生产建设兵团统计局，国家统计局兵团调查总队编 .—北京：中国统计出版社，2012.7.—606 页；30cm

Z524.5/20128　巴音郭楞统计年鉴：2012/ 巴音郭楞蒙古自治州统计局编 .—郑州：郑州中方印刷有限公司，2012.8.—481 页；30cm

Z524.5/20128　喀什市年鉴：2012/ 喀什市史志编纂委员会办公室编辑 .—乌鲁木齐：新疆人民出版社，2012.8.—268 页；29cm

Z524.5/20128　喀什市统计年鉴：2012/ 喀什市政府办公室，喀什市统计局编 .—2012.8.—476 页；29cm

Z524.5/20129　乌鲁木齐邮区中心局志：1947—2000/《乌鲁木齐邮区中心局志》编纂委员会编 .—五家渠：新疆生产建设兵团出版社，2012.9.—528 页；29cm

Z524.5/20129　新疆统计年鉴：2012/ 新疆维吾尔自治区统计局编 .—北京：中国统计出版社，2012.9.—708 页；30cm

Z524.5/20129　新疆生产建设兵团年鉴：2012/ 新疆生产建设兵团年鉴社编 .—乌鲁木齐：新疆生产建设兵团印刷厂，2012.9.—736 页；29cm

Z524.5/20129　和田统计年鉴：2012/ 和田地区统计局编 .—和田：和田地区统计局，2012.9.—750 页；30cm

Z524.5/20129　水磨沟区年鉴：2010/ 乌鲁木齐市水磨沟区党史地方志编纂委员会办公室编 .—乌鲁木齐：新疆人民出版社，2012.9.—335 页；29cm

Z524.5/20129　新疆生产建设兵团十二师统计年鉴：2012/ 新疆生产建设兵团十二师统计局，国家统计局兵团十二师调查队编 .—2012.9.—410 页；29cm

Z524.5/20129　农七师一三七团年鉴：2010/ 一三七团史志编纂委员会编 .—五家渠：新疆生产建设兵团出版社，2012.9.—406 页；26cm

Z524.5/2012a　石河子年鉴：2012/《石河子年鉴》编纂委员会编 .—五家渠：新疆生产建设兵团出版社，2012.10.—282 页；29cm

Z524.5/2012a　新疆经济普查年鉴：2008/ 新疆维吾尔自治区人民政府第二次全国经济普查领导小组办公室，新疆维吾尔自治区统计局编 .—北京：中国统计出版社，2012.10.—2 册（1089 页）；24cm

Z524.5/2012a　且末年鉴：2011/ 且末县档案史志局编 .—乌鲁木齐：新疆人民出版社，2012.10.—250 页；26cm

Z524.5/2012a　吉木萨尔年鉴：2012/《吉木萨尔年鉴》编纂委员会编辑 .—五家渠：新疆生产建设兵团出版社，2012.10.—396 页；26cm

Z524.5/2012b　新疆社会科学年鉴：2012/ 新疆社会科学界联合会编 .—乌鲁木齐：新疆人民出版社，2012.11.—515 页；26cm

Z524.5/2012b　塔城年鉴：2011/ 塔城地区地方志编纂委员会编辑室编 .—五家渠：新疆生产建设兵团出版社，2012.11.—178 页；26cm

Z524.5/2012b　阿克苏年鉴：2012/ 中共阿克苏地委史志办公室编 .—乌鲁木齐：新疆人民出版社，2012.11.—455 页；29cm

Z524.5/2012b　奇台年鉴：2012/ 奇台县委党史地方志办公室编 .—五家渠：新疆生产建设兵团出版社，2012.11.—412 页；26cm

Z524.5/2012b　拜城年鉴：2012/ 拜城县史志编纂委员会办公室编 .—乌鲁木齐：新疆人民出版社，2012.11.—482 页；29cm

Z524.5/2012b　乌鲁木齐市经济开发区（头屯河区）年鉴：2012/ 乌鲁木齐经济技术开发区（头屯河区）党史地方志编纂委员会办公室编 .—乌鲁木齐：新疆人民出版社，2012.11.—358 页；29cm

Z524.5/2012c　新疆年鉴：2012/ 新疆维吾尔自治区地方志编纂委员会编 .—昌吉：新疆金版印务有限公司，2012.12.—547 页；29cm

Z524.5/2012c　农六师五家渠市年鉴：2012/ 农六师五家渠市史志办编 .—五家渠：新疆生产建设兵团出版社，2012.12.—406 页；26cm

Z524.5/2012c　石河子总场年鉴：2012/ 石河子年鉴编纂委员会编 .—五家渠：新疆生产建设兵团出版社，2012.12.—150 页；27cm.—农八师石河子市年鉴系列丛书

Z524.5/2012c　乌鲁木齐铁路局年鉴：2012/ 乌鲁木齐铁路局年鉴编委会编 .—乌鲁木齐：新疆蓝天铁路印务有限公司，2012.12.—239 页；26cm

Z524.5/2012c　克拉玛依年鉴：2012/ 中共克拉玛依市委员会史志办公室，中共新疆油田公司委员会史志办公室编 .—乌鲁木齐：新疆人民出版社，2012.12.—669 页；29cm

Z524.5/2012c　哈巴河年鉴：2012/ 哈巴河县地方志办公室编纂 .—乌鲁木齐：新疆人民出版社，2012.12.—286 页；26cm

Z524.5/2012c　巴里坤年鉴：2012/ 巴里坤哈萨克自治县地方志办公室编纂 .—乌鲁木齐：新疆人民出版社，2012.12.—301 页；

26cm

Z524.5/2012c 富蕴年鉴：2012/《富蕴年鉴》编纂委员会编 .—乌鲁木齐：新疆人民出版社，2012.12.—277 页；26cm

Z524.5/2012c 沙湾年鉴：2012/ 中共沙湾县委史志办公室编 .—乌鲁木齐：新疆人民出版社，2012.12.—246 页；26cm

Z524.5/2012c 呼图壁年鉴：2012/《呼图壁年鉴》编纂委员会编辑 .—五家渠：新疆生产建设兵团出版社，2012.12.—352 页；26cm

Z524.5/2012c 和静年鉴：2011/ 和静县档案史志局编 .—乌鲁木齐：新疆人民出版社，2012.12.—378 页；26cm

Z524.5/2012c 哈密市年鉴：2012/ 哈密市地方志编纂委员会编 .—乌鲁木齐：新疆人民出版社，2012.12.—483 页；29cm

Z524.5/2012c 哈密年鉴：2012/ 哈密地区地方志编纂委员会办公室主编 .—乌鲁木齐：新疆人民出版社，2012.12.—486 页；29cm

Z524.5/2012c 库车年鉴：2012/ 库车县党史地方志编纂委员会办公室编 .—乌鲁木齐：新疆人民出版社，2012.12.—410 页；28cm

Z524.5/2012c 阿勒泰年鉴：2012/ 阿勒泰地区地方志编纂委员会编辑 .—乌鲁木齐：新疆人民出版社，2012.12.—531 页；26cm

Z524.5/2012c 新疆公安年鉴：2011/ 新疆维吾尔自治区公安厅编 .—乌鲁木齐：乌鲁木齐新金盾彩印厂，2012.12.—325 页；29cm

Z524.5/2013 克拉玛依市统计年鉴：2013/《克拉玛依市统计年鉴》编委会编 .—2013 .—426 页；30cm

Z524.5/20131 精河年鉴：2012/ 中共精河县委党史研究室，地方志办公室编纂 .—五家渠：新疆生产建设兵团出版社，2013.1.—388 页；26cm

Z524.5/20131 阿瓦提年鉴：2012/ 阿瓦提县党史地方志领导小组编 .—乌鲁木齐：新疆人民出版社，2013.1.—312 页；26cm

Z524.5/20131 和田市年鉴：2012/ 中共和田市委史志办编 .—乌鲁木齐：新疆人民出版社，2013.1.—320 页；29cm

Z524.5/20132 吉木乃年鉴：2012/《吉木乃年鉴》编纂委员会编辑 .—乌鲁木齐：新疆人民出版社，2013.2.—302 页；26cm

Z524.5/20132 新疆生产建设兵团航空企业管理局新疆通用航空有限责任公司志：1983—2010/ 新疆生产建设兵团航空企业管理局（公司）志编纂委员会编 .—五家渠：新疆生产建设兵团出版社，2013.2.—495 页；26cm

Z524.5/20132 奎屯年鉴：2012/ 中共奎屯市委史志工作领导小组办公室编 .—乌鲁木齐：新疆人民出版社，2013.2.—231 页；29cm

Z524.5/20132 新疆财政年鉴：2011/《新疆财政年鉴》编辑委员会编 .—北京：中国财政经济出版社，2013.2.—760 页；29cm

Z524.5/20133 伊吾年鉴：2012/ 伊吾县地方志编纂委员会办公室主编 .—乌鲁木齐：新疆人民出版社，2013.3.—280 页；29cm

Z524.5/20133 新和年鉴：2012/ 新和县地方志办公室编 .—乌鲁木齐：新疆人民出版社，2013.3.—400 页；29cm

Z524.5/20133 沙雅年鉴：2012/ 沙雅县史志编纂委员会办公室编 .—乌鲁木齐：新疆人民出版社，2013.3.—386 页；29cm

Z524.5/20133 托克逊年鉴：2012/ 托克逊县地方志编纂委员会办公室编 .—五家渠：新疆生产建设兵团出版社，2013.3.—285 页；26cm

Z524.5/20134 哈密市统计年鉴：2013/ 哈密地区行署办公室，哈密地区统计局编 .—

2013.4.—434 页；29cm

Z524.5/20134　阿克苏市年鉴：2012/ 阿克苏市史志编纂委员会办公室编 .—乌鲁木齐：新疆人民出版社，2013.4.—397 页；29cm

Z524.5/20134　新源年鉴：2012/ 新源县委史志办编 .—乌鲁木齐：新疆人民出版社，2013.4.—397 页；26cm

Z524.5/20134　克拉玛依市白碱滩区年鉴：2012/ 中共克拉玛依市白碱滩区委员会史志办公室编 .—乌鲁木齐：新疆人民出版社，2013.4.—440 页；29cm

Z524.5/20134　新疆出入境检验检疫局年鉴：2012/《新疆出入境检验检疫局年鉴》编辑委员会编 .—乌鲁木齐：新疆人民出版社，2013.4.—544 页；27cm

Z524.5/20134　乌什年鉴：2012/ 乌什县史志编纂委员会办公室编 .—乌鲁木齐：新疆人民出版社，2013.4.—376 页；29cm

Z524.5/20134　莎车年鉴：2012/ 莎车县史志编纂委员会编 .—乌鲁木齐：新疆人民出版社，2013.4.—443 页；26cm

Z524.5/20135　塔里木石油年鉴：2012/ 塔里木石油史志编纂委员会编 .—乌鲁木齐：新疆人民出版社，2013.5.—510 页；26cm

Z524.5/20136　伊宁县年鉴：2012/ 中共伊宁县委党史地方志办公室编辑 .—乌鲁木齐：新疆人民出版社，2013.6.—420 页；26cm

Z524.5/20137　阿勒泰地区统计年鉴：2013/ 阿勒泰统计局编 .—2013.7.—372 页；30cm

Z524.5/20137　库尔勒年鉴：2011/ 库尔勒市档案史志局编 .—乌鲁木齐：新疆人民出版社，2013.7.—377 页；28cm

Z524.5/20137　新疆调查年鉴：2013/ 国家统计局新疆调查总队编 .—北京：中国统计出版社，2013.7.—439 页；30cm

Z524.5/20137　新疆生产建设兵团统计年鉴：2013/ 新疆生产建设兵团统计局，国家统计局兵团调查总队编 .—北京：中国统计出版社，2013.7.—584 页；30cm

Z524.5/20138　和田年鉴：2012/《和田年鉴》编委会编 .—乌鲁木齐：新疆人民出版社，2013.8.—473 页；29cm

Z524.5/20138　喀什市年鉴：2013/ 喀什市地方志编纂委员会办公室编 .—乌鲁木齐：新疆人民出版社，2013.8.—268 页；29cm

Z524.5/20138　新疆统计年鉴：2013/ 新疆维吾尔自治区统计局编 .—北京：中国统计出版社，2013.8.—690 页；30cm

Z524.5/20138　阿瓦提年鉴：2013/ 阿瓦提县党史地方志领导小组编 .—五家渠：新疆生产建设兵团出版社，2013.8.—309 页；26cm

Z524.5/20138　一三七团年鉴：2008/ 第七师一三七团史志编纂委员会编 .—五家渠：新疆生产建设兵团出版社，2013.8.—440 页；26cm

Z524.5/20139　新疆生产建设兵团年鉴：2013/ 新疆生产建设兵团年鉴编委会编 .—乌鲁木齐：新疆生产建设兵团印刷厂，2013.9.—658 页；29cm

Z524.5/20139　乌鲁木齐高新技术产业开发区（新市区）年鉴：2012/ 乌鲁木齐高新技术产业开发区（新市区）党史地方志编委会办公室编 .—乌鲁木齐：新疆人民出版社，2013.9.—336 页；29cm

Z524.5/20139　和田统计年鉴：2013/ 和田地区统计局编 .—和田：和田地区统计局，2013.9.—730 页；30cm

Z524.5/20139　青河统计年鉴：1952—2011/ 青河县统计局编 .—2013.9.—510 页；30cm

Z524.5/20139　巴音郭楞职业技术学院巴音郭楞技师培训学院年鉴：2012/《巴音郭楞职业技术学院巴音郭楞技师培训学院年鉴》编纂委员会编 .—乌鲁木齐：新疆人民出版

社，2013.9.—540 页；26cm

Z524.5/2013a　昌吉市年鉴：2013/ 中共昌吉市委史志办公室编 .—五家渠：新疆生产建设兵团出版社，2013.10.—397 页；26cm

Z524.5/2013a　哈密地区统计年鉴：2013/ 哈密地区行署办公室,哈密地区统计局编 .—2013.10.—566 页；30cm

Z524.5/2013a　伊犁哈萨克自治州统计年鉴：2013/ 伊犁哈萨克自治州统计局编 .—2013.10.—421 页；30cm

Z524.5/2013a　和布克赛尔蒙古自治县年鉴：2012/ 和布克赛尔蒙古自治县党史办公室，和布克赛尔蒙古自治县地方志办公室编 .—乌鲁木齐：新疆人民出版社，2013.10.—348 页；26cm

Z524.5/2013a　青河年鉴：2011/ 青河县地方志办公室编 .—乌鲁木齐：新疆人民出版社，2013.10.—254 页；26cm

Z524.5/2013a　玛纳斯年鉴：2013/ 玛纳斯县地方志编纂委员会办公室编 .—五家渠：新疆生产建设兵团出版社，2013.10.—466 页；26cm

Z524.5/2013b　吉木萨尔年鉴：2013/《吉木萨尔年鉴》编纂委员会编 .—五家渠：新疆生产建设兵团出版社，2013.11.—348 页；26cm

Z524.5/2013b　奇台年鉴：2013/ 奇台县委党史地方志办公室编 .—五家渠：新疆生产建设兵团出版社，2013.11.—407 页；26cm

Z524.5/2013b　克拉玛依市乌尔禾区年鉴：2013/ 中共乌尔禾区委员会史志办公室编 .—乌鲁木齐：新疆人民出版社，2013.11.—326 页；26cm

Z524.5/2013b　和田县年鉴：2012/ 中共和田县委党史办公室编 .—乌鲁木齐：新疆人民出版社，2013.11.—412 页；29cm

Z524.5/2013b　和田市年鉴：2013/ 中共和田市委史志办编 .—乌鲁木齐：新疆人民出版社，2013.11.—304 页；29cm

Z524.5/2013b　乌鲁木齐市水磨沟区年鉴：2011/ 乌鲁木齐市水磨沟区党史地方志编纂委员会办公室编 .—乌鲁木齐：新疆人民出版社，2013.11.—359 页；29cm

Z524.5/2013c　新疆年鉴：2013/ 新疆维吾尔自治区地方志编纂委员会编 .—昌吉：新疆金版印务有限公司，2013.12.—508 页；29cm

Z524.5/2013c　富蕴统计年鉴：2013/《富蕴统计年鉴》编纂委员会编 .—2013.12.—504 页；26cm

Z524.5/2013c　鄯善年鉴：2013/ 中共鄯善县委党史地方志办公室编纂 .—五家渠：新疆生产建设兵团出版社，2013.12.—349 页；26cm

Z524.5/2013c　新疆生产建设兵团第七师一二三团年鉴：2012/ 一二三团史志编纂委员会编 .—五家渠：新疆生产建设兵团出版社，2013.12.—302 页；26cm

Z524.5/2013c　建工师年鉴：2013/ 兵团建工师史志办编 .—五家渠：新疆生产建设兵团出版社，2013.12.—464 页；29cm

Z524.5/2013c　一三七团年鉴：2012/ 第七师一三七团史志编纂委员会编 .—五家渠：新疆生产建设兵团出版社，2013.12.—580 页；26cm

Z524.5/2013c　一二九团年鉴：2009/ 一二九团史志编纂委员会编 .—五家渠：新疆生产建设兵团出版社，2013.12.—350 页；26cm

Z524.5/2013c　博乐市统计年鉴：2013/ 博乐市统计局编 .—2013.12.—420 页；29cm

Z524.5/2013c　富蕴年鉴：2013/《富蕴年鉴》编纂委员会编 .—乌鲁木齐：新疆人民出版社，2013.12.—310 页；26cm

Z524.5/2013c　吐鲁番市年鉴：2013/ 中共

吐鲁番市委党史地方志编纂委员会编 .—乌鲁木齐: 新疆人民出版社, 2013.12.—254 页; 26cm

Z524.5/2013c 克拉玛依年鉴：2013/ 中共克拉玛依市委员会史志办公室，中共新疆油田公司委员会史志办公室编 .—乌鲁木齐：新疆人民出版社，2013.12.—561 页；29cm

Z524.5/2013c 温宿年鉴：2013/ 温宿县地方志办公室编 .—乌鲁木齐：新疆人民出版社，2013.12.—359 页；29cm

Z524.5/2013c 昭苏年鉴：2012—2013/ 昭苏县委史志办编 .—乌鲁木齐：新疆人民出版社，2013.12.—298 页；29cm

Z524.5/2013c 伊犁年鉴：2013/ 伊犁州地方志编纂委员会编辑 .—乌鲁木齐：新疆人民出版社，2013.12.—248 页；29cm

Z524.5/20141 六师五家渠市年鉴：2013/ 新疆生产建设兵团第六师五家渠市史志办编 .—五家渠：新疆生产建设兵团出版社，2014.1.—468 页；29cm

Z524.5/20141 阿勒泰年鉴：2013/ 阿勒泰地区地方志编纂委员会编 .—五家渠：新疆生产建设兵团出版社，2014.1.—483 页；26cm

Z524.5/20141 克拉玛依市白碱滩区年鉴：2013/ 中共克拉玛依市白碱滩区委员会史志办公室编 .—乌鲁木齐：新疆人民出版社，2014.1.—387 页；29cm

Z524.5/20143 奎屯年鉴：2013/ 中共奎屯市委史志工作领导小组办公室编 .—乌鲁木齐：新疆人民出版社，2014.3.—232 页；29cm

Z524.5/20143 一二三团年鉴：2008/ 一二三团史志编纂委员会编 .—五家渠：新疆生产建设兵团出版社，2014.3.—287 页；26cm

Z524.5/20143 石河子年鉴：2013/ 石河子年鉴编纂委员会编 .—五家渠：新疆生产建设兵团出版社，2014.3.—335 页；29cm

Z524.5/20145 新疆生产建设兵团第四师统计年鉴：2014/ 新疆生产建设兵团第四师统计局编 .—2014.5.—259 页；29cm

Z524.5/20146 新疆财政年鉴：2012/ 新疆财政年鉴编辑委员会编 .—北京：中国财政经济出版社，2014.6.—591 页；29cm

Z524.5/20146 第六师五家渠市统计年鉴：2014/ 第六师五家渠市统计局，国家统计局兵团第六师调查队编 .—乌鲁木齐：新疆统计印刷厂，2014.6.—566 页；26cm

Z524.5/20147 新疆调查年鉴：2014/ 国家统计局新疆调查总队编 .—北京：中国统计出版社，2014.7.—413 页；30cm

Z524.5/20147 新疆生产建设兵团统计年鉴：2014/ 新疆生产建设兵团统计局，国家统计局兵团调查总队编 .—北京：中国统计出版社，2014.7.—582 页；30cm

Z524.5/20149 新疆统计年鉴：2014/ 新疆维吾尔自治区统计局编 .—北京：中国统计出版社，2014.9.—670 页；30cm

Z524.5/2014a 新疆生产建设兵团年鉴：2014/ 新疆生产建设兵团年鉴编辑委员会编 .—乌鲁木齐：新疆生产建设兵团印刷厂，2014.10.—654 页；29cm

Z551.52/997 俄罗斯和东欧中亚国家年鉴：1997/ 张森主编 .—北京：当代世界出版社，1997.7.—463 页；26cm

Z58/84c 中国农业年鉴：1984/《中国农业年鉴》编辑委员会编 .—北京：农业出版社，1984.12.—590 页；26cm

Z58/20055 中国农垦财务年鉴：2005/ 中华人民共和国农业部农垦局编 .—2005.5.—637 页；26cm

Z58/2006 中国农垦财务年鉴：2006/ 中华人民共和国农业部农垦局编 .—2006.—489 页；26cm

Z58/2007　中国农垦财务年鉴：2007/中华人民共和国农业部农垦局编.—2007.—471页；29cm

Z58/20149　中国农垦统计年鉴：2013/中华人民共和国农业部农垦局编.—北京：中国农业出版社，2014.9.—465页；29cm

Z58：B/2001b　中国宗教研究年鉴：1999—2000年/中国社会科学院世界宗教研究所编.—北京：宗教文化出版社，2001.11.—700页；20cm

Z58：C/985　新疆生产建设兵团统计年鉴：1998/新疆生产建设兵团统计局编.—北京：中国统计出版社，1998.5.—660页；26cm

Z58：D/20029　中国民族年鉴：2001/中国民族年鉴编辑部编著.—天津：天津大学出版社，2002.9.—616页；26cm

Z58：D/2002c　中国民族研究年鉴：2001年卷/揣振宇等主编.—北京：民族出版社，2002.12.—774页；20cm

Z58：F/948　新疆生产建设兵团统计年鉴：1994/《新疆生产建设兵团统计年鉴》编辑委员会编.—北京：中国统计出版社，1994.8.—466页；26cm

Z58：F/20009　中国旅游年鉴：2000/国家旅游局编.—北京：中国旅游出版社，2000.9.—700页；26cm

Z58：F/2006c　中国县（市）社会经济统计年鉴：2006/国家统计局农村社会经济调查司编.—北京：中国统计出版社，2006.12.—522页；26cm

Z58：F/2011c　中国县（市）社会经济统计年鉴：2011/国家统计局农村社会经济调查司编.—北京：中国统计出版社，2011.12.—528页；30cm

Z58：F29/98a　中国城市年鉴：1998/中国城市年鉴编辑部.—北京：新华彩印厂，1998.10.—708页；26cm

Z58：F32/99c　中国农垦统计年鉴：1998/中华人民共和国农业部农垦局编.—1999.12.—386页；26cm

Z58：F32/20007　中国农垦统计年鉴：1999/中华人民共和国农业部农垦局编.—乌鲁木齐：新疆有色地勘局印刷厂，2000.7.—478页；26cm

Z58：F32/20017　中国农垦统计年鉴：2000/中华人民共和国农业部农垦局编.—乌鲁木齐：新疆有色地勘局印刷厂，2001.7.—521页；26cm

Z58：F32/20029　中国农垦统计年鉴：2001/中华人民共和国农业部农垦局编.—乌鲁木齐：新疆兵团印刷厂，2002.9.—509页；30cm

Z58：F32/20038　中国农垦统计年鉴：2002/中华人民共和国农业部农垦局编.—乌鲁木齐：新疆兵团印刷厂，2003.8.—486页；30cm

Z58：F32/20047　中国农垦统计年鉴：2003/中华人民共和国农业部农垦局编.—乌鲁木齐：新疆兵团印刷厂，2004.7.—470页；29cm

Z58：F32/20059　中国农垦统计年鉴：2004/中华人民共和国农业部农垦局编.—北京：中国农业出版社，2005.9.—429页；29cm

Z58：F32/2010c　中国农垦财务年鉴：2010/中华人民共和国农业部农垦局，中国农垦经济发展中心编.—2010.12.—535页；26cm

Z58：K/2003c　中国地方志年鉴：2003/中国地方志编辑部编.—北京：北京华正印刷厂，2003.12.—407页；29cm

Z8　图书报刊目录、文摘、索引

Z822.45/20026　新疆旅游文献书目索引/新疆维吾尔自治区图书馆古籍特藏部编.—

2002.6.—99 页；26cm

Z822.6/20055　兵团文献文摘型数据库目录 / 新疆兵团党委党校图书馆编 .—五家渠：兵团党委党校图书馆，2005.5.—149 页；26cm

Z822.6/20132　新疆生产建设兵团地方文献书目石河子大学图书馆馆藏卷：2012 年 / 张建华，张沛黎主编 .—五家渠：新疆生产建设兵团出版社，2013.2.—520 页；29cm

Z88/2004b　新疆生产建设兵团法人名录 /《新疆生产建设兵团法人名录》编辑委员会编 .—乌鲁木齐：乌鲁木齐市大金马印务有限责任公司，2004.11.—325 页；20cm

Z88：K928.1/952　中国边疆古籍题解 / 范秀传主编 .—乌鲁木齐：新疆人民出版社，1995.2.—289 页；20cm

Z89/20007　中国绿洲研究文献目录索引 / 王亚俊，侯博主编 .—乌鲁木齐：新疆人民出版社，2000.7.—309 页；20cm

索 引

B

C

E

F

G

H

K

M

N

P

Q

R

T

W

Z